《电动汽车工程手册》卷目

总主编 孙逢春（北京理工大学，中国工程院院士）

第一卷　纯电动汽车整车设计
主编　北京理工大学　林　程
主审　北京汽车集团有限公司　林　逸

第二卷　混合动力电动汽车整车设计
主编　北京理工大学　何洪文
主审　清华大学　张俊智

第三卷　燃料电池电动汽车设计
主编　同济大学　章　桐
主审　清华大学　李　骏（中国工程院院士）

第四卷　动力蓄电池
主编　中国电子科技集团公司第十八研究所　肖成伟
主审　中国科学院上海微系统与信息技术研究所　夏保佳

第五卷　驱动电机与电力电子
主编　上海电驱动股份有限公司　贡　俊
主审　中国科学院电工研究所　温旭辉

第六卷　智能网联
主编　清华大学　李克强
主审　清华大学　李　骏（中国工程院院士）

第七卷　基础设施
主编　北京交通大学　张维戈
主审　中国科学院电工研究所　王丽芳

第八卷　测试评价
主编　中国汽车工程研究院股份有限公司　周　舟
主审　湖南大学　刘敬平

第九卷　运用与管理
主编　北京理工大学　王震坡
主审　北京航空航天大学　王云鹏

第十卷　标准与法规
主编　中国汽车技术研究中心有限公司　吴志新
主审　比亚迪汽车工业有限公司　廉玉波

谨以此书献给

为中国电动汽车事业
砥砺奋进的电动汽车人！

……

HANDBOOK OF ELECTRIC VEHICLE

总主编 孙逢春 **主编** 吴志新 **副主编** 冯屹 刘桂彬 **主审** 廉玉波

Volume10
第十卷

国家出版基金项目
NATIONAL PUBLICATION FOUNDATION

电动汽车工程手册

标准与法规

机械工业出版社
CHINA MACHINE PRESS

标准与法规在确保安全、统一要求、市场准入等方面发挥重要作用，是产品研发、验证和生产的重要保证。近年来，中国电动汽车产业蓬勃发展，产业化和市场化取得丰硕成果。作为产业化和市场化的重要支撑，中国电动汽车的标准与法规的制修订工作也取得了很大的进展，满足国内使用的同时，在国际上也有一定的影响力。《电动汽车工程手册 第十卷 标准与法规》系统地总结了电动汽车领域国内外标准与法规的体系、特点以及重要标准的内容，并对重要标准与法规做了比较研究，详细介绍了电动汽车、基础设施、界面与通信、储存与运输、维修与保养、回收利用、抢险与救援、功能安全等方面的相关标准与法规的适用范围、技术要求、限值指标和试验方法等。

本手册旨在梳理电动汽车现有技术成果、推进电动汽车产业链全面发展，不仅可以为高等院校、汽车研究机构和企业工程技术人才培养提供非常有价值的教材和参考资料，而且可以直接服务于电动汽车产业的自主创新。希望能够对深入推进供给侧结构性改革、提高我国电动汽车产业研发自主创新能力、提升自主品牌零部件和整车企业的竞争力、培育新动能做出贡献。

版权声明

本书的文字、图像、版式设计等均受《中华人民共和国著作权法》保护。未经著作权人和机械工业出版社许可，任何单位、组织、个人不得以复制、转载、选编、出版等任何方式对本书的全部或局部内容进行非法使用。

任何侵犯本书合法权益的行为，都将被依法追究法律责任。

特此声明。

图书在版编目（CIP）数据

电动汽车工程手册. 第十卷，标准与法规 / 吴志新主编. —北京：机械工业出版社，2019.12
ISBN 978-7-111-63744-8

Ⅰ. ①电… Ⅱ. ①吴… Ⅲ. ①电动汽车—汽车工程—技术手册 Ⅳ. ① U469.72-62

中国版本图书馆 CIP 数据核字（2019）第 212856 号

机械工业出版社（北京市百万庄大街22号 邮政编码100037）
策划编辑：何士娟　　　　　　责任编辑：何士娟　安桂芳　赵　帅
责任校对：张　薇　梁　静　刘雅娜　责任印制：张　博
北京铭成印刷有限公司印刷
2019年12月第1版第1次印刷
184mm×260mm·35印张·3插页·820千字
0001—3000册
标准书号：ISBN 978-7-111-63744-8
定价：298.00元

电话服务　　　　　　　　　　网络服务
客服电话：010-88361066　　　机　工　官　网：www.cmpbook.com
　　　　　010-88379833　　　机　工　官　博：weibo.com/cmp1952
　　　　　010-68326294　　　金　书　网：www.golden-book.com
封底无防伪标均为盗版　　　　　机工教育服务网：www.cmpedu.com

《电动汽车工程手册》指导委员会

主　任： 付于武　　中国汽车工程学会

委　员：（按姓氏笔画排序）

　　　　王传福　　比亚迪汽车工业有限公司

　　　　朱华荣　　重庆长安汽车股份有限公司

　　　　衣宝廉　　中国工程院院士，中国科学院大连化学物理
　　　　　　　　　研究所

　　　　安　进　　安徽江淮汽车集团股份有限公司

　　　　李　骏　　中国工程院院士，中国汽车工程学会

　　　　李开国　　中国汽车工程研究院股份有限公司

　　　　林忠钦　　中国工程院院士，上海交通大学

　　　　欧阳明高　中国科学院院士，清华大学

　　　　钟志华　　中国工程院院士，中国工程院

　　　　徐和谊　　北京汽车集团有限公司

　　　　徐留平　　中国第一汽车集团有限公司

　　　　曾庆洪　　广州汽车集团股份有限公司

　　　　曾毓群　　宁德时代新能源科技股份有限公司

　　　　魏建军　　长城汽车股份有限公司

《电动汽车工程手册》编撰委员会

（按姓氏笔画排序）

主　　任： 孙逢春

副 主 任： 王云鹏　王丽芳　王震坡　刘敬平　贡　俊　李克强
肖成伟　吴志新　何洪文　张俊智　张维戈　林　逸
林　程　周　舟　夏保佳　章　桐　温旭辉　廉玉波

常务委员： 史建鹏　李　罡　李高鹏　杨大勇　吴　凯　陈上华
武锡斌　赵子亮　郝景贤　钟益林　高立新　凌和平

委　　员： 王　兆　王　芳　王大方　王仁广　王文伟　王志福
王松蕊　王泽兴　田长青　田立庆　白　杰　白影春
冯　屺　边明远　任丽彬　刘　鹏　刘永东　刘坚坚
刘桂彬　闫紫电　阳如坤　孙　力　孙　影　孙华军
苏金然　苏常军　李　进　李　威　李玉军　李冰心
李益丰　杨　洁　杨　勇　杨子发　杨世春　杨智伟
杨睿诚　时志强　吴　川　吴大勇　吴宁宁　囤金军
何云堂　邹慧明　汪正胜　宋　珂　宋盼盼　张　雷
张舟云　张承宁　张新丰　张福元　陈　勇　陈　强
陈朝阳　陈潇凯　苗艳丽　欧　阳　罗禹贡　周　辉
郑马英　单忠强　屈丽辉　孟祥峰　赵小勇　赵庆云
赵治国　赵洪辉　段秋生　侯　明　秦志东　袁国辉
袁登科　袁瑞铭　夏定国　倪绍勇　倪淮生　徐　宁
徐　斌　徐　磊　徐焕恩　殷国栋　高　石　高　波
高学平　高建平　高振海　郭景华　黄　艳　黄　彧
黄苏融　曹万科　彭剑坤　董其惠　蒋　萌　程夕明
程兴群　曾小华　谢　飞　翟　丽　熊　瑞　潘　牧
戴长松　魏跃远　糜　锋

《电动汽车工程手册》出版委员会

出版人： 李 奇

指导组： 郭 锐　朱长福　范兴国　王霄飞　牛新国　杨民强
　　　　　韩雪清　郑 丹　张祖凤　王 廷　彭晓婷　崔占军
　　　　　孙 翠　田淑华　赵海青　施 红

编审组：（按姓氏笔画排序）
　　　　　丁 锋　王 荣　王 婕　王建霞　王海霞　孔 艳
　　　　　母云红　刘 静　汤 枫　安桂芳　孙 鹏　杜凡如
　　　　　李 军　连景岩　时 静　何士娟　张周鹏　张俊红
　　　　　张淑谦　张翠翠　陈文龙　林春泉　孟 阳　赵 帅
　　　　　赵 璇　赵 慧　赵晓峰　郝建伟　侯 颖　徐 霆
　　　　　徐明煜　崔滋恩　鹿 征　章承林　董一波　曾 红
　　　　　谢 元　魏 莹

生产组：（按姓氏笔画排序）
　　　　　王 延　石 冉　付方敏　刘雅娜　闫玥红　纪 敬
　　　　　杜雨霏　李 杉　李 婷　连美冬　宋 安　张 征
　　　　　张 博　张 薇　陈 越　陈立辉　郑 婕　贾立萍
　　　　　陶 湛　梁 静　蔡健伟　潘 蕊

营销组： 苗 强　牟小仪　黄吉安　李双雷　张 萍　张彩峰
　　　　　张敦鸿　邵 邵　危井振　张全加　齐保镇　贾贯中
　　　　　孙 翔　于 洋　陈远新　葛 龙　张 奕　邓晗男
　　　　　甄 冲　谭智慧　陈末予　刘佳佳　梁 露　董春晖
　　　　　郑 晨

序

《电动汽车工程手册》正式和广大读者见面了。这是对我国新能源科技与工程领域的一个贡献,也是我国新能源汽车产业的一项重大基础性建设。

从顶层上看,中国汽车产业发展战略一定要与国家的能源战略相契合。国家的能源战略很明确,就是立足国情,多元替代。2009年,我国将新能源汽车上升为国家战略,在全球率先启动了产业化进程。2014年,发展新能源汽车被认为是迈向汽车强国的必由之路,这更进一步坚定了相关企业的信心,汽车产业总体由燃油汽车的跟踪追赶转向电动汽车的"换道先行"。

近几年来,我国新能源汽车技术快速发展,整体素质和实力有所增强,产品的质量和水平有较大提高,产品的门类和品种有了较快的发展,为我国社会主义现代化建设做出了应有的贡献。但是也应当看到,与国民经济蓬勃发展的需要和国际先进水平相比,我国电动汽车技术还存在着一定差距。在我国社会主义市场经济体制逐渐建立和完善的进程中,在世界范围新技术革命步伐加快的过程中,我国电动汽车工业既有机遇,又有挑战。为此,电动汽车工业发展必须真正调整到依靠科技进步和提高劳动者素质的轨道上来,要下大力气掌握和追踪新技术,开发和应用新技术,改造传统工艺,发展新兴产业,不断增强电动汽车工业在国内外两个市场的竞争能力。只有这样,才能更好地完成党和人民赋予我们的发展民族汽车工业的历史重任。

《电动汽车工程手册》正是为完成这个历史任务而诞生的。它梳理了电动汽车产业多年发展的知识积累,凝结了我国电动汽车产业近20年来自主研究的重要成果,对于总结电动汽车现有技术成果、强化关键共性技术、引领技术发展方向有重要意义;另外,它涉及的内容全面,对于推进电动汽车产业链全面发展、加快国家基础体系建设具有重要意义,对于发展新能源汽车的国家战略、加快新能源汽车的推广应用、有效缓解能源和环境压力、促进汽车产业转型升级也将起到重要的参考作用,具有非常重要的出版价值。

这部手册的编写与审稿队伍,由国内千余名有专长、有经验的学者、专家所组成。手册扼要地总结了电动汽车各个关键细分领域的科学技术成就,同时也吸收了国外的成熟经验。聚沙成塔,集腋成裘。名为手册,实为巨著。

读书不易,写书颇难,写工具书更难。为了编好这部"立足全局,勾画全貌,反映共性,突出重点"的手册,从技术全面性、知识完整性、分卷协调性的角度出发,编者们做了很大努力,从无到有,诸事草创,困难重重,艰辛备尝。值此手册出版之际,我谨向各参编单位、各审稿单位和出版印刷单位,向数以千计的全体编写、审稿人员,向遍及全国的为手册提供资料和其他便利条件的单位和同志们,表示衷心的感谢。

"大道行于百年，权宜利于一时"。《电动汽车工程手册》是积累、扩充和传播知识的工具，是新能源汽车科技领域的一项宏远工程。唯有以渊博的科学技术知识作为基础，才能不断创新。它既可供从事技术工作的各类人员在工程实践中查阅使用，也可供企事业单位从事相关管理工作的人员参考使用。读者可以从中了解相关专业领域的国内领先科技和国际先进科技，了解和把握技术动向，以便能科学、准确地做出决策和规划，使我们的工作更具系统性、预见性和创造性，更好地为汽车工业的持续、快速、健康发展服务。

实践是检验真理的唯一标准。在我国，这类工具书刚刚开始，现在是从无到有，将来是精益求精。我们将严肃认真地听取广大读者的意见和建议，以作为评价和改进这部手册的主要依据。在新的长征途中，希望我们全体的中国电动汽车人勠力同心，再接再厉，去完成时代赋予我们的光荣使命。

前言

2014年5月24日，习近平总书记在上海汽车集团考察时指出："发展新能源汽车是我国从汽车大国迈向汽车强国的必由之路。"他的重要讲话为我国汽车工业的发展指明了前进和发展方向。2010年，国家把新能源汽车列入七大战略性新兴产业之一；2015年，节能与新能源汽车列入《中国制造2025》十大重点支持领域之一。

保障我国能源安全、实现节能和环保、促进汽车产业技术革命及产业转型升级，是发展新能源汽车的国家战略和大势所趋。以新能源汽车为基础的智能网联汽车，将会在生产环节以及整个消费环节、服务环节取得全面发展。

经过国家四个"五年计划"的科技攻关，特别是通过2008年北京奥运会、2010年上海世博会，我国新能源汽车行业取得了四大标志性成果：一是新能源汽车产业规模和产销量全球第一，并占有全球50%以上市场份额，技术水平处于国际先进行列；二是充电基础设施规模全球第一；三是动力蓄电池、电机、电控等核心关键技术产品产销量全球第一；四是构建了全球领先的新能源汽车安全运行监管平台技术和标准体系。

目前，我国新能源汽车产业基本掌握了整车技术和关键零部件技术，有了一定的技术积累，进入了成长期。

成长中的中国新能源汽车，对知识的需求极度渴望。在完全开放的全球市场中，技术竞争压力越来越大，中国汽车企业亟须解决电动汽车核心关键技术。加快新能源汽车持续创新，推进中国汽车产业技术转型升级，是中国科技发展的重大战略需求。

我国新能源汽车发展了20多年，是到了一个该总结、该展望的时刻了。

《电动汽车工程手册》是一部系统概括电动汽车各专业主要技术内容的大型工具书，总结了三种电驱动车辆——纯电动汽车、混合动力电动汽车和燃料电池电动汽车相关的技术成果和知识链。

《电动汽车工程手册》的编写初衷，是响应国家建设制造强国的发展战略目标要求，系统地、完整地梳理我国电动汽车这20多年来的知识体系，对电动汽车各个关键细分领域专题技术路线进行深入剖析，总结电动汽车现有技术成果，强化关键共性技术，引领技术发展方向，希望能够从供给侧的角度推进电动汽车产业链全面发展。

根据国家电动汽车重大专项部署，依据我国科技开发和产业化"三纵三横"布局，《电动汽车工程手册》规划了10卷：《纯电动汽车整车设计》《混合动力电动汽车整车设计》《燃料电池电动汽车设计》《动力蓄电池》《驱动电机与电力电子》《智能网联》《基础设施》《测试评价》《运用与管理》和《标准与法规》。其中，前三卷为整车卷，第四卷和第五卷为关键技术卷，第六卷到第十卷涉及三种整车共同的基础建设和相关产业链。手册内容广泛，卷帙浩繁，各卷的内容又相互渗透，互为补充，构成了一个纵横交错的知识体系。

从 2016 年开始，《电动汽车工程手册》编撰委员会盛情邀请在智能网联新能源汽车研究开发和产业化领域积极进取、攻坚克难和卓有建树的相关单位和专家，积极参与《电动汽车工程手册》的编撰工作。这套手册的编撰是一个从无到有的大工程，三年来，在千余位专家学者的共同努力下，书稿终成。

本手册集成产、学、研各方力量和智慧，实属来之不易。在这里，衷心地感谢《纯电动汽车整车设计》林程主编/林逸主审、《混合动力电动汽车整车设计》何洪文主编/张俊智主审、《燃料电池电动汽车设计》章桐主编/李骏主审、《动力蓄电池》肖成伟主编/夏保佳主审、《驱动电机与电力电子》贡俊主编/温旭辉主审、《智能网联》李克强主编/李骏主审、《基础设施》张维戈主编/王丽芳主审、《测试评价》周舟主编/刘敬平主审、《运用与管理》王震坡主编/王云鹏主审、《标准与法规》吴志新主编/廉玉波主审；感谢北汽新能源、宁德时代、福田汽车、广汽新能源、宇通客车、比亚迪汽车、中国一汽、东风汽车、上汽集团、长安新能源、奇瑞新能源等知名企业的技术总监和技术专家；感谢清华大学、北京理工大学、北京航空航天大学、北京交通大学、同济大学、吉林大学、南开大学、天津大学、重庆大学、湖南大学等院校的教授和老师；感谢中国电子科技集团公司第十八研究所、中国科学院电工研究所、中国科学院理化技术研究所、中国汽车技术研究中心有限公司、中国汽车工程研究院股份有限公司等研发机构的工程师。

《电动汽车工程手册》还是一个新生儿，希望大家能够不断地对之修正补充完善，使之始终伴随并助力中国电动汽车产业的健康成长。

手册终于和大家见面了，但在总体编排和一些具体问题的处理上仍有许多不尽人意之处，欢迎广大读者批评指正，并请将意见和建议发到邮箱 evhandbook@163.com。感谢大家的支持！

本卷编写与审稿人员

主编：吴志新　　副主编：冯　屹　刘桂彬　　主审：廉玉波

章号	章 名	编写人员	审稿人员
第1章	基础知识	中国汽车技术研究中心有限公司：吴志新，王学平，傅剑华，朱永扬，朱毅，李维菁，王颖，郑天雷	中国汽车技术研究中心有限公司：谢东明； 比亚迪汽车工业有限公司：刘坚坚，姜龙； 北京新能源汽车股份有限公司：栾景昌
第2章	电动汽车标准	中国汽车技术研究中心有限公司：冯屹，刘桂彬，周荣，何云堂，徐枭，陆春，兰昊，曹冬冬，胡建，刘志超	比亚迪汽车工业有限公司：凌和平，谭易，翟震，潘华，王宁，熊永，孟繁亮，李桂忠； 中国汽车技术研究中心有限公司：郝冬，刘磊，梁聪，于洋； 北京新能源汽车股份有限公司：何世杰
第3章	基础设施标准	中国电力企业联合会：刘永东； 国网电动汽车服务有限公司：吴尚洁； 许继集团有限公司：董新生； 普天新能源有限责任公司：傅晶； 国网电力科学研究院有限公司：桑林； 南瑞集团有限公司：陈良亮； 中国电力科学研究院有限公司：黄晓华	华为技术有限公司：蒋光辉； 苏州汇川联合动力系统有限公司：杨睿诚； 比亚迪汽车工业有限公司：刘海军
第4章	界面与通信标准	中国汽车技术研究中心有限公司：周荣，徐枭，何云堂，兰昊，孙航	中国汽车技术研究中心有限公司：黄炘，孔治国； 比亚迪汽车工业有限公司：棘文建，闫磊
第5章	回收利用及其他相关标准	中国汽车技术研究中心有限公司：张铜柱，陆春，胡建； 广东邦普循环科技有限公司：余海军； 湖南邦普循环科技有限公司：谢英豪	比亚迪汽车工业有限公司：刘洋，蓝海龙
第6章	功能安全技术开发与流程管理	中国汽车技术研究中心有限公司：李波； 泛亚汽车技术中心有限公司：尚世亮，童菲，李珍珍，谢骋； 上海安亭地平线智能交通技术有限公司：杨虎； 博世汽车部件（苏州）有限公司：曲元宁； 舍弗勒贸易（上海）有限公司：薛剑波	中国汽车技术研究中心有限公司：王斌； 北京新能源汽车股份有限公司：刘秀玲； 比亚迪汽车工业有限公司：闫磊，田果

本卷前言

随着汽车"电动化"步伐的不断加快,电动汽车已经成为汽车行业的重要发展方向。在政策和市场的双重激励下,我国电动汽车产业正在进入加速发展的新阶段,电动汽车产业链逐渐完善,整车、零部件、基础设施生产企业迅速壮大。行业的发展离不开标准和法规的支撑和保障,目前我国已经形成了一整套成熟的电动汽车标准和法规体系,从电动汽车基础通用、整车、关键系统及部件、基础设施等各个方面,对电动汽车行业发展进行引导和规范。电动汽车标准和法规已成为企业进行产品开发、设计、生产和检验的重要依据。

近年来,我国在国际电动汽车标准和法规领域取得了突破性的成果,2018 年由我国作为主要牵头国参与制定的电动汽车安全全球技术法规(EVS-GTR)第一阶段成果 UN GTR 20 完成发布,标志着我国已开始从汽车标准法规的"跟随者"向"主导者"转变,在国际标准法规工作中的主导权和话语权不断提升。

针对各类电动汽车工程师对标准的了解不够系统、查询困难等问题,本书为电动汽车研发工程师提供了较为系统、全面的电动汽车标准和法规,为产品开发工程师在开发设计过程中提供更加便利的标准和法规查询工具。在本书编写过程中,我们力求做到内容全面、结构清晰、方便易查、简单实用,从汽车标准化知识,电动汽车及基础设施标准分析,功能安全标准介绍等方面,全面总结梳理了国内外电动汽车相关标准。

全书共分六章。第 1 章介绍了标准化的基础知识,包括我国汽车以及电动汽车标准化组织的基本架构和其他国家、地区及组织的标准化机构;第 2 章详细介绍了电动汽车标准化现状,从电动汽车与传统汽车的标准化差异分析、基础通用、电动汽车整车、车载储能系统、电驱动系统、其他总成和零部件等方面,全面分析了各子领域国内外标准的情况;第 3 章介绍了电动汽车基础设施标准的情况,分为电动汽车基础设施基础通用标准、充换电设施关键设备标准、建设与运行、充换电服务网络和加氢站建设与运营五个部分,并对相关标准进行了梳理和分析;第 4 章介绍了界面与通信标准,包括电动汽车充电、电动汽车换电、燃料电池电动汽车加氢接口与通信协议、电动汽车对外放电、电动汽车信息安全和电动汽车远程监控六个方面的标准;第 5 章介绍了回收利用及其他相关标准,包括包装、储存与运输，运营维护、维修与保养，回收利用与再制造，以及抢险与救援四个方面；第6章介绍了功能安全技术开发与流程管理方面的内容，分为功能安全技术和标准体系概述，功能安全概念、系统、软硬件开发，功能安全要求与测试评价和功能安全流程管理四部分。

  电动汽车标准涉及范围较广，标准数量多，更新速度快。图书出版和使用过程中所列标准可能已经发生修订；尚未发布正式版的标准，以最终发布版为准；未注年份的标准按现行标准执行；一次引用标准在二次引用的标准中，虽然有些已更新，有些已作废，但符合一次引用标准的要求，故予以保留。

  由于编者水平有限，书中难免存在一些不足之处，恳请广大读者批评指正。

编 者

目 录

《电动汽车工程手册》指导委员会
《电动汽车工程手册》编撰委员会
《电动汽车工程手册》出版委员会
序
前言
本卷编写与审稿人员
本卷前言

第1章 基础知识

1.1 术语、定义与基本概念 ·· 1
    1.1.1 标准及标准化 ·· 1
    1.1.2 法规及技术法规 ·· 4
    1.1.3 标准与技术法规的区别及联系 ·············· 6
1.2 我国汽车标准化工作 ·· 7
    1.2.1 全国汽车标准化技术委员会 ·············· 8
    1.2.2 汽车标准制修订程序 ························ 8
    1.2.3 汽车标准体系 ····································· 10
    1.2.4 汽车强制性国家标准（GB） ·············· 10
    1.2.5 汽车推荐性标准（GB/T、QC/T） ·········· 11
    1.2.6 电动汽车标准化工作 ························ 12
1.3 国际汽车标准化 ·· 12
    1.3.1 国际标准的定义及分类 ···················· 12
    1.3.2 国际标准化组织（ISO） ···················· 14
    1.3.3 国际电工委员会（IEC） ···················· 16
    1.3.4 国际电信联盟（ITU） ······················ 18
1.4 汽车发达国家的汽车标准化 ···································· 19
    1.4.1 美国 ··· 19
    1.4.2 德国 ··· 21
    1.4.3 日本 ··· 22
    1.4.4 法国 ··· 24
    1.4.5 英国 ··· 26
1.5 联合国汽车技术法规 ··· 27
    1.5.1 《1998年协定书》及全球性汽车技术法规（GTR法规） ···· 27

		1.5.2 《1958年协定书》及联合国法规（UN法规）…………… 28
	1.6	汽车发达国家和地区的汽车技术法规…………………………… 31
		1.6.1 欧盟…………………………………………………………… 31
		1.6.2 美国…………………………………………………………… 33
		1.6.3 日本…………………………………………………………… 40
		1.6.4 东盟…………………………………………………………… 42
		1.6.5 海湾地区共同体市场………………………………………… 43
		1.6.6 俄罗斯和欧亚经济联盟市场………………………………… 44
		1.6.7 澳大利亚……………………………………………………… 44
	1.7	全球汽车认证体系………………………………………………… 45
		1.7.1 美国的自我认证及强制召回制度…………………………… 45
		1.7.2 欧盟的型式认证及自愿召回制度…………………………… 46
		1.7.3 日本的型式认证及召回制度………………………………… 46
	1.8	我国汽车产品认证及召回制度…………………………………… 47
		1.8.1 汽车公告批准………………………………………………… 48
		1.8.2 汽车3C认证…………………………………………………… 49
		1.8.3 汽车环保信息公开…………………………………………… 50
		1.8.4 新能源汽车准入制度………………………………………… 50
		1.8.5 汽车召回制度………………………………………………… 51
参考文献………………………………………………………………………… 52

第2章 电动汽车标准

	2.1	电动汽车与传统汽车的标准化差异分析………………………… 53
	2.2	电动汽车基础通用标准…………………………………………… 55
		2.2.1 电动汽车术语与定义………………………………………… 55
		2.2.2 电动汽车分类与型号………………………………………… 57
		2.2.3 电动汽车信号与标志………………………………………… 60
		2.2.4 电动汽车标签与标识………………………………………… 63
	2.3	电动汽车整车标准………………………………………………… 65
		2.3.1 纯电动汽车…………………………………………………… 65
		2.3.2 混合动力电动汽车…………………………………………… 145
		2.3.3 燃料电池电动汽车…………………………………………… 193
	2.4	车载储能系统标准………………………………………………… 204
		2.4.1 车载储能系统基本概念介绍………………………………… 204
		2.4.2 可充电储能系统……………………………………………… 206
		2.4.3 不可充电储能系统…………………………………………… 241
		2.4.4 动力电池管理系统（BMS）………………………………… 242
	2.5	电动汽车用电驱动系统标准……………………………………… 243
		2.5.1 电动汽车电驱动系统国内外整体情况……………………… 243
		2.5.2 驱动电机系统………………………………………………… 246
		2.5.3 电动汽车用减速器总成……………………………………… 258
		2.5.4 电动汽车用增程器…………………………………………… 262

2.6 电动汽车用其他总成和零部件标准 263
　　2.6.1 电动汽车用车载充电机 264
　　2.6.2 电动汽车用电动助力转向装置 269
　　2.6.3 电动汽车用电动压缩机 269
　　2.6.4 电动汽车用电动真空泵 272
　　2.6.5 绝缘栅双极型晶体管（IGBT） 274
　　2.6.6 电动汽车用DC/DC变换器 279
　　2.6.7 电动汽车用高压连接器与高压线束 281
　　2.6.8 燃料电池电动汽车用车载氢系统 285
　　2.6.9 燃料电池发动机 287
参考文献 288

第3章 基础设施标准

3.1 电动汽车基础设施基础通用标准 293
　　3.1.1 充换电设施标准体系 293
　　3.1.2 电动汽车充换电设施术语 295
　　3.1.3 充电电能计量 296
　　3.1.4 充换电设施电能质量 305
3.2 充换电设施关键设备标准 307
　　3.2.1 充电模式和连接方式 307
　　3.2.2 交流充电桩 308
　　3.2.3 直流充电机 313
　　3.2.4 换电设施 316
3.3 建设与运行 318
　　3.3.1 建设 318
　　3.3.2 运行 321
　　3.3.3 安全规范 328
3.4 充换电服务网络 335
　　3.4.1 充换电服务网络标准体系 335
　　3.4.2 信息体系框架 335
　　3.4.3 信息接口标准 336
　　3.4.4 充换电站标准 337
　　3.4.5 信息交换标准 338
　　3.4.6 运营服务标准 338
3.5 加氢站建设与运营 338
　　3.5.1 氢能技术标准体系 338
　　3.5.2 国内外氢能标准 340
　　3.5.3 移动式加氢设施安全技术规范 341
　　3.5.4 加氢站用储氢装置安全技术要求 342
　　3.5.5 加氢站安全技术规范 344
参考文献 345

第 4 章　界面与通信标准

- 4.1 电动汽车充电 ······ 347
  - 4.1.1 传导式充电 ······ 347
  - 4.1.2 无线充电 ······ 418
- 4.2 电动汽车换电 ······ 434
  - 4.2.1 电动汽车换电国内外整体情况 ······ 434
  - 4.2.2 电动汽车换电标准介绍 ······ 435
- 4.3 燃料电池电动汽车加氢接口与通信协议 ······ 436
  - 4.3.1 燃料电池电动汽车加氢口 ······ 437
  - 4.3.2 燃料电池电动汽车加氢枪 ······ 437
  - 4.3.3 燃料电池电动汽车加氢通信协议 ······ 439
  - 4.3.4 加氢车 ······ 440
- 4.4 电动汽车对外放电 ······ 441
- 4.5 电动汽车信息安全 ······ 444
  - 4.5.1 电动汽车信息安全国内外整体情况 ······ 444
  - 4.5.2 电动汽车信息安全标准介绍 ······ 445
- 4.6 电动汽车远程监控 ······ 446
  - 4.6.1 标准制定的背景 ······ 446
  - 4.6.2 标准主要内容介绍 ······ 447
- 参考文献 ······ 450

第 5 章　回收利用及其他相关标准

- 5.1 包装、储存与运输 ······ 453
- 5.2 运营维护、维修与保养 ······ 461
- 5.3 回收利用与再制造 ······ 462
- 5.4 抢险与救援 ······ 471
  - 5.4.1 电动汽车抢险与救援国内外整体情况 ······ 471
  - 5.4.2 电动汽车抢险与救援标准内容介绍 ······ 472
- 参考文献 ······ 475

第6章 功能安全技术开发与流程管理

- 6.1 功能安全技术和标准体系概述 477
  - 6.1.1 引言 477
  - 6.1.2 功能安全技术和标准起源 478
  - 6.1.3 电气/电子/可编程电子安全相关系统的功能安全 479
  - 6.1.4 道路车辆功能安全 481
  - 6.1.5 道路车辆电子电气系统 ASIL 等级确定方法指南 484
- 6.2 功能安全概念、系统、软硬件开发 487
  - 6.2.1 概述 487
  - 6.2.2 功能安全概念开发 487
  - 6.2.3 功能安全系统开发 491
  - 6.2.4 功能安全硬件开发 494
  - 6.2.5 功能安全软件开发 499
- 6.3 功能安全要求与测试评价 502
  - 6.3.1 概述 502
  - 6.3.2 安全验证 503
  - 6.3.3 安全确认 505
  - 6.3.4 安全评估 507
- 6.4 功能安全流程管理 509
  - 6.4.1 组织层面的功能安全流程管理 509
  - 6.4.2 项目层面的功能安全流程管理 513

参考文献 520

附录

- 附录 A 常用标准的标准号、标准名称、关键词和章节 521
- 附录 B 中国汽车强制性标准目录 525
- 附录 C 申报《车辆生产企业及产品公告》相关标准、检验项目及代号 528
- 附录 D 汽车 3C 认证项目及对应标准 533
- 附录 E 国家环境标准与北京环境标准目录 536
- 附录 F 新能源汽车准入相关试验及标准 537
- 附录 G 中国汽车推荐性标准目录、ISO 汽车标准目录、IEC 汽车标准目录、美国汽车行业标准（SAE）目录、日本汽车国家标准（JIS）目录、日本汽车行业标准（JASO）目录、全球性技术法规（GTR）目录、联合国欧洲经济委员会汽车法规（UN 法规）目录、欧盟 EC 指令目录、美国 FMVSS 法规目录、日本汽车技术法规（保安基准）目录、东盟采用 UN 法规目录、海湾地区共同市场汽车法规（GSO）目录、俄罗斯和欧亚经济联盟汽车技术法规（GOST）目录、澳大利亚汽车法规（ADR）目录 538

第 1 章 基础知识

1.1 术语、定义与基本概念

1.1.1 标准及标准化

1.1.1.1 标准

1. 定义

《中华人民共和国标准化法》规定，标准（含标准样品）是指农业、工业、服务业以及社会事业等领域需要统一的技术要求。

《世界贸易组织贸易技术壁垒协定》（WTO/TBT）将标准定义为："经公认机构批准的、规定非强制执行的、供通用或重复使用的产品或相关加工和生产方法的规则、指南或特性的文件。该文件包括专门规定用于产品、加工或生产方法的术语、符号、包装、标志或标签要求。"

国际标准化组织和国际电工委员会（ISO/IEC）指南 2 也给出了标准的定义："标准是由有关各方根据科学技术成果与先进经验，共同合作起草，一致或基本上一致同意的技术规范或其他公开文件，其目的在于促进最佳的公众利益，并由标准化团体批准。"

GB/T 20000.1—2014《标准化工作指南 第 1 部分：标准化和相关活动的通用术语》将标准定义为："通过标准化活动，按照规定的程序经协商一致制定，为各种活动或其结果提供规则、指南或特性，供共同使用和重复使用的文件。"标准宜以科学、技术和经验的综合成果为基础，以促进最佳的共同效益为目的。

2. 出发点

制定标准的出发点是获得最佳秩序和促进最佳共同效益。这里所说的"最佳秩序"是指通过制定和实施标准，使标准化对象的结构组成和运行程序达到最佳状态；这里所说的"最佳共同效益"是指相关各方的共同效益，而不是仅仅追求某一方的效益。

3. 对象

制定标准的对象是重复性事物或概念，并不是所有事物或概念都可以制定标准，而是比较稳定的重复性事物或概念才可以制定标准。具有重复性特征的事物，才能把以往的经验加以积累，标准就是这种积累的一种方式。

4. 基础

标准产生的基础是科学、技术和经验的综合成果。标准是科学技术成果和经验经过分析、比较、选择和综合得来的，能够反映其客观规律性。

标准在产生过程中需要经过有关方面"协商一致"。标准不能凭少数人的主观意志，而应该提倡民主，与有关方面充分讨论，协商一致。

5. 批准机构

标准是由公认的权威机构批准的。标准是社会生活和经济技术活动的重要依据，是人民群众以及标准相关方利益的体现，并且是一种公共资源，它必须有能够代表各方面利益、为社会所公认的权威机构批准，才能为各方所接受。

6. 分类

按标准制定的主体的有效范围，可将标准划分为国际标准、区域标准、国家标准、行业标准、地方标准和企业（团体）标准。

（1）国际标准　国际标准是指由国际标准化组织（International Organization for Standardization，ISO）、国际电工委员会（International Electrotechnical Commission，IEC）和国际电信联盟（International Telecommunication Union，ITU）制定的标准，以及国际标准化组织确认并公布的其他国际组织制定的标准，如国际计量局（BIPM）标准、食品法典委员会（CAC）标准、世界卫生组织（WHO）标准等。

（2）区域标准　区域标准是指由某一区域标准化组织通过并公开发布的标准。目前有影响的区域标准有欧洲标准化委员会（CEN）标准，独联体跨国标准化、计量与认证委员会（EASC）标准，泛美标准委员会（COPANT）标准等。

（3）国家标准　国家标准是由国家标准机构通过并公开发布的标准。每个国家都会根据自己国家的需要制定国家标准。我国国家标准（代号为GB）主要指在全国范围内需要统一的技术要求，由国家标准化管理委员会制定并在全国范围内实施的标准。

（4）行业标准　行业标准是指由行业机构通过并公开发布的标准，如美国材料与试验协会（ASTM）标准、美国汽车工程师学会（SAE）标准、英国劳氏船级社（LR）标准等。我国的行业标准是指由国家有关行业行政主管部门公开发布的标准。根据我国现行的标准化法的规定，对没有国家标准而又需要在全国某个行业范围内统一的技术要求，可以制定行业标准，如汽车行业（QC）标准、交通行业（JT）标准、环保行业（HJ）标准等。

（5）地方标准　地方标准是指由一个国家的某个地区通过并公开发布的标准。我国的地方标准是指由省、自治区、直辖市标准化行政主管部门公开发布的标准。根据我国现行标准化法的规定，对于没有国家标准和行业标准而又需要在省、自治区和直辖市范围内统一的工业产品的安全、卫生要求，可以制定地方标准。我国地方标准的代号由"DB"和GB/T 2260—2007《中华人民共和国行政区划代码》中相应的行政区域代码所组成。

（6）企业（团体）标准　企业（团体）标准是由企业（团体）制定并由企业法人代表或授权人（具有法人资格的社会团体）批准、发布的标准。企业标准与上述其他标准有着本质的不同，它是企业的无形资产，在遵守法律的前提下，企业标准如何制定和发布完全由企业自己决定，但在企业内部具有强制力。团体标准按照团体确立的标准制定程序自主制定发布，由社会自愿采用，并通过市场竞争优胜劣汰。

另外，按照标准对象的名称归属分类，可以将标准划分为产品标准、工程建设标准、方法标准、卫生标准、环境保护标准、服务标准、包装标准、数据标准、过程标准等。按照标准化对象的基本属性，可以分为技术标准、管理标准和工作标准。

7. 注意事项

值得注意的是，WTO/TBT协定中明确将"标准"定义为"非强制执行的文件"，世界上主要发达国家的标准也都是非强制执行的文件。也就是说，就"标准"本身而言，一般不具备"强制执行"的属性；当然，若有关法律法规规定应执行标准，这时标准因被引用而间接地"强制执行"了。我国的情况较为特殊，直接以法律形式规定了标准的两种属性分类，依据《中华人民共和国标准化法》的规定，标准包括国家标准、行业标准、地方标准和团体标准、企业标准。国家标准分为强制性标准和推荐性标准，行业标准、地方标准是推荐性标准。强制性标准必须执行。国家鼓励采用推荐性标准。

1.1.1.2　标准化

1. 定义

GB/T 20000.1—2014《标准化工作指南　第1部分：标准化和相关活动的通用术语》中将标准化定义为："为了在既定范围内获得最佳秩序，促进共同效益，对现实问题或潜在问题确立共同使用或重复使用的条款以及编制、发布和应用文件的活动。"标准化活动确立的条款，可形成标准化文件，包括标准和其他标准化文件。标准化的主要效益在于为产品、过程或服务的预期目的改进它们的适用性，促进贸易、交流及技术合作。

2. 目的

标准化可以有一个或更多特定目的，以使产品、过程或服务适合其用途。目的可能包括但不限于品种控制、可用性、兼容性、互换性、健康、安全、环境保护、产品防护、相互理解、经济绩效、贸易等，这些目的可能相互重叠。

3. 特点

标准化是一个活动的过程，是指制定标准、实施标准和修订标准的过程。这个过程是一个不断循环、螺旋上升的运动过程，每完成一个循环，标准的水平就提高一步。标准化根据客观情况的变化，不断促进这种循环过程的进行和发展。

标准化可在全球、区域或国家层次上，在一个国家的某个地区内，在政府部门、行业协会或企业层次上，以及企业内车间和业务科室等各个不同层次上进行。

标准化活动是建立规范的活动。定义中所说的条款，即规范性文件内容的表述方式。标准化活动所建立的规范具有共同使用和重复使用的特征。

4. 作用

标准化在经济建设和社会发展中起着不可替代的作用，主要表现在以下几个方面：

1) 标准化为人类的各项实践活动确立了活动准则，使人类的活动有序化和规范化。

2) 标准化是科学技术和社会生产实践经验的结晶，标准化促使它们转化为社会生产力。

3) 标准化可以尽量减少重复的劳动耗费。

4) 标准化促进产品、工程和服务质量的提高，有利于扩大销路、增收节支，为企业带来经济效益。

5) 标准化使产品的品种规格合理简化，扩大生产批量，从而降低成本。

6) 标准化是国际市场的竞争策略和调节手段。

7) 标准化是建设创新型国家的重要途径。

1.1.2 法规及技术法规

1.1.2.1 法规

法规是法令、条例、规则、章程等法定文件的总称。法规指国家机关制定的规范性文件，如我国国务院制定和颁布的行政法规，省、自治区、直辖市人大及其常委会制定和公布的地方性法规。从广义上讲，法规包括法律、行政法规、地方性法规和国务院各部门及各级政府制定的规章。

我国的法规体系大致包括：行政法规，地方性法规、自治条例和单行条例，规章等。

1. 行政法规

行政法规是由国务院制定的，通过后由国务院总理签署国务院令公布。这些法规也具有全国通用性，是对法律的补充，在成熟的情况下会被补充进法律，其地位仅次于法律。法规多称为条例，也可以是全国性法律的实施细则，如专利代理条例等。

2. 地方性法规、自治条例和单行条例

其制定者是各省、自治区、直辖市的人民代表大会及其常务委员会，相当于是各地方的最高权力机构。地方性法规大部分称为条例，有的为法律在地方的实施细则，部分为具有法规属性的文件，如决议、决定等。地方性法规的开头多冠有地方名字，如《北京市食品安全条例》《北京市实施〈中华人民共和国动物防疫法〉办法》等。

3. 规章

规章即规则与章程，其制定者是国务院各部、委员会、中国人民银行、审计署和具有行政管理职能的直属机构，这些规章仅在本部门的权限范围内有效，如国家知识产权局制定的《专利审查指南》、国家食品药品监督管理总局（现国家市场监督管理总局）制定的《药品注册管理办法》等。还有一些规章是由各省、自治区、直辖市和较大市的人民政府制定的，仅在本行政区域内有效，如《北京市人民政府关于修改〈北京市天安门地区管理规定〉的决定》等。

1.1.2.2 技术法规

1. 定义

ISO/IEC 指南 2 中给出了技术法规的定义，我国已通过制定 GB/T 20000.1—2014《标准化工作指南　第 1 部分：标准化和相关活动的通用术语》将此定义完整引入。该定义为："规定技术要求的法规，它或者直接规定技术要求，或者通过引用标准、规范或规程提供技术要求，或者将标准、规范或规程的内容纳入法规中。"ISO/IEC 指南 2 主要从内容的角度界定了技术法规的内涵，充分揭示了技术法规与标准的关系，即技术法规是以标准为基础的。

WTO/TBT 协定中给出了技术法规的定义：强制执行的规定产品特性或相应加工和生产方法，包括适用的管理规定的文件。技术法规也可以包括或专门规定用于产品、加工或生产方法的术语、符号、包装、标志或标签要求。WTO/TBT 协定主要从基本特点和规范对象的角度界定技术法规，指出技术法规包括两个最基本的要素：一是技术法规具有强制执行性；二是技术法规的规范对象是产品，技术法规必须是规定产品内容的，它所规定的内容需是针对产品的特性、质量、性能、生产工艺和方法等技术性指标和技术要求，也包括规定产品生产方法的术语、符号、包装、标志或标签等要求的内容。

世界主要发达国家和地区都是按 WTO/TBT 协定或 ISO/IEC 指南 2 的规定来定义本国技术法规的，如美国对技术法规的定义为："一般是由政府的法规制定机构作为法律、规章、法典或条例的组成部分而发布的。对于它规定的内容，执行者有必须要符合的义务。强制性的技术法规可以涉及诸如健康、安全、法定计量、消费者保护、财产或环境保护等问题。"欧洲议会和欧盟理事会在《关于技术标准和法规领域提供信息程序的 98/34/EC 指令》中对技术法规做出了定义："在成员国或其大部分地区销售或使用产品的情况下，法律上或事实上强制遵守的技术规范和其他要求，包括相关的行政条款以及成员国的法律、法规或行政条款，但本指令第 10 条规定禁止制造、进口、销售或使用某种产品的那些除外。"

2. 属性

从前述技术法规的定义可以看出，一个国家有很多法规，但只有规定技术要求的法规才是技术法规。因此，技术法规在内涵上包括两个方面的属性：第一是法规属性，第二是技术属性。具体而言，可以从以下几个方面理解技术法规的概念和属性：

1）在效力上，技术法规是由立法机构、政府部门或其授权的其他机构依据特定的立法程序制定和颁布的，由国家强制力保障实施，具有法的强制性。

2）在内容上，技术法规主要是以产品特性、加工和生产方法以及适用的管理规定为规范对象，具有特定性和技术性。

3）在表现形式上，技术法规的内容不集中于统一的法典，而主要是分散在其他基本法和单行法中，是一系列法律规范的综合，具有分散性。

4）在立法主体上，技术法规的立法主体和其他法律规范的制定主体没有特别的差异，仅仅取决于技术法规所采取的法律形式，根据法律形式不同而不同。

5) 在效力等级上，由于涉及技术法规内容的法律、法规分布在不同效力层级的法律规范中，因而其法律效力也根据不同的法律形式而有所不同。

6) 在目的上，根据 WTO/TBT 协定的规定，技术法规规定的内容限制在保护国家安全、防止欺诈行为、保护人身健康或安全、保护动植物的生命或健康、保护环境五个方面，涉及以上五个"正当目标"的内容可以制定强制性的技术法规；同时技术法规以整体的社会利益作为调整目标，主要执行国家对社会公共事务的管理职能，其目的具有社会性和公益性。

7) 在作用上，在新的贸易壁垒形式层出不穷，尤其是技术性贸易措施不断涌现的情况下，WTO 机制下的技术法规已成为消除技术性贸易壁垒的主要手段之一。

3. 作用

概括来说，技术法规具有如下作用：

1) 保护人类、动植物生命或健康，保护环境，防止欺诈。技术法规通过对产品安全、卫生、环保等方面做出强制性要求，保护人类、动植物的生命或健康，保护环境，防止欺诈。

2) 保证产品的符合性。不符合技术法规要求的产品被拒绝入境或入市，从而迫使制造商生产出合格产品、销售商销售合格产品，保证了入境或入市产品的质量。

3) 推动技术进步。一个国家的技术法规对产品的技术要求反映了该国的技术水平。反过来通过不断提高技术法规对产品的技术要求，也可以推动技术的进步。

4) 贸易保护。技术法规已成为技术性贸易壁垒的一种重要形式，是国际贸易中常用的技术性保护措施。严格的、有针对性的技术法规常常被作为合理合法的贸易保护手段加以使用。

5) 促进和便利贸易。相互不一致、不协调的技术法规会增加生产和贸易的成本，从而对贸易产生阻碍作用；反过来说，协调一致的技术法规会极大地拓宽市场，促进和便利生产和贸易。

4. 构成要素

按照法律规范的构成要素或者就内在的逻辑结构而言，一般一项法律规范具有三个基本构成要素，即假定条件、行为模式和法律后果。技术法规属于法律规范的范畴，当然也不例外。所以，技术法规在规定产品或生产方法的过程中，应当根据具体情况设定技术法规适用的假定条件，规定使用者应当、可以、禁止的行为模式，以及规定行为的法律后果。法律后果可以是肯定性的，也可以是否定性的。

1.1.3 标准与技术法规的区别及联系

1.1.3.1 标准与技术法规的区别

标准与技术法规的区别主要在内容、法律效力、制定主体、制定目的等方面，其差异性见表 1-1。

表 1-1 标准与技术法规的区别

差异类别	标　准	技术法规
法律效力	通常是自愿执行，但强制性标准必须执行	强制执行
制定主体	公认机构批准的文件	国家立法机构、政府部门或其授权的其他机构制定的文件
制定目的	偏重于指导生产，保证产品质量，提高产品的兼容性	出于保护国家安全、防止欺诈行为、保护人身健康或安全、保护动植物的生命或健康、保护环境等目的，体现为对公共利益的维护
主要内容	规定具体的技术细节	为保持其内容的稳定性和连续性，一般侧重于规定产品的基本要求；与标准相比，技术法规除了关于产品特性或其相应加工和生产方法的规定之外，还包括适用的管理规定
国际贸易	不符合强制性标准的产品、服务，不得生产、销售、进口或者提供	技术法规是最重要的技术性贸易措施之一，是市场准入的门槛
透明度	标准制定的要求相对较低	WTO/TBT 协定对技术法规的制定比对标准的制定要求要严格得多，包括透明度要求
协调性	标准具有相对统一、固定的特性，在理论上是可协调的	技术法规缺乏统一、固定的特性，常常因国家之间文化特性的差异而不同

1.1.3.2　标准与技术法规的联系

尽管标准和技术法规有着明显的不同，但都主要是对产品特性、加工和生产方法所做出的规定，因此标准和技术法规也存在着必然的联系。

1）标准是制定技术法规的技术基础。大多数发达国家和地区的技术法规，在其"方法性条款""可接受方案"部分或其配套文件中，对已有标准做出了合适规定的，均直接引用这些标准的条款，不再重复规定；凡被技术法规引用的标准条款，均成为技术法规的组成部分，因而具有与技术法规相同的强制属性。只有在无合适的标准可被引用时，技术法规才用陈述性语言自行做出规定。

2）技术法规是制定标准的依据。技术法规是产品进入市场的最低要求，是市场准入的门槛，标准的制定不能违反技术法规；否则，标准在技术法规适用的国家或区域就不能得到实施。

3）强制性标准与技术法规的关系。我国强制性标准的法律地位是由《中华人民共和国标准化法》规定的。在我国加入 WTO 文件中，将我国制定的强制性标准与 WTO/TBT 协定所规定的技术法规等同处理，即我国的强制性标准等同于技术法规，获得国际范围内认同。尽管两者之间有近似性，但仍然是有根本区别的不同概念。两者的近似性表现在两者都具有法律上的强制执行效力，也都具有很强的技术性，且在经济技术活动中具有相当的地位和约束作用。两者的差别则是，强制性标准是依据法律规定判定的，其理论依据仍然是标准化理论；而技术法规是法律规范的范畴，其理论基础是法学。

1.2　我国汽车标准化工作

按照《中华人民共和国标准化法》的规定，国务院标准化行政主管部门统一管理全国标准化工作。国务院有关行政主管部门分工管理本部门、本行业的标准化工作。

作为汽车行业的行政主管部门，工业和信息化部依据职责负责强制性国家标准的项目提出、组织起草、征求意见和技术审查，可以委托全国汽车标准化技术委员会承担标准的起草、技术审查工作。作为国务院标准化行政主管部门，国家标准化管理委员会负责强制性国家标准的立项、编号和对外通报，负责对拟制定的强制性国家标准进行立项审查。强制性国家标准由国家标准化管理委员会发布或者授权批准发布。

汽车推荐性国家标准由国家标准化管理委员会制定，应当由全国汽车标准化技术委员会承担标准的起草、技术审查工作。

汽车行业标准由工业和信息化部制定，指定全国汽车标准化技术委员会组织汽车行业标准的提出、起草、征求意见、技术审查和报批工作。标准发布后报国家标准化管理委员会备案。

国家鼓励学会、协会、商会、联合会、产业技术联盟等社会团体协调相关市场主体共同制定满足市场和创新需要的团体标准，由本团体成员约定采用或者按照本团体的规定供社会自愿采用。国家标准化管理委员会会同工业和信息化部对汽车行业团体标准的制定进行规范、引导和监督。国家实行团体标准、企业标准自我声明公开和监督制度。

1.2.1 全国汽车标准化技术委员会

全国汽车标准化技术委员会（SAC/TC114）是我国道路机动车辆国家标准和行业标准的技术归口单位。负责全国载货汽车、越野汽车、自卸汽车、牵引汽车、专用汽车、客车、轿车及汽车列车（包括半挂车和全挂车）、摩托车和电动汽车及名词术语、产品分类、技术要求、试验方法等专业领域的标准化工作，负责标准体系研究，标准立项、起草、征求意见、审查、报批等流程的审核和管理，以及标准解释工作，对口国际标准化组织道路车辆技术委员会（ISO/TC22）、国际电工委员会电动道路车辆和电动载货车技术委员会（IEC/TC69），协助政府主管部门参加联合国世界车辆法规协调论坛。全国汽车标准化技术委员会目前下设30个分技术委员会，如图1-1所示，是我国规模最大的标准化技术委员会，自1988年成立以来，秘书处一直设在中国汽车技术研究中心有限公司汽车标准化研究所。

1.2.2 汽车标准制修订程序

国家标准GB/T 16733—1997《国家标准制定程序的阶段划分及代码》将国家标准制定程序划分为九个阶段：预阶段、立项阶段、起草阶段、征求意见阶段、审查阶段、批准阶段、出版阶段、复审阶段、废止阶段。其他等级标准制定程序可参照国家标准制定程序办理。标准需按照GB/T 1.1—2009《标准化工作导则 第1部分：标准的结构和编写》进行编写。

全国汽车标准化技术委员会根据国家标准化行政主管部门以及工业和信息化部关于制修订标准的要求，提出汽车行业国家标准和行业标准制修订计划项目的建议，国家标准制修订计划项目经工业和信息化部装备工业司审核批准上报国家标准化管理委员会，行业标准制修订计划项目上报工业和信息化部装备工业司，经协调批准后，分别列入国家标准制修订计划和行业标准制修订计划。

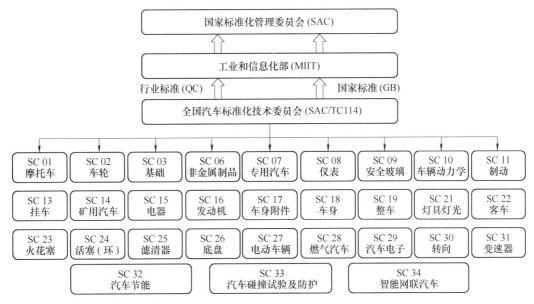

图 1-1　全国汽车标准化技术委员会职能和构成

全国汽车标准化技术委员会根据国家标准化行政主管部门以及工业和信息化部下达的标准制修订计划，协调组织计划的实施，指导和督促标准化分技术委员会、标准制定工作组或标准主要负责起草单位进行标准的制修订工作。

标准制定工作组或标准主要负责起草单位在标准草案的基础上进行充分的调查研究、试验验证，提出标准征求意见稿（包括附件，如编制说明等）分送归口的标准化分技术委员会委员、全国汽车标准化技术委员会委员以及有代表性的单位和个人征求意见，征求意见时间不少于 30 个工作日。标准制定工作组或标准主要负责起草单位对所提意见进行综合分析后，对标准进行修改，提出标准的送审稿，报标准化分技术委员会秘书处。

标准化分技术委员会秘书处将标准的送审稿送分技术委员会主任委员初审同意后，提交分技术委员会全体委员进行审查。标准审查可用会议审查，也可用函审，但强制性标准必须组织会议审查。分技术委员会秘书处应在会议前将标准的送审稿（包括附件）提交给技术委员会委员。审查时原则上应协商一致。标准送审稿须进行表决，对于推荐性标准，参加投票的委员不得少于 3/4，参加投票委员 2/3 以上赞成，且反对意见不超过参加投票委员的 1/4，则审查通过；对于强制性标准，赞成票数须超过全体委员的 3/4（含），反对票数不得多于全体委员的 1/5（含），视为审查通过。表决结果应当形成决议，由秘书处存档。

审查通过的标准送审稿，由标准制定工作组或标准主要负责起草单位根据审查意见进行修改，按要求提出标准的报批稿及其附件，送标准化分技术委员会秘书处复核，并由分技术委员会主任委员或其委托的副主任委员审核签字后报全国汽车标准化技术委员会秘书处。标准制定工作组或标准主要负责起草单位应对标准报批稿的技术内容和编写质量负责。

标准的报批稿经全国汽车标准化技术委员会秘书处复核、报批公文经秘书长签字后送主任委员或其委托的副主任委员审核签字后报下达标准项目的计划部门复核。国家标准报国家标准化行政主管部门批准发布，行业标准报工业和信息化部批准发布。

1.2.3 汽车标准体系

中国汽车标准体系采用强制性标准体系与推荐性标准体系相结合的方式。强制性标准体系与推荐性标准体系整合成完整的汽车标准体系结构。

强制性标准符合国家对于强制性标准的制定原则，涉及汽车安全、环保与节能三大方面。因汽车产品更加关系人身及财产安全，所以强制性标准以安全类标准居多，在强制性标准体系建立时就将安全又细分为主动安全、被动安全和一般安全三个方面。

推荐性标准涉及方面多、领域多，基于目前汽车标准制定组织的结构，在推荐性标准体系建立时考虑了分领域特点、技术分类、管理模式和工作模式，统筹构建。

汽车标准体系框架结构如图1-2所示。

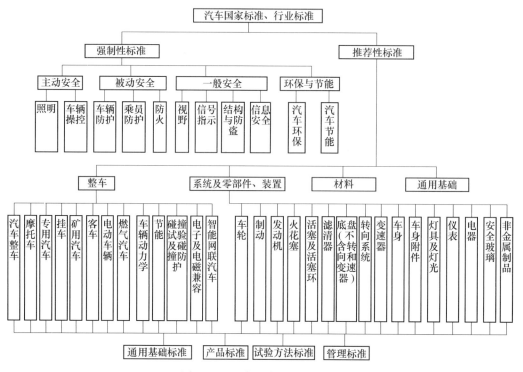

图1-2 汽车标准体系框架结构

1.2.4 汽车强制性国家标准（GB）

对保障人身健康和生命财产安全、国家安全、生态环境安全以及满足经济社会管理基本需要的技术要求，应当制定强制性国家标准。

从 1993 年起，汽车行业主管部门与标准化机构确定了以联合国欧洲经济委员会汽车法规（UN 法规，原 ECE 法规）、欧盟汽车标准法规（EU 法规，原 EEC/EC 指令）为基础建立我国强制性标准体系的基本技术路线，目前已经制定形成了一整套强制性标准，基本覆盖了汽车的安全、环保、节能等各方面。

我国目前的汽车行业现行强制性国家标准分为主动安全、被动安全、一般安全、环保与节能四个领域。

1）汽车主动安全——涉及照明与光信号装置、操控、制动、转向、轮胎等系统的安全性能要求。

2）汽车被动安全——涉及座椅、头枕、门锁、安全带、凸出物等车身部件的安全性能要求，以及汽车碰撞安全性能、车身防护件性能、防止火灾等要求。

3）汽车一般安全——涉及汽车视野、指示与信号装置、车辆结构及防盗、车辆信息安全等要求。

4）环保与节能——包括车辆的污染物排放限值及对应的试验方法、车辆噪声要求、车辆电磁兼容要求、车辆禁限用物质要求，以及车辆的燃油消耗量限值等。

1.2.5 汽车推荐性标准（GB/T、QC/T）

对满足基础通用、与强制性国家标准配套、对各有关行业起引领作用等需要的技术要求，可以制定推荐性国家标准。

汽车推荐性国家标准按照各主要领域和汽车产品种类确立了分体系，涉及整车类的分体系包括传统汽车整车、摩托车、挂车、专用汽车、矿用汽车、客车、燃气汽车、电动车辆、智能网联汽车、车辆动力学、汽车电子、汽车节能、汽车碰撞试验及碰撞防护；涉及系统零部件、装置类的分体系包括车轮、制动、电器、仪表、安全玻璃、发动机、车身、车身附件、灯具及灯光、火花塞、活塞及活塞环、滤清器、底盘、转向系统、变速器、非金属制品；涉及通用基础类的分体系，只有基础。

目前推荐性国家标准主要包括：

1）汽车产品定义、分类、术语、词汇等基础标准。

2）汽车整车产品各项性能（包括部分安全性能）试验方法。

3）整车产品技术条件类标准（我国特有产品、非安全要求、未强制的安全要求等）。

4）部分汽车零部件标准。

5）汽车管理类标准等。

汽车行业标准全部为推荐性标准，主要包括：

1）汽车及总成、零部件产品的定义、分类、术语、词汇等基础标准。

2）汽车总成、零部件及专用汽车整车产品试验规程及各项性能试验方法。

3）部分整车产品技术条件类标准。

4）汽车总成、零部件产品技术条件类标准。

5）个别的车辆说明文件等资料性标准、基础件标准。

1.2.6 电动汽车标准化工作

我国电动汽车标准的制修订工作主要由全国汽车标准化技术委员会电动车辆分技术委员会负责，电动车辆分技术委员会成立于 1998 年，代号为 SAC/TC114/SC27，秘书处挂靠于中国汽车技术研究中心有限公司，主要负责纯电动汽车、混合动力电动汽车、燃料电池电动汽车、电动汽车关键系统和零部件等相关领域的标准化工作。我国电动汽车标准化工作组织如图 1-3 所示。

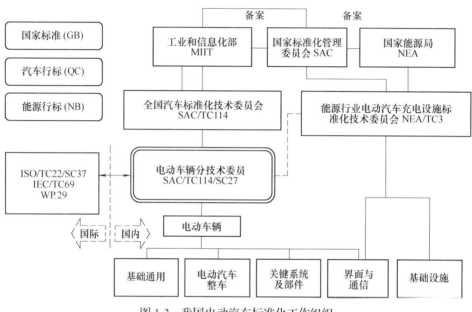

图 1-3 我国电动汽车标准化工作组织

1.3 国际汽车标准化

许多国际组织都发布相关的国际标准和开展国际标准化工作，其中最著名且得到广泛认可的有国际标准化组织（ISO）、国际电工委员会（IEC）、国际电信联盟（ITU）等。目前与汽车行业联系最紧密的是 ISO 和 IEC 两大国际标准机构。ISO 通常制修订与汽车整车及部件相关的汽车国际标准，而 IEC 通常制修订与电能传输相关的汽车国际标准。由于通信技术在汽车上的应用越来越广泛，ITU 也很重视与汽车相关标准的研究工作。

1.3.1 国际标准的定义及分类

ISO/IEC 指南上对国际标准的定义为：由国际标准化组织（ISO）、国际电工委员会（IEC）、国际电信联盟（ITU）制定的标准；经 ISO 确认的国际组织制定的、并且标准经 ISO 确认后纳入 ISO 目录中的标准。

国际标准按文件形式，可分为六类：

1. 国际标准（IS）

国际标准按规定程序制定，正式通过投票，可以公开提供。

2. 技术规范（TS）

技术规范是为满足市场需求，降低国际标准协商一致程度而制定的，是在一个技术委员会内部达到基本协商一致的标准文件。

3. 可公开提供的技术规范（PAS）

可公开提供的技术规范是在正式制定国际标准前，为满足市场急需而出版的中间性文件，主要是用于技术快速发展的高新技术领域中。

4. 技术报告（TR）

技术报告是信息性文件，包括为制定国际标准而收集的各种数据。

5. 国际专题研讨会协议（IWA）

国际专题研讨会协议是由指定的 ISO 成员体管理支持的研讨会制定的技术文件。专题研讨会的成果即为 IWA。

6. 工业技术协议（ITA）

工业技术协议是 IEC 引入的新型标准文件，制定程序不同于常规国际标准，是由任一家工业企业、集团制定的，经过公开研讨、论坛等来产生，可以更快适应高新技术的快速发展。

按专业不同，IEC 涉及基础、原材料、安全和操作、测试和控制、电力、电气及电气部件标准等领域；ISO 涉及通用基础、安全及环境、传统工程技术、电子及信息技术、农业技术、材料技术、特种技术、建筑学、货物运输等领域。

制定国际标准是国际标准化工作的核心内容。

制定一项国际标准，总体上要经历七个阶段，见表 1-2，表中主要包含了国际标准制定程序中的各阶段名称、工作内容、对应的文件名称和缩写以及国际标准化组织提出的时间节点要求。

表 1-2 国际标准制定阶段

阶段名称	工作内容	文件名称	文件缩写	目标日期
预备阶段	涉及新兴技术，新的市场需求等尚不成熟的、还不能进入下一阶段的项目。在此阶段，可以开始制定初始草案	预备工作项目	PWI	无明确要求
提案阶段	提议制定新标准，对现行的标准提出修订，包括更正现行标准技术上的或编辑上的错误和补充新内容等	新工作项目提案	NP	在 3 个月内（或在做决定的会议上）提交投票结果
	提案可由国家团体、技术委员会或分技术委员会及其联络组织提出			
	IEC 组织中 25% 以上，并至少有 4 个积极成员（P 成员），ISO 组织中至少有 5 个 P 成员投赞成票并派员参加工作，该项目才有可能被批准，纳入技术委员会或分技术委员会工作计划			

（续）

阶段名称	工作内容	文件名称	文件缩写	目标日期
起草阶段	针对经批准的新工作项目制定工作草案 秘书处以会议或通信方式建议成立相关工作组负责开展工作，当第一委员会草案（CD）形成时，准备阶段宣告结束	工作草案①	WD	至现阶段，最长6个月
委员会阶段	此阶段是考虑国家团体意见的主要阶段，目标是在技术内容上达成一致 技术委员会P成员对草案提出意见，秘书处与技术委员会主席和项目负责人一起，提出项目处理意见。如有必要，将进行第二轮表决，以达到协商一致②的目的	委员会草案①	CD	至现阶段，最长12个月
征求意见阶段	国家团体进行投票表决，意见限赞成、反对或弃权三种。赞成票可以附上编辑性或少量技术性意见。反对票必须附意见。所附的意见只能用英语或法语表达。计算投票时，弃权票或未附理由的反对票不算在内 如果P成员中，2/3以上投赞成票，或1/4以下投反对票，则草案通过，反之，将修改后的草案重新分发，再次投票③	征求意见草案	ISO/DIS IEC/CDV	至现阶段，不超过24个月
批准阶段	由国家团体进行投票表决。投票仍为三种类型。赞成票不必提意见，反对票仍可以提意见，但是只能作为下一轮国际标准复审的参考意见。此阶段不再接受任何编辑或技术修改意见。投票计算方法以及对该阶段草案的评估与征求意见阶段相同	国际标准最终草案④	FDIS	至现阶段，不超过33个月
出版阶段	在确保更正了所有的错误之后，印刷并分发国际标准	国际标准	ISO、IEC或ISO/IEC	至现阶段，不超过36个月

① 按照ISO/IEC工作导则的规定，如果各P成员国对新工作项目提案反应积极，可以省略工作草案和委员会草案投票阶段，直接进入征求意见阶段。
② 协商一致并非"一致同意"。只要利益相关方对重大问题不坚持反对，消除了各方对立、矛盾的意见，就可以认为已经达到了协调一致。
③ 如果该阶段没收到任何反对意见，则直接出版。
④ 可能省去。

1.3.2 国际标准化组织（ISO）

国际标准化组织（ISO）的前身是国家标准化协会国际联合会（ISA）和联合国标准协调委员会（UNSCC），ISO组织于1947年2月23日正式宣告成立。总部设在瑞士日内瓦。其缩写ISO源于希腊语，表示"平等""均等"，不是机构英文全称首字母缩写。ISO是非政府性组织，不属于联合国，但它是联合国甲级咨询机构，与联合国的许多组织和专业机构保持密切联系，如欧洲经济委员会。同时与很多国际组织在标准化领域开展合作，其中与国际电工委员会（IEC）的合作最为密切。

1. 宗旨

ISO的宗旨是在全世界范围内促进标准化及有关活动的发展，以便于国际物资交流，并扩大在知识、科学技术和经济领域的合作。

2. 任务

ISO的主要任务是制定、发布并推广国际标准；协调世界范围内的标准化工作；组织成员国和技术委员会进行信息交流；与其他国际组织开展合作，承担标准化课题的研究。

3. 领域

ISO自成立以来，其工作领域已从最初的材料工业逐渐扩展到工业及工程建设、农业生产、交通运输、服务业、信息技术、医疗保健、环保、食品安全等。

4. 成员

ISO成员分为三类：成员团体（Member Body，即正式成员）、通信成员（Correspondent Member）和注册成员（Subscriber Member）。我国是ISO的正式成员国。

5. 章程

ISO章程规定：一个国家只能有一个具有代表性的国家标准化机构参加ISO。正式成员可以参加ISO的所有工作，享有投票权。通信成员作为观察员参加ISO工作，没有投票权。注册成员一般来自尚未建立国家标准化机构的国家，可参加ISO的活动，有投票权。

6. 组织机构

ISO的核心机构有全体大会、理事会、技术管理局、技术委员会和中央秘书处。

1）全体大会是ISO的最高权力机构，为非常设机构，每年召开一次。ISO成员国和主要ISO官员以及与ISO有联络关系的国际组织均派代表参加会议，但只有成员团体有表决权。

2）理事会是常设管理机构。其主要任务是讨论决定ISO工作中的重大问题、任命秘书长、ISO主要官员、选举技术管理局成员、审查ISO中央秘书处预算等。

在2008年的ISO大会上，由于我国对ISO的杰出贡献，批准通过我国成为ISO常任理事国。这是我国首次进入国际标准化组织高层的常任席位，它标志着我国标准化工作实现了重大突破。

3）技术管理局是负责ISO技术管理和协调的最高管理机构。主要任务是协调ISO技术工作计划，负责技术委员会（TC）的全面管理，批准成立或解散TC，修改TC的工作导则。技术管理局日常工作由ISO中央秘书处承担。

4）技术委员会是技术管理局的下属机构，由技术管理局设立、管理并监督其工作，是承担国际标准制修订的技术机构。

在ISO众多的技术委员会中，与汽车行业直接相关的为ISO/TC22（国际标准化组织/道路车辆技术委员会）。

ISO/TC22成立于1947年，主要负责在1968年维也纳公约中所规定的道路车辆（包括挂车、摩托车、机动车、汽车列车、铰接车辆）及其装备的兼容性、互换性、安全性以及术语和性能评价试验规程（包括仪器的特性）的标准化工作。该技术委员会秘书处设在法国。现有包括我国在内的正式成员国28个，观察员45个。下设分技术委员会（SC）11个，每个SC都设有秘书处，负责制定本技术委员会的工作计划，并协调人力、物力开展工作，推进项目的进行。ISO/TC22组织机构见表1-3。

表 1-3 ISO/TC22 组织机构

序号	机构编号	机构名称	工作职责
1	SC 31	车辆通信	车用数据通信，包括车内通信（包括传感器通信）、诊断通信、试验协议及接口、接口和网关、数据格式
2	SC 32	车辆电气、电子部件及通用系统	电子、电气系统及部件主要性能要求，包括线束、专用插接器（挂车、OBD 插接器），专用电子、电气部件（发电机、熔丝），电磁兼容性（EMC），环境试验，功能安全
3	SC 33	车辆动力学及底盘部件	车辆动力学，主动安全，车轮、制动、轮胎等底盘部件
4	SC 34	车辆动力系统、传动系统及传动液（不包括制动液）	传动动力系统及部件，传动系定义等
5	SC 35	照明系统及可视性	驾驶环境及相关体系的标准化、可视性
6	SC 36	安全及碰撞试验	有关乘员保护、碰撞试验、事故分析等提高交通安全的标准化
7	SC 37	电驱动车辆	电动车系统、部件、电池安全等
8	SC 38	摩托车及轻便摩托车	两轮车、三轮车的特定要求
9	SC 39	人体工程学	驾驶人与驾驶环境、驾驶系统的互动
10	SC 40	商用车、大客车和挂车的特殊性	有关重型商用车、大客车和挂车的特定领域，如连接等不包括在其他分委会的领域
11	SC 41	燃气汽车	燃气汽车的结构、安装和部件、系统的试验

随着汽车行业的发展，ISO/TC22 工作内容已从道路车辆发动机总成及部件、制动系统、约束系统、照明及光信号、操纵稳定性及平顺性、材料的回收再利用等传统领域向电子电气、电动汽车、智能网联等新兴技术领域扩展。

截至 2018 年 5 月，ISO/TC22 现行有效标准 835 项，ISO/TC22 标准构成见表 1-4。

表 1-4 ISO/TC22 标准构成

机构编号	标准数量	机构编号	标准数量
TC 22	16	SC 36	78
SC 31	115	SC 37	37
SC 32	127	SC 38	70
SC 33	99	SC 39	29
SC 34	120	SC 40	54
SC 35	36	SC 41	54

1.3.3 国际电工委员会（IEC）

国际电工委员会（IEC）是制定国际电工领域标准的非政府性组织，1906 年成立于伦敦。1947 年曾作为电工部门并于 ISO，1976 年分离出来。它是世界上最早的国际性标准化机构。

1. 宗旨

国际电工委员会（IEC）的宗旨是促进电气、电子工程领域中标准化的国际合作。

IEC 和 ISO 是两个互为补充的组织,共同建立国际标准化体系,对领域交叉或界限模糊的标准化工作,由两个组织共同协商解决。

2. 成员

IEC 成员有积极成员（P 成员）和观察员（O 成员）两类。按章程规定,一个国家只有一个机构以国家委员会名义参加 IEC。P 成员可参加各项活动,有投票权。O 成员可以获得信息,以观察员身份参加活动。

3. 组织机构

IEC 的主要机构有理事会（全体大会）、理事局、中央办公室等。

1）理事会是最高权力机构,是国家委员会的全体大会。负责制定 IEC 政策和长期战略目标,修改 IEC 章程及程序。

2）理事局是主持 IEC 工作的最高决策机构,提出并落实理事会制定的政策。

3）中央办公室是 IEC 的活动中心,监督 IEC 章程的贯彻实施。保证项目管理、文件传递等工作的正常进行。

另外,技术委员会是承担标准制修订工作的技术机构,由各成员国自愿参加。

IEC 国际标准的概念及类型、制定、维护等同于 ISO 国际标准。

在 IEC 的 90 多个技术委员会中,与汽车行业直接相关的为 IEC/TC69（国际电工委员会/电动道路车辆与电动工业货车技术委员会）。

IEC/TC69 负责制定自带电源的电力驱动道路车辆的国际标准,秘书处设在比利时,IEC/TC69 组织机构见表 1-5。IEC/TC69 现有包括我国在内的正式成员国 26 个,观察员 14 个。

表 1-5　IEC/TC69 组织机构

类型	编号	名称
联合工作组	JPT 61851-3	电动汽车传导供电系统
	JWG 1	车辆电网通信接口
	JWG 11	电动汽车充电放电基础设施管理
维护工作组	MT 5	IEC 61851-23 和 IEC 61851-24 维护
	MT 61851-1	电动汽车传导充电系统
	MT 62576	电动汽车、储能装置和电容器
项目组	PT 62840	电动汽车电池交换基础设施安全要求
	PT 61851-0	TC 69 出版物的通用项目
	PT 61851-23-2	传导充电系统　第 23-2 部分:低功率直流充电系统
	PT 61851-23-1	传导充电系统　第 23-1 部分:自动连接直流充电系统
	PT 61851-21-2	传导充电系统　第 21-2 部分:车外充电系统 EMC 要求
	PT 62831	使用智能卡的电动汽车维修设备用户标识
工作组	WG 7	WPT 系统
	WG 9	漫游充电服务
	WG 10	轻型电动汽车传导充电系统
	WG 12	传导充电系统

1.3.4 国际电信联盟（ITU）

国际电信联盟（ITU）的历史可以追溯到1865年。为了顺利实现国际电报通信，1865年5月17日，法国、德国、意大利、奥地利等20个欧洲国家的代表在巴黎签订《国际电报公约》，并成立了国际电报联盟，1906年在柏林举行的第一次国际无线电报大会上签订了《国际无线电报公约》，其附件包括第一个管理无线电报的法规，以后经过几次无线电大会对这些法规进行扩展和修订，现称为"无线电法规"。1924年国际电话咨询委员会（CCIF）成立，1925年国际电报咨询委员会（CCIT）成立，1927年在华盛顿举行的无线电大会上国际无线电咨询委员会（CCIR）建立，这三个组织共同负责在电信的各个领域开展技术研究、试验并制定国际标准。1932年有70多个国家代表在马德里召开会议，决定把原有的两个公约合并为《国际电信公约》，制定了新的电报、电话、无线电规则，并将国际电报联盟改为国际电信联盟，简称ITU。经联合国同意，1947年10月15日，国际电信联盟成为联合国的一个专门机构，其总部由瑞士伯尔尼迁至到日内瓦。ITU是联合国专门机构之一，也是联合国机构中历史最长的一个国际组织，但在法律上不是联合国附属机构，它的决议和活动不需联合国批准，但每年要向联合国提出工作报告。

1. 宗旨

1）维护并发展成员国之间的合作，以改进、合理使用各种电信技术。

2）促进和加强相关的公司和组织参加ITU活动，鼓励它们与成员国有效合作，以便实现ITU的目标。

3）促进并向发展中国家提供电信领域的技术援助，以提高发展中国家电信服务能力，促进所需材料和人力、财力资源的流动。

4）促进技术设施开发及其有效运行，以提高电信服务效率，增加收益。

5）促进新的电信技术的发展，提倡利用电信服务，以便建立和睦的关系，使世界人民受益。

6）协调成员国的行动，促进成员国与各分部成员之间有益且积极的合作。

7）通过与其他涉及电信的世界和区域政府间组织和非政府组织的合作，促进在国际上采纳解决全球信息经济和社会中电信问题的方法。

2. 任务

ITU的任务是主管信息通信技术事务，负责分配和管理全球无线电频谱与卫星轨道资源，制定全球电信标准，向发展中国家提供电信援助，促进全球电信发展。

3. 成员

ITU成员有包括我国在内的193个成员国和700多个部门成员及部门准成员和学术成员，既吸收各国政府作为成员国加入，也吸收运营商、设备制造商、融资机构、研发机构和国际及区域电信组织等私营机构作为部门成员加入。

4. 权力机构

ITU的最高权力机构是全权代表大会。每4年召开一次会议，主要任务是制定政策，实现ITU的宗旨。大会闭会期间，由ITU理事会行使大会赋予的职权。总秘书处主持日常工作，主要职责是拟定战略方针与策略，管理各种资源，协调各部门的活动等。全权大会组建了一个专家委员会，其任务是修改推荐书（标准），以保证ITU能持续有效地满足其成员的需求。

5. 领域

ITU按照活动的领域划分为3个部门：电信标准化部门（ITU-T）、无线电通信部门（ITU-R）和电信发展部门（ITU-D）。

1）ITU-R的主要职责是确保所有无线电通信业务合理、公平、有效和经济地使用无线电频谱以及对地静止卫星轨道，并制定有关无线电通信课题的建议。

2）ITU-T的主要职责是研究技术、操作资费问题，并就这些问题制定标准化建议，研究制定统一电信网络标准，其中包括与无线电系统的接口标准，以促进并实现全球的电信标准化。

3）ITU-D的主要职责是鼓励发展中国家参与电联的研究工作，组织召开技术研讨会，使发展中国家了解ITU的工作，尽快应用电联的研究成果，鼓励国际合作，为发展中国家提供技术援助，在发展中国家建设和完善通信网。

6. 汽车相关标准化组织

ITU有与汽车相关的汽车标准组织机构并开展标准化工作。在ITU-T SG17工作组已经建立了新的小组Q13，对智能交通以及联网汽车安全开展研究工作。目前，SG17工作组下的Q13工作小组已经于2017年3月20日发布标准X.1373《智能交通系统通信设备的安全软件更新功能》，通过适当的安全控制措施为远程更新服务器和车辆之间软件安全提供方案，并且定义了安全更新的流程和内容建议，以预防诸如篡改或恶意入侵车辆内通信设备等威胁。

目前，ITU正在制定的标准有7个：

1）X.itssec-2：该标准为V2X通信系统提供指导。

2）X.itssec-3：该标准定义了包括车载诊断端口连接等接入设备的安全要求，并做了相应的威胁分析。

3）X.itssec-4：该标准利用各种高效光源来检测影响ECU通信的威胁。

4）X.itssec-5：该标准为车辆边缘计算提供安全指导。

5）X.mdcv：该标准为联网汽车提供了安全相关的异常行为的检测机制，定义了所需的数据类型和整套检测机制的步骤。

6）X.srcd：该标准提出了针对V2X通信数据保护的安全要求，并定义了数据的安全等级。

7）X.stcv：该标准定义了联网汽车相关的安全威胁，并提出了相应的分析。

1.4 汽车发达国家的汽车标准化

1.4.1 美国

美国汽车标准化工作分为两个层次，即国家标准（ANSI标准）和团体标准（SAE标准等）。其中国家标准由美国国家标准学会（ANSI）批准发布，团体标准主要由美国汽车工程师协会（SAE）制定发布。涉及汽车标准化工作的还有美国材料与试验协会（ASTM）、美国石油协会（API）、美国机械工程师协会（ASME）、美国保险商试验室（UL）、美国电气与电子工程师学会（IEEE）等。

1.4.1.1　美国国家标准学会及其标准

美国国家标准学会最早名为美国工程标准委员会（AESC），成立于1918年10月19日，1969年10月6日改为现名。美国国家标准学会是非营利性质的民间标准化团体，但它实际上已成为国家标准化中心，各界标准化活动都围绕着它进行，起到了联邦政府和民间标准化系统之间的桥梁作用。它协调并指导美国各机构、团体、专业标准化协会的标准化工作，审核批准美国国家标准，代表美国参加国际标准化活动，起着行政管理机关的作用，但它在标准化方面并不具有法律权威，政府机构只是以个人身份参加其活动。

由美国国家标准学会批准发布的标准称为美国国家标准（ANSI标准），是经各方面协商、一致同意的国家标准，为自愿实施的推荐性标准。ANSI标准很少是由美国国家标准学会本身制定的，往往由美国各专业标准化团体或协会，如美国汽车工程师协会（SAE）、美国材料与试验协会（ASTM）、美国石油协会（API）、美国机械工程师协会（ASME）、美国保险商试验室（UL）、美国电气与电子工程师学会（IEEE）等，将自己的标准推荐给美国国家标准学会作为国家标准，经美国国家标准学会批准后冠以ANSI标准代号，即成为美国全国范围协调一致的国家标准。在没有此类团体、协会的情况下，由ANSI授权建立一个特别委员会，按照规定程序制定有关标准，但此类标准数量不多。

1.4.1.2　美国汽车工程师学会（SAE）及其标准

SAE标准由美国汽车工程师学会（Society of Automotive Engineers，SAE）制定发布。SAE组织最早成立于1902年，当时名为美国汽车工程师学会。1910年，该学会接管了特许汽车制造商协会（ALAM）机械分部的技术数据编制工作，成为美国汽车工业的专业标准委员会。1916年，该学会又与美国航空工程师协会（ASAE）和拖拉机工程师协会（STE）合并。不久，美国全国内燃机与船舶制造商协会（NAEBM）和全国燃气轮机协会（NGEA）将其工程与标准化工作并入SAE。目前，该协会的标准化工作，除汽车制造业外，还包括飞机、航空系统、航空器、农用拖拉机、运土机械、筑路机械以及其他制造工业用的内燃机等。SAE所制定的标准不仅在美国国内被广泛采用，而且成为国际上许多国家工业部门和政府机构在编制标准时的依据，被国际上许多机动车辆技术团体广泛采用，美国及其他许多国家在制定其汽车技术法规时，也常常在许多技术内容或环节上引用SAE标准，成为国际上著名的标准体系。

SAE在汽车领域拥有庞大、完善的标准体系，其中与汽车直接相关的标准可以按如下类别进行分类：

1）与汽车有关的可靠性、维修性、保障性标准。
2）道路车辆灯光标准。
3）燃油及润滑油标准。

4）轻型、中型及重型车辆车载诊断系统。

5）紧固件标准。

6）汽车织物和内饰标准。

7）道路车辆电磁兼容性标准。

8）活塞环标准。

9）内部气候控制标准。

10）车辆乘客约束系统和部件标准。

11）道路车辆制动系统标准。

12）道路车辆排放标准。

13）车轮标准。

14）道路车辆噪声测量标准。

15）燃油喷射系统及试验方法标准。

16）车辆冷却系统标准。

17）车辆液体及气体管路与接头标准。

18）电动车能量传输系统标准。

19）摩托车标准。

20）农用拖拉机及相关标准。

在美国国家标准学会（ANSI）的支持和领导下，SAE 协会代表美国汽车工业界积极参加国际标准化组织/道路车辆技术委员会（ISO/TC22）的工作。

1.4.2 德国

德国的汽车工业标准只有国家标准这一级，即德国工业标准（DIN 标准），由德国标准化学会（DIN）负责制定。德国标准化学会的前身为 1926 年 11 月正式定名的德国标准委员会，它是一个经注册的公益性民间组织，由数千个团体会员组成，凡关心标准化事业的公司、团体、组织，按章交纳会费，均可成为 DIN 的会员，并共同组成会员大会，它是 DIN 的最高权力机关。DIN 组织中具体负责标准制修订工作的技术组织是标准委员会（NA），下设工作委员会（AA），工作委员会又下设工作组（AK）或分委员会（UA），此外还有直属于 DIN 组织的独立工作委员会（A）。目前德国 DIN 共有 100 多个标准委员会，数千个工作委员会，参加这些标准委员会、工作委员会、工作组进行标准制修订工作的人员为来自各个行业、各个单位的有关专家、教授、工程师、科研人员和管理人员，标准制修订工作所需要的经费由参加者所在单位解决，DIN 在组织上起到管理的作用。

在德国标准化工作中，具体从事汽车标准化工作的标准委员会（NA）为德国汽车标准化委员会（FAKRA），该委员会为一常设机构，在汽车标准制修订的业务工作方面直接受德国 DIN 的领导，但在组织关系上，在人力资源、资金、具体技术支撑等方面，该委员会隶属于德国汽车工业协会（VDA），是 VDA 下属的最主要的部门之一。FAKRA 的主要工作为针对 DIN 70010 中规定的道路车辆（不包括农林拖拉机）及其所有装备、部件的一致性、互换性和安全保障性制修订 DIN 标准，这些车辆即包括内燃机车辆，也包括电动车辆以及混合动力车辆。在车辆的种类上，FAKRA 的工作还包括建设、建筑用的各种专用车，但不包括公用、消防、救护等方面的车辆。此外，FAKRA 的工作还包括货物集装箱的标准化工作。

目前，有关汽车的正式发布的 DIN 标准基本构成见表 1-6。

表 1-6　DIN 标准基本构成

标准类别	主要内容
整车标准	基础、术语标准，人体工程学、符号标准，车身及底盘标准，管路总成，机械连接件，测量及试验标准，测量仪器，紧固件和控制器电缆，附件，摩托车和轻便摩托车，特种车辆和车身
发动机及传动系统标准	基础、术语标准，燃油喷射装置，滤清器，活塞环及活塞销，回转轴唇状自紧油封，传动及动力输出部件
车轮及轮胎标准	基础、术语标准，车轮连接尺寸及制动鼓最大外部尺寸，轮胎，轮辋及轮辋外廓，气阀
制动装置标准	基础、术语标准，符号及试验方法，气压制动系统，液压制动系统
电子及电气装置标准	基础标准，轿车收音机，蓄电池，照明及回复反射器，电气连接件，快速插接式插头及插座，电缆，继电器及闪光器，开关，风窗玻璃刮水器，熔丝，起动机及发电机，点火及干扰抑制装置，数据通信及诊断系统，电磁兼容性，报警与信号装置

FAKRA 代表德国参加 ISO/TC22 的工作，并在其中起着非常重要的作用。在 ISO/TC22 中的所有 22 个分技术委员会中，FAKRA 承担了 6 个分技术委员会的秘书处工作，以及 19 个工作组的秘书处工作。

随着电动汽车的研发和产业化在德国越来越受到重视，德国电气电工信息技术委员会（DKE）也积极投入电动汽车标准化工作，DKE 是 IEC 在德国的对口标准化组织，DKE 在 IEC 的多个与汽车相关的国际标准工作组担任召集人，主持汽车相关的 IEC 国际标准的制修订工作。

1.4.3　日本

日本的汽车标准化工作分为国家标准和行业标准两个主要的层次，其中日本国家汽车标准为日本工业标准（JIS 标准），日本汽车工业协会标准为 JASO 标准。JIS 标准由日本工业标准调查会（JISC）组织制定和审议，JASO 标准由日本汽车标准化组织制定，这两个标准体系在国际上都具有较大的影响力。

1.4.3.1　日本工业标准调查会及其 JIS 标准

日本汽车 JIS 标准由日本工业标准调查会（JISC）制定，JISC 成立于 1946 年 2 月，其前身是 1921 年 4 月成立的日本工业品规格统一调查会（JESC）。1949 年 7 月 1 日，日本颁布实施《工业标准化法》，授权日本工业标准调查会作为全国性的标准化管理机构，组织制定和审议日本工业标准（JIS 标准），调查并审议 JIS 标志指定产品和技术项目。JISC 隶属于日本通商产业省（现经济产业省）工业技术院，经 JISC 组织制定和审议后的 JIS 标准，由通商产业省主管大臣代表国家批准公布。JIS 标准是日本以立法的形式明确规定、以政府为主来制定的最重要、最有权威性的国家级标准，范围涉及各个工业领域，内容包括产品标准、方法标准、基础标准等。

JISC 在标准的制修订工作上，往往委托给有关的专业团体、工业协会来进行，这样的标准占到 JIS 标准总数的 3/4 以上。其中，承担及参与日本汽车行业的 JIS 标准起草任务的团体和协会很多，如日本电动车辆协会、日本汽车工业协会、日本汽车车身协会等。但主要受委托及承担 JIS 汽车标准制修订工作的组织为日本汽车标准化组织，即 JASO 组织。JIS 标准是自愿采用的，无法律约束力，但由于所有 JIS 标准，不管是由 JISC 本身制定的，还是委托日本各民间标准化团体、协会制定的，都按照科学、民主的原则广泛征求各方的意见，以达到协调一致，因此 JIS 标准在日本具有很高的权威性和影响力，企业采标率相当高。

日本 JIS 标准经通商产业省批准公布后，由日本规格协会（JSA）进行出版发行和有关的培训工作。日本规格协会成立于 1945 年 12 月 6 日，是日本推行工业标准化和质量管理的民间公益组织。JSA 同时还不定期地将 JIS 标准翻译成英文，以方便其他国家和地区参考使用。

日本与汽车相关的 JIS 标准体系构成见表 1-7。

表 1-7　日本与汽车相关的 JIS 标准体系构成

标准类别	主要内容
基础标准	术语、符号
	整车一般要求
试验、检测、测量标准	整车
	发动机
	部件及装置
发动机及其部件标准	发动机及其部件
底盘与车身标准	动力传送、转向、悬架系统
	制动
	车轮及轮胎
	风窗玻璃、安全带及固定点、座椅、头枕、后视镜
	牵引车与挂车连接装置
车辆电气系统标准	一般要求
	照明信号装置
	仪表、扬声器、报警器、开关、继电器等部件

1.4.3.2　日本汽车工业协会（JASO）及其 JASO 标准

JASO 标准由日本汽车工业协会（JASO）制定发布，该组织成立于 1960 年，为全面负责日本汽车工业界标准化工作的专门机构，在组织结构上，它是日本汽车工程师协会（JSAE）的一个主要下属部门，即 JSAE 标准部，但对外又作为一个独立的团体（即 JASO 组织）开展工作。JASO 的工作主要分为 4 部分：

1）组织日本汽车行业的标准化工作，如各种会议、交流等，组织制修订日本汽车行业标准（JASO 标准），该标准作为 JIS 标准的补充，使之具体化，或作为行业标准先行，预示标准化工作方向，为制定 JIS 标准做技术准备。

2）接受日本工业标准调查会（JISC）的委托，组织日本汽车工业界各有关方面，如团体、协会、企业等制修订有关汽车的 JIS 标准。

3）代表日本积极参加 ISO/TC22 的道路车辆国际标准化工作，根据 WTO/TBT 协议的要求，积极推进汽车标准的国际协调和统一，以及日本汽车标准与国际标准相一致。除 ISO/TC22 外，JASO 还参加 ISO/TC70（内燃机）和 ISO/TC43/SC1（汽车噪声）。

4）配合日本汽车法规工作的政府主管部门，积极参与汽车技术法规的国际协调性工作，并承担许多具体工作，如国际法规协调研究性日程（IHRA）的工作。

为了保证以上工作的顺利开展，日本 JASO 内部建立了非常完善的组织机构，按照不同的专业和领域设立了相应的技术委员会（即部会），包括制动、安全、车身底盘、电气装备、发动机、标准件、材料、二轮摩托车、车辆性能；每个技术委员会中又设立数量不等的分技术委员会（即分科会）。

日本 JASO 标准体系构成见表 1-8。

表 1-8 日本 JASO 标准体系构成

标准类别	代码	主要内容
车身标准	B	基础标准，车身结构，机械部件，燃油箱，安装部件，载货牵引车、挂车和特种车，术语与符号
底盘标准	C	基础标准，离合器，变速器（含自动变速器），行驶装置，制动，悬架，术语与符号
电气装备标准	D	基础标准，点火与起动装置（含蓄电池），照明部件，仪表，开关，附加部件，电气线路，术语与符号
电机与发动机标准	E	基础标准，行驶部件，供油装置（包括喷射装置），润滑装置，冷却装置，排气与净化装置，进排气管路，术语与符号
机械元件标准	F	基础标准，螺钉与其他紧固件，垫圈，密封件，术语与符号
材料与表面工艺标准	M	基础标准，钢铁材料，非金属材料，化工材料，纺织材料，陶瓷材料，表面工艺，术语与符号
摩托车标准	T	基础标准，车身，底盘，电气部件，电机和发动机，术语与符号
其他标准	Z	基础标准，通用试验方法，维修，术语与符号

日本 JASO（对外称 JSAE）在 JISC 的支持下，代表日本参加 ISO/TC22 的工作，承担了多个分技术委员会和工作组的秘书处工作。

1.4.4 法国

法国的汽车工业标准也只有国家标准这一级，由法国标准化协会（AFNOR）组织制定批准。法国标准化协会成立于 1926 年，是一个由政府给予部分资助，并得到政府承认的公益性民间标准化机构。1954 年 5 月 24 日，法国政府颁布一项法令，决定在法国贸易及工业部内成立标准化专署，作为全国标准化工作的管理机构，并明确规定 AFNOR 接受标准化专署的领导，AFNOR 在政府标准化专员的领导下，按政府指示组织和协调全国的标准化工作，并代表法国参加国际或区域性标准化机构的活动，全国的标准化工作计划大纲、标准文本等都由标准化专署审议批准。为了进一步加强法国的标准化工作，1984 年 1 月，法国政府又成立了标准化高级委员会，由政府各部门代表、各行业代表、消费者代表、检测机构代表、学术界代表等组成,其目的就在于通过把各方面的代表集聚一堂,充分听取各方意见,以促进标准化工作顺利发展。

由 AFNOR 组织制定、标准化专署批准的法国国家标准称为 NF 标准。不同行业领域内的 NF 标准的具体起草制定工作,往往由行业内所设立的专业性标准机构来完成。这些专业性标准机构大部分称为标准化局,是独立单位,但与法国标准化协会关系密切,代表 AFNOR 制定各自行业的 NF 标准,再由 AFNOR 上报标准化专署批准。对于没有这样的专业性标准机构的行业,AFNOR 则成立专门的技术委员会进行标准化工作,其中有厂商、用户、政府机关、科研部门试验机构等方面的代表参加。

法国制定汽车、摩托车、自行车方面 NF 标准的专业性标准机构为法国汽车标准化局(BNA),BNA 为法国汽车、摩托车、自行车技术联合会(UTAC)的一个下属部门,UTAC 是由法国汽车制造商协会(CCFA)、法国汽车零部件制造商协会(FIEV)、法国车身制造商协会(FFC)指定的独立技术组织,同时又是法国运输部和法国工业部授权的国家及欧洲汽车法规检测机构,其中的标准化工作部门 BNA 经 AFNOR 授权而成为汽车、摩托车、自行车领域内专业性标准机构,同时代表法国政府参加 ISO/TC22 的工作,并在其中扮演着非常重要的角色,它不仅承担了整个 ISO/TC22 的秘书处工作,同时还承担了 4 个 ISO/TC22 分技术委员会、16 个工作组的秘书处工作。

目前,法国汽车行业的 NF 标准(或称 BNA 标准)在整个 NF 标准体系中称为 R 类标准。法国汽车 R 类标准体系构成见表 1-9。

表 1-9　法国汽车 R 类标准体系构成

标准类别	标准内容
整车系统	汽车灯光、信号及警告装置
	汽车指示器和操纵件
	汽车车身及车身部件标准
	汽车制动系统标准
	汽车电子、电气类标准
	汽车变速器、悬架系统
	汽车挂车
汽车内燃机	发动机离合器及变速器总成及其部件
	压缩机及进气、排气管路
	发动机控制系统和电气装置
	汽车燃油供油系统标准
	汽车冷却与润滑系统标准
商用车辆	载货汽车及其挂车
	公共客车
铰接车辆、旅居挂车、轻型挂车	—
电动车辆	—
摩托车及轻便摩托车	—
特种车辆	—
诊断、维修及试验装备	—

1.4.5 英国

英国的标准化工作开展较早,1901 年创立的英国工程标准委员会(ESC)是世界上第一个全国性的标准化组织,1931 年正式定名为英国标准协会(BSI)。该协会性质上为独立的、非营利的民间团体,但英国政府通过向它授予皇家宪章(Royal Charter)而予以特殊承认并赋予特殊地位。它是英国唯一的全国性标准化机构,制定和修订英国标准(BS 标准),并促进其贯彻执行。同时代表英国参加国际和地区的标准化工作。BS 标准为自愿性的标准,广泛应用于所有专业领域,可以作为仲裁依据,也可以作为技术条件的根据。

由于英国同时还是世界上最早开展产品认证的国家,因此 BSI 也成为英国最大、最主要的认证机构,BSI 拥有两种认证标志:质量认证标志,即国际上著名的风筝标志;安全认证标志。除标准、认证工作外,BSI 本身还进行质量保证能力的评定工作以及产品的测试检验工作。

BSI 发展到今天,已成为一个十分庞大的组织,业务也在不断扩展,在全球很多国家建立了分支机构(包括我国),成为目前集标准、质量、认证、测试评估、咨询、培训等业务于一身的世界性的标准化机构。

BSI 的组织结构非常庞大和复杂,具体到汽车标准的制修订工作,主要由 BSI 标准部中的工程标准委员会下属的汽车技术委员会(代号 AUE)来完成。

BSI 近年来对汽车行业的标准进行了清理,将一些过时的老标准予以作废,或用新标准予以替代,目前所有这些标准全部以 AU 为代号。英国 BSI 标准体系构成见表 1-10。

表 1-10 英国 BSI 标准体系构成

标准类别	负责标准制修订工作的 BSI 分技术委员会代号
汽车照明及信号装置	AUE/1
车辆翻新轮胎	AUE/3
车轮、轮胎、轮辋	AUE/4
座椅安全带	AUE/7
挂车及其连接装置	AUE/8
车辆通用基础标准	AUE/9
安全玻璃	AUE/10
车辆制动系统	AUE/11
操纵件、指示器及信号装置	AUE/12
牵引车与挂车之间的连接,车辆尺寸、限速装置	AUE/13
整车标准(包括 VIN、动力学试验、防火等内容)	AUE/15
车辆电子、电气标准	AUE/16
车辆锁止系统	AUE/17
发动机点火装置	MCE/9
车辆动力系统中的传动皮带	MCE/10
内燃机及其燃油喷射装置	MCE/22
车辆制动液	PRI/69
车辆用千斤顶	MHE/12

在所有这些汽车标准中,目前 BSI 已对车辆安全玻璃、儿童座椅约束系统、重型运输

车防飞溅装置 3 个项目实施风筝标志认证。此外，BSI 本身还能承担所有这些标准项目中一些标准的测试和评估工作，包括汽车前照灯、柴油机性能、号牌板、车用千斤顶、车辆限速装置、安全玻璃、安全带等。

BSI 代表英国参加 ISO/TC22 的工作，承担了 7 个工作组的秘书处工作。

1.5 联合国汽车技术法规

1.5.1 《1998 年协定书》及全球性汽车技术法规（GTR 法规）

从 20 世纪 80 年代初开始，由国际上一些汽车工业发达国家牵头，开始进行国际汽车技术法规的协调与统一工作，以适应经济全球化的趋势。联合国世界车辆法规协调论坛（UN/WP.29，简称 WP.29）由于已有的成功经验、在国际上所产生的巨大影响力以及作为联合国下属组织的地位，使它成了开展这种世界范围内汽车技术法规协调和统一工作的主要国际组织。经过多年的努力，国际汽车技术法规的协调与统一工作取得了很大的进展。1998 年 6 月 25 日，WP.29 在日内瓦制定了《全球性汽车技术法规协定书》[⊖]，简称为《1998 年协定书》，其规定了世界各国在此法律框架下共同制修订全球统一的汽车技术法规的程序和规则。WP.29 开始按照《1998 年协定书》中规定的程序规则制定和实施全球统一汽车技术法规（GTR 法规），同时 WP.29 继续运作《1958 年协定书》，继续制修订和实施 ECE 法规。

1. **成员国**

截至 2018 年 5 月，《1998 年协定书》的正式缔约方共计 36 个（其中圣马力诺为 2015 年新加入的缔约方，于 2016 年 1 月 26 日正式成为《1998 年协定书》的缔约方）。具体的缔约方包括美国、加拿大、日本、法国、英国、欧洲联盟、德国、俄罗斯、中国、韩国、意大利、南非、芬兰、匈牙利、土耳其、斯洛伐克、新西兰、荷兰、阿塞拜疆、西班牙、罗马尼亚、瑞典、挪威、塞浦路斯、卢森堡、马来西亚、印度、立陶宛、摩尔多瓦、突尼斯、澳大利亚、哈萨克斯坦、塔吉克斯坦、斯洛文尼亚、白俄罗斯、圣马力诺。

《1998 年协定书》明确规定各缔约方在该协定书的法律框架内共同制修订全球统一的汽车技术法规的流程，以及各缔约方的权利和义务。

2. **技术法规制修订程序**

《1998 年协定书》规定在全球性汽车技术法规制定的程序上，分两个不同的程序：

（1）将候选全球性汽车技术法规转化为全球性汽车技术法规　任何《1998 年协定书》的缔约方都可以提议将自身采用实施的汽车技术法规列为候选全球性汽车技术法规，如按规定的表决程序获得通过，即成为候选的全球性汽车技术法规，被列入 GTR 候选纲要中。所有的 UN 法规（原 ECE 法规）自动转化为候选全球性汽车技术法规。任何缔约方可以提出将某一候选全球性汽车技术法规上升为全球性汽车技术法规，如按规定的表决程序获得通过，该候选全球性汽车技术法规即成为正式的全球性汽车技术法规，列入全球注册中。

⊖ 该协定书全称为《关于对轮式车辆、安装和 / 或用于轮式车辆的装备和部件制定全球性技术法规协定书》。

（2）制定新的全球性汽车技术法规　对于候选纲要中没有的法规项目，缔约方可以提出制定新的全球性汽车技术法规，其表决程序同上。

《1998 年协定书》的所有缔约方组成管理委员会，对列入候选纲要和全球注册的 GTR 法规项目和草案进行审议和投票表决。对列入 GTR 候选纲要的法规项目，只需缔约方 1/3 的赞成票即可获得通过，但这 1/3 的赞成票中还必须有欧盟、日本或美国三方中任何一方的赞成票。而对于列入全球注册的正式全球性汽车技术法规，则在表决中采取一票否决制，即有任何一个缔约方反对，该 GTR 草案就不能被通过。

《1998 年协定书》规定某项全球性汽车技术法规一旦获得缔约方管理委员会的一致通过，即成为全球性汽车技术法规，建立在全球注册中。管理委员会通过该法规的日期即为该 GTR 法规建立在全球注册中的日期，所有对该 GTR 法规投赞成票的缔约方有义务争取迅速将该 GTR 法规引入各自国家或地区的法律或法规体系中，并将是否采用该 GTR 法规（包括接受符合该 GTR 法规的产品），以及开始采用 GTR 法规的日期和其他相关情况以书面形式上报联合国。

上述各缔约方如果在法规建立在全球注册之日后的一年期结束时，未完成采用该 GTR 法规或已决定不将此 GTR 法规引入自身的法律或法规中，应提供一份将该 GTR 法规引入国内规程中的状况报告。该报告应在不晚于一年期结束后的 60 天内提交给联合国。在以后的每一个一年期结束时，如果仍未完成采用该 GTR 法规或已决定不将此 GTR 法规引入自身的法律或法规中，都应向联合国提供一份这样的状况报告。

我国作为《1998 年协定书》的缔约方，也同样具有上述采用全球法规和将采用情况向联合国报告的义务。

截至 2018 年 5 月，WP.29 在《1998 年协定书》框架下已建立 15 项全球性汽车技术法规（GTR）和一项规范性技术文件（S.R.1）。与后面提到的《1958 年协定书》相比，《1998 年协定书》只涉及全球性汽车技术法规的建立与各缔约方的采用，而《1958 年协定书》同时涉及联合国法规（UN 法规）的制修订和汽车产品的型式批准以及批准的相互承认。

1.5.2 《1958 年协定书》及联合国法规（UN 法规）

《1958 年协定书》的全称为《关于对轮式车辆、安装和 / 或用于轮式车辆的装备和部件采用统一条件并相互承认基于上述条件批准的协定书》，实施机构为联合国世界车辆法规协调论坛（WP.29）。WP.29 制定并实施《1958 年协定书》的主要目的和要求是，各国通过签订该协定书，成为其缔约方，共同制修订统一的汽车技术法规——联合国法规（UN 法规，原 ECE 法规），并按照该法规对汽车产品（如无特殊说明，本材料中的汽车产品包括摩托车产品）实施统一的型式批准制度。

1. 发展历程

UN/WP.29 的全称为"联合国世界车辆法规协调论坛"，其前身为 UNECE/WP.29（联合国欧洲经济委员会车辆结构工作组），全称为联合国 / 经济及社会理事会 / 欧洲经济委员会 / 内陆运输委员会 / 道路交通分委会 / 车辆结构工作组（UN/ECOSO/ECE/TRANS/SC.1/

WP.29）。UN/ECE/WP.29 成立于 1952 年 6 月 6 日，最初成立该工作组的目的是针对车辆结构性能方面的技术要求为各国政府实施《道路交通公约》起草一些建议或推荐要求。后来随着欧洲汽车生产和贸易的迅速发展，欧洲各国原有的汽车技术法规和认证方式阻碍了贸易的自由化和技术交流，为此在原西德、法国、意大利、荷兰四国的首倡下，联合国 ECE 于 1958 年 3 月 20 日在日内瓦制定了《关于采用统一条件批准机动车辆装备和部件并相互承认此批准的协定书》⊖（简称为《1958 年协定书》，于 1959 年 6 月 20 日正式实施）这一具有法律效力的多边框架协定书，旨在整个欧洲范围内对汽车产品制修订统一的汽车技术法规（UN 法规，原 ECE 法规），并按照 UN 法规开展统一的型式批准（即 ECE 汽车产品型式批准制度），以打破欧洲各国的疆界，便利汽车贸易与技术交流。WP.29 也就成了《1958 年协定书》的具体执行机构，专门负责 UN 法规的制修订和实施工作。

2. 协定书内容

《1958 年协定书》的主要内容可以概括为如下几方面：

1）各国签署和退出《1958 年协定书》的要求和程序。

2）各缔约方共同制修订统一的汽车技术法规（即 UN Regulation）。

3）UN 法规制定草案以及原有法规修订文本草案的投票表决程序。

4）各缔约方对 UN 法规的采用，要求将采用情况向联合国秘书长和其他各缔约方通报。

5）各缔约方对 UN 法规的实施方式，即对汽车产品实施统一的 ECE 型式批准制度。

6）各缔约方统一实施汽车产品 ECE 型式批准制度的程序，包括对汽车产品的批准、拒绝批准或撤销原有批准 3 种情况。

7）各缔约方对汽车产品相互承认 ECE 型式批准。

8）对生产一致性的检验规程。

9）《1958 年协定书》管理委员会的组成和工作程序。概括而言，《1958 年协定书》主要涉及以下两个不同的层面：一是各缔约方共同制修订统一的 UN 法规；二是各缔约方统一按照 UN 法规对汽车（含摩托车）零部件产品实施汽车产品型式批准，并彼此承认此型式批准，这就是国际上通常所说的"一次认证，普遍承认"。

3. 影响

《1958 年协定书》经过几十年的成功运作，已是目前国际上影响最大、参与国家最多的汽车产品市场准入互认的多边协议，它在促进汽车技术交流、便利汽车产品国际贸易方面发挥着越来越大的作用。截至 2018 年 5 月，《1958 年协定书》共有 53 个缔约方，其中除绝大多数欧洲国家外，许多非欧洲国家，包括澳大利亚、新西兰、南非、日本、韩国、马来西亚、泰国、突尼斯、埃及、尼日利亚等也是该协定书的缔约方。《1958 年协定书》框架下的 UN 法规是世界上最具典型性的技术法规之一，被欧洲和欧洲以外的其他许多国家所采用，我国的汽车强制性标准体系主要参照 UN 法规制定而成。通过 ECE 型式批准的汽车产品不仅在《1958 年协定书》缔约方之间相互承认，也能得到许多非缔约方的单

⊖ 1958 年制定的《1958 年协定书》使用此名称，并于 1995 年改为现名称。

边承认。

由于各种原因，我国尚未签署《1958年协定书》，因此无权对汽车产品颁发ECE型式批准，我国的汽车产品只能通过其他《1958年协定书》缔约方获取ECE型式批准。在UN法规制修订方面，WP.29依据《1958年协定书》，通过其下设的6个专业工作组，即一般安全性工作组（GRSG）、被动安全性工作组（GRSP）、污染与能源工作组（GRPE）、灯光及光信号工作组（GRE）、噪声工作组（GRB）、制动及底盘工作组（GRRF），分别开展有关汽车安全、环保、节能领域内的UN法规制修订工作。WP.29主要以每年固定召开会议的形式开展UN法规的制修订工作，由于参加WP.29的国家和组织的广泛性，UN法规的制修订工作具有很大程度的公开性，所有的参加者都可以对UN法规的制修订提出意见、提案，并进行共同磋商与研讨，以求最终达成共识。

截至2018年4月，已正式制定并发布的UN法规共有145项，包括有关汽车（M、N、O类车辆）、摩托车（L类车辆）和农林拖拉机（T类车辆）的UN法规项目。

尽管UN法规非强制实施，在各缔约方的采用上留有很大的自由度，但由于WP.29对《1958年协定书》几十年的成功运作，不仅在很大程度上协调和统一了欧洲的汽车技术和产品的市场准入制度，极大地促进了欧洲汽车工业和市场的发展，还使得UN法规和ECE汽车产品型式批准制度在国际上产生了巨大影响力，满足UN法规的产品（即获得ECE型式批准的汽车产品）被公认为在品质上值得信赖的产品，具有较高的安全、环保和节能性能，不仅在《1958年协定书》缔约方之间被承认，也得到许多非《1958年协定书》缔约方的单边承认。满足UN法规的产品在欧洲以外的其他几大块汽车市场，诸如东南亚市场（包括我国的香港和台湾）、中东市场、拉美市场、非洲市场、南亚市场都能得到承认，ECE型式批准已成为汽车产品通往国际市场的"通行证"。基于UN法规和ECE型式批准在国际上的巨大影响力，为了最大限度地开拓和争取国际汽车市场，《1958年协定书》的缔约方只要条件许可，一般都尽可能多地采用UN法规，尤其是汽车工业发达的国家，诸如德国、法国、意大利、英国、瑞典等国家，除了极少数的UN法规，如UN R9、UN R15等法规外，其余UN法规全部采用。日本作为一个非欧洲国家，自1998年11月24日成为《1958年协定书》的缔约方后，即开始有计划有步骤地积极采用UN法规。为了更好地发挥《1958年协定书》这一国际主要的汽车产品认证多边互认协议的作用，消除不同国家、不同地区之间整车型式认证制度不同带来认证和国际贸易成本，从2010年开始，由日本牵头，联合欧盟等其他《1958年协定书》缔约方，在WP.29内开始对《1958年协定书》进行大规模的修改工作，在原有汽车零部件和系统认证互认的基础上引入汽车整车认证的互认，目前对《1958年协定书》的修订文本已于2017年9月正式发布实施。

除了对《1958年协定书》进行直接的修改外，为保证在整个国际范围内实施汽车整车型式批准的互认，WP.29还配合协定书的修改，制定一项新的UN法规——UN R0，该法规就是模拟欧盟区域性的整车认证互认的框架性技术法规2007/46/EC，制定了《1958年协定书》体制下的整车型式批准互认框架性技术法规。同样，该法规也已正式发布实施。

1.6 汽车发达国家和地区的汽车技术法规

1.6.1 欧盟

欧洲联盟简称欧盟（European Union，EU），是由欧洲共同体（European Community，EC）发展而来的，是一个集政治实体和经济实体于一身、在世界上具有重要影响的区域一体化组织。1991年12月，欧洲共同体马斯特里赫特首脑会议通过《欧洲联盟条约》，通称《马斯特里赫特条约》（简称《马约》）。1993年11月1日，《马约》正式生效，欧盟正式诞生。总部设在比利时首都布鲁塞尔。

1. 成员国

欧盟原有15个成员国，经过几次东扩后，现成为包括28个成员国的一体化组织，28个成员国如下：奥地利、比利时、丹麦、芬兰、法国、德国、希腊、爱尔兰、意大利、卢森堡、荷兰、葡萄牙、西班牙、瑞典、英国、塞浦路斯、捷克、爱沙尼亚、匈牙利、拉脱维亚、立陶宛、马耳他、波兰、斯洛伐克、斯洛文尼亚、罗马尼亚、保加利亚、克罗地亚。

2. 特点

欧盟是当前国际上最大、发展最为完善的一体化市场，它以《马斯特里赫特条约》为法律基础，对汽车产品（包括传统车辆和新能源车辆）建立了统一的管理制度和与之相配套的汽车技术法规体系，它具备如下几个显著的特点：

1）通过立法，在整个欧盟建立了统一的汽车产品市场准入管理制度，各国间互相承认对汽车产品的批准，使汽车产品在欧盟各国间自由流通，极大地减少了企业认证和贸易的成本。

2）对汽车产品从整车到零部件、系统建立了完善的市场准入管理制度，其形式为汽车产品的型式批准制度，确保政府对汽车产品的安全、环保和节能实施有效的控制。

3）欧盟的汽车产品型式批准制度和技术法规体系，在很大程度上实现了和联合国的UN法规的对接和对等，目前已将大部分单项EEC/EC技术指令直接用UN法规替代。

4）欧盟不但对新车产品的入市建立了统一的型式批准制度，而且贯穿车辆的整个使用和生命周期，包括对车辆在用阶段的管理、定期检验，新车评价规程（NCAP），车辆使用的各种税费，车辆有毒有害物质和禁限用物质的管控，直至车辆的报废和回收利用，建立了全欧盟统一的管理制度和相关法规体系。

5）在新能源车辆的发展上，欧盟同样采取统一的步调和措施，制定和出台鼓励新能源车辆和配套基础设施发展的政策法规。

欧盟作为世界上最为完善的汽车一体化市场，对汽车产品（M、N和O类车辆）从整车到部件、系统建立了完善的、统一的汽车市场准入管理制度及与之相配套的汽车技术法规体系，并贯穿汽车产品市场准入和入市后使用的全生命周期，成为世界其他各国、各地区在建立统一的汽车产品准入管理体制借鉴的范例。

3. 发展历程

欧盟整车型式批准制度及其技术法规的发展也是一个逐渐完善、不断加严的过程，欧盟最早于 1970 年 2 月 6 日发布技术指令 70/156/EEC "就机动车辆及其挂车的型式批准各成员国的法律一致性"，开始建立欧盟内统一的汽车产品（包括 M、N、O 类车辆）整车型式批准制度。从 1998 年 1 月 1 日开始，欧盟依据 70/156/EEC 及其随后的修订本对 M_1 类车辆（即包括驾驶人座位在内，座位数不超过 9 座的载客车辆）及某些由 M_1 车辆改装的特种车，诸如某些防弹车辆、旅居车辆、救护车、殡仪车等，开始强制实施各成员国统一的整车型式批准。这一统一的整车型式批准制度从 1998 年开始只适用于 M_1 类车辆，欧盟各个成员国仍然对其他类车辆，即中、大型客车（M_2、M_3 类车辆）、载货汽车（N 类车辆）、挂车（O 类车辆）实施各自的整车强制认证和注册制度，即各国都在其有关车辆交通的法典中规定了这些类别车辆应满足的安全、环保、节能方面的要求，经其政府主管部门对车辆整车型式批准，确认其满足这些法规要求，车辆才能被准入，才能在该国进行注册、上路行驶，这也称之为各国的国家整车型式批准方案。

2007 年 9 月 5 日，欧洲联盟议会及理事会发布 EC 指令 2007/46/EC《建立机动车辆及其挂车，和用于这类车辆的系统、部件和单独技术单元的批准框架的指令》。该指令的发布和实施意味着欧盟汽车产品型式批准和准入制度的重大变革，将欧盟对 M_1 类车辆的统一整车型式批准制度扩展到其他车辆类别（M_2、M_3、N、O 类），即对所有 M、N、O 类车辆在欧盟实施统一的整车型式批准制度，所有的 M、N、O 类车辆在欧盟所有成员国中的任何一国所获得整车型式批准，其他欧盟国家必须予以承认，无须再进行其他的认证或批准，这一变化对我国汽车产品进入欧盟市场具有重大影响。

在法规制定上，2007/46/EC 是对 70/156/EEC 的重新再版，它基本上保留了 70/156/EEC 及其各修订本的原有基本框架，该指令的主要内容包括：

1）欧盟整车型式批准的要求和规程。

2）车辆进行整车型式批准需要填写申报的车型资料信息。

3）不同车型的分类。

4）整车型式批准应满足的各单项零部件技术指令。

5）欧盟对技术服务机构的评价规程。

6）欧盟型式批准证书和批准标志。

7）欧盟的车辆一致性证书。

8）生产一致性规程。

9）对某些专用车或特种车进行型式批准的要求，包括机动旅居（房）车、救护车、殡仪车、军车、可使用轮椅的 M_1 类车辆、旅居挂车、机动起重车等。

2007/46/EC 发布后，历经多次修改，以适应政府对汽车安全、环保、节能和防盗等社会公众利益不断加严的管理要求和汽车产业、技术的进步。

欧盟的汽车技术法规体系不同于美国的汽车技术法规体系，它对汽车产品的整车和零部件、系统同时建立了型式批准技术法规体系，而且两者之间既相互独立，又相互补充，共同构成完整的汽车产品型式批准技术法规体系。即欧盟整车产品要获得型式批准，前提是需要按照欧盟整车型式批准框架技术法规 2007/46/EC 的要求，确保各个单项零部件和系统技术法规得到满足。而 2007/46/EC 中所要求的各个汽车零部件和系统的单项安全、环境保护和节能等方面的 EEC（EC）技术法规/指令又可以是单独存在的，即根据这些技术指令开展对车辆产品的零部件和系统的单项型式批准,而这些车辆零部件和系统的单项型式批准既单独存在,作为零部件和系统产品进入欧盟市场的前提条件,同时又构成欧盟整车产品型式批准必不可少的一部分。

根据欧盟法规(EC)661/2009 的要求,大部分项目的欧盟自身技术法规已经予以撤销,并用联合国 UN 法规直接替代。但目前欧盟仍然继续使用一些自身独有的技术法规项目。

1.6.2 美国

美国没有签署加入《1958 年协定书》,该国汽车产品市场准入管理制度和汽车技术法规独特、典型且具有影响力,许多国家和地区在其汽车产品的市场准入和技术法规体系的建设中,常常借鉴美国的管理制度和技术法规的相关内容和要素,如美国的汽车产品自我认证模式近年来被韩国借鉴和采用,欧盟在其整车型式批准的框架性技术法规 2007/46/EC 的发展中,也越来越多地采用美国自我认证的元素。

1.6.2.1 美国汽车安全技术法规

根据美国《国家交通及机动车安全法》和《机动车辆信息及成本节约法》的规定,所有进入美国市场用于商业销售的机动车辆必须符合美国的汽车安全、节能和防盗技术法规,并通过这些法规的认证,由于这一认证工作由美国运输部国家公路交通安全管理局负责管理,因此将这一认证统称为美国汽车产品安全认证。

在美国汽车安全管理的各个法律框架下,美国政府主管机关在这些法律的授权下,制定、发布并实施了一系列的汽车安全技术法规和配套的管理性文件,具体包括美国汽车安全技术法规(Federal Motor Vehicle Safety Standards,FMVSS)、与 FMVSS 相配套的 TP 试验规程、与 FMVSS 相配套的汽车安全管理性技术法规、美国汽车防盗技术法规等。

1966 年 9 月,美国颁布实施《国家交通及机动车安全法》,授权美国运输部(DOT)对乘用车、多用途乘用车、载货汽车、挂车、大客车、学校客车、摩托车,以及这些车辆的装备和部件制定并实施联邦机动车安全标准。任何车辆或装备部件如果与 FMVSS 不符合,不得以销售的目的而生产,不得销售或引入美国州际商业系统,不得进口。

截至 2017 年 12 月,FMVSS 法规共计 62 项,分为 5 大类:

(1)FMVSS100 系列　避免车辆交通事故,即汽车主动安全,目前共计 29 项。

(2)FMVSS200 系列　发生事故时减少驾驶人及乘员伤害,即汽车被动安全,目前共计 24 项。

(3)FMVSS300 系列　防止火灾,目前共计 5 项。

(4)FMVSS400 系列　目前共计 3 项。

(5)FMVSS500 系列　目前共计 1 项。

除 FMVSS 标准外,美国联邦法规集(CFR)第 49 篇第 581 部分:"保险杠标准"也常被作为与 FMVSS 相等同的汽车安全基本技术法规。

相比较而言，联合国 UN 法规和欧盟 EC 指令都具有相对的独立性，即每一份汽车技术法规或技术指令都包括了技术内容和相应的管理性内容，都可以单独使用，而美国汽车技术法规却具有与之不同的特点。CFR 第 49 篇第 571 部分中的 FMVSS 只是具有技术内容，如限值指标、试验方法的技术法规，而不包括管理性的内容。美国运输部专门制定了一系列的管理性技术法规，以保证 FMVSS 有效实施。由于这些管理性技术法规和 FMVSS 有着密切的相关性，因此往往在制修订 FMVSS 时，也需要同时修订相关的管理性技术法规。与 FMVSS 配套的这些管理性技术法规同样都收录在 CFR 第 49 篇中。

1.6.2.2 美国国家公路交通安全管理局（NHTSA）对汽车产品进行法规符合性检验的试验规程（TP）

美国对汽车安全技术法规的实施主要采用自我认证制度，即由汽车制造厂家对是否满足美国汽车安全法规进行自我检验申报，由政府实施事后监督的认证制度。首先，汽车制造厂家自行进行认证试验，以验证其产品是否满足美国汽车安全法规的要求，该试验的频率取决于厂家本身的质量控制水准和产品性能与法规要求之间的差距等。制造厂家自我认证认为其产品满足美国汽车安全法规要求后，在每一车辆或装备上贴上证明该车辆或装备符合法规要求的标签或标志，该车辆或装备就可以不经其他检验而进入市场。美国主管汽车产品安全的运输部国家公路交通安全管理局（DOT/NHTSA）对入市后的车辆产品的安全实施严格的"事后"监管，包括车辆是否真正满足技术法规的要求和是否存在安全缺陷这两方面。

NHTSA 可以随时对汽车产品的自我认证进行监督抽查，如 NHTSA 可能在市场上随意购买一辆新车，并送交一独立的试验室按美国汽车安全法规进行试验，该试验被称为"符合性试验"，以验证自我认证的车辆产品是否真正满足 FMVSS 法规的要求，验证企业上报的某些信息，如燃油经济性、提供给消费者信息的真实性。美国 NHTSA 针对该试验，对应如下内容编制车辆产品的符合性试验规程（Test Procedure，TP）：

1）针对每一项 FMVSS 编制相应的 TP，TP 的编号与 FMVSS 的法规号相同，如 TP500-02 为对应于 FMVSS500 的法规符合性试验规程，后面的 02 表示该 TP 修订序列号。

2）针对保险杠标准（即 CFR 第 49 篇第 581 部分），目前 TP 编号为 TP581-01。

3）针对企业上报的油耗控制指标（即 CFR 第 49 篇第 537 部分："汽车燃料经济性 CAFE 值报告"），目前 TP 编号为 TP537-01。

4）针对企业提供给消费者的某些重要信息，主要包括 CFR 第 49 篇第 575 部分："消费者信息法规"中的两部分内容：

① 统一的轮胎质量分等（UTQG），目前的 TP 文件包括 TP-UTQC-H-01、TP-UTQC-T-01、TP-UTQC-W-01。

② 载货汽车 - 旅游车厢（camper）载荷，目前的 TP 文件为 TP 575-02。

目前，美国 NHTSA 针对汽车安全、节能技术法规共编制了 81 项 TP。

1.6.2.3 美国汽车产品安全召回及相关的技术法规

如果按照 TP 试验规程对车辆试验后，发现不符合法规要求或者企业上报的信息不真实（美国法律法规体系称其为"不符"），那么 NHTSA 将通知制造厂家，并要求其提供自我认证的资料进行审查，如果确定该车辆型式不符合法规要求，NHTSA 将责令制造厂家立即停止该型式车辆的销售，并对该车辆型式强制实施召回制度，即将所有已销售的该型式车辆由制造厂家予以召回，对不符合法规的缺陷进行纠正，全部费用由厂家承担，甚至还要负责事故赔偿，受到罚款。在 NHTSA 内，负责不符试验和管理的具体部门为车辆安全符合性办公室（OVSC）。对于企业而言，要确保所生产的整车以及被 FMVSS 覆盖的车辆装备满足 FMVSS 要求，因此要熟知 FMVSS 对产品的性能要求，在自我认证过程中，严格按照 FMVSS 的规定对产品进行试验，同时也要熟知 NHTSA 用来验证产品符合性的所有 TP 试验规程。认证过程涉及的文件和记录要妥善保存，以备出现不符调查时使用。对于已入市的车辆产品，企业还应保持密切的关注，如果企业自己发现其产品存在"不符"的情况，要及时通知 NHTSA、用户和经销商。

除了针对"不符"情况外，由于车辆绝大部分装备没有受到 FMVSS 的要求，在汽车工业和技术不断发展的进程中，车辆不可避免地会存在事先（包括产品开发、设计、制造阶段）难以预料的安全问题，这些问题开始很难发现，随着车辆的使用，逐渐暴露出来，给车辆安全造成隐患或直接造成安全事故，这样的安全问题称为"车辆安全缺陷"。美国 NHTSA 同样对入市后车辆安全缺陷进行监管，并制定发布一系列的技术法规，对安全缺陷的发现、调查、甄别和确认等整个过程做出了明确的规定。在车辆缺陷问题上，车辆制造厂家同样负有很重要的责任，要求企业，主要是整车企业，对进入美国市场的车辆产品的安全运行情况同样应保持密切的关注，一旦发现产品存在安全缺陷，应主动将缺陷情况通知 NHTSA 和车辆用户、经销商，并主动召回，对产品安全缺陷进行及时纠正。企业如果对存在的安全缺陷故意隐瞒不报，而采取暗地召回维修的措施，则是重大的违法事件，将受到 NHTSA 的严厉处罚。2010 发生的丰田汽车产品召回事件即是一个较典型的案例。

NHTSA 根据美国《国家交通及机动车安全法》的授权和具体要求，制定并实施了一系列有关汽车产品安全召回的法规，它们同样都收录在 CFR 第 49 篇中，分别以该篇不同部分的形式出现，除 CFR 第 49 篇第 552 部分："申请制定有关法规，申请发布缺陷与不符命令"外，还包括表 1-11 所列的汽车产品召回管理法规。

表 1-11　美国汽车产品召回管理法规

法规号	法规名称
CFR 第 49 篇第 554 部分	安全法规实施和缺陷调查
CFR 第 49 篇第 556 部分	轻微缺陷与不符的豁免
CFR 第 49 篇第 557 部分	申请召开缺陷通知与纠正的听证会
CFR 第 49 篇第 573 部分	缺陷与不符的报告
CFR 第 49 篇第 576 部分	记录的保持
CFR 第 49 篇第 577 部分	缺陷与不符的通知
CFR 第 49 篇第 579 部分	缺陷与不符的责任

1.6.2.4　美国汽车排放技术法规

在美国《清洁空气法》的授权下，美国国家环境保护局（EPA）制定了汽车的排放和噪声方面的汽车技术法规。美国国家环境保护局成立于 1970 年 12 月，由 5 个部门和独立政府部门的 15 个单位合并而成。直属于联邦政府，它既是美国政府控制污染措施的执行机构，也是制定环保法规（包括大气、水质、噪声、放射性污染等方面法规）的主要机构，所制定的这些法规都收录在美国联邦法规集（CFR）第 40 篇中，其中专门针对汽车（包括新车、在用车及发动机）排放控制的环保技术法规收录在 CFR 第 40 篇第 86 部分："新的及在用的公路车辆和发动机排放控制"中。这些法规在体系上主要按照各种不同的车型及不同年型的车辆分为不同的法规分部。

截至 2017 年月 1 日，美国的汽车排放技术法规体系中，其主体技术法规 CFR 第 40 篇第 86 部分："新的及在用的公路车辆和发动机排放控制"与以往相比，有了较大的变化发展，具体汽车排放控制主体技术法规项目见表 1-12。

表 1-12　CFR 第 40 篇第 86 部分：美国汽车排放控制主体技术法规项目

法规号	法规名称
A 分部	1977 年及以后年型的新轻型车辆、新轻型载货汽车、新重型发动机和 1985 年及以后年型的以汽油、天然气、液化石油气和甲醇为燃料的新重型车辆的排放法规
B 分部	1977 年及以后年型的新轻型车辆、新轻型载货汽车和新奥托循环完整重型车辆排放试验规程
C 分部	1994 年及以后年型的新轻型车辆、新轻型载货汽车和新中型乘用车低温试验规程
D 分部	该分部在最新版本中被删除，D 分部改为备用。原 D 分部的名称为：新汽油、柴油重型发动机排气排放试验规程
E 分部	1978 年及以后年型的新摩托车排放法规，一般规定
F 分部	1978 年及以后年型的新摩托车排放试验规程
G 分部	新轻型车辆、轻型载货汽车和重型车辆选择性实施检查（Selective Enforcement Auditing，SEA）
H 分部	该分部在最新版本中被删除，H 分部改为备用。原 H 分部的名称为：1994 年及以后年型轻型车辆和轻型载货汽车的在用车排放法规通用规定（General Provisions）
I 分部	新重型柴油机烟度排放试验规程
J 分部	机动车辆及发动机符合性计划费用
K 分部	新重型发动机、重型车辆、轻型载货汽车选择性实施检查（SFA）
L 分部	汽油和柴油重型发动机及重型车（包括轻型载货汽车）不一致的处罚
M 分部	该分部在最新版本中被删除，M 分部改为备用。原 M 分部的名称为：以汽油、天然气、液化石油气和甲醇为燃料的新重型车辆的蒸发排放物试验规程
N 分部	重型发动机排放试验规程。原 N 分部的名称为：新奥托循环发动机、重型柴油机排气排放物法规，气体和微粒排放物试验规程
O 分部	该分部在最新版本中被删除，O 分部改为备用。原 O 分部的名称为：以汽油为燃料的新奥托循环轻型车辆、轻型载货汽车的排放法规，认证简化试验规程
P 分部	奥托循环重型发动机；以天然气、液化石油气和甲醇为燃料的狄塞尔循环新重型发动机；新奥托循环轻型载货汽车；以天然气、液化石油气和甲醇为燃料的狄塞尔循环新轻型载货汽车排放法规，怠速试验规程
Q 分部	新的及在用机动车和发动机海拔高度性能调整法规
R 分部	该分部在最新版本中被删除，R 分部改为备用。原 R 分部的名称为：针对轻型车辆和轻型载货汽车的国家自愿性低排放车辆计划的一般规定
S 分部	在控制新的和在用的轻型车辆、轻型载货汽车、重型车辆的空气污染方面的一般符合性规定
T 分部	制造厂运行的重型柴油机在用试验规程

CFR 第 40 篇第 86 部分附录，包括法规的附件 1～附件 12

同美国汽车安全技术法规一样，美国国家环境保护局（EPA）还针对汽车的排放控制单独制定了一系列管理性的技术法规，它们主要收录在 CFR 第 40 篇第 85 部分中，具体汽车排放控制方面的管理性法规项目见表 1-13。

表 1-13　CFR 第 40 篇第 85 部分：美国汽车排放控制方面的管理性法规项目

法规号	法规名称
A 分部～E 分部	备用
F 分部	豁免清洁替代燃料改装系统，使其可不满足禁止改动的要求
G 分部～N 分部	备用
O 分部	城市大客车改装要求
P 分部	机动车辆和发动机的进口
Q 分部	备用
R 分部	对机动车辆和发动机的豁免
S 分部	召回法规
T 分部	排放缺陷报告要求
U 分部	备用
V 分部	排放控制系统的性能保证（Warranty）法规和售后市场配件的自愿性认证计划
W 分部	排放控制系统的性能保证（Warranty）简易试验
X 分部	《清洁空气法》第二篇 A 部分第 177 节（即 Section 177）中的机动车辆和机动车辆用发动机年型（即 Model Year，又称车型年）的确定
Y 分部	机动车辆及其发动机符合性规划的费用

1.6.2.5　美国加州汽车排放技术法规

在美国汽车排放技术法规的立法实践中，美国加州（加利福尼亚州）是独立于联邦政府进行车辆排放和油品法规制修订和实施的，由加州空气资源局具体负责。加州有关汽车排放的技术法规都收录在美国加州法规集（California Code of Regulations，CCR）第 13 篇《机动车辆》中。在该篇中，又根据负责制修订和实施技术法规的部门分为 3 个部分（Division）：

1）第 1 部分（Division 1）：机动车辆部。

2）第 2 部分（Division 2）：加州公路巡查部。

3）第 3 部分（Division 3）：空气资源部。

加州汽车排放技术法规即收录在 CCR 第 13 篇第 3 部分。现阶段共分为 19 章，每章又分为若干条（Article），条下又分若干节（Section）。美国加州汽车排放技术法规主要内容见表 1-14。

表 1-14　美国加州汽车排放技术法规主要内容

序号	法规各章名称	法规各条名称
1	第 1 章：机动车辆污染控制装置	第 1 条：通用规定 第 2 条：机动车污染控制装置的批准（新车） 第 2.5 条：加州清洁空气法年度认证费用 第 3 条：机动车辆污染控制装置的认可（在用车） 第 4 条：柴油微粒物控制措施 第 5 条：将机动车辆转换为使用原有认证燃料以外的燃料，或者为排放降低分值而转换机动车辆，或者将混合电动车辆转换为可进行车外充电的混合电动车辆的系统的批准 第 6 条：排放控制系统的质保（warranty） 第 7 条：对改动已经认证的在用机动车辆进行认证的程序；批准车辆排放试验室的要求

（续）

序号	法规各章名称	法规各条名称
2	第2章：车辆排放标准的实施和监督试验	第1条：组装线测试 第1.5条：2005年及以后车型年重型发动机和车辆排放标准的实施和监督试验 第2条：新车和在用车辆标准的实施 第2.1条：在用车辆自愿和受影响的召回（influenced recalls）程序 第2.2条：在用车辆被命令召回程序 第2.3条：在用车辆实施试验程序 第2.4条：与排放相关部件失效报告程序 第3条：监督试验 第4条：符合性证书（COC）
3	第3章：排放标准的公路检查和试验	第1条：通用规定
4	第3.5章：重型柴油烟度排放试验，重型车辆排放控制系统检查	
5	第3.6章：重型柴油车辆定期烟度检查	
6	第4章：机动车辆污染控制装置和燃油添加物评价指标	第1条：燃油添加物和原型排放控制装置（prototype emission control devices） 第2条：售后市场部件
7	第4.2章：用于控制在封闭的结构中使用的便携式和移动式内燃机CO排放的控制装置的认证	
8	第4.4章：机动车辆燃油箱加注管路和开口的技术规范	
9	第5章：机动车辆燃油标准	第1条：汽油标准 第2条：柴油标准 第3条：机动车辆替代燃料技术规范 第4条：取样和试验规程
10	第5.1章：非车辆用燃料标准	
11	第8章：清洁燃料规划	
12	第8.1章：针对替代和可再生燃料及车辆技术规划，以及空气质量改进规划的加州空气资源局（AB）118空气质量指南	
13	第8.2章：加州空气资源局（AB）118空气质量改进规划指南	
14	第9章：越野车辆和发动机污染控制装置	第1条：小型非道路发动机 第3条：非公路娱乐车辆及其发动机 第4条：非道路压燃式发动机及其装备 第4.5条：非道路大型点燃式发动机 第4.7条：点燃式船用发动机 第4.8条：在用非道路柴油车队 第5条：便携式发动机及其装备的注册 第6条：便携式燃料容器和管口 第6.5条：便携船外用油箱及其部件 第7条：非道路车辆、发动机和装备售后市场部件的认证程序 第8条：非道路空气有毒物质控制措施
15	第10章：机动源运行控制	第1条：机动车辆
16	第12章：卤化制冷剂	
17	第13章：自愿加快车辆退市（retirement）的企业	第1条：自愿加快轻型车辆退市的企业 第2条：加州空气资源局（AB）118提升车队现代化规划
18	第14章：作为控制柴油发动机排放的在用策略的验证程序、质保（warranty）和在用符合性要求	
19	第15章：其他的越野车辆和发动机污染控制要求	第1条：越野装备的蒸发排放要求 第2条：大型点火发动机车队要求 第3条：为控制大型越野点火式发动机排放所做改进的验证程序、质保和在用符合性要求

1.6.2.6　美国汽车噪声技术法规

美国目前仅对中重型载货汽车和摩托车制定了噪声技术法规，相关技术法规项目见表 1-15。

表 1-15　美国汽车噪声技术法规主要项目

法规号	法规名称
1. CFR 第 40 篇第 202 部分：用于美国州际商业的机动运载车	
A 分部	一般性规定
B 分部	州际机动运载车运行标准
2. CFR 第 40 篇第 205 部分：运输装备的噪声排放控制	
A 分部	一般性规定
B 分部	中型及重型载货汽车
C 分部	备用
D 分部	摩托车
E 分部	摩托车排气系统

1.6.2.7　美国汽车节能技术法规

根据美国《机动车情报和成本节约法》的授权，美国运输部国家公路交通安全管理局（NHTSA）以法规的形式制定美国汽车燃油经济性标准，主要规定了制造厂商在各车型年（model year）内必须遵守的公司汽车平均燃料经济性指标，即各公司在一个车型年内所生产的所有车型的最高平均燃油经济性水平，简称 CAFE，单位为英里/加仑，这部分法规同样收录在 CFR 第 49 篇中。此外，美国国家环境保护局（EPA）也根据《机动车情报和成本节约法》和《2007 年能源独立与安全法》制定了一系列有关节能的汽车技术法规，这些法规主要规定了燃料经济性的试验规程、计算规程、标识等方面的内容，它们都收录在 CFR 第 40 篇第 600 部分，美国汽车节能技术法规项目见表 1-16。美国汽车燃油经济性标准同样采取自我认证的实施方式。

表 1-16　美国汽车节能技术法规项目

法规号	法规名称	页数
CFR 第 49 篇第 523 部分	车辆分类	7
CFR 第 49 篇第 525 部分	豁免满足平均燃油经济性标准	5
CFR 第 49 篇第 526 部分	放宽执行美国 1980 年汽车燃油节约法的申请和计划	3
CFR 第 49 篇第 529 部分	多阶段汽车制造商	4
CFR 第 49 篇第 531 部分	乘用车（passenger automobile）平均燃油经济性标准	9
CFR 第 49 篇第 533 部分	轻型载货汽车燃油经济性标准	10
CFR 第 49 篇第 534 部分	在法人关系改变方面，制造厂的权利和责任	4
CFR 第 49 篇第 535 部分	中重型车辆燃油经济性规划（programme）	36
CFR 第 49 篇第 536 部分	燃料经济性分值的转让和交易	7
CFR 第 49 篇第 537 部分	汽车燃油经济性的报告	6
CFR 第 49 篇第 538 部分	替代燃料车辆的生产鼓励措施	4
CFR 第 40 篇第 1036 部分	新的和在用重型公路发动机排放的控制	33

（续）

法规号	法规名称	页数
CFR 第 40 篇第 1037 部分	新重型机动车辆排放的控制	72
CFR 第 40 篇第 1066 部分	车辆试验规程	43
CFR 第 40 篇第 600 部分 A 分部	1977 年及以后年型汽车的燃料经济性和碳排放法规——一般规定	145
CFR 第 40 篇第 600 部分 B 分部	1978 年及以后年型汽车的燃料经济性和碳排放法规——试验规程	
CFR 第 40 篇第 600 部分 C 分部	1977 年及以后年型汽车的燃料经济性和碳排放法规——计算燃料经济性值的规程	
CFR 第 40 篇第 600 部分 D 分部	1977 年及以后年型汽车的燃料经济性法规——标识	
CFR 第 40 篇第 600 部分 E 分部	1977 年及以后年型汽车的燃料经济性法规——销售商对燃料经济性信息的获取	
CFR 第 40 篇第 600 部分 F 分部	1978 年年型的乘用车、1979 年及以后年型汽车（轻型载货汽车和乘用车）的燃料经济性法规——确定制造商平均燃料经济性的规程	

2011 年 9 月 15 日，美国 EPA 根据《清洁空气法》的授权，在其负责的环保技术法规：CFR 第 40 篇中针对中重型车辆和发动机的温室气体排放控制新制定了 3 个部分的内容，即 CFR 第 40 篇第 1036 部分、第 1037 部分和第 1066 部分。

1.6.3 日本

日本汽车产品市场准入管理制度和技术法规以前也被业界认为是国际上最具典型性的制度和法规体系，与欧美的汽车技术法规体系并称为世界三大典型汽车技术法规体系。但近年来，随着日本为了自身更加深入地拓展国际汽车市场，积极参加国际汽车技术法规的协调和制修订工作，同时加入联合国世界车辆法规协调论坛（WP.29）的《1958 年协定书》和《1998 年协定书》，并且专门针对自身出口量和全球化程度较高的车辆产品（主要是 M_1 类车辆）积极采用 ECE 法规，使得日本汽车技术法规的典型性不断降低。但尽管如此，日本的汽车产品准入管理制度及其技术法规体系仍保留有其自身的许多特色和项目，如在汽车排放和油耗的试验规程、限值要求等方面。

1.6.3.1 日本汽车技术法规

为确保机动车交通安全、防止环境污染、合理有效地利用能源，日本制定了《道路车辆法》《大气污染防治法》《噪声控制法》及《能源合理消耗法》等法律，以这些法律为依据，日本政府有关部门制定、颁布了一系列的政令、省令、公告、通知，这其中就包括道路车辆安全、环保、节能方面的法规及相应的汽车产品试验和认证规程、汽车技术标准和结构标准。

日本的汽车技术法规体系与欧盟和美国的汽车技术法规体系不同，其体系构成比较复杂。日本国土交通省（其英文全称为 Ministry of Land, Infrastructure, Transport and Tourism）根据《道路车辆法》的授权，以省令形式发布日本汽车安全和环保方面的基本技术法规，内容涉及对机动车辆、摩托车、轻型车辆的安全、排放法规要求。但日本的汽车技术法规，即汽车安全基准（或称之为日本汽车保安基准）中只有基本的法规要求，而技术法规进一步细化的内容和如何判定汽车产品是否符合法规要求的技术标准和型式认证试验规程（TRIAS），以及与技术法规的实施相配套的管理性规定等则是主管部门中的有关机构以公告的形式发布，或以各种通知的形式下达全国各地方的下属机构，如各地方运输局、日本自动车工业协会、日本自动车进口协会等，如以"交审"编号的文件表示日本国土交通省自动车交通局审查课发布的文件；以"技企"编号的文件表示日本国土交通省自动车交通局技术企划课发布的文件；以"自环"编号的文件表示日本环境省自动车环境对策课发布的文件。

具体而言，日本汽车法规体系中的技术标准是为恰当和有效地判断汽车是否符合汽车安全基准而制定的详细的条款内容；型式认证试验规程（含补充的试验规程）为进行型式认证审查时所用的试验方法；型式认证审查法规（即型式认证试验信息）是为了适当而有效地审查汽车产品新型式是否符合汽车安全法规要求而制定的详细法规要求。此外日本汽车技术法规体系中还包括对装置和零部件的型式指定（Type Designation）技术法规、日本国产车及进口车申请和获取日本汽车型式认证批准的运作程序以及车辆产品获得型式认证批准后的管理（包括对缺陷与不符的车辆产品的召回）等方面的规定。

1.6.3.2 日本汽车环境法规

日本环境法规以《环境基本法》为基础，《大气污染防治法》及《噪声限制法》规定了排放、噪声的应对措施。发生源应对策略是由环境大臣决定允许的限度（告示），国土交通大臣根据《道路运送车辆法》的命令（道路运送车辆的保安基准的修订），规定允许的限度。

1. 排放法规

对于轿车和轻型车辆，日本自 20 世纪 90 年代初以来，主要使用 10-15 工况和 11 工况循环进行排放测试，2005 年，日本发布新的法规，对轿车和轻型车辆引入新的排放测试循环：JC08 试验工况循环。日本 JC08 试验工况为底盘测功机试验循环，总的时间周期为 1204s；总行驶距离为 8.171km；平均试验车速为 24.4km/h（如果不包括怠速则平均车速为 34.8km/h）；最高车速为 81.6km/h；载荷比为 29.7%。JC08 试验工况模拟目前日本拥挤的城市交通条件下的车辆驾驶工况，包括怠速和频繁交替出现的加速、减速工况。该试验工况分别在冷起动和热起动的条件下各进行一次。除了排放试验外，该工况还同时用于燃料经济性的测量。从 2009 年开始，日本实施的轿车和轻型车辆排放限制指标，即 Post New Long-Term Regulations。

自 20 世纪 90 年代以来，日本对重型车辆（总重 3.5t 以上的车辆）主要使用 13 工况循环进行排放测试，2005 年，日本发布新的法规，对重型车辆引入新的排放测试循环：JE05 试验工况循环（该工况又被称为 ED12 工况）。日本重型车辆 JE05 试验工况为根据东京的交通和驾驶实际情况开发的一种车辆瞬态试验循环，适用于汽油和柴油车辆，该试验循环的总周期约 1800s，平均车速为 26.94km/h，最高车速为 88km/h。

2. 噪声法规

保安基准的第 30 条规定了车辆噪声。但从 2016 年 6 月开始，日本开始实施 UN Regulation No.51 噪声法规 03 系列的相关要求。

1.6.3.3 日本汽车燃油消耗法规

日本新的汽车排放试验工况不仅适用于汽车的污染物排放，同时也适用于汽车燃料消耗量的测量试验，自 2013 年 3 月起，日本将对轿车和轻型车辆的燃料消耗量采用 JC08 试验工况（包括冷热两种工况），同时日本公布了将于 2015 年实施的轿车和轻型车辆新的燃料消耗量限值指标，这些车辆的燃料消耗量的平均限值见表 1-17。

表 1-17 日本 2015 年轿车和轻型车辆燃料消耗量的平均限值　　（单位：km/L）

车辆类型	2015 年平均限值要求	2004 年的水平	与 2004 年比较降低的程度
轿车	16.8	13.6	下降 23.5%
小型客车	8.9	8.3	下降 7.2%
轻型商用车	15.2	13.5	下降 12.6%

对于燃用汽油的轿车，日本公布了 2015 年后各个不同的重量段的车辆应满足的燃料消耗量具体目标值要求，见表 1-18。

表 1-18 日本汽油轿车 2015 年后应满足的燃料消耗量目标值

车辆重量/kg	≤600	601～740	741～855	856～970	971～1080	1081～1195	1196～1310	1311～1420
燃料消耗量目标值/(km/L)	22.5	21.8	21.0	20.8	20.5	18.7	17.2	15.8
车辆重量/kg	1421～1530	1531～1650	1651～1760	1761～1870	1871～1990	1991～2100	2101～2270	≥2271
燃料消耗量目标值/(km/L)	14.4	13.2	12.2	11.1	10.2	9.4	8.7	7.4

同样，对于重型车辆的燃料消耗量测量，今后也将采用新的 JE05 试验工况。日本同时还公布了 2015 年后重型柴油载货汽车和大客车应满足的燃料经济性限值指标，见表 1-19。

表 1-19 日本重型柴油载货汽车和大客车 2015 年后应满足的燃料消耗量目标值

车辆总重量/kg	3.5～7.5			7.5～8	8～10	10～12	12～14	14～16	16～20	>20
车辆最大载荷量/kg	<1.5	1.5～2	2～3	>3						
燃料消耗量目标值/(km/L)	10.83	10.35	9.51	8.12	7.24	6.52	6	5.69	4.97	4.15	4.04

日本重型车的城市模式（Interurban Mode）是日本新的重型车油耗试验规程中一个试验程序，另外一个试验程序就是 JE05，因此 JE05+Interurban Mode 共同构成日本完整的重型车油耗试验规程。Interurban Mode 是要求有一定坡度的试验，因此该试验又被称为坡道试验。

1.6.4 东盟

东盟的全称为东南亚国家联盟，共包括十个国家：老挝、柬埔寨、缅甸、泰国、越南、马来西亚、新加坡、文莱、菲律宾、印度尼西亚。东盟已成为目前世界上仅次于欧盟和北美自由贸易区的第三大自由贸易区。东盟现正在积极建设统一的汽车产品准入管理制度和统一的汽车技术法规体系，具体工作由东盟标准与质量顾问委员会下属的汽车产品工作组负责，将主要通过采用联合国的 UN 法规来实现上述目标。

除了各国自身的发展外，为了适应汽车市场一体化和提升整个东盟地区的汽车安全环保水平的需要。近年来，整个东盟还致力于建设统一的汽车市场，即对汽车产品实施统一的关税、统一的市场准入管理制度和配套的汽车技术法规体系。对于统一的市场准入管理制度和技术法规体系，各成员国都将对汽车产品统一采用 UN 法规，实施国际通行的型式批准制度。由于东盟各国的发展情况差距较大，因此其市场一体化建设也比较复杂，在统一的汽车产品认证和技术法规体系的建设上还面临许多不确定的因素，目前东盟已就首批将采用的 UN 法规项目达成一致，共计 19 项，东盟今后还将分批扩大统一实施的 UN 法规项目，计划第二批统一实施的 UN 法规增加为 32 项。

1.6.5　海湾地区共同体市场

海湾地区由于富含石油、天然气资源，经济上十分富裕，对汽车产品的需求量一直很大。

海湾地区由于建立了共同体市场，因此在对汽车产品的市场准入管理上，也相应地建立并实施统一的管理制度，并在这一统一的汽车产品市场准入管理体制中，采用统一的海湾汽车标准作为汽车技术法规。

为了促进海湾地区贸易和经济一体化的发展，最早由海湾六国（不包括也门，也门是后加入的成员国）组成了海湾合作委员会（Gulf Corporation Council，GCC），该委员会在 1982 年成立标准化与计量组织（Standardization and Metrology Organization），它在统一和协调海湾六国的标准和法规的制定与实施工作中起到十分重要的作用，其中包括制定统一的汽车产品海湾标准（Gulf Standard，GS），并对汽车产品按照这些标准实施 GCC 标准化与计量组织的认证批准制度。由于汽车产品海湾标准在海湾地区六国范围内强制执行，因此很多人称海湾标准为海湾法规，简称为 GSO 标准或法规，在海湾六国（后扩展到七国）制造、销售和使用的汽车产品必须首先满足海湾标准要求。由于沙特阿拉伯（简称沙特）是海湾地区最大的国家，也是最大的汽车产品生产国和消费国，因此海湾汽车标准的制定与沙特汽车标准（SSA）的制定有着直接的关系，海湾标准基本上以沙特标准为基础，大多数海湾标准起源于沙特标准，它们往往首先在沙特国内实施，成熟后再上升为海湾标准。

为了更进一步促进海湾六国共同体市场的发展，2003 年 12 月，海湾合作委员会的组织机构进行了调整和变化，成立标准化组织——"海湾合作委员会（GCC）标准化组织"。该组织简称为 GSO，并从此由该组织负责海湾地区统一的技术法规、海湾标准、产品合格评定规程的制定与实施工作。GSO 组织的总部设在沙特阿拉伯的首都——利雅得。

GSO 标准（法规）主要参考了国际通行的汽车技术法规体系，以联合国 UN 法规、欧盟 EU 法规和美国汽车技术法规体系为主，少部分项目参照国际标准（即 ISO 标准），总体技术要求不是太严，但它们针对海湾国家特有的气候、地理环境和道路条件，在某些方面制定了一些特殊、严格的要求，如在车辆散热器、滤清器、蓄电池、悬架、轮胎等方面的标准要求较严，以保证车辆能够在高温、风沙、路况差、潮湿等恶劣条件下长期运行。

海湾的汽车及零部件技术法规体系的特点是每年（针对每个车型年）由海湾合作委员会（GCC）标准化组织（GSO）对汽车产品在该车型年通过海湾地区汽车产品市场准入应满足的汽车技术法规项目清单进行修改并公布。

1.6.6 俄罗斯和欧亚经济联盟市场

俄罗斯是《1958 年协定书》的缔约方，长期为 WP.29 的主席、副主席国，在 WP.29 工作中具有重要的地位。近年来在俄罗斯的牵头下，5 个独联体国家缔结欧亚经济联盟市场，其主体汽车技术法规为 018 号法规，该法规很大程度上类似于欧盟汽车产品型式批准的框架性技术法规 2007/46/EC。018 号法规规定了汽车整车进入欧亚经济同盟市场应满足的各项安全和环保的单项要求，绝大部分单项要求都是直接采用联合国的 UN 法规，只有少量的项目是欧亚经济联盟市场特有的法规项目，诸如 GLONASS 的卫星定位和紧急呼叫系统、车辆内部载人空间的空调供暖、车内空气质量等。与技术法规相配套的标准中最有影响力的主要为俄罗斯的 GOST R 标准和独联体统一的 GOST 标准。

1.6.7 澳大利亚

澳大利亚汽车产品市场准入管理的技术基础为该国的汽车技术法规，即澳大利亚机动车设计规则（ADR）。为了强化车辆安全、环保要求，澳大利亚联邦政府从 20 世纪 60 年代开始对道路车辆安全、排放、节能、防盗制定设计和性能要求——澳大利亚机动车设计规则（ADR），并在澳大利亚各州、各地区强制执行。澳大利亚《1989 年机动车辆标准法》(Motor Vehicle Standards ACT 1989)进一步明确了 ADR 在整个澳大利亚范围内的法律地位。

根据《1989 年机动车辆标准法》的授权，目前由澳大利亚联邦基础设施及地区发展部车辆安全标准处对澳大利亚生产和从国外进口的所有新车及二手进口车制定、实施统一的 ADR 法规。

从 ADR 最初出台到目前为止，ADR 已历经 3 个版本：第一版本的 ADR 法规主要用于讨论和征求意见，并没有真正实施；第二版本的 ADR 法规自 1969 年 1 月 1 日开始生效实施，但当时没有在全国范围内统一实施，而是澳大利亚各州根据自己的立法自行实施，直到 1989 年才开始作为国家统一的法规；第三版本的 ADR 法规在 1986 年 12 月制定完成，并自 1988 年 7 月 1 日起开始生效实施。第三版本的 ADR 法规为目前在澳大利亚《1989 年机动车辆标准法》框架下实施的全国性汽车技术法规，构成车辆产品进入澳大利亚市场并能顺利上牌必须满足的具体技术要求。

第三版本的 ADR 法规基本上都是等同于联合国 UN/WP.29 制定的 UN 法规。

澳大利亚等同采用 UN 法规的模式为，将当时最新的 UN 法规文本，汇总所有修正本、增补件、勘误本，进行简单的编辑汇总后，直接附在自身的 ADR 汽车技术法规中。

1.7 全球汽车认证体系

由于汽车产品在国民经济和社会发展中的重要作用,世界各国对汽车产品都会采用统一的管理,即实施汽车产品的认证制度,其目的是实现政府对汽车产品在安全、环保、节能等方面的有效控制,认证的技术依据主要看汽车产品是否符合汽车法规的要求。大多数国家对汽车产品实施型式批准,所谓型式批准也称为型式认证制度,是指汽车制造厂商和销售商提出的认证申请只适用于同一型式的汽车或零部件,当其类别、用途、车身形状、发动机种类及主要构件(传动系统、行走系统、操纵装置、悬架、车架、车轴、制动系统等)不同时,即认为不是同一型式。对不同型式的汽车或零部件必须分别进行认证申请,不得扩大认证范围。目前,全球有三大典型的汽车认证体系,这三种认证经过几十年的运转和不断改进,体系已经相当完善,成为其他国家建立汽车认证制度的样板,其他国家的汽车认证制度多是三大典型的汽车认证体系的一种或者是它们几种的综合。

1.7.1 美国的自我认证及强制召回制度

1953年,美国在世界上首先颁布了《联邦车辆法》,美国政府由此开始对车辆进行有法可依的管理。美国有联邦法规也有州法规,按照联邦法规进行的汽车认证主要有两部分:安全认证和环境保护认证。

1. 自我认证

美国的"自我认证"是指汽车制造厂商按照联邦汽车法规的要求自己进行检查和验证。如果企业认为产品符合法规的要求,即可投入生产和销售。"自我认证"使汽车企业对自己的产品具有直接的发言权,美国政府主管部门的任务就是对汽车产品进行抽查,以保证车辆的性能符合法规的要求。

2. NHTSA

美国汽车安全的最高主管机关是隶属美国运输部的国家公路交通安全管理局(NHTSA),由NHTSA负责汽车安全认证的管理工作。为了确保车辆符合联邦机动车安全法规的要求,NHTSA可随时在制造商不知情的情况下对市场中销售的车辆进行抽查,也有权调验厂家的鉴定实验室数据和其他证据材料。如果抽查发现车辆不符合安全法规的要求,主管机关将向制造商通报,责令其在限期内改正,并要求制造商召回故障车辆,这就是所谓的强制召回。同时,如果不符合法规的车辆造成了交通事故,厂家将面临高额惩罚性罚款。在这种严厉的处罚背景下,汽车企业对产品设计和生产过程中的质量控制不敢有丝毫懈怠,而且对召回非常"热心",一旦发生车辆质量瑕疵,就会主动召回,因为一旦被NHTSA查出,后果将非常严重。

3. EPA

美国汽车环境保护的最高主管机关是美国国家环境保护局(EPA),由EPA负责汽车环境保护认证的管理工作。制造厂家向EPA提出环境保护认证的申请,EPA在审查认证申请及有关资料后安排自己的实验室或直接利用制造商的实验室进行美国环保法规所要求的试验,如果试验结果符合法规要求则认为该车型通过认证,发放认证标志。现在,大部分情况是 EPA 根据厂家的自我检验结果发放认证标志，同汽车产品的安全管理方式一样，EPA 采取事后抽查监督，如发现车辆产品与法规要求不符，将责令厂家采取相应措施，包括产品召回等，确保车辆产品满足 EPA 环保法规的要求。

1.7.2　欧盟的型式认证及自愿召回制度

欧洲各国实行的型式认证制度是确认新设计的汽车产品的样品符合专门的标准与法规，产品的技术条件将登记在案，作为认证的唯一技术条件，通过检查企业的生产一致性来确保产品的质量。美国是由企业自己进行认证，而欧盟是由独立的第三方认证机构进行认证。

欧盟的型式认证的方法有两种：一是型式试验，即按照规定的试验方法，对汽车产品进行全面的试验；二是质量保证体系的评审，即按照 ISO 9001 或 IATF 16949 的要求进行评审。通过型式认证的原则：样品必须通过检测；批量生产的产品必须能保持与已检样品具有相同质量和规格，并能够通过相应的检测。

欧盟各国的汽车认证都是由本国的独立认证机构进行的，但是认证的标准则是全欧盟统一的，依据的是联合国欧洲经济委员会汽车法规（UN）、欧盟指令或法规（EC/EU），主要有 E 标志认证和 e 标志认证两类。

（1）E 标志认证　E 标志认证是以 UN 法规为依据，主要针对车辆系统和零部件（不含整车）的认证体系。根据 UN 法规进行检测和工厂审查经批准后可使用"E"标志，获得"E"标志的汽车产品可以在 47 个 UN 成员国销售。E 标志认证过程中，认证的执行检测机构一般是 ECE 成员国的技术服务机构，发证机构是 ECE 成员国的政府部门。

（2）e 标志认证　e 标志认证是以欧盟指令为依据，主要针对整车车辆、系统和零部件的认证体系。根据欧盟 EC 指令进行检测和工厂审查，经过批准后允许汽车产品使用"e"标志。获得"e"标志的汽车产品可以在欧盟国家销售。e 标志认证过程中，要求检测机构必须是欧盟成员国内的技术服务机构，而发证机构是欧盟成员国政府交通部门。

欧盟实行的汽车召回制度是企业自愿召回，企业发现车辆有问题，就可自行召回，但是要向国家主管机关上报备案，如果企业隐瞒重大质量隐患或藏匿用户投诉，一经核实将面临处罚。

1.7.3　日本的型式认证及召回制度

日本的汽车认证制度总体上来讲与欧盟一样，是型式认证制度，但是有着自己的特点，这是因为它的认证体系由汽车型式指定制度、新型汽车申报制度、进口汽车特别管理制度三个认证制度组成。根据这些制度，汽车制造商在新型车的生产和销售之前要预先向日本国土交通省提出申请以接受检查，其中，汽车型式指定制度对具有同一构造装置、性能，并大量生产的汽车进行检查；新型汽车申报制度针对的是型式多样而生产数量不多的车型，如大型载货汽车、公共汽车等；进口汽车特别管理制度针对的则是数量较少的进口车。

日本的汽车型式认证制度包括型式指定制度和型式通告制度，此外对有关排放、噪声、安全等控制装置和零部件还设立了单独的装置型式指定制度。型式指定适用于批量生产且质量均一的车辆；型式通告适用于生产批量小且要求多变的大型载货汽车、公共汽车和改装车以及符合优惠管理条件的进口汽车。日本的国土交通省作为主管机关负责汽车型式认证的申请和批准，具体的技术审查和试验工作由国土交通省下属的日本交通安全和环境研究所进行。

型式指定制度的基本程序是由企业向国土交通省提出某一车型指定的申请，国土交通省接到申请后，对有关文件和车辆进行审查和试验，内容包括：车辆是否符合汽车安全基准；机动车生产一致性控制；完成机动车辆检验体系。如果该车型通过了审查和试验，即被指定，该车型的每一辆车在出厂时，厂家要对其进行出厂检验，以确定其符合安全基准的要求，如果通过检验，对每一辆车发放出厂检验证书。用户在购买车辆后，只要向地方陆运署出具出厂检验证书，即可获得注册。

型式通告制度的程序是国土交通省在接到厂家某一车型的型式通告的申请后，对申请厂家提供的文件和该车型的基本型样车进行审查，以确定该车型共有的结构和部件（如底盘等）是否已经通过型式指定，即已符合日本汽车安全基准的要求，对于已经通过型式指定的车辆结构和部件无须再进行试验，而只对新增加的部件或改装部分进行检查和试验，以确定其满足日本汽车安全基准的要求。

日本在采用欧盟汽车型式认证制度的同时，也引入了美国的机动车辆召回制度，厂家必须将车辆的缺陷和用户投诉如实上报给国土交通省，国土交通省对车辆制造商进行监督，以检查其召回工作是否正常进行，如果厂家隐瞒真相，造成安全问题，政府主管部门会进行高额惩罚。

1.8 我国汽车产品认证及召回制度

汽车产业是国民经济重要的支柱产业，产业链长、关联度高、就业面广、消费拉动大，同时，汽车产品与人民的生命、财产、健康安全高度关联，也有多方利益的驱动，造成了我国汽车行业管理的复杂性和汽车产业的独特性，所以我国政府对汽车行业管理高度重视，多个政府主管部门（含地方政府部门）参与了我国的汽车行业管理，见表1-20。

表1-20 政府部门对汽车行业的管理内容

政府主管部门	管理内容
发展和改革委员会（发展改革委）	新建企业投资管理（项目核准、项目监管、外商投资、境外投资等）和产业扶持等
工业和信息化部（工信部）	汽车产业规划制修订；《道路机动车辆生产企业及产品公告》申报及管理；汽车产业及企业管理规章制修订；汽车行业标准制修订
生态环境部	汽车排放标准制修订；汽车环保目录管理；在用车排放监督管理；碳交易、碳配额管理
国家市场监管总局	企业注册、登记、公示；反垄断；公平竞争审查；认证管理（3C证书发放）；国家标准制修订；缺陷汽车召回
公安部	机动车辆登记上牌和上路车辆检查
交通运输部	出租车、客车、货车、挂车等运营车辆的管理

（续）

政府主管部门	管理内容
商务部	二手车管理；汽车维修技术信息公开管理；汽车报废管理；汽车销售管理；汽车进出口管理
司法部	汽车相关法律和行政法规的起草和公示等
知识产权局	汽车相关的商标、专利、原产地理标志的注册登记和行政裁决
科学技术部（科技部）	汽车相关的国家重点研发计划和国家自然科学基金的管理
人民银行	拟订银行业、保险业重要法律法规草案和审核监管基本制度（涉及汽车分期付款和保险等）
文化和旅游部	统筹规划旅游业发展（涉及旅居车）
国家能源局	充电基础设施规划和管理
自然资源部	城乡规划管理（涉及充电基础建设）
教育部	对校车驾驶人员从业资格审查；对校车和接送学生车辆、行车路线及道路安全隐患排查和备案
海关总署	进口车辆产品检验；进口儿童汽车座椅检验；进口汽车海关监管、税费征收；口岸管理；海关统计等
财政部	涉及车购税、消费税、车船税等的税收法律、行政法规草案及实施细则和税收政策调整方案的起草；监督检查财税法规、政策的执行等
审计署	新能源汽车补贴审查

我国从汽车的投资准入开始到公告批准（产品准入、工厂条件审查）、汽车产品强制性（3C）认证、环保信息公开、上牌管理、销售管理、运营管理、进口管理、报废管理等都由不同的政府主管部门根据职能和分工来进行管理。通常生产商和销售商乃至汽车行业最关注和平时接触最多的是公告批准、3C认证和环保信息公开。一款全新的汽车车型要想在我国市场销售，必须要获得工信部的《道路机动车辆生产企业及产品公告》（以下简称《公告》）、国家市场监管总局（认监委）的整车3C认证、生态环境部的环保信息公开。公告批准在产品检测和监督方面十分接近"欧盟型式认证制度"，工信部装备工业司承担《公告》的管理工作。3C（China Compulsory Certification）认证即中国强制性认证，该认证是我国政府为了保护广大消费者人身安全，依据法律和法规实施的一种产品合格评定制度，它要求产品必须符合国家标准和法规，汽车产品3C认证的主管部门是国家市场监管总局下属的国家认监委。环保信息公开为国家生态环境部根据《中华人民共和国大气污染防治法》，为了加强对新生产机动车执行国家机动车排放标准的监督管理力度，对车型和发动机开展的信息公开工作。

我国的汽车管理制度有着自己鲜明的特色，既有类似于欧盟型式认证制度的汽车公告管理，也有类似美国自我认证的环保信息公开，同时新能源汽车生产需要符合相关的政府准入规则。我国的汽车认证制度充分吸取了美国、欧盟、日本三大地区典型汽车认证制度的优点，根据政府主管部门的管理需要，增加了许多新的内容，可以说是继美国、欧盟、日本之后，形成的第四大汽车认证制度。

1.8.1 汽车公告批准

道路机动车辆生产企业及产品准入管理是工业和信息化部实施的许可管理。生产道路机动车辆的企业及所生产的产品须得到许可，工业和信息化部以《公告》的形式公布获得许可的道路机动车辆生产企业及产品。工业和信息化部实施《公告》管理的车辆产品包括在我国境内生产、销售并上道路行驶的汽车及相应底盘、半挂车、摩托车产品等。工业和信息化部装备工业发展中心对生产企业申报的车辆产品进行审查和检验。企业所申报产品必须要严格执行《公告》审查和样车检验制度的有关规定,保证《公告》产品符合相应国家标准的要求。审核通过发布《公告》,同时对已经审查通过的《公告》产品定期或不定期进行抽查复核,发现《公告》产品不符合国家标准及有关规定的,一律予以撤销,情节严重的,追究违规审查、检验等相关人员的责任。《公告》是国家对汽车产品实施管理的重要手段,目前它仍是汽车在地方车管所办理牌照的最重要依据。《公告》的前身《目录》管理产生于1985年。从2001年起,《目录》逐渐过渡到了《公告》。

目前《公告》申报及审查流程为,企业申报(包括参数备案表填写,相关佐证材料上传,试验方案表填写等)→工业和信息化部装备工业发展中心受理企业申报资料并对产品进行初步审核(包括产品的参数、规范性、合理性、资料的完整性、齐全性等)→审核通过下达检验方案→检测机构试验(按照企业提交并下达的方案)并上传试验报告→工业和信息化部装备工业发展中心产品审查处对申报产品的资料及试验报告进行审查(包含公示举报产品)→审核通过发布《公告》。

1.8.2　汽车3C认证

2001年12月,原国家质检总局发布了《强制性产品认证管理规定》,以强制性产品认证制度替代原来的进口商品安全质量许可制度和电工产品安全认证制度。CCC认证就是中国强制性产品认证制度(China Compulsory Certification,其英文缩写为"CCC",故又简称"3C"认证)。

1. 认证程序

无论生产还是进口,凡列入3C目录内且在国内销售的产品均需获得3C认证,生产的产品出厂前加施标志,进口的产品进口前加施标志。

强制性产品认证程序,申请人提交申请材料并通过受理后,由检测中心出具检验计划并安排型式试验,型式试验项目为标准中适用的强制性条款,型式试验应在国家认监委指定的3C指定实验室完成,若有试验项目不合格,允许在对不合格产生原因分析后进行整改,整改完成后重新进行试验。凡需重新试验的,实验室须将试验情况通报认证机构,由认证机构重新确认试验方案,认证委托人应确保在获证后监督时能够向认证机构和执法机构提供完整有效的型式试验报告。

2. 进口车认证管理

针对进口车认证的管理模式,目前针对整车的认证模式主要为整车大3C认证模式和针对进口量产车的认证模式,涉及主动安全、被动安全、环保等项目。包含整车、排放、零部件、碰撞、新能源等各个科室与部门的试验。试验周期长、费用高,但是一张证书可覆盖同单元几百个VIN号的进口车。对于年进口量较高的企业,通常会选择此认证方式,如大众、宝马、戴姆勒、斯巴鲁等。

3. 平行进口车认证

平行进口车认证模式是近年来国家重点推行的贸易方式，在进口之前同样需要做3C认证。平行进口车一般为非中规车的改装车，这些车在初认证试验项目与大3C相同，之后以此车为基础车型的改装车按照"十抽二"的抽查模式进行8项整车检查与改装情况核查即可完成认证。所谓"平行进口"，是相对"中规车"概念而来的，指除总经销商以外，由其他进口商从产品原产地直接进口，其进口渠道与国内授权经销渠道相"平行"。

4. 单车认证

单车认证模式的基本规则是每辆车在进口前都需要做非破坏性的整车与排放试验，即每台必检。此模式专门针对反恐安全、抢险救灾、应急指挥、体育竞技、道路试验、国家重大生产建设项目和单位或个人自用的特殊用途小批量进口车。一般年进口量特别少的车型，会以此方式进口。

《实施强制性产品认证的产品目录》中3C目录范围内22类157种产品的3C认证工作，其中汽车产品涉及机动车辆及安全附件、机动车辆轮胎及机动车儿童乘员用约束系统。

1.8.3 汽车环保信息公开

为贯彻落实《大气污染防治法》，加快推进机动车和非道路移动机械环境管理的系统化、科学化、法治化、精细化和信息化，根据国务院关于简政放权、放管结合、优化服务、便民惠民的决策部署要求，相关部门依法开展新生产机动车和非道路移动机械环保信息公开工作。机动车和非道路移动机械生产、进口企业，应当向社会公开其生产、进口机动车和非道路移动机械的环保信息，包括排放检验信息和污染控制技术信息，并对信息公开的真实性、准确性、及时性、完整性负责。

《北京环保目录》是原北京市环保局为贯彻执行国家排放标准，并依据《北京市实施〈中华人民共和国大气污染防治法〉办法》的规定，对达到排放标准的车型和发动机型开展的型式核准工作。凡在北京市销售机动车的生产企业，必须向北京市环境保护行政主管部门申报在北京市销售的各种类型机动车排放污染物的数据和防治污染的技术资料，北京市环境保护行政主管部门定期公布符合规定排放标准的机动车车型目录。

1.8.4 新能源汽车准入制度

1. 使用范围

新能源汽车准入适用的范围是在中华人民共和国境内生产新能源汽车的企业（以下简称新能源汽车生产企业），及其生产在境内使用的新能源汽车产品。其中新能源汽车是指采用新型动力系统，完全或者主要依靠新型能源驱动的汽车，包括插电式混合动力（含增程式）电动汽车、纯电动汽车和燃料电池电动汽车等。工业和信息化部负责实施全国新能源汽车生产企业及产品的准入和监督管理。省、自治区、直辖市工业和信息化主管部门负责本行政区域内新能源汽车生产企业及产品的日常监督管理，并配合工业和信息化部实施准入管理相关工作。

2. 准入管理规定

申请新能源汽车生产企业准入的需满足新能源汽车生产企业及产品准入管理规定，中华人民共和国工业和信息化部令（第39号令）规定，工业和信息化部收到企业提供第39号令规定的材料后，对于申请材料不齐全或者不符合法定形式的，当场或者在5日内一次性告知申请人需要补正的全部内容。申请材料齐全、符合法定形式的，在自受理之日起20个工作日内做出批准或者不予批准的决定。20个工作日内不能做出决定的，经工业和信息化部负责人批准，可以延长10个工作日，并将延长期限的理由告知申请人。

3. 技术审查

工业和信息化部委托第三方技术服务机构，组织专家对新能源汽车生产企业、新能源汽车产品准入申请进行技术审查，审查方式包括现场审查、资料审查。工业和信息化部建立新能源汽车领域专家库，从中选取专家组成审查组。通过审查的新能源汽车生产企业及产品，由工业和信息化部通过《公告》发布。不符合规定的条件、标准的新能源汽车生产企业及产品，工业和信息化部不予列入《公告》。新能源汽车生产企业应当按照《公告》载明的许可要求生产新能源汽车产品。

1.8.5 汽车召回制度

1. 目的

《缺陷汽车产品召回管理条例》（以下简称召回制度）是为了规范缺陷汽车产品召回，加强监督管理，保障人身、财产安全而制定的。召回制度适用于在我国境内生产、销售的汽车和汽车挂车（以下简称汽车产品）的召回及其监督管理。缺陷是指由于设计、制造、标识等原因导致的在同一批次、型号或者类别的汽车产品中普遍存在的不符合保障人身、财产安全的国家标准、行业标准的情形或者其他危及人身、财产安全的不合理的危险；召回是指汽车产品生产者对其已售出的汽车产品采取措施消除缺陷的活动。

2. 召回程序

缺陷汽车产品召回一般分为制造商主动召回和主管部门指令召回两种程序。国务院产品质量监督部门负责全国缺陷汽车产品召回的监督管理工作。国务院产品质量监督部门根据工作需要，可以委托省、自治区、直辖市人民政府产品质量监督部门、进出口商品检验机构负责缺陷汽车产品召回监督管理的部分工作。

3. 判定原则

判断汽车产品的缺陷一般包括以下原则：

1）经检验机构检验安全性能存在不符合有关汽车安全的技术法规和国家标准的。

2）因设计、制造、标识上的缺陷已给车主或他人造成人身、财产损害的。

3）虽未造成车主或他人人身、财产损害，但经检测、实验和论证，在特定条件下缺陷仍可能引发人身或财产损害的。

生产者获知汽车产品可能存在缺陷的，应当立即组织调查分析，并如实向国务院产品质量监督部门报告调查分析结果。生产者确认汽车产品存在缺陷的，应当立即停止生产、销售、进口缺陷汽车产品，同时按照有关部门的规定制定召回计划，并自确认汽车产品存在缺陷之日起 5 个工作日内或者被责令召回之日起 5 个工作日内向有关部门备案，并自召回计划备案之日起 5 个工作日内，通过报刊、网站、广播、电视等便于公众知晓的方式发布缺陷汽车产品信息和实施召回的相关信息，30 个工作日内以挂号信等有效方式，告知车主汽车产品存在的缺陷、避免损害发生的应急处置方法和生产者消除缺陷的措施等事项。国务院产品质量监督部门获知汽车产品可能存在缺陷的，应当立即通知生产者开展调查分析；生产者未按照通知开展调查分析的，国务院产品质量监督部门应当开展缺陷调查，经调查认为汽车产品存在缺陷的，应当通知生产者实施召回。

参考文献

[1] 朱毅. 海外汽车市场准入制度与技术法规：欧美主流市场［M］. 天津：中国汽车技术研究中心标准化研究所，2012.

[2] 朱毅. 美国汽车安全技术法规特点及最新发展［M］// 中国汽车技术研究中心. 中国汽车安全发展报告. 北京：社会科学文献出版社，2017：210-230.

[3] 朱毅. 欧盟汽车安全技术法规与管理体系［M］// 中国汽车技术研究中心有限公司. 中国汽车安全发展报告. 北京：社会科学文献出版社，2018：188-220.

[4] 国际机动车认证制度研究委员会. 国际机动车认证制度研究［M］. 北京：机械工业出版社，2016.

第 2 章 电动汽车标准

2.1 电动汽车与传统汽车的标准化差异分析

电动汽车与传统汽车的差异性主要体现在高电压运行、电力驱动与控制系统和车载储能装置等关键部件不同、车身结构差异明显、能源补给方式不同以及更加复杂的电磁环境特性等,针对这些特殊性制定了电动汽车标准体系。

电动汽车与传统燃油车在动力性能试验方法方面存在一定的区别,这集中表现在两点:试验前车辆的处理和试验的项目。试验前车辆的处理方面,其主要区别在于两种动力形式储能装置状态的调整;试验项目方面,传统燃油车有爬坡性能、最高车速、加速性能和最低稳定车速四类试验,而电动汽车由于持续输出能量时存在一定的不稳定性,因此在传统燃油车的基础上增加了 30min 最高车速的试验项目,同时由于电机的低速特性显著优于传统燃油车,因此删除了最低稳定车速的试验项目。

对于纯电动汽车,由于动力形式与传统燃油车完全不同,因此能耗的评价方法需单独建立。混合动力电动汽车的动力形式较传统燃油车增加了一套电驱动系统,因此在油耗的基础上增加了电耗。对于可外接充电的混合动力电动汽车还存在纯电模式及混动模式,两种模式在实际应用中的比重也需考虑;而不可外接充电的混合动力电动汽车还涉及试验始末可充电储能系统电量是否平衡的判断,因此也需要针对混合动力电动汽车制定单独的试验方法。燃料电池电动汽车的能量可全部来源于氢气,通过电解转化为电能从而驱动车辆,这与传统燃油车存在显著差异,因此能耗也需单独进行评定;可外接充电的燃料电池电动汽车,能耗情况与可外接充电的混合动力电动汽车类似。

能耗与排放的试验方法存在很大的关联性,因此排放性的分析与经济性有很多相通之处。纯电动汽车依靠电力驱动,因此不存在排放;混合动力电动汽车需要对可外接充电和不可外接充电两种类型的车辆分别进行分析。燃料电池电动汽车理论上不存在排放,但实际过程中氢气的使用效率并不能完全达到100%,因此也会存在微量的氢气排放,这与内燃机燃烧后排放的机理完全不同,需要单独建立排放评价方法。

电动汽车作为以电能驱动的道路车辆,几乎具有一般汽车所具有的所有安全问题,同时又必须考虑其特有的安全问题。在某种情况下,这两方面还可能相互耦合。电动汽车在静止、充电和正常运行等工况下可能出现诸多安全风险,包括电伤害、燃烧、爆炸危险、电池内压、电解液泄漏、有害气体、电池发热、碰撞安全性等。

安全性的差异也使得电动汽车的紧急救援成为一个新兴的议题,关于救援流程和产品救援说明的标准对于提高救援效率、保障救援人员和乘员的安全具有重要的意义。

与传统燃油汽车相比,电动汽车主要存在多个方面的安全隐患,这些差异性也使得电动汽车标准在原有的传统汽车标准体系的基础上还需要进一步完善。

电动汽车是由多系统组成的整体,各个系统的性能都会对电动汽车的使用性能产生影响,因此需要从各个系统的使用条件出发,对电动汽车的各部件制定相应的标准规范,以保证电动汽车整体性能的优良。

(1)可充电储能系统及相关附件 电动汽车与传统汽车的一个显著差异在于:车载储能装置从之前的燃油箱变成了单一的可充电/不可充电储能系统,或者燃油箱和可充电/不可充电储能系统并存,其中又以可充电储能系统,尤其是动力蓄电池(简称为动力电池)系统为电动汽车车载储能装置的主要形式。动力电池系统的安全性、循环寿命、电性能等指标直接影响整车的安全性、续驶里程、充电速度等,相关的电池附件如电池箱、电池管理系统对整车性能也有直接的影响,因此是开展标准化工作的重点领域。

(2)驱动系统 与传统汽车相比,电动汽车除动力源发生变化外,驱动系统也发生了巨大改变,电动汽车的驱动源由传统的内燃机驱动变为电机驱动或电机与内燃机共同驱动,驱动电机系统作为主要动力源为电动汽车提供动力,驱动电机系统的安全性、内特性、环境适用性以及可靠性都会对整车的使用产生影响,因此需要对电动汽车电驱动系统进行研究,通过标准化方式对其进行规范。

(3)能源补充方式 电动汽车在能源补充方式上与传统汽车相比有明显差异,对于可外接充电的电动汽车来说,电能需要从外部电源获得,可以通过传导充电和无线充电方式进行,依据充电机的分布位置,可将传导充电分为交流充电和直流充电,此外,执行充电还需要完善的充电基础设施。对于燃料电池电动汽车来说,氢气的加注类似于目前燃气汽车,但加注氢气的压力比较高,目前常用的规格为35MPa,燃料电池电动汽车的推广,也需要加氢站的广泛普及。

(4)电磁兼容性 与传统汽车相比,电动汽车多采用高压大功率汽车电器部件以及系统集成度和电磁敏感度高的电子控制单元,一方面,这些电子单元在正常工作过程中会产生大量电磁干扰信号,它们在影响车辆周边无线电设备的同时会通过传导或辐射的方式对车载电子系统造成干扰;另一方面,这些装置及设备系统灵敏度较高,加之车辆所处电磁环境日趋复杂,汽车电子产品通常会因电磁干扰问题而导致其无法正常工作。

（5）信息安全　汽车的信息安全随着智能化和网联化程度的提高得到越来越多的关注，电动汽车作为智能网联技术的载体，也是开展信息安全标准的领域。

（6）燃料电池电动汽车氢气储存装置　燃料电池电动汽车是未来新能源汽车的发展方向之一，其主要特点在于增加了氢气储存装置，因此在考察燃料电池电动汽车时，其车载储氢系统的安装强度和整车泄漏是重点。在目前的燃料电池标准体系当中，对于以上两项都进行了详细的规定，其中安装强度共涉及 6 个维度的抗冲击能力，而整车泄漏主要涵盖发生泄漏时警示信号的显示及断开氢气供应的相关内容。

2.2　电动汽车基础通用标准

基础通用标准是制定和讨论其他技术标准的前提和基础，在电动汽车标准体系中，其处于整个架构位置，对整个体系起到支撑和维护作用。基础通用标准包括术语和定义、分类与型号、信号与标志、标签与标识等。

2.2.1　电动汽车术语与定义

2.2.1.1　电动汽车术语与定义的国内外整体情况

术语与定义类标准作为基础通用类标准规范，是该领域中相关标准制修订时术语参考引用的重要依据，对于规范和统一各标准之间的术语使用，明确标准约束对象等起到重要作用。在电动汽车领域，国内外各个标准化组织中均有专项的术语标准供参考使用，见表 2-1。随着电动汽车技术的快速发展和相关标准化步伐的不断加快，电动汽车标准化体系对术语标准的要求越来越高，新技术带来新术语的出现，现行术语标准涉及的范围与最新术语使用需求之间的差距会不断加大，因此参考借鉴国内外最新的术语标准，是准确理解基础概念、明确技术研讨对象的前提。本小节将总结归纳国内外最新术语与定义标准的主要内容，对比分析其差异性，读者在使用本手册时，建议先确认发布年代较早的标准是否已有更新版，并以最新版内容为准。

表 2-1　国内外电动汽车相关术语与定义标准

序号	标准号	标准名称
1	GB/T 19596—2017	电动汽车术语
2	GB/T 24548—2009	燃料电池电动汽车　术语
3	ISO/TR[①] 8713：2012	电动道路车辆　词汇
4	SAE J1715：2014	混合动力电动车辆（HEV）和电动车辆（EV）术语
5	SAE J1715-2：2013	电池术语
6	DIN[②] EN[③] 13447	电动道路车辆　术语

① TR—Technical Report，技术报告。
② DIN—Deutches Industric Normen，德国标准化学会标准。
③ EN—European Standard，欧洲标准。

需要注意的是，上述专项标准中的术语虽然较为系统和全面，但修订术语标准的周期一般较长，因此在具体领域中，如动力电池，因为标准的更新速度更快，在动力电池新的标准制修订时，会根据标准规定的需要，在现有术语标准的基础上，新增或者修订术语和定义。因此读者也应翻阅相关领域最新标准中出现的术语定义，并以最新版本为准。

2.2.1.2 电动汽车术语与定义的标准介绍

各标准主要内容介绍见表 2-2 和表 2-3。

表 2-2　国内外术语与定义标准的适用范围

标准号	适用范围
GB/T 19596	该标准界定了电动汽车相关的术语及定义 该标准适用于电动汽车整车、驱动电机系统、可充电储能系统及充电机
GB/T 24548	该标准规定了与燃料电池电动汽车相关的术语及其定义 该标准适用于使用气态氢的燃料电池电动汽车整车及部件
ISO/TR 8713	该技术报告汇总了 ISO/TC 22/SC 21 制修订的标准中使用的术语，适用于电动汽车，包括纯电动汽车（BEV）、混合动力电动汽车（HEV、PHEV）以及纯燃料电池电动汽车（FCV）和燃料电池混合动力电动汽车（FCHEV）
SAE J1715	该技术报告包括了混合动力电动汽车与纯电动汽车常用的术语与定义，供编写混合动力电动汽车与纯电动汽车的文件、技术规范、标准与推荐规程使用
SAE J1715-2	该推荐规程汇总整理了编写规程、技术报告常用的能量存储系统、电池相关的术语与定义
DIN EN 13447	该标准规定了欧洲电动汽车标准中的术语和定义，该标准不包括所有车辆的术语，主要是达到对电动汽车标准中相关内容理解的一致性

表 2-3　国内外术语与定义标准的内容概览

标准号	内容概览
GB/T 19596	该标准主要内容如下： ① 定义整车术语：主要包括电动汽车、结构与部件、性能三大类 ② 定义驱动电机系统术语：主要包括电机及控制器、电机类型、控制器部件、相关装置、性能参数 ③ 定义可充电储能系统术语：主要包括可充电储能装置种类、结构与部件、规格与性能 ④ 定义了充电机术语：主要包括概述、充电方式、控制方式、结构与部件、规格与性能等
GB/T 24548	该标准主要内容如下： ① 通用术语：主要包括燃料电池、冷/热起动、氢脆、中毒等 ② 质子交换膜燃料电池（PEMFC）系统：主要包括燃料电池堆、辅助系统两部分 ③ 车载供氢系统：包括高压储氢容器、氢气加注口、额定加注压力等 ④ 燃料电池电动汽车整车系统：包括整车集成、燃料电池动力系统等 ⑤ 性能及试验方法：包括燃料电池安全与性能要求、燃料电池系统性能试验方法两部分
ISO/TR 8713	该技术报告的范围与 GB/T 19596 相近，包括了整车、电机及控制器、可充电储能系统以及充电机的术语，所有的术语按照首字母而不是子领域进行排列，因而术语的顺序与 GB/T 19596 完全不同 该技术报告的附录部分用图示的方式解释说明了纯电动汽车、混合动力燃料电池电动汽车以及搭载内燃机的混合动力电动汽车驱动系统示意图，将技术报告中部分术语呈现在示意图中，便于读者了解定义的应用场景，加深理解
ISO/TR 8713	目前 ISO/TC 22/SC 21 正在进行 ISO/TR 8713 的新版修订工作，将取代 2012 版，它虽属草案，但可反映 ISO 在电动汽车术语修订的发展方向，经过修改之后，新版的 ISO 8713 将成为国内外新的电动汽车术语和定义标准，成为该领域重要的参考文件 ISO/TR 8713 的主要修改点如下 ① 增加了术语数量 ② 增加了新的技术相关的术语，如无线充电、B2 级电压等 ③ 对原有的整车、电机及控制器、可充电储能系统以及充电机的术语进行了增补，主要是常用的术语但没有在 2012 版中定义的 ④ 删除或修改了已有的术语和定义，如删除了 Battery-electric vehicle、修改 charge balance of battery 为 charge balance of REESS

(续)

标准号	内容概览
SAE J 1715	该技术报告包括的范围与 GB/T 19596 相近,包括了整车、电机及控制器、可充电储能系统以及充电机的术语,所有的术语按照首字母而不是子领域进行排列,技术报告中整车和充电相关的术语较多,电机与可充电储能系统相关的术语较少,读者查阅时可有所偏重 与 ISO/TR 8713 类似,该技术报告附录部分用图示的方式解释说明了动力系统输入与输出、混合动力连接方式、电动汽车各种结构形式等,供读者参考查阅
SAE J 1715-2	该推荐规程包括了电池和能量存储系统相关的材料、附件、充放电常用术语等,是与电池相关的全面的术语与定义标准
DIN EN 13447	该标准按照领域进行划分,结构与 GB/T 19596 类似,主要内容如下: ① 整车术语:包括电动汽车与分类、行驶模式、车辆性能、混合动力汽车的污染排放等 ② 车辆子系统术语:包括动力回路、电传动系统、车载储能系统等 ③ 电池及其环境术语:包括单体、模块、电池包等 ④ 通用术语:包括导电部件、外露导电部件、额定电压、工作电压、直接接触、防护等级等 与 ISO/TR 8713 和 SAE J1715 类似,该标准附录部分用图示的方式解释说明了串联式混合动力、并联式混合动力以及电驱动系统的结构,供读者参考查阅

2.2.2 电动汽车分类与型号

2.2.2.1 机动车辆的一般分类

对于从事电动汽车整车及零部件相关设计的技术人员来说,明确知晓车辆的分类是一项基本要求。在了解电动汽车特殊的分类之前,需查阅相关技术标准,掌握通用的机动车辆分类方法。

1. 国内外整体情况

在各项标准法规制定过程中,与明确术语定义一样重要的是对标准规定和约束的车辆类别建立统一的划分认识。为此,各标准化组织都建立了系统性的车辆划分标准,作为各个标准体系中基础性的重要标准和后续标准制定过程中的基础性依据,目前国内外主要的车辆分类标准见表 2-4。车辆分类标准一部分以独立的标准出现,如 GB/T 15089—2001《机动车辆及挂车分类》,另一部分也会形成术语定义类标准,如 GB/T 3730.1—2001《汽车和挂车类型的术语和定义》。

表 2-4 国内外主要的车辆分类标准

序号	标准号	标准名称
1	GB/T 3730.1—2001	汽车和挂车类型的术语和定义
2	GB/T 15089—2001	机动车辆及挂车分类
3	ECE R.E.3	机动车及其挂车的分类及定义
4	CFR-49[①]-523	车辆分类
5	ECE S.R.1[②]	车辆分类、重量与尺寸的通用定义

① CFR (Code of Federal Regulations)-49:美国运输部发布的交通与相关安全方面的法规代号。
② 该文件为 1998 协议下全球技术法规中使用的统一定义和规程的特别决议,S.R:special resolution。

与术语类标准类似,随着车辆新技术和新车型的出现,在车辆分类标准发布之后的新标准中，会有针对性地在现有车辆分类标准的基础上，修订、增减相关车辆分类，其一般以新的术语定义的形式出现。例如 2017 年 9 月发布的 GB 7258—2017《机动车运行安全技术条件》，在术语定义部分对乘用车、客车等术语在 GB/T 3730.1—2001《汽车和挂车类型的术语和定义》的基础上进行了更新。

2. 各标准主要内容介绍

（1）适用范围　主要车辆分类标准的适用范围见表 2-5。

表 2-5　主要车辆分类标准的适用范围

标准号	适用范围
GB/T 3730.1	该标准对汽车、挂车和汽车列车的类型给出术语和定义，上述车型都是为在道路上运行而设计的汽车、挂车和汽车列车 注：综合目前电动汽车的应用情况，挂车和汽车列车尚不在电动汽车应用的范畴，本手册不进行相关内容的介绍
GB/T 15089	该标准的制定等效采用了 ECE R.E.3，是对机动车辆和挂车的分类，在该标准中将机动车辆和挂车分为 L 类、M 类、N 类、O 类和 G 类 该标准适用于道路上使用的汽车、挂车及摩托车
ECE R.E.3	该法规针对的范围与 GB/T 15089 相似，是联合国 1958 协定下制定车辆设计、提高安全性与环保性的法规所采用车辆分类的依据。在该法规中，特别说明了随着技术的进步，法规的分类和范围也会随之修改
CFR-49-523	该法规为美国国家公路交通安全管理局重量段分类方法
ECE S.R.1	该文件包含了在制定《关于对轮式车辆、安装和 / 或用于轮式车辆的装备和部件制定全球性技术法规协定书》（1998 年协定书，ECE/TRANS/132）所涵盖的所有轮式车辆、装备和部件的全球技术法规（GTR）时所使用的统一术语的定义 缔约方可以不在其自身的车辆技术法规中采用该文件中的统一术语的定义

（2）概览　主要车辆分类标准的内容概览见表 2-6。

表 2-6　主要车辆分类标准的内容概览

标准号	内容概览
GB/T 3730.1	标准分为汽车、挂车和汽车列车三部分，本手册仅关注汽车部分 对汽车的定义主要强调动力驱动、具有四个或四个以上的车轮，值得注意的是，与电力线相连的车辆，如无轨电车，以及整车整备质量超过 400kg 的三轮车辆也都属于汽车的范畴 汽车又分为乘用车和商用车辆两大类，往下进一步细分，乘用车又分为普通乘用车、小型乘用车、专用乘用车等 11 类，其中专用乘用车又往下细分为救护车等 4 类；商用车辆分为客车、半挂牵引车和货车 3 类；其中客车又分为小型客车、城市客车等 8 类，货车又分为普通货车、多用途货车等 6 类
GB/T 15089	该标准等效采用了 ECE R.E.3（1997 年版），将机动车辆和挂车分为 L 类、M 类、N 类、O 类和 G 类 L 类为使用热力发动机或其他驱动方式的两轮或三轮机动车辆，考虑到电动汽车一般不讨论 L 类车型，因此不对此细分进一步介绍，感兴趣的读者可以查阅标准 M 类为至少有四个车轮并且用于载客的机动车辆，进一步细分： M_1：包括驾驶人在内，座位数不超过九座的载客车辆 M_2：包括驾驶人座位在内座位数超过九个，且最大设计总质量不超过 5000kg 的载客车辆 M_3：包括驾驶人座位在内座位数超过九个，且最大设计总质量超过 5000kg 的载客车辆 注：M_2 和 M_3 类又进一步分为 A 级、B 级、Ⅰ级、Ⅱ级和Ⅲ级 N 类为至少有四个车轮且用于载货的机动车辆，进一步细分： N_1：最大设计总质量不超过 3500kg 的载货车辆 N_2：最大设计总质量超过 3500kg，但不超过 12000kg 的载货车辆 N_3：最大设计总质量超过 12000kg 的载货车辆 O 类为挂车（包括半挂车），此处不做详细介绍 G 类为满足规定条件的 M 类和 N 类越野车，并且图示介绍了越野车接近角、离去角等术语，此处也不做详细介绍

（续）

标准号	内容概览
ECE R.E.3	目前现行的版本于 2011 年发布，在 1997 年版的基础上主要增加了两种 L 类车辆，因为国内的 GB/T 15089—2001 等效采用了 ECE R.E.3（1997 年版），因此此处仅对 ECE R.E.3 的新内容做介绍 L_6：整备质量低于 350kg、发动机排量小于 50cm³ 或电机功率不大于 4kW、最高车速不超过 45km/h 的四轮车辆 L_7：整备质量低于 400kg（货车不超过 550kg），对于电动汽车，该整备质量不包括动力电池质量，最大持续功率不大于 15kW 的车辆
CFR-49-523	该法规为美国国家公路交通安全管理局（NHTSA）重量段分类方法，主要分为轻型车和重型车两大类，以 10000 磅（4536kg）为界。具体细分方式如下： 轻型车分类： （图表：轻型车分类，按重量段 kg/lbs 划分级别 A–H，级别 1、2、2a、2b、3–8，包含乘用车（乘员不超过 10 人）、轻型货车 皮卡、多用途汽车（MPV）、越野车及客车（乘员 10 人以上）、中型客车（乘员 12 人以上）） 重型车分类： （图表：重型车分类，按重量段 kg/lbs 划分级别 A–H，级别 1、2、2a、2b、3–8，包含重型皮卡和厢式车、中、大型客车、校车及工程车和专用车、货车牵引车及挂车）
ECE S.R.1	S.R.1 是建立其他所有全球汽车技术法规基础的规范性文件，将车辆分为四轮或四轮以上机动车辆和两轮或三轮机动车辆两大类。该文件的主要特点为车辆的分类按照适用的用途来区分，而不是质量的差异，因此各协约国实际使用得不多 本手册对四轮或四轮以上机动车辆分类进一步的细分进行介绍 1 类车辆（category 1 vehicle）：指设计和构造目的主要用于运输乘客的四轮或四轮以上的机动车辆 1-1 类车辆（category 1-1 vehicle）：指除驾驶人座位外，不超过 8 个座位的 1 类车辆。1-1 类车辆不允许有站立乘客 1-2 类车辆（category 1-2 vehicle）：指设计用于运输除驾驶人外多于 8 位乘客（坐着或是站立的）的 1 类车辆 2 类车辆（category 2 vehicle）：指设计和构造目的主要用于运输货物的四轮或四轮以上的机动车辆。此类车辆还应包括牵引单元和专门设计用于装备特殊装置的底盘 该文件还对车辆采用 GTR 时，不能立即判断出车辆是 1 类车辆还是 2 类车辆，采取参数计算的方法来判断的步骤进行了说明

2.2.2.2 电动汽车的分类

电动汽车的分类是在前述对机动车辆一般分类的基础上,针对电动汽车的特殊属性进一步细分形成的规定。除有个别分类专门形成了标准,如 QC/T 837—2010《混合动力电动汽车类型》,其他的一般都在相关的术语定义中进行类别的说明,具体可参考上文中提及的术语类标准对电动汽车分类的说明。国内对电动汽车的分类见表 2-7。

表 2-7 国内对电动汽车的分类

标准号	主要分类内容
GB/T 19596	电动汽车分为: 纯电动汽车(Battery Electric Vehicle, BEV):驱动能量完全由电能提供的、由电机驱动的汽车。电机的驱动电能可来源于车载可充电储能系统或其他能量储存装置 混合动力电动汽车(Hybrid Electric Vehicle, HEV):能够至少从可消耗的燃料和可再充电能/能量储存装置这两类车载储存的能量中获得动力的汽车。混合动力汽车按照动力系统结构形式(串联、并联及混联)、是否可外接充电以及有无手动行驶模式的选择方式可以进一步细分 另外,增程式电动汽车也属于混合动力电动汽车的范畴,具体定义如下: 增程式电动汽车(Range Extended Electric Vehicle, REEV):一种在纯电动模式下可以达到其所有的动力性能,而当车载可充电储能系统无法满足续驶里程要求时,打开车载辅助供电装置为动力系统提供电能,以延长续驶里程的电动汽车,且该车载辅助供电装置与驱动系统没有传动轴(带)等传动连接。因为增程式电动汽车一般也可以外接充电,因此一般又称为插电式混合动力汽车 燃料电池电动汽车(Fuel Cell Electric Vehicle, FCEV):以燃料电池系统作为单一动力源或者是以燃料电池系统与可充电储能系统作为混合动力源的电动汽车
QC/T 837	该标准为混合动力电动汽车分类的专项标准,主体内容与 GB/T 19596 中混合动力电动汽车的分类相似。混合动力电动汽车也是按照动力系统结构形式(串联、并联及混联)、是否可外接充电以及有无手动行驶模式的选择方式等进一步细分 除此之外,该标准中按照电机峰值功率与总功率的比值分为微混合型、轻度混合型和重度混合(强混)型混合动力电动汽车

2.2.3 电动汽车信号与标志

2.2.3.1 电动汽车信号与标志的国内外整体情况

汽车的操纵件、指示器及信号装置的标志是汽车与驾驶人进行信息交互的重要界面,是车辆显示自身状态、反馈驾驶人指令的关键和直接途径,同时也是车辆功能性、舒适性和技术水平的体现,甚至是车辆发生事故后紧急响应人员鉴定车辆状态的重要参考。汽车操纵件、指示器和信号装置标志的标准,一方面规定了车辆应该具有的重要的安全性保障功能,如灯光、警告、车辆状态等;另一方面规定了这些标志的规格、式样、颜色、尺寸以及代表的具体含义,使得相关标志具有通用性和一致性,保证不同国家、地区的驾驶人在不同品牌、型号的车辆上都能对操纵件、指示器和信号装置的标志进行识别,是车辆重要的基础通用标准。各国和主要的标准化组织均有汽车信号与标志的标准。

电动汽车的信号与标志建立在传统汽车的基础上,根据其操作特殊性从标准的角度进行了专项规定,其中我国建立了专项标准 GB/T 4094.2—2017,国外 ISO 和 ECE 将电动汽车的信号与标志的规定与传统汽车放在同一项标准中,没有设立单独标准,详见表 2-8。

表 2-8　各国和主要的标准化组织的汽车信号与标志标准

序号	标准号	标准名称
1	GB 4094—2016	汽车操纵件、指示器及信号装置的标志
2	GB/T 4094.2—2017	电动汽车　操纵件、指示器及信号装置的标志
3	ISO 2575：2010①	道路车辆　控制器、指示器和信号装置符号
4	ECE R121①	机动车辆操纵件、信号装置、指示器的位置和识别批准的统一规定

① ISO 2575：2010 和 ECE R121 同时包含了传统汽车和电动汽车的信号与标志要求。

2.2.3.2　电动汽车信号与标志的标准介绍

（1）适用范围　电动汽车信号与标志标准的适用范围见表 2-9。

表 2-9　电动汽车信号与标志标准的适用范围

标准号	适用范围
GB 4094	该标准规定了汽车操纵件、指示器及信号装置的标志及其位置和信号装置显示颜色的基本要求 该标准适用于 M、N 类汽车，不适用于电动汽车特有的操纵件、指示器及信号装置
GB/T 4094.2	该标准规定了电动汽车特有的操纵件、指示器及信号装置的标志和信号装置显示颜色的基本要求
ISO 2575	该标准适用于乘用车、轻型与重型商用车和客车的控制、指示器与信号装置的定义与区分，该标准同时规定了驾驶人操作和部件失效相关的光信号装置的颜色
ECE R121	该法规适用于 M 类和 N 类车辆，规定了车辆控制、信号装置和指示器的位置、区分、颜色与发光等要求。该法规旨在确保车辆控制、信号装置和指示器的可操作性和可见性，使得驾驶人在日间与夜间均能安全操作，减少驾驶人操作时注意力转移和误操作可能带来的危害

（2）概览　电动汽车信号与标志标准的内容概览见表 2-10。

表 2-10　电动汽车信号与标志标准的内容概览

标准号	内容概览
GB 4094	基本要求：对车辆装备的操纵件、指示器及信号装置是否为强制性标志、非强制性标志及可不标示进行了说明，并对是否应符合标准的规定进行了区分。对标志的可辨性、在使用手册的说明等要求进行了原则性规定。详细规定了信号装置标志的颜色和位置 标准通过图示和文字说明规定了 34 项强制标示的标志及信号装置的显示颜色，13 项非强制标示的标志及信号装置的显示颜色 在该标准规范性附录 A 和附录 B 中分别对标志基本图型构成和标志设计的基本要求进行了规定
GB/T 4094.2	该标准规定了电动汽车特有的操纵件、指示器及信号装置的标志和信号装置显示颜色的基本要求 该标准对于电动汽车操纵件、指示器及信号装置，分为以下几种情形： ① 如果电动汽车上装备了标准指定的电动汽车操纵件、指示器及信号装置，其相应标志应标示。标志应符合该标准的规定，如动力电池荷电状态指示器等 ② 如果电动汽车上装备了标准指定的电动汽车操纵件、指示器及信号装置，其相应标志可不标示。如果标示，标志应符合该标准的规定，如动力电池故障信号装置、驱动电机故障信号装置等 ③ 如果电动汽车上装备了标准指定的电动汽车操纵件、指示器及信号装置，其相应标志可不标示。如果标示，标志可参照标准，也可自行设计，如续驶里程指示器、关闭车辆低速警示音操纵件等 ④ 如果电动汽车上装备了标准指定的功能以外的操纵件、指示器及信号装置，其相应标志可不标示。如果标示，可自行设计标志 同时，如果认为有必要让标志的含义更明确无误，允许在该标准所列标志基础上补充增加文字、数字及字母等辅助信息 该标准通过表格示例的方式对电动汽车操纵件、指示器及信号装置中应标示的标志表示的功能及信号装置的显示颜色进行了规定，便于标准使用者查阅

（续）

标准号	内容概览
ISO 2575	该标准对指示器与信号装置提出了原则性要求，包括可辨识性、图标的形式、尺寸、背景色、失效标志、未来标志的变化等 对指示器和信号装置的特定颜色指代的含义进行规定，包括红色、黄色、绿色、蓝色等 该标准专门制定了表格，汇总了 18 个大类共计 325 个指示器和信号装置，下表为部分示例 （表格：符号编号 01-09，列 A-Z 的各类图标示例） 该标准按照 18 大类详细列举说明各图标的形状、描述与应用以及 ISO/IEC 注册的唯一识别号。其中有专门的附录规定了电动汽车相关的指示器和信号装置，共计 12 个图标，也是制定 GB/T 4094.2—2017 的重要参考
ECE R121	作为 ECE 的法规，该法规首先规定了进行操纵件、信号装置、指示器型式认证时需要提交的材料，对国际互认的标志进行说明，并通过附件进行举例 该法规对操纵件、信号装置、指示器的位置、辨识、颜色和亮度的要求进行了规定，对提示装置的含义、图标、功能、是否发光以及颜色进行了列举规定，见下表

序号	项目	符号	功能	照明	颜色
1	主照明开关	（图标）	控制	否	
			指示器	是	绿色
2	近光灯	（图标）	控制	否	
			指示器	是	绿色
3	远光灯	（图标）	控制	否	
			指示器	是	蓝色
4	前照灯清洗装置	（图标）	控制	否	

各标准法规对于操纵件、信号装置、指示器的规定都有共通性，一般也都包括位置、颜色、亮度等要求，但对于电动汽车特殊的应用，目前虽然 ISO 标准和 ECE 法规也略有涉及，但是无论从内容涉及的范围还是使用的明确性上，GB/T 4094.2 是适合电动汽车的标准。

2.2.4 电动汽车标签与标识

2.2.4.1 电动汽车标签与标识的国内外整体情况

电动汽车的标签与标识是在传统汽车的基础上衍生而来的，主要是体现了电动汽车的特殊性，在实际使用过程中便于与传统汽车进行识别和区分，如已经在国内快速普及的新能源汽车专用号牌（该规定为公安部文件，没有专项标准）、电动汽车上专属的外部标识，这些显著特征一方面便于在停车、充电等日常使用环节为电动汽车提供便利，另一方面也便于紧急情况下救援人员快速辨识车辆和进行针对性的施救；另外电动汽车也继承了传统汽车的能源消耗量标识，制定了相关强制性标准，用于规定该标识的内容、格式、材质和粘贴要求等。表 2-11 列出了电动汽车的标签与标识标准与规定。

表 2-11 电动汽车的标签与标识标准与规定

序号	标准号或文件	标准或文件名称
1	公安部文件[①]	新能源汽车专用号牌式样
2	GB 22757.2—2017	轻型汽车能源消耗量标识 第 2 部分：可外接充电式混合动力电动汽车和纯电动汽车
3	GB/T ×××××—××××[②]	电动汽车产品使用说明：应急救援（报批稿）

① 该文件属于行政规范，在国内强制实施。
② 该标准不是标识的专项标准，但对救援相关的标识有详细规定。

2.2.4.2 电动汽车标签与标识的标准介绍

各标准主要内容介绍见表 2-12 和表 2-13。

表 2-12 电动汽车的标签与标识标准与规定的适用范围

标准号或文件	适用范围
公安部文件	对小型新能源汽车和大型新能源汽车的专用号牌的尺寸、颜色、号码编排、管理方式及制作工艺等进行了规定
GB 22757.2—2017	该标准规定了轻型汽车能源消耗量标识的内容、格式、材质和粘贴要求 该标准仅适用于最大设计总质量不超过 3500kg 的 M_1、M_2 类和 N_1 类的可外接充电式混合动力电动汽车和纯电动汽车
GB/T ×××××—××××	该标准规定了电动汽车产品使用说明中应急救援部分的内容和编制要求，对电动乘用车和商用车有利于紧急救援的标识进行了原则性规定，列举说明了实际应用

表 2-13 电动汽车的标签与标识标准与规定的内容概览

标准号或文件	内容概览
公安部文件	该文件规定新能源汽车专用号牌的外廓尺寸为 480mm×140mm，其中小型新能源汽车专用号牌为渐变绿色，大型新能源汽车专用号牌为黄绿双拼色 号牌号码"升位"。与普通汽车号牌相比，新能源汽车专用号牌号码增加了 1 位，号码编排更加科学合理，避免了与普通汽车号牌"重号"，有利于在车辆高速行驶时更准确辨识 实行分段管理。小型新能源汽车专用号牌的第一位先启用字母 D、F（D 代表纯电动新能源汽车，F 代表非纯电动新能源汽车），大型新能源汽车专用号牌的第六位先启用字母 D、F（D 代表纯电动新能源汽车，F 代表非纯电动新能源汽车） 改进制作工艺。新能源汽车专用号牌采用无污染的烫印制作方式，制作工艺绿色环保。同时，使用二维条码、防伪底纹暗记、激光图案等防伪技术，提高了防伪性能

（续）

标准号或文件	内容概览
GB 22757.2—2017	该标准分纯电动汽车和可外接充电式混合动力电动汽车对标识应包含的内容进行规定，一般包括生产企业、车辆型号、能源种类等，可外接充电式混合动力电动汽车因为包含了两种能量来源，因此需要额外提供发动机信息、燃料消耗量、最低荷电状态下的燃料消耗量以及标识的能源消耗量与实际能源消耗量差别的说明 该标准分纯电动汽车和可外接充电式混合动力电动汽车对能源消耗数据的内涵和数据表征方式进行了规定，详细说明了能源消耗数据应依据的测试方法 对标识的功能区划分、标识的规格和图案要求、标识的材质以及标识的粘贴进行了规定，其中标识的功能区划分是该标准的主要内容，规定了"标题区""信息区""说明区"以及"附加信息区"的位置、布局、名称和字体排列等内容。该标准通过附录对标识的功能区分布和规格要求进行了图示说明，下图为可外接充电式混合动力电动汽车标识各功能区分布示意图 ![汽车能源消耗量标识示意图]
GB/T ××××—××××	电动汽车产品使用说明：原则上应独立成册，信息应包括电动汽车产品的产品信息、警示标志信息、紧急救援处置程序信息和主机商认为必要的其他信息等内容。其中对外观识别信息要求如下： 应以图示方式给出电动汽车的外观识别标志，当车辆有一种以上的外观识别标志时，应给出所有的外观识别标志信息；并应以图示的方式给出所有外观识别标志在车身上的位置，以便于消防部队迅速识别事故车辆类型，车内标识便于救援人员识别危险。举例： 

2.3 电动汽车整车标准

电动汽车包含纯电动汽车、混合动力电动汽车和燃料电池电动汽车，混合动力电动汽车按照外接充电能力又分为可外接充电式混合动力电动汽车和不可外接充电式混合动力电动汽车。对于电动汽车的标准研究，通常需要针对整车和部件两大类分别开展，本节主要针对电动汽车的整车部分进行研究。

2.3.1 纯电动汽车

纯电动汽车是驱动能量完全由电能提供的、由电机驱动的汽车，电机的驱动电能来源于车载可充电储能系统或其他能量储存装置。

纯电动汽车整车标准是我国电动汽车标准的起源。1997年，我国就开始研究纯电动汽车整车标准，这些整车标准包含整车的定型与技术条件、动力性、经济性、安全性等相关技术内容。

2.3.1.1 定型试验规程与技术条件

定型类标准的研究主要是为了配合国家有关部门实行的所有在中华人民共和国境内生产的汽车准入的管理，保证电动汽车能够安全上路行驶；技术条件类标准是对车辆产品各重要方面进行技术要求的标准，通常会规定车辆外廓、质量、最高车速、续驶里程、爬坡度、可靠性等主要参数，是整车产品准入的重要依据。

纯电动汽车定型与技术条件相关标准见表2-14。

表2-14 纯电动汽车定型与技术条件相关标准

序号	标准类别	标准号与标准名称	该领域国际标准
1	定型试验规程	GB/T 18388—2005《电动汽车 定型试验规程》	无
2		QC/T 925—2013《超级电容电动城市客车 定型试验规程》	无
3	技术条件	QC/T 838—2010《超级电容电动城市客车》	无
4		GB/T 28382—2012《纯电动乘用车 技术条件》	无
5		GB/T 34585—2017《纯电动货车 技术条件》	无
6		QC/T 1087—2017《纯电动城市环卫车技术条件》	无

1. 定型试验规程

为了配合国家有关部门实行的所有在中华人民共和国境内生产的汽车准入《全国汽车、民用改装车和摩托车生产企业及产品目录》（现为《新能源汽车推广应用推荐车型目录》）的管理，保证电动汽车能够安全上路行驶，确保电动道路车辆的质量，保护乘员、行人安全，保护环境，制定了定型试验规程。

（1）GB/T 18388—2005《电动汽车 定型试验规程》

1）概览。该标准规定了纯电动汽车新产品设计定型试验的实施条件、试验项目、试验方法、判定依据和试验报告的内容。

2）适用范围。该标准适用于纯电动汽车。

3）试验项目、试验方法和评定依据。试验项目由强制性标准检验、整车性能试验和整车试验场可靠性行驶试验3部分组成。改装车的试验项目应根据具体变化确定具体的试验项目，凡因改装而引起变化的项目都应该进行试（检）验。

① 强制性标准检验。强制性标准的检测项目共51项。其中针对车外噪声，风窗玻璃除霜、除雾3项试验方法进行如下修正。

a. 电动汽车在做车外噪声试验时在参照 GB 1495—2002《汽车加速行驶车外噪声限值及测量方法》的同时做如下变动：如果电动汽车装有手动变速器，试验车辆由生产厂家自行决定入线档位，入线速度为50km/h。如果电动汽车装有自动变速器，自动变速器装有手动选档器，则应使选档器处于制造厂为正常行驶而推荐的位置来进行测量，入线速度为50km/h。无级变速的电动汽车入线速度为50km/h。

b. 电动汽车在做风窗玻璃除雾系统试验时，参照 GB 11555—1994《汽车风窗玻璃除雾系统的性能要求及试验方法》，只要求打开主电路开关，动力电机不工作。

c. 电动汽车在做风窗玻璃除霜系统试验时，参照 GB 11556—1994《汽车风窗玻璃除霜系统的性能要求及试验方法》，只要求打开主电路开关，动力电机不工作。

② 整车性能试验。电动汽车的整车性能试验应在国家授权的试验场地内进行，试验项目按照产品技术条件进行评定。

a. 整车基本参数和主要性能参数测量。

b. 电动汽车专项性能试验。

Ⅰ. 电动汽车的车辆安全结构应按 GB/T 18384.1、GB/T 18384.2、GB/T 18384.3 的规定进行测量。

Ⅱ. 电动汽车的动力性能应按 GB/T 18385 的规定进行测量。

Ⅲ. 电动汽车的能量消耗率和续驶里程应按 GB/T 18386 的规定进行测量。

Ⅳ. 电动汽车的电场和磁场应按 GB/T 18387 的规定进行测量。

③ 可靠性行驶试验。电动汽车的可靠性行驶试验应在国家授权的试验场地内进行。

a. 可靠性行驶试验的总里程为相应燃油车辆定型试验规程中规定的可靠性行驶总里程的50%；总里程若小于5000km，按5000km执行。

b. 里程分配比例坏路占35%，平路和高速占65%。

4）试验终止的条件。在试验过程中发现下列情况之一时，试验单位应终止试验。

① 需要做较大变更方能符合强制性标准检测项目的要求。

② 转向、制动系统的效能不能确保行车安全。

③ 样车性能指标与产品技术条件差距较大。

④ 车架、车身及其承载系统出现断裂或开裂，试验无法进行。

⑤ 电池系统、电机及其控制系统、车载充电系统出现严重问题无法试验。

⑥ 试验单位认为必须终止试验的其他情况。

（2）QC/T 925—2013《超级电容电动城市客车 定型试验规程》

1）概览。该标准规定了超级电容电动城市客车新产品定型试验的实施条件、试验项目、试验方法、评定依据、试验程序以及试验报告等内容。

2）适用范围。该标准适用于采用超级电容器作为动力电源或主要以超级电容器作为动力电源的电动城市客车。

3）试验项目、试验方法和评定依据。

① 总则。试验项目包括强制性检验、整车性能试验和整车可靠性行驶试验 3 部分。改装车的试验项目应根据具体变化确定具体的试验项目，试验允许在既有线路上进行。凡因改装而引起变化的项目都应该进行试（检）验。

② 强制性检验。强制性标准的检测项目一共 38 项。其中：

a. 车外加速噪声。超级电容电动城市客车在做车外加速噪声试验时，在参照 CB 1495 的同时做如下变动：入线车速为制造厂规定最高车速的 75%。

b. 无线电骚扰特性。超级电容电动城市客车按 GB 14023 的规定进行无线电骚扰特性测量。补充规定如下：

Ⅰ. 试验开始前，样车需按制造厂规定的充电程序使超级电容器的电量处于全充满状态。

Ⅱ. 试验过程中，当车辆的储能系统电量不足以维持试验正常进行时，允许对超级电容器重新进行充电后继续试验。但充电作业不得使试验样车的位置、试验控制条件发生改变。

③ 整车性能试验。

a. 基本参数测量。

Ⅰ. 整车基本参数的测量按 GB/T 12673 规定进行，项目包括车长、车宽、车高、轴距、轮距、前悬、后悬。

Ⅱ. 整车重心位置的测量按 GB/T 12538 规定进行，项目包括重心高度、重心离前轴水平距离、重心离车辆纵向对称轴水平距离。

Ⅲ. 整车质量参数的测量按 GB/T 12674 规定进行，项目包括整车整备质量及轴载质量、整车最大设计总质量状态时的车辆总质量及轴载质量、底盘最大设计总质量状态时的车辆总质量及轴载质量。

Ⅳ. 整车机动性和通过性参数的测量按 GB/T 12673 和 GB/T 12540 规定进行，项目包括接近角与离去角、最小离地间隙、最小转弯直径。

b. 基本性能试验。

Ⅰ. 超级电容电动城市客车最高车速按 QC/T 838—2010 中 6.3 的规定进行测量。

Ⅱ. 超级电容电动城市客车加速性能按 GB/T 18385—2005 中 7.5.2.1 的规定进行测量。

Ⅲ. 超级电容电动城市客车的坡道起步能力按 GB/T 18385—2005 中 7.7 的规定进行测量，如既有线路上的坡道与厂定最大爬坡度差距过大，无法通过增加装载质量来完成测量时，可将 ΔM_{max} 时通过的 α 角度作为定型试验的技术依据。

Ⅳ. 超级电容电动城市客车满载有效运行距离和单车平均能耗率按 QC/T 838—2010 中 6.4 的规定进行测量。

c. 专项性能试验。

Ⅰ. 超级电容电动城市客车安全要求应按 GB/T 18384.1、GB/T 18384.2、GB/T 18384.3 的相关规定进行检测试验，其中：当周围空气相对湿度在 75%～90% 时，绝缘电阻值应不小于 3MΩ；相对湿度在 90% 以上时，应不小于 1MΩ。一级踏步及其相应的扶手、扶手栏杆处的绝缘电阻值应均不低于 0.6MΩ。

Ⅱ. 超级电容电动城市客车耐电压试验按表 2-15 规定的电压进行各部位的耐电压试验。试验过程中,应没有绝缘击穿、表面闪路和电压突然下降等现象出现。

表 2-15 耐电压试验

序号	耐电压试验部位	试验电压 /V
1	额定工作电压 U_e 为 600～720V 的电气设备的基本绝缘(设备的导电部位与其金属机壳或框架之间)	$2U_e+1000$
2	额定工作电压 U_e 为 600～720V 的电气设备的附加绝缘(设备金属机壳或框架与车身金属之间)	$2.5U_e+2000$
3	兼用 600～720V 和 24V(或 12V)额定电压的电气设备,600～720V 导电部位与车身金属之间	$2.5U_e+2000$
4	工作电压不大于 72V 并为双线制的印制电路与其金属框架之间	500
5	额定工作电压 U_e 为 600～720V 的电缆,当其所连接的电气设备安装完毕后,电缆导电部位对车身金属之间	$0.85(2U_e+1000)$

Ⅲ. 超级电容电动城市客车电磁场发射强度按 GB/T 18387 的规定进行测量时,样车需按制造厂规定的充电程序使超级电容器的电量处于全充满状态,如果试验车辆的最高车速低于 64km/h 时,相应的检测项目允许使用最高车速进行检测试验。

Ⅳ. 超级电容电动城市客车的仪表应符合 GB/T 19836 的规定。

Ⅴ. 超级电容电动城市客车的操纵件、指示器及信号装置的标志应符合 GB/T 4094.2 的规定。

d. 整车可靠性行驶试验。

Ⅰ. 超级电容电动城市客车可靠性行驶试验在已有指定线路上完成。

Ⅱ. 超级电容电动城市客车可靠性行驶试验的总里程为 5000km。

Ⅲ. 超级电容电动城市客车可靠性行驶试验的故障分类按 QC/T 900—2005 的规定执行。

Ⅳ. 电机及其控制器、超级电容器、集电装置的故障分类按 QC/T 900—2005 中的"故障分类原则"进行判定。

Ⅴ. 绝缘电阻、耐电压性能为否决项,复试时其性能指标不得低于" c.专向性能试验"中Ⅰ和Ⅱ的规定。

4)试验终止的条件。在试验过程中发生下列情况之一时,试验单位应终止试验。

① 需要做较大变更方能符合强制性标准检测项目的规定和要求。

② 转向、制动系统的效能不能确保行车安全。

③ 样车性能指标与产品技术条件差距较大。

④ 车架、车身及其承载系统出现断裂或开裂,导致无法进行试验。

⑤ 超级电容器储能系统、驱动电机及其控制系统、车载充电系统出现严重问题,导致无法进行试验。

5)试验单位认为必须终止试验的其他情况。

2. 纯电动汽车技术条件

(1)QC/T 838—2010《超级电容电动城市客车》

超级电容器是一种新型储能器件,将其作为超级电容电动城市客车的动力电源,能够克服传统电车机动性差的缺点，同时保留其绿色环保的突出优势。

1）概览。该标准规定了超级电容电动城市客车的术语和定义、型号、要求、试验方法、检验规则、标志、运输和保管。

2）适用范围。该标准适用于采用超级电容器作为动力电源或以超级电容器作为主要动力电源的各种电动城市客车。

3）型号。超级电容电动城市客车的产品型号由企业名称代号、车型类别代号、主参数代号、产品序号和企业自定代号组成，如图2-1所示。

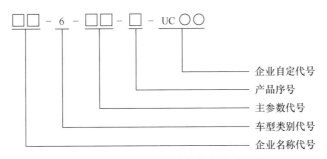

图2-1 超级电容电动城市客车产品型号

4）要求。

① 整车。超级电容电动城市客车整车应满足相关标准的要求及符合国家有关强制性标准的规定。

a. 环境。超级电容电动城市客车应能在环境温度范围为 $-25 \sim 45$℃的自然条件下正常行驶。

b. 性能。

Ⅰ. 按照下文"5）试验方法"中规定的程序检测时，超级电容电动城市客车的最高车速不小于50km/h。

Ⅱ. 按照厂家规定的充电程序使超级电容器达到全充满，在此状态下，车辆由静止加速到40km/h，其加速时间不大于18s。

Ⅲ. 超级电容电动城市客车按照下文"5）试验方法"中规定的方法检测时，其满载有效运行距离≥5km，12m单车平均能耗率≤1500W·h/km，其他型号的超级电容电动城市客车参照该标准执行。

Ⅳ. 超级电容电动城市客车应具有制动能量回收功能。

Ⅴ. 超级电容电动城市客车的最大爬坡度≥12%。

Ⅵ. 当车辆行驶过程中需要在中途停站充电时，超级电容电动城市客车的站间充电时间应≤30s。

Ⅶ. 按照下文"5）试验方法"中规定的方法测试时，超级电容电动城市客车的车外加速行车噪声应符合GB 1495的要求。

c. 安全。

Ⅰ. 超级电容电动城市客车的绝缘应符合CJ/T 5007—1993中3.1.13的规定。

Ⅱ. 超级电容电动城市客车的电磁干扰应符合GB/T 18387—2008的规定。

Ⅲ．超级电容储能系统输出端应有手动或自动断开装置。

Ⅳ．超级电容储能系统必须有将组件分断成两组或两组以上的明显断路点及其标记，以便安全维修。

Ⅴ．驱动电机及其控制系统应满足 GB/T 18488.1 的要求。

Ⅵ．整车控制器应满足 QC/T 413—2002 中 3.6、3.7、3.8、3.9、3.10 和 3.12 的要求。

Ⅶ．当车辆与外部电路（如电网、外部充电器）连接时，不能通过其自身的驱动系统使车辆移动。

Ⅷ．超级电容电动城市客车防水性能应符合 GB/T 18384.3—2001 中第 7 章的规定。

d.操纵件、指示器及信号装置的标志应符合 CB/T 4094.2 的要求。

e.仪表及显示器技术要求应符合 GB/T 19836 的规定。

② 高压电气。

a.高压电气设备及布线。高压电气设备及布线应符合 CJ/T 5007 的有关规定。

b.超级电容系统。

Ⅰ．安全性能。超级电容器的安全性能应符合 QC/T 741—2006 中 5.13、5.14、5.15 的规定。

Ⅱ．标记。安装在超级电容电动城市客车上的超级电容器组，其安全警示应符合 GB/T 18384.1—2001 中第 4 章的规定，当人员接近超级电容器时，应能看见相应标记。

c.集电装置。

Ⅰ．受电板上升或下降时间不大于 5s，上升或下降应有缓冲装置。

Ⅱ．受电板触网的压力在 80～180N 范围内。

Ⅲ．受电板与集电装置基座之间应有耐水绝缘，基座与车体之间应有防淋雨附加绝缘。

Ⅳ．当受电板与充电站授电排触网接触时，应能防止授电排短路。

d.车载超级电容充电器。

Ⅰ．车载超级电容充电器适应供电系统的技术要求。

Ⅱ．输入端具有欠电压、过载和极性反接保护功能，输出端具有短路和过载保护功能。

Ⅲ．当车辆行驶过程中需要在中途停站充电时，超级电容电动城市客车的站间充电时间应 ≤ 30s。

③ 低压电气设备及电路设施。低压电气设备及电路设施技术要求应符合 CJ/T 5007—1993 中 3.3 的规定。

5）试验方法。

① 通则。除了该标准中的试验方法外，超级电容电动城市客车外观、电气绝缘等基本性能的试验方法应按国家有关标准的规定执行。

② 最高车速。超级电容电动城市客车在做最高车速试验时参照 GB/T 18385—2005 中 7.3 规定的同时做如下变动：超级电容电动城市客车进行最高车速试验的测量区长度为 200m，即：在直线跑道（道路）或环形跑道上加速，在驶入测量区之前达到最高车速，并且保持这个车速持续行驶 200m，记录车辆持续行驶 200m 的时间。按照 GB/T 18385 中的

方法计算最高车速。

③ 满载有效运行距离和平均能耗。

a. 车辆准备。

Ⅰ. 按 CJ/T 5008—1993 中第 3 章的规定，对车辆进行试验状态调整。

Ⅱ. 车辆处于满载状态。

Ⅲ. 按照厂家规定的充电程序使超级电容器达到全充满。

Ⅳ. 关闭车辆非行驶必需的用电装置。

b. 试验条件。

Ⅰ. 试验车辆至少已用车载的超级电容器组行驶了 100km。

Ⅱ. 试验应在平坦（坡度不应大于 1%）、干燥和清洁的硬路面上进行。

Ⅲ. 试验环境要求：风速 ≤ 3m/s，环境温度 5 ~ 32℃。

c. 试验步骤。

Ⅰ. 将安装好测试仪器的试验车辆停放在试验道路的起点。

Ⅱ. 将加速踏板踩到底，使车辆以最短的时间加速到 40km/h 后，尽可能保持车辆以 (40 ± 1) km/h 的匀速行驶直至超级电容器的工作电压下降到截止电压。

Ⅲ. 测量并记录试验车辆从起步到电压下降到截止电压时的行驶距离。

Ⅳ. 对超级电容器再次进行完全充电后记录充入电能 E。按Ⅰ~Ⅳ将试验反向进行一次；以上每两个步骤执行之间，如需移动车辆，不允许使用车载能源移动车辆，也不允许使用制动能量回收。

Ⅴ. 两次试验的总行驶里程的平均值为超级电容电动城市客车的满载有效运行距离 L，两次充入电能的平均值为超级电容输出能量 E_0。

Ⅵ. 平均能耗 $C = E_0/L$。

④ 车外加速噪声。超级电容电动城市客车车外加速噪声试验方法参照 GB/T 18388—2005 中 4.1.1 的规定，同时做如下变动：入线车速改为生产厂家规定最高车速的 75%。

（2）GB/T 28382—2012《纯电动乘用车 技术条件》

1）概览。该标准规定了座位数在 5 座及以下的纯电动乘用车的术语和定义、技术要求和试验方法。

2）适用范围。该标准适用于使用动力电池驱动的纯电动乘用车。

3）技术要求和试验方法。

① 通则。车辆应按照经过规定程序批准的图样及设计文件制造。

② 质量分配。车辆的电机及动力电池系统应合理布置，质量分布均衡。车辆的动力电池（包含电池箱及箱内部件）总质量与整车整备质量的比值，不宜大于 30%。

③ 行李舱容积。车辆应具有适宜的行李舱容积。对于 4 座及 5 座车辆，按 GB/T 19514 测量，行李舱容积不宜小于 $0.3m^3$。

④ 安全要求。车辆的特殊安全、制动性能、乘员保护等应符合：

a. GB/T 18384 对纯电动汽车特殊安全的规定。

b. GB 21670 对制动性能的规定。

c. GB 11551 和 GB 20071 对乘员保护的规定。

d. 车辆在设计时应考虑车辆起动、车速低于 20km/h 时，能够给车外人员发出适当的提示性声响。

⑤ 动力性能要求。

a. 30min 最高车速。按照 GB/T 18385 规定的试验方法测量 30min 最高车速，其值应不低于 80km/h。

b. 加速性能。按照 GB/T 18385 规定的试验方法测量车辆 0～50km/h 和 50～80km/h 的加速性能，其加速时间应分别不超过 10s 和 15s。

c. 爬坡性能。按照 GB/T 18385 规定的试验方法测量车辆爬坡车速和车辆最大爬坡度，应符合下列要求：

Ⅰ. 车辆通过 4% 坡度的爬坡车速不低于 60km/h。

Ⅱ. 车辆通过 12% 坡度的爬坡车速不低于 30km/h。

Ⅲ. 车辆最大爬坡度不低于 20%。

⑥ 低温起动性能要求。车辆在 -20℃ ±2℃ 的试验环境温度下，浸车 8h 后，应能正常起动、行驶。

⑦ 续驶里程。按照 GB/T 18386 测量工况法续驶里程，其值应大于 80km。

⑧ 操纵稳定性要求。按照 QC/T 480 进行操纵稳定性试验，其指标应满足 QC/T 480 的要求。

⑨ 可靠性要求。

a. 里程分配。可靠性行驶试验的总里程为 15000km，其中强化坏路 2000km，平坦公路 6000km，高速路 2000km，工况行驶 500km（工况按照 GB/T 19750）。

可靠性行驶试验前的动力性能试验里程，以及各试验间的行驶里程等可计入可靠性试验里程。

b. 故障。整个可靠性试验过程中，整车控制器及总线系统、动力电池及管理系统、电机及电机控制器、车载充电系统（如果有）等系统和设备不应出现危及人身安全、引起主要总成报废、对周围环境造成严重危害的故障（致命故障）；也不应出现影响行车安全、引起主要零部件和总成严重损坏或用易损备件和随车工具不能在短时间内排除的故障（严重故障）。

其他系统和零部件参照相关标准的要求。

c. 车辆维护。车辆的正常维护和充电应按照车辆制造厂的规定。

整个行驶试验期间，不应更换动力系统的关键部件，如电机及其控制器、动力电池及管理系统、车载充电系统（如果有）等。

d. 性能复试。可靠性试验结束后，进行 30min 最高车速、续驶里程复试。其 30min 最高车速复测值应不低于按照 GB/T 18385 规定所测值的 80%，且应不低于 70km/h；工况法续驶里程复测值应不低于按照 GB/T 18386 规定所测值的 80%，且应不低于 70km。

⑩ 车辆上安装的动力电池的要求。

a. 一般要求。动力电池根据其类型，应符合 QC/T 742、QC/T 743 或 QC/T 744 的要求。

b. 低温容量。在环境温度-20℃时，动力电池模块容量与常温下的容量比应不小于70%。动力电池根据其类型，试验方法按照QC/T 742、QC/T 743或QC/T 744中相应的条款。

（3）GB/T 34585—2017《纯电动货车 技术条件》

1）概览。该标准规定了纯电动货车的术语和定义、要求及试验方法。

2）适用范围。该标准适用于纯电动货车（以下简称"车辆"）。

3）要求及试验方法。

① 通则。车辆应按照经过规定程序批准的图样及设计文件制造，车辆应符合国家相关标准和文件的要求。

② 外廓尺寸、轴荷及质量限值。车辆的外廓尺寸、轴荷及质量限值应符合GB 1589的要求。

③ 整车安全要求。车辆应符合GB/T 18384和GB/T 31498的规定，其余安全要求应符合GB 7258的规定。N_1类车辆在起动、车速低于20km/h时，应具备能给车外人员发出适当的提示性声响。

④ 充电接口及通信。根据车辆的充电方式，其充电接口应满足GB/T 20234的相应要求。直流充电通信协议应满足GB/T 27930的要求。

⑤ 道路特性。

a. 爬坡性能。车辆按照GB/T 18385规定的试验方法测量车辆最大爬坡度，应不低于20%。

b. 续驶里程。N_1类车辆按照GB/T 18386的工况法（包含市郊工况）进行试验，续驶里程应不低于80km；其他类型车辆采用GB/T 18386的等速法进行试验，续驶里程应不低于120km。

c. 30min最高车速。车辆按照GB/T 18385规定的试验方法测量30min最高车速，其值应不低于70km/h。

⑥ 动力电池。动力电池应满足如下的要求：

a. 车辆的动力电池不应采用铅酸电池。

b. 循环寿命、安全、电性能应符合国家相关规定的要求。

⑦ 可靠性要求。

a. 里程分配。可靠性行驶试验总里程为15000km，其中强化坏路5000km，平坦公路5000km，高速路5000km。可靠性行驶试验前的道路特性试验里程，以及各试验间的行驶里程等可计入可靠性试验里程。

b. 故障。整个可靠性试验过程中，整车控制器及总线系统、动力电池及管理系统、电机及电机控制器、车载充电系统（如果有）等系统和设备不应出现危及人身安全、引起主要总成报废、对周围环境造成严重危害的故障（致命故障）；也不应出现影响行车安全、引起主要零部件和总成严重损坏或用易损备件和随车工具不能在短时间内排除的故障（严重故障）。

其他系统和零部件参照相关标准的要求考核。

c. 车辆维护。车辆的正常维护和充电应按照车辆制造厂的规定。

整个行驶试验期间，不应更换动力系统的关键部件，如电机及其控制器、动力电池及管理系统、车载充电系统（如果有）等。

d. 性能复试。可靠性试验结束后，进行 30min 最高车速、续驶里程复试。复测值应不低于初始值的 90%。

（4）QC/T 1087—2017《纯电动城市环卫车技术条件》

1）概览。该标准规定了纯电动城市环卫车的术语和定义、技术要求、试验方法。

2）适用范围。该标准适用于纯电动城市环卫车（具有清扫、洗刷、洒水、垃圾收集、垃圾转运、吸污等一种或几种作业功能的车辆，如扫路车、洗扫车、清洗车、洒水车、垃圾车、吸粪车、吸污车等）。

3）要求。

① 通则。

a. 车辆应按照经过规定程序批准的图样及设计文件制造。

b. 车辆应符合国家相关标准和文件的要求。

c. 车辆作业性能应符合相关环卫车标准的要求。

② 外廓尺寸、轴荷及质量限值。车辆的外廓尺寸、轴荷及质量限值应符合 GB 1589 的要求。

③ 整车安全要求。

a. 车辆运行安全性能应符合 GB 7258 的规定。

b. 车辆安全性能应符合 GB/T 18384 的规定。

c. 动力电池箱及连接器、驱动电机以及暴露在车辆底盘下部的 B 级电压电路上的电气元件应不低于 GB/T 30038—2013 中 IP6K7 的规定。

d. 安全标识应清晰、完整并应按要求布置在便于观察的位置。

④ 道路特性。

a. 最高车速。车辆最高车速不应小于 70km/h。

b. 爬坡性能。车辆最大爬坡度应不小于 15%。

c. 续驶里程。车辆续驶里程应不低于 120km。

⑤ 动力电池。

a. 动力电池循环寿命、安全、电性能应符合国家相关规定的要求。

b. 动力电池包应在可视部位标识出下列信息：

Ⅰ. 电池类型。

Ⅱ. 电池包总容量。

Ⅲ. 电池包总质量。

Ⅳ. 电池包标称电压等。

⑥ 充电接口及通信。

a. 传导充电用连接装置应符合 GB/T 20234 的要求。

b. 电池管理系统与非车载式传导充电机之间的通信协议应符合 GB/T 27930 的要求。

⑦ 驱动电机及其控制器。驱动电机及其控制器应符合 GB/T 18488.1 的要求。

⑧ 远程监控系统。安装有车载终端的车辆应实现与监控平台的数据通信，满足

GB/T 32960 的要求。

⑨ 标志和信息显示。

a. 操纵件、指示器及信号装置的标志应符合 GB/T 4094.2 的规定。

b. 车辆作业标识应符合 GB/T 31012 的规定。

⑩ 专用装置。

a. 液压系统、水路系统及盛装液体的容器应不得有渗漏现象。

b. 垃圾容器（污水罐、垃圾箱等）应密闭，应不得有垃圾渗漏和溢出现象。

c. 专用装置应不得与高压电气系统发生干涉。

4）试验方法。

① 强制性标准试验。国家相关强制性标准检验项目按 GB/T 18388 的规定进行。

② 安全性能试验。安全性能试验按 GB/T 18384 的规定进行。

③ 防护等级试验。电气防护等级试验按 GB/T 30038 的规定进行。

④ 道路特性试验。

a. 专用装置处于不工作状态，其最高车速、爬坡性能按 GB/T 18385 的规定进行。

b. N_1 类车辆按照 GB/T 18386 的工况法（包含市郊工况）进行试验，其他类型车辆采用 GB/T 18386 的等速法进行试验。

⑤ 电机及其控制器试验。电机及其控制器试验按 GB/T 18488.2 的规定进行。

⑥ 车辆标志和信息显示检查。

a. 操纵件、指示器及信号装置的标志检查按 GB/T 4094.2 的规定进行。

b. 车辆作业标识检查按 GB/T 31012 的规定进行。

⑦ 液压管路、罐、箱体渗漏检查。液压管路、罐、箱体的渗漏检查按相关车辆的行业标准进行。

2.3.1.2　动力性（最高车速、加速及爬坡性能）

电动汽车的动力性表征为汽车的最高车速、加速、爬坡等基本性能，与传统汽车基本一致，只是试验项目有细微的区别，具体表现为电动汽车由于其动力电池的功率输出特性而增加了 30min 最高车速的试验项目，同时删除了传统汽车中最低稳定车速的试验项目。

纯电动汽车动力性涉及的国内外相关标准见表 2-16。

表 2-16　纯电动汽车动力性涉及的国内外相关标准

标准号与标准名称	该领域国际标准
GB/T 18385—2005《电动汽车　动力性能　试验方法》	ISO 8715：2001 Electric road vehicles — Road operating characteristics，MOD 电动道路车辆—道路行驶特性
	European Standard EN 1821-1：1998 Electrically propelled road vehicles—Measurement of road operation ability—Part 1：Pure electric vehicles 电动道路车辆—道路行驶能力测量方法—第 1 部分：纯电动汽车

纯电动汽车动力性涉及的国内标准为 GB/T 18385—2005《电动汽车　动力性能　试验方法》。

1）概览。该标准修改采用 ISO 8715：2001《电动道路车辆—道路行驶特性》（英文版）。该标准规定了纯电动汽车的加速特性、最高车速及爬坡能力等的试验方法。

2）适用范围。该标准适用于纯电动汽车。

3）试验条件。

① 试验车辆状态。

a. 试验车辆应依据每项试验的技术要求加载。

b. 在环境温度下，车辆轮胎气压应符合车辆制造厂的规定。

c. 机械运动部件用润滑油黏度应符合制造厂的规定。

d. 车上的照明、信号装置以及辅助设备应该关闭，除非试验和车辆白天运行对这些装置有要求。

e. 除驱动用途外，所有的储能系统应充到制造厂规定的最大值（电能、液压、气压等）。

f. 车辆应清洁，对于车辆和驱动系统的正常运行不是必需的车窗和通风口应该通过正常的操作关闭。

g. 试验驾驶人应按车辆制造厂推荐的操作程序使蓄电池在正常运行温度下工作。

h. 试验前 7 天内，试验车辆应至少用安装在试验车辆上的蓄电池行驶 300km。

i. 蓄电池应处于各项试验要求的充电状态。

② 环境条件。室外试验大气温度为 5～32℃，室内试验温度为 20～30℃，大气压力为 91～104kPa。高于路面 0.7m 处的平均风速小于 3m/s，阵风风速小于 5m/s。相对湿度小于 95%。试验不能在雨天和雾天进行。

③ 试验条件。如果使用电动汽车上安装的车速表、里程表测定车速和里程，试验前必须按 GB/T 12548 的规定进行误差校正。

④ 道路条件。试验应该在干燥的直线跑道或环形跑道上进行。路面应坚硬、平整、干净且要有良好的附着系数。

4）试验车辆准备。

① 蓄电池充电。按照车辆制造厂规定的充电规程，使蓄电池达到完全充电状态，或按下列规程为蓄电池充电。

a. 常规充电。在 20～30℃ 环境温度下，使用车载充电器（如果已安装）为蓄电池充电，或采用车辆制造厂推荐的外部充电器（应记录充电器的型号、规格）给蓄电池充电。

b. 充电结束的标准。12h 的充电即为充电结束的标准；如果标准仪器发出明显的信号提示驾驶人蓄电池没有充满，在这种情况下，最长充电时间为 3× 制造厂规定的蓄电池容量（kW·h）/ 电网供电（kW）。

② 里程表的设定。试验车辆上的里程表应设置为 0，或记录里程表上的读数。

③ 预热。试验车辆应以制造厂估计的 30min 最高车速的 80% 速度行驶 5000m，使电机及传动系统预热。

5）试验方法。

① 30min 最高车速试验。30min 最高车速的试验可以在环形跑道上进行，也可以在按照 GB 18352.1 设定的底盘测功机上进行。

a. 将试验车辆加载到试验质量，增加的载荷应合理分布。

b. 使试验车辆以该车 30min 最高车速估计值 ±5% 的车速行驶 30min。试验中车速如有变化，可以通过踩加速踏板来补偿。

c. 如果试验中车速达不到 30min 最高车速估计值的 95%，试验应重做，车速可以是上述 30min 最高车速估计值或者是制造厂重新估计的 30min 最高车速。

d. 测量车辆驶过的里程 S_1（m），并按 $V_{30}=S_1/500$ 计算平均 30min 最高车速 V_{30}（km/h）。

② 蓄电池完全放电。完成 V_{30} 试验之后，试验车辆停放 30min，然后以 V_{30} 的 70% 恢复行驶，直到车速下降到当加速踏板踩到底时，车速为（$V_{30}±10$）km/h 的 50%，或直到仪表板上的信号装置提示驾驶人停车，记录行驶里程。计算总的行驶里程 S_{tot}，包括预热阶段的行驶里程、V_{30} 试验时的行驶里程、完全放电时的行驶里程。

③ 最高车速试验。

a. 标准试验程序。

Ⅰ. 将试验车辆加载到试验质量，增加的载荷应合理分布。

Ⅱ. 在直线跑道或环形跑道上将试验车辆加速，使汽车在驶入测量区之前能够达到最高稳定车速，并且保持这个车速持续行驶 1km（测量区的长度）。记录车辆持续行驶 1km 的时间 t_1。

Ⅲ. 随即做一次反方向的试验，并记录通过的时间 t_2。

Ⅳ. 实际最高车速 $V=7200/(t_1+t_2)$ V 的单位为 km/h，t_1、t_2 的单位为 s。

b. 单一方向试验程序。连续进行两次试验，去除风的水平分量 V_v 后取两次 V_i 的平均值，计算方法如下（如果风的水平分量与车辆行驶方向相反，选"+"，如果风的水平分量与车辆行驶方向相同，选"-"）：

$$V_i=3600/t±0.6V_v$$

式中　t——通过测量区的时间（s）。

④ 蓄电池的 40% 放电。将试验车辆以（$V_{30}±5$）km/h 的 70% 的恒定速度在试验跑道或测功机上行驶使蓄电池放电，直到行驶里程达到 S_{tot} 的 40% 为止。

⑤ 加速性能试验。M_1、N_1 类纯电动汽车做 0～50km/h 和 50～80km/h 的加速性能试验；M_2、M_3 类纯电动汽车（M、N_1 类车以外的纯电动汽车可参照执行）做 0～30km/h 和 30～50km/h 的加速性能试验。不同车型的试验流程一致，下面以 M_1、N_1 类纯电动汽车为例进行试验方法的说明。

a. 0～50km/h 加速性能试验。

Ⅰ. 将试验车辆加载到试验质量，增加的载荷应合理分布。

Ⅱ. 将加速踏板快速踩到底，或使用离合器和变速杆（如果装有的话）将车辆加速到（50±1）km/h。

Ⅲ. 记录从踩下加速踏板到车速达到（50±1）km/h 的时间 t_1。

Ⅳ. 以相反方向行驶再做一次相同的试验，记录时间 t_2，加速性能 $t=(t_1+t_2)/2$。

b. 50～80km/h 加速性能试验。

Ⅰ. 将试验车辆加载到试验质量，增加的载荷应合理分布。

Ⅱ. 将将试验车辆加速到（50±1）km/h，并保持这个车速行驶 0.5km 以上。

Ⅲ. 将加速踏板踩到底，或使用离合器和变速杆（如果装有的话）将车辆加速到

$(80±1)$ km/h。

Ⅳ. 记录从踩下加速踏板到车速达到 $(80±1)$ km/h 的时间 t_3（如果最高车速小于 89km/h，应达到最高车速的 90%，并应在报告中记录下最后的车速）。

Ⅴ. 以相反方向行驶再做一次相同的试验，记录时间 t_4，加速性能 $t=(t_3+t_4)/2$。

⑥ 爬坡车速试验（M_1、M_2、N_1 类以外的纯电动汽车可不做此项）。

a. 将试验车辆加载到最大设计总质量，增加的载荷应合理分布。

b. 将试验车辆置于测功机上，并对测功机进行必要的调整使其适合试验车辆最大设计总质量值。

c. 调整测功机使其增加一个相当于 4% 坡度的附加载荷。

d. 将加速踏板踩到底使试验车辆加速或使用适当变速档位使车辆加速。

e. 确定试验车辆能够达到并能持续行驶 1km 的最高稳定车速，同时，记录持续行驶 1km 的时间 t。

f. 调整测功机使其增加一个相当于 12% 坡度的附加载荷。

g. 重复 d、e 的试验。

h. 试验完成后，停车检查各部位有无异常现象发生，并详细记录。

i. 用式 $V=3600/t$ 计算试验结果。

⑦ 坡道起步能力试验。

a. 原则。坡道起步能力应在有一定坡度角 α_1 的道路上进行。该坡度角 α_1 应近似于制造厂技术条件规定的最大爬坡度对应的角 α_0。实际坡度和厂定坡度之差，应通过增减质量 ΔM 来调整。当不知 α_0 时，制造厂可用以下公式计算：

$$F_t = C_r/r = C_a T\eta_\tau/r = Mg(\sin\alpha_0+R)$$

式中　C_r——车轮转矩；

C_a——最大动力轴转矩；

T——总的齿轮传动比；

η_τ——齿轮传动效率；

F_t——平衡车辆载荷所要的牵引力矩（N·m）；

r——轮胎动负荷半径（m）；

g——重力加速度（m/s²）；

R——滚动阻尼系数，一般为 0.01；

M——试验时的车辆最大设计总质量（kg）。

最大爬坡能力用 $\tan\alpha_0 \times 100\%$ 表示。

b. 试验规程。

Ⅰ. 将试验车辆加载到最大设计总质量。

Ⅱ. 选定的坡道应有 10m 的测量区。选定的坡度角尽可能地近似于 α_0。如果该坡道坡度与厂定最大爬坡度对应的坡度有差别，可根据下列公式通过增减装载质量的方法进行试验：

$$\Delta M = M \times \frac{\sin\alpha_0 - \sin\alpha_1}{\sin\alpha_1 + R}$$

式中 M——试验时的车辆最大设计总质量（按 GB/T 3730.2 定义）(kg)；

R——滚动阻尼系数，一般为 0.01；

α_1——实际试验坡道所对应的坡度角；

α_0——制造厂技术条件规定的最大爬坡度对应的坡度角；

ΔM——增减的装载质量（kg），应该均布于乘客室和货箱中。

Ⅲ. 以每分钟至少行驶 10m 的速度通过测量区。如果车辆装有离合器和变速器，则应用最低档起动车辆并以每分钟至少行驶 10m 的速度通过测量区。

6）国内外标准法规对比。由于该标准修改采用 ISO 8715：2001，因此，对两项标准的技术条款进行对比并分析其存在区别的原因，见表 2-17。

表 2-17　GB/T 18385—2005 与 ISO 8715: 2001 的对比

项目		GB/T 18385—2005 与 ISO 8715: 2001 的技术性差异	原因
范围		将"适用于最大设计总质量不超过 3500kg 的纯电动汽车"修改为"适用于纯电动乘用车和纯电动客车，纯电动载货车可参照执行"	为了满足我国纯电动客车产品对标准的需求
试验条件	试验仪器	增加了对安装在车上的速度表、里程表进行校正的要求	保证车用速度表、里程表的准确
试验车辆准备	蓄电池充电	增加了"蓄电池应按车辆制造厂规定的充电程序，使蓄电池达到全充满状态"	采用车辆制造厂推荐的充电规程给蓄电池充电，可以使试验效果更好
试验方法	最高车速	由记录"最高车速"修改为"记录时间和行驶距离"求最高车速	可操作性强，数值准确
	加速性能	增加了"0～30km 和 30～50km 加速性能试验"	考虑最高车速较低的电动客车的适用性
	爬坡车速	由记录"爬坡车速"修改为"记录时间"，用行驶距离和时间求爬坡最高车速	可操作性强，数值准确
		增加了"（M_1、M_2、N_1 类以外的纯电动汽车可不做此项）"	考虑用于大车的底盘测功机目前国内还不普及，试验不方便进行，大型的电动汽车可不做此项。有条件的可按该试验方法进行

目前，国际的主流标准法规中，除上述 ISO 8715：2001 外，与 GB/T 18385—2005 对应的还有 EN 1821-1：1998，表 2-18 为该两项标准的技术性差异对比。

表 2-18　GB/T 18385—2005 与 EN1821-1：1998 的对比

项目		GB/T 18385—2005	EN 1821-1：1998
范围		该标准适用于纯电动汽车	该标准适用于 M_1、M_2、N_1 类纯电动汽车及三轮、四轮电动摩托车
试验条件	环境条件	大气压力为 91～104kPa。高于路面 0.7m 处的平均风速小于 3m/s，阵风风速小于 5m/s	大气压力为 91～104kPa。高于路面 1.0m 处的平均风速小于 3m/s，阵风风速小于 5m/s
	试验仪器	如果使用电动汽车上安装的车速表、里程表测定车速和里程时，试验前必须按 GB/T 12548 进行误差校正	—
	试验道路	环形跑道 环形跑道的长度应至少为 1000m	环形跑道 环形跑道的长度应至少为 2000m

（续）

项目		GB/T 18385—2005	EN 1821-1：1998
试验方法	加速性能	M_2、M_3 类纯电动汽车加速性能试验（M、N_1 类车以外的纯电动汽车可参照执行）	—
	爬坡车速	增加了"（M_1、M_2、N_1 类以外的纯电动汽车可不做此项）"	无 M_1、M_2、N_1 类以外的纯电动汽车的要求

2.3.1.3 经济性（能量消耗量和续驶里程）

与传统汽车相比，电动汽车的动力形式发生了改变，因此能耗评价方法需要单独进行标准研究。电动汽车表征经济性的主要指标是能量消耗率和续驶里程，该项标准的研究主要与行驶工况和车辆载荷条件相关。

纯电动汽车经济性涉及的国内外相关标准见表 2-19。

表 2-19　纯电动汽车经济性涉及的国内外相关标准

标准号与标准名称	该领域国际标准
GB/T 18386—2017《电动汽车　能量消耗率和续驶里程　试验方法》	ISO 8714：2002 Electric road vehicles-Reference energy consumption and range-Test procedures for passenger cars and light commercial vehicles 电动道路车辆—能量消耗率和续驶里程—乘用车和轻型商用车试验程序
	ECE Addendum 100：Regulation No. 101 Uniform provisions concerning the approval of passenger cars powered by an internal combustion engine only, or powered by a hybrid electric power train with regard to the measurement of the emission of carbon dioxide and fuel consumption and/or the measurement of electric energy consumption and electric range, and of categories M_1 and N_1 vehicles powered by an electric power train only with regard to the measurement of electric energy consumption and electric range 就 CO_2 和燃料消耗量的测量方面批准仅装有内燃机的乘用车或混合动力电动乘用车，和就仅电驱动乘用车消耗量和续驶里程的测量方面批准的 M_1 和 N_1 类车辆的统一规定

纯电动汽车经济性涉及的国内标准为 GB/T 18386—2017《电动汽车　能量消耗率和续驶里程　试验方法》。

1) 概览。该标准前一版本 GB/T 18386—2005《电动汽车　能量消耗率和续驶里程试验方法》修改采用 ISO 8714：2002《电动道路车辆—能量消耗率和续驶里程—乘用车和轻型商用车试验程序》（英文版），考虑到我国电动汽车开发的实际情况，GB/T 18386—2005 在技术内容上做了一些修改。与 GB/T 18386—2005 相比，GB/T 18386—2017 除编辑性修改外主要技术变化如下：

① 试验质量有了重大变化。
② 关于试验档位的规定有了改变。
③ 试验环境温度条件有了变化，删除了室外试验条件。
④ 结束试验循环的标准有了重大变化，且增加了适用于重型车工况法的结束条件。
⑤ 增加了停车操作规定。
⑥ 增加了重型车工况法的续驶里程和能量消耗率的计算方法。
⑦ 测试循环发生了变化，增加了 GB/T 19754—2015 中的中国典型城市公交循环和

GB/T 27840—2011 中的 C-WTVC 循环。

⑧ 增加了重型商用车辆行驶阻力系数推荐方案。

该标准规定了纯电动汽车的能量消耗率和续驶里程的试验方法。

2）适用范围。该标准适用于纯电动汽车，电动正三轮摩托车可参照执行。

3）续驶里程和能量消耗率的试验方法。

① 总则。以下方法描述了用 km 表示的续驶里程和用 W·h/km 表示的从电网上得到的能量消耗率的试验方法。

② 试验条件。

a. 试验质量。电动汽车整车整备质量与试验所需附加质量的和。附加质量分别为：

Ⅰ．对于 M_1、N_1、最大设计总质量不超过 3500kg 的 M_2 类车辆，该质量为 100kg。

Ⅱ．对于城市客车，该质量为最大设计装载质量的 65%。

Ⅲ．对于其他车辆，该质量为最大设计装载质量。

乘员质量及其装载分布要求按 GB/T 12534 的规定。对于半挂牵引车，该标准中最大设计装载质量指最大设计牵引质量。

b. 车辆条件。

Ⅰ．试验车辆应依据每项试验的技术要求加载。

Ⅱ．轮胎应选用制造厂作为原配件所要求的类型，并按制造厂推荐的轮胎最大试验负荷和最高试验速度对应的轮胎充气压力进行充气。机械运动部件用润滑油黏度应符合制造厂的规定。

Ⅲ．车上的照明、信号装置以及辅助设备应该关闭，除非试验和车辆白天运行对这些装置有要求。

Ⅳ．除驱动用途外，所有的储能系统应充到制造厂规定的最大值（电能、液压、气压等）。

Ⅴ．试验驾驶人应按车辆制造厂推荐的操作程序使动力电池在正常运行温度下工作。

Ⅵ．试验前，试验车辆应至少用安装在试验车辆上的动力电池行驶 300km。

c. 环境温度条件。在 20～30℃室温下进行室内试验。

③ 试验程序。

a. 总则。确定能量消耗率和续驶里程应该使用相同的试验程序，试验程序包括以下 3 个步骤：

Ⅰ．对动力电池进行初次充电。

Ⅱ．进行工况或等速条件下的续驶里程试验。

Ⅲ．试验后再次为动力电池充电，测量来自电网的能量。

对 M_1、N_1、最大设计总质量不超过 3500kg 的 M_2 类车，在每两个步骤执行之间，如果车辆需要移动，不允许使用车上的动力将车辆移动到下一个试验地点，且再生制动系统未起作用。对于 M_1、N_1、最大设计总质量不超过 3500kg 的 M_2 类车以外的车辆，如果需要移动，允许使用车上的动力。

b. 公差。试验循环上的速度公差和时间公差应该满足图 2-2 给出的公差和基准曲线的要求。

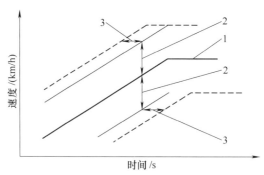

图 2-2 基准曲线和公差
1—基准曲线 2—速度公差（km/h） 3—时间公差（s）

图 2-2 中的每一个点给出的速度公差适用于 M_1、N_1、最大设计总质量不超过 3500kg 的 M_2 类车型为 ±2km/h，适用于其他车型为 ±3km/h，时间公差为 ±1s。

在每个行驶循环中，允许超出公差范围的累计时间，对于 M_1、N_1、最大设计总质量不超过 3500kg 的 M_2 类车型应不超过 4s，对于其他车型应不超过 10s。在试验报告中应注明超出公差的总时间。

c. 结束试验循环的标准。

Ⅰ. 进行规定的 NEDC 工况试验循环时（图 2-3）：

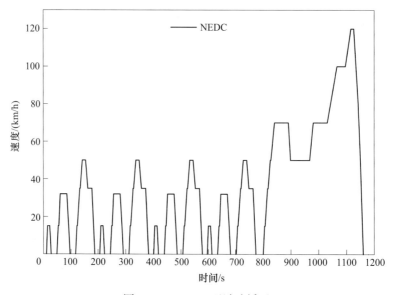

图 2-3 NEDC 工况试验循环

——对最高车速大于或等于 120km/h 的试验车辆，不能满足规定的公差要求时，应停止试验。

——对最高车速小于 120km/h 的试验车辆，在工况目标车速大于车型申报最高车速时，目标工况相应速度基准曲线调整为车辆申报最高车速，此时要求驾驶人将加速踏板踩到底，允许车辆实际车速超过规定的公差上限，当不能满足公差下限时应停止试验；在工况目标车速小于或等于车型申报最高车速时，不能满足规定的公差要求时，应停止试验。

Ⅱ．进行中国典型城市公交循环 CCBC 工况试验循环时（图 2-4），不能满足公差要求时，应停止试验。

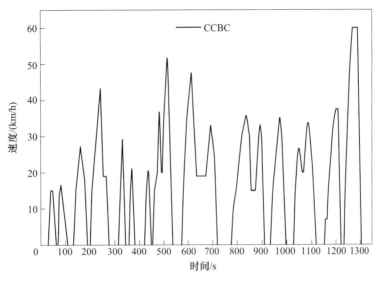

图 2-4　CCBC 工况试验循环

Ⅲ．进行规定的 C-WTVC 工况试验循环（图 2-5），在车速小于或等于 70km/h 时，不能满足规定的公差要求时，应停止试验；在车速大于 70km/h，不能满足公差要求时，则将加速踏板踩到底，直到车速再次跟随 C-WTVC 循环工况目标车速，允许超出规定的公差范围。

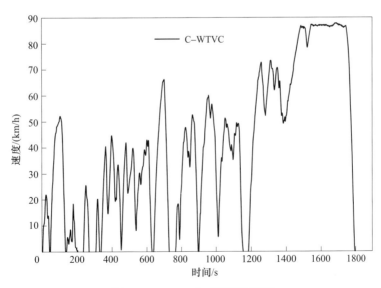

图 2-5　C-WTVC 工况试验循环

Ⅳ．进行规定的等速试验时，当车辆的行驶速度达不到 54km/h（M_1、N_1、最大设计总质量不超过3500kg的M_2类车）或36km/h（M_1、N_1、最大设计总质量不超过3500kg的M_2类以外的车辆）时停止试验。

达到试验结束条件时，档位保持不变，使车辆滑行至最低稳定车速或5km/h，再踩下制动踏板进行停车。

d. 工况法。

Ⅰ. 适用于M_1、N_1、最大设计总质量不超过3500kg的M_2类车的工况法。在底盘测功机上采用NEDC循环进行试验，直到不能满足公差要求时停止试验。

除非有其他的规定，每6个工况试验循环，允许停车（10±1）min，停车期间，车辆起动开关必须处于"OFF"状态，关闭发动机盖，关闭试验台风扇，释放制动踏板，不能使用外接电源充电。

在试验循环工况结束，车辆停止时，记录试验车辆驶过的距离D，用km来表示，测量值按四舍五入圆整到整数；同时记录用小时（h）和分钟（min）表示的所用时间。

应在报告中给出工况试验循环期间车辆所达到的最高车速、平均车速和行驶时间（h和min）。

Ⅱ. 适用于M_1、N_1、最大设计总质量不超过3500kg的M_2类车以外的工况法。车辆充电位置与底盘测功机不在一起的情况下，如果使用车辆自身动力在两者之间移动，要求车辆用不大于30km/h的车速尽量以匀速的方式在两者之间移动（尽量减少电能的消耗），车辆每次在两者之间移动的距离不得超过3km。然后断电，关闭点火锁15min，进行车辆预置。

对于城市客车，在底盘测功机上采用CCBC或C-WTVC循环进行试验；对于其他车辆，在底盘测功机上采用C-WTVC循环进行试验；直到不能满足公差要求时停止试验。在移动和试验过程中应实时测量并记录电池端的电压和电流值。

除非有其他的规定，每6个工况试验循环，允许停车（10±1）min，停车期间，车辆起动开关必须处于"OFF"状态，关闭发动机盖，关闭试验台风扇，释放制动踏板，不能使用外接电源充电。

在CCBC循环工况结束，车辆停止时，记录试验车辆驶过的距离$D_{试验阶段}$。

在C-WTVC循环工况结束，车辆停止时，分别记录试验车辆驶过的市区部分距离$D_{市区}$、公路部分距离$D_{公路}$、高速部分距离$D_{高速}$，用km来表示。同时记录用小时（h）和分钟（min）表示的所用时间。

应该在报告中给出工况试验循环期间车辆所达到的最高车速、平均车速和行驶时间（h和min）。

e. 等速法（等速法试验仅因其他标准的引用而保留，其结果不作为该标准续驶里程试验的结果输出）。M_1、N_1、最大设计总质量不超过3500kg的M_2类车在底盘测功机上进行（60±2）km/h的等速试验，其他类型纯电动汽车进行（40±2）km/h的等速试验。试验过程中允许停车两次，每次停车时间不允许超过2min，当车辆的行驶速度达到标准规定的停车要求时停止试验。

记录试验期间试验车辆的停车次数和停车时间。试验循环工况结束，车辆停止时，记录试验车辆驶过的距离D，用km来表示，测量值按四舍五入圆整到整数，该距离即为等速法测量的续驶里程。同时记录用小时（h）和分钟（min）表示的所用时间。

f. 续驶里程和能量消耗率的计算方法。

Ⅰ. 适用于 M_1、N_1、最大设计总质量不超过 3500kg 的 M_2 类车工况法的计算方法。使用下式计算能量消耗率 C，用 W·h/km 表示，并圆整到整数：

$$C = E_{电网}/D$$

式中 $E_{电网}$——充电期间来自电网的能量（W·h）；

D——续驶里程（km）。

对于最高车速小于 120km/h 的试验车辆，在试验报告中记录续驶里程和能量消耗率结果时应对最高车速进行说明，推荐使用如下格式记录续驶里程："D（最高车速：V_{max}）"，使用如下格式记录能量消耗率："C（最高车速：V_{max}）"，此处 V_{max} 填写车型申报最高车速。

Ⅱ. 适用于 M_1、N_1、最大设计总质量不超过 3500kg 的 M_2 类车以外的工况法的计算方法。

——适用于 CCBC 循环工况的计算方法。使用下式计算 CCBC 工况的能量消耗率 C，用 W·h/km 表示，并圆整到整数：

$$C = \frac{\int_{试验开始}^{试验结束} UI dt}{\int_{移动开始}^{移动结束} UI dt + \int_{试验开始}^{试验结束} UI dt} \times \frac{E_{电网}}{D_{试验阶段}}$$

式中 U——车辆运行时电池端电压（V）；

I——车辆运行时电池端电流（A）；

$D_{试验阶段}$——试验阶段车辆驶过的距离（km）。

使用下式计算续驶里程 D，用 km 来表示，并圆整到整数：

$$D = E_{电网}/C$$

——适用于 C-WTVC 循环工况的计算方法。对照表 2-20 确定试验车型市区、公路和高速部分的特征里程分配比例 K，使用下式计算 C-WTVC 循环工况的能量消耗率 C，用 W·h/km 表示，并圆整到整数：

$$C = C_{市区} K_{市区} + C_{公路} K_{公路} + C_{高速} K_{高速}$$

$$C_{市区} = E_{市区}/D_{市区}$$

$$C_{公路} = E_{公路}/D_{公路}$$

$$C_{高速} = E_{高速}/D_{高速}$$

$$E_{市区} = \frac{\int_{市区开始}^{市区结束} UI dt}{\int_{移动开始}^{移动结束} UI dt + \int_{试验开始}^{试验结束} UI dt} \times E_{电网}$$

$$E_{公路} = \frac{\int_{公路开始}^{公路结束} UI dt}{\int_{移动开始}^{移动结束} UI dt + \int_{试验开始}^{试验结束} UI dt} \times E_{电网}$$

$$E_{高速} = \frac{\int_{高速开始}^{高速结束} UI dt}{\int_{移动开始}^{移动结束} UI dt + \int_{试验开始}^{试验结束} UI dt} \times E_{电网}$$

使用下式计算续驶里程 D，用 km 来表示，并圆整到整数：

$$D = E_{电网}/C$$

Ⅲ. 适用于等速法的计算方法。

使用下式计算能量消耗率 C，用 W·h/km 表示，并圆整到整数：

$$C = E_{电网}/D$$

表2-20　试验车型市区、公路和高速部分的特征里程分配比例 K

车辆类型		最大设计总质量（GCW/GVW）/kg	市区比例（$K_{市区}$）	公路比例（$K_{公路}$）	高速比例（$K_{高速}$）
半挂牵引车		9000 < GCW ≤ 27000	0	40%	60%
		GCW > 27000	0	10%	90%
自卸汽车		GVW > 3500	0	100%	0
货车 （不含自卸汽车）		3500 < GVW ≤ 5500	40%	40%	20%
		5500 < GVW ≤ 12500	10%	60%	30%
		12500 < GVW ≤ 25000	10%	40%	50%
		GVW > 25000	10%	30%	60%
城市客车		GVW > 3500	100%	0	0
客车 （不含城市客车）		3500 < GVW ≤ 5500	50%	25%	25%
		5500 < GVW ≤ 12500	20%	30%	50%
		GVW > 12500	10%	20%	70%

4）国内外标准法规对比。目前，国际的主流标准法规中，与该标准对应的有 ISO/DIS 8714：2002 和 ECE R101，表2-21 对三项标准的技术差异性进行对比。

表2-21　三项标准的技术差异性对比

项目		GB/T 18386—2017	ISO/DIS 8714：2002	ECE R101 附录7和附录9
试验条件	范围	适用于纯电动汽车，电动正三轮摩托车可参照执行	适用于最大设计总质量不超过3500kg，最高车速大于或等于70km/h 的纯电动汽车	适用于 M_1 和 N_1 类车辆
	试验质量	电动汽车整车整备质量与试验所需附加质量的和。附加质量分别为： ① 对于 M_1、N_1、最大设计总质量不超过 3500kg 的 M_2 类车辆，该质量为 100kg ② 对于城市客车，该质量为最大设计装载质量的 65% ③ 对于其他车辆，该质量为最大设计装载质量 乘员质量及其装载分布要求按 GB/T 12534 的规定 注：对于半挂牵引车，该标准中最大设计装载质量指最大设计牵引质量	电动汽车整车整备质量与试验所需附加质量的和。 附加质量分别为： ① 如果最大允许装载质量小于或等于180kg，该质量为最大允许装载质量 ② 如果最大允许装载质量大于180kg，但小于360kg，该质量为180kg ③ 如果最大允许装载质量大于360kg，该质量为最大允许装载质量的一半 注：最大允许装载质量包括驾驶人质量	基准质量指车辆的整备质量上统一加上100kg 最大质量指制造厂申报的技术上允许的最大质量（该质量可能比国家行政部门规定的最大质量大） 纯电动汽车的"试验质量"，对于 M_1 类汽车，指"基准质量"；对于 N_1 类汽车，指整备质量加上满载的一半
	环境温度条件	在 20～30℃ 室温下进行室内试验	在 5～32℃ 环境温度下进行室外试验 在 20～30℃ 室温下进行室内试验	全部试验在 20～30℃ 温度下进行
	试验档位	如果厂家推荐的车辆驾驶模式能够与工况参考曲线相配合，则使用厂家推荐模式；如果厂家推荐模式不能满足工况参考曲线要求，则选择最高车速更高的模式	—	—

（续）

项目		GB/T 18386—2017	ISO/DIS 8714：2002	ECE R101 附录7和附录9
	总则	对 M_1、N_1、最大设计总质量不超过3500kg 的 M_2 类车，在每两个步骤执行之间，如果车辆需要移动，不允许使用车上的动力将车辆移动到下一个试验地点，且再生制动系统未起作用。对于M_1、N_1、最大设计总质量不超过 3500kg 的 M_2 类车以外的车辆，如果需要移动，允许使用车上的动力，具体按照该标准4.4.5.2.2 中的相关规定	在每两个步骤执行之间，如果车辆需要移动，不允许使用车上的动力将车辆移动到下一个试验地点（不允许使用制动能量回收）	在各步骤之间，如果需移动车辆，应把车推到下一个试验地点（无恢复性充电）
	公差	速度公差适用于 M_1、N_1、最大设计总质量不超过3500kg 的 M_2 类车型为 ±2km/h，适用于其他车型为 ±3km/h，时间公差为 ±1s 在每个行驶循环中，允许超出公差范围的累计时间，对于 M_1、N_1、最大设计总质量不超过 3500kg 的 M_2 类车型应不超过 4s，对于其他车型应不超过 10s。在试验报告中应注明超出公差的总时间	速度公差为 ±2km/h，时间公差为 ±1s 在每个行驶循环中，允许存在超出这些公差范围，总时间应不超过 4s	速度公差为 ±2km/h，时间公差为 ±1s 50km/h 以下时，下列情况允许偏离此公差： ① 换档时，延续时间少于 5s ② 其他时间，允许每小时 5次以内，每次少于 5s 试验报告中应记录超出公差的总时间 50km/h 以上时，如加速踏板已踩到底，允许超差
试验程序	结束试验循环的标准	进行 NEDC 工况试验循环时： ① 对最高车速大于或等于120km/h 的试验车辆，不能满足公差要求时，应停止试验 ② 对最高车速小于120km/h 的试验车辆，在工况目标车速大于车型申报最高车速时，目标工况相应速度基准曲线调整为车辆申报最高车速，此时要求驾驶人将加速踏板踩到底，允许车辆实际车速超过公差上限，当不能满足公差下限时应停止试验；在工况目标车速小于或等于车型申报最高车速时，不能满足公差要求时，应停止试验	当标准的车载仪表给出驾驶人停车指示时，应停止试验；或进行工况试验循环，在车速小于或等于70km/h，不能满足公差要求时，应停止试验；在车速大于70km/h 时，将加速踏板踩到底，允许超出公差范围	能量消耗率试验： 仅运行两个循环，无试验结束的标准 续驶里程试验： 当车辆不能满足 50km/h 的目标曲线，或当标准的车载仪表提示驾驶人停车时，即达到了试验结束的标准 在 50km/h 以上车速，当车辆不能达到试验循环要求的加速度或速度时，应保持加速踏板完全踩下，直到重新达到要求的运转曲线
		进行中国典型城市公交循环工况试验循环，不能满足公差要求时，应停止试验	—	—
		进行 C-WTVC 工况试验循环，在车速小于或等于 70km/h 时，不能满足公差要求时，应停止试验 在车速大于 70km/h 时，不能满足公差要求时，则将加速踏板踩到底，直到车速再次跟随 C-WTVC 循环工况目标车速，允许超出公差范围	—	—
		进行等速试验时，当车辆的行驶速度达不到 54km/h（M_1、N_1、最大设计总质量不超过 3500kg 的 M_2 类车）或 36km/h（M_1、N_1、最大设计总质量不超过 3500kg 的 M_2 类以外的车辆）时停止试验	—	—
		达到试验结束条件时，档位保持不变，使车辆滑行至最低稳定车速或 5km/h，再踩下制动踏板进行停车		达到试验结束条件时，松开加速踏板，不踩制动踏板，使车辆减速到 5km/h，之后制动停车

（续）

项目		GB/T 18386—2017	ISO/DIS 8714：2002	ECE R101 附录7和附录9
试验程序	动力电池的放电	首先，试验车辆以30min最高车速的70%±5%的稳定车速行驶，使车辆的动力电池放电 放电在下列条件下结束： ① 车速不能达到30min最高车速的65%时 ② 行驶达到100km	首先，试验车辆以30min最高车速的70%±5%的稳定车速行驶，使车辆的动力电池放电 放电在下列条件下结束： ① 车速不能达到30min最高车速的65%时 ② 当标准的车载仪表提示驾驶人停车时	首先，试验车辆以30min最高车速的70%±5%的稳定车速行驶，使车辆的动力电池放电 放电在下列条件下结束： ① 车速不能达到30min最高车速的65%时 ② 当标准的车载仪表提示驾驶人停车时 ③ 行驶达到100km
	续驶里程试验	在动力电池充电结束时记录该时刻。在此之后12h之内开始按照规定的试验程序进行试验。在此期间，确保车辆在20～30℃的温度条件下放置	在动力电池充电结束时记录该时刻。在此之后4h之内开始按照规定的试验程序进行试验	在动力电池充电结束时记录该时刻。在此之后4h之内开始按照规定的试验程序进行试验
		车辆道路负荷的设定： 行驶阻力测定及在底盘测功机上的模拟：M_1、N_1、最大设计总质量不超过3500kg的M_2类试验车辆参照GB 18352.5—2013附件CH中的规定；其他类试验车辆相应载荷的道路行驶阻力按照GB/T 27840—2011中附录C的方法进行测量，或按照GB/T 18386—2017中附录A的重型商用车辆行驶阻力系数推荐方案。在进行道路和底盘测功机的滑行试验时，均应当把制动能量回收系统功能屏蔽。道路和底盘测功机滑行试验，汽车的其他部件都应当处于相同的状态（如空调关闭等）	车辆道路负荷的设定： 若进行底盘测功机试验，在试验前，底盘测功机应该按照ISO 10521（与GB 18352.5—2013基本一致）中的规定设定车辆道路负荷，并在底盘测功机上模拟	车辆道路负荷的设定： 若进行底盘测功机试验，在试验前，底盘测功机应该按照ECE R101附录7附件（与GB 18352.5—2013基本一致）中的规定设定车辆道路负荷，并在底盘测功机上模拟
		工况法： ① 适用于M_1、N_1、最大设计总质量不超过3500kg的M_2类车的工况法。除非有其他的规定，每6个工况试验循环，允许停车（10±1）min，停车期间，车辆起动开关应处于"OFF"状态，关闭发动机盖，关闭试验台风扇，释放制动踏板，不能使用外接电源充电 ② 适用于M_1、N_1、最大设计总质量不超过3500kg的M_2类车以外的工况法	工况法： 除非有其他的规定，工况试验循环期间的停车不允许超过3次（工况循环外停车），总的停车时间累计不超过15min	工况法： 能量消耗率试验： 运行由四个基本市区循环和一个市郊循环组成的试验循环两遍（试验里程：22km，试验持续时间：40min） 结束时，记录实际行驶里程D_{test}（km） 续驶里程试验： 在底盘测功机上进行，考虑人为的因素，试验顺序中允许最多有3次中断，但总共不得超过15min
		等速法	—	—
	动力电池充电和能量测量	在2h之内将车辆与电网连接，按照充电规程为车辆的动力电池充满电。在电网与车辆充电器之间连接能量测量装置，在充电期间测量来自电网的用W·h表示的能量$E_{电网}$，测量值按四舍五入圆整到整数 注：如果电网断电，其断开的时间应该根据停电时间，适当延长相应时间。车辆制造厂和认证实验室的技术服务部门应该探讨充电的有效性	在2h之内将车辆与电网连接，按照充电规程为车辆的动力电池充满电。在电网与车辆充电器之间连接能量测量装置，在充电期间测量来自电网的用W·h表示的能量$E_{电网}$，测量值按四舍五入圆整到整数 从上次充电结束时间起，24h后充电停止 注：如果出现电源断电情况，24h的周期应根据断电时间相应延长。充电的有效性由认证实验室技术机构和车辆制造厂讨论决定	能量消耗率试验： 试验后的30min内，将车辆与电源相连 在电网与车辆充电器之间连接能量测量装置，测量来自电网的能量$E_{电网}$和充电时间 从上次充电结束时间起，24h后充电停止 注：如果出现电源断电情况，24h的周期应根据断电时间相应延长。充电的有效性由认证实验室技术机构和车辆制造厂讨论决定 续驶里程试验： 直接得出D_e，无须测量电量

（续）

项目		GB/T 18386—2017	ISO/DIS 8714：2002	ECE R101 附录7和附录9
续驶里程和能量消耗率的计算方法	工况法	适用于 M_1、N_1、最大设计总质量不超过 3500kg 的 M_2 类车工况法的计算方法 $C=E_{电网}/D$ 对于最高车速小于 120km/h 的试验车辆，在试验报告中记录续驶里程和能量消耗率结果时应对最高车速进行说明，推荐使用如下格式记录续驶里程："D（最高车速：V_{max}）"，使用如下格式记录能量消耗率："C（最高车速：V_{max}）"，此处 V_{max} 填写车型申报最高车速	$C=E_{电网}/D$	能量消耗率试验： $C=E_{电网}/D_{test}$ 试验结束，以 km 表示的距离测得值 D_e 就是电动车的续驶里程。应圆整到整数
		适用于 M_1、N_1、最大设计总质量不超过 3500kg 的 M_2 类车以外的工况法的计算方法	—	—
	等速法	$C=E_{电网}/D$		
重型商用车辆行驶阻力系数推荐方案		推荐值与计算值两种	—	—

2.3.1.4 安全性（一般电安全、碰撞后安全及主动安全）

1. 一般电安全

电动汽车在正常使用状态下需要满足一般安全要求，在之前的我国电动汽车相关标准中，限定了一般安全讨论的范围是车载驱动系统最大工作电压是 B 级电压的车型，一般安全包含了三个层次的要求：车载可充电储能系统的安全要求、电动汽车特殊的操作安全和故障防护以及人员触电防护。随着电动汽车标准体系内各标准子体系逐渐明晰，在制定我国首批安全强制性国家标准时，将车载可充电储能系统的安全要求划分到车用动力电池安全要求的领域，整车一般安全标准的范围调整为电动汽车特殊的操作安全和故障防护以及人员触电防护。

（1）国内外整体情况　我国现行的电动汽车一般安全要求标准为 GB/T 18384—2015《电动汽车　安全要求》系列标准，国际上主要的标准法规有 ISO 6469《Electrically propelled road vehicles — safety specifications》（电动道路车辆—安全规范）系列标准、ECE R100.2《关于电动汽车特殊要求的统一规定》（第 2 版）、GTR 20《电动汽车安全全球技术法规》、SAE J2344—2010《电动汽车安全指南》。

国内外电动汽车一般安全最新标准见表 2-22。

表 2-22　国内外电动汽车一般安全最新标准

序号	标准号	标准名称
1	GB/T 18384—2015	电动汽车　安全要求
2	ISO 6469	电动道路车辆—安全规范
3	ECE R100.2	关于电动汽车特殊要求的统一规定（第 2 版）
4	GTR 20	电动汽车安全全球技术法规
5	SAE J2344—2010	电动汽车安全指南

（2）各标准主要内容介绍　各标准主要内容介绍见表 2-23 和表 2-24。

表 2-23 国内外电动汽车一般安全标准的适用范围

标准号	适用范围
GB/T 18384—2015	适用于车载驱动系统的最大工作电压是 B 级电压的电动汽车，电动摩托车和电动轻便摩托车可参照执行
ISO 6469	适用于车载驱动系统的最大工作电压是 B 级电压的电动道路车辆，但电动摩托车不在范围内
ECE R100.2	适用于最大设计速度超过 25km/h，配备有一个或多个由电力驱动牵引电机的 M 类和 N 类道路车辆的电力传动系的安全要求
GTR 20	电动汽车安全全球技术法规（EVS-GTR）核心技术内容主要由乘用车整车安全、商用车整车安全和电池安全三部分组成。其中，根据 EVS-GTR 范围划分，电动汽车可分为电动乘用车 [GVM < 4536kg 的 1 类车辆（载人车辆）和 2 类车辆（载货车辆）] 和电动商用车（GVM > 3500kg 的 1-2 类车辆和 2 类车辆）两大类，对于 3500kg ≤ GVM ≤ 4536kg 的车辆，各个缔约方可根据国内立法中使用的车辆分类方式，选择使用相关法规规定
SAE J2344—2010	适用于具有高压系统车辆 [包括纯电动汽车（BEV）、混合动力电动汽车（HEV）、插电式混合动力电动汽车（PHEV）、燃料电池电动汽车（FCEV）以及插电式燃料电池电动汽车（PFCV）] 与正常操作和充电相关安全性技术要求

表 2-24 国内外电动汽车一般安全标准的内容概览

标准号	内容概览
GB/T 18384—2015	第一部分，车载可充电储能系统（REESS）。主要包括 REESS 的高压警告标记、绝缘电阻、电气间隙和爬电距离、有害气体和其他有害物质排放、过热保护、过流保护等。该部分规定了 B 级电压驱动电路系统的车载可充电储能系统（REESS）的要求，从而确保车辆内部、外部人员以及车辆环境的安全 第二部分，操作安全和故障防护。主要包括驱动系统电源接通和断开程序、车辆和外部电源的物理连接、功率降低提示、REESS 低电量提示、反向行驶、驻车、电磁兼容、失效防护、用户手册、标识、紧急响应等。该部分针对电动汽车所特有的危险规定了操作安全和故障防护要求，以保护车辆内外人员的安全 第三部分，人员触电防护。主要包括高压警告标记、B 级电压电线的标识、基本防护方法、单点失效的防护（电位均衡、绝缘电阻、电容耦合、断电）、触电防护替代方法、绝缘要求、遮栏/外壳的要求、绝缘电阻要求、绝缘协调要求、电位均衡要求、车辆充电插座要求、触电防护的试验方法、耐电压性试验、电位均衡连续性试验。防水、用户手册等。该部分规定了电动汽车电力驱动系统和传导连接的辅助系统（如果有）防止车内和车外人员触电的要求
ISO 6469	第一部分，RESS。规定了电动汽车用车载可充电储能系统的要求，从而确保人员安全。 第二部分，操作安全。本部分针对电动汽车所特有的操作安全和故障防护，以保证车辆内、外人员的安全。 第三部分，电安全。本部分规定了电力驱动道路车辆电力驱动系统和传导连接的辅助电力系统（如果有）防止车辆内外人员触电的要求。 第四部分，碰撞后安全。主要包括电动汽车碰撞后防触电保护要求、电解液泄漏要求两大部分。
ECE R100.2	该标准共包括两部分，分别为《电动汽车电气安全要求》和《可充电储能系统安全要求》 第一部分：电动汽车电气安全要求。主要包括防触电保护、REESS、功能安全和氢气释放。该部分适用于最大设计速度超过 25km/h，搭载一个或多个由电力驱动电机且非永久连接到外部电网的 M 类和 N_1 类道路车辆的电力驱动系统以及传导连接到电力驱动系统高压母线的高压部件和系统。该部分没有包括关于道路车辆碰撞后的安全要求 第二部分：可充电储能系统安全要求。主要包括振动、热冲击和循环、机械撞击、耐火性、外部短路保护、过充/放电保护、过热保护以及排放。该部分适用于搭载一个或多个由电力驱动电机且非永久连接到外部电网的 M 类和 N_1 类道路车辆的可充电储能系统。该部分不包括用于为车辆起动、灯光系统和/或其他车辆辅助系统提供能量的可充电储能系统
GTR 20	GTR 20 的主要内容如下图所示： 电动汽车安全全球技术法规(EVS–GTR) 目的与范围　定义　一般要求　技术要求及试验程序　附件及附录 电动乘用车　电动商用车 整车安全要求与试验程序　电池安全要求与试验程序　整车安全要求与试验程序　电池安全要求与试验程序

（续）

标准号	内容概览
GTR 20	（一）乘用车整车安全 乘用车整车安全主要包括三部分：① 使用中触电安全：防止车辆在使用中对驾乘人员造成触电伤害；② 功能安全：保障车辆运行的功能性安全；③ 碰撞后触电安全：防止车辆在碰撞后对驾乘人员造成触电伤害 （1）使用中触电安全　直接接触防护是使用中触电安全要求中的第一部分要求，即防止人员与带电部件直接接触，具体包含遮栏/外壳防护等级、标记、高压连接器及维修开关四个部分 间接接触防护是使用中触电安全要求中的第二部分要求，即防止间接接触可能引起的电击，具体包含电位均衡和绝缘电阻两个部分 防水要求是使用中触电安全要求的第三部分要求，即保证车辆在涉水及清洗等环境下可以安全地使用，无触电风险 （2）功能安全　功能安全主要包括可行驶起动提醒、离开时的可行驶模式提醒、驱动方向提示要求、车辆和外部电源的物理连接四部分内容 （3）碰撞后触电安全　当车辆发生碰撞后应满足电压要求、电能要求、物理防护及绝缘电阻四项要求之一 （二）商用车整车安全 为保证 EVS-GTR 一阶段工作的顺利开展，各成员国达成一致意见，将 EVS-GTR 的使用范围扩展到包含除专用车以外的所有电动乘用车以及电动商用车，并确定将电动商用车作为独立的章节写入 EVS-GTR 正文当中。通过对比分析商用车与乘用车的差异性，从而确定以下几点原则：① 零部件/系统等级试验替代整车；② 豁免整车碰撞，用电池包模拟；③ 高压安全防护考虑顶部充电 在第一阶段先考虑现有标准中成熟的条款，作为 GTR 20 的内容，对于目前存在争议的项目，考虑放在第二阶段工作中。第一阶段明确条款如下： 第一类是电动汽车的高压安全项目：高压安全标识、IP 防护等级、绝缘电阻要求、防止间接接触要求、防水要求 第二类是电动汽车的功能安全项目：可行驶模式、充电互锁、报警提示 第三类是电池包的安全项目：振动、过温保护、过充保护、过放保护、外短路保护、防火、热失控、热扩散 第四类是碰撞安全项：机械冲击。由于现有标准体系中尚无成熟的商用车碰撞标准，现阶段仅考虑碰撞时的惯性载荷对电池包的作用 （三）电池安全 作为电动汽车主要零部件之一的动力电池，其安全问题成为人们关注的焦点。其中，在 EVS-GTR 中分别对乘用车和商用车电池安全试验要求和试验程序进行了规定，见下表 | 试验要求		试验程序	
---	---	---	---
1-1 类车辆和 2 类车辆	重型车辆	1-1 类车辆和 2 类车辆	重型车辆
试验项目	试验项目	试验项目	试验项目
一般原则	一般原则	一般程序	一般程序
振动	振动	振动试验	振动试验
热冲击和循环	热冲击和循环	热冲击和循环	热冲击和循环
耐火性	耐火性	耐火性	耐火性
外部短路保护	外部短路保护	外部短路保护	外部短路保护
过充电保护	过充电保护	过充电保护	过充电保护
过放电保护	过放电保护	过放电保护	过放电保护
过热保护	过热保护	过热保护	过热保护
过电流保护	保留	过电流保护	保留
低温保护	低温保护	机械冲击试验	机械冲击试验
排气管理	排气管理	机械完整性试验	
热扩散	热扩散		
碰撞后的安全性要求	模拟惯性负载下安全性			 对于 EVS-GTR 电池安全，我国作为电池热失控扩散研究小组牵头国，一方面全程主导电池热扩散研究工作，另一方面深入参与泄漏气体毒性分析、振动试验方法、SOC 定义、耐火性和热失控报警信号等研究工作。其中，就电池热扩散研究而言，在电动汽车大规模推广的背景下，电池包起火引发的事故对产业化发展产生影响。我国专家结合实际事故案例，在全球范围内首次提出对电池单体热失控原理进行分析，并进一步提出热失控发生后保证电池包整体安全性的要求和试验方法

（续）

标准号	内容概览
SAE J2344—2010	SAE J2344作为具有高压系统车辆（包括纯电动汽车（BEV）、混合动力电动汽车（HEV）、插电式混合动力电动汽车（PHEV）、燃料电池电动汽车（FCEV）以及插电式燃料电池电动汽车（PFCV））与正常操作和充电相关安全性的首选技术指南，为电力驱动道路车辆（车辆总质量低于4536kg，设计用于公共道路）设计提供与安全相关的指导信息。该文件不适用于对保养、维修、装配过程中安全问题的指导 SAE J2344主要包括技术安全指导方针、操作、应急响应、维修保养等。其中，技术安全指导方针从多方面对电力驱动道路车辆安全设计提供了技术指导，主要包括防撞性、单点失效、电气安全（电气绝缘、耐高压能力、危险电压自动断开、手动断开连接、互锁、专用工具、接地、高压线束总成、高压插接器、熔断）、故障监测、危险液体泄漏、危险气体泄漏、车辆浸水、电磁兼容和电气瞬态、安全标记、充电通信、机械安全（"P"档转换机制、其他类型换档机制、牵引能力设计标准）、可充电储能系统荷电状态、高压电池、燃料电池汽车等

另外，我国已经完成了电动汽车一般安全首个强制性标准的技术讨论工作，意在制定与国际接轨且符合我国国情的电动汽车安全整车层面的强制性标准，该标准基于GB/T 18384—2015《电动汽车 安全要求》系列标准制定，并参考了EVS-GTR、ISO 6469最新修订情况，升级为强制性标准，该标准与相关标准法规的对比见表2-25。

表2-25 国内电动汽车一般安全标准与相关标准法规的对比

序号	项目	相关标准对比
1	5.1.1 总则	参照GB/T 18384.3中6.1通则
2	5.1.2 高压标记要求	同GB/T 18384.3中5.1和EVS-GTR中5.1.1.1.4.2，标识采用GTR中标识
3	5.1.3 直接接触防护要求	综合EVS-GTR中5.1.1.1部分以及GB/T 18384.3要求，其中维修开关的要求参照EVS-GTR进行增加，充电插座要求以国家标准要求为基础按照EVS-GTR安全设计原则，增加了可选项
4	5.1.4 间接接触防护要求	绝缘电阻要求引用GB/T 18384.3中6.7.1 绝缘电阻监测功能要求引用GB 7258要求 电位均衡要求综合GB/T 18384.3中6.9和EVS-GTR中5.2.2.3 直流电容耦合要求参考GB/T 18384.3中6.3.3.2，进行了具体调整，明确了电容耦合要求是单侧要求，同时考虑到实际情况，规定B级电路各部分可以分别满足不同的附加防护 充电插座要求引用GB/T 18384.3中6.10.2
5	5.1.5 防水要求	该标准防水要求与EVS-GTR的区别在于，EVS-GTR中符合一定条件的绝缘电阻监测功能也可以替代整车防水试验，而在GB 7258—2017中绝缘电阻监测是强制性要求，该标准也参照执行，故绝缘电阻监测功能不能作为整车模拟洗车和涉水试验的替代满足要求
6	5.2 功能安全防护要求	驱动系统接通和断开要求与GB/T 18384.2一致，其中驾驶人离座提示要求也与EVS-GTR一致；行驶过程中的报警提示与EVS-GTR一致，其中低电量提示以及功率降低提示与GB/T 18384.2一致 反向行驶以及驻车要求与GB/T 18384.2一致 传导连接锁止要求在EVS-GTR以及GB/T 18384.2的基础上考虑了后续的技术路线，如V2V功能，进行了调整
7	6.1 直接接触防护	同EVS-GTR
8	6.2.1 整车绝缘电阻测试	不同于EVS-GTR，采用双表笔法测试，计算公式对应进行调整，双表笔法测试结果会更加稳定，更能真实地反映实际绝缘阻值
9	6.2.2 充电插座绝缘电阻	新增，增加了对充电插座绝缘电阻测试方法的说明，规范检测机构执行。
10	6.2.3 绝缘监测功能验证	同EVS-GTR
11	6.2.4 电位均衡	同EVS-GTR
12	6.2.5 电容耦合	新增，对应标准中的直流电容耦合要求，明确试验方法，便于检测机构执行

(续)

序号	项目	相关标准对比
13	6.3 整车防水	同 EVS-GTR
14	6.4 功能安全防护	新增,明确操作执行的方法和原则。由厂家提供方案说明,检测机构按照标准要求判定并验证
15	7 实施日期	新增,明确标准切换实施的节点
16	附录 A	同 EVS-GTR

2. 碰撞后安全

(1) 电动汽车碰撞安全　电动汽车在能量储存方式、汽车驱动形式和整车结构方面相对传统燃油汽车存在着较大差异,这使得电动汽车的碰撞安全性具有其独特的一面。例如,电动汽车具有高电压,高能量载体电压高达几百伏,碰撞过程中可能会造成高压保护外壳的破裂、高压系统线束的绝缘层破裂等,进而产生人体接触触电的危险;电动汽车动力电池安装位置不当时,在汽车发生碰撞时电池可能遭受直接撞击从而壳体变形,容积减小,内压升高,继而发生爆炸;电解液可能从裂缝或壳体和盖之间的缝隙溅出,泄漏的电解液可能灼伤乘员或与周围金属反应生成有害气体;不合理的电池约束方式可能使电池侵入乘员舱,对乘员构成伤害等。此外,车身作为其他总成的安装基体,需要承受各总成的质量和装载载荷以及行驶过程中产生的力和力矩等,因而电动汽车的车身需要满足各种工况下的刚度和强度及模态要求。而动力电池等集中大质量块的质量通常占到电动汽车整车质量的 20% 以上,这对承载和约束动力电池的结构也提出了很高的要求。世界知名品牌特斯拉(Tesla)、沃蓝达(Volt)、菲斯克(Fisker)以及国内比亚迪、众泰等品牌也出现过电动汽车起火事件,此类危险相对于传统汽车来说更容易危及乘员的生命安全。因此,对电动汽车的碰撞安全进行标准规范非常重要。

(2) 我国电动汽车安全标准化工作　我国已发布的电动汽车标准涵盖电动汽车基础通用、整车、关键零部件及总成(含电池、电机、电控)、基础设施设备、电动附件、充电连接装置等领域。电动汽车整车方面的主要安全标准见表 2-26。

表 2-26　电动汽车整车方面的主要安全标准

序号	标准号	标准名称
1	GB/T 18384.1—2015	电动汽车　安全要求　第 1 部分:车载可充电储能系统(REESS)
2	GB/T 18384.2—2015	电动汽车　安全要求　第 2 部分:操作安全和故障防护
3	GB/T 18384.3—2015	电动汽车　安全要求　第 3 部分:人员触电防护
4	GB/T 24549—2009	燃料电池电动汽车　安全要求
5	GB/T 31498—2015	电动汽车碰撞后安全要求

表 2-26 所列的电动汽车安全标准针对的主要是电动汽车区别于传统汽车所特有的安全要求,其中,序号 1~4 所对应的标准为电动汽车整车使用安全要求,序号 5 所对应的标准为电动汽车碰撞后安全要求。这五项关于电动汽车安全要求的标准的及时发布,基本可以满足目前电动汽车市场发展的需求,同时它们的发布也证明了目前电动汽车发展的迅速,以及制定电动汽车发展所必须遵守的标准准则的迫切性。其中 GB/T 24549 和

GB/T 31498 的发布基本覆盖了 GB/T 19751 的内容，并提出了新的安全要求，因此将 GB/T 19751 废止。关于 GB/T 31498 主要针对的是电动汽车和混合动力电动汽车的正碰以及侧碰的安全要求，目前关于电动汽车和混合动力电动汽车后碰以及燃料电池电动汽车的碰撞后安全要求正在研究讨论与制定之中。电动汽车电池方面的相关标准见表 2-27。

表 2-27　电动汽车电池方面的相关标准

序号	标准号	标准名称
1	GB/T 31467.1—2015	电动汽车用锂离子动力蓄电池包和系统　第 1 部分：高功率应用测试规程
2	GB/T 31467.2—2015	电动汽车用锂离子动力蓄电池包和系统　第 2 部分：高能量应用测试规程
3	GB/T 31467.3—2015	电动汽车用锂离子动力蓄电池包和系统　第 3 部分：安全性要求与测试方法
4	QC/T 741—2014	车用超级电容器
5	QC/T 742—2006	电动汽车用铅酸蓄电池
6	QC/T 743—2006	电动汽车用锂离子蓄电池
7	QC/T 744—2006	电动汽车用金属氧化物镍蓄电池

表 2-27 所列的标准中，序号 4～7 所对应的行业标准都是与电动汽车用电池整体运输、外观、环境等安全性能相关的标准法规，而 GB/T 31467.3 是与电动汽车整体安全相关的锂离子蓄电池包和系统可靠性的安全性测试方法和要求的标准，标准中不仅规定了蓄电池整车使用中的安全要求，还规定了碰撞后电池相关安全要求。

（3）国际电动汽车安全标准化工作　国外对于电动汽车安全的研究与标准化工作主要以美国、欧洲、日本为代表。国际层面在电动汽车安全方面影响力较大的机构主要有美国的先进电池联盟（United States Advanced Battery Consortium，USABC）、Freedom CAR、阿贡实验室（Argonne）、欧洲蓄电池制造商协会（EUROBAT），这些机构发布了针对标准中试验项目的试验操作指南。而国际层面的标准法规制定方面，主要有 ISO 国际标准、IEC 国际标准、ECE 欧洲法规、GTR 全球法规、SAE 标准、UL 美国标准、EN 欧洲标准。目前国际上关于电动汽车整车方面的主要安全标准法规见表 2-28。

WP.29 的工作是当前我国汽车行业主要参与并能在国际层面发出声音的国际汽车技术法规工作，它对我国汽车行业的发展起着至关重要的作用。目前正在起草的电动汽车安全全球技术法规（Electric Vehicle Safety - Global Technical Regulation，EVS-GTR），是专门解决电动汽车安全的法规。WP.29 下设的被动安全工作组（GRSP）主持开展了相关研究工作，其负责的电动汽车安全（EVS）工作组成立了 9 个专项研究小组（Task Force）专门负责 EVS-GTR 各部分细节的起草工作。

表 2-28　国际上关于电动汽车整车方面的主要安全标准法规

序号	标准号	标准名称
1	ISO 6469-1：2009	Electrically propelled road vehicles—Safety specifications—Part 1：On-board rechargeable energy storage system（RESS） 电力驱动道路车辆—安全要求—第 1 部分：车载可充电储能系统（RESS）
2	ISO 6469-2：2009	Electrically propelled road vehicles—Safety specifications—Part 2：Vehicle operational safety means and protection against failures 电力驱动道路车辆—安全要求—第 2 部分：车辆操作安全和故障防护

（续）

序号	标准号	标准名称
3	ISO 6469-3：2011	Electrically propelled road vehicles—Safety specifications—Part 3：Protection of persons against electric shock 电力驱动道路车辆—安全要求—第3部分：人员触电防护
4	ISO 6469-4：2015	Electrically propelled road vehicles—Safety specifications—Part 4：Post crash electrical safety 电力驱动道路车辆—安全要求—第4部分：碰撞后电气安全
5	ISO 23273-1：2006	Fuel cell road vehicles—Safety specifications—Part 1：Vehicle functional safety 燃料电池道路车辆—安全要求—第1部分：车辆功能安全
6	ISO 23273-3：2006	Fuel cell road vehicles—Safety specifications—Part 3：Protection of persons against electric shock 燃料电池道路车辆—安全要求—第3部分：人员防触电保护
7	ECE R12—2014	Uniform Provisions Concerning the Approval of Vehicles with Regard to the Protection of the Driver against the Steering Mechanism in the Event of Impact 关于碰撞中防止转向装置伤害驾驶人方面批准车辆的统一规定
8	ECE R94—2014	Uniform Provisions Concerning the Approval of Vehicles with Regard to the Protection of the Occupants in the Event of a Frontal Collision 关于正面碰撞中乘员防护方面批准车辆的统一规定
9	ECE R95—2014	Uniform Provisions Concerning the Approval of Vehicles with Regard to the Protection of the Occupants in the Event of a Lateral Collision 关于侧面碰撞中乘员防护方面批准车辆的统一规定
10	ECE R100—2014	Uniform Provisions Concerning the Approval of Vehicles with Regard toSpecific Requirements for The Electric Power Train 关于对动力系统有特殊要求车辆认证的统一规定
11	SAE J1766—2014	Recommended Practice for Electric，Fuel Cell and Hybrid Electric Vehicle Crash Integrity Testing 电动汽车、燃料电池电动汽车和混合动力电动汽车碰撞完整性试验推荐规程
12	SAE J2344—2010	Guidelines for Electric Vehicle Safety 电动汽车安全指南
13	SAE J2578—2014	Recommended Practice for General Fuel Cell Vehicle Safety 燃料电池汽车一般安全推荐规程
14	Attachment 111—2015	Technical Standard for Protection of Occupants against High Voltage after Collision in Electric Vehicles，Hybrid Electric Vehicles and Fuel Cell Vehicles 碰撞后电动汽车、混合动力电动汽车和燃料电池汽车乘员防高压保护技术标准
15	FMVSS 305—2014	Electric Powered Vehicles：Electrolyte Spillage and Electrical Shock Protection 电动汽车：电解液泄漏和电击保护
16	GTR 20	Electric Vehicle Safety - Global Technical Regulation 电动汽车安全全球技术法规

表2-28所列的标准法规中，ISO 6469-4：2015、ECE R12—2014、ECE R94—2014、ECE R95—2014、SAE J1766—2014、Attachment 111—2015、FMVSS 305—2014、GTR 20是关于碰撞后车辆安全的标准与法规，其余部分是整车使用安全相关的标准法规。

（4）电动汽车碰撞后安全法规介绍

1）GB/T 31498—2015《电动汽车碰撞后安全要求》。根据国际惯例以及我国多年来开展电动汽车碰撞试验研究的实际经验，在参照已有的国外标准和法规的基础上，结合国内已有的电池系统和整车两个层面与电动汽车碰撞安全相关的标准，研究制定了电动汽车碰撞后安全要求。

该标准规定了带有B级电压（交流大于30V且小于或等于1000V，直流大于60V且小于或等于1500V的电压)电路的纯电动汽车、混合动力汽车正面碰撞、侧面碰撞后的特殊安全要求和试验方法。

该标准对试验前车辆的准备及碰撞形式和碰撞速度以及碰撞试验方法的规定参照传统车辆进行，并未对其进行特殊的规定，标准没有涉及后部碰撞和静态翻滚试验，碰撞后安全主要分为防触电保护、电解液泄漏和车辆储能系统结构稳定性三方面的要求，标准对各部分的要求和试验方法进行了详细的说明。

防触电保护要求有安全电压限值、电能限值、物理防护和绝缘电阻四项要求，每一条高压母线至少应满足四项要求中的一项。如果碰撞试验在车辆的可充电储能系统（REESS）与电力系统负载主动断开的情况下进行，则车辆的电力系统负载至少应满足物理防护或绝缘电阻要求中的一项；REESS和充电用高压母线至少应满足四项要求中的一项。各项要求明确，方法明了，便于各方理解与执行。

电解液泄漏要求碰撞结束30min内，不应有电解液从REESS中溢出到乘员舱，不应有超过5L的电解液从REESS中溢出。但标准未对电解液与其他液体的区分及是否将所有泄漏液体计入电解液中进行具体说明。

车辆储能系统结构稳定性中规定位于乘员舱里面的REESS应保持在安装位置，REESS部件应保持在其外壳内。位于乘员舱外面的任何REESS部分不应进入乘员舱。同时标准还针对REESS提出了特殊安全要求，即碰撞结束30min内，REESS不应爆炸、起火。这项规定是国际上其他标准法规所没有的，但目前国际上正在讨论此项要求，未来有希望成为国际通用标准，体现出我国标准一定的先进性和引领性。

2）GB/T 31467.3—2015《电动汽车用锂离子动力蓄电池包和系统 第3部分：安全性要求与测试方法》。

该标准规定了电动汽车用锂离子动力蓄电池包和系统安全性要求与测试方法，主要包括机械试验、环境试验和电气试验三个部分。机械试验主要包括振动、机械冲击、跌落、翻转、模拟碰撞和挤压；环境试验主要包括温度冲击、湿热循环、海水浸泡、外部火烧、盐雾和高海拔；电气试验主要包括过温保护、短路保护、过充电保护和过放电保护。其中与碰撞后安全有关的部分主要有机械冲击、翻转、模拟碰撞、挤压、外部火烧、短路保护。

3）UN-ECE法规（R100—2014）。该法规包括两个部分，第一部分规范了M类乘用车和N类载货汽车的电传动系统的安全要求，第一部分不包括车辆碰撞后的安全要求，这里不进行介绍；第二部分详细规定了M类乘用车和N类载货汽车的动力电池系统在振动、热循环冲击、机械碰撞、防火性能、外部短路保护、过放电保护、过热保护以及污染物排放等方面的安全要求。这里仅介绍与电动汽车碰撞后安全相关的机械碰撞要求和测试方法。

ECE R100对可充电储能系统的机械碰撞要求进行试验时，满足整车试验或者储能系统试验中的一个即可认为是通过试验，试验分机械冲击和机械完整性两部分进行。

① 机械冲击。机械冲击的整车试验方法直接按照上面提到的ECE R12、ECE R94和ECE R95的相关条款进行，若只进行储能系统部件的机械冲击试验，可选择电池包整体或者模组进行试验，采用模组进行试验时需要说明模组能够代表电池包系统进行试验的依

据，试验按照图 2-6 所示的时间与加速度的关系进行，试验的冲击加速度位于灰色条形区域内，图中的 $A \sim H$ 8 个点分别对应了时间、横向和纵向加速度值。按照 $M_1 \sim M_3$ 类乘用车和 $N_1 \sim N_3$ 类载货汽车给出了三张表格分别制定了 8 个点的试验值，表 2-29 列举了 M_1 类和 N_1 类车辆的试验值。

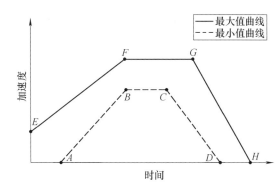

图 2-6 机械冲击脉冲示意图

表 2-29 M_1 类和 N_1 类车辆的试验值

点	时间 /ms	加速度值	
		纵向	横向
A	20	0g	0g
B	50	20g	8g
C	65	20g	8g
D	100	0g	0g
E	0	10g	4.5g
F	50	28g	15g
G	80	28g	15g
H	120	0g	0g

试验结束后应不发生起火、爆炸，电解液泄漏值不超过 7% 或者 5L，电池包固定在原有的边界区域内，满足对绝缘电阻和物理防护的要求。

② 机械完整性。可选择整车或者储能系统部件进行试验，储能系统部件可选择电池包整体或者模组进行试验，采用模组进行试验时需要说明模组能够代表电池包系统进行试验的依据。整车的机械完整性包括动态试验和特殊部件试验，试验方法可参考 ECE R12、ECE R94 和 ECE R95 的相关条款进行，或者根据法规指定的加速度进行；电池包进行试验时冲击加速度按照法规制定的数值进行，试验完成后应不发生起火、爆炸，电解液泄漏值不超过 7% 或者 5L，电池包固定在原有的边界区域内，满足对绝缘电阻和物理防护的要求。

该法规不是专门针对电动汽车碰撞安全的法规，但是涵盖了碰撞安全的主要部分，除此之外对电池包的防火性能、外部短路保护、过放电保护等要求是厂家设计蓄电池包时必须满足的要求，有利于提高整车碰撞后的安全性。

需要特别注意的是，目前市场上的电动汽车和管理者正在转向设定可用的技术要求，技术仍然在发展中。这个不断发展的技术需要一个以性能为导向的，以最可用的数据以及科学研究和分析为基础的既灵活又固定的规章制度。与相关研究者和技术专家的合作是工作组合作成功的先决条件。

法规的制定需要考虑电动汽车正常使用和碰撞后的潜在危险，包括高压电路的电击危害，锂离子蓄电池和/或其他能量存储系统（特别是包含易燃电解液）的潜在危害。

以性能为基础的策略不会限制未来的技术发展。它是以目前和未来的电动汽车安全管理要求规划信息交换为先导的，（ECE/TRANS/WP.29/2012/36 和其修订稿1）包括基础技术和科学的研究，同时也设定了规定和测试协议以确保车辆系统和/或电气组件的运行安全。

该法规解决的是电动汽车的安全问题，包括使用中和碰撞后。关键条目如下：

a. 车辆正常运行过程中的使用安全，不包括维修和保养。

Ⅰ. 电击防护。

Ⅱ. 传导充电和感应充电的安全要求，包括连通性。

Ⅲ. 可充电储能系统安全要求，包括热冲击、热循环、机械冲击、过放电、绝缘电阻、过充电、振动、耐火性和短路等。

b. 碰撞中和碰撞后。

Ⅰ. 电击防护。

Ⅱ. REESS 防撞性，包括限制电解液泄漏、REESS 移动要求、维修的基本安全性能。

Ⅲ. REESS 安全性评价和稳定性程序。

进一步研究的课题：

a. 电力迁移的不同标准（用于充电的车辆接口）。

b. 制造商和/或紧急救援者最佳实践或指南。

该法规解决的是电动汽车及其组件的特殊安全问题，考虑如下要点：

a. 确保安全水平和传统内燃机汽车等效，并且要预防电动汽车特殊危害事故的发生，假设鲁棒性的合理水平。

b. 依据相关的车辆条件鉴定和评估潜在的安全危害，例如：

Ⅰ. 正常使用中，可驱动模式和驻车。

Ⅱ. 正常使用中，充电/燃料补给期间。

Ⅲ. 意外事故（碰撞中和碰撞后）。

c. 考虑车辆整个电池系统的安全性能验证（如电池管理系统）。

d. 以性能为基础的策略不应阻止未来技术的发展。

e. 合乎情理，实用性和高效性。

f. 发展和验证试验程序，考虑电动汽车上所使用相关组件的不同尺寸、配置和材料（如 REESS 类型）。

g. 充电/燃料补给过程中的安全性可能不会通过车辆的法规要求来确保。因此，非正式工作组将要建立车辆的整体安全要求，并且通过展示车辆相关利益方的职责，建立充电/燃料补给基础设施的综合性安全要求。

需遵守的原则：确认电动汽车及其组件在每一种车辆条件下的特殊潜在安全危害（正常使用中、事故中）。非正式工作组需要考虑如下步骤：

a. 评价每一个潜在的安全危害，并确定危害发生的原因。

b. 阐明试验程序/要求和危害/原因之间的关系。

c. 发展和验证试验程序和要求。

d. 高压系统安全潜在危险：使用中和碰撞后的电击、REESS 安全、使用中和碰撞后的着火和爆炸等。

非正式工作组限制了该法规的应用范围。

4）UN-ECE 法规（R12/R94/R95—2014）。

① ECE R12—2014《关于碰撞中防止转向装置伤害驾驶人方面批准车辆的统一规定》。该法规适用于正面碰撞中的转向装置、高压电驱动系统以及与电驱动系统高压母线电气连接的高压部件和系统。适用车型为 M_1 类车以及最大质量不超过 1500kg 的 N_1 类车。该法规完整地规定了碰撞中防止转向装置对驾驶人的伤害，以及高压系统部件对乘员的伤害评价指标与评价方法，同时对车辆生产一致性和碰撞试验前车辆的准备、试验车辆的速度、试验壁障以及试验假人等一系列的试验设备都给出了完整系统的规定，是国际上关于碰撞的较为完整的法规。该法规单独对电力传动系统的安全进行了规定，主要包括防触电保护、电解液泄漏以及车辆储能系统结构稳定性。

防触电保护包括安全电压限值、电能限值、物理防护和绝缘电阻四项条款。若有自动断开装置，则负载电路至少应满足四项中的一项；若在 REESS 于负载断开下进行试验，则电力系统负载至少应满足物理防护或绝缘电阻中的一项，充电连接系统至少满足四项条款中的一项。此部分中关于电能要求的限值 2J 是与国际上最为明显的差异之处，目前国际上比较认同 0.2J 的电能限值，所以该法规下次修订版本有望更改，其他几项条款和国际其他标准大体一致。

电解液泄漏要求规定不应有电解液泄漏到乘员舱，且除开放型动力电池外不应有超过 7% 的电解液泄漏到乘客舱外。对于开放型动力电池，不应有超过 7% 或 5L 的电解液泄漏到乘客舱外。对于 7% 的电解液，鉴定难度稍大，相比之下，目前国际上较多采用 5L 的电解液作为泄漏量最大值，较易确定。

车辆储能系统结构稳定性要求规定位于乘员舱里面的 REESS 应保持在安装位置，REESS 部件应保持在其外壳内。位于乘员舱外面的任何 REESS 部分不应进入乘员舱。

② ECE R94—2014《关于正面碰撞中乘员防护方面批准车辆的统一规定》。该法规适用于 M_1 类载客机动车辆（整备质量大于 1000kg，载客数量小于 9 人）在进行正面碰撞时乘员防护的要求，对于 M_1 类电动乘用车，除需要满足常规的乘员碰撞保护安全要求外，还有专门的章节规定了电力传动系的安全要求以及详细的测试方法，因为与 ECE R12 属于同一法规体系，因此其安全指标、测试方法和符合性检验方法均与 ECE R12 一致，在此不再赘述。

③ ECE R95—2014《关于侧面碰撞中乘员防护方面批准车辆的统一规定》。该法规适用于 R 点与汽车座椅相关的参考点低于 700mm 的 M_1 类载客机动车辆（整备质量大于 1000kg，载客数量小于 9 人）和 N_1 类载货车辆（整备质量小于 3500kg）在进行侧面碰撞时乘员防护的要求，对于 M_1 类、N_1 类电动乘用车，除需要满足常规的乘员碰撞保护安全要求外，还有专门的章节规定了电力传动系的安全要求以及详细的测试方法，因为与 ECE R12、ECE R94 属于同一法规体系，因此它们的安全指标、测试方法和符合性检验方法均一致，在此不再赘述。

5）FMVSS 305—2014《电动汽车：电解液泄漏和电击保护》。汽车安全法规 FMVSS 305 适用于乘用车、多用途车辆、载货汽车和总质量不超过 4536kg 的公共车辆，其电驱动系统工作电压超过 30V（交流）或 60V（直流），且在水平道路上 1.6km 的范围内速度可达到 40km/h。

该法规对车辆正碰、侧碰、后碰、静态翻滚及其碰撞的速度和碰撞壁障（参考传统车标准法规）都进行了详细的规定，并对碰撞试验前车辆状态做了简单的规定。FMVSS 305 主要规定了电动汽车的防触电保护、电解液泄漏量以及能量储存系统结构稳定性三方面的要求和试验测量方法。但未对工作电压使用具体范围进行规定。

防触电保护包括安全电压限值和绝缘电阻保护两方面，电压要求和测量方法与国际其他标准法规基本一致，绝缘电阻不论高压直流还是高压交流，最小值都为 500Ω/V，但当直流高压系统有绝缘电阻监测系统监测时，其绝缘电阻值最小可为 100Ω/V。对于绝缘电阻监测系统，能够持续监测直流系统的绝缘电阻值并向驾驶人显示绝缘电阻低于限值的报警，法规规定在碰撞试验之前需要对其进行功能测试。该法规与国际上其他标准法规最大的差异在于没有对电能限值和物理防护给予规定和说明。

电解液泄漏要求规定在碰撞试验结束后 30min 内以及整个静态翻滚试验过程中，不应有电解液泄漏到乘员舱，且泄漏到乘员舱外的电解液泄漏量不超过 5L，与其他标准法规基本一致。能量储存系统结构稳定性要求与其他标准法规一致。

6）Attachment 111—2015《碰撞后电动汽车、混合动力电动汽车和燃料电池汽车乘员防高压保护技术标准》。该法规适用于电驱动车辆的动力系统、电池模块和电池包，对 100% 正碰、侧碰和后碰车辆的防触电保护、电解液泄漏量以及能量储存系统的结构稳定性进行了规定。

该法规对电动车辆的正碰、侧碰和后碰前的车辆准备进行了要求，指出车辆准备按照传统车型执行碰撞测试，但详细说明了传统碰撞相关法规中不适用于电动汽车的部分，同时给出了调整的建议，使得法规执行者在进行试验时保证方法的准确性和一致性。另外，该法规针对不同的试验车型和不同的碰撞力方向，将碰撞测试时的加速度分别规定为从 5g 到 20g 不等。

防触电保护主要规定了安全电压限值、电能限值、物理防护和绝缘电阻限值四部分内容，B 级电路至少满足其中一条要求。若有自动断开装置作用时，则断开的电路应相应满足四项标准中的一项；在 REESS 与负载断开的情况下进行碰撞试验，则电力系统负载至少应满足物理防护或者绝缘电阻两项要求中的一项。防触电保护中关于电能限值的要求同样是 2J，与 ECE R12/R94/R95 一致，与其他标准法规差别较大。

电解液泄漏要求规定碰撞结束 30min 内，不应有 7% 的电解液从 REESS 中溢出。对于开放型动力电池，不应有超过 7% 且总量不超过 5L 的电解液从 REESS 中溢出。但对于 7% 的泄漏量很难确定，相比之下提出泄漏体积更有利于判定。

车辆储能系统结构稳定性要求规定位于乘员舱里面的 REESS 应保持在安装位置，REESS 部件应保持在其外壳内。位于乘员舱外面的任何 REESS 部分不应进入乘员舱。

7）SAE J1766—2014《电动汽车、燃料电池电动汽车和混合动力电动汽车碰撞完整性试验推荐规程》。SAE J1766 适用于总质量不超过 4536kg，并在 1.6km 水平路面上速度可超过40km/h，工作电压大于30V（交流）或60V（直流）且小于1000V（交流）或1500V（直流）的电动汽车、燃料电池电动汽车、混合动力电动汽车。

SAE J1766与FMVSS 305一致，都对正面碰撞、侧面碰撞、后部碰撞和静态翻滚测试的测试方法和要求做出了详细的规定。同时，还对碰撞测试前车辆的驱动系统、充电状态、车辆载荷等车辆状态进行了详细的规定。碰撞后车辆安全要满足防触电保护、电解液泄漏和能量储存系统结构稳定性的要求，同时还对0.2J的电能限值的由来给出了详细的解释说明，便于制造商和试验方的理解与执行，是各类标准中较为详细的一个。

防触电保护分为安全电压限值、电能限值、物理防护和绝缘电阻保护四大方面，碰撞结束后10s到30min内，以及整个静态翻滚试验中至少需满足四项要求中的一项。该标准说明了试验测量从碰撞结束后5s改为10s的原因。此外，若制造商能够说明使用替代燃料或高压电源处于断开状态的情况下进行试验同样满足要求，则允许在厂家规定的条件下进行试验。

电解液泄漏和车辆储能系统结构稳定性要求和其他标准法规基本一致，这里不再赘述。

8）ISO 6469-4：2015《电力驱动道路车辆—安全要求—第4部分：碰撞后电气安全》。ISO 6469系列标准一共分为4部分，是针对电力驱动道路车辆中的驱动系统和附件系统中B级电压电路对车辆内部和外部人员安全保护的规范。其中前3部分是车载可充电储能系统、车辆操作安全和故障防护、人员触电防护方面的标准，对应GB/T 18384.1～18384.3，主要涉及的是电动汽车使用安全。第4部分即ISO 6469-4是碰撞后电气安全，主要涉及的是电动汽车碰撞后安全要求，包括电动汽车碰撞后防触电保护要求、电解液泄漏要求两大部分。该部分与其他标准法规最大的区别在于，其未对碰撞过程中电动汽车储能系统的结构稳定性进行规定，且未对电动汽车碰撞试验规程提出要求，只需满足各国和各地区相应要求即可，但对碰撞后过电流保护提出了要求。该标准的主体为电动汽车防触电保护、电解液泄漏和试验测试。下面进行简单介绍。

防触电保护（电气安全）主要规定了安全电压限值、电能限值、物理防护和绝缘电阻限值四项内容，B级电路至少满足其中一项要求。部分B级电压电路可能处于断开状态，如果使用替代燃料代替燃料电池汽车或者电源处于关闭状态进行碰撞试验，则这些部分的防触电保护只需满足物理防护或者绝缘电阻要求两项中的任意一项即可。

电解液泄漏要求规定碰撞结束后不应有电解液从REESS中溢出到乘员舱，且不应有超过5L的电解液从REESS中溢出。

过电流保护要求规定碰撞结束后不应有潜在的伤害产生。

（5）各国整车标准相关技术要求对比分析

1）高压系统防护。

① 安全电压要求。所有标准法规中都规定高压母线电压V_b、V_1、V_2不应大于30V（交流）或60V（直流），要求一致。

对于测量时间，各标准要求有差别。GB/T 31498、ECE R94/R95和Attachment 111规定碰撞结束后5～60s之间进行，取电压最小值。ISO 6469-4规定碰撞后5s内，若车辆停止运动，则10s后测量；若5s内车辆未停止运动，则车辆停止运动后5s内测量。SAE J1766要求碰撞结束后10s内进行测量，并解释说明由5s改为10s是因为碰撞后5s内车辆可能并未完全停止，无法进行测量试验。FMVSS 305 没有对测量时间进行规定。电能测量时间规定也是如此，以下不再赘述。电压测量电路如图 2-7 所示。

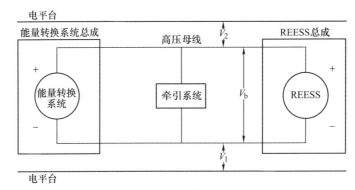

图 2-7 电压测量电路

② 电能要求。GB/T 31498 中规定：高压母线上的总电能 TE 应小于 0.2J。TE 可通过以下两种方式之一得到：一种是按照式（2-1）所规定的测试程序进行电能测量时，测得总电能 TE；另一种是按照式（2-2）通过高压母线的电压 V_b 和制造商规定的 X- 电容器的电容（C_x）来计算总能量 TE。储存在 Y- 电容器的能量（TE_{y1}，TE_{y2}）也应少于 0.2J。应通过高压母线和电平台的电压 V_1 和 V_2 以及制造商所规定的 Y- 电容器的电容（C_{y1}，C_{y1}）根据式（2-3）和式（2-4）来计算该值。

ECE R94/R95 和 Attachment 111 中规定总电能应小于 2J。ISO 6469-4 和 SAE J1766 中虽规定电能限值是 0.2J，但 SAE J1766 中要求 X- 电容器和 Y- 电容器储存的电能之和应小于 0.2J；ISO 6469-4 提出了三种可供选择的实现方式：TE_d+TE_{dyr}（X- 电容器和 Y- 电容器测量的电能值 +Y- 电容器剩余（残余）电能测量值）、TE_d+TE_{yr}（X- 电容器和 Y- 电容器测量的电能值 +Y- 电容器剩余（残余）电能计算值）或 TE_x+TE_y（X- 电容器储存电能的计算值 +Y- 电容器储存电能的计算值）应小于 0.2J，并说明了 0.2J 电能限值的来源（IEC/TS 60479-1）。FMVSS 305 没有对电能限值做出规定。在此需要特别说明的是，GB/T 31498、Attachment 111 和 ECE R94/R95 中关于 TE 计算的是电压降至 60V 时所测量的电能，而其他标准法规均计算的是电压降至 0V 时的电能，这是目前关于电能计算时存在的较大差异之处，有待进一步讨论与确定。

计算方法和测量电路上，GB/T 31498、Attachment 111 和 ECE R94/R95 也一致。即碰撞之前，S_1 和已知电阻 R_e 并联到测试电路相关电容中，如图 2-8 所示。碰撞后 5～60s，开关 S_1 闭合，同时测量并记录电压 V_b 和电流 I_e。两者的乘积和这段时间进行积分（从开关 S_1 闭合的时间 t_c 至电压 V_b 降低到高压阈值 60V 直流的时间 t_h），得到总能量：

$$TE = \int_{t_c}^{t_h} V_b I_e dt \qquad (2-1)$$

在碰撞后 5～60s 之间的一个时间点测量 V_b，计算总能量：

$$TE = 0.5C_x(V_b^2 - 3600) \qquad (2-2)$$

碰撞后 5～60s 之间的一个时间点测量 V_1 和 V_2，并计算 TE_{y1}、TE_{y2}：

$$TE_{y1} = 0.5C_{y1}(V_1^2 - 3600) \qquad (2-3)$$

$$TE_{y2} = 0.5C_{y2}(V_2^2 - 3600) \qquad (2\text{-}4)$$

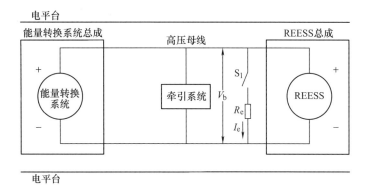

图 2-8 电能测量电路

ISO 6469-4 中规定在碰撞之前，将开关 S_1、S_2 和已知电阻 R_{e1}、R_{e2} 并联到测试电路相关电容中，如图 2-9 所示。碰撞试验后，在电压测量的同样时间要求内关闭开关，并在规定的时间间隔内多次测量电压和电流值，取最大值，由式（2-5）得出：

$$TE_d = \int V_b I_{e1} dt \text{ 或 } TE_{dyr} = \int V_b I_{e2} dt \qquad (2\text{-}5)$$

在要求的时间内测量 V_b，计算 X-电容器中的总能量：

$$TE_x = 0.5C_x V_b^2 \text{ 或 } TE_x = 0.5C_x V_{be}^2 \qquad (2\text{-}6)$$

在要求的时间内测量 V_1 和 V_2，然后由已知电容计算 Y-电容器中的总能量：

$$TE_y = 0.5C_y(V_1^2 + V_2^2) \text{ 或 } TE_y = 0.5C_y V_{be}^2 \qquad (2\text{-}7)$$

其中，V_{be} 是 V_b 最大工作电压，计算结果为 Y-电容器最大可能的能量值。

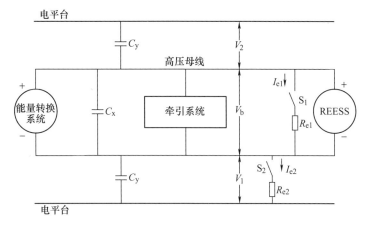

图 2-9 ISO 6469-4 电能测量电路

SAE J1766 的试验电路和 GB/T 31498 一致，TE_x 和 TE_y 的计算公式和 ISO 6469-4 一致，在此不再赘述。

从各标准法规的规定与计算公式可以看出，ISO 6469-4 是几个标准法规中规定最为详细的，对于 0.2J 的要求也是最为严格的。但是从某种意义上说，GB/T 31498 只规定一种计算方法更利于保证执行的一致性。

③ 物理防护要求。物理防护要求中，GB/T 31498、ECE R94/R95 和 Attachment 111 一致，即为防止直接接触高压带电部位，碰撞后车辆应有 IPXXB 级别的保护。为防止间接接触的触电伤害，用大于 0.2A 的电流进行测量，所有外露可导电部件与电平台之间的电阻应低于 0.1Ω。电连接采用焊接方式时，则符合此要求。三者都有直接接触物理防护测量方法，但没有间接接触物理防护测量方法。

ISO 6469-4 和 SAE J1766 较为相似，现以 ISO 6469-4 为例进行说明。

a. 为防止直接接触高压带电部位，碰撞后车辆应有 IPXXB 级别的保护。

b. 为防止间接接触的触电伤害，用大于 0.2A 的电流进行测量，所有外露可导电部件与电平台之间的电阻应低于 0.1Ω。电连接采用焊接方式时，则符合此要求。

c. 如果有短路电流，则短路电流应该被切断。或者所有外露可导电部件与电平台之间（SAE J1766 中为电路与外露可导电部件之间）的电阻除以最大工作电压得到电阻值应 ≥ 0.01Ω/V（直流）或 ≥ 0.05Ω/V（交流），当系统满足绝缘电阻要求时则认为此要求符合。

d. 任何两可导电部件之间（或保护屏障外露可导电部分与电平台之间）的电压应 ≤ 30V（交流）或 60V（直流）。

SAE J1766 中关于 c 项中没有短路电流要求，其余的两者一致。且两者均要求满足 a、b、c 或者 a、d。

FMVSS 305 无物理防护要求条款。

测量方法中，关于直接接触测量方法，所有标准法规均一致，即在进行车辆碰撞测试之后，不使用工具打开、拆卸或拆除高压部件周围的任何部件，周围所有余下的部件应被视为人体保护的一部分。用 GB 4208 定义的关节试验试指（IPXXB）插入物理防护的任何缺口或开口，所用的测试力为（10±1）N。若关节测试指部分或者全部进入物理防护部分，则关节测试指应安放在规定的每个位置。即从直线位置开始，测试指的两个关节应逐步旋转，直至相对于测试指相邻截面的轴线最大角度为 90°，并应安放在每个可能的位置。内部屏障被视为是外壳的一部分。可用一面镜子或纤维镜来检查关节测试指是否接触高压母线，也可通过低压信号电路检查关节测试指是否接触高压带电部件。如果关节测试指不能与高压带电部位接触，则认为符合要求。

ISO 6469-4 中对电位均衡测量方法的规定：可采用目测检查法、测量法或二者相结合的方法进行验证。

对于目测法，应满足：

Ⅰ. 线路连接点处连接横截面不应受物理损伤而减少。

Ⅱ. 应一直保持连接，不应断开。

Ⅲ. 连接处应当进行适当的固定。

对于测量法，应满足：用电流大于 0.2A，电压小于 60V 的电源将等势电路（外露可导电部件和电平台之间）通电至少 5s，测量其电阻值。对于 ISO 6469-4 的物理防护要求中绝缘电阻值的测量，要求在 REESS 和其他 B 级电压源断路的情况下进行，选取合适的测量设备。对于 ISO 6469-4 的物理防护要求中低电压要求的测量，测量任何距离在 2.5m（人员通常能够到的距离）内的两可接触导电部件之间的电压，或测量所有外露可导电部件和电平台之间的电压，然后通过测量电压间的不同数值得到外露可导电部件之间的电压值。

SAE J1766 中关于电位均衡的测量，只规定了测量法，具体测量步骤和 ISO 6469-4 一致。与 ISO 6469-4 最大的不同即为绝缘电阻的测试方法，其测试为电路与电气保护屏障之间的线阻，最小电阻计算电路如图 2-10 所示。

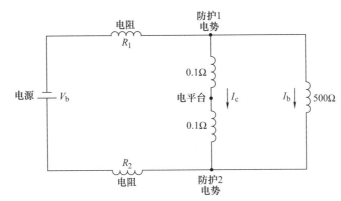

图 2-10　最小电阻计算电路

④ 绝缘电阻要求。

a. GB/T 31498 中规定绝缘电阻应符合要求。如果乘客舱内有 2 个或 2 个以上带电电位没受到 IPXXB 级别的保护，则该条款不适用。

Ⅰ. 动力系统由单独的直流和交流母线组成。如果交流高压母线和直流高压母线是互相传导绝缘的，高压母线与电平台之间的绝缘电阻对于直流母线来说，最小值应为 $100\Omega/V$；同时对于交流母线来说，最小值应为 $500\Omega/V$。

Ⅱ. 动力系统由连接的直流和交流母线组成。如果交流高压母线和直流高压母线是互相传导连接的，高压母线与电平台之间的绝缘电阻的最小值应为 $500\Omega/V$。如果碰撞之后，所有交流高压母线的保护级别达到 IPXXB，或交流电压等于或小于 30V，则高压母线与电平台之间的绝缘电阻的最小值应为 $100\Omega/V$。

b. ECE R94/R95、ISO 6469-4 和 Attachment 111 中关于绝缘电阻的要求和 GB/T 31498 大体一致，这里简要说明不同之处：ISO 6469-4 中对于直流和交流传导连接，若碰撞之后交流电路满足电能限值的要求时，最小电阻值同样可以为 $100\Omega/V$。

c. SAE J1766 中对于绝缘电阻的要求是：直流系统内的高压母线与电平台之间绝缘电阻 $\geq 100\Omega/V$；交流系统内的高压母线与电平台之间的绝缘电阻 $\geq 500\Omega/V$，或者绝缘电阻 $\geq 100\Omega/V$，同时交流部分满足物理防护要求中的 a 项和 b 项要求。

若有 2 个或 2 个以上电位未达到 IPXXB 保护级别，则该条款不适用，除非可接触的带电部件间电压满足要求或者它们之间电能小于 0.2J。也就是说，如果系统达到 IPXXB 保护级别，则绝缘电阻满足上述要求即可；若 2 个及 2 个以上电位未受到 IPXXB 级别保护（即物理防护要求的 a 项和 b 项要求），但满足 Y- 电容器电能小于 0.2J 要求，则绝缘电阻满足要求即可。

d. FMVSS 305 规定直流或交流高压母线绝缘电阻最小值都是 $500\Omega/V$。但若有绝缘电阻检测系统，则直流系统内高压母线绝缘电阻最小值满足 $100\Omega/V$ 即可。此处和其他标准法规的绝缘电阻要求差别较大。

对于绝缘电阻的测量，GB/T 31498、ISO 6469-4 和 SAE J1766 完全一致，现以 GB/T 31498 为例来进行说明。

使用内部直流电压源（连接直流电路两极）的测量方法。通过车辆本身 REESS、能量转换系统或其他电源连通 B 级电路，该电压等级应在车辆制造商制定的正常运行工作电压范围内。如果碰撞过程中 REESS、能量转换系统或其他电源与 B 级电路自动断开，测量绝缘电阻时可重新将其连接，或可使用外部电压源连接至 B 级电路。外部电压源应至少提供与 REESS、能量转换系统或其他电压源水平相同的电压。V_b、V_1 和 V_2 的测量电路图如图 2-7 所示。如果 $V_1 \geq V_2$，在高压母线的负极侧与电平台之间插入一个已知的标准电阻（R_0）。安装 R_0 之后，测量高压母线的负极侧与车辆电平台之间的电压 V'_1，如图 2-11a 所示。计算绝缘电阻 R_i：

$$R_i = R_0 V_b (1/V'_1 - 1/V_1)$$

如果 $V_2 \geq V_1$，在高压母线的正极侧与电平台之间插入一个标准的已知电阻（R_0）。安装 R_0 之后，测量高压母线的正极侧与车辆电平台之间的电压 V'_2，如图 2-11b 所示。计算绝缘电阻 R_i：

$$R_i = R_0 V_b (1/V'_2 - 1/V_2)$$

将结果 R_i（电气绝缘电阻值，单位为 Ω）除以高压母线的工作电压（单位为 V），所得结果应满足绝缘电阻要求。

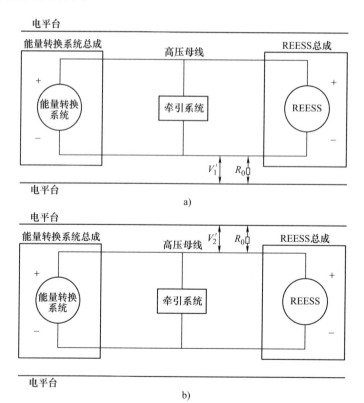

图 2-11 绝缘电阻测量电路

注意：已知的标准电阻 R_0（Ω）应等于所要求绝缘电阻的最小值（单位为 Ω/V）乘以车辆的工作电压（单位为 V），但允许 ±20% 的浮动。R_0 的阻值对绝缘电阻的计算没有影响，只是该范围内的 R_0 值使得电压的测量结果更精确。

使用外部直流电压源（连接 B 级电路与电平台）的测量方法。测试电压应是不小于 B 级电力系统最大工作电压的直流电压，施加该电压于带电部件和电平台之间足够长的时间以获取稳定读数。如果系统有几个不同电压等级的带电部件（如包含升压转换器），可施加各自的最大工作电压来进行绝缘电阻的测量。应使用合适的设备进行测量（如兆欧表）。将测试结果 R_i（电气绝缘电阻值，单位为 Ω）除以高压母线的工作电压（单位为 V），所得结果应满足绝缘电阻要求。

以上关于绝缘电阻的测量方法清晰明了，不会产生任何异议。而对于 ECE R94/R95 和 FMVSS 305，规定中只给出了电阻测量与计算的公式，FMVSS 305 更是没有提及直接测量法测量，两者都没有对测量电压源及测量前的准备工作进行详细说明。

2）电解液泄漏。GB/T 31498、ISO 6469-4、FMVSS 305 和 SAE J1766 中都规定碰撞试验结束后 30min 内不应有电解液从 REESS 中溢出到乘员舱，不应有超过 5L 电解液从 REESS 中溢出。ECE R94/R95 和 Attachment 111 规定不应有电解液从 REESS 中溢出到乘员舱，不应有超过 7% 的电解液从 REESS 中溢出，同时对于开放型动力电池不应有超过 7% 且不超过 5L 电解液从 REESS 中溢出。ISO 6469-4、FMVSS 305 和 SAE J1766 都对整个静态翻转试验过程中的电解液泄漏量进行了检测规定，除此之外，ISO 6469-4 和 SAE J1766 还规定试验前后都需要检查电解液泄漏量，还需要对电解液和其他液体进行确认与区分。GB/T 31498 和 FMVSS 305 都没对电解液和其他液体的区分方法进行说明与建议。

所有标准中均未对电解液泄漏量给出具体测量方法，对于 7% 的电解液泄漏量则更难于鉴定。

3）REESS 要求。

① REESS 移动要求。GB/T 31498、ECE R94/R95、Attachment 111、FMVSS 305 和 SAE J1766 均要求碰撞试验后位于乘员舱里面的 REESS 应保持在安装位置，REESS 部件应保持在其外壳内。位于乘员舱外面的任何 REESS 部分不应进入乘员舱内。可通过目测的方法来检查。ISO 6469-4 未对 REESS 移动要求进行规定是与其他标准的最大区别。

② REESS 特殊安全要求。GB/T 31498 中要求碰撞结束 30min 内，REESS 不应起火、爆炸。动力电池是高压、高能物，是电动汽车安全的核心部件，其安全性不容忽略。GB/T 31498 对电动汽车碰撞后 REESS 安全要求更加严格，考虑更加全面。其他标准法规无此项要求，但目前国际上正在讨论制定该条款，未来可能会成为国际通用要求。

4）过电流保护。ISO 6469-4 中规定碰撞试验后，不应产生过电流造成的潜在伤害。其他碰撞后标准法规无此要求。但其他标准如 GB/T 18384 对其进行了相关规定说明。

（6）各国电池包和系统标准相关技术要求对比分析　GB/T 31467.3 和 ECE R100 分别为我国和欧洲针对电动汽车用电力电池安全而制定的标准法规，为更好地理解电池安全的相关问题，现对比分析如下：

1）机械试验。

① 机械冲击。GB/T 31467.3 中规定对蓄电池包或系统施加 25g、15ms 的半正弦冲击

波形，z 轴方向冲击 3 次，观察 2h。

试验结果要求：蓄电池包或系统无泄漏、外壳破裂、着火或爆炸等现象；试验后的绝缘电阻值不小于 100Ω/V。此条款主要参考 ISO 12405-3 制定，条款中没有对绝缘电阻测量方法进行规定，具体测量可参考 GB/T 18384.1。ECE R100.2 中没有此项规定。

② 翻转。GB/T 31467.3 中规定蓄电池包或系统分别绕 x、y 轴以 6°/s 的速度转动 360°，然后以 90° 增量旋转，每隔 90° 增量保持 1h，旋转 360° 停止，观察 2h。

试验结果要求：蓄电池包或系统无泄漏、外壳破裂、着火或爆炸等现象，并保持连接可靠、结构完好，试验后的绝缘电阻值不小于 100Ω/V。

翻转试验是为了验证车辆在发生碰撞、翻车等意外交通事故中的翻转对蓄电池造成的损坏程度。目前此条款只有我国做出了规定，ECE R100.2 没有给出此项要求。

③ 模拟碰撞。GB/T 31467.3 中规定蓄电池包或系统水平安装在带有支架的模拟碰撞台车上，根据测试对象的使用环境给台车施加标准中规定的脉冲（汽车行驶方向为 x 轴，另一垂直于行驶方向的水平方向为 y 轴），观察 2h。

试验结果要求：蓄电池包或系统无泄漏、外壳破裂、着火或爆炸等现象；试验后的绝缘电阻值不小于 100Ω/V。模拟碰撞试验脉冲参数见表 2-30，加速度脉冲示意图如图 2-12 所示。

表 2-30 模拟碰撞试验脉冲参数

点	脉宽/ms	≤3500kg		3500～7500kg		≥7500kg	
		x 方向加速度	y 方向加速度	x 方向加速度	y 方向加速度	x 方向加速度	y 方向加速度
A	20	0g	0g	0g	0g	0g	0g
B	50	20g	8g	10g	5g	6.6g	5g
C	65	20g	8g	10g	5g	6.6g	5g
D	100	0g	0g	0g	0g	0g	0g
E	0	10g	4.5g	5g	2.5g	4g	2.5g
F	50	28g	15g	17g	10g	12g	10g
G	80	28g	15g	17g	10g	12g	10g
H	120	0g	0g	0g	0g	0g	0g

ECE R100.2 中对碰撞试验规定了两种方法，即基于整车的碰撞试验和基于部件的碰撞试验两种类型。其中基于整车的碰撞试验见 ECE R12/R94/R95 相关的碰撞部分，此部分碰撞和 GB/T 31498 基本一致，包括绝缘电阻的测量方法，在此不再赘述。关于部件碰撞的部分，其测试条件中的环境温度和 SOC 状态不同于 GB/T 31467，还规定测试开始时所有的影响测试设备的装置以及与结果相关的保护设备都处于正常操作状态。试验结果要求：测试过程中无着火、爆炸或电解液泄漏等现象；高压 REESS 绝缘电阻值不小于 100Ω/V，或满足 IPXXB 的防护等

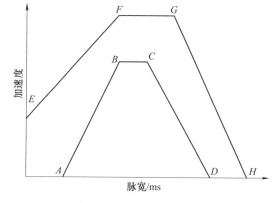

图 2-12 加速度脉冲示意图

级。没有对蓄电池外壳破裂情况进行要求,但是当满足 IPXXB 级别保护时可认为满足绝缘电阻要求。关于脉冲的参数和脉冲示意图与 GB/T 31467.3 一致。

④ 挤压。GB/T 31467.3 中规定了挤压试验的试验条件:

a. 挤压板形式:半径为 75mm 的半圆柱体,长度大于蓄电池包或系统的高度,但不超过 1m,如图 2-13 所示。

b. 挤压方向:x 和 y 方向。

c. 挤压程度:挤压力达到 200kN 或挤压变形量达到挤压方向整体尺寸的 30% 时停止。

d. 保持 10min。

e. 观察 1h。

试验结果要求:蓄电池包或系统无着火、爆炸等现象。

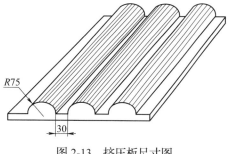

图 2-13 挤压板尺寸图
(长 × 宽 ≤ 600mm × 600mm)

ECE R100.2 关于挤压试验(即机械完整性试验)的规定中同样有整车和部件试验可选,整车碰撞试验参照 ECE R12/R94/R95 相关部分内容,在此只说明与 GB/T 31467.3 相对应的基于部件的测试部分。对于此部分此条款要求:所有可能影响测试设备功能并影响测试结果的保护设备都应处于运行状态。被测部件处于壁障和挤压板之间,挤压力至少为 100kN,但是不应超过 105kN,上升时间低于 3min,保持时间为 100ms ~ 10s。测试后观察 1h。试验结果要求:测试过程中无着火、爆炸或电解液泄漏等现象;高压 REESS 绝缘电阻值不应小于 100Ω/V,或满足 IPXXB 的防护等级。

关于挤压试验,总体上 ECE R100.2 要求更为详细具体,内容更全面。关于试验最大的不同是两者的测试挤压力不同,保持的时间也不同,此外,ECE R100.2 还说明可按照 ECE R12/R94/R95 进行动态碰撞试验,而 GB/T 31467.3 只是针对部件进行的静态挤压试验。关于此试验两者差别较大,未来有待进一步进行国际交流与讨论再做决定。

2)环境试验:外部火烧。

① GB/T 31467.3 中对外部火烧试验的规定如下:

a. 测试中,盛放汽油的平盘尺寸超过蓄电池包或系统水平尺寸 20cm,但不超过 50cm;平盘高度不高于汽油表面 8cm;汽油液面与蓄电池包或系统的距离设定为 50cm,或者为车辆空载状态下蓄电池包或系统底面的离地高度,或由双方商定。平盘底层注入水。

b. 在离被测设备至少 3m 远的地方点燃汽油,经过 60s 的预热后,将油盘置于被测设备下方;如果油盘尺寸太大,无法移动,可以采用移动被测样品和支架的方式。

c. 蓄电池包或系统直接暴露在火焰下 70s。

d. 将盖板盖在油盘上,蓄电池包或系统在该状态下测试 60s;或经双方协商同意,继续直接暴露在火焰中 60s。

e. 将油盘移走,观察 2h。

试验结果要求:蓄电池包或系统无爆炸现象,若有火苗,应在火源移开后 2min 内熄灭。

② ECE R100.2 中对外部火烧试验的规定如下:

a. 测试条件:环境温度至少为 0℃;测量开始时,REESS 的 SOC 值应大于正常操作时的 50%；所有可能影响被测部件功能并影响测量结果的保护设备都应处于工作状态。

b. 测试过程中火焰应可以包围整个测试平台。

c. 盛放燃油的平盘尺寸超过测试设备水平尺寸 20cm，但不超过 50cm；平盘高度不高于燃油表面 8cm；燃油液面与测试对象的距离设定为 50cm（基于组件的测试），或车辆空载状态下测试设备设计离地高度（基于车辆的测试）。

d. 被测部件和/或油盘应可以自由移动。

e. 测试过程中风速不应超过 2.5km/h。

f. 试验分为四个阶段：预热、直接暴露于火焰中、间接暴露于火焰中、试验结束，各阶段要求如图 2-14 所示。在此试验第三阶段（即间接暴露于火焰中）时，应在燃油表面（3±1）cm（未点燃燃油前）处覆盖一层由耐火材料制作的遮盖层，长度及宽度方向应比平盘内壁尺寸短 2～4cm。

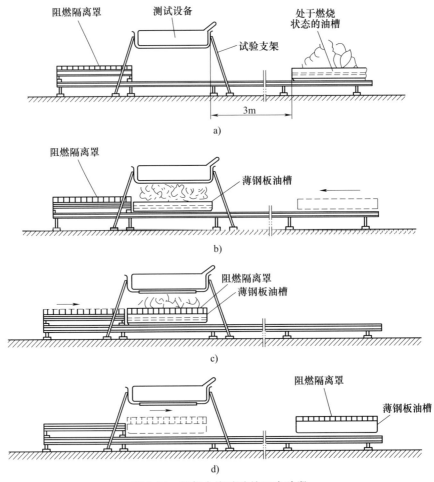

图 2-14 外部火烧试验的四个阶段
a) 预热 b) 直接暴露于火焰中 c) 间接暴露于火焰中 d) 试验结束

g. 如果燃油的温度超过 20℃，进行后三个阶段的测试；否则进行标准中的四个阶段的测试。

试验结果要求:测试过程中无爆炸现象(包括基于车辆的测试和基于组件的测试)。

关于外部火烧试验的试验方法,两者要求基本一致,其中 ECE R100.2 对试验进行了阶段分类,不同阶段都进行了详细的图形与文字描述,条理更加清晰。

3)电气试验:短路保护。

① GB/T 31467.3 中要求蓄电池系统的所有控制系统应处于工作状态;将蓄电池系统的接线端短路 10min,短路电阻不大于 20mΩ,由双方共同商定;测试后观察 2h。

试验结果要求:保护装置起作用,蓄电池系统无泄漏、外壳破裂、着火或爆炸等现象。试验后的绝缘电阻值不小于 100Ω/V。

② ECE R100.2 中要求短接电路电阻不超过 5mΩ,短接时间未做具体规定,而是要求到保护装置起作用或被测部件外壳温度在 1h 内变化不超过 4℃为止。测试后观察 1h。试验结果要求与 GB/T 31467.3 一致。

电动汽车整车安全各标准法规技术要求项目对比见表 2-31。

表 2-31 电动汽车整车安全各标准法规技术要求项目对比

标准		GB/T 31498—2015	ECE R12/R94/R95—2014	ISO 6469-4:2015	Attachment 111—2015	FMVSS 305—2014	SAE J1766—2014
适用范围		适用于符合 GB 11551 和 GB 20071 适用范围规定的带有B级电压的纯电动汽车、混合动力汽车	适用于总质量不超过2500kg的 M_1 类车(R94)/适用于最低座椅的R点距离地面高度不超过700mm的 M_1 和 N_1 类车(R95)	只适用电路最大工作电压范围内的电动道路车辆	适用于电驱动系统的动力系统、动力电池模块和动力电池包	适用于额定电压不低于48V的所有电动乘用车,或额定电压不低于48V且总质量不超过4536kg的多用途客车、载货汽车、公共汽车,且在1.6km内水平路面上的速度能超过40km/h的电动汽车	适用于总质量不超过4536kg且在1.6km内水平路面上的速度能超过40km/h的纯电动汽车、燃料电池电动汽车、混合动力电动汽车
技术要求	电压要求	●	●	●	●	●	●
	电能要求	●	●	●	●	○	●
	物理防护	●	●	●	●	●	●
	绝缘电阻	●	●	●	●	●	●
	电解液泄漏	●	●	●	●	●	●
	REESS 移动	●	●	○	●	●	●
	REESS 特殊安全	●	○	●	●	●	●
	过电流保护	○	○	●	○	●	●

注:表中黑色圆圈表示对应标准内容包含右侧列出的条款,白色圆圈表示对应标准内容不包含右侧列出的条款。

GB/T 31467.3—2015 和 ECE R100.2—2014 的对比概况见表 2-32。

表 2-32 GB/T 31467.3—2015 和 ECE R100.2—2014 的对比概况

标准		GB/T 31467.3—2015	ECE R100.2—2014
机械试验	机械冲击	●	○
	翻转	●	○
	模拟碰撞	●	●
	挤压	●	●
环境试验	外部火烧	●	●
电气试验	短路保护	●	●

注:表中黑色圆圈表示对应标准内容包含右侧列出的条款,白色圆圈表示对应标准内容不包含右侧列出的条款。

碰撞后安全标准法规(基于整车)异同对比见表 2-33。

表 2-33 碰撞后安全标准法规（基于整车）异同对比

项目		GB/T 31498—2015	ECE R12/R94/R95—2014	ISO 6469-4: 2015	Attachment 111—2015	FMVSS 305—2014	SAE J1766—2014
电压范围		交流 30~1000V，直流 60~1500V				交流 30V 或直流 60V 以上电压	交流 30~1000V，直流 60~1500V
试验前车辆状态		①充电状态：纯电动汽车和混合动力电动汽车进行充电。不可外接充电混合式混动力汽车按正常运行状态准备充电结束后 24h 内进行 ②驱动系统：电传动系统在不影响试验结果的情况下，可以允许部分或者全部电传动系统处于未激活状态，此时防触电绝缘电阻保护和/或断开装置为物理防护或断开装置可处于工作正常状态 ③电压：碰撞前对 V_b 测量，检测是否满足工作电压要求	①充电状态：车辆 REESS 处于制造商规定的能够正常行驶的任何状态 ②驱动系统：电传动系统处于激活状态的情况下，若其处于断开状态，则电解液进行替换。自动断开装置处于工作正常状态 ③电压：碰撞前对 V_b 测量，检测是否满足作电压要求	无具体说明，按各国要求而定	充电状态：车辆 REESS 处于制造商规定正常行驶的能够开放型电池，若开为断开状态，则电解液进行替换。自动断开装置处于工作正常状态	①充电状态：车辆制造商规定的最大充电状态，或充电式混合动力汽车按正常运行状态准备试验 ②驱动系统：电传动系统处于激活状态时，点火开关处于 "on" 位置	①充电状态：车辆制造商规定的最大充电状态，或 REESS 处于最大储存能量的 95%。不可外接充电式混合动力汽车按正常运行状态准备试验 ②驱动系统：试验之前将能量储转换系统和驱动系统连接好，点火开关连接好，点火开关在 "on" 位置。在不影响试验结果的情况下，可以允许部分或者全部电传动系统处于未激活的状态 ③电压：碰撞前对 V_b 测量，检测是否满足电压的要求
碰撞	种类	正碰、侧碰	正碰、侧碰		100% 重叠正碰、后碰	正碰、侧碰、后碰、翻滚	正碰、侧碰、后碰、翻滚，侧面壁障可变形
	速度	50_{-0}^{+2} km/h、(50 ± 1) km/h	56 $(-0/+1)$ km/h、(50 ± 1) km/h		(50 ± 2) km/h、(50 ± 2) km/h	48km/h、54km/h、80km/h	48km/h、54km/h、80km/h
防触电保护总要求		高压母线至少满足 4 个条款中的一个，若在自动断开装置或 REESS 与负载断开下进行试验，则电力系统负载至少满足 4 中的一个，REESS 和充电系统母线至少满足 4 中的一个	碰撞后至少满足 4 条款中的一个。若有自动断开装置，断开电路至少满足 4 个中的一个，若在 REESS 与负载断开下进行试验，则电力系统负载至少满足 3 或 4 中的一个，连接系统母线至少满足 4 中的一条款	B 级电路应至少满足 4 个要求的不同部分。下列特定试验条件下，B 级电路可能处于断开状态部分，这些器件可只需满足 3 和 4 之一：燃料替代燃料；电源断开状态	碰撞后至少满足 4 个中的一个。若有自动断开装置至少满足 4 中的一个；若在 REESS 与负载断开下进行试验，则负载系统至少满足 3 或 4 中的一个	至少满足 1 个	电传动系统组件及其传导连接件在每个条款在碰撞结束后 10s ~ 30min 内以及整个翻滚试验中都应满足要求

技术要求	防触电保护	1. 电压要求		高压母线电压 V_b、V_1、V_2 不应大于 30V（交流）或 60V（直流）	
			（1）试验电路	能量转换系统总成 高压母线 牵引系统 REESS总成 电平台	碰撞结束后 10s 内进行
			（2）试验测量时间	碰撞结束后 5~60s 之间进行，取电压最小值	同 GB/T 31498	碰撞结束后 5~60s 之间进行	无测试时间要求	碰撞结束后 10s 内进行
		2. 电能要求		高压母线总电能 TE 小于 2J。Y-电容器电能也小于 2J	高压母线总电能 TE 小于 0.2J。Y-电容器电能也小于 0.2J	碰撞后 5s 内车辆停止运动，则 10s 后测量；若 5s 内车辆未停止运动，则停止运动后 5s 内测量（ISO 6469-1, ISO 6469-2 和 ISO 6469-3 的时间要求均如此）	(TE_d+TE_{dyr}) 或者 (TE_x+TE_{yr}) 小于 0.2J	同 ECE R12/R94/R95	无此项要求	(TE_x+TE_y) 小于 0.2J
			（1）试验电路	能量转换系统总成 高压母线 牵引系统 REESS总成 电平台	能量转换系统 C_y C_x C_y 高压母线 牵引系统 I_{e1} S_1 R_{e1} I_{e2} S_2 R_{e2} REESS 电平台	同 GB/T 31498		同 GB/T 314-98

(续)

项目		GB/T 31498—2015	ECE R12/R94/R95—2014	ISO 6469-4: 2015	Attachment 111—2015	FMVSS 305—2014	SAE J1766—2014
	(2) 计算公式	试验结束后 5～60s 间进行：电压降至 60V 时或者由 X- 电容器总电能得到 总电能 TE=$\int_{t_c}^{t_b} V_b I_c dt$, 或者由 Y- 电容器电能之和小于 0.2J TE=$0.5C_x(V_b^2-3600)$ $TE_{y1}=0.5C_{y1}(V_1^2-3600)$ $TE_{y2}=0.5C_{y2}(V_2^2-3600)$	同 GB/T 31498	测量时间和电压要求中时间要求一致 $TE_d=\int V_b I_{c1} dt$ 或 $TE_{dyr}=\int V_b I_{c2} dt$ $TE_x=0.5C_x V_b^2$ 或 $TE_x=0.5C_x V_{be}^2$ $TE_y=0.5C_y(V_1^2+V_2^2)$ 或 $TE_y=0.5C_y V_{be}^2$	同 GB/T 31498—2015		碰撞结束后 10s 内进行，方法与计算同 ISO 6469-4
3. 物理防护		防止直接接触，应有 IPXXB 级别保护。防止间接接触，应有电位均衡。若接方式也满足要求。若有两个带电电位不受 IPXXB 保护，则该条款不适用	同 GB/T 31498	防止直接接触，应有 IPXXB 级别保护。防止间接接触：应电位均衡，同时应有短路电流保护，绝缘电阻值大于 0.01Ω/V (直流) 或 0.05Ω/V (交流)。如果系统满足绝缘电阻要求则认为满足此项要求；或任何可接触的两个外露可导电部件间的电压低于 30V (交流) 或 60V (直流)	同 GB/T 31498—2015	无物理防护要求	物理防护方面条款共提供 4 项要求，只需满足 a、b、c 或 d 即可。a：可接触带电部件应有 IPXXB 保护级别；b：用不小于 0.2A 电流进行测试，保护屏蔽与电平台之间的电阻低于 0.1Ω，当采用电连接，则认为符合此要求；c：保护屏障外露导电部件与高压电路的电阻值大于 0.01Ω/V (直流) 或 0.05Ω/V (交流)，如果系统满足绝缘电阻要求则认为满足此项要求；d：未达到 IPXXB 保护级别时，保护屏障外露导电部件与外露导电部件之间的电压应不大于 30V (交流) 或 60V (直流)

要求					
防触电保护	测量方法	使用关节试验指插入物理防护的任何缺口或开口，测试力为（10±1）N。如果试指能全部或部分进入物理防护部分，则从直线位置开始，测试指逐步旋转，相对于测试指相邻截面的轴线最大角度为90°，并应安放在每一个可能的位置 电位均衡试验为用大于0.2A电流测量，所有外露可导电部件与电平台之间的电阻应低于0.1Ω	同GB/T 31498—2015	若碰撞后进行翻滚试验，则整个试验前后都要评估物理防护性能 直接接触试验：与GB/T 31498—2015一致 间接接触试验：电位均衡的方法，应有短路检查法、测量法或绝缘电阻相结合的方法：电位均衡值除以B级电路最大工作电压V_b的值满足0.01Ω/V和0.05Ω/V要求；或距离2.5m内的任何可接触到的外露可导电部件间的电压应进行测量，也可测量所有外露可导电部件与电平台之间的电压	同GB/T 31498—2015	直接接触防护见GB/T 31498。间接接触防护试验分两步：首先是进行电位均衡一致，然后测量保护电阻；屏障外露可导电部件与电平台之间的电阻，测量方法视碰撞试验结果后情况而定
	4. 绝缘电阻	① 动力系统由单独的直流和交流母线组成：高压母线与电平台之间的电阻对直流母线来说≥100Ω/V，对交流母线≥500Ω/V ② 动力系统由连接的直流和交流母线组成，并直流母线和交流高压母线是互相传导连接的，高压母线与电平台之间的绝缘电阻≥500Ω/V。如果高压母线有交流高压母线的保护达到IPXXB或交流电压有效值≤30V，则高压母线与电平台之间的电阻≥100Ω/V 绝缘电阻应满足①和②的要求。若有2个或2个以上电位均衡到IPXXB级别的保护，则该条款不适用	同GB/T 31498—2015	基本与GB/T 31498—2015一致，唯一的不同是增加了碰撞后电能满足低电能要求时，绝缘电阻最小值可为100Ω/V	同GB/T 31498—2015，但缺少若有2个或2个以上电位均衡到IPXXB级别的保护，则该条款不适用	① 交流系统内的高压母线的绝缘电阻值≥500Ω/V；② 直流系统内的高压母线与电平台之间电阻≥100Ω	① 直流母线：高压母线与电平台之间电阻≥100Ω/V；② 交流母线：高压母线与电平台之间电阻≥500Ω/V。绝缘系统满足物理防护要求中的a项和b项中的一项或2个以上IPXXB保护，则该条款不适用，除非可接触的带电部件或者它们之间电能小于0.2J；当有绝缘电阻监测系统时，当直流绝缘电阻值≥500Ω/V，绝缘系统的，绝缘电阻值≥100Ω/V

(续)

项目	GB/T 31498—2015	ECE R12/R94/R95—2014	ISO 6469-4: 2015	Attachment 111—2015	FMVSS 305—2014	SAE J1766—2014
（1）试验电路	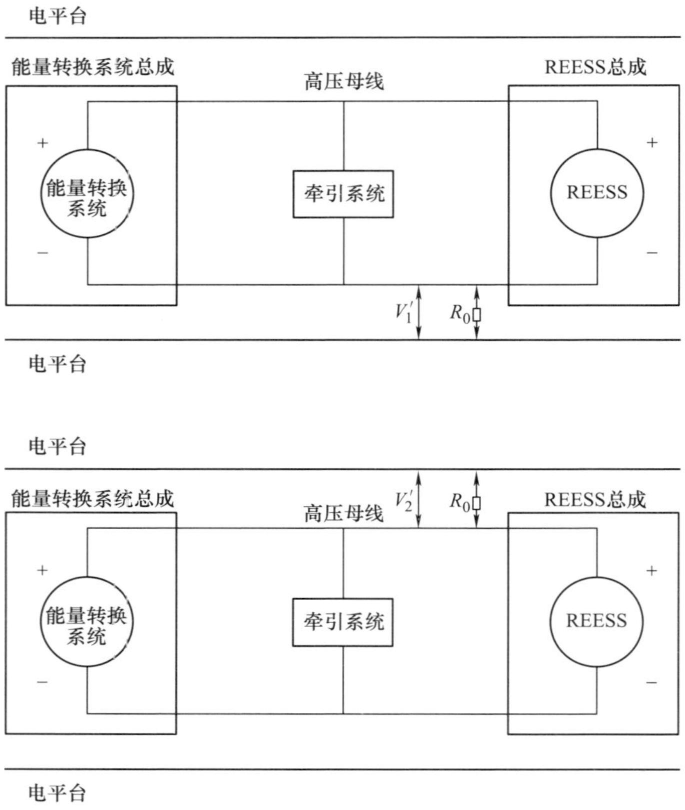					

技术

要求		内容	与 GB/T 31498 对比	与 SAE J1766 对比
防触电保护	（2）测量方法与公式	① 使用内部直流电压源连接直流电路电网板的测量方法：通过车辆转换系统连通 B 级电路，本身 REESS 或能量转换系统应连通 B 级电路，该电压等级应在车辆制造商指定的正常工作电压范围内。若碰撞过程中 REESS 或能量转换系统或其他电路自动断开，则测量时应重新连接，或可使用外部电源连接 B 级电路。测量 V_b、V_1、V_2，如 $V_1 \geq V_2$，插入已知电阻，测量高压母线的负极侧与车辆电平之间的电压 V_1'，计算 R_i，$R_i = R_0 V_b (1/V_1' - 1/V_1)$，反之在另一边插入已知电阻，进行同样的测量，则 $R_i = R_0 V_b (1/V_2' - 1/V_2)$，最后将 R_i 除以高压母线的工作电压，所得结果应满足绝缘电阻要求 ② 使用外部直流电压源连接 B 级电路与电平台的测量方法：使用合适设备测量，如兆欧表，将 R_i 直接除以高压母线的工作电压，所得结果应满足绝缘电阻要求	与 GB/T 31498 相应部分基本一致 碰撞结束后 1h 内进行。测量方法与计算公式与 GB/T 31498 一致	若有自动断开装置，且自动断开装置与动力电池或能量转换系统集成一体，且碰撞后动力电池和能量转换系统受IPXXB 保护，则可测量自动断开装置与电平台之间的绝缘电阻，若有绝缘电阻检测系统使得测量值不稳定，可关闭或者移除，测量方式和计算公式与 GB/T 31498 一致	与 GB/T 31498 使用内部直流电压源连接直流电路两极的测量方法基本一致 同 GB/T 31498	同 GB/T 31498 同时 SAE J1766 指出若欧姆表系受电流表测量电流大，可改用电流表测量电流，然后由恒压源可以计算出绝缘电阻阻值

(续)

项目		GB/T 31498—2015	ECE R12/R94/R95—2014	ISO 6469-4: 2015	Attachment 111—2015	FMVSS 305—2014	SAE J1766—2014
技术要求	电解液泄漏 / 电解液泄漏量要求	不应有电解液从REESS中溢出到乘员舱，不应有电解液从REESS中溢出超过5.0L的电解液从REESS中溢出	不应有电解液从REESS中溢出到乘员舱，除开放型动力电池外不应有电解液从REESS中溢出。开放型动力电池不应有超过7%且不超过5.0L的电解液从REESS中溢出	不应有电解液从REESS中溢出到乘员舱，不应有超过5.0L的电解液从REESS中溢出	不应有电解液从REESS中溢出到乘员舱，除开放型动力电池外不应有超过7%的电解液从REESS中溢出。开放型动力电池不应有超过7%且不超过5.0L的电解液从REESS中溢出	不应有电解液从REESS中溢出到乘员舱，不应有超过5.0L的电解液从REESS中溢出	不应有电解液从REESS中溢出到乘员舱，不应有超过5.0L的电解液从REESS中溢出
技术要求	电解液泄漏 / 测试时间及注意事项	碰撞结束30min内	碰撞试验过程中应穿防护服，以免电解液飞溅。若厂家未给出电解液与其他液体的区分方法，则所有泄漏液体全视为电解液	碰撞结束30min内，以及整个翻转试验过程中要检查电解液是否泄漏。试验前后均要穿防护服，以免电解液飞溅。必要时可通过着色等手段判断，可通过分析或化学分析法进行确认。若厂家未给出电解液与其他液体的区分方法，则所有泄漏液体全视为电解液	碰撞结束30min内，以及整个翻转试验过程中应穿防护服，以免电解液飞溅。必要时可通过着色等手段分析是否通过目测，化学分析法进行确认。若厂家未给出电解液与其他液体的区分方法，则所有泄漏液体全视为电解液	碰撞结束30min内，以及整个翻转试验过程中	碰撞结束30min内，以及整个翻转试验过程中。检查前后均要检查电解液是否泄漏。试验时可通过着色剂、燃料电池冷却液都不视为电解液。必要时可通过手段判断着色剂等。化学分析石蕊试纸或化学分析法对电解液进行确认
技术要求	REESS要求 / REESS移动要求	位于乘员舱里面的REESS应保持在安装位置，REESS部件应保持在其外壳内。位于乘员舱外面的任何REESS部分不应进入乘员舱	同GB/T 31498—2015		同GB/T 31498—2015	同GB/T 31498—2015	同GB/T 31498—2015
技术要求	REESS要求 / REESS特殊安全要求	碰撞结束30min内，REESS不应起火、爆炸					
技术要求	其他安全要求 / 过电流保护	碰撞试验后，不应产生过电流伤害					

碰撞后 REESS 标准法规（基于锂离子动力蓄电池包和系统）异同对比见表 2-34。

表 2-34 碰撞后 REESS 标准法规（基于锂离子动力蓄电池包和系统）异同对比

项目		GB/T 31467.3—2015	ECE R100—2014
范围		规定了电动汽车用锂离子动力蓄电池包和系统安全性的要求和测试方法 适用于装载在电动汽车上的锂离子动力蓄电池包和系统，镍氢动力蓄电池包和系统等可参照执行	规定了装备有一个或多个电力驱动电机的 M 类和 N 类道路车辆的 REESS 要求，REESS 非永久连接到外部电网 不适用于设计用于为起动机和/或灯光和/或其他车辆辅助系统提供电能的 REESS
通用测试条件		① 温度（25±5）℃，湿度 15%～90%，标准中提到的室温是指（25±2）℃ ② 绝缘电阻测试位置为正/负极和壳体 ③ 蓄电池包和系统的实际可用容量和额定容量之差的绝对值不得超过额定容量的 5%	
机械试验			
机械冲击	要求	蓄电池包或系统无泄漏、外壳破裂、着火或爆炸等现象；试验后的绝缘电阻值不小于 100Ω/V	
	试验	施加 25g、15ms 的半正弦冲击波形，z 轴方向冲击 3 次，观察 2h	
翻转	要求	蓄电池包或系统无泄漏、外壳破裂、着火或爆炸等现象，并保持连接可靠、结构完好，试验后的绝缘电阻值不小于 100Ω/V	
	试验	绕 x、y 轴以 6°/s 的速度转动 360°，然后以 90°增量旋转，每隔 90°增量保持 1h，旋转 360°停止，观察 2h	
模拟碰撞	要求	蓄电池包或系统无泄漏、外壳破裂、着火或爆炸等现象；试验后的绝缘电阻值不小于 100Ω/V	测试过程中无着火、爆炸或电解液泄漏等现象；高压 REESS 绝缘电阻不小于 100Ω/V，或满足 IPXXB 的防护等级
	试验	蓄电池包或系统水平安装在带有支架的台车上，根据测试对象的使用环境给台车施加标准中规定的脉冲（汽车行驶方向为 x 轴，另一垂直于行驶方向的水平方向为 y 轴），观察 2h	① 测试条件：环境温度（20±10）℃；测试开始时，SOC 应大于正常运行状态的 50%；测试开始时，所有可能影响到测试设备功能并影响到测试结果的保护设备都应处于运行状态 ② 测试程序：加/减速度按标准要求进行；对每一个单独组件进行试验冲击
挤压	要求	蓄电池包或系统无着火、爆炸等现象	测试过程中无着火、爆炸或电解液泄漏等现象；高压 REESS 绝缘电阻值不应小于 100Ω/V，或满足 IPXXB 的防护等级
	试验	① 挤压板形式：半径为 75mm 的半圆柱体，长度大于蓄电池包或系统的高度，但不超过 1m ② 挤压方向：x 和 y 方向 ③ 挤压程度：挤压力达到 200kN 或挤压变形量达到挤压方向整体尺寸的 30% 时停止 ④ 保持 10min ⑤ 观察 1h	① 基于车辆的动态测试：参考 ECE R12 或 ECE R94 附录 3 前碰，ECE R95 附录 4 侧碰的相关内容 ② 车辆特殊部件测试：测试条件：环境温度（20±10）℃；测试开始时，SOC 应大于正常运行状态的 50%；所有可能影响测试设备功能并影响测试结果的保护设备都应处于运行状态。碰撞测试：测试设备处于壁障和挤压板之间，挤压力至少为 100kN，但是不应超过 105kN；起效时间低于 3min，保持时间至少为 100ms，但不超过 10s；撞击力应加载在与 REESS 在车辆上安装方向水平和垂直的方向上 ③ 测试后观察 1h

（续）

项目		GB/T 31467.3—2015	ECE R100—2014
环境试验			
外部火烧	要求	蓄电池包或系统无爆炸现象，若有火苗，应在火源移开后2min内熄灭	测试过程中无爆炸现象（包括基于车辆的测试和基于组件的测试）
外部火烧	试验	① 测试中，盛放汽油的平盘尺寸超过蓄电池包或系统水平尺寸20cm，但不超过50cm；平盘高度不高于汽油表面8cm；汽油液面与蓄电池包或系统的距离设定为50cm，或者为车辆空载状态下测试对象底面的离地高度，或由双方商定。平盘底层注入水 ② 在离被测设备至少3m远的地方点燃汽油，经过60s的预热后，将油盘置于被测设备下方；如果油盘尺寸太大，无法移动，可以采用移动被测样品和支架的方式 ③ 蓄电池包或系统直接暴露在火焰下70s ④ 将盖板盖在油盘上，蓄电池包或系统在该状态下测试60s；或经双方协商同意，继续直接暴露在火焰中60s ⑤ 将油盘移走，观察2h	① 测试条件：环境温度至少为0℃；测量开始时，REESS的SOC值应大于正常操作时的50%；所有可能影响测试设备功能并影响测量结果的保护设备都应处于工作状态 ② 测试过程中火焰应可以包围整个测试平台 ③ 盛放燃油的平盘尺寸超过测试设备水平尺寸20cm，但不超过50cm；平盘高度不高于燃油表面8cm；燃油液面与测试对象的距离设定为50cm（基于组件的测试），或车辆空载状态下测试设备设计离地高度（基于车辆的测试）；测试部件和/或油盘应可以自由移动 ④ 测试过程中风速不应超过2.5km/h ⑤ 试验共分为四个阶段：预热、直接暴露于火焰中、间接暴露于火焰中、试验结束。在此试验第三阶段（即间接暴露于火焰中）时，应在燃油表面（3±1）cm（未点燃燃油前）处覆盖一层由耐火材料制作的遮盖层，长度及宽度方向应比平盘内壁尺寸短2~4cm；如果燃油的温度超过20℃，进行后三个阶段的测试；否则进行标准中的四个阶段的测试
电气试验			
短路保护	要求	保护装置起作用，蓄电池系统无泄漏、外壳破裂、着火或爆炸等现象；试验后的绝缘电阻值不小于100Ω/V	无电解液泄漏、破裂（只适用于高压REESS）、着火或爆炸现象；高压REESS绝缘电阻值不小于100Ω/V
短路保护	试验	① 蓄电池系统的所有控制系统应处于工作状态 ② 将蓄电池系统的接线端短路10min ③ 短路电阻不大于20mΩ，由双方协商确定 ④ 测试后观察2h	① 测试条件：环境温度（20±10）℃或更高；测量开始时REESS的SOC应大于正常运行状态的50%；所有可能影响测试设备功能并影响测试结果的保护装置都应处于工作状态 ② 控制相关开关使电池处于可正常使用模式 ③ 短接正负极端子，短接电路电阻不超过5mΩ ④ 测试直到保护装置起作用，或测试设备外壳温度在1h内变化不超过4℃ ⑤ 测试后进行标准循环（如果设备没有禁止） ⑥ 在测试环境中观察1h

3. 主动安全

汽车安全设计要从整体上来考虑，不但要在事故发生时尽量减小乘员受伤的几率，而且更重要的是要在轻松和舒适的驾驶条件下帮助驾驶人避免事故的发生。现代汽车的安全技术包括主动安全技术和被动安全技术两方面。过去，汽车安全设计主要考虑被动安全系统，如设置安全带、安全气囊、保险杠等。现在汽车设计师们更多考虑的则是主动安全设计，使汽车能够主动采取措施，避免事故的发生。在这种汽车上装有汽车规避系统，包括装在车身各部位的防撞雷达、多普勒雷达、红外雷达等传感器及盲点探测器等设施，由计算机进行控制。在超车、倒车、换道、大雾、雨天等易发生危险的情况下随时以声、光形式向驾驶人提供汽车周围必要的信息，并可自动采取措施，有效防止事故发生。另外在计算机的存储器内还可存储大量有关驾驶人和车辆的各种信息，对驾驶人和车辆进行监测控制。

电动汽车的主动安全技术绝大部分与传统汽车一致,在这里不进行重复说明,仅对电动汽车在低速行驶提示音和再生制动系统技术的特殊性方面的标准进行介绍。

(1) 提示音 电动汽车(纯电动汽车、混合动力电动汽车、燃料电池电动汽车等)在纯电动模式下以低速行驶时,平均车外噪声与传统内燃机车辆相比明显降低,使得道路的其他使用者,包括行人,特别是盲人和有视觉障碍的人不容易察觉到车辆的接近,容易发生交通事故。针对电动汽车的低速行驶安全性问题,美国国家公路交通安全管理局(NHTSA)、日本国土交通省(MLIT)、联合国欧洲经济委员会世界车辆法规协调论坛(WP.29)等近年来做了大量的研究和讨论,一致确定在具有纯电动行驶模式的电动汽车上,需配备能够在低速行驶时发出警示提示音的装置,以减小和行人发生交通事故的概率。国内各汽车制造商在电动汽车领域的投入以及产出越来越大,为了避免因为过于安静造成的意外事故,有必要制定电动汽车低速行驶提示音技术标准,提高电动汽车在低速行驶状态下的可察觉性,增强电动汽车的安全性能,有效保护包括行人在内的其他道路使用者的人身安全。

1) 国内外整体情况。为应对电动汽车车外噪声明显降低的问题,中国、美国、欧洲、日本近年来进行了大量试验研究和法规制定工作,现有的国内外相关标准法规包括 ECE R138《针对安静行驶道路车辆可闻度降低的统一规定》、EU 540《汽车噪声与消声系统要求》、GB/T 37153—2018《电动汽车低速提示音》、GB 7258—2017《机动车运行安全技术条件》、GB/T 28382—2012《纯电动乘用车技术条件》、FMVSS 141《混合动力与纯电动汽车最低声音要求》,见表 2-35。

表 2-35 国内外电动汽车提示音相关标准

序号	标准号	标准名称
1	ECE R138	针对安静行驶道路车辆可闻度降低的统一规定
2	EU 540	汽车噪声与消声系统要求
3	GB/T 37153—2018	电动汽车低速提示音
4	GB 7258—2017	机动车运行安全技术条件
5	GB/T 28382—2012	纯电动乘用车技术条件
6	FMVSS 141	混合动力与纯电动汽车最低声音要求

2) 各标准主要内容介绍。各标准主要内容介绍见表 2-36 和表 2-37。

表 2-36 国内外电动汽车提示音相关标准的适用范围

标准号	适用范围
ECE R138	该法规适用于 M 类和 N 类车辆在正常行驶模式、倒车或至少一个前进档位因为无内燃机运行而降低了外部噪声的情况
EU 540	该法规适用于 2007/EC/46 中定义的 M_1、M_2、M_3、N_1、N_2 及 N_3 类车型,并适用于 M_1 和 N_1 类车型消声系统与部件中单独的技术部件
GB/T 37153	该标准规定了电动汽车低速行驶提示音(以下简称"提示音")工作的车速范围、声级限值、频率要求、声音类型以及暂停开关等要求和试验方法 该标准适用于 M_1 和 N_1 类的纯电动汽车、具有纯电动行驶模式的混合动力电动汽车以及燃料电池电动汽车
GB 7258	该标准规定了机动车的整车及主要总成、安全防护装置等有关运行安全的基本技术要求,以及消防车、救护车、工程救险车和警车及残疾人专用汽车的附加要求 该标准适用于在我国道路上行驶的所有机动车,但不适用于有轨电车及并非为在道路上行驶和使用而设计和制造、主要用于封闭道路和场所作业施工的轮式专用机械车

标准号	适用范围
GB/T 28382	该标准规定了座位数在 5 座及以下的纯电动乘用车的术语和定义、技术要求和试验方法 该标准适用于使用动力电池驱动的纯电动乘用车
FMVSS 141	该标准对车辆向行人发出的提示音提出要求 该标准提出的目的是通过向车辆提出提示音声压和声音特性的要求，使得行人能够意识到车辆的靠近，从而减少混合动力和纯电动汽车与行人相撞的交通事故

表 2-37 国内外电动汽车提示音相关标准的内容概览

标准号	内容概览
ECE R138	作为 GB/T 37153 非等效采用的参考标准，主要技术内容可参见 GB/T 37153 的相关介绍，两者之间的差异主要在于 GB/T 37153 中提示音声级限值提高了 2dB（A）
EU 540	在该法规的附录部分针对提示音系统提出了技术要求，主要内容如下： ① 工作的车速范围。提示音系统的工作车速范围从起动至小于或等于 20km/h 如车辆发动机在上述速度区间运行或车辆在倒车行驶时有警示装置，则不需要提示音装置发声 ② 暂停开关 a. 车辆可由制造商选择是否配置暂停开关 b. 暂停开关应布置在驾驶人正常驾驶状态下视线可及、可接触和操作的位置 c. 车辆重新起动时，提示音系统应重新开始工作 ③ 提示音衰减。车辆提示音声压级在车辆运行期间可能会降低 ④ 声音类型及声压级。提示音声音应连续给行人和其他道路使用者提供车辆位置信息，并能模拟车辆速度变化，推荐使用类似传统发动机运转音的声音，且每一种声音都应满足该标准和相关车外噪声限值的标准要求
GB/T 37153	该标准主要技术内容如下： ① 工作的车速范围。提示音系统的工作车速范围应至少包含大于 0km/h 且小于或等于 20km/h 车辆静止且处于可行驶模式状态下，厂商可选择是否让低速提示音系统发声 ② 声级限值 a. 按照规定方法测得的电动汽车车外噪声，需在其所包含的各个 1/3 倍频程上，其中至少两个 1/3 倍频程上不小于下表所规定的声级，且同时满足下表中对其总声级的要求

频率 /Hz		电动汽车车外噪声 /dB(A)		
		匀速向前行驶车速		匀速倒档行驶车速
		10km/h	20km/h	6km/h
计权声级（总声级）		52.0	58.0	49.0
1/3 倍频程	160	47.0	52.0	
	200	46.0	51.0	
	250	45.0	50.0	
	315	46.0	51.0	
	400	47.0	52.0	
	500	47.0	52.0	
	630	48.0	53.0	
	800	48.0	53.0	
	1000	48.0	53.0	
	1250	48.0	53.0	
	1600	46.0	51.0	
	2000	44.0	49.0	
	2500	41.0	46.0	
	3150	38.0	43.0	
	4000	36.0	41.0	
	5000	33.0	38.0	

（续）

标准号	内容概览
GB/T 37153	b. 装备了提示音系统的车辆在行驶时发出的噪声最大不应超过 75dB（A） ③ 频率要求 a. 频率范围。提示音系统所发出的声音，应至少包含两个上表中所规定的 1/3 倍频程，且至少有一个 1/3 倍频程在 1600Hz（含）以下。这两个 1/3 倍频程的最低声级，应不低于上表中规定的对应的声级限值 b. 频移。当车辆以 5～20km/h 范围内的某一速度前进时，提示音系统所发出的声音中，至少有一个上表中所规定的 1/3 倍频程的频率会随车速的增加而变大，或随着车速减小而变小。该频率的最小平均频移速度应满足 ≥ 0.8%/（km/h） ④ 声音类型。汽车制造商可提供多种替换声音类型，驾驶人可进行选择，且每一种声音试验时应满足标准要求 电动汽车低速提示音不能使用特殊交通工具特定音效，推荐使用类似传统发动机的声音 ⑤ 暂停开关 a. 配备提示音系统的车辆，可由制造商选择是否配置暂停开关 b. 暂停开关应布置在驾驶人正常驾驶状态下视线可及、可接触和操作的位置 c. 当暂停开关被激活时，应有明确的信号装置（声、光、电或其他装置）释放信号提示驾驶人低速行驶提示音系统已被暂停使用 d. 车辆使用钥匙或起动按钮恢复到"OFF"状态后再重新起动时，提示音系统应重新开始工作 e. 如果车辆配置了暂停开关，制造商应就此功能影响向顾客做出说明 ⑥ 试验方法。该标准包括三项具体试验内容，均可以在户外或室内进行，先测试背景噪声，作为讨论提示音声级和频移试验结果的前提；然后进行提示音声级和频移试验。其中，提示音声级测试项目包括前进恒速、倒车恒速，都可以通过实车试验或者外部信号模拟的方式测试；频移测试提供了 5 种可选用的试验方法，需要结合实际试验条件进行选择，频移测试在原数据的基础上还需要进行计算分析
GB 7258	该标准主要规定了机动车运行安全的基本技术要求，其中对提示音有如下要求： 电动汽车、插电式混合动力汽车在车辆起步且车速低于 20km/h 时，应能给车外人员发出适当的提示性声响
GB/T 28382	该标准主要规定了纯电动汽车的技术要求，其中对提示音有如下要求： 车辆在设计时应考虑车辆起动、车速低于 20km/h 时，能够给车外人员发出适当的提示性声响
FMVSS 141	该法规主要包括三个部分：技术要求、测试条件、测试方法，测试条件和测试方法可以参考 GB/T 37153，主要对技术要求的特殊性进行说明 对 5 种工况下提示音系统所发出的声音的 1/3 倍频程应满足的频率和声级限值提出要求： ① 车辆静止 ② 倒车 ③ 匀速行驶：0km/h < $V_{车速}$ < 20km/h ④ 匀速行驶：20km/h ≤ $V_{车速}$ < 30km/h ⑤ 匀速行驶：$V_{车速}$ 在 30～32km/h 之间

（2）再生制动系统 再生制动系统是一种应用在汽车上、能够将制动时车辆的运动能量转换成电能，并将其存储在蓄电池内，在使用时可迅速将能量释放的装置，该技术是现代电动汽车重要技术之一，也是其重要特点。再生制动系统的设计与控制成为世界知名汽车及零部件企业竞相研发的热点。

在一般内燃机汽车上，当车辆减速、制动时，车辆的运动能量通过摩擦制动系统而转变为热能，并向大气中释放。而在电动汽车上，这种被浪费掉的运动能量可通过制动能量回收技术转变为电能并储存于蓄电池中，并进一步转化为驱动能量。

1）国内外整体情况。目前国外没有正式发布的关于制动能量回收的标准或法规，能找到的相关技术文件为美国加州技术支持文件"轻型电动汽车Ⅲ温室气体非试验循环规定"（"LEV Ⅲ GREENHOUSE GAS NON-TEST CYCLE PROVISIONS"），这里不进行详细介绍，感兴趣的读者可以自行查阅。

我国在 2017 年 7 月发布了 QC/T 1089—2017《电动汽车再生制动系统要求及试验方法》，该标准规定了电动汽车再生制动系统的范围、术语和定义、符号、要求、试验方法及试验结果的处理；该标准适用于可充电储能系统为动力电池的纯电动乘用车。

中国汽车工程学会组织行业开展了汽车相关领域技术规范的研究制定工作，发布了电动汽车再生制动系统相关的一批中国汽车工程学会标准（简称"CSAE标准"），该系列标准对电动汽车再生制动系统的能量回收率、效能恒定性、制动平顺性进行了规定，并增加了能量回馈式汽车液压防抱死制动系统和整车动力学控制系统的相关要求及试验方法。

国内电动汽车再生制动系统相关标准见表2-38。

表2-38 国内电动汽车再生制动系统相关标准

序号	标准号	标准名称
1	QC/T 1089—2017	电动汽车再生制动系统要求及试验方法
2	T/CSAE 44—2015	纯电动乘用车再生制动能量回收率的评价及试验方法
3	T/CSAE 76—2018	纯电动汽车再生制动能量回收效能快速评价及试验方法
4	T/CSAE 77—2018	电动汽车再生制动系统制动效能恒定性试验方法
5	T/CSAE 78—2018	电动汽车再生制动平顺性的评价及试验方法
6	T/CSAE 79—2018	能量回馈式汽车液压防抱死制动系统性能要求及试验方法
7	T/CSAE 80—2018	能量回馈式汽车液压防抱死制动系统耐久性能要求及台架试验方法
8	T/CSAE 81—2018	能量回馈式整车动力学控制系统性能要求及台架试验方法
9	T/CSAE 82—2018	能量回馈式整车动力学控制系统耐久性能要求及台架试验方法

2）各标准主要内容介绍。

各标准主要内容介绍见表2-39和表2-40。

表2-39 国内电动汽车再生制动系统相关标准的适用范围

标准号	适用范围
QC/T 1089—2017	该标准主要解决以下问题： ① 规范了电动汽车再生制动系统制动能量回收效能评价参数与测试方法，考虑到目前的发展现状，仅提出测试方法，不做技术要求 ② 规范了电动汽车再生制动系统制动安全性要求与测试方法，对制动性能和制动时汽车的方向稳定性提出详细要求，测试方法经过多次验证，具有可操作性
T/CSAE 44—2015	该标准规定了纯电动乘用车再生制动能量回收率的评价及试验方法 该标准适用于GB/T 15089规定的M_1类纯电动乘用车，其装备包含摩擦制动系统和电制动系统等
T/CSAE 76—2018	该标准规定了纯电动汽车再生制动能量回收效能的快速评价及试验方法 该标准适用于再生制动系统研发阶段制动能量回收效能的快速评价，适用于可充电储能系统为动力电池的纯电动乘用车
T/CSAE 77—2018	该标准规定了电动汽车再生制动系统制动效能恒定性试验方法 该标准适用于装备再生制动系统的电动汽车
T/CSAE 78—2018	该标准规定了电动汽车再生制动平顺性的评价及试验方法 该标准适用于装备协调式再生制动系统的M类、N类电动汽车
T/CSAE 79—2018	该标准规定了能量回馈式汽车液压防抱死制动系统（EABS）的基本参数、要求、试验方法 该标准适用于M_1、M_2型电动汽车用各种开关阀类型的能量回馈式液压防抱死制动系统，其他类型的能量回馈式液压防抱死制动系统可参照执行
T/CSAE 80—2018	该标准规定了能量回馈式汽车液压防抱死制动系统（EABS）的基本参数、耐久试验方法 该标准适用于M_1、M_2型电动汽车用各种开关阀类型的能量回馈式液压防抱死制动系统，其他类型的能量回馈式液压防抱死制动系统可参照执行
T/CSAE 81—2018	该标准规定了能量回馈式整车动力学控制系统（EESC）的基本参数、要求、试验方法 该标准适用于M_1、M_2型电动汽车用各种开关阀类型的能量回馈式整车动力学控制系统，其他类型的能量回馈式整车动力学控制系统可参照执行
T/CSAE 82—2018	该标准规定了能量回馈式整车动力学控制系统（EESC）的基本参数、耐久性能要求、试验方法 该标准适用于M_1、M_2型电动汽车用各种开关阀类型的能量回馈式整车动力学控制系统，其他类型的能量回馈式整车动力学控制系统可参照执行

表 2-40　国内电动汽车再生制动系统相关标准的内容概览

标准号	内容概览
QC/T 1089—2017	该标准主要的技术要求包括电动汽车再生制动系统制动安全性要求与测试方法和电动汽车再生制动系统制动能量回收效能的评价参数与测试方法 ① 电动汽车再生制动系统制动安全性要求与测试方法。电动汽车采用了再生制动系统，一方面可以提高续驶里程和效率，另一方面也不应影响制动系统安全性，与传统车的制动安全性要求应保持一致，因此对电动汽车再生制动系统制动安全性要求与测试方法提出了详细的要求，包括制动性能、制动时汽车方向稳定性 ② 电动汽车再生制动系统制动能量回收效能评价参数与测试方法。标准定义了制动能量回收效能，用于评价制动能量回收有效性，包括制动能量回收效率、制动能量回收系统续驶里程贡献率，提出了计算制动能量回收效率、制动能量回收系统续驶里程贡献率的数据测试方法和公式。考虑到标准制定时，制动能量回收效能评价数据不足以支撑提出技术要求，因此仅对此提出了试验和数据处理的方法
T/CSAE 44—2015	主要评价指标包括单次工况再生制动能量回收率和循环工况再生制动能量回收率，分底盘测功机试验和道路试验两种测试方法 循环工况结束试验的标准： ——当车载仪器给出驾驶人停车指示时，应停止试验 ——针对纯电动乘用车，满电状态下以 60km/h 匀速行驶 30km，以此时电池的 SOC 为循环工况试验的初始条件，然后按照世界轻型车测试规程（WLTP）完成 4 个连续完整的世界轻型车测试循环（WLTC） 单次工况一般取制动减速度为（0.3±0.02）g 所对应的制动踏板力为最佳，结束试验的标准： ——当车载仪器给出驾驶人停车指示时，应停止试验 ——每项内容完成 4 次有效完整的单次工况试验 该标准给出了电动汽车回收的能量、电动汽车可回收能量、再生制动能量回收率的计算公式 单次工况再生制动能量回收率为滑行制动单次工况再生制动能量回收率和 0.3g 制动单次工况再生制动能量回收率的平均值，循环工况再生制动能量回收率等于 WLTC 循环工况中制动电动汽车回收的能量与 WLTC 循环工况中制动电动汽车可回收的能量的比值
T/CSAE 76—2018	能量回收效能是反映再生制动系统能量回收水平的指标，可用制动能量回收效率或再生制动对能量经济性的贡献率来评价 制动能量回收效率是汽车制动过程再生制动回收的能量占车辆可回收能量的百分比 能量经济性的贡献率是汽车制动过程中回收、后又用于汽车运行的能量占整个行驶过程中汽车所消耗总能量的百分比 纯电动汽车再生制动能量回收效能的试验分底盘测功机试验和道路试验两种测试方法。循环可由用户指定，并在试验报告中说明。推荐使用 ECE-15 工况或我国工况市区道路行驶工况，完成 4 个连续完整的循环试验可结束试验 该标准给出了再生制动能量回收量、车辆可回收能量、制动能量回收效率以及能量经济型的贡献率的计算方法，根据试验测试数据代入公式进行计算
T/CSAE 77—2018	制动效能的恒定性主要受到制动初速度、荷电状态的影响，并且要对比多组试验过程中平均减速度的变异情况 ① 不同制动初速度下制动效能恒定性试验。车辆分别处于以下 3 种状态进行试验： a. 制动初速度为最高车速的 80%，且不能超过 160km/h b. 制动初速度为 80km/h c. 制动初速度为 32km/h 可在制动踏板开度分别固定为 30%、50%、80% 的情况下进行不同制动初速度下制动效能恒定性的试验 ② 可充电储能系统不同荷电状态下汽车制动效能恒定性试验。车辆分别处于以下 3 种状态进行试验： a. 车辆完全充电或荷电状态在 95% 以上 b. 车辆放电，完成三分之一等续驶里程 c. 车辆放电，完成三分之二等续驶里程 ③ 计算平均减速度变异系数。用平均减速度的标准差除以 3 组试验平均减速度的平均值
T/CSAE 78—2018	对制动过程中的平顺性的评价通过在不同位置安装加速度传感器记录制动过程中的减速情况进行，制动车速为 110km/h 或最高车速为 -10km/h 时，踩下制动踏板，制动强度初始值从 0.05g～0.3g 分为 5 档，制动过程中制动强度保持不变，直至车辆停止，记录各测试部位的加速度时间历程 再生制动平顺性采用振动剂量值来评价，方法参考 GB/T 4970—2009 附录 AA.1.2
T/CSAE 79—2018	能量回馈式汽车液压防抱死制动系统（EABS）主要由液压控制单元和电子控制单元组成，系统首先要符合已有国家标准的要求，该标准主要规定了液压控制单元的密封性、动态特性、工作噪声、环境适应性、机械强度、绝缘电阻性能要求，并提出了相应的试验方法
T/CSAE 80—2018	液压控制单元样件首先进行耐久性能试验，包括 2 个 ABS 循环、1 个 EBD 测试、2 个回馈制动循环，在不同的测试温度下将调整循环顺序 液压控制单元样件经过耐久性能试验后，进行性能复测，应满足密封性、动态性能和工作噪声的要求

(续)

标准号	内容概览
T/CSAE 81—2018	能量回馈式整车动力学控制系统（EESC）主要由液压控制单元和电子控制单元组成，系统首先要符合已有国家标准的要求，该标准主要规定了电磁阀的密封性、动态特性、工作噪声、环境适应性、机械强度、绝缘电阻性能要求，并提出了相应的试验方法
T/CSAE 82—2018	电磁阀样件首先进行耐久性能试验，包括2个ABS循环、1个EBD测试、2个回馈制动循环，在不同的测试温度下将调整循环顺序 液压控制单元样件经过耐久性能试验后，进行性能复测，应满足密封性、动态性能和工作噪声的要求

能量回收系统涉及控制系统，相关的指标难以标准化，以免限制技术路线。CSAE 团体标准在行标的基础上，对能量回收系统的性能效率和耐久性等提出了要求和相应的测试方法。可以为能量回收系统的设计、测试提供有益的指导。

2.3.1.5 EMC、噪声及 VOC

纯电动汽车在改变驱动系统及车载动力源的同时，集成了大量电子电气设备，相比于传统汽车而言，纯电动汽车在 EMC、振动和噪声以及 VOC 等方面存在比较大的差异。因此，为提高整车环境适应性与可靠性，纯电动汽车应综合考察并规范相关技术内容。

1. EMC

电磁兼容性（Electromagnetic Compatibility，EMC）是指设备或系统在其电磁环境中能正常工作且不对该环境中任何事物构成不能承受的电磁干扰的能力。与传统汽车相比，纯电动汽车在储能动力源、驱动系统和控制系统等方面存在较大差异。其中，纯电动汽车多采用高压大功率汽车电气部件以及系统集成度和电磁敏感度高的电子控制单元，如驱动电机、高压动力电池、电机控制器、DC/DC 转换器、汽车制动防抱死装置和电子控制制动系统等，这些装置在实际运行过程中会产生较强的电磁干扰，从而导致纯电动汽车电磁环境较传统汽车更为复杂与恶劣。因此，基于安全性考虑，纯电动汽车在执行传统汽车 EMC 测试标准（如 GB 34660 等）前提下，应根据自身特性从整车及系统层面制定相关标准，并依此开展电磁兼容测试。纯电动汽车 EMC 重点研究内容如图 2-15 所示。

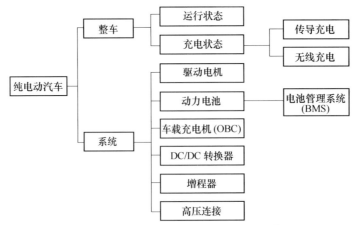

图 2-15 纯电动汽车 EMC 重点研究内容

（1）运行状态 车辆在行驶时，驱动电机、高压动力电池和 DC/DC 转换器等高压部件会产生低频电磁干扰信号，这些干扰信号会通过辐射发射影响车内外电子系统正常工作。因此，为保障汽车安全运行并不干扰周围通信信号正常传输，需要测量并限制整车在运行状态下的电磁场辐射强度。

美国汽车工程师协会最早于1995年6月发布SAE J551-5，这项标准主要规定了电动车辆在9kHz～30MHz频率范围内电磁场强度限值和测量方法。为兼顾协调国际无线电干扰特别委员会（International Special Committee on Radio Interference，CISPR）标准制定工作，该项标准于2017年11月废止。我国于2001年7月发布GB/T 18387，该项标准等同采用SAE J 551-5，其最新版于2017年5月发布，相关内容见表2-41。

表2-41 GB/T 18387—2017《电动车辆的电磁场发射强度的限值和测量方法》相关内容

项目	内容
范围	该标准规定了车辆的电场、磁场辐射发射强度的限值和试验方法，试验频率范围为150kHz～30MHz 该标准适用于纯电动汽车、混合动力电动汽车、燃料电池电动汽车等类型的电动车辆
限值要求（电场辐射发射）	<table><tr><td colspan="2">电场强度的发射限值</td></tr><tr><td>频率 f/MHz</td><td>峰值限值 /dB（μV/m）</td></tr><tr><td>0.15～4.77</td><td>$88.89-20\lg(f)$</td></tr><tr><td>4.77～15.92</td><td>$116.05-60\lg(f)$</td></tr><tr><td>15.92～20</td><td>$67.98-20\lg(f)$</td></tr><tr><td>20～30</td><td>41.96</td></tr></table>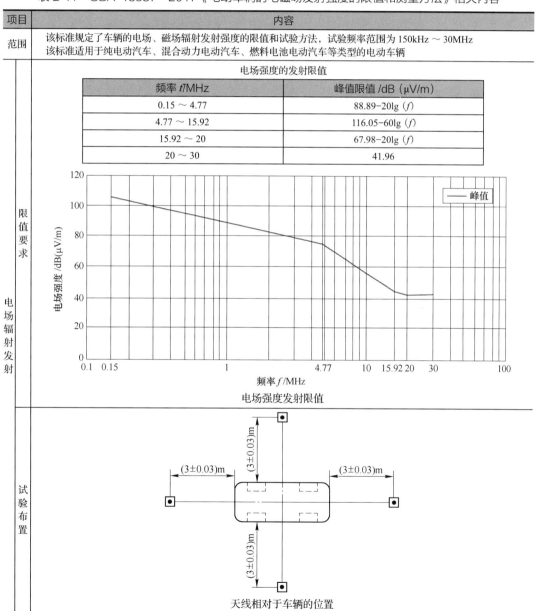电场强度发射限值
试验布置	天线相对于车辆的位置

（续）

项目	内容
限值要求	**磁场强度的发射限值** | 频率 f/MHz	峰值限值 /dB（μA/m）
---	---
0.15～4.77	37.36−20lg(f)
4.77～15.92	64.52−60lg(f)
15.92～20	16.45−20lg(f)
20～30	−9.57 | 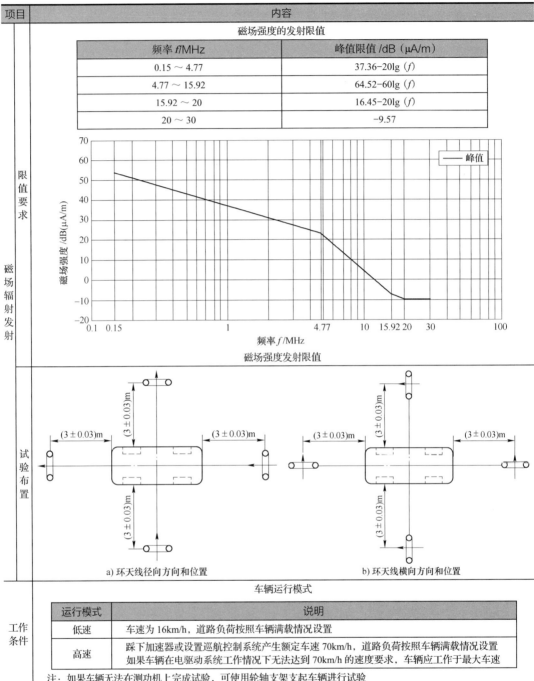 磁场强度发射限值
试验布置	a) 环天线径向方向和位置　　　　b) 环天线横向方向和位置
工作条件	**车辆运行模式** | 运行模式	说明
---	---
低速	车速为16km/h，道路负荷按照车辆满载情况设置
高速	踩下加速器或设置巡航控制系统产生额定车速70km/h，道路负荷按照车辆满载情况设置 如果车辆在电驱动系统工作情况下无法达到70km/h的速度要求，车辆应工作于最大车速 | 注：如果车辆无法在测功机上完成试验，可使用轮轴支架支起车辆进行试验
试验步骤	① 道路负荷按照车辆满载情况设置，车速为40km/h的稳定条件运行车辆 ② 按照电场辐射发射的要求布置单极天线，记录电场测量数据 ③ 按照磁场辐射发射的要求布置环天线，记录磁场的两个方向的测量数据 ④ 依据步骤②和步骤③相对于限值的最大测量结果，确定最大发射方向。如果车辆的两个不同的侧面的最高电平大致相等，那么可以选择其中一个侧面作为最大辐射方向 ⑤ 按照工作条件的运行模式运行车辆 ⑥ 在车辆最大发射侧面进行电场峰值扫描和磁场峰值扫描

（2）充电状态　电动汽车的充电方式主要分为两种，一种是传导充电，另一种是无线充电。其中前者依靠电传导方式实现能量传输，后者通过无线电能传输技术，为电动汽车动力电池提供电能。车辆在进行充电时，一方面车辆会产生电磁干扰信号，并通过传导或辐射发射影响电网或车外电磁环境；另一方面为保障车辆能够正常充电，车辆应能承受一定的电磁干扰。

1）传导充电。目前现行有效的标准法规主要有 ECE R10 和 IEC 61851-21-1。其中，ECE R10《关于就电磁兼容性方面批准车辆的统一规定》为欧洲经济委员会第 10 号法规，第五修订版于 2014 年 10 月发布，法规中规定了车辆以及与电网之间充电耦合系统电磁辐射和干扰的限值要求和试验方法；IEC 61851-21-1《电动车辆传导充电系统 - 第 21-1 部分：传导连接于交流 / 直流电源的电动车辆车载充电器要求》为国际电工委员会（IEC）系列标准，该标准新版本于 2017 年 6 月发布，主要规定了电动车辆传导充电 EMC 要求和试验方法，具体内容见表 2-42。我国全国汽车标准化技术委员会电动车辆分技术委员会正在研究制定电动汽车充电耦合系统的电磁兼容性要求和试验方法。

表 2-42　国际法规现状

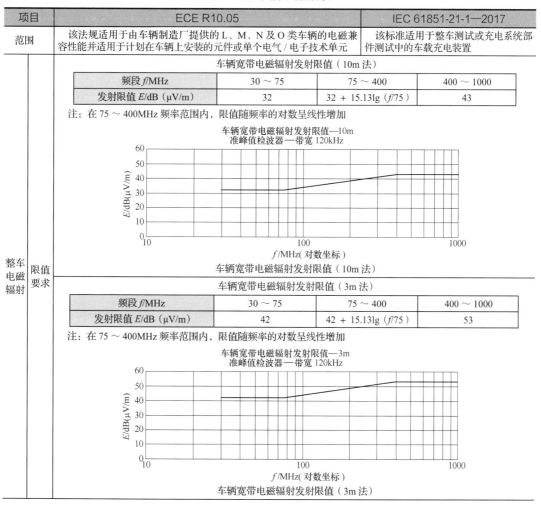

(续)

项目		ECE R10.05	IEC 61851-21-1—2017
整车电磁辐射	试验布置	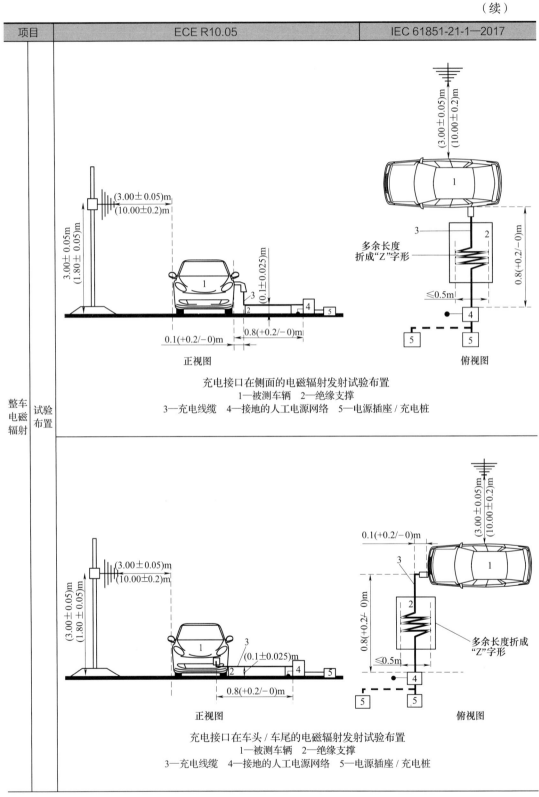	

充电接口在侧面的电磁辐射发射试验布置
1—被测车辆　2—绝缘支撑
3—充电线缆　4—接地的人工电源网络　5—电源插座/充电桩

充电接口在车头/车尾的电磁辐射发射试验布置
1—被测车辆　2—绝缘支撑
3—充电线缆　4—接地的人工电源网络　5—电源插座/充电桩

(续)

项目	ECE R10.05	IEC 61851-21-1—2017
限值要求	<p>电气/电子部件（ESA）宽带电磁辐射发射限值</p><table><tr><td>频段 f/MHz</td><td>30～75</td><td>75～400</td><td>400～1000</td></tr><tr><td>发射限值 E/dB（μV/m）</td><td>62−25.13log（f/30）</td><td>52 + 15.13lg（f/75）</td><td>63</td></tr></table><p>ESA 宽带电磁辐射发射限值—1m 准峰值检波器—带宽 120kHz 曲线图</p><p>ESA 宽带电磁辐射发射限值</p>	
部件电磁辐射试验布置	<p>俯视图(水平极化) 试验布置图</p><p>ESA 宽带电磁辐射发射试验布置</p><p>1—被测 ESA　2—LV 线束　3—LV 负载模拟器　4—电源　5—低压人工网络（LV AN） 6—地板　7—低相对介电常数材料支撑　8—双锥天线　10—优质同轴电缆 11—壁板连接器　12—测量设备　13—RF 吸波材料　14—激励和监测系统 15—HV 线束　16—HV 负载模拟器　17—高压人工网络（HV AN）　18—HV 电源 19—电源馈通　25—AC/DC 线束　26—AC/DC 负载模拟器 27—线路阻抗稳定网络（LISN）或高压人工网络（HV AN）　28—AC/DC 电源　29—AC/DC 馈通</p>	

（续）

项目		ECE R10.05	IEC 61851-21-1—2017
AC电源谐波发射	限值要求	① 每相输入电流 ≤ 16A，AC 电源谐波发射限值要求按照 IEC 61000-3-2 执行 ② 每相输入电流 > 16A 且 ≤ 75A，AC 电源谐波发射限值要求按照 IEC 61000-3-12 执行	
	整车试验布置	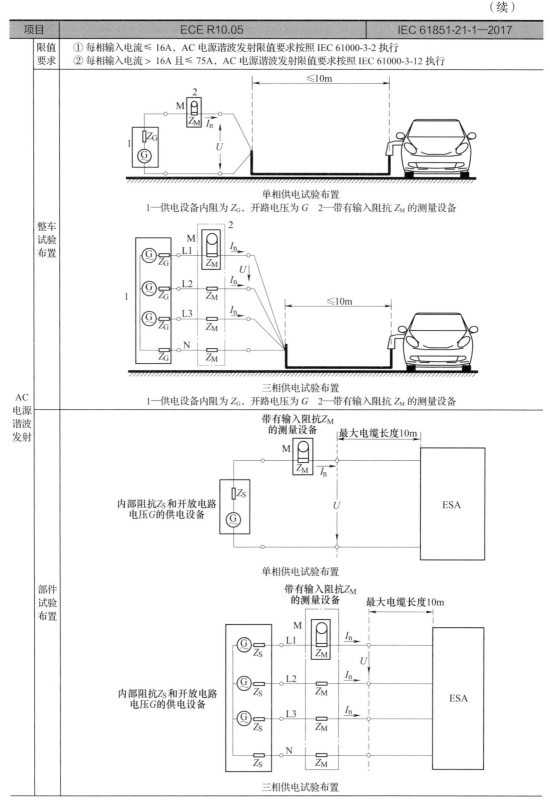单相供电试验布置 1—供电设备内阻为 Z_G，开路电压为 G　2—带有输入阻抗 Z_M 的测量设备 三相供电试验布置 1—供电设备内阻为 Z_G，开路电压为 G　2—带有输入阻抗 Z_M 的测量设备	
	部件试验布置	单相供电试验布置 三相供电试验布置	

（续）

项目		ECE R10.05	IEC 61851-21-1—2017
AC电源线电压变化、波动和闪烁发射	限值要求	① 每相输入电流≤16A，AC电源线电压变化、波动和闪烁发射限值要求按照IEC 61000-3-3执行 ② 每相输入电流>16A且≤75A，AC电源线电压变化、波动和闪烁发射波限值要求按照IEC 61000-3-11执行	
	整车试验布置	单相供电试验布置 1—供电设备内阻为R_P+jX_P，开路电压为G　2—测量设备 三相供电试验布置 1—供电设备内阻为R_P+jX_P，开路电压为G　2—测量设备	
	部件试验布置	单相供电试验布置 三相供电试验布置	

（续）

项目		ECE R10.05	IEC 61851-21-1—2017

AC或DC电源线射频传导发射 — 限值要求

AC 电源线射频传导发射限值

频段 /MHz	限值和检波器 /dB（μV）
0.15 ～ 0.5	66 ～ 56（准峰值） 56 ～ 46（平均值）(随频率呈对数线性降低)
0.5 ～ 5	56（准峰值） 46（平均值）
5 ～ 30	60（准峰值） 50（平均值）

DC 电源线射频传导发射限值

频段 /MHz	限值和检波器 /dB（μV）
0.15 ～ 0.5	79（准峰值） 66（平均值）
0.5 ～ 5	73（准峰值） 60（平均值）

AC或DC电源线射频传导发射 — 整车试验布置

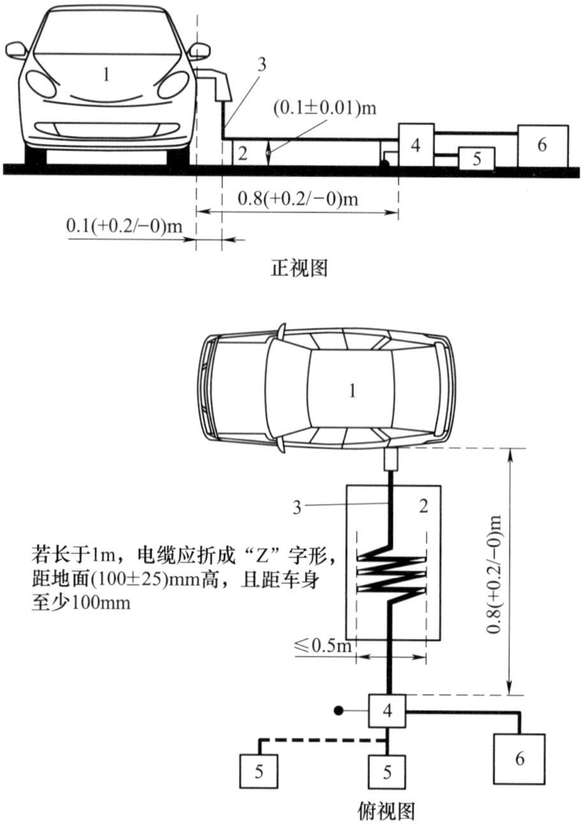

1
3
(0.1±0.01)m
2
4
5
6
0.8(+0.2/−0)m
0.1(+0.2/−0)m
正视图
1
3
2
若长于1m，电缆应折成“Z”字形，距地面(100±25)mm高，且距车身至少100mm
≤0.5m
0.8(+0.2/−0)m
4
5
5
6
俯视图

充电接口在侧面的 AC 或 DC 电源线射频传导发射试验布置

1—被测车辆　2—绝缘支撑　3—充电线缆　4—接地的人工电源网络

5—电源插座 / 充电桩　6—测量接收机

（续）

项目	ECE R10.05	IEC 61851-21-1—2017
整车试验布置 AC或DC电源线射频传导发射	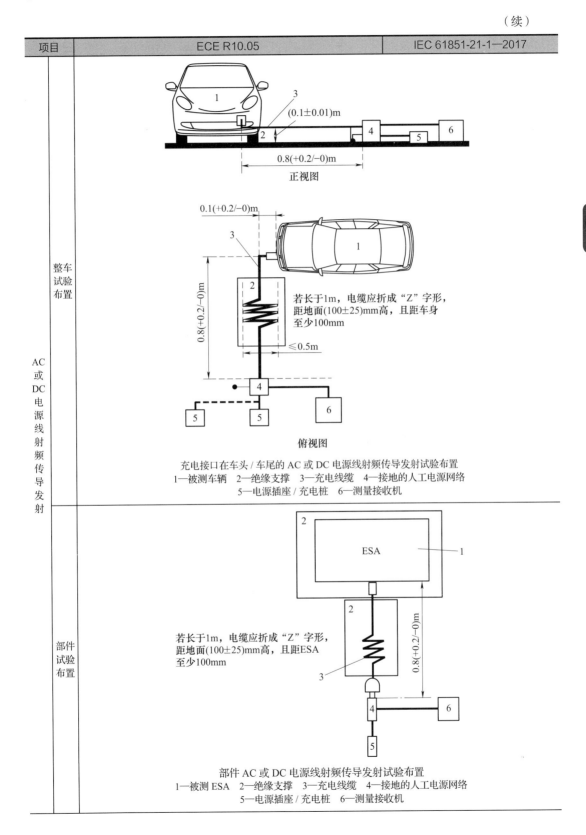 正视图 俯视图 充电接口在车头/车尾的AC或DC电源线射频传导发射试验布置 1—被测车辆　2—绝缘支撑　3—充电线缆　4—接地的人工电源网络 5—电源插座/充电桩　6—测量接收机	
部件试验布置	部件AC或DC电源线射频传导发射试验布置 1—被测ESA　2—绝缘支撑　3—充电线缆　4—接地的人工电源网络 5—电源插座/充电桩　6—测量接收机	

（续）

项目		ECE R10.05	IEC 61851-21-1—2017
限值要求		网络和通信线射频传导发射限值	

频段 /MHz	电压限值和检波器 /dB（μV）	电流限值和检波器 /dB（μA）
0.15～0.5	84～74（准峰值） 74～64（平均值）（随频率呈对数线性降低）	40～30（准峰值） 30～20（平均值）（随频率呈对数线性降低）
0.5～30	74（准峰值） 64（平均值）	30（准峰值） 20（平均值）

网络和通信线射频传导发射

整车试验布置

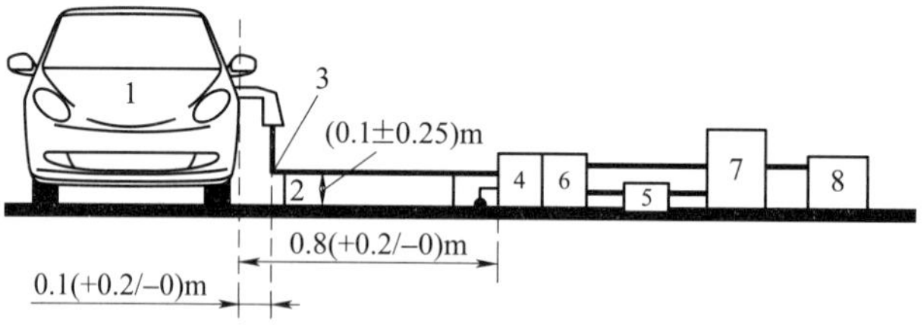

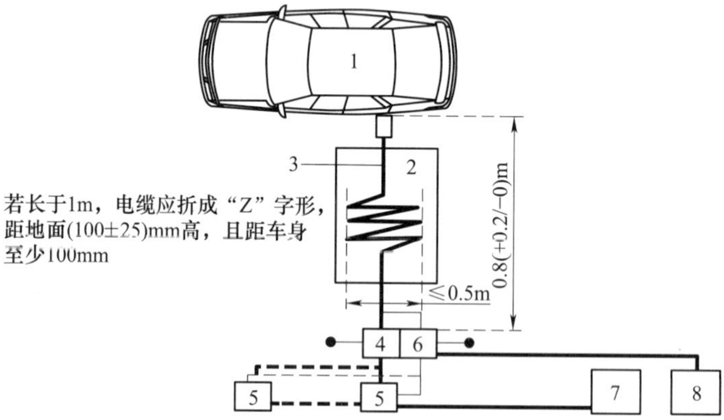

充电接口在侧面的网络和通信线射频传导发射试验布置
1—被测车辆　2—绝缘支撑
3—充电或通信线缆　4—接地的人工电源网络　5—电源插座
6—接地的线路阻抗稳定网络　7—充电桩　8—测量接收机

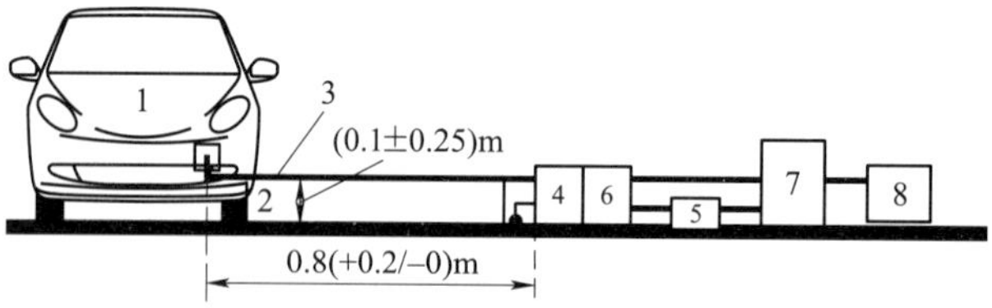

（续）

项目		ECE R10.05	IEC 61851-21-1—2017
网络和通信线射频传导发射	整车试验布置	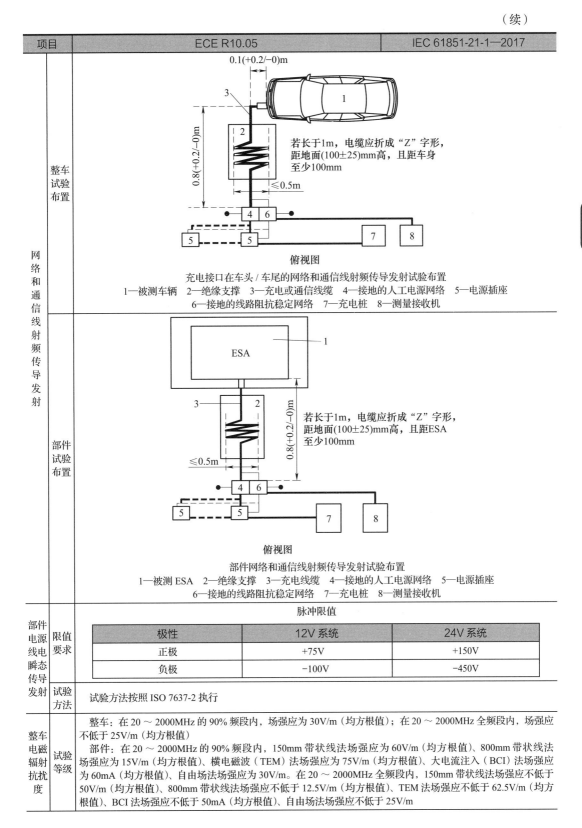 俯视图 充电接口在车头/车尾的网络和通信线射频传导发射试验布置 1—被测车辆 2—绝缘支撑 3—充电或通信线缆 4—接地的人工电源网络 5—电源插座 6—接地的线路阻抗稳定网络 7—充电桩 8—测量接收机	
	部件试验布置	俯视图 部件网络和通信线射频传导发射试验布置 1—被测ESA 2—绝缘支撑 3—充电线缆 4—接地的人工电源网络 5—电源插座 6—接地的线路阻抗稳定网络 7—充电桩 8—测量接收机	
部件电源线电瞬态传导发射	限值要求	脉冲限值	
		极性 | 12V系统 | 24V系统 正极 | +75V | +150V 负极 | −100V | −450V	
	试验方法	试验方法按照ISO 7637-2执行	
整车电磁辐射抗扰度	试验等级	整车：在20～2000MHz的90%频段内，场强应为30V/m（均方根值）；在20～2000MHz全频段内，场强应不低于25V/m（均方根值） 部件：在20～2000MHz的90%频段内，150mm带状线法场强应为60V/m（均方根值）、800mm带状线法场强应为15V/m（均方根值）、横电磁波（TEM）法场强应为75V/m（均方根值）、大电流注入（BCI）法场强应为60mA（均方根值）、自由场法场强应为30V/m。在20～2000MHz全频段内，150mm带状线法场强应不低于50V/m（均方根值）、800mm带状线法场强应不低于12.5V/m（均方根值）、TEM法场强应不低于62.5V/m（均方根值）、BCI法场强应不低于50mA（均方根值）、自由场法场强应不低于25V/m	

（续）

项目		ECE R10.05	IEC 61851-21-1—2017
整车电磁辐射抗扰度	试验判定	整车：抗扰度试验中，车辆不能通过其自身的驱动系统移动，允许车辆充电功能降级，但抗扰度试验后能自行恢复充电功能。抗扰度试验后，车辆行驶功能正常 部件：部件性能没有降低	
	整车试验布置	充电接口在侧面的电磁辐射抗扰试验布置 1—被测车辆　2—绝缘支撑　3—充电线缆　4—接地的人工电源网络　5—电源插座 充电接口在车头/车尾的电磁辐射抗扰试验布置 1—被测车辆　2—绝缘支撑　3—充电线缆　4—接地的人工电源网络　5—电源插座	
AC或DC电源线电瞬态快速脉冲群抗扰度	试验等级	在开路测试电压 ±2kV 内，上升时间为5ns，驻留时间为50ns，5kHz重复频率，持续时间为1min	
	试验判定	抗扰度试验中，车辆不能通过其自身的驱动系统移动，允许车辆充电功能降级，但抗扰度试验后能自行恢复充电功能。抗扰度试验后，车辆行驶功能正常	
	整车试验布置	整车AC或DC电源线电瞬态快速脉冲群抗扰试验布置	

（续）

项目		ECE R10.05	IEC 61851-21-1—2017
AC或DC电源线电瞬态快速脉冲群抗扰度	部件试验布置	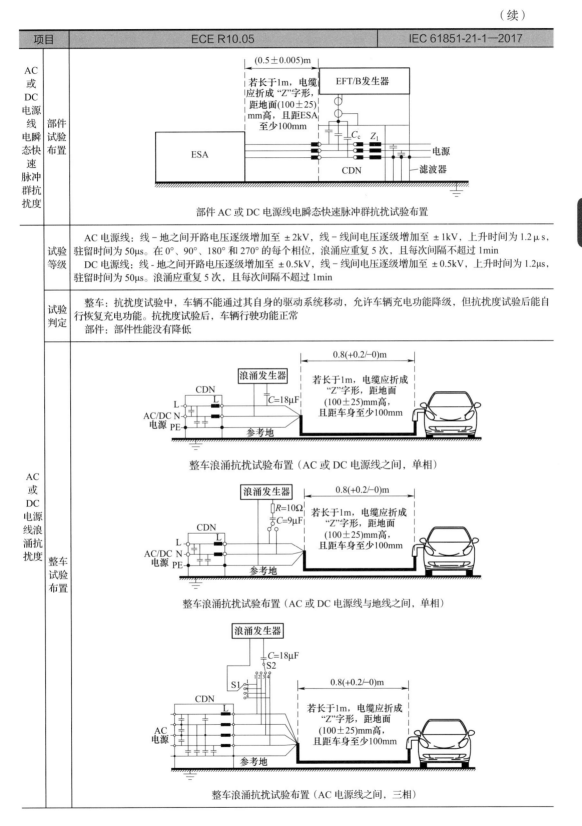部件AC或DC电源线电瞬态快速脉冲群抗扰试验布置	
	试验等级	AC电源线：线-地之间开路电压逐级增加至±2kV，线-线间电压逐级增加至±1kV，上升时间为1.2μs，驻留时间为50μs。在0°、90°、180°和270°的每个相位，浪涌应重复5次，且每次间隔不超过1min DC电源线：线-地之间开路电压逐级增加至±0.5kV，线-线间电压逐级增加至±0.5kV，上升时间为1.2μs，驻留时间为50μs。浪涌应重复5次，且每次间隔不超过1min	
	试验判定	整车：抗扰度试验中，车辆不能通过其自身的驱动系统移动，允许车辆充电功能降级，但抗扰度试验后能自行恢复充电功能。抗扰度试验后，车辆行驶功能正常 部件：部件性能没有降低	
AC或DC电源线浪涌抗扰度	整车试验布置	整车浪涌抗扰试验布置（AC或DC电源线之间，单相） 整车浪涌抗扰试验布置（AC或DC电源线与地线之间，单相） 整车浪涌抗扰试验布置（AC电源线之间，三相）	

（续）

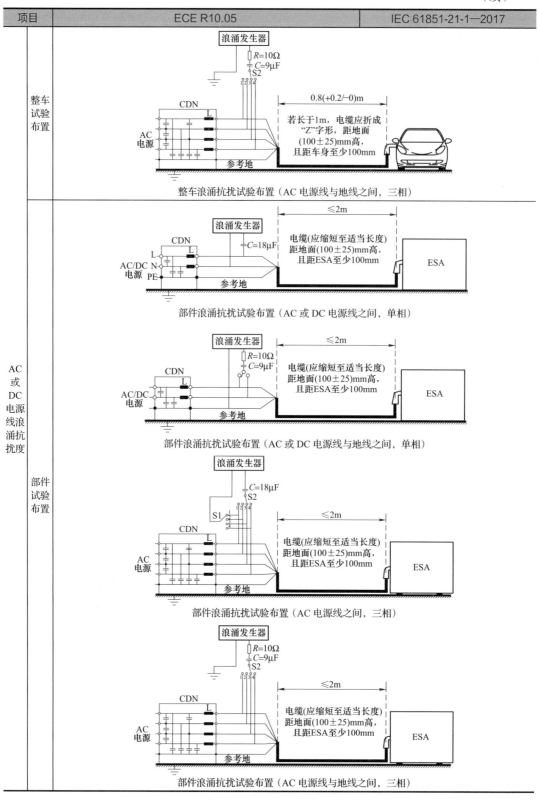

2）无线充电。美国汽车工程师协会于 2016 年 5 月发布 SAE J2954，并于 2017 年 11 月完成修订，该标准主要规定了 PHEV/EV 无线充电互操作性要求和电磁兼容性要求等内容，见表 2-43。此外，国际无线电干扰特别委员会正在组织专家就无线充电相关技术问题研究制定 CISPR 11。我国全国汽车标准化技术委员会电动车辆分技术委员会正在研究制定电动汽车无线充电系统电磁兼容性要求和试验方法。

表 2-43　SAE J2954—2017《轻型 PHEV/EV 无线电力传输与定位方法》

项目		相关内容
范围		该标准规定了轻型 PHEV/EV 无线充电系统互操作性要求、电磁兼容性要求、人体暴露要求、安全要求等
整车电磁兼容性要求和试验方法	电磁辐射 限值要求及试验布置	无意发射：限值要求按照 FCC Part 15，Subpart B 执行 有意发射：有意发射推荐限值如下图所示 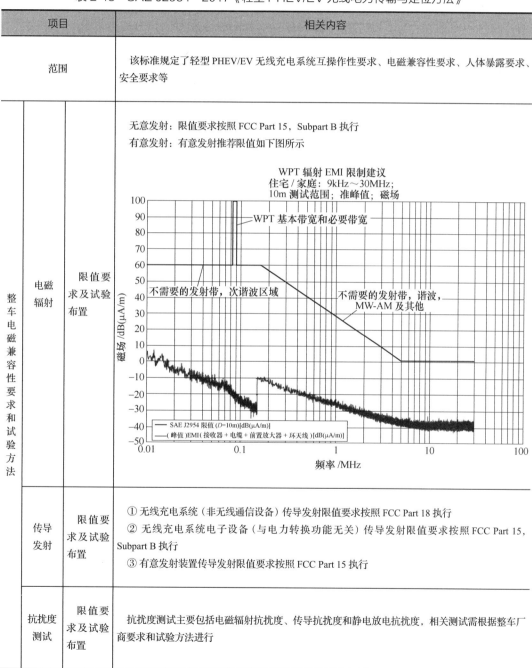
	传导发射 限值要求及试验布置	① 无线充电系统（非无线通信设备）传导发射限值要求按照 FCC Part 18 执行 ② 无线充电系统电子设备（与电力转换功能无关）传导发射限值要求按照 FCC Part 15，Subpart B 执行 ③ 有意发射装置传导发射限值要求按照 FCC Part 15 执行
	抗扰度测试 限值要求及试验布置	抗扰度测试主要包括电磁辐射抗扰度、传导抗扰度和静电放电抗扰度，相关测试需根据整车厂商要求和试验方法进行

（续）

项目			相关内容		
	对象	项目	参考标准	居民区限值	工业区限值
部件电磁兼容性要求和试验方法 电磁干扰	AC电源	谐波	IEC 61000-3-2（<16A） IEC 61000-3-12（<75A）	A类限值	
		电压波动和闪烁	IEC 61000-3-3（<16A） IEC 61000-3-11（<75A）	$P_{st} < 1.0$ $P_{lt} < 0.6$ $d_{max} < 4\% \sim 7\%$ $d(t) > 3.3\%$，时间不大于500ms	
		传导发射	FCC 18/15	150kHz～30MHz	
	通信线	传导发射	FCC 15	150kHz～30MHz	
	无线充电系统	辐射发射	FCC 18 FCC 15	9kHz～30MHz 30MHz～xGHz	
电磁抗扰	AC电源	传导抗扰	IEC 61000-4-6	150kHz～80MHz 30V/m	
		EFT	IEC 61000-4-4	1kV（5/50ns，100kHz）	2kV（5/50ns，100kHz）
		浪涌	IEC 61000-6-2 (IEC 61000-4-5)	线-线：1kV 线-地：2kV	
		电压暂降和短时中断	IEC 61000-4-11（<16A） IEC 61000-4-34（>16A）	30%，25周期 60%，10周期 >95%，1周期 100%，250周期	
		谐波失真	EN 60204-1	均方根电压总谐波失真<10%（2～5次谐波）	
	信号线	浪涌	IEC 61000-6-2 (IEC 61000-4-5)	线-地：1kV	
	无线充电系统	辐射抗扰	IEC 61000-4-3	80MHz～1GHz，30V/m 1～4.2GHz，3V/m 2～2.7GHz，3V/m	
		磁场抗扰	IEC 61000-4-8	30A/m	100A/m
		ESD	IEC 61000-4-2	空气放电试验电压：8kV 接触放电试验电压：4kV	

2. 噪声

目前电动汽车（包含纯电动汽车、混合动力电动汽车、燃料电池电动汽车）适用的环境噪声标准主要为 GB 1495—2002《汽车加速行驶车外噪声限值及测量方法》，而 GB 16170—1996《汽车定置噪声限值》与 GB/T 14365—2017《声学 机动车辆定置噪声声压级测量方法》由于主要针对的是汽车定置时的发动机及排气系统噪声，所以并不适用于纯电动汽车。

GB 1495—2002《汽车加速行驶车外噪声限值及测量方法》并没有专门针对电动汽车的内容，电动汽车与传统汽车采用相同的测量方法与限值体系不便于该标准的实施和执行。GB/T 18388—2005《电动汽车 定型试验规程》将电动汽车的测试方法明确为"电动汽车在做车外噪声试验时在参照 GB 1495—2002《汽车加速行驶车外噪声限值及测量方法》的同时做如下变动：如果电动汽车装有手动变速器，试验车辆由生产厂家自行决定入线档位，入线速度为 50km/h。如果电动汽车装有自动变速器，自动变速器装有手动选档器，则应使选档器处于制造厂为正常行驶而推荐的位置来进行测量，入线速度为 50km/h。无级变速的电动汽车入线速度为 50km/h。"

目前，生态环境部正在组织 GB 1495 标准的修订工作，相应技术工作由中国汽车技术研究中心有限公司开展，新修订的标准送审稿中，对于电动汽车功率明确为峰值功率，同时对于多电机汽车的参考点、电动汽车扩展条件、档位及试验条件选择等内容进行了全面增加，这将有利于纯电动汽车依据 GB 1495 标准开展型式检验及相关试验认证。

3. 挥发性有机化合物（VOC）

汽车 VOC 污染主要由汽车零部件和内饰材料中所含有害物质的释放产生。汽车内部 VOC 污染主要包括苯、甲苯、二甲苯、甲醛等。汽车内部难闻异味主要来源于车内材料释放的挥发性物质。

VOC 对人身健康的常见危害表现为：引起心脏病、哮喘等慢性疾病；引起气喘、皮肤等急性疾病；导致食欲不振、恶心等不适反应。总挥发性有机物会引起机体免疫功能失调，严重时可损伤肝脏和造血系统。甲醛被世界卫生组织确定为可致癌物质，对神经系统、免疫系统、肝脏等均有毒害，而短时间内吸入大量苯会导致急性中毒，主要表现为神经系统症状。

目前 VOC 污染已成为公认的威胁人体健康的严重环境污染，引起了相关部门的广泛关注，开展了大量的基础研究工作，制定并实施了汽车 VOC 检测相关标准、法规。表 2-44 列出了一些主要国家关于 VOC 检测的相关标准。

表 2-44 主要国家关于 VOC 检测的相关标准

国家或国际标准化组织	标准号及标准名称	发布时间
ISO	ISO 12219-1《道路车辆的内部空气—第 1 部分：整车试验室——测定车厢内部挥发性有机化合物的规范与方法》 ISO 12219-2《道路车辆的内部空气—第 2 部分：测定来自车辆内部零件和材料的挥发性有机化合物排放的筛选法——袋子法》 ISO 12219-3《道路车辆的内部空气—第 3 部分：测定来自车辆内部零件和材料的挥发性有机化合物排放的筛选法——微室法》	2012 年
中国	HJ/T 400《车内挥发性有机物和醛酮类物质采样测定方法》 GB/T 27630《乘用车内空气质量评价指南》	2007 年 2011 年
欧盟	REACH 法规《关于化学品注册、评估、许可和限制法规》	2007 年
日本	JASO M 902《汽车内饰件挥发性有机化合物（VOC）测试方法》	2007 年
韩国	《新规制作汽车的室内空气质量管理标准》	2007 年
俄罗斯	GOSTR 51206《车内空气污染物评价标准及测试方法》	2004 年

目前，我国出台的有关汽车 VOC 的直接标准主要有两个，即 HJ/T 400《车内挥发性有机物和醛酮类物质采样测定方法》和 GB/T 27630《乘用车内空气质量评价指南》。HJ/T 400 规定了 M 类（载客）车辆和 N 类（载货）车辆车内挥发性有机物和醛酮类物质的采样和测定方法，GB/T 27630 规定了乘用车内空气中有机物浓度要求，见表 2-45。

表 2-45　乘用车内空气中有机物浓度要求

序号	项目	浓度要求 / (mg/m^3)
1	苯	≤ 0.11
2	甲苯	≤ 1.10
3	二甲苯	≤ 1.50
4	乙苯	≤ 1.50
5	苯乙烯	≤ 0.26
6	甲醛	≤ 0.10
7	乙醛	≤ 0.05
8	丙烯醛	≤ 0.05

表 2-46 列出了中国、韩国和日本三国在标准限值方面的差异。

表 2-46　中国、韩国和日本三国在标准限值方面的差异

控制物质	中国	韩国	日本
甲醛	100	250	100
乙醛	50	—	48
丙烯醛	50	—	—
苯	110	30	—
甲苯	1100	1000	260
乙苯	1500	1600	3800
二甲苯	1500	870	870
苯乙烯	260	300	260

标准实施后效果显著，有相关科研机构根据 2009—2015 年间对苯、甲苯、二甲苯、乙苯、甲醛、乙醛六种物质的跟踪调查结果，将标准限值、2009 年浓度水平、2015 年浓度水平进行了一个横向比较，比较发现标准实施后，空气中六种 VOC 物质的浓度值从 2009—2015 年有了大幅度下降，如图 2-16 所示。

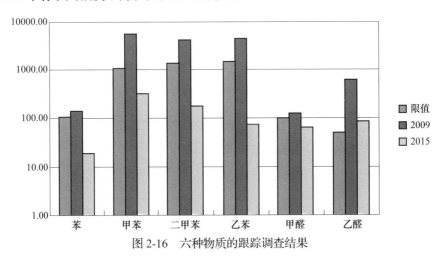

图 2-16　六种物质的跟踪调查结果

在雾霾天气连续出现的情况下，汽车 VOC 质量需要得到法律更大力度的监管，因此应建立健全以预防为主的国家环境与健康政策法规。由于汽车内外饰均会产生大量 VOC，是大气环境污染不可忽视的因子，因此国家不仅需要在技术层面进行规范，更需要保障监

督管理措施及控制技术的有效支持。

2.3.2 混合动力电动汽车

混合动力电动汽车分为可外接充电式混合动力电动汽车（插电式混合动力电动汽车属于此类型）和不可外接充电式混合动力电动汽车。混合动力电动汽车整车标准包含整车的定型与技术条件、动力性、经济性、安全性和排放等相关技术内容。

2.3.2.1 定型试验规程与技术条件

与纯电动汽车一样，混合动力电动汽车的定型与技术条件类标准也是为了配合主管部门对汽车产业的管理与准入。

混合动力电动汽车定型与技术条件相关标准见表2-47。

表2-47 混合动力电动汽车定型与技术条件相关标准

序号	标准类别	标准号与标准名称	该领域国际标准
1	定型试验规程	GB/T 19750—2005《混合动力电动汽车 定型试验规程》	无
2	技术条件	GB/T 32694—2016《插电式混合动力电动乘用车 技术条件》	无
3		GB/T 34598—2017《插电式混合动力电动商用车 技术条件》	无

1. 定型试验规程

混合动力电动汽车定型试验规程涉及的国内标准为GB/T 19750—2005《混合动力电动汽车 定型试验规程》。

1）概览。该标准规定了混合动力电动汽车新产品设计定型试验的实施条件、试验项目、试验方法、判定依据和试验报告的内容。

2）适用范围。该标准适用于混合动力电动汽车。

3）试验项目、试验方法和评定依据。试验项目由强制性标准检验、整车性能试验和整车试验场可靠性行驶试验3部分组成。改装车的试验项目应根据具体变化确定具体的试验项目，凡因改装而引起变化的项目都应该进行试（检）验。

① 强制性标准检验。强制性标准的检测项目共54项。其中针对车外噪声，风窗玻璃除霜、除雾3项试验方法进行如下修正。

a. 如果混合动力电动汽车装有手动变速器，试验车辆由生产厂家自行决定入线档位，入线速度为50km/h，如果混合动力电动汽车装有自动变速器，自动变速器装有手动选档器，则应使选档器处于制造厂为正常行驶而推荐的位置来进行测量，入线速度为50km/h。无级变速的混合动力电动汽车入线速度为50km/h。

b. 混合动力电动汽车在做风窗玻璃除雾系统试验时，对发动机参与除雾工作的混合动力电动汽车按照GB 11555—1994《汽车风窗玻璃除雾系统的性能要求及试验方法》进行，对发动机不参与除雾工作的混合动力电动汽车，只要求打开主电路开关，不限制发动机是否起动。

c. 混合动力电动汽车在做风窗玻璃除霜系统试验时，对发动机参与除霜工作的混合动力电动汽车按照 GB 11556—1994《汽车风窗玻璃除霜系统的性能要求及试验方法》进行，对发动机不参与除霜工作的混合动力电动汽车，只要求打开主电路开关，不限制发动机是否起动。

② 整车性能试验。试验项目按照产品技术条件进行评定。

a. 整车基本参数和主要性能测试。整车基本参数测量方法按 GB/T 12673、GB/T 12674 及 GB/T 12538 进行。

b. 混合动力电动汽车专项性能试验。

Ⅰ. 车辆的安全要求应按 GB/T 19751《混合动力电动汽车安全要求》进行测量。

Ⅱ. 车辆的动力性能应按 GB/T 19752《混合动力电动汽车 动力性能 试验方法》进行测量。

Ⅲ. 车辆的排气污染物应按 GB/T 19755《轻型混合动力电动汽车 污染物排放测量方法》进行测量。

Ⅳ. 车辆的能量消耗量应按 GB/T 19753《轻型混合动力电动汽车 能量消耗量 试验方法》和 GB/T 19754《重型混合动力电动汽车 能量消耗量 试验方法》进行测量。

③ 可靠性行驶试验。

a. 混合动力电动汽车的可靠性行驶试验应在国家授权的试验场地内进行。

Ⅰ. 全新设计的混合动力电动汽车按相应传统车辆进行可靠性行驶试验。

Ⅱ. 改装车可靠性行驶试验的总里程为 15000km，总质量小于 3500kg 的车辆里程分配为强化坏路 3000km，平路 2000km，高速跑道 5000km，耐久工况 5000km；总质量大于 3500kg 的车辆里程分配为强化坏路 3000km，平路 2000km，高速跑道 5000km，运行使用试验 5000km。

b. 耐久工况试验说明。耐久工况试验在跑道、道路或转鼓试验台上的运行过程中，行驶里程应符合图 2-17 所示的行驶规范。

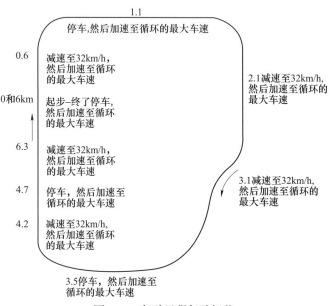

图 2-17 行驶里程行驶规范

Ⅰ. 试验规范由 11 个循环组成，每个循环的行驶里程为 6km。

Ⅱ. 在前 9 个循环中，汽车在每一循环中途停车 4 次，每次发动机怠速 15s。

Ⅲ. 正常的加速和减速。

Ⅳ. 每个循环中途，有 5 次减速，车速从循环速度减速到 32km/h，然后，汽车再逐渐加速到循环车速。

Ⅴ. 第 10 个循环，汽车在 89km/h 等速下运行。

Ⅵ. 第 11 个循环的开始，汽车从停止点以最大加速度加速到 113km/h。到该循环里程一半时，正常使用制动器，直至汽车停止。随之 15s 的怠速和第 2 次最大加速。

然后重新开始此规范。每个循环的最大车速在表 2-48 中给出。

表 2-48 每个循环的最大车速

循环编号	1	2	3	4	5	6
循环车速/（km/h）	64	48	64	64	56	48
循环编号	7	8	9	10	11	—
循环车速/（km/h）	56	72	56	89	113	—

4）试验终止的条件。在试验过程中发现下列情况之一时，试验单位应终止试验。

① 需要做较大变更方能符合强制性标准（见 GB/T 19750—2005 附录 A）检测项目的要求。

② 转向、制动系统的效能不能确保行车安全。

③ 样车性能指标与产品技术条件差距较大。

④ 车架、车身及其承载系统出现断裂或开裂，试验无法进行。

⑤ 电池系统、电机及其控制系统、动力系统、车载充电系统出现严重问题或频繁出现问题无法试验。

⑥ 试验单位认为必须终止试验的其他情况。

2. 混合动力电动汽车技术条件

（1）GB/T 32694—2016《插电式混合动力电动乘用车 技术条件》

1）概览。该标准规定了插电式（含增程式）混合动力电动乘用车的技术要求。

2）适用范围。该标准适用于可外接充电的、具有纯电驱动功能的 M_1 类混合动力电动汽车。

3）要求。

① 一般要求。车辆应按照经过规定程序批准的图样及设计文件制造。

车辆在纯电驱动模式行驶且车速低于 20km/h 时，应能发出给车外人员适当提示性的声响。

除应满足乘用车相关标准要求外，车辆还应满足以下②～⑤的要求。

② 燃料消耗量及排放。按照 GB/T 19753 测得的燃料消耗量的加权平均值应不大于 GB 19578 中对应车型燃料消耗量限值的 50%。按照 GB/T 19755 的方法进行排放试验，其结果应满足 GB 18352 的要求。

③ 充电接口及通信。根据充电方式不同，其充电接口应满足 GB/T 20234.1、GB/T 20234.2 和 GB/T 20234.3 的相应要求。直流充电通信协议应满足 GB/T 27930 的要求。

④ 特殊安全要求。车辆应满足 GB/T 18384 和 GB/T 31498 规定的特殊安全要求。

⑤ 纯电驱动模式续驶里程。按照下面试验程序测得的纯电驱动模式续驶里程应不小于 50km。

a. 试验条件。

Ⅰ. 车辆条件。轮胎气压应在环境温度下充至汽车制造厂规定值，所使用的润滑油黏度应符合汽车制造厂的技术要求。除测试或车辆日间正常行驶所需的装置外，其他照明、光信号与辅助装置均应关闭。所有非用于牵引用途的储能系统均应达到制造厂规定的最大值（电能、液压、气压等）。

在试验前，车辆应于 20～30℃ 的温度条件下、在室内放置至少 6h，直到发动机的润滑油和冷却液温度与室温的差在 ±2℃ 范围内。浸车期间，完成对储能装置的完全充电。

试验前七天内，车辆应至少行驶 300km；行驶中应使用受试车辆上所安装的动力电池。

Ⅱ. 气候条件。试验如在室外进行，环境温度应在 5～32℃ 之间；试验如在室内进行，环境温度应在 20～30℃ 之间。

b. 初始充电程序。电池初始充电程序按照 GB/T 19753 的方法进行。

c. 试验加载。车辆应按 GB 18352 规定的程序进行加载。

d. 试验循环。试验循环应按 GB 18352 的规定，由 4 个市区循环和 1 个市郊循环程序组成。

如果车辆具有几种不同的运行模式（运动型、舒适型、经济型等），则试验按照厂家推荐的模式进行。续驶里程、排放、能耗测量采用相同的行驶模式。

在各步骤之间，如需移动车辆，应不使用制动能量回收充电。

e. 纯电驱动模式续驶里程测量。按照试验循环规定行驶，直到发动机起动，纯电驱动模式续驶里程测量结束，车辆行驶的距离为纯电驱动模式续驶里程，结果应四舍五入至最近整数位。

⑥ 安装在车辆上的动力电池的要求。动力电池应分别符合 GB/T 31467.3、GB/T 31484、GB/T 31485 和 GB/T 31486 的要求。

2. GB/T 34598—2017《插电式混合动力电动商用车 技术条件》

1）概览。该标准规定了插电式混合动力电动商用车的术语和定义、要求及试验方法。

2）适用范围。该标准适用于插电式混合动力电动商用车。

3）要求及试验方法。

① 通则。车辆应按照经过规定程序批准的图样及设计文件制造。

车辆应符合国家相关标准和文件的要求。

② 外廓尺寸、轴荷及质量限值。车辆的外廓尺寸、轴荷及质量限值应符合 GB 1589 的要求。

③ 燃料消耗量及排放。最大设计总质量超过 3500kg 的 M_2、M_3、N_2、N_3 类车辆按照 GB/T 19754 进行燃料消耗量测试，其混合动力模式下燃料消耗量（不含电能转化的燃料消

耗量）应小于 GB 30510 中对应限值的 65%。

最大设计总质量不超过 3500kg 的 M_2、N_1 类车辆按照 GB/T 19753 进行燃料消耗量测试，其混合动力模式下燃料消耗量（不含电能转化的燃料消耗量）应小于 GB 20997 中对应限值的 65%。

M_2、M_3、N_2、N_3 类车辆排放应满足 GB 17691 的试验方法和要求（采用汽油点燃式的车辆排放应满足 GB 14762 的要求），N_1 类车辆按照 GB/T 19755 进行排放试验，其结果应满足 GB 18352 的要求。

④ 充电接口及通信。根据车辆的充电方式，其充电接口应满足 GB/T 20234 的相应要求。直流充电通信协议应满足 GB/T 27930 的要求。

⑤ 动力电池。动力电池应满足如下的要求：

a. 车辆的动力电池不应采用铅酸电池。

b. 循环寿命、安全、电性能应符合国家相关规定的要求。

⑥ 整车安全要求。车辆应符合 GB/T 18384 的规定，其余安全要求应符合 GB 7258 的规定。

N_1 类车辆应该满足 GB/T 31498 的要求，同时 N_1 类车辆在设计时应考虑车辆起动、车速低于 20km/h 时，能够给车外人员发出适当的提示性声响。

⑦ 纯电驱动模式续驶里程。N_1 类车辆按照 GB/T 18386 的工况法进行试验（含市郊循环工况），续驶里程应不低于 50km；M_2、M_3、N_2、N_3 类采用 GB/T 18386 的等速法进行试验，续驶里程应不低于 50km。

⑧ 可靠性要求。

a. 里程分配。可靠性行驶试验的总里程，按照 GB/T 19750—2005 中 4.3 的规定。

可靠性试验应在混合动力模式和/或纯电动模式下进行，其中纯电动模式下行驶里程不低于 10000km。

可靠性行驶试验前的各试验间的行驶里程等可计入可靠性试验里程。

b. 故障。整个可靠性试验过程中，整车控制器及总线系统、发动机及控制器、动力电池及管理系统、电机及电机控制器、车载充电系统（如果有）等系统和设备不应出现危及人身安全、引起主要总成报废、对周围环境造成严重危害的故障（致命故障）；也不应出现影响行车安全、引起主要零部件和总成严重损坏或用易损备件和随车工具不能在短时间内排除的故障（严重故障）。

其他系统和零部件参照相关标准的要求考核。

c. 车辆维护。车辆的正常维护和充电应按照车辆制造厂的规定。

整个行驶试验期间，不应更换动力系统的关键部件，如电机及其控制器、动力电池及管理系统、车载充电系统（如果有）等。

2.3.2.2 动力性（最高车速、加速及爬坡性能）

混合动力电动汽车的动力性表征了汽车的基本性能，与电动汽车动力性相似，较传统汽车增加了"30min 最高车速"而删除了"最低稳定车速"的试验项目。

混合动力电动汽车动力性涉及的国内外相关标准见表 2-49。

表 2-49　混合动力电动汽车动力性涉及的国内外相关标准

标准号与标准名称	该领域国际标准
GB/T 19752—2005《混合动力电动汽车 动力性能 试验方法》	European Standard EN 1821-2 : 2000 Electrically propelled road vehicles—Measurement of road operating ability—Part 2 : Thermal electric hybrid vehicles 电动车辆道路性能试验方法—第 2 部分：热力、电力混合动力电动汽车

混合动力电动汽车动力性涉及的国内标准为 GB/T 19752—2005《混合动力电动汽车动力性能　试验方法》。

1）概览。该标准参照欧洲标准 EN 1821-2《电动车辆道路性能试验方法—第 2 部分：热力、电力混合动力电动汽车》和美国行业推荐标准 ETA-TP002《混合动力电动汽车　加速、爬坡性能和减速试验规程》制定。

该标准规定了混合动力电动汽车动力性能试验方法。

2）适用范围。该标准适用于 GB/T 15089 所定义的 M_1、M_2、M_3、N_1、N_2、N_3 型的混合动力车辆。

3）试验原则。如果试验车辆具有纯电动模式，并能够按照 GB/T 18385 的要求进行动力性能试验，则进行该车的纯电动模式下的动力性能试验，否则，试验车辆可以不做纯电动模式下的动力性能试验或者减去不能做的试验项目。

4）试验条件。

① 试验车辆状态同 GB/T 18385—2005 中 4.1 的规定。

② 环境条件同 GB/T 18385—2005 中 4.2 的规定。

③ 道路条件中直线道路、环形道路和单向试验同 GB/T 18385—2005 中 4.4 的规定，同时增加了试验坡道的要求：坡道长不小于 25m，坡前应有 8～10m 的平直路段，坡度大于或等于 30% 的路面用水泥铺装，小于 30% 的坡道可用沥青铺装，在坡道中部设置 10m 的测速段。允许以表面平整、坚实、坡道均匀的自然坡道代替。大于 40% 的纵坡必须设置安全保险装置。

试验车辆准备同 GB/T 18385—2005 中第 5 章的规定。

5）试验方法。

① 混合动力模式下的最高车速同 GB/T 18385—2005 中 7.3 的规定。

② 纯电动模式下的最高车速参照 GB/T 18385—2005 中 7.3 的规定进行。

③ 混合动力模式下 0～100km/h（对于最高车速在 110km/h 以下的混合动力汽车，可测试 0～50km/h）加速性能试验流程同 GB/T 18385—2005 中 7.5.1.1 的规定，仅调整速度区间即可。

④ 纯电动模式下 0～50km/h 加速性能参照 GB/T 18385—2005 中 7.5.1.1 的规定进行。

⑤ 纯电动模式下的爬坡车速参照 GB/T 18385—2005 中 7.6 的规定进行。

⑥ 混合动力模式下的爬坡车速同 GB/T 18385—2005 中 7.6 的规定。

⑦ 混合动力模式下的 30min 最高车速同 GB/T 18385—2005 中 7.1 的规定。

⑧ 纯电动模式下的坡道起步能力参照 GB/T 18385—2005 中 7.7 的规定进行。

⑨ 混合动力模式下的坡道起步能力同 GB/T 18385—2005 中 7.7 的规定。

⑩ 混合动力模式下的最大爬坡度。

a. 将试验车辆加载到最大设计总质量，增加的载荷应均匀地分布在乘客座椅上及货箱内。

b. 将试验车辆停于接近坡道的平直路段上。

c. 使用最低档起步，将加速踏板踩到底进行爬坡。

d. 爬坡过程中监测各种仪表的工作情况；爬到坡顶后，停车检查各部位有无异常现象发生，并做详细记录。如果第一次爬不上，可以进行第二次，但是不能超过2次。

e. 爬不上坡时，测量停车点（后轮接地中心）到坡底的距离，并记录爬不上的原因。

f. 如果没有厂方规定的坡道，可增减装载质量或采用较高一档（如Ⅱ档）进行试验，再按照以下公式计算最低档的最大爬坡度：

$$\alpha_m = \arcsin\left(\frac{M}{M_a}\frac{i_1}{i_a}\sin\alpha_a\right)$$

式中　α_m——最大爬坡度对应的坡度角；

　　　M——汽车实际总质量（kg）；

　　　M_a——汽车厂定最大总质量（kg）；

　　　i_1——最低档传动比；

　　　i_a——实际传动比；

　　　α_a——试验时实际坡度角。

求得 α_m 后，最大爬坡度为 $\tan\alpha_m \times 100\%$，爬坡的平均车速为 $V=36/t$（t 为通过测试路段的时间，单位为 s）。

6）国内外标准法规对比。目前，国际的主流标准法规中，与该标准对应的为 DIN EN 1821-2：2000，表2-50列出了两项标准的技术性差异及其原因。

表2-50　GB/T 19752—2005 与 DIN EN 1821-2：2000 的对比

项目		GB/T 19752—2005 与 DIN EN 1821-2：2000 的技术性差异	原因
试验条件	道路要求	规定了试验坡道的要求	进一步规范试验条件，保障试验结果的科学性
试验方法	爬坡车速	增加了12%坡度的爬坡试验	我国的路况更为复杂，4%坡度不能较为全面地覆盖道路特征
	坡道起步能力	增加了"选定的坡道上应至少有10m的测量区和足够的起步区域"	试验道路的规范更为严谨
	最大爬坡度	增加了最大爬坡度试验	我国存在一些环境较为恶劣的道路特征，增加此项试验可以为车辆具体的应用场景提供参考
	试验报告	无相关要求	DIN EN 1821-2试验报告的格式与 GB/T 18385—2005 不一致，而 GB/T 19752—2005 与 GB/T 18385—2005 有着很大的相关度，因此不建议采取不同的形式

2.3.2.3　经济性（能量消耗量和续驶里程）

混合动力电动汽车能量消耗量试验方法相对于传统汽车和纯电动汽车较为复杂，不可外接充电式混合动力电动汽车能耗试验方法接近传统汽车，能耗测量结果也是按百公里油耗计算的，可以与传统汽车相比较。可外接充电式混合动力电动汽车能耗测量结果包含了百公里油耗与每公里电耗，是不同量纲的混合结果。

混合动力电动汽车经济性涉及的国内外相关标准见表2-51。

表2-51　混合动力电动汽车经济性涉及的国内外相关标准

序号	标准号与标准名称	该领域国际标准
1	GB/T 19753—2013《轻型混合动力电动汽车能量消耗量试验方法》	ECE Addendum 100：Regulation No. 101 Uniform provisions concerning the approval of passenger cars powered by an internal combustion engine only, or powered by a hybrid electric power train with regard to the measurement of the emission of carbon dioxide and fuel consumption and/or the measurement of electric energy consumption and electric range, and of categories M_1 and N_1 vehicles powered by an electric power train only with regard to the measurement of electric energy consumption and electric range 就CO_2和燃料消耗量的测量方面批准仅装有内燃机的乘用车或混合动力电动乘用车，和就仅电驱动乘用车消耗量与续驶里程的测量方面批准的M_1和N_1类车辆的统一规定
		ISO 23274-1：2013 Hybrid-electric road vehicles—Exhaust emissions and fuel consumption measurements—Part 1：Non-externally chargeable vehicles 混合动力电动汽车—废气排放和燃料消耗量测量—第1部分：不可外接充电式车辆
		ISO 23274-2：2012 Hybrid-electric road vehicles—Exhaust emissions and fuel consumption measurements—Part 2：Externally chargeable vehicles 混合动力电动汽车—废气排放和燃料消耗量测量—第2部分：可外接充电式车辆
		SAE J1711：2010 Recommended Practice for Measuring the Exhaust Emissions and Fuel Economy of Hybrid-Electric Vehicles, Including Plug-in Hybrid Vehicles 混合动力电动汽车废气排放和燃料经济性推荐规程，含插电式混合动力电动汽车
2	GB/T 19754—2015《重型混合动力电动汽车能量消耗量试验方法》	SAE J2711：2002 Recommended Practice for Measuring Fuel Economy and Emissions of Hybrid-Electric and Conventional Heavy-Duty Vehicles 混合动力电动汽车和传统重型车辆燃料经济性和排放推荐规程

1. GB/T 19753—2013《轻型混合动力电动汽车能量消耗量试验方法》

（1）概览　GB/T 19753—2013《轻型混合动力电动汽车能量消耗量试验方法》是参照联合国欧洲经济委员会（ECE）2009年11月9日提出的ECE R101. 修订2-修改2-附录8中关于混合动力电动汽车能量消耗量试验方法方面的部分技术内容而制定的。

该标准规定了装用点燃式发动机或装用压燃式发动机的轻型混合动力电动汽车能量消耗量的试验方法。

（2）适用范围　该标准适用于装用点燃式发动机或压燃式发动机的、最大总质量不超过3500kg的M_1类、M_2类和N_1类混合动力电动汽车。

（3）混合动力电动汽车分类　该标准中按照储能装置是否需要外接充电、车辆是否具有行驶模式手动选择功能，将混合动力电动汽车按充电方式分为4类，见表2-52。

表2-52　按充电方式的混合动力电动汽车分类

储能装置外接充电功能	可外接充电（OVC）①		不可外接充电（NOVC）	
行驶模式手动选择功能	无	有	无	有
对应的混合动力电动汽车车型	可外接充电、无行驶模式手动选择功能	可外接充电、有行驶模式手动选择功能	不可外接充电、无行驶模式手动选择功能	不可外接充电、有行驶模式手动选择功能

① 仅当制造厂在其生产说明书中或以其他明确的方式推荐或要求定期进行车外充电时，混合动力电动汽车方可认为是"可外接充电"的。仅用来不定期的储能装置电量调节而非用作常规的车外能量补充，即使有车外充电能力，也不认为是"可外接充电"的车型。

（4）车辆状态要求

1）试验车辆应按制造厂的规范进行磨合，并且在试验前的 7 天内建议至少行驶 300km。

2）车辆轮胎压力应调整到制造厂规定的压力值。

3）车辆加载应符合 GB 18352.3 的有关规定。

（5）试验工况及底盘测功机试验规范　试验工况采用了 GB 18352.3—2005 规定的 NEDC 行驶工况。标准规定的能量消耗量试验方法并不局限于 NEDC 行驶工况，如果需要按某一行驶工况进行能量消耗量试验，应探讨 GB/T 19753—2013 中规定的测功机设置、车辆处理和试验程序的适应性，如该行驶工况有明确规定（行驶循环、换档处理等），原则上考虑采用。能量消耗量计算和结果处理按 GB/T 19753—2013 中规定的方法执行。

底盘测功机的调整、试验工况运行、换档以及取样等参照 GB 18352.3—2005 中的有关规定。

（6）可外接充电的混合动力电动汽车　试验应分别在以下条件进行：

——条件 A：储能装置处于充电终止的最高荷电状态。

——条件 B：储能装置处于运行放电结束的最低荷电状态。

其中，对于有行驶模式手动选择功能的混合动力电动汽车，按表 2-53 确定行驶模式。

表 2-53　有行驶模式手动选择功能的混合动力电动汽车行驶模式

荷电状态	行驶模式			
	——纯电动 ——混合动力	——发动机 ——混合动力	——纯电动 ——发动机 ——混合动力	——混合动力模式 n[①] ——混合动力模式 m[①]
条件 A	混合动力	混合动力	混合动力	最大电力消耗模式[②]
条件 B	混合动力	发动机	发动机	最大燃料消耗模式[③]

① 例如：运动型、经济型、市区运行、市郊行驶模式等。

② 最大电力消耗模式：所有可选择的混合动力手动选择模式中，电能消耗量最高的行驶模式。由制造厂提供信息，并与检测部门达成共识。

③ 最大燃料消耗模式：所有可选择的混合动力手动选择模式中，燃料消耗量最高的行驶模式。由制造厂提供信息，并与检测部门达成共识。

1）条件 A。

① 储能装置放电。

a. 如果车辆有纯电动模式选择功能，行驶模式开关置于纯电动位置，车辆以纯电动 30min 最高车速的 70%±5% 的稳定车速在试验跑道上行驶或在底盘测功机上运行，对储能装置放电。满足下列条件之一，放电过程停止：

Ⅰ. 车辆不能以 30min 最高车速的 65% 行驶时。

Ⅱ. 由标准车载仪器指示驾驶人停车。

Ⅲ. 行驶 100km 后。

b. 如果车辆没有纯电动模式选择功能，车辆按下述要求在试验跑道或底盘测功机上行驶，直到满足放电终止条件：

Ⅰ. 车速稳定在（50±2）km/h，直到混合动力电动汽车的发动机自行起动。

Ⅱ. 如果不起动发动机车辆不能达到（50±2）km/h 稳定车速，应降低到保证车辆能够稳定行驶的合适车速，并且在规定的时间／距离（检测机构和制造厂之间确定）内发动机不起动。

Ⅲ. 按照制造厂建议。应将发动机在自行起动后 10s 内停机。

② 车辆处理。

a. 对于装用压燃式发动机的混合动力电动汽车应采用 GB 18352.3—2005 中附录 C 的附件 CA 规定的 2 部循环，连续运行 3 个循环，进行预处理。

b. 对于装用点燃式发动机的混合动力电动汽车应采用 GB 18352.3—2005 中附录 C 的附件 CA 规定的 1 个 1 部和 2 个 2 部循环，进行预处理。

c. 在试验前，车辆应于 20～30℃的温度条件下在室内保温，浸车期间，完成对储能装置的完全充电。在试验前，车辆应于 20～30℃的温度条件下在室内放置至少 6h，直到发动机的润滑油和冷却液温度与室温的差在 ±2℃范围内。

③ 试验程序。

a. 车辆正常起动，按照 GB 18352.3—2005 中附录 C 的规定开始试验。

b. 取样按照 GB 18352.3—2005 中附录 C 的规定进行。

c. 车辆按照 GB 18352.3—2005 中附录 C 的规定运行，如果制造厂对档位变换有特殊的文件规定，GB 18352.3—2005 中附录 C 的附件 CA 对这些车的换档点的要求不适用。可按照 GB 18352.3—2005 附录 C 中 C.2.3 的规定，并结合制造厂的产品使用手册和变速器操作说明进行操作。

d. 下面两种试验方法可选，由生产企业向检测机构提供混合动力车辆的工作原理，并提出选择的试验方法，由检测机构认可后实施：

Ⅰ. 车辆起动前或起动的同时开始取样，并在市郊循环的最后一个怠速段结束后停止取样。

Ⅱ. 车辆起动前或起动的同时开始取样，并连续重复一定数量的循环。在储能设备达到最低荷电状态时的第一个市郊循环最后的怠速结束后停止取样。最低荷电状态由下面的程序确定：

——电量平衡值 Q(Ah) 要在每一个循环中都进行测量。

——储能装置的最低荷电状态是在进行 N 个循环后，如果第 $N+1$ 个循环的放电量小于额定存储值（即电池充满时的储存能力，由制造厂提供）3% 时，认为达到储能装置的最低荷电状态。在制造厂的要求下，可以增加试验循环，并且它们的结果应计入结果的计算中。并应证明每个增加的循环中电量平衡放电值都小于前一个循环。

——在每个循环之间可以允许 10min 的热浸时间，动力系统在此期间应关闭。

④ 测量结果。

a. 按照 GB/T 19233—2008 的计算方法，利用测得的 CO_2、CO 和 HC 排放量，以碳平衡法计算燃料消耗 c_1（L/100km）。

b. 多次循环的试验需求取平均值。

c. 试验结束后 30min 内，对储能装置进行充电。测量并记录从电网获得的电能 e_1（W·h），e_1 即为条件 A 下车辆的电能消耗。

2）条件 B。

① 车辆处理同条件 A。

② 试验程序同条件 A 单次试验的流程。

③ 测量结果。

a. 按照 GB/T 19233—2008 的计算方法，利用测得的 CO_2、CO 和 HC 排放量，以碳平衡法计算燃料消耗 c_2（L/100km）。

b. 试验结束后 30min 内，对储能装置进行充电。测量并记录从电网获得的电能 e_2（W·h）。

c. 按照与条件 A 相同的规定对储能装置进行放电。

d. 再次对储能装置进行充电。测量并记录从电网获得的电能 e_3（W·h）。

e. 条件 B 下，车辆的电能消耗为 $e_4 = e_2 - e_3$（W·h）。

3）试验结果。

① 条件 A 进行单次试验。

燃料消耗量的加权平均值按照下式进行计算：

$$C = \frac{(D_e c_1 + D_{av} c_2)}{D_e + D_{av}}$$

电能消耗量的加权平均值按照下式进行计算：

$$E = \frac{(D_e E_1 + D_{av} E_4)}{D_e + D_{av}}$$

式中　D_e——纯电动续驶里程（km）；

　　　D_{av}——25km（假设的储能装置两次充电之间的平均行驶里程）；

　　　E_1——条件 A 试验所得电能消耗量（W·h/km），$E_1 = e_1/D_{test1}$；

　　　E_4——条件 B 试验所得电能消耗量（W·h/km），$E_4 = e_4/D_{test2}$。

　　　D_{test1}——条件 A 试验中车辆实际行驶的距离（km）；

　　　D_{test2}——条件 B 试验中车辆实际行驶的距离（km）。

② 条件 A 进行多次试验。

燃料消耗量的加权平均值按照下式进行计算：

$$C = \frac{(D_{ovc} c_1 + D_{av} c_2)}{D_{ovc} + D_{av}}$$

电能消耗量的加权平均值按照下式进行计算：

$$E = \frac{(D_{ovc} E_1 + D_{av} E_4)}{D_{ovc} + D_{av}}$$

式中　D_{ovc}——OVC 续驶里程（km）。

4）纯电动及 OVC 续驶里程的测量方法。试验前的准备及试验流程同条件 A 的相关规定。

① 进行循环行驶、测量纯电动续驶里程。当车速达不到（50±2）km/h 目标曲线，或车载仪器提示驾驶人停车，或当发动机起动时，则达到试验结束条件。需释放加速踏板，不踩制动踏板，使车辆减速到 5km/h，然后才制动停车。

当车速超过 50km/h 时，当车辆达不到要求的加速度或试验循环规定的车速时，加速踏板应保持完全踩下直到重新达到标准曲线要求。

如果出现试验结束条件之一时，结束试验。

出于对人员的考虑，试验期间可以有 3 次停车，总时间不超过 15min。

结束时，测量的行驶里程 D_e 即为混合动力电动汽车的纯电动续驶里程（单位为 km），结果应圆整到整数。

② 进行循环行驶、测量 OVC 续驶里程。试验流程及试验结束条件同条件 A 多次试验的规定。

（7）不可外接充电的混合动力电动汽车　如果车辆有行驶模式手动选择功能，试验时应选择车辆的默认行驶模式，制造厂提供相关信息，并由检测部门进行确认。

1）车辆处理。车辆应至少进行两个连续的、完整的、按照 GB 18352.3—2005 中附录 C 的附件 CA 规定的运行循环（1 个 1 部和 1 个 2 部），进行预处理。同时按照下述相同的方法测量 CO_2 排放量和电量平衡值，并计算燃料消耗量和电能平衡值 ΔE_{batt}（MJ）。

在试验前，车辆应于 20～30℃的温度条件下在室内放置至少 6h，直到发动机的润滑油和冷却液温度与室温的差在 ±2℃范围内。

2）试验程序。试验流程同可外接充电的混合动力电动汽车，通过碳平衡法得到燃料消耗量 c(L/100km)。同时在试验过程中，需要针对不同的储能装置进行相关参数的测量。

① 如果储能装置为化学蓄电池（或电量特性类似的储能系统，如飞轮电池），需测量试验过程中的电量平衡值 Q(Ah)，并计算所对应的电能平衡值 ΔE_{batt}（MJ），ΔE_{batt} = 0.0036× 电量平衡值 Q(Ah)× 电池的额定电压（V）。

② 如果储能装置为超级电容器，需测量试验起始电压 $V_{initial}$（V）和终了电压 V_{final}（V），并计算试验过程的电能平衡值 $\Delta E_{storage}$（MJ），$\Delta E_{storage} = 0.0036 \times \left[\frac{1}{2} \times C \left(V_{final}^2 - V_{initial}^2\right)\right]$，$C$ 为额定电容（F）。

3）试验结果。该试验测量所得燃料消耗量 c（L/100km），需要用储能装置的电能平衡值 $\Delta E_{storage}$ 结合制造厂提供的燃料消耗量修正系数 K_{fuel} 进行计算修正。修正后的燃料消耗量 c_0（L/100km）对应于电能平衡点（$\Delta E_{storage} = 0$）。燃料消耗量修正系数 K_{fuel} 由制造厂在完成 n 次测量后，通过线性回归得到。

① 燃料消耗量结果的计算。

a. 如果在一个试验循环中，$|\Delta E_{batt}|$ 或 $|\Delta E_{storage}|$ 小于消耗燃料能量的 1%，试验结果不需要修正。消耗燃料能量（NIT）= 燃料消耗（L）× 比重（kg/L）× 低热值（MJ/kg）。

此时的燃料消耗量 c_0 的计算方法：

$$c_0 = c$$

式中　c——试验测得的燃料消耗量（L/100km）。

b. 如果在一个试验循环中，$|\Delta E_{batt}|$ 或 $|\Delta E_{storage}|$ 大于消耗燃料能量的 1% 且小于 5% 时：

Ⅰ. 储能装置为化学蓄电池，燃料消耗量 c_0 计算方法如下：

$$c_0 = c - K_{fuel} Q$$

Ⅱ. 储能装置为超级电容器，燃料消耗量 c_0 计算方法如下：

$$c_0 = c - K_{fuel} \Delta E_{storage}$$

② 试验结果的有效性。如果在预处理和试验循环中，车辆的储能装置在每一个循环都处于放电状态，且 $|\Delta E_{batt}|$ 或 $|\Delta E_{storage}|$ 大于消耗燃料能量的 5% 时，试验无效。生产厂应调整车辆状态，使 $|\Delta E_{batt}|$ 或 $|\Delta E_{storage}|$ 小于消耗燃料能量的 5%，方能开始正式试验。

（8）试验结果　可外接充电、有行驶模式手动选择功能的混合动力电动汽车能耗试验结果应包括燃料消耗量（L/100km）和电能消耗量（W·h/km）两部分。综合能耗应由上述两部分组成，不能只以燃料消耗量或电能消耗量来表示。

不可外接充电的混合动力电动汽车试验测量所得燃料消耗量 c（L/100km），需要用储能装置的电能平衡值 $\Delta E_{storage}$ 结合制造厂提供的燃料消耗量修正系数 K_{fuel} 进行计算修正。修正后的燃料消耗量 c_0（L/100km）对应于电能平衡点（$\Delta E_{storage}=0$）。

（9）国内外标准法规对比　目前，国际的主流标准法规中，与 GB/T 19753—2013 对应的有 ECE R101、ISO 23274-1：2013、ISO 23274-2：2012 和 SAE J1711：2010。需要说明的是 ISO 23274-1：2013 和 ISO 23274-2：2012 实际上是混合动力电动汽车能耗测试的两个部分，一个针对非外接充电型，另一个针对外接充电型，内容上不存在重叠和冲突，因此后续的分析中将这两项标准合在一起进行。另外，ISO 23274 中附录 B（欧洲试验程序）和附录 C（北美试验程序）是我国能耗标准体系主要参考的国际标准，附录 B 对应 ECE R101 但存在部分区别；附录 C 对应 SAE J1711，试验程序基本一致。表 2-54 所列为混合动力电动汽车经济性涉及的四项标准的技术性差异对比。

表 2-54　混合动力电动汽车经济性涉及的四项标准的技术性差异对比

项目	GB/T 19753—2013	ECE R101 附录 8 和附录 9	ISO 23274 附录 B	SAE J1711：2010（ISO 23274 附录 C）
范围	适用于装用点燃式发动机或压燃式发动机的、最大总质量不超过 3500kg 的 M_1 类、M_2 类和 N_1 类混合动力电动汽车	适用于 M_1 和 N_1 类车辆	适用于 M_1 和 N_1 类车辆	轻型混合动力电动汽车
公差	引用 GB 18352.3—2005 加速、等速和用汽车制动器减速时，指示车速与理论车速允许公差为 ±2km/h。若不使用制动器，汽车减速过快，则在下一个等速或怠速工况时间中恢复至理论循环规定的时间。在工况改变时，车速公差可以大于规定值，但每次超过公差的时间不得大于 0.5s 时间公差为 ±1s	引用 ECE R83，同 GB/T 19753—2013	引用 ECE R83，同 GB/T 19753—2013	车速与理论车速允许公差为 ±2mile/h（1mile/h=1.609km/h），时间公差为 ±1s 速度超出速度容限时，试验结果应是无效的。不过，对于含有多个测试周期的整个完全充电试验程序，判断有效完全充电试验的标准：每两个测试周期应少于一次超限（精确至 0.5 次以下）。所有速度超限情况都应注明 偶尔发生的超过速度容限的行为，如果是因驾驶人变动引起的，在含有多个测试周期的完全充电试验过程中是可以接受的。判断有效完全充电试验的标准：每个测试周期应少于一个超限 <±4mile/h 的 2s 测试期 注：对于可接受的超限次数，以一个三周期完全充电试验为例，一次超限不会使整个完全充电试验失效，但如果出现两次超限，试验就是无效的试验。同样地，2/5、3/7 等是可以接受的

（续）

项目		GB/T 19753—2013	ECE R101 附录 8 和附录 9	ISO 23274 附录 B	SAE J1711：2010（ISO 23274 附录 C）
车辆状态要求	试验质量	车辆加载应符合 GB 18352.3—2005 的有关规定，即车辆的整车整备质量加上 100kg	引用 ECE R83，同 GB/T 19753—2013	引用 ECE R83，同 GB/T 19753—2013	车辆应按照 CFR 40 第 86 部分中规定的质量进行测试，其中包括载重车辆质量（整备质量加上 136.1kg）和调整后的载重车辆质量（整备质量加上一半车辆有效载荷）
可外接充电的混合动力电动汽车	条件 A：储能装置处于充电终止的最高荷电状态	下面两种试验方法可选，由生产企业向检测机构提供混合动力车辆的工作原理，并提出选择的试验方法，由检测机构认可后实施： ① 车辆起动前或起动的同时开始取样，并在市郊循环的最后一个怠速段结束后停止取样 ② 车辆起动前或起动的同时开始取样，并连续重复一定数量的循环。在储能设备达到最低荷电状态时的第一个市郊循环最后的怠速结束后停止取样。最低荷电状态由下面的程序确定： a. 电量平衡值 Q(Ah) 要在每一个循环中都进行测量，并确定储能装置的最低荷电状态 b. 储能装置的最低荷电状态是在进行 N 个循环后，如果第 $N+1$ 个循环的放电量小于额定存储值（即电池充满时的存储能力，由制造厂提供）3% 时，认为达到储能装置的最低荷电状态。在制造厂的要求下，可以增加试验循环，并且它们的结果应计入结果的计算中。并应证明每个增加的循环中电量平衡放电值小于前一个循环 c. 在每个循环之间可以允许 10min 的热浸时间，动力系统在此期间应关闭	同 GB/T 19753—2013	CD 状态： 确定 CD 状态的结束（第 1 种情况） 适用于每一次测试循环的 CS 状态中 REESS 的电量平衡都在一个特定的小范围内变化。应进行一个或者多个测试循环。当每个测试循环中的能量平衡在特定的范围内变化时，车辆则处于 CS 状态 测试循环中 CD 状态的结束需要通过以下程序确定： ① 每个测试循环起始和终止间的 REESS 电量平衡（ΔE_{REESS}, W·h）可以通过计算得出 ② 测试循环需要连续进行，直到每一个 ΔE_{REESS} 的测量值都稳定在 ± ($0.01E_{CF}$)，单位为 W·h）。E_{CF} 是测试循环中的燃料消耗的能量（单位为 Wh） ③ 为确定车辆是否处于 CS 状态，需进行一次或多次试验循环 ④ CD 状态结束的循环即是 CS 状态开始的循环 第 2 种情况适用于每一组测试循环的 CS 状态中 REESS 的电量平衡都在一个特定的小范围内变化 测试循环中 CD 状态的结束可以通过指定 CS 状态的第一组测试循环给出 将一系列属于 CS 状态下的测试循环划分为几组。每一组都包含连续的几次测试循环，该循环数量应为可以划分的最小值。在一组或多组试验中，当第一组试验和最后一组试验的电量平衡与燃料消耗量的比值稳定在 ±1% 时，可以判定车辆处于 CS 状态。CD 状态结束的测试循环即为 CS 状态开始的第一组试验的第一次循环	CD 状态： ① 车辆预处理 ② REESS 充电/浸车。充电时间大于 12h，直至完全充电 ③ 将车辆移动至试验场地。移动距离不超过 1mile（1mile = 1.609km） ④ 试验场地条件。同 GB/T 19753—2013 ⑤ 驱动系统的起动和冲洗起动 ⑥ 根据测试循环进行试验。5 种试验程序：UDDS、HFEDS、US06、SC03 和冷态 UDDS ⑦ 试验内的停车。5 种试验程序分别对应不同的停车时间 ⑧ 测量 ⑨ 试验终止 ⑩ 试验有效性。如果在试验过程中任一时刻，车辆不能跟踪曲线或车辆因 REESS 电量太低而警告驾驶人停止驾驶，则试验无效

（续）

项目		GB/T 19753—2013	ECE R101 附录8 和附录9	ISO 23274 附录 B	SAE J1711：2010 (ISO 23274 附录 C)
可外接充电的混合动力电动汽车	条件 A：储能装置处于充电终止的最高荷电状态	纯电动续驶里程：在调整好的底盘测功机上进行试验，直到达到试验结束的条件 当车速达不到（50±2）km/h目标曲线，或车载仪器提示驾驶人停车，或当发动机起动时，则达到试验结束条件。需释放加速踏板，不踩制动踏板，使车辆减速到5km/h，然后才制动停车 当车速超过50km/h时，当车辆达不到要求的加速度或试验循环规定的车速时，加速踏板应保持完全踩下直到重新达到标准曲线要求。如果出现试验结束条件之一时，结束试验 出于对人员的考虑，试验期间可以有3次停车，总时间不超过15min 结束时，测量的行驶里程D_e即为混合动力电动汽车的纯电动续驶里程（单位为km），结果应圆整到整数	纯电动续驶里程：在底盘测功机上进行，直到满足试验结束条件为止 当车辆不能满足50km/h以下的目标曲线，或当车载标准仪器提示驾驶人停车，或当储能装置达到最低荷电状态时，即达到了试验结束条件。然后松开加速踏板、不踩制动踏板，使车辆减速到5km/h，之后制动停车在50km/h以上车速时，当车辆不能达到试验循环要求的加速度或速度时，应保持加速踏板完全踩下，直到重新达到要求的运转曲线 在以上程序中，高压电池的电量平衡值Q_{ES_i}需要连续测量，并记录发动机起动时的车速V_{ES_i}，此时D_{e_i}停止累计。只有在下列情况下，才可以继续累计D_{e_i}：① 发动机停止运转，且 ② V_{ES_i}已经恢复到与发动机起动之前相比的相同值或者更低值，且 ③ Q_{ES_i}已经恢复到与上一次发动机起动之前相比的相同值或者更低值，或者（如适用），恢复到依据该附录所确定的Q_{SA_i}的相同值或者更低值 在每次发动机起动后的第一次减速阶段，当车速小于之前发动机起动时的车速时：① 发动机关闭情况下的运行里程必须加到D_{e_i}上，且 ② 必须记录该阶段的电量平衡值的增加ΔQ_{rb_i}，且 ③ 发动机起动时的电量平衡值Q_{ES_i}应由ΔQ_{rb_i}校正，因此新的$Q_{SA_i}=Q_{ES_i}+\Delta Q_{rb_i}$	—	—
		OVC续驶里程。试验结束时，测量的行驶里程D_{ovc}即为混合动力电动汽车的OVC续驶里程（单位为km），结果应圆整到整数	同 GB/T 19753—2013	—	CD阶段续驶里程。如果车辆在第n个循环的某个阶段达到试验结束的条件，CD阶段的续驶里程=前（$n-1$）个循环的里程+过渡里程段中电量消耗的部分（需根据公式计算）

（续）

项目		GB/T 19753—2013	ECE R101 附录8 和附录9	ISO 23274 附录B	SAE J1711: 2010 (ISO 23274 附录C)
可外接充电的混合动力电动汽车	条件B: 储能装置处于运行放电结束的最低荷电状态	进行一次测试循环，试验结束后30min内，对储能装置进行充电。测量并记录从电网获得的电能 e_2（W·h）对储能装置进行放电。对储能装置进行充电。测量并记录从电网获得的电能 e_3（W·h）车辆的电能消耗为 $e_4=e_2-e_3$（W·h）。	同 GB/T 19753—2013	CS 状态：以上述 CD 状态的结束作为 CS 试验状态的开始，其余试验流程等要求同 GB/T 19753—2013	CS 状态： ① 车辆预处理 ② 调整 SOC 至初始状态 ③ 将车辆移动至试验场地。移动距离不超过 1mile ④ 试验场地条件。同 GB/T 19753—2013 ⑤ 驱动系统的起动和冲洗起动 ⑥ 根据测试循环进行试验。5种试验程序：UDDS、HFEDS、US06、SC03 和冷态 UDDS ⑦ 试验内的停车。5种试验程序分别对应不同的停车时间 ⑧ 测量 ⑨ 试验终止 ⑩ 试验有效性。如果 REESS 起止状态的差值超出了 NEC 的公差要求，则试验无效
	试验结果	条件 A 和条件 B 的固定系数加权，条件 B 续驶里程为固定的 25km	同 GB/T 19753—2013	CD、CS 状态的标准分开制定，试验结果包含两个	CD、CS 状态的结果通过纯电利用系数（UF）进行加权计算（区别：ISO 23274 中附录 C 的 CD、CS 状态的标准分开制定，试验结果包含两个）
不可外接充电的混合动力电动汽车	燃料消耗量修正系数的计算	燃料消耗量修正系数 K_{fuel} 由制造厂在完成 n 次测量后，按如下所述进行确定，检测机构应对厂家所提供燃料消耗量修正系数 K_{fuel} 的有效性进行确认。n 次试验中至少包括一个 $Q_i > 0$ 至少一个 $Q_i < 0$ 的测量修正系数针对整个循环	燃料消耗量修正系数 K_{fuel} 应由制造厂进行一组 n 次测量确定。该组中应包含至少一次测量值 $Q_i > 0$ 和至少一个 $Q_i < 0$ 如果后一个条件不能实现，则要上交给技术服务机构，对作为 $\Delta E_{batt} = 0$ 下确定燃料消耗量值所需的外插值方法的统计显著性进行判断 应分别确定 1 部和 2 部循环测得的燃料消耗量值各自的燃料消耗量修正系数	同 GB/T 19753—2013	—
	试验结果修正	① 如果在一个试验循环中，$|\Delta E_{batt}|$ 或 $|\Delta E_{storage}|$ 小于消耗燃料能量的 1%，试验结果不需要修正。此时的燃料消耗量 c_0 的计算方法：$c_0 = c$ ② 如果在一个试验循环中，$|\Delta E_{batt}|$ 或 $|\Delta E_{storage}|$ 大于消耗燃料能量的 1% 且小于 5% 时： 储能装置为化学蓄电池：$c_0 = c - K_{fuel}Q$ 储能装置为超级电容器：$c_0 = c - K_{fuel}\Delta E_{storage}$	在以下条件下，允许用未经校正的实测值 c 作为试验结果： ① 如果制造厂能够证明电能平衡值与燃料消耗量无关联 ② 如果 ΔE_{batt} 或 $\Delta E_{storage}$ 总对应于蓄电池充电 ③ 如果 ΔE_{batt} 或 $\Delta E_{storage}$ 总对应于蓄电池的放电，而 ΔE_{batt} 或 $\Delta E_{storage}$ 在所消耗燃料（所消耗的燃料指的是一个循环中消耗的总燃料量）能量值的 1% 以内	如果 REESS 电能平衡在下面的范围内，则不需要进行修正： $|\Delta E_{REESS}| \leq 0.01 E_{CF}$ 车辆制造厂需要提供修正系数用以计算 $\Delta E_{REESS}=0$ 时的燃料消耗量和排气污染物。修正系数的确定方法同 GB/T 19753—2013。如果测量值与 $\Delta E_{REESS}=0$ 没有关联，或测试过程中 REESS 的能量有所增加，则不需要进行修正，否则，应采取下式进行修正： $M_{EC} = M_{E,S} - K_{ME}c_s$ 式中，M_{EC} 为修正后的燃料消耗量；$M_{E,S}$ 为修正前的燃料消耗量；K_{ME} 为修正系数；c_s 为电量消耗量	—

(续)

项目		GB/T 19753—2013	ECE R101 附录 8 和附录 9	ISO 23274 附录 B	SAE J1711：2010 (ISO 23274 附录 C)
不可外接充电的混合动力电动汽车	试验的有效性	如果在预处理和试验循环中，车辆的储能装置在每一个循环都处于放电状态，且 $\|\Delta E_{batt}\|$ 或 $\|\Delta E_{storage}\|$ 大于消耗燃料能量的 5% 时，试验无效。生产厂应调整车辆状态，使 $\|\Delta E_{batt}\|$ 或 $\|\Delta E_{storage}\|$ 小于消耗燃料能量的 5%，方能开始正式试验	—	—	如果 REESS 起止状态的差值超出了 NEC 的公差要求（如下式），则试验无效 $\|\Delta NEC/$燃料总能量$\| \leqslant 1\%$

2. GB/T 19754—2015《重型混合动力电动汽车能量消耗量试验方法》

（1）概览　GB/T 19754—2015《重型混合动力电动汽车能量消耗量试验方法》是参照美国汽车工程师协会 2002 年 9 月提出的 SAE J2711《重型混合动力电动汽车和传统汽车燃料经济性和排气污染物的试验方法》中关于燃料消耗量的部分技术内容、联合国欧洲经济委员会（ECE）2003 年 10 月 30 日提出的 "ECE R101.01 法规的修正草案的建议"中关于混合动力电动车辆的能量消耗量方面的部分技术内容和国际标准化组织提出的 ISO 23274 的部分技术内容，综合考虑了我国重型混合动力电动汽车的实际应用情况而制定的。

该标准规定了重型混合动力电动汽车在底盘测功机或道路上进行能量消耗量试验的试验方法。

（2）适用范围　该标准适用于最大总质量超过 3500kg 的混合动力电动汽车。

（3）净能量改变量（NEC）的计算　净能量改变量（Net Energy Change，NEC）是判断采用可外接充电与不可外接充电式混合动力汽车试验方法的主要判别条件，是试验的主要环节。对于不可外接充电式混合动力汽车，为了真实比较混合动力电动汽车（HEV）和传统汽车的燃料消耗量结果，HEV 的数据应进行修正以保证储能装置的净能量改变量（NEC）基本为零，这样，所有的能量由辅助动力系统（APU）中的发动机提供。

① NEC 计算原则。应在试验过程中监测储能装置的能量变化。对于每个不同的行驶循环，最少应进行三组测试以确保有足够的数据对 SOC 进行修正。由于不同类型的储能装置储存的能量是不同的，所以不同类型的储能装置将使用不同的公式来定义 NEC。

② NEC 的计算。

a. 动力电池的 NEC 计算公式为

$$NEC = k \left[QSOC_{变化} \right] V_{系统}$$

$$QSOC_{变化} = k_1 \left(\eta_{充电} \times \int I_{充电} dt - \frac{\int I_{放电} dt}{\eta_{放电}} \right)$$

$$V_{系统} = \frac{\int_{试验开始}^{试验结束} U \mathrm{d}t}{\int_{试验开始}^{试验结束} \mathrm{d}t}$$

式中　NEC——净能量的改变量（kW·h）；

$\quad\quad\quad k$——单位换算系数，10^{-3} kW/W；

$\quad\quad\quad k_1$——单位换算系数，3600^{-1} h/s；

$\quad\quad$ QSOC$_{变化}$——试验循环开始和结束时的动力电池净电量的变化（Ah）；

$\quad\quad\quad V_{系统}$——从试验循环开始到试验结束时整个过程动力电池的平均电压（V）；

$\quad\quad\quad \eta_{充电}$——动力电池充电的电量效率；

$\quad\quad\quad I_{充电}$——输入动力电池总线的电流（A）；

$\quad\quad\quad \eta_{放电}$——动力电池放电的电量效率；

$\quad\quad\quad I_{放电}$——输出动力电池总线的电流（A）；

$\quad\quad\quad t$——时间（s）。

b. 超级电容器的 NEC 计算公式为

$$\mathrm{NEC} = k_2 \times \frac{C}{2} \times \left(U_{结束}^2 - U_{开始}^2 \right)$$

式中　k_2——单位换算系数，3600000^{-1}（kW·h）/（W·s）；

$\quad\quad U_{开始}$——试验循环开始时超级电容总线的电压（V）；

$\quad\quad U_{结束}$——试验循环结束时超级电容总线的电压（V）；

$\quad\quad C$——生产厂商标定的超级电容器的额定电容量（F）。

③ NEC 相对变化量的确定。该标准采用循环总驱动能量而不采用总燃料驱动能量来确定 NEC 的相对变化量，因为针对相同的试验循环，前者循环总驱动能量是基本不会变化的；而后者可能随储能装置储存的能量不同，而燃料驱动能量和电能量驱动能量形成互补关系，会在多次试验中出现燃料驱动能量发生变化的情况。

a. 底盘测功机试验方法确定循环总驱动能量。

$$循环总驱动能量 = \int k_3 FV \mathrm{d}t$$

式中　k_3——单位换算系数，$(3.6^2 \times 10^6)^{-1}$（kW·h/J）；

$\quad\quad F$——轮边实时测量的车辆驱动力（N），车辆驱动力为正，当车辆驱动力为负值时取 0；

$\quad\quad V$——实时测量的车辆速度（km/h）；

$\quad\quad t$——时间（s）。

循环总驱动能量的单位为 kW·h。

b. 燃料驱动能量计算方法确定循环总驱动能量。

$$循环总驱动能量 = 总燃料驱动能量 \times \eta_{传动1} - \mathrm{NEC} \times \eta_{传动2}$$

$$总燃料驱动能量 = k_4 \times \mathrm{NHV}_{燃料} \times m_{燃料} \times \eta_{\mathrm{APU}}$$

式中　$\eta_{传动1}$——从总燃料驱动能量计算节点到轮边的传动系统效率；

$\quad\quad \eta_{传动2}$——从 NEC 计算节点到轮边的传动系统效率；

k_4——单位换算系数，$(3.6 \times 10^6)^{-1}$（kW·h/J）；

$NHV_{燃料}$——燃料的低热值（单位燃油具有的能量）（J/kg）；

$m_{燃料}$——整个试验循环消耗的总的燃油质量（kg）；

η_{APU}——APU 的平均工作效率〔如果是并联方案，可以直接使用发动机平均工作效率；如果是串联方案，应当使用发电机组的平均工作效率（发动机平均工作效率乘以发电机平均工作效率）〕。

总燃料驱动能量的单位为 kW·h。

c. NEC 的相对变化量。

$$NEC 的相对变化量 = \frac{NEC \times \eta_{传动2}}{循环总驱动能量} \times 100\%$$

（4）试验循环　对于城市客车，应在 65% 载荷状态下采用 2 次重复的 CCBC，或在满载状态下采用 GB/T 27840—2011 规定的 C-WTVC 循环进行试验。对于其他商用车辆，应在满载状态下采用 GB/T 27840—2011 中规定的 C-WTVC 循环。同时可以参见 GB/T 19754—2015 的附录 C、附录 D 和 QC/T 759—2006 的附录 B 城市客车用循环数据（快速道路）提供的试验循环；或经汽车制造厂和检测机构协商，GB/T 19754—2015 也允许对试验循环工况进行改动和调整，以便更好地体现汽车的使用性能（但需要在试验报告中予以详细说明），检测数据可供参考。

（5）试验准备

① 试验条件。道路试验时，环境温度应在 5～35℃之间。在试验开始和结束时，应记录环境温度。试验条件应当符合 GB/T 12534 的要求。

底盘测功机试验时，环境温度应在 20～30℃之间。试验开始和结束时，温度不能超出此范围。试验场所必须配备动力电池通风和冷却的装置、飞轮防护罩、防高压安全装置，以及其他必要的安全防护设施。试验时，可以使用一个定转速风机把冷却空气导向汽车，以保证发动机工作温度满足制造厂的要求。这些风扇应当仅在汽车运行时工作，而汽车关机时应停止运转。

② 车辆条件。试验之前，汽车应该按照汽车制造厂的规定进行里程磨合，或磨合 3000km。

a. 车速及公差。车辆加速、等速和用制动器减速时，实际车速与理论车速允许偏差为 ±3.0km/h。若在不使用制动器的情况下，车辆减速时间比相应工况规定的时间短，则应在下一个工况时间中恢复至理论循环规定的时间。

在工况改变过程中，允许车速的偏差大于规定值，但超过车速偏差的时间不得大于 1.0s。

b. 预置储能装置。对于可外接充电式混合动力电动汽车的储能装置，在试验之前应当被充电至汽车制造厂要求的荷电状态。对于不可外接充电式混合动力电动汽车，车外充电或使用车载发动机充电仅允许应用于将储能装置预置和调整到厂家的 SOC 规定值。

（6）试验程序

① 非外接充电型混合动力电动汽车。

a. 能量消耗量试验的预循环运转。车辆在道路或底盘测功机上，使用一个完整的试验循环进行车辆的预热和预处理，循环结束，关闭点火锁 15min，进行车辆预置。

b.能量消耗量试验运转。车辆在道路或底盘测功机上，按照行驶循环进行试验，每完成一次试验，需要关闭点火锁 15min，进行车辆热状态的预置。连续进行的试验，不需要进行预循环运转；如果在未完成三次试验运转之前，进行了非试验的行驶活动；则下次试验之前，应重新进行预循环的运转，然后再开始正式的试验。

c.试验循环的次数及其处理。要求进行至少三次试验，并判断试验结果是否有效，试验次数是否充分，然后决定结束试验。

② 外接充电型混合动力电动汽车。

a.包含纯电动工作模式。

Ⅰ．车辆的移动。如果进行道路试验，车辆充电完成的停放位置与试验场地不在一起的情况下，要求车辆以纯电动工作模式，尽量用不大于 30km/h 的车速以匀速的方式移动到试验场地（尽量减少电能量的消耗），从车辆预置地点移动到试验地点的最远距离不得超过 3km。然后断电，关闭点火锁 15min，进行车辆预置。

如果在底盘测功机上实施试验，则可以直接从冷态开始纯电动行驶试验。

Ⅱ．纯电动续驶里程段（第一阶段）能量消耗量的确定。对于使用纯电动模式切换开关的车辆，如果有生产企业规定的结束条件，那么车辆在道路或底盘测功机上，以（40±3）km/h 车速匀速行驶，直至车速达不到 36km/h 或达到生产企业规定的结束条件中的任何一个条件，应迅速停车，记录纯电动续驶里程数值，然后断电，关闭点火锁 15min。

对于自动切换纯电动工作模式的车辆，车辆在道路或底盘测功机上，以（40±3）km/h 车速匀速行驶，直至发动机自动起动，或车速达不到 36km/h，应迅速停车，记录纯电动续驶里程数值，然后断电，关闭点火锁 15min。

Ⅲ．储能装置能量调整阶段（第二阶段）、电能量平衡运行阶段（第三阶段）能量消耗量的确定。第二阶段的试验应在纯电动续驶里程试验（第一阶段）完成后连续进行，第二阶段试验车辆应至少连续进行三次试验。如果尚未完成第二阶段的三次试验，车辆就进行了非试验的行驶，则车辆应重新进行试验。第二阶段的三次试验结束后，立即进行分析，判断第二阶段试验是否结束。判断原则见表 2-55。

表 2-55　混合动力电动汽车试验阶段的确定

NEC 变化量	第一次试验	第二次试验	第三次试验	第四次试验	第五次试验	第六次试验
1	第三阶段			—	—	—
1	绝对值≤5%	绝对值≤5%	绝对值≤5%	—	—	—
2	第二阶段	第三阶段			—	—
2	绝对值>5%	绝对值≤5%	绝对值≤5%	绝对值≤5%	—	—
3	第二阶段		第三阶段			—
3	绝对值>5%	绝对值>5%	绝对值≤5%	绝对值≤5%	绝对值≤5%	—
4	第二阶段			第三阶段		
4	绝对值>5%	绝对值>5%	绝对值>5%	绝对值≤5%	绝对值≤5%	绝对值≤5%

如果试验结果出现 NEC 变化量无规律变化的情况，在六次试验中没有连续的三次试验结果 NEC 变化量绝对值均不大于 5% 的情况出现，则六次试验均视为第二阶段（储能装置能量调整阶段）。试验结束。

如果需要，检测机构可以根据情况适当增加试验次数，但是当上一段描述的 NEC 变化量无规律变化情况出现时，至少需要进行六次试验。

b. 不包含纯电动工作模式。

Ⅰ．车辆的移动同包含纯电动工作模式的外接充电型混合动力电动汽车的相关规定。

Ⅱ．能量消耗量试验的预循环运转同非外接充电型混合动力电动汽车的相关规定。

Ⅲ．能量消耗量试验运转同包含纯电动工作模式的外接充电型混合动力电动汽车第二、三阶段试验的相关规定。

（7）试验结果　汽车能量消耗量试验结果的表示：燃料消耗量，汽车每行驶 100km 消耗燃料多少升（单位为 L/100km）；电能量消耗量，汽车每行驶 100km 消耗电能量多少千瓦时（单位为 kW·h/100km）；能量消耗量（也称为燃料消耗量的校正值）。

① 非外接充电型混合动力电动汽车。

Ⅰ．试验有效的判断条件。GB/T 19754—2015 用 NEC 除以循环总驱动能量作为判断条件，用于确定整个试验循环中储能系统能量改变是否是有效的，是否需要对燃料经济性进行 SOC 的修正。判断原则如下：

——如果计算的 NEC 相对变化量的绝对值小于或等于 1%，如下式，则不必对测试的燃料经济性结果进行 SOC 修正。

$$\left|\frac{NEC \times \eta_{传动2}}{循环总驱动能量}\right| \times 100\% \leqslant 1\%$$

——如果计算的 NEC 相对变化量的绝对值大于 1% 但不大于 5%，如下式，则可以按照标准中规定的修正程序和校正精度进行能量消耗量的计算。

$$1\% < \left|\frac{NEC \times \eta_{传动2}}{循环总驱动能量}\right| \times 100\% \leqslant 5\%$$

——如果计算的 NEC 相对变化量的结果均小于 -5%，整车试验持续放电，如下式，或试验结果出现 NEC 变化量无规律变化的情况，则直接列出燃料消耗量和电能量消耗量。

$$\frac{NEC \times \eta_{传动2}}{循环总驱动能量} \times 100\% < -5\%$$

——如果计算的 NEC 相对变化量的结果超过 5%，如下式，则认为试验结果无效，认为整车控制策略不合理，需要调整。

$$\frac{NEC \times \eta_{传动2}}{循环总驱动能量} \times 100\% > 5\%$$

——对于前 4 种情况均不满足的试验结果，采取直接列出燃料消耗量和电能量消耗量结果的方式处理。

Ⅱ．SOC 修正程序。为了计算燃料经济性的 SOC 校正值，每一轮试验循环的燃料经济性应根据 NEC 的相对变化量绘成图表。为了得到 NEC 变化量为 0 时的燃料消耗量，可以采用线性插值法。但是，对于每个不同的行驶循环，最少必须进行三组测试以确保有足够的数据对 SOC 进行修正。要求至少有一轮的 NEC 测试结果为正值，至少有一轮的 NEC 测试结果为负值，这样 SOC 的计算是基于内插法，而不是外插法。

Ⅲ．SOC 校正精度。使用 SOC 修正程序可以有效地把多个试验结果转化成一个单一数据，并可以用数值分析理论的线性相关系数 R^2 来判断采集的数据是否有效；规定当 $R^2 \geq 0.8$ 时，认为预测结果和实际数据的线性回归是可以接受的。

② 外接充电型混合动力电动汽车。

a. 包含纯电动工作模式。

Ⅰ．纯电动续驶里程阶段（第一阶段）。

——对于底盘测功机试验，没有车辆的移动，直接列出续驶里程并根据下式计算电能量消耗量：

$$E_{纯电动} = \frac{NEC_{续驶里程}}{S_{续驶里程}} \times 100$$

式中　$E_{纯电动}$——纯电动续驶里程阶段的电能量消耗量（kW·h/100km）；

$NEC_{续驶里程}$——续驶里程阶段的电能量消耗量（kW·h）。

$S_{续驶里程}$——纯电动续驶里程试验阶段实测的续驶里程（km）。

——对于有车辆移动的道路试验，根据上述公式可以计算纯电动续驶里程阶段的电能量消耗量；根据下列公式可以计算等效纯电动续驶里程：

$$S_{等效续驶里程} = S_{移动阶段} + S_{续驶里程}$$

$$S_{移动阶段} = \frac{NEC_{移动阶段}}{NEC_{续驶里程}} \times S_{续驶里程}$$

式中　$S_{等效续驶里程}$——包含移动阶段和续驶里程试验阶段的总的纯电动续驶里程（km）；

$S_{移动阶段}$——移动阶段等效的纯电动续驶里程（km）；

$NEC_{移动阶段}$——移动阶段的电能量消耗量（kW·h）。

Ⅱ．储能装置能量调整阶段（第二阶段）。储能装置能量调整阶段，直接列出燃料消耗量（单位为 L/100km）和电能量消耗量（单位为 kW·h/100km）试验结果。如果储能装置能量调整阶段续驶里程通过试验可以计量，则需要列出该续驶里程数（单位为 km）。

Ⅲ．电量平衡运行阶段（第三阶段）。电量平衡型工作阶段，按照非外接充电型混合动力电动汽车的方式得到燃料消耗量、电能量消耗量和等效燃料消耗量试验结果。

b. 不包含纯电动工作模式。根据包含纯电动工作模式的外接充电型混合动力电动汽车第二、三阶段的方法求取试验结果。

③ 试验有效性。对于每种试验循环，根据情况求取燃料消耗量和电能量消耗量的平均值作为车辆的能量消耗量试验结果。

如果在试验过程中的任何时刻，汽车驱动力无法满足速度要求，或由于汽车的储能装置能量过低，驾驶人不能继续进行驾驶，则该试验过程应当认为无效。储能装置应当被重新充电，试验程序应当重新启动开始。

（8）国内外标准法规对比　目前，国际的主流标准法规中，与 GB/T 19754—2015 对应的为 SAE J2711：2002，表 2-56 所列为这两项标准的技术性差异对比。

表 2-56　GB/T 19754—2015 与 SAE J2711：2002 技术性差异对比

项目		GB/T 19754—2015	SAE J2711：2002
范围		适用于最大总质量超过 3500kg 的混合动力电动汽车	适用于重型车辆，包括传统车辆和混合动力车辆
NEC 的计算方法		NEC 相对变化量的确定 ① 底盘测功机试验方法 循环总驱动能量 $=\int k_3 FV\mathrm{d}t$ ② 燃料驱动能量计算方法 循环总驱动能量 = 总燃料驱动能量 $\times \eta_{传动1}$ - NEC $\times \eta_{传动2}$ 总燃料驱动能量 $= k_4 \times \mathrm{NHV}_{燃料} \times m_{燃料} \times \eta_{APU}$ NEC 的相对变化量 = (NEC $\times \eta_{传动2}$/循环总驱动能量) $\times 100\%$	循环总驱动能量 = 总燃料驱动能量 - NEC 循环总驱动能量 = $\mathrm{NHV}_{燃料} \times m_{燃料}$ NEC 的相对变化量 = (NEC/循环总驱动能量) $\times 100\%$
试验循环要求		对于城市客车，应在 65% 载荷状态下采用中国典型城市公交循环，或在满载状态下采用 GB/T 27840—2011 规定的 C-WTVC 循环进行试验。对于其他商用车辆，应在满载状态下采用 GB/T 27840—2011 规定的 C-WTVC 循环。同时可以参见 GB/T 19754—2015 的附录 C、附录 D 和 QC/T 759—2006 的附录 B 城市客车用循环数据（快速道路）提供的试验循环；或经汽车制造厂和检测机构协商，GB/T 19754—2015 也允许对试验循环工况进行改动和调整，以便更好地体现汽车的使用性能（但需要在试验报告中予以详细说明），检测数据可供参考	将汽车放置在底盘测功机上，通过显示屏幕给驾驶人提供实际的和理论的行驶循环车速，帮助驾驶人以规定的行驶循环行驶车辆。推荐汽车进行三种不同的行驶循环，代表低（Manhattan 行驶循环）、中（Orange 行驶循环）、高（UDDS 行驶循环）速的行驶状况 不推荐使用 CBD 循环作为中等车速的行驶循环，但是由于现有记录中有大量有关 CBD 行驶循环试验结果的历史记录，所以 CBD 循环可以用来方便地比较新旧型车辆的测试数据
试验准备	试验条件	道路试验时，环境温度应在 5～35℃之间。在试验开始和结束时，应记录环境温度。底盘测功机试验时，环境温度应在 20～30℃之间。试验开始和结束时，温度不能超出此范围	道路试验时，环境温度应在 7～38℃之间。在试验开始和结束时，应记录环境温度。底盘测功机试验时，环境温度应在 20～30℃之间。试验开始和结束时，温度不能超出此范围
	车辆条件	车辆性能稳定性。试验之前，汽车应该按照汽车制造厂的规定进行里程磨合，或磨合 3000km 车辆载荷。除了特殊规定外，M_2、M_3 类城市客车根据选用的试验循环，车辆载荷为装载质量的 65% 或满载；其他汽车为满载；乘员质量及其装载要求按 GB/T 12534 的规定	车辆性能稳定性。试验之前，汽车应该按照汽车制造厂的规定进行里程磨合，或磨合 4000mile 车辆载荷。城市客车的载荷为驾驶人的重量和一半乘客的重量，每人按 150lb（1lb = 0.4536kg）进行加载；8 级货车的载荷为装载质量的 65%
	空气悬架	—	所有带有空气悬架的车辆在测试前必须从外部通风。当车辆达到足够的气压以达到适当的悬架水准和使用制动操作后，外部空气应与车辆断开，在实际排放测试中不得重新连接。外部空气仅应在第一次测试之前使用，不应在试验间停车阶段使用
	底盘测功机的技术条件	道路滑行程序按照 GB 18352.3—2005 的附录 CC 执行	道路滑行程序按照 40CFR 第 86 部分执行

（续）

项目		GB/T 19754—2015	SAE J2711：2002
试验程序	汽车驱动系统的起动和再起动	无冷起动的相关说明	对于冷起动测试，起动后的1min怠速稳定时间应包括在排放测量中
	底盘测功机的预热	—	由于许多测功机需要依据车辆来确定滚动损失，测试车辆在加热测功机的同时，也进行了适当的损失校准。不可恢复的滚动和空气动力学损失应通过适当的滑行或多个稳态速度测试来确定。底盘测功机预热完成后即确定了不可恢复的损失，低温试验室造成损失可以在第二天试验中确定。如果损失是可以接受的，可以用未经预热的底盘测功机进行冷起动测试
	不可外接充电型混合动力电动汽车	车辆荷电状态的预置	—
		能量消耗量试验的预循环运转	—
		能量消耗量试验运转。车辆在道路或底盘测功机上，按照行驶循环进行试验，每完成一次试验，需要关闭点火锁15min，进行车辆热状态的预置。连续进行的试验，不需要进行预循环运转；如果在未完成三次试验运转之前，进行了非试验的行驶活动；则下次试验之前，应重新进行预循环的运转，然后再开始正式的试验	冷态排放测试。应将车辆冷却至少12h，使所有部件处于环境温度。车辆应保持在"关闭"位置30min，直到测试开始。必要时应使用单独的车辆或其他设备（如电加热器）使底盘测功机达到工作温度。车辆应起动并空转1min，此后开始30min的测试循环。排放测量将在车辆起动后开始，停止1min后结束。在测试循环结束时，车辆应处于"关闭"状态 热态排放测试。不包括起动后空转的排放。起动车辆进行多次测试循环，使车辆加热到工作温度。每次测试循环之间应停车20～30min。车辆处于工作温度后关闭并保持20～30min。车辆起动并空转1min，此时应开始测试循环并进行排放测量。在测试循环结束时，车辆应返回到"关闭"状态 连续进行的试验不需要进行预循环运转；如果在未完成三次试验运转之前，进行了非试验的行驶活动，则下次试验之前，必须重新进行预循环的运转，然后再开始正式的试验。可以保存并报告在计划中断之前获得的有效数据。为了进行三次冷起动排放测试，车辆试验必须在三个独立日期进行。热态试验可以在测试日内进行

（续）

项目		GB/T 19754—2015	SAE J2711：2002
	不可外接充电型混合动力电动汽车	能量消耗量 ① 如果计算的 NEC 相对变化量的绝对值小于或等于1%，则不必对测试的燃料经济性结果进行 SOC 修正 ② 如果计算的 NEC 相对变化量的绝对值大于1%但不大于5%，则通过标准规定的修正程序和校正精度进行能量消耗量的计算 ③ 如果计算的 NEC 相对变化量的结果均小于−5%，整车试验持续放电，或试验结果出现 NEC 变化量无规律变化的情况，则直接列出燃料消耗量和电能量消耗量（若续驶里程可测量也需给出） ④ 如果计算的 NEC 相对变化量的结果超过5%，则认为试验结果无效，整车控制策略不合理，需要调整 ⑤ 对于前4种情况均不满足的试验结果，采取直接列出燃料消耗量和电能量消耗量结果的方式处理	① 如果计算的 NEC 相对变化量的绝对值小于或等于1%，则不必对测试的燃料经济性结果进行 SOC 修正 ② 其余情况剔除 NEC 的相对变化量大于5%的试验，根据情况适当补充试验，然后对 NEC 相对变化量的绝对值大于1%但不大于5%的试验通过线性回归的修正程序和校正精度进行能量消耗量的计算
试验程序	可外接充电型混合动力电动汽车	一般规定	—
		车辆的移动	—
		纯电动续驶里程试验车速。进行纯电动续驶里程试验的试验车速应当使用40km/h，与 GB/T 18386 相一致	根据选取的测试循环进行试验
		包含纯电动工作模式	第一阶段能量消耗量的确定。对于使用纯电动模式切换开关的车辆，如果有生产企业规定的结束条件，那么车辆在道路或底盘测功机上，以(40 ± 3)km/h车速匀速行驶，直至车速达不到36km/h或达到生产企业规定的结束条件中的任何一个条件，应迅速停车，记录纯电动续驶里程数值，然后断电，关闭点火锁15min。纯电动续驶里程段试验结束 对于自动切换纯电动工作模式的车辆，车辆在道路或底盘测功机上，以(40 ± 3)km/h车速匀速行驶，直至发动机自动起动，或车速达不到36km/h，应迅速停车，记录纯电动续驶里程数值，然后断电，关闭点火锁15min。纯电动续驶里程段试验结束	如果辅助动力装置（APU）在测试循环的前10min内未能起动，则车辆应运行至车辆 APU 起动（对应 GB/T 19754—2015 的第一阶段）。然后，车辆应在30min内返回"关闭"状态，然后重新起动车辆并开始测试循环（对应 GB/T 19754—2015 的第三阶段） 所消耗的能量除以测功机测得的车辆行驶总距离或测试循环的距离，以较低者为准。然后根据能量效率对电能进行调整。包括充电器、输电线路和发电机的效率，分别为70%、90%和35%。为了比较电能经济性和燃油经济性，将该值换算成柴油当量加仑，如下式： $FE_e = (HV_{\text{Fuel Oil}} \times E_G \times E_T \times E_C)/(EU \times K_3)$ 或者，如果该地区的化石发电率已知，则该比率可直接应用于 AC kW·h 消耗
		第二阶段和第三阶段能量消耗量的确定。试验直至出现连续的三次试验结果 NEC 变化量绝对值均不大于5%的情况，则这三次试验为第三阶段，否则，全部为第二阶段	没有第二阶段，直接对两种动力模式共同作用的多个测试循环进行分析
		能量消耗量 第一阶段：电能量消耗量+续驶里程（去除车辆移动阶段） 第二阶段：燃料消耗量+电能量消耗量（+续驶里程） 第三阶段：燃料消耗量+电能量消耗量、等效燃料消耗量	对应 GB/T 19754—2015 的第一阶段：电能量消耗量+续驶里程，电能消耗量换算后的燃料消耗量（柴油） 对应 GB/T 19754—2015 的第三阶段：燃料消耗量+电能量消耗量、等效燃料消耗量

（续）

项目			GB/T 19754—2015	SAE J2711：2002
试验程序	可外接充电型混合动力电动汽车	不包含纯电动工作模式	车辆的移动	—
			能量消耗量试验的预循环运转	—
			能量消耗量试验运转。试验直至出现连续的三次试验结果 NEC 变化量绝对均值不大于 5% 的情况，则这三次试验为第三阶段，否则，全部为第二阶段	没有第二阶段，直接对两种动力模式共同作用的多个测试循环进行分析
数据记录和结果	燃料消耗		采用油耗仪或称重法测量燃料消耗，燃料消耗用体积表示，单位为 L	通常依据碳平衡来确定，测功机辊表面的实际行驶距离为行驶周期中行驶的实际距离。如果燃料消耗量足够准确，则应考虑其他燃料消耗方法，如采取称重法。这要求质量测量系统的准确度大于测试周期内消耗的燃油量的 1%。消耗氢燃料的车辆质量测量优选容积法
	SOC 的修正		SOC 校正精度。使用 SOC 修正程序可以有效地把多个试验结果转化成一个单一数据，并可以用数值分析理论的线性相关系数 R^2 来判断采集的数据是否有效；规定当 $R^2 \geq 0.8$ 时，认为预测结果和实际数据的线性回归是可以接受的	数据中任何明显的错误应该被识别并从数据集中移除；但是，报告数据时应至少使用三次成功运行 如果由此产生的趋势线的斜率从 1 变化超过 10% 或 R^2 小于 0.8，则该测试无效。测试循环距离值应使用实际行进距离中较小的一个或目标循环距离

2.3.2.4 安全性（一般电安全、碰撞后安全及主动安全）

1. 一般电安全

混合动力电动汽车（车载驱动系统最大工作电压低于 B 级电压的车型除外）具有与纯电动汽车类似的高压电路和车辆操作方式，因此混合动力电动汽车对于特殊操作安全和故障防护以及人员触电防护的要求与纯电动汽车的一般电安全相同。

2. 碰撞后安全

此部分内容同 2.3.1.4 中"2. 碰撞后安全"。

3. 主动安全

混合动力电动汽车有一部分车型具有纯电动行驶模式，该类车型在纯电动模式下，当车速大于 0km/h 且小于或等于 20km/h 时也需要满足低速行驶提示音标准的要求，具体内容与纯电动汽车主动安全的相关要求一致。

混合动力电动汽车中一部分车型也具有制动能量回收功能，将制动时车辆的运动能量转换成电能，并将其存储在蓄电池内，在使用时迅速将能量释放，驱动电机协助发动机完成车辆起步和加速等工况，对再生制动系统制动能量回收效能评价参数与测试方法、安全性要求与测试方法等可参考纯电动汽车主动安全的相关要求。

2.3.2.5 EMC、噪声、VOC 及排放

混合动力电动汽车是一种介于传统汽车与纯电动汽车之间的车型，它通常由发动机与电动机共同组成混合动力系统来驱动车辆行驶。由于混合动力电动汽车同时兼顾两种车型的结构特点，因此其环境适应性和可靠性等方面的技术要求需要根据车辆实际结构特点进

行调整或补充。

1. EMC

混合动力电动汽车保留传统汽车的内燃机动力系统,因此需满足所有传统汽车 EMC 测试要求,如 GB 34660—2017《道路车辆 电磁兼容性要求和试验方法》、GB 14023—2011《车辆、船和内燃机 无线电骚扰特性 用于保护车外接收机的限值和测量方法》等。除此之外,由于混合动力电动汽车增加了电动力系统,为此需增加一部分测试内容,此部分内容同 2.3.1.5 中"1.EMC"。

2. 噪声

与纯电动汽车不同,混合动力电动汽车,如在定置状态下发动机运行的混合动力电动汽车需要依据 GB 16170—1996《汽车定置噪声限值》与 GB/T 14365—2017《声学 机动车辆定置噪声声压级测量方法》进行定置噪声测量。

同时,对于 GB 1495—2002《汽车加速行驶车外噪声限值及测量方法》没有专门针对混合动力电动汽车的内容。GB/T 19750《混合动力电动汽车 定型试验规程》将混合动力电动汽车的测试方法明确为"混合动力电动汽车应在混合动力模式做车外噪声试验,试验在参照 GB 1495—2002《汽车加速行驶车外噪声限值及测量方法》的同时做如下变动:如果混合动力电动汽车装有手动变速器,试验车辆由生产厂家自行决定入线档位,入线速度为 50km/h。如果混合动力电动汽车装有自动变速器,自动变速器装有手动选档器,则应使选档器处于制造厂为正常行驶而推荐的位置来进行测量,入线速度为 50km/h。无级变速的混合动力电动汽车入线速度为 50km/h。"

目前,生态环境部正在组织 GB 1495 标准的修订工作,相应技术工作由中国汽车技术研究中心有限公司开展,新修订的标准送审稿中,对于混合动力汽车功率明确为根据 GB/T 17692 测得的发动机最大净功率与根据 GB/T 18488.2 测得的驱动电机峰值功率之和,这将有利于混合动力电动汽车依据 GB 1495 标准开展型式检验及相关试验认证。

3. VOC

此部分内容同 2.3.1.5 中"3.VOC"。

4. 排放

混合动力电动汽车由于存在与传统汽车相同的内燃机动力形式,因此实际使用过程中也会存在排放。考虑到混合动力电动汽车车辆类型的多样性、动力形式的复杂性,需要为此类车型单独制定排放标准。

混合动力电动汽车排放涉及的国内外标准见表 2-57。

表 2-57 混合动力电动汽车排放涉及的国内外标准

序号	标准号及标准名称	该领域国际标准
1	GB 19755—2016《轻型混合动力电动汽车污染物排放控制要求及测量方法》	ECE Addendum 82: Regulation No. 83 Uniform provisions concerning the approval of vehicles with regard to the emission of pollutants according to engine fuel requirements 关于根据发动机燃料要求就污染物排放方面批准车辆的统一规定 ISO 23274-1: 2013 Hybrid-electric road vehicles—Exhaust emissions and fuel consumption measurements—Part 1: Non-externally chargeable vehicles 混合动力电动汽车—废气排放和燃料消耗量测量—第 1 部分:不可外接充式车辆

（续）

序号	标准号及标准名称	该领域国际标准
1	GB 19755—2016《轻型混合动力电动汽车污染物排放控制要求及测量方法》	ISO 23274-2: 2012 Hybrid-electric road vehicles—Exhaust emissions and fuel consumption measurements—Part 2: Externally chargeable vehicles 混合动力电动汽车—废气排放和燃料消耗量测量—第2部分：可外接充电式车辆 SAE J1711: 2010 Recommended Practice for Measuring the Exhaust Emissions and Fuel Economy of Hybrid-Electric Vehicles, Including Plug-in Hybrid Vehicles 混合动力电动汽车废气排放和燃料经济性推荐规程，含插电式混合动力电动汽车
2	GB 18352.6—2016《轻型汽车污染物排放限值及测量方法（中国第六阶段）》	UN Global Technical Regulation No. 15（Worldwide harmonized Light vehicles Test Procedures（WLTP）） 世界协调的轻型车测试程序（WLTP）
3	QC/T 894—2011《重型混合动力电动汽车污染物排放车载测量方法》	SAE J2711: 2002 Recommended Practice for Measuring Fuel Economy and Emissions of Hybrid-Electric and Conventional Heavy-Duty Vehicles 混合动力电动汽车和传统重型车辆燃料经济性和排放推荐规程

（1）GB 19755—2016《轻型混合动力电动汽车污染物排放控制要求及测量方法》

1）概览。该标准参考采用了联合国欧洲经济委员会（ECE）R83法规于2009年11月4日发布的"05系列的修正草案"中关于混合动力电动汽车排放部分的技术内容。

该标准规定了装用点燃式发动机的轻型混合动力电动汽车，在常温和低温下排气污染物、双怠速排气污染物、曲轴箱污染物、蒸发污染物、污染物控制装置耐久性和车载诊断（OBD）系统的测量方法及技术要求。

该标准规定了装用压燃式发动机的轻型混合动力电动汽车在常温下排气污染物、自由加速排气烟度、污染物控制装置耐久性和车载诊断（OBD）系统的测量方法及技术要求。

该标准规定了轻型混合动力电动汽车的型式检验、生产一致性和在用符合性的检查与判定方法。

2）适用范围。该标准适用于装用点燃式发动机或压燃式发动机最大设计车速大于或等于50km/h的轻型混合动力电动汽车。对QC/T 837所述仅具有停车怠速停机功能的汽车，其排放测量按常规汽车的要求进行，不属于该标准的适用范围。

混合动力电动汽车分类同GB/T 19753—2013。

3）要求和试验。

① 一般要求。

a. 混合动力电动汽车的型式检验、生产一致性检查，以及在用符合性检查，均应满足GB 18352标准规定的相应阶段要求。

b. 混合动力电动汽车的污染物排放量应满足GB 18352相应阶段的限值要求。

② 型式检验项目。不同类型汽车在型式检验时应进行的试验项目见表2-58。

表2-58 不同类型汽车在型式检验时应进行的试验项目

试验类型	装点燃式发动机			装压燃式发动机
	汽油车	两用燃料车	单一气体燃料车	
Ⅰ型（气态污染物）	进行	进行（用两种燃料）	进行	进行
Ⅰ型（颗粒物质量）	进行（仅直喷车）①	进行（仅直喷车燃用汽油时）①	—	进行

(续)

试验类型	装点燃式发动机			装压燃式发动机
	汽油车	两用燃料车	单一气体燃料车	
Ⅰ型（粒子数量）①	—	—	—	进行
Ⅱ型（双怠速）	进行	进行（用两种燃料）	进行	—
Ⅱ型（自由加速烟度）	—	—	—	进行
Ⅲ型②	进行	进行（用汽油）	进行	—
Ⅳ型	进行	进行（用汽油）	—	—
Ⅴ型②	进行	进行（用汽油）	进行	进行
Ⅵ型	进行	进行（用汽油）	—	—
OBD系统	进行	进行	进行	进行

注：1. Ⅰ型试验：指常温下冷起动后排气污染物排放试验。
　　2. Ⅱ型试验：对装点燃式发动机的汽车指测定双怠速的CO、THC和高怠速的λ值（过量空气系数），对装压燃式发动机的汽车指测定自由加速烟度。
　　3. Ⅲ型试验：指曲轴箱污染物排放试验。
　　4. Ⅳ型试验：指蒸发污染物排放试验。
　　5. Ⅴ型试验：指污染控制装置耐久性试验。
　　6. Ⅵ型试验：指低温下冷起动后排气中CO和HC排放试验。
① 该项目不适用于第四阶段。
② 对于第五阶段的轻型混合动力电动汽车，还应按照GB 18352.5—2013进行炭罐和催化转化器测试。

4）Ⅰ型试验。

① 可外接充电的混合动力电动汽车。试验应分别在以下条件下开始进行：

——条件A：储能装置处于最高荷电状态。

——条件B：储能装置处于最低荷电状态。

其中，对于有行驶模式手动选择功能的混合动力电动汽车，行驶模式的选择同GB/T 19753—2013。

a. 条件A。

Ⅰ. 储能装置放电同GB/T 19753—2013。

Ⅱ. 车辆处理同GB/T 19753—2013。

Ⅲ. 试验程序同GB/T 19753—2013。

Ⅳ. 计算各污染物的排放量（M_{Ai}）。M_{Ai}是根据单次循环的结果进行计算（与劣化系数及K_i相乘后的结果，其中K_i是装有周期性再生系统车辆按GB 18352中附录P测得的因子），M_{Ai}应满足GB 18352相应阶段的排放限值要求。

多次循环的试验需求取平均值。

b. 条件B。

Ⅰ. 车辆处理同GB/T 19753—2013。

Ⅱ. 试验程序同GB/T 19753—2013。

Ⅲ. 试验有效性判定。在进行排放测试的同时，应按GB/T 19753测量电量平衡值Q，如果所测得的电量平衡值显示储能装置在测量循环过程中放电（Q为正值），且Q值超过额定存储值的3%，则排放测试结果无效，此时车辆应重新进行试验。

Ⅳ．计算条件 B 试验各污染物的排放量，与相应的劣化系数及 K_i 值相乘后的试验结果（M_{Bi}）应满足 GB 18352 相应阶段的排放限值要求。

Ⅴ．测量结果。

——条件 A 进行单次试验。污染物加权质量排放量按照下式进行计算：

$$M_i = \frac{(D_e M_{Ai} + D_{av} M_{Bi})}{D_e + D_{av}}$$

式中　M_i——污染物 i 的排放量（g/km）；

　　　M_{Ai}——条件 A 试验污染物 i 的排放量（g/km）；

　　　M_{Bi}——条件 B 试验污染物 i 的排放量（g/km）；

　　　D_e——按照 GB/T 19753 确定的车辆纯电动续驶里程（km）；

　　　D_{av}——25km（假设的储能装置两次充电之间，车辆在最低荷电状态下的平均行驶里程）。

——条件 A 进行多次试验。污染物加权质量排放量按照下式进行计算：

$$M_i = \frac{(D_{ove} M_{Ai} + D_{av} M_{Bi})}{D_{ove} + D_{av}}$$

式中　D_{ove}——按照 GB/T 19753 确定的车辆 OVC 续驶里程（km）。

② 不可外接充电的混合动力电动汽车。对于有手动选择行驶模式的车辆，如果车辆有纯发动机工作模式，车辆应分别进行"纯发动机工作模式"和"混合动力模式"的试验。在纯发动机工作模式下，根据 GB 18352 的规定按常规车辆要求进行排放试验。对"混合动力模式"试验，如果车辆有几种可用混合动力模式，试验应选择最大燃料消耗的模式按规定进行。检测机构还应确认所有模式下的测试结果均满足标准限值要求。

a. 车辆处理同 GB/T 19753—2013。

b. 试验程序同 GB/T 19753—2013。

c. 试验有效性判定。在进行排放测试的同时，应按 GB/T 19753 的规定测量电量平衡值 Q（或电能平衡值及燃料消耗量能量），判定车辆是否满足以下条件之一：

Ⅰ．电量平衡值不超过储能装置额定存储值的 3%。

Ⅱ．电能平衡值不超过燃料所提供能量的 1%。

如果满足上述条件，则排放测试结果有效；如果不满足要求，车辆应重新进行试验，直到满足条件。

5）Ⅱ型试验。

① 双怠速试验。应按照 GB 18352 中附录 D 的规定进行双怠速试验，使用发动机模式进行。制造厂应提供可以进行此项试验的工作模式。

② 自由加速烟度试验。第Ⅳ段车辆应按照 GB 3847—2005 中附录 D 的规定对车辆进行自由加速烟度试验；第Ⅴ阶段以后的车辆应按照 GB 18352 的相关规定对车辆进行自由加速烟度试验。

如果混合动力电动汽车在进行该试验时有特殊要求，则应在其产品使用说明书中进行详细说明。除车辆本身提供的装置外，该特殊测量要求不得使用其他装置。

6）Ⅲ型试验。应按 GB 18352 中附录 E 的规定进行Ⅲ型试验，同时应满足以下要求。

① 使用纯发动机模式进行试验。制造厂应提供可以进行此项试验的工作模式。

② 试验应按 GB 18352 相关Ⅲ型试验规定的运转工况 1 和 2 进行。如果不能按运转工况 2 进行试验，应选择另一稳定车速（发动机驱动）进行Ⅲ型试验。

7）Ⅳ型试验。应按照 GB 18352 附录 F 中Ⅳ型试验的规定进行试验，同时应满足以下要求。

① 开始试验前，应按照相关规定对相应的车型进行预处理。

② 应按照 GB 18352 中对Ⅳ型试验的规定进行试验。

a. 对于可外接充电的混合动力电动汽车，在Ⅰ型试验条件 B 规定的相同条件下进行，但不需进行有效性判定。

b. 对于不可外接充电的混合动力电动汽车，在Ⅰ型试验的相同条件下进行，但不需进行有效性判定。

8）Ⅴ型试验。应按照 GB 18352 中Ⅴ型试验的规定进行试验，同时应满足以下要求。

① 可外接充电的混合动力电动汽车。

a. 在里程累积试验期间，允许储能装置一天进行两次充电。

b. 有手动选择行驶模式功能的可外接充电的混合动力电动汽车，里程累积试验应该在打开点火开关后自动设定的模式（正常模式）下进行。

c. 为了连续里程累积的需要，经检测机构同意后，在里程累积试验期间，允许转换到另一种混合模式。排放污染物的测量应该在与Ⅰ型试验中条件 B 规定的相同条件下进行。

② 不可外接充电的混合动力电动汽车。

a. 有手动选择行驶模式功能的不可外接充电的混合动力电动汽车，里程累积试验应该在打开点火开关后自动设定的模式（正常模式）下进行。

b. 排放污染物的测量应该在与Ⅰ型试验中规定的相同条件下进行。

9）Ⅳ型试验。应按照 GB 18352 附录 H 中Ⅵ型试验的规定进行试验，同时应满足以下要求。

① 对于可外接充电的混合动力电动汽车，排放污染物的测量应该在与Ⅰ型试验条件 B 规定的相同条件下进行，但不需进行有效性判定。

② 对于不可外接充电的混合动力电动汽车，排放污染物的测量应该在与Ⅰ型试验中规定的相同条件下进行，但不需进行有效性判定。

10）车载诊断（OBD）系统试验。应按照 GB 18352 附录 I 中 OBD 相关规定进行试验，同时应满足以下要求。

① 对于可外接充电的混合动力电动汽车，排放污染物的测量应该在与Ⅰ型试验条件 B 规定的相同条件下进行，但不需进行有效性判定。

② 对于不可外接充电的混合动力电动汽车，排放污染物的测量应该在与Ⅰ型试验中规定的相同条件下进行，但不需进行有效性判定。

11）车型扩展。混合动力电动汽车的车型扩展应按照 GB 18352 的相关规定进行。

12）国内外标准法规对比。目前，国际的主流标准法规中，与 GB 19755—2016 对应的有 ECE R83、ISO 23274-1：2013、ISO 23274-2：2012 和 SAE J1711：2010，它们与 GB/T 19753—2013 基本一致。混合动力电动汽车排放涉及的四项标准的技术性差异对比见表 2-59。与 GB/T 19753—2013 一样，将 SAE J1711 和 ISO 23274 附录 C 合在一起进行分析。

表 2-59 混合动力电动汽车排放涉及的四项标准的技术性差异对比

项目			GB/T 19755—2016	ECE R83 附录 14	ISO 23274 附录 B	SAE J1711：2010 (ISO 23274 附录 C)
范围			适用于装用点燃式发动机或压燃式发动机最大设计车速大于或等于 50km/h 的轻型混合动力电动汽车	适用于基准质量不超过 2610kg 的 M_1、M_2、N_1 和 N_2 类汽车。在制造商的要求下，对已按该法规获得型式认证的车型，适用范围可以扩展到基准质量不超过 2840kg 的 M_1、M_2、N_1 和 N_2 类汽车	适用于 M_1 和 N_1 类车辆	轻型混合动力电动汽车
公差			同 GB/T 19753—2013 中的分析			
车辆状态要求			同 GB/T 19753—2013 中的分析			
可外接充电的混合动力电动汽车	条件 A		试验程序同 GB/T 19753—2013 中的分析			
			纯电动续驶里程和 OVC 续驶里程同 GB/T 19753—2013 中的分析			
	条件 B		试验程序同 GB/T 19753—2013 中的分析			
			试验有效性判定。在进行排放测试的同时，应按 GB/T 19753 测量电量平衡值 Q，如果所测得的电量平衡值显示储能装置在测量循环过程中放电（Q 为正值），且 Q 值超过额定存储值的 3%，则排放测试结果无效，此时车辆重新进行试验	—	—	如果 REESS 起止状态的差值超出了 NEC 的公差要求（如下式），则试验无效：$\lvert \Delta NEC/$燃料总能量$\rvert \leq 1\%$
			试验结果同 GB/T 19753—2013 中的分析			
不可外接充电的混合动力电动汽车			对于有手动选择行驶模式的车辆，如果车辆有纯发动机工作模式，车辆应分别进行"纯发动机工作模式"和"混合动力模式"的试验。在纯发动机工作模式下，根据 GB 18352 的规定按常规车辆要求进行排放试验。对"混合动力模式"试验，如果车辆有几种可用混合动力模式，试验应选择最大燃料消耗的模式按规定进行。检测机构还应确认所有模式下的测试结果均满足标准限值要求	有行驶模式选择开关的车辆需要预处理，并按照混合模式进行试验。如果有多种混合模式可用，则应使用点火开关打开后自动设置的模式（正常模式）进行试验。根据制造商提供的资料，技术机构需确定所有的混合模式均能符合限值	—	—
			—	—	试验结果修正。如果 REESS 电能平衡在下面的范围内，则不需要进行修正：$\lvert \Delta E_{REESS} \rvert \leq 0.01 E_{CF}$ 车辆制造商需要提供修正系数用以计算 $\Delta E_{REESS}=0$ 时的燃料消耗量和排气污染物。修正系数可以通过附录 D 获得（方法同 GB/T 19753—2013），如果测量值与 $\Delta E_{REESS}=0$ 没有关联，或测试过程中 REESS 的能量有所增加，则不需要进行修正	—

（续）

项目		GB/T 19755—2016	ECE R83 附录 14	ISO 23274 附录 B	SAE J1711：2010（ISO 23274 附录 C）
不可外接充电的混合动力电动汽车	试验的有效性	在进行排放测试的同时，应按 GB/T 19753 的规定测量电量平衡值 Q（或电能平衡值及燃料消耗量能量），判定车辆是否满足以下条件之一： ① 电量平衡值不超过储能装置额定存储值的 3% ② 电能平衡值不超过燃料所提供能量的 1% 如果满足上述条件，则排放测试结果有效；如果不满足要求，车辆应重新进行试验，直到满足条件	—	—	如果 REESS 起止状态的差值超出了 NEC 的公差要求（如下式），则试验无效： $\|\Delta NEC/$燃料总能量$\| \leq 1\%$
	Ⅱ型试验	① 双怠速试验 • 测定常规怠速下的 CO 和 THC • 测定高怠速下的 CO、THC 和 CO_2 并计算 λ 值 ② 自由加速烟度试验	双怠速试验 • 测定常规怠速下的 CO 和 THC	—	—
	Ⅲ型试验	按照 GB 18352 中附录 E 的规定进行	按照 ECE R83 中附录 6 的规定进行	—	—
	Ⅳ型试验	按照 GB 18352 中附录 F 的规定进行	按照 ECE R83 中附录 7 的规定进行	—	—
	Ⅴ型试验	按照 GB 18352 中附录 G 的规定进行	按照 ECE R83 中附录 9 的规定进行	—	—
	Ⅵ型试验	按照 GB 18352 中附录 H 的规定进行	按照 ECE R83 中附录 8 的规定进行	—	—
	车载诊断（OBD）系统试验	按照 GB 18352 中附录 I 的规定进行	按照 ECE R83 中附录 11 的规定进行	—	—
	车型扩展	按照 GB 18352 中第 6 条的规定进行	按照 ECE R83 中第 7 条的规定进行	—	—
	生产一致性检查	按照 GB 18352 中第 7 条的规定进行	按照 ECE R83 中第 8 条的规定进行	—	—
	在用符合性	按照 GB 18352 中第 8 条的规定进行	按照 ECE R83 中第 9 条的规定进行	—	—

（2）GB 18352.6—2016《轻型汽车污染物排放限值及测量方法（中国第六阶段）》附录 R

1）概览。该标准规定了轻型汽车污染物排放第六阶段型式检验的要求、生产一致性和在用符合性检查的要求和判定方法。生产企业应确保所生产和销售的车辆，满足该标准要求。

该标准部分修改采用欧盟（EC）No 715/2007 法规《关于轻型乘用车和商用车排放污染物的型式核准以及获取汽车维护修理信息的法规》和（EC）No 692/2008 法规《对（EC）No715/2007 法规关于轻型乘用车和商用车排放污染物的型式核准以及获取汽车维护修理信息的执行和修订的法规》、联合国欧洲经济委员会 ECE R83-07 法规《关于根据发动机燃料要求就污染物排放方面批准车辆的统一规定》、联合国全球技术法规第 15 号《世界协调的轻型车测试程序（WLTP）》及其修订版本的有关技术内容。

该标准规定了装用点燃式发动机的轻型汽车，在常温和低温下排气污染物、实际行驶排放（RDE）排气污染物、曲轴箱污染物、蒸发污染物、加油过程污染物的排放限值及测量方法,污染控制装置耐久性、车载诊断(OBD)系统的技术要求及测量方法。

该标准规定了装用压燃式发动机的轻型汽车,在常温和低温下排气污染物、实际行驶排放(RDE)排气污染物、曲轴箱污染物的排放限值及测量方法,污染控制装置耐久性、车载诊断(OBD)系统的技术要求及测量方法。

该标准规定了轻型汽车型式检验的要求和方法,生产一致性和在用符合性检查的要求与判定方法。

该标准也规定了燃用液化石油气(LPG)或天然气(NG)轻型汽车的特殊要求。

该标准也规定了作为独立技术总成、拟安装在轻型汽车上的替代用污染控制装置,在污染物排放方面的型式检验规程。

该标准也规定了排气后处理系统使用反应剂的汽车的技术要求,以及装有周期性再生系统汽车的排放试验规程。

2)适用范围。该标准适用于以点燃式发动机或压燃式发动机为动力、最大设计车速大于或等于50km/h的轻型汽车(包括混合动力电动汽车)。

在生产企业的要求下,最大设计总质量超过3500kg、但不超过4500kg的M_1、M_2和N_2类汽车可按该标准进行型式检验。

若该标准适用范围车辆已按照GB 17691(第六阶段)通过型式检验,可不按该标准进行型式检验。

3)混合动力电动汽车试验。测试NOVC-HEV和OVC-HEV车辆时,应按照GB 18352.6—2016中附录R的规定执行。

除非另有规定,附录R规定的所有要求适用于可手动选择及不可手动选择驾驶模式的所有混合动力电动汽车。

4)一般要求。

① 测试循环。所有OVC-HEV和NOVC-HEV应按WLTC测试循环进行试验,如图2-18所示。

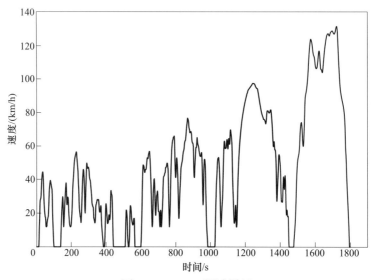

图2-18 WLTC测试循环

② 手动档 OVC-HEV 和 NOVC-HEV。应按生产企业提供的量产车辆使用说明书的要求进行驾驶，通过驾驶人助手提示驾驶换档时刻。

5）REESS 系统准备。车辆应在安装试验 REESS 条件下磨合至少 300km。当 REESS 运行温度高于正常范围时，试验人员应按照车辆生产企业建议的程序，使 REESS 的温度恢复到正常范围内。此时，生产企业应提交 REESS 的热管理系统没有失效或衰减的证明。

6）Ⅰ型试验测试程序。

① 一般要求。

a. 如果车辆不能按照规定的速度公差范围跟随测试循环曲线，除非另有规定，应将加速踏板完全踩到底，直到汽车再次回到规定的速度范围为止。

b. 应在测试循环开始前或开始时开始排气取样和电量消耗测试，测试循环结束后停止。

c. 应对每个速度段分别进行气体取样分析。如果在某一速度段，内燃机没有起动，则可以不进行该速度段的分析。

d. 如条件允许，应对每个速度段颗粒物数量和每个测试循环的颗粒物质量进行分析。

e. 试验有效性判定。如果 $\Delta E_{REESS, CS}$ 为负，REESS 处于放电且整个循环修正标准 c 大于 0.01，则排放测试结果无效。

② OVC-HEV 车辆。

a. 车辆应进行电量消耗模式（CD）和电量保持模式（CS）测试。

b. 车辆可按照下列 4 个选项进行测试（图 2-19）：

Ⅰ. 选项 1：单独进行电量消耗模式Ⅰ型试验。

Ⅱ. 选项 2：单独进行电量保持模式Ⅰ型试验。

Ⅲ. 选项 3：电量消耗模式Ⅰ型试验和电量保持模式Ⅰ型试验。

Ⅳ. 选项 4：电量保持模式Ⅰ型试验和电量消耗模式Ⅰ型试验。

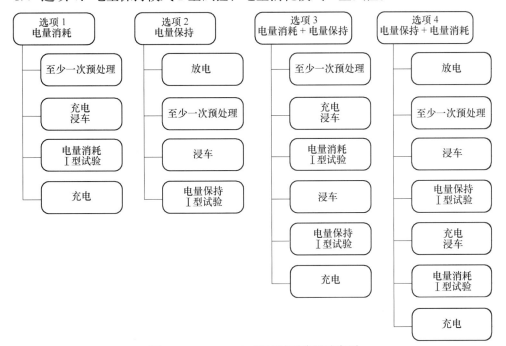

图 2-19　OVC-HEV 测试时可选测试序列

③ 单独进行电量消耗模式Ⅰ型试验（选项1），如图2-20所示。

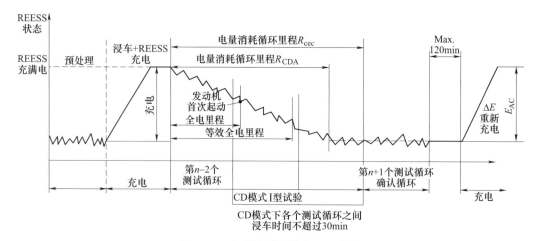

图2-20　电量消耗量模式Ⅰ型试验

a. 预处理。车辆应至少行驶一个 WLTC 循环以完成内燃机预处理。在预处理时，应同时测量 REESS 的电平衡状态。当符合终止判定条件时，在 WLTC 结束时终止预处理。

b. 测试规程。Ⅰ型试验预处理的车辆不得使用强制冷却。浸车期间，REESS 应进行正常充电。

Ⅰ. 正常充电的应用。REESS 应在规定的环境温度下，使用下列方式之一进行充电：车载充电器（如装有）；或由生产企业建议的外接充电器，使用正常充电模式。

上述的充电程序不包括任何自动或手动起动的特殊充电程序，如均衡充电模式或维护模式。生产企业应声明，在测试过程中没有进行特殊充电程序。

Ⅱ. 充电结束标准。当车载或外部仪器显示 REESS 已完全充电时，判定为充电完成。

Ⅲ. 驾驶模式的选择。对于装有驾驶模式选择功能的车辆，应根据图2-21的原则选择电量消耗模式下Ⅰ型试验的驾驶模式。

c. 试验程序。

Ⅰ. 试验应包含多个连续的循环，循环之间浸车时间应小于30min，重复试验循环，直到达到终止判定条件为止。

Ⅱ. 浸车期间应关闭动力传动系统，且外部电源不得对 REESS 进行充电。不允许在浸车期间关闭任何 REESS 的电流电压测试仪器。如果使用的是按时积分设备，则应在浸车期间保持积分状态。

Ⅲ. 分析仪可在整个电量消耗模式Ⅰ型试验前和试验后进行校准和零点检查。

d. 试验结束。首次满足终止判定条件时，电量消耗模式Ⅰ型试验结束。将此时的循环序号计为 $n+1$。

第 n 个循环定义为过渡循环。第 $n+1$ 个循环定义为确认循环。

对于电量消耗模式下不足以完成循环测试的车辆，当标准车载仪表指示停车，或车辆至少连续4s偏离规定行驶公差时，电量消耗Ⅰ型试验结束。此时应松开加速踏板，并踩下制动踏板，使车辆在60s内停下。

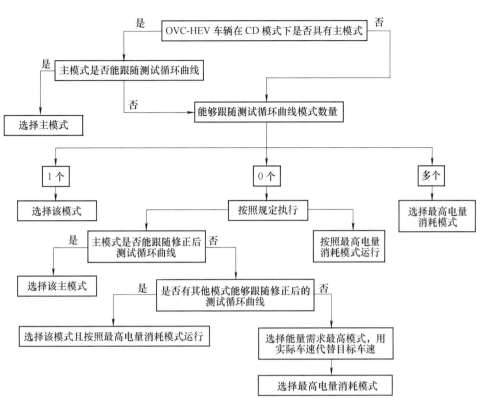

图 2-21 电量消耗模式下驾驶模式的选择

e. 终止判定条件。

Ⅰ. 应对每个测试循环进行终止判定。

Ⅱ. 当相对电量变化 $REEC_i$ 小于 0.04 时，电量消耗Ⅰ型试验达到终止判定条件。

$$REEC_i = \frac{|\Delta E_{REESS,i}|}{E_{cycle}/3600}$$

式中 E_{cycle}——测试循环的循环能量需求（W·s）；

$\Delta E_{REESS,i}$——第 i 个电量消耗模式Ⅰ型测试循环的 REESS 电量变化（W·h）。

$\Delta E_{REESS,j}$ 按照下式计算：

$$\Delta E_{REESS,j} = \sum_{i=1}^{n} \Delta E_{REESS,j,i}$$

式中 $\Delta E_{REESS,j,i}$——时间段 j 内 $REESS_i$ 的电量变化（W·h），其中：

$$\Delta E_{REESS,j,i} = \frac{1}{3600} \times \int_{t_0}^{t_{end}} U(t)_{REESS,j,i} \times I(t)_{j,i} \, dt$$

式中 $U(t)_{REESS,j,i}$——时间段 j 内 $REESS_i$ 的电压（V）；

t_0——时间段 j 开始的时间（s）；

t_{end}——时间段 j 结束的时间（s）；

$I(t)_{j,i}$——时间段 j 内 $REESS_i$ 的电流（A）；

j——代表某一时间段，可以是速度段或循环的任意组合。

f. REESS 充电和电量测量。

Ⅰ. 第 $n+1$ 个测试循环（第一次达到终止判定条件）后，车辆应在 120min 内连接到外部电源。

Ⅱ. 应在车辆充电器和电源之间安装电量测量设备，测量从外部电源充入的充电量 E，以及持续时间。当达到充电结束标准时，可以停止电量测量。

g. 每个经过劣化系数（修正值）和 K_i 修正后的电量消耗模式 Ⅰ 型测试循环排放都应符合排放限值要求。

④ 单独进行电量保持模式 Ⅰ 型试验（选项 2）。

a. 预处理和浸车。

Ⅰ. 预处理同选项 1，同时可以采取以下方法：应生产企业要求且环境保护主管部门允许，电量保持 Ⅰ 型试验中的 REESS 制造厂电量状态可以根据生产企业建议进行设置。在这种情况下，应该进行与传统车辆相同的预处理程序，预处理周期应符合终止判定条件。

Ⅱ. 浸车要求同传统汽车。

b. 测试规程。驾驶模式的选择。对于装有驾驶模式选择功能的车辆，应根据图 2-22 选择进行电量保持模式 Ⅰ 型试验的驾驶模式。

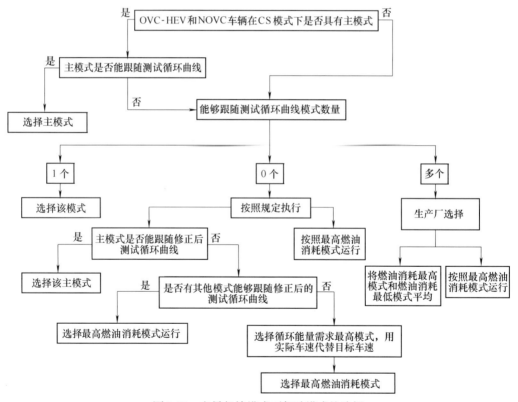

图 2-22 电量保持模式下驾驶模式的选择

c. 试验程序。

Ⅰ. 车辆应根据标准中规定的 Ⅰ 型试验程序进行测试。

Ⅱ. 修正 CO_2 排放结果。如果 $\Delta E_{REESS,CS}$ 为负 REESS 放电，且当按照下列公式计

算的修正标准 c 大于 0.005 时应进行修正：

$$c=\left|\Delta E_{\text{REESS,CS}}\right|/E_{\text{fuel,CS}}$$

$$E_{\text{fuel,CS}}=10\times HV\times FC_{\text{CS, nb}}\times d_{\text{CS}}$$

式中 $\Delta E_{\text{REESS,CS}}$——电量保持模式下 REESS 的电量变化（W·h）；

$E_{\text{fuel,CS}}$——电量保持模式下所消耗燃料的能量当量（W·h）；

HV——燃料的热值（kW·h/L）；

d_{CS}——WLTC 测试循环行驶的距离（km）；

$FC_{\text{CS,nb}}$——未进行能量平衡修正的燃料消耗量（L/100km）。

生产企业进行的测试次数应不少于 5 次，且应满足以下条件：

——该组测量应至少分别包含一次 $\Delta E_{\text{REESS,CS}}$ 不大于 0 和一次 $\Delta E_{\text{REESS,CS}}$ 大于 0 的测试。

——拥有最高负电量变化和拥有最高正电量变化的两个测试，其 M_{CO_2}（CO_2 综合排放值）之差应不小于 5g/km。

若同时满足下列要求，则测试次数可减少到 3 次。

——任何两次连续测试中由电量变化转换为 M_{CO_2} 的值都不大于 10g/km。

——拥有最高负电量变化和拥有最高正电量变化的两个测试都应在下式定义的区域之外。

$$\left|\Delta E_{\text{REESS}}/E_{\text{fuel}}\right|\leqslant 0.01$$

式中 E_{fuel}——计算得到的能量当量（W·h）。

——拥有最高负电量变化的测试和中间值的 M_{CO_2} 之差与中间值和拥有最高正电量变化的测试的 M_{CO_2} 之差应大致相同，且最好位于上式范围内。

CO_2 排放的修正采取线性回归的方式。

如果下列条件满足，可不进行修正：

——$\Delta E_{\text{REESS,CS}}$ 为正 REESS 充电，且计算的修正标准 c 大于 0.005。

——计算的修正标准 c 小于 0.005。

——生产企业能够通过测试向环境保护主管部门证明 $\Delta E_{\text{REESS, CS}}$ 与电量保持 CO_2 无关。

Ⅲ. 经过劣化系数（修正值）和 K_i 修正后的测试结果应符合排放限值要求。

⑤ 电量消耗模式Ⅰ型试验和电量保持模式Ⅰ型试验（选项 3），如图 2-23 所示。

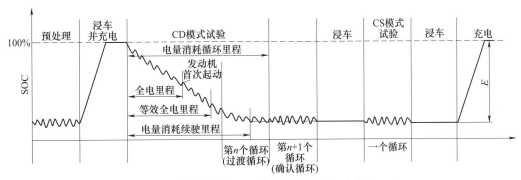

图 2-23 电量消耗模式Ⅰ型试验和电量保持模式Ⅰ型试验

电量消耗模式Ⅰ型试验流程同选项1，电量保持模式Ⅰ型试验流程同选项2，REESS充电和充电电量测量同选项1。

⑥电量保持模式Ⅰ型试验和电量消耗模式Ⅰ型试验（选项4），如图2-24所示。

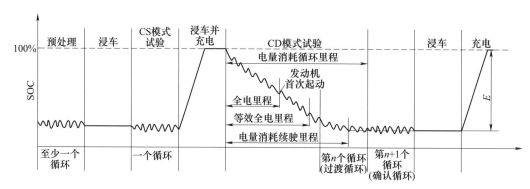

图2-24 电量保持模式Ⅰ型试验和电量消耗模式Ⅰ型试验

电量保持模式Ⅰ型试验流程同选项2，电量消耗模式Ⅰ型试验流程同选项1。

⑦NOVC-HEV车辆。

a. 预处理和浸车同传统汽车。

b. 测试规程同选项2。

c. 试验程序同选项2。

7）排放量计算。

①气态污染物、颗粒物质量和颗粒物数量排放的计算。

a. 电量保持模式。应按表2-60的顺序进行计算，其中c为完整的测试循环；p为测试循环中的各个速度段；i为污染物（CO_2除外）。

表2-60 排放量计算过程

输入 / (g/km)	过程	输出 / (g/km)	步骤编号
原始结果	电量保持模式的排放计算，GB 18352.6—2016 附件 CE.3 ～ CE.3.2.2	$M_{i,CS,p,1}$ $M_{CO_2,CS,p,1}$	1
$M_{i,CS,p,1}$ $M_{CO_2,CS,p,1}$	综合排放量计算： $$M_{i,CS,c,2} = \frac{\sum_p M_{i,CS,p,1} \times d_p}{\sum_p d_p}$$ $$M_{CO_2,CS,c,2} = \frac{\sum_p M_{CO_2,CS,p,1} \times d_p}{\sum_p d_p}$$ 式中，d_p为循环中各速度段的行驶距离	$M_{i,CS,c,2}$ $M_{CO_2,CS,c,2}$	2
$M_{CO_2,CS,p,1}$ $M_{CO_2,CS,c,2}$	REESS电量变化修正： $M_{CO_2,CS} = M_{CO_2,CS,nb} - K_{CO_2} \times EC_{DC,CS}$ $M_{CO_2,CS,p} = M_{CO_2,CS,nb,p} - K_{CO_2} \times EC_{DC,CS,p}$ 或 $M_{CO_2,CS,p} = M_{CO_2,CS,nb,p} - K_{CO_2,p} \times EC_{DC,CS,p}$ 如果不需修正，则 $M_{CO_2,CS} = M_{CO_2,CS,nb}$	$M_{CO_2,CS,p,3}$ $M_{CO_2,CS,c,3}$	3

（续）

输入 / (g/km)	过程	输出 / (g/km)	步骤编号
$M_{i,CS,c,2}$ $M_{CO_2,CS,c,3}$	对排放结果使用 K_i 进行修正： $M_{i,CS,c,4}=K_i \times M_{i,CS,c,2}$ 或 $M_{i,CS,c,4}=K_i+M_{i,CS,c,2}$ $M_{CO_2,CS,c,4}=K_{CO_2,k_i} \times M_{CO_2,CS,c,3}$ 或 $M_{CO_2,CS,c,4}=K_{CO_2,k_i}+M_{CO_2,CS,c,3}$ 如果不需修正，则 $M_{i,CS,c,4}=M_{i,CS,c,2}$，$M_{CO_2,CS,c,4}=M_{CO_2,CS,c,3}$	$M_{i,CS,c,4}$ $M_{CO_2,CS,c,4}$	4a
$M_{CO_2,CS,p,3}$ $M_{CO_2,CS,c,3}$ $M_{CO_2,CS,c,4}$	对 CO_2 结果使用 K_i 进行修正： $M_{CO_2,CS,p,4}=M_{CO_2,CS,p,3} \times AF_{K_i}$ $AF_{K_i}=M_{CO_2,c,4}/M_{CO_2,c,3}$ 如果不需修正，则 $M_{CO_2,CS,p,4}=M_{CO_2,CS,p,3}$	$M_{CO_2,CS,p,4}$	4b
$M_{i,CS,c,4}$ $M_{CO_2,CS,p,4}$ $M_{CO_2,CS,c,4}$	$M_{i,CS,c,5}=DF \times M_{i,CS,c,4}$ 或 $M_{i,CS,c,5}=ADF+M_{i,CS,c,4}$ $M_{CO_2,CS,c,5}=M_{CO_2,CS,c,4}$ $M_{CO_2,CS,p,5}=M_{CO_2,CS,p,4}$	$M_{i,CS,c,5}$ $M_{CO_2,CS,c,5}$ $M_{CO_2,CS,p,5}$	5 "单次试验结果"
$M_{i,CS,c,5}$ $M_{CO_2,CS,c,5}$ $M_{CO_2,CS,p,5}$	GB 18352.6—2016 附录 C.1.1.2～C.1.1.2.3 规定的测试平均值和信息公开值	$M_{i,CS,c,6}$ $M_{CO_2,CS,c,6}$ $M_{CO_2,CS,p,6}$ $M_{CO_2,CS,c,declared}$	6 "I 型试验结果 $M_{i,CS}$ 结果"
$M_{CO_2,CS,c,6}$ $M_{CO_2,CS,p,6}$ $M_{CO_2,CS,c,declared}$	排放结果四舍五入 GB 18352.6—2016 附录 C.1.1.2.4 且 $M_{CO_2,CS,c,7}=M_{CO_2,CS,c,declared}$	$M_{CO_2,CS,c,7}$ $M_{CO_2,CS,p,7}$	7 "I 型试验 $M_{CO_2,CS}$ 结果"
$M_{i,CS,c,6}$ $M_{CO_2,CS,c,7}$ $M_{CO_2,CS,p,7}$	如果除测试车辆 H 外还测试了车辆 L，应分别列出两辆车的结果，并计算平均值 $M_{i,CS,c}$ 如果没有测试车辆 L，则 $M_{i,CS,c}=M_{i,CS,c,6}$ CO_2 的值从步骤 7 得出，精确到小数点后两位	$M_{i,CS,c}$ $M_{CO_2,CS,c,H}$ $M_{CO_2,CS,p,H}$ 如果测试了车辆 L：$M_{CO_2,CS,c,L}$ $M_{CO_2,CS,p,L}$	8 "插值系族结果" 最终排放结果
$M_{CO_2,CS,c,H}$ $M_{CO_2,CS,p,H}$ 如果测试了车辆 L： $M_{CO_2,CS,c,L}$ $M_{CO_2,CS,p,L}$	对插值系族中的某一辆车，根据插值法计算 CO_2 排放	$M_{CO_2,CS,c,ind}$ $M_{CO_2,CS,p,ind}$	9 "某一车辆结果" 最终 CO_2 结果

b. OVC-HEV 电量消耗模式。

Ⅰ. OVC-HEV 纯电利用系数 UF：

$$UF_j(d_j)=1-\exp\left\{-\left[\sum_{i=1}^{k}C_i\left(\frac{d_j}{d_n}\right)^i\right]\right\}-\sum_{l=1}^{j-1}UF_l$$

式中 UF_j——速度段 j 的纯电利用系数；

d_j——时间段 j 结束时测得的行驶距离（km）；

C_i——第 i 个系数，见表 2-61；

d_n——两次充电间最大里程，取 400km；

k——指数参数的个数；

j——涉及的时间段的个数；

i——涉及的术语 / 系数的编号；

$\sum_{l=1}^{j-1} UF_l$ ——截至 $j-1$ 个时间段的利用系数的累积值。

表 2-61 C_i 系数参考值

参数	C_1	C_2	C_3	C_4	C_5
值	4.58	16.32	−29.54	−37.03	54.03
参数	C_6	C_7	C_8	C_9	C_{10}
值	92.06	−14.69	−158.49	−22.98	110

Ⅱ. CO_2 排放量计算。

$$M_{CO_2,CD} = \frac{\sum_{j=1}^{k}(UF_j \times M_{CO_2,CD,j})}{\sum_{j=1}^{k} UF_j}$$

Ⅲ. 污染物排放量的计算。

气态污染物按照下式计算：

$$M_{i,\text{weighted}} = \sum_{j=1}^{k}(UF_j \times M_{i,CD,j}) + \left(1 - \sum_{j=1}^{k} UF_j\right) \times M_{i,CS}$$

颗粒物数量按照下式计算：

$$PN_{\text{weighted}} = \sum_{j=1}^{k}(UF_j \times PN_{CD,j}) + \left(1 - \sum_{j=1}^{k} UF_j\right) \times PN_{CS}$$

颗粒物质量按照下式计算：

$$PM_{\text{weighted}} = \sum_{c=1}^{n_c}(UF_c \times PM_{CD,c}) + \left(1 - \sum_{c=1}^{n_c} UF_c\right) \times PM_{CS}$$

以上各式中物理量的含义可参阅 GB 18352.6—2016 相关部分。

② 某一车辆的插值法。

a. 插值范围。只有当车辆 L 和车辆 H 在电量保持模式下 CO_2 排放的差别不小于 5g/km 且不大于 20g/km 和车辆 H 在电量保持模式下 CO_2 排放的 20% 这两者中的较小者，才能使用插值方法。

经生产企业要求，如果试验车辆在电量保持模式下 CO_2 排放超出车辆 H 的部分小于 3g/km，或低于车辆 L 的部分小于 3g/km，经环境保护主管部门同意，可允许该车型进行外插法计算。

区间范围定义为车辆 L 和车辆 H 的 CO_2 排放差值。该范围应小于 20g/km，并且小于车辆 H 的 20%。如果追加车辆 M，则该边界范围可以再扩大 10g/km。对于车辆 M，其循环能量需求应介于车辆 L 和车辆 H 的循环能量需求算术平均值 ±10% 以内。

对车辆 M，应使用车辆 L 和车辆 H 进行内插法计算。之后，将该计算值与车辆 M 的实际结果进行对比，进行线性度有效性判定。

当车辆 M 实际测得的电量保持模式下的 CO_2 排放与按照车辆 L 和车辆 H 的内插法计算值之差小于 1g/km 时，此时判定车辆 M 满足线性度要求。当该差值为 3g/km，且小于或等于车辆 M 内插法计算值的 3% 时，此时同样判定车辆 M 满足线性度要求。

如果满足线性度标准，车辆 L 和车辆 H 内所有车型都应按照插值法进行计算。

如果不满足线性度要求，则插值范围应分为两个子区间。第一个子区间范围为车辆 L 和车辆 M 之间，第二个子区间范围为车辆 M 和车辆 H 之间。

对于循环能量需求介于 L 和 M 之间的车辆，之前使用到的用于插值计算的车辆 H 的参数，都应该使用对应的车辆 M 的参数进行替代。

对于循环能量需求介于 M 和 H 之间的车辆，之前使用到的用于插值计算的车辆 L 的参数，都应该使用对应的车辆 M 的参数进行替代。

b. 某一时间段的插值系数 $K_{ind,p}$ 的计算。

$$K_{ind,p} = \frac{E_{3,p} - E_{1,p}}{E_{2,p} - E_{1,p}}$$

式中　$K_{ind,p}$——时间段 p 的单车插值系数，对于完整的测试循环，$K_{ind,p}$ 记为 K_{ind}；

　　　$E_{1,p}$——车辆 L 在该时间段的能量需求（W·s）；

　　　$E_{2,p}$——车辆 H 在该时间段的能量需求（W·s）；

　　　$E_{3,p}$——试验车在该时间段的能量需求（W·s）。

c. 某一车辆 CO_2 排放的插值计算。

Ⅰ. 电量保持模式：

$$M_{CO_2\text{-}ind,CS,p} = M_{CO_2\text{-}L,CS,p} + K_{ind,p} \times (M_{CO_2\text{-}H,CS,p} - M_{CO_2\text{-}L,CS,p})$$

Ⅱ. 电量消耗模式：

$$M_{CO_2\text{-}ind,CD} = M_{CO_2\text{-}L,CD} + K_{ind,p} \times (M_{CO_2\text{-}H,CD} - M_{CO_2\text{-}L,CD})$$

Ⅲ. OVC-HEV：

$$M_{CO_2\text{-}ind,weighted} = M_{CO_2\text{-}L,weighted} + K_{ind} \times (M_{CO_2\text{-}H,weighted} - M_{CO_2\text{-}L,weighted})$$

以上各式中物理量的含义可参阅 GB 18352.6—2016 相关部分。

8）国内外标准法规对比。目前，国际的主流标准法规中，与 GB 18352.6—2016 对应的为 UN GTR15，此法规由 WP.29 制定。

我国作为 WP.29《1998 年协定书》的缔约方之一，全程参与了 UN GTR15 的制定工作，GB 18352.6—2016 的发布可以认为是参与国际标准法规协调的阶段性成果，其中关于混合动力电动汽车试验的相关规定与 UN GTR15 的相关内容完全一致，即 GB 18352.6—2016 规定的内容均能够对应到 UN GTR15 的相关章节，因此对于混合动力电动汽车，两个标准不存在区别。

需要说明的是，UN GTR15 尚未完成最终的制定，内容一直处于补充完善的状态。尽管现阶段该法规中混合动力电动汽车的相关内容与 GB 18352.6—2016 一致，但完成制定后可能会与 GB 18352.6—2016 存在差别。

（3）QC/T 894—2011《重型混合动力电动汽车污染物排放车载测量方法》

1）概览。该标准参照美国汽车工程师协会 2002 年 9 月提出的 SAE J2711 中关于排气污染物的部分技术内容。该标准在试验循环的选择、装载质量的分布以及道路滑行方法等方面主要参照 GB/T 19754—2015《重型混合动力电动汽车能量消耗量　试验方法》。仪器设备的技术条件，底盘测功机部分主要参照 GB 18352《轻型汽车污染物排放限值及测量方法》，道路测试部分主要参照美国 EPA CFR 1065 法规 J 部分并根据我国的国家标准进行了相应的修改。

该标准在道路试验条件引用了 GB/T 12534《汽车道路试验方法通则》的部分技术内容。

该标准不适用于型式认证试验。

该标准规定了重型混合动力电动汽车的排放试验方法。在参照 GB/T 19754—2015 的基础上，主要增加了便携式车辆排放测试系统（PEMS），测试车辆的几种主要污染物（CO、HC、NO_x、CO_2）排放平均质量（单位为 g/km）。

该标准规定了混合动力电动汽车在底盘测功机或场地上进行车载排放试验的试验方法。

2）适用范围。该标准适用于最大总质量超过 3500kg 的混合动力电动汽车。

净能量改变量（NEC）的计算同 GB/T 19754—2015。

试验循环与载荷同 GB/T 19754—2015。

试验准备同 GB/T 19754—2015。

3）试验程序。

① 不可外接充电式混合动力电动汽车。

a. 排放试验的预循环运转同 GB/T 19754—2015。

b. 排放试验运转。车辆在道路或底盘测功机上，开始按照行驶循环进行试验。整个测试系统同时开始采样、记录数据以及积分所测量的数据。试验循环结束时，测试系统同时结束采样，但排气污染物和气体流量采样延时 1min 结束。

每完成一次试验，需要关闭点火锁 15min，进行车辆热状态的预置。连续进行的试验，不需要进行预循环运转；如果某次试验之后，进行了非试验循环的行驶活动，则下次试验之前，必须重新进行预循环的运转，然后再开始正式的试验。

c. 试验循环的次数及其处理同 GB/T 19754—2015。

② 可外接充电式混合动力电动汽车。

a. 包含纯电动工作模式。

Ⅰ. 车辆的移动。如果进行道路试验，车辆充电完成的停放位置与试验场地不在一起的情况下，要求车辆以纯电动工作模式，尽量使用不大于 40km/h 的车速以匀速的方式移动到试验场地（尽量减少电能量的消耗）。其他要求同 GB/T 19754—2015。

纯电动续驶里程段（第一阶段）试验同 GB/T 19754—2015。

Ⅱ. 第二阶段、第三阶段排放测试。要求进行至少三次试验，并判断试验结果是否有效，试验次数是否充分，然后决定结束试验。

b. 不包含纯电动工作模式。

Ⅰ. 车辆的移动同包含纯电动工作模式的可外接充电式混合动力汽车的相关规定。

Ⅱ. 排放试验的预循环运转同 GB/T 19754—2015。

Ⅲ. 排放试验运转同包含纯电动工作模式的可外接充电式混合动力汽车第二、三阶段试验的相关规定。

4）试验结果。将排气污染物排放量除以测试循环的距离，得到循环比排放量的测试结果（单位为g/km）。

① 不可外接充电式混合动力电动汽车。

a. 如果三次计算的NEC相对变化量的绝对值小于或等于1%，如下式，则不必对测试结果进行SOC修正。直接对三次结果进行平均，得到三种排放物的最终测试结果。

$$\left|\frac{NEC}{循环总驱动能量}\right|\times100\%\leqslant1\%$$

b. 如果三次计算的NEC相对变化量有正有负或者至少有一次NEC相对变化量的绝对值小于或等于1%，则分别将每种排气污染物根据NEC量绘成图表，进行线性回归。如果回归直线的相关系数$R^2\geqslant0.8$，则认为预测结果和实际数据的线性回归是可以接受的，计算回归直线上NEC为0的比排放作为最终结果。如果$R^2<0.8$，则修正关系不可信，直接对三次结果进行平均，得到三种排放物的最终测试结果。

根据测试需要，可以适当增加测试次数以得到更可靠的测试结果。

c. 如果前两项都不满足，则需要增加有效试验循环，并剔除图表同侧NEC相对变化量的绝对值较大数值重新计算，直至得到最终结果。

② 可外接充电式混合动力电动汽车。可外接充电式混合动力电动汽车测试结果分三个阶段给出。有些车辆不一定具备所有三个阶段。

第二、三阶段至少要进行三次试验循环。如果三次计算的NEC相对变化量有正有负或者至少有一次NEC相对变化量的绝对值小于或等于1%，则这三次的回归结果属于能量平衡运行阶段。否则增加有效测试循环，直至最后三次满足条件。最后三次以及之前的测试循环属于能量调整阶段试验。

根据测试需要，可以适当增加测试次数以得到更可靠的测试结果。

a. 包含纯电动工作模式。

Ⅰ. 纯电动续驶里程阶段（第一阶段）。纯电动续驶里程阶段无排放结果。最终结果：纯电动续驶里程（单位为km）和电能量消耗量（单位为kW·h/100km）。

Ⅱ. 储能装置能量调整阶段（第二阶段）。将该阶段的排放平均值作为最终结果（单位为g/km）。同时给出循环次数和总里程。

Ⅲ. 电能量平衡运行阶段（第三阶段）。按照不可外接充电式混合动力电动汽车线性回归的方式给出最终结果。

b. 不包含纯电动工作模式。根据包含纯电动工作模式的可外接充电式混合动力电动汽车第二、三阶段的方法求取试验结果。

③ 试验有效性。

a. 储能系统SOC在试验前或试验后超出了生产企业规定的正常工作范围，试验结果无效。

b. 在测试过程中如果有任何测试点不能实现车辆驱动或者车辆系统警告因为储能装置所能提供的能量太低驾驶人不要继续驱动，则该测试结果无效。

c. 其他无效测试。由于车辆故障、仪器故障和操作失误造成的测试结果相关数据缺失，测试数据明显错误，则测试结果无效。

5）国内外标准法规对比。目前，国际的主流标准法规中，与 QC/T 894—2011 对应的为 SAE J2711，表 2-62 所列为这两项标准的技术性差异对比。

表 2-62　QC/T 894—2011 与 SAE J2711：2002 技术性差异对比

项　　目		QC/T 894—2011	SAE J2711：2002
范围		同 GB/T 19754—2015 中的分析	见表 2-56 相应内容
NEC 的计算方法		NEC 相对变化量的确定： 循环总驱动能量 = 总燃料驱动能量 −NEC 总燃料驱动能量 =kNHV$_{燃料}$ × $m_{燃料}$ × $\eta_{发动机}$ × $\eta_{传动}$ NEC 的相对变化量 =（NEC/ 循环总驱动能量）× 100%	循环总驱动能量 = 总燃料驱动能量 −NEC 循环总驱动能量 = NHV$_{燃料}$ × $m_{燃料}$ NEC 的相对变化量 =（NEC/ 循环总驱动能量）× 100%
试验循环要求		同 GB/T 19754—2015 中的分析	见表 2-56 相应内容
试验准备	试验条件	同 GB/T 19754—2015 中的分析	见表 2-56 相应内容
	车辆条件	同 GB/T 19754—2015 中的分析	见表 2-56 相应内容
	空气悬架	同 GB/T 19754—2015 中的分析	见表 2-56 相应内容
	底盘测功机的技术条件	底盘测功机的一般要求。根据道路滑行数据设置测功机负荷	① 底盘测功机的一般要求。道路滑行程序按照 40CFR 第 86 部分执行 ② 底盘测功机的容量 ③ 底盘测功机的标定 ④ 惯性载荷 ⑤ 道路阻力 ⑥ 底盘测功机负荷系数的确定 ⑦ 底盘测功机的设定
	试验仪器	—	在适当情况下，需要引用 40 CFR 86.1301-90 至 40 CFR 86.1326-90（包括废气排放采样和分析系统）中的设备进行排放测量。所有仪器应该是 NIST（美国国家标准与技术研究院）可溯源的
试验程序	汽车驱动系统的起动和再起动	同 GB/T 19754—2015 中的分析	见表 2-56 相应内容
	底盘测功机的预热	如使用底盘测功机，应按设备要求预热	由于许多测功机需要依据车辆来确定滚动损失，测试车辆在加热测功机的同时，也进行了适当的损失校准。不可恢复的滚动和空气动力学损失应通过适当的滑行或多个稳态速度测试来确定。底盘测功机预热完成后即确定了不可恢复的损失，低温试验室造成损失可以在第二天试验中确定。如果损失是可以接受的，可以用未经预热的底盘测功机进行冷起动测试
	不可外接充电式混合动力电动汽车	车辆荷电状态的预置同 GB/T 19754—2015 中的分析	—
		预循环运转同 GB/T 19754—2015 中的能量消耗量预循环运转	—

（续）

项　目		QC/T 894—2011	SAE J2711：2002
试验程序	不可外接充电式混合动力电动汽车	排放试验运转。车辆在道路或底盘测功机上，开始按照行驶循环进行试验。整个测试系统同时开始采样、记录数据以及积分所测量的数据。试验循环结束时，测试系统同时结束采样，但排气污染物和气体流量采样延时 1min 结束 每完成一次试验，需要关闭点火锁 15min，进行车辆热状态的预置。连续进行的试验，不需要进行预循环运转；如果某次试验之后，进行了非试验循环的行驶活动，则下次试验之前，必须重新进行预循环的运转，然后再开始正式的试验	冷态排放测试。应将车辆冷却至少12h，使所有部件处于环境温度。车辆应保持在"关闭"位置 30min，直到测试开始。必要时应使用单独的车辆或其他设备（如电加热器）使底盘测功机达到工作温度。车辆应起动并空转 1min，此后开始 30min 的测试循环。排放测量将在车辆起动后开始，停止 1min 后结束。在测试循环结束时，车辆应处于"关闭"状态 热态排放测试。不包括起动后空转的排放。起动车辆进行多次测试循环，使车辆加热到工作温度。每次测试循环之间应停车 20~30min。车辆处于工作温度后关闭并保持 20~30min。车辆起动并空转 1min，此时应开始测试循环并进行排放测量。在测试循环结束时，车辆应返回到"关闭"状态 连续进行的试验不需要进行预循环运转；如果在未完成三次试验运转之前，进行了非试验的行驶活动，则下次试验之前，必须重新进行预循环的运转，然后再开始正式的试验。可以保存并报告在计划中断之前获得的有效数据。为了进行三次冷启动排放测试，车辆试验必须在三个独立日期进行。热态试验可以在测试日内进行
		污染物排放量 ① 如果三次计算的 NEC 相对变化量的绝对值小于或等于 1%，则不必对测试结果进行 SOC 修正。直接对三次结果进行平均，得到三种排放物的最终测试结果 ② 如果三次计算的 NEC 相对变化量有正有负或者至少有一次 NEC 相对变化量的绝对值小于或等于 1%，则分别将每种排气污染物根据 NEC 量绘成图表，进行线性回归。如果回归直线的相关系数 $R^2 \geq 0.8$，则认为预测结果和实际数据的线性回归是可以接受的，计算回归直线上 NEC 为 0 的比排放作为最终结果。如果 $R^2<0.8$，则修正关系不可信，直接对三次结果进行平均，得到三种排放物的最终测试结果 根据测试需要，可以适当增加测试次数以得到更可靠的测试结果 ③ 如果前两项都不满足，则需要增加有效试验循环，并剔除图表同侧 NEC 相对变化量的绝对值较大数值重新计算，直至得到最终结果	① 如果计算的 NEC 相对变化量的绝对值小于或等于 1%，则不必对测试的燃料经济性结果进行 SOC 修正 ② 其余情况剔除 NEC 相对变化量大于 5% 的试验，根据情况适当补充试验，然后对 NEC 相对变化量的绝对值大于 1% 但不大于 5% 的试验通过线性回归的修正程序和校正精度进行能量消耗量的计算

（续）

项　目			QC/T 894—2011	SAE J2711：2002
试验程序	可外接充电式混合动力电动汽车	包含纯电动工作模式	一般规定同 GB/T 19754—2015 中的分析	—
			车辆的移动同 GB/T 19754—2015 中的分析	—
			第一阶段能量消耗量的确定同 GB/T 19754—2015 中的分析，同时增加以下内容：进行道路试验时，车辆从充电完成的停放位置移动到试验场地的过程中测量的 NEC 按后续电量消耗率折算里程属于纯电动续驶里程的一部分	见表 2-56 相应内容
			第二阶段和第三阶段污染物排放量的确定。如果三次计算的 NEC 相对变化量有正有负或者至少有一次 NEC 相对变化量的绝对值小于或等于 1%，则这三次的回归结果属于能量平衡运行阶段。否则增加有效测试循环，直至最后三次满足条件。最后三次以及之前的测试循环属于能量调整阶段试验	没有第二阶段，直接对两种动力模式共同作用的多个测试循环进行分析
			根据测试需要，可以适当增加测试次数以得到更可靠的测试结果	
			污染物排放量 第一阶段：电能量消耗量+续驶里程 第二阶段：排放结果的平均值+循环次数及续驶里程 第三阶段：等效污染物排放量	对应 QC/T 894—2011 的第一阶段：电能量消耗量+续驶里程，电能量换算后的燃料消耗量（柴油） 对应 QC/T 894—2011 的第三阶段：等效污染物排放量
		不包含纯电动工作模式	车辆的移动同 GB/T 19754—2015 中的分析	—
			预循环运转同 GB/T 19754—2015 中的能量消耗量预循环运转	—
			第二阶段和第三阶段污染物排放量的确定。如果三次计算的 NEC 相对变化量有正有负或者至少一次 NEC 相对变化量的绝对值小于或等于 1%，则这三次的回归结果属于能量平衡运行阶段。否则增加有效测试循环，直至最后三次满足条件。最后三次以及之前的测试循环属于能量调整阶段试验	没有第二阶段，直接对两种动力模式共同作用的多个测试循环进行分析
			根据测试需要，可以适当增加测试次数以得到更可靠的测试结果	
数据记录和结果	燃料消耗		同 GB/T 19754—2015 中的分析	见表 2-56 相应内容
	SOC 的修正		SOC 校正精度同 GB/T 19754—2015 中的分析	见表 2-56 相应内容
	数据的有效性判定		① 储能系统 SOC 在试验前或试验后超出了生产企业规定的正常工作范围，试验结果无效 ② 在测试过程中如果有任何测试点不能实现车辆驱动或者车辆系统警告因为储能装置所能提供的能量太低驾驶人不要继续驱动，则该测试结果无效 ③ 其他无效测试。由于车辆故障、仪器故障和操作失误造成的测试结果相关数据缺失，测试数据明显错误，则测试结果无效	如果在试验过程中的任何时刻，汽车驱动动力无法满足速度要求，或由于汽车的储能装置能量过低，驾驶人不能继续驾驶，则该试验过程应当认为无效。储能装置应当被重新充电，试验程序应当重新启动开始

2.3.3 燃料电池电动汽车

燃料电池电动汽车是未来新能源汽车的发展方向之一，其主要的特殊性在于增加了氢气储存装置，因此在考查燃料电池电动汽车时，其车载储氢系统的安装强度、整车泄漏以及排放是重点。

目前国内主要从事燃料电池电动汽车标准法规研究制定的标准委员会为全国汽车标准化技术委员会电动车辆分技术委员会，在电动车辆分技术委员会下成立了燃料电池电动汽车工作组，表2-63列出了其完成的相关标准。

表2-63 我国燃料电池电动汽车标准

序号	标准号	标准名称
1	GB/T 24549—2009	燃料电池电动汽车 安全要求
2	GB/T 24554—2009	燃料电池发动机性能试验方法
3	GB/T 26779—2011	燃料电池电动汽车 加氢口
4	GB/T 26990—2011	燃料电池电动汽车 车载氢系统 技术条件
5	GB/T 29126—2012	燃料电池电动汽车 车载氢系统 试验方法
6	GB/T 24548—2009	燃料电池电动汽车 术语
7	GB/T 26991—2011	燃料电池电动汽车 最高车速试验方法
8	GB/T 34425—2017	燃料电池电动汽车 加氢枪
9	GB/T 34593—2017	燃料电池发动机氢气排放测试方法
10	GB/T 35178—2017	燃料电池电动汽车 氢气消耗量 测量方法
11	QC/T 816—2009	加氢车技术条件
12	GB/T 29123—2012	示范运行氢燃料电池电动汽车技术规范
13	GB/T 29124—2012	氢燃料电池电动汽车示范运行配套设施规范

同时燃料电池及液流电池标准化技术委员会，主要进行燃料电池堆及其部件层级的相关标准的制修订，其相关行业的燃料电池标准见表2-64。

表2-64 相关行业的燃料电池标准

序号	标准号	标准名称
1	GB/T 33978—2017	道路车辆用质子交换膜燃料电池模块
2	GB/T 25319—2010	汽车用燃料电池发电系统 技术条件
3	GB/T 23645—2009	乘用车用燃料电池发电系统测试方法
4	GB/T 28183—2011	客车用燃料电池发电系统测试方法
5	GB/T 36288—2018	燃料电池电动汽车 燃料电池堆安全要求

车用高压燃料气瓶分技术委员会（隶属于全国气瓶标准化技术委员会），其主要相关标准见表2-65。

表2-65 高压燃料气瓶标准

标准号	标准名称
GB/T 35544—2017	车用压缩氢气铝内胆碳纤维全缠绕气瓶

目前，国际上主要的燃料电池汽车标准法规见表2-66，其中GTR 13是覆盖面最广的

法规，其涵盖了关键部件、系统以及整车的相关要求，同时因为丰田在燃料电池电动汽车领域的积淀，日本的燃料电池相关法规也具有很高的参考价值，日本燃料电池电动汽车的安全法规包含三个方面：整车碰撞要求、零部件要求（氢气燃料箱和附件）、系统安全标准（氢气安全和电安全）。

表 2-66 国际上主要的燃料电池汽车标准法规

序号	标 准 号	标 准 名 称
1	GTR 13	氢燃料电动车辆
2	ISO 22918	燃料电池混合动力汽车—道路操纵特性—使用氢
3	ISO 22919	纯燃料电池电动汽车—道路操纵特性—使用氢
4	ISO 23828-1	燃料电池道路车辆—能耗测量—第1部分：使用压缩氢气
5	ISO 23829-1	纯燃料道路车辆—能耗测量—第1部分：使用压缩氢气
6	ISO 24490	低温泵
7	SAE J1766	电动汽车、燃料电池电动汽车和混合动力电动汽车碰撞完整性试验推荐规程
8	SAE J2574	燃料电池汽车术语
9	SAE J2572	压缩氢气燃料电池汽车的排放、能量消耗量和续驶里程测试方法
10	SAE J2578	燃料电池汽车一般安全
11	SAE J2579	燃料电池和其他氢能源车燃料系统要求
12	SAE J2600	压缩氢气车辆燃料加注连接装置
13	SAE J2601	压缩氢气车辆燃料加注通信协议
14	SAE J2615	汽车用燃料电池系统性能试验方法
15	SAE J2617	汽车用PEM燃料电池堆子系统性能试验方法
16	日本保安基准附件17	碰撞后燃料泄漏要求
17	日本保安基准附件18	车用燃料容器安装要求
18	日本保安基准附件19	车辆用气体燃料箱的气密性和通风要求
19	日本保安基准附件100	压缩氢气汽车的燃料供给系统

2.3.3.1 定型试验规程与技术条件

1. 概况

为了满足管理的要求，对于新品类的车辆，一般会制定定型试验规程，目前燃料电池电动汽车定型试验规程标准正在讨论中。

2. 试验方法

试验项目由强制性标准检验、整车性能试验和整车试验场可靠性行驶试验3部分组成。其中改装车的试验项目应根据具体变化确定具体的试验项目，凡因改装而引起变化的项目都应该进行试（检）验。

（1）强制性标准检验 强制性标准的检测项目基本上包含了燃料电池电动汽车适用的现行标准，其中车外噪声、风窗玻璃除霜、除雾3项试验方法如下：

1）燃料电池电动汽车应在燃料电池模式做车外噪声试验，试验参照 GB 1495《汽车加速行驶车外噪声限值及测量方法》进行。

2）燃料电池电动汽车在做风窗玻璃除雾系统试验时，按照 GB/T 24552—2009《电动汽车风窗玻璃除霜除雾系统的性能要求及试验方法》进行，不限制燃料电池是否启动。

3）燃料电池电动汽车在做风窗玻璃除霜系统试验时，按照 GB/T 24552—2009《电动汽车风窗玻璃除霜除雾系统的性能要求及试验方法》进行，不限制燃料电池是否启动。

（2）整车性能试验　燃料电池电动汽车的整车性能试验应在国家授权的试验场地内进行。试验项目按照产品技术条件进行评定。包括：

1）整车基本参数测量和主要性能测试。

2）燃料电池电动汽车专项性能试验。

3）燃料电池电动汽车的车辆安全。

4）燃料电池电动汽车动力性中的最高车速按 GB/T 26991 的规定进行测量，其他动力性能按 GB/T 18385 的规定进行测量。

5）燃料电池电动汽车的能量消耗和续驶里程按相关国家标准的规定进行测量。

（3）可靠性行驶试验　燃料电池电动汽车的可靠性行驶试验应在国家授权的试验场地内进行。全新设计的燃料电池电动汽车按相应传统车辆进行可靠性行驶试验；改装车可靠性行驶试验的总里程为 15000km，总质量小于 3500kg 的车辆里程分配为强化坏路 3000km，平路 2000km，高速跑道 5000km，耐久工况 5000km（方法按照 GB/T 19750 中附录 B 的规定进行）；总质量大于 3500kg 的车辆里程分配为强化坏路 3000km，平路 2000km，高速跑道 5000km，运行使用试验 5000km。

燃料电池电动汽车按相应传统车辆进行可靠性行驶试验，关键总成不能出现 1、2 类故障（1 类故障是指已有或将有破坏性情况发生，导致系统功能丧失，可能造成人身危险或车辆主要总成报废的故障，必须采取紧急停机并发出警示的措施；2 类故障是指系统性能严重降低或主要总成损坏，无法继续运行，尚不构成人身危险的故障，可采取正常停机并发出警示的措施）；安全性能不降低。

2.3.3.2　动力性（最高车速、加速及爬坡性能）

1. 概况

目前，国内外关于燃料电池电动汽车动力性的相关标准对比见表 2-67。

表 2-67　国内外关于燃料电池电动汽车动力性的相关标准对比

项目	GB/T 26991—2011《燃料电池电动汽车最高车速试验方法》	ISO/TR 11954:2008 Fuel cell road vehicles—Maximum speed measurement 燃料电池电动汽车—最高车速试验方法
范围	该标准适用于使用压缩氢气的燃料电池混合动力电动汽车，并增加相应的要求	删除了适用范围中的纯燃料电池电动汽车及相应内容
环形跑道	环形跑道长度至少 1000m 环形跑道测量数据重复性限制条件修改为每次测量时间不超过 3%	环形跑道长度至少 2000m 环形跑道测量数据重复性限制条件为每次的行驶速度相差不超过 3%
风速测量高度	1.2m	1m
测量模式	分别规定了混合动力模式下和纯电动 REESS 模式下最高车速测量方法	仅包含纯燃料电池电动汽车
直线跑道	直线跑道上的最高车速试验规程中的双向试验规程中的行驶速度变化不应超过 3%，每个方向上的试验不少于 2 次	直线跑道上的最高车速试验规程中的双向试验规程中的行驶速度变化不应超过 3%，每个方向上的试验不少于 3 次
试验间隔	两次最高车速试验的时间间隔不超过 5min	无

2. 试验方法（GB/T 26991—2011）

（1）试验车辆准备　即将进行试验前，对试验结果会产生影响的车辆系统、部件进行预热以达到制造厂指定的稳定温度条件。

（2）REESS 的充电调整　按照车辆制造厂规定的规程调节 REESS 的 SOC，使 SOC 达到制造厂的要求。

（3）一般试验要求

1）如果车辆具有驾驶人可手动选择的操作模式，则车辆应分别测量混合动力模式和纯电动模式下的最高车速。

2）纯电动 REESS 模式下的最高车速试验。按照 GB/T 18385 中规定的最高车速试验方法进行测量。

3）混合动力模式下的最高车速试验。混合动力模式下的最高车速按下述规定的试验方法进行：

① 将试验车辆加载到试验质量，增加的载荷应均匀地分布在乘客座椅上或者行李舱内。

② 最高车速测量过程中，汽车最大限度地加速，使汽车能够达到其最高稳定车速，行驶至少 1000m，记录车辆持续行驶 1000m 的时间。

③ 两次最高车速试验的时间间隔不超过 5min。

（4）直线跑道上的最高车速试验规程

1）标准试验规程（双向试验）。为了减少道路坡度和风向（风速）等因素造成的影响，分别从试验跑道的两个方向进行试验，并尽量使用跑道的相同路径。

测量试验单程所用的时间 t_i。试验中车辆行驶速度变化不应超过 3%。每个方向上的试验不少于 2 次，所用时间四个"t_i"的变化不超过 3%。

时间 t 计算公式：

$$t = \frac{1}{4}\sum_1^4 t_i$$

试验速度计算公式：

$$V = \frac{3.6L}{t}$$

式中　V——速度（km/h）；

　　　t——时间（s）；

　　　L——测量地段跑道长度（m）。

2）单方向试验规程。由于环形跑道的特性，汽车不能从两个方向达到其最高车速，因此允许只从一个方向进行试验。该试验中，跑道特性要满足 GB/T 26991—2011 中 5.3.1 和 5.3.2 的要求。另外，

① 任意两点间的海拔高度变化不超过 1m。

② 连续 3 次重复进行行驶试验。

③ 风速在车辆行驶方向上的水平分量不超过 2m/s。

考虑到风速，最高车速应按下式修正（如果风的水平分量与汽车行驶方向相反，则选择"+"号，否则选择"-"号）：

$$V_i = V_r \pm V_v f$$

$$V_r = \frac{3.6L}{t}$$

$$V_v = 3.6v$$

式中 V_r——每次行驶的最高车速（km/h）；

t——汽车行驶"L（m）"长的距离所用的时间（s）；

V_v——风速轴向分量（km/h）；

v——所测量的风速水平分量（m/s）；

f——修正因数，$f = 0.6$。

由下式计算得出最高车速 V：

$$V = \frac{1}{3}\sum_1^3 V_i$$

（5）环形跑道上的最高车速　记录汽车行驶一圈所用时间"t_i"。汽车以最高车速在跑道上至少行驶 3 次，且不对转向盘施加任何动作以修正行驶方向。每次的测量时间相差不超过 3%。

时间 $\bar{t}$ 的计算公式：

$$\bar{t} = \frac{1}{3}\sum_1^3 t_i$$

最高车速计算公式：

$$V_a = \frac{3.6L}{\bar{t}}$$

式中 V_a——最高速度（km/h）；

$\bar{t}$——时间（s）；

L——汽车实际行驶的环形跑道的长度（m）。

用环形跑道测量最高车速，应采用经验因数修正速度 V_a，尤其要考虑环形跑道离心力的影响以及随之发生的汽车方向的变化：

$$V = V_a k$$

式中 k——根据 GB/T 26991—2011 附录 B 确定的修正因数，$1.00 \leq k \leq 1.05$。

2.3.3.3 经济性（能量消耗量和续驶里程）

1. 概况

目前，国内外关于燃料电池电动汽车经济性的相关标准见表 2-68。

表 2-68　国内外关于燃料电池电动汽车经济性的相关标准

序号	标准号	标准名称
1	ISO 23828-1	燃料电池道路车辆—能耗测量—第 1 部分：使用压缩氢气
2	ISO 23829-1	纯燃料道路车辆—能耗测量—第 1 部分：使用压缩氢气
3	SAE J2572	压缩氢气燃料电池汽车的排放、能量消耗量和续驶里程测试方法
4	GB/T 35178—2017	燃料电池电动汽车　氢气消耗量　测量方法

注：目前 GB/T 35178—2017 建议了三种氢气消耗量的测量方法，并没有计算电耗，相应的国际标准当中，采用了测量多次，而后线性回归的方式计算能耗。

2. 试验方法

GB/T 35178—2017 规定了燃料电池电动汽车氢气消耗量的测量方法，该标准适用于使用压缩氢气的燃料电池电动汽车。

轻型车辆应按照 GB/T 19753 规定的试验程序进行。为了测量氢气消耗量，在底盘测功机上的试验车辆的工况参考 GB/T 19753 的规定。

重型车辆应按照 GB/T 19754 规定的试验程序进行。为了测量氢气消耗量，在底盘测功机上的试验车辆的工况参考 GB/T 19754 的规定。

可以选择下面三种方法中的一种方法进行车辆的氢气消耗量的测量：
——压力温度法。
——质量分析法。
——流量法。

试验进行三次，试验结果取三次平均值，圆整到小数点后两位数字。

目前相关标准中仍缺少能量消耗量测量方法，因此下一步会进行该方法的研究工作，其思路是按照可外接充电式燃料电池电动汽车和不可外接充电式燃料电池电动汽车两种情况进行数据处理。

（1）可外接充电式燃料电池电动汽车的试验数据处理

1）燃料电池电动汽车动力系统结构图。图 2-25 所示为燃料电池电动汽车动力系统结构图。

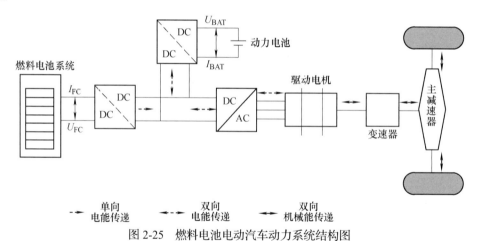

图 2-25 燃料电池电动汽车动力系统结构图

其中：

动力电池包输出电压：U_{BAT}（V）。

动力电池包输出电流：I_{BAT}（A）（放电为正，充电为负）。

燃料电池堆输出电压：U_{FC}（V）。

燃料电池堆输出电流：I_{FC}（A）。

2）数据处理。

① 对于可外接充电式燃料电池电动汽车，测量计算燃料电池堆和动力电池包的各自输出能量，用于计算两大能量系统对车辆续驶里程的贡献率。

② 车辆测试状态下的各高低压附件的能量消耗是车辆正常行驶所必需的，不单独分解考虑。

③ 对于不能直接测量燃料电池堆的电压和电流情况的（如DC/DC集成度高，不能接触电堆的电源线），可以测量DC/DC后的电压电流值，然后根据厂家提供的DC/DC效率进行计算得到燃料电池堆输出能量。

按照下面的计算公式处理试验结果。

燃料电池堆的输出功率 P_{FC}（kW）：

$$P_{FC} = I_{FC}U_{FC}/1000$$

动力电池包输出功率 P_{BAT}（kW）（放电为正，充电为负）：

$$P_{BAT} = I_{BAT}U_{BAT}/1000$$

燃料电池堆的输出总能量 E_{FC}（kJ）：

$$E_{FC} = \int_0^T P_{FC} dt$$

式中　T——总试验采样时间（s）。

动力电池包的输出总能量（净能量变化量）E_{BAT}（kJ）：

$$E_{BAT} = \int_0^T P_{BAT} dt$$

式中　T——总试验采样时间（s）。

试验过程中使用氢气的总能量 E_{H_2}（kJ）：

$$E_{H_2} = m_{H_2} LHV_{H_2}$$

式中　LHV_{H_2}——氢气低热值，$LHV_{H_2} = 1.2 \times 10^5$ kJ/kg；
　　　m_{H_2}——氢气消耗量（g）。

试验过程中动力电池包和燃料电池堆的输出总能量 E_D（kJ）：

$$E_D = E_{FC} + E_{BAT}$$

燃料电池堆输出总能量占总输出能量的百分比 η_{FC}：

$$\eta_{FC} = \frac{E_{FC}}{E_D} \times 100\%$$

动力电池包输出总能量占总输出能量的百分比 η_{BAT}：

$$\eta_{BAT} = \frac{E_{BAT}}{E_D} \times 100\%$$

动力电池包提供能量的行驶里程 D_{BAT}（km）：

$$D_{BAT} = D\eta_{BAT}$$

式中　D——试验过程中动力电池包和燃料电池堆提供能量的总行驶里程（km）。

燃料电池堆提供能量的行驶里程 D_{FC}（km）：

$$D_{FC} = D\eta_{FC}$$

100km氢气消耗率 C_{H_2}（kg/100km）：

$$C_{H_2} = 100 \times \frac{m_{H_2}}{D_{FC}}$$

100km 电能消耗率 C_E（kJ/100km）：

$$C_E = 100 \times \frac{3.6 E_{BAT}}{1000 D_{BAT}}$$

消耗的总能量 E_{Total}（kJ）：

$$E_{Total} = 3.6E + E_{H_2}$$

在试验工况下，车辆行驶 100km 的能量消耗率 C（kJ/100km）：

$$C = 100 E_{Total}/D$$

（2）不可外接充电式燃料电池电动汽车的试验数据处理

1）燃料电池电动汽车动力系统结构图如图 2-25 所示。

2）数据处理。计算整个试验过程中动力电池的能量输出量（计算其能量净变化量）占所消耗氢气总能量的百分比，对于小于 3% 的不考虑电池对续驶里程的影响，大于 3% 则重新调整策略再次测试。

按照下面的计算公式处理试验结果。

动力电池包输出功率 P_{BAT}（kW）（放电为正，充电为负）：

$$P_{BAT} = I_{BAT} U_{BAT}/1000$$

动力电池包的输出总能量（净能量变化量）E_{BAT}（kJ）：

$$E_{BAT} = \left| \int_0^T P_{BAT} dt \right|$$

式中　T——总试验采样时间（s）；

试验过程中使用氢气的总能量 E_{H_2}（kJ）：

$$E_{H_2} = m_{H_2} LHV_{H_2}$$

式中　LHV_{H_2}——氢气低热值，$LHV_{H_2} = 1.2 \times 10^5 \text{kJ/kg}$。

动力电池包输出总能量占氢气总能量的百分比 $\eta_{EBAT/EH2}$：

$$\eta_{EBAT/EH2} = \frac{E_{BAT}}{E_{H_2}} \times 100\%$$

如果 $\eta_{EBAT/EH2} \leq 5\%$，则继续下面的计算，否则重新调整策略再次进行测试。

100km 氢气消耗率 C_{H_2}（kg/100km）：

$$C_{H_2} = 100 \times \frac{m_{H_2}}{D}$$

在试验工况下，车辆行驶 100km 的能量消耗率 C（kJ/100km）：

$$C = 100 \times E_{H_2}/D$$

2.3.3.4　安全性（安全、被动安全及主动安全）

1. 概况

燃料电池电动汽车的安全包括燃料电池电动汽车整车安全要求，特有的燃料系统、燃料电池系统、动力电路系统、功能、故障防护和碰撞等方面的安全要求。国内外关于燃料电池电动汽车安全的相关标准见表 2-69。

表 2-69 国内外关于燃料电池电动汽车安全的相关标准

序号	标准号	标准名称
1	GTR 13	氢燃料电动车辆
2	SAE J2578	燃料电池汽车一般安全
3	日本保安基准附件 17	碰撞后燃料泄漏要求
4	GB/T 24549—2009	燃料电池电动汽车 安全要求

2. 安全要求

目前 GB/T 24549 正在修订中，其主要思路是将基于整车的试验项目整合到 GB/T 24549 当中，现行版本为 GB/T 24549—2009，相关内容见表 2-70。

表 2-70 燃料电池电动汽车安全要求

检验项目		标准要求
一般要求		燃料电池电动汽车整车外部应设有明显的标识车辆类型的警示标识
燃料系统安全要求	部件安装及防护	所有燃料系统的部件和连接管线应安装牢固，避免因汽车振动而导致损坏、泄漏等故障。所有燃料系统的部件都要采取适当的保护措施，且不应放置在汽车的最外缘，压力释放装置（PRD）、排气管道除外。可能排出或泄漏出氢气的出口应远离可能产生火花或高热的器件
	燃料加注	汽车燃料系统应包含能够保证燃料加注时切断向燃料电池系统供应燃料的功能 燃料加注口应具有能够防止尘土、液体和污染物等进入的防尘盖。防尘盖旁边应注明燃料加注口的最大加注压力。燃料加注口应设置在汽车侧面 燃料加注口应有消除汽车静电的措施 燃料加注口应能够承受来自任意方向的 670N 的载荷，不应影响燃料系统的气密性
	氢气储存与供给	储氢罐应使用符合国家相关标准规定的车用储氢压力容器，储氢系统应有反映储氢罐内温度的传感器，能够反映管内气体温度 燃料电池电动汽车燃料系统中应设有过压保护装置。应有压力过高安全报警措施。不允许发生诸如下游压力升高的现象 燃料电池电动汽车燃料系统中应设有低压保护装置。当储氢罐内部压力低于要求的压力时，其防护装置应能够及时切断燃料的输出 当系统发生氢气泄漏时，燃料系统应能及时关闭氢气总开关
	氢气释放/泄漏	在起动、行车、停车、关闭等常规操作中，应保证释放、吹扫和其他溢出等情况下，与氢气有关的危害不会发生。汽车排气时，不能导致汽车周围氢气浓度超过 75%LFL。应在距离排气口 100mm 处气流中心线上测量氢气浓度 乘客舱、其他舱中的氢气浓度低于 50%LFL 当发生故障或意外事故时，燃料系统需要通风放气。气体流动的方位、方向应远离人、电、点火源。放气装置应安装在汽车的高处，且应防止排出的氢气对人员造成危害，避免流向汽车的电气端子、电气开关器件或点火源等部件。所有压力释放装置排气时不应直接排到乘客舱和行李舱，不应排向车轮所在的空间，不应排向露出的电气端子、电气开关器件及其他着火源，不应排向其他氢气容器
燃料电池电堆/系统安全要求	泄漏探测	在可能发生泄漏的部位，都应合理地安装氢气泄漏探测器。在各车舱内，应安装足够数量的探测器，探测器应安装在氢气最易发生积聚的位置，一般为局部最高点，通风不好的地方
	安全措施	汽车应有和氢气浓度探测器联动的安全措施。氢气积聚浓度达到 50%LFL 之前，就能利用声响报警装置或者紧急显示提示等方法，提示驾驶人或者汽车使用者注意；氢气积聚浓度达到 75%LFL 时，应能自动切断氢气源、电源等
	接地	燃料电池系统部件的导体外壳应同电平台连接，确保在氢气泄漏时，不会因静电而引燃氢气

（续）

检验项目		标准要求
动力电路系统安全要求	标识	在接近 B 级电压源，如燃料电池电堆、电池、超级电容等的附近有标示规定的标志。如果移动覆盖物或外壳，使 B 级电路的带电部件和 / 或基本绝缘暴露时，则在覆盖物或外壳上应有该标志
	触电防护要求	对于 B 级电压动力电路系统，不应含有暴露的导线、接线端、连接单元或者任何直接暴露给人员的 B 级电压部件 动力电路系统的带电部件，应通过绝缘或使用盖、防护栏、金属网板等来防止直接接触。这些防护装置应牢固可靠，并耐机械冲击。在不使用工具或无意识的情况下，它们不能被打开、分离或移开 在乘客舱及货舱中，带电部件在任何情况下都应由至少能提供 IPXXD 防护等级的壳体来防护。汽车其他地方的带电部件，应达到 IPXXD 防护等级。前舱中的带电部件应设计为只有在有意接近的情况下，才有可能接触到。打开机盖后，与系统连接的部件应具有 IPXXB 防护等级 对于 B 级电压动力电路系统，所有电气的设计、安装应避免绝缘失效；应通过绝缘的方法间接接触，并且使车载的外露可导电部件电联接在一起，达到电位均衡；如果防护是由绝缘提供，电系统的带电部件全部由绝缘层包住。这种绝缘层只能通过破坏才能够移开。绝缘材料应满足相应标准要求。燃料电池电动汽车的每个电路和电平台及其他电路之间应保持绝缘，绝缘电阻的要求应符合 GB/T 18384.3—2001 中 6.2.2 的规定
功能安全要求	主开关	主开关应具备操作者能够断开动力电源和切断燃料供给的功能，且便于驾驶人操作 对于燃料电池电动汽车动力接通程序，至少经过两个不同的动作才能完成从动力关闭状态到可行驶状态。仅需要一个动作就可从可行驶状态到动力切断状态。汽车应该通过连续或间断的指示，提示驾驶人燃料电池动力系统处于可行驶状态。燃料电池动力系统通过自动或手动切断后，只能通过正常的动力接通程序来重新起动
	行驶	如果燃料电池动力系统驱动功率明显降低，则应有清晰的信号提示给驾驶人 如果是通过改变电机的旋转方向来达到倒车行驶的，前进和倒车两个行驶方向的开关转换应通过两个分开的动作完成或如果只能通过驾驶人的一个动作完成，应采用一个安全装置使开关仅能在汽车不能移动时才能转换。如果倒车行驶不是通过改变电机的旋转方向来实现的，则目前内燃机驱动汽车的有关国家标准适用于燃料电池电动汽车 当驾驶人离开汽车时，如果燃料电池动力系统仍处于可行驶状态，则应提示驾驶人。如果驾驶人将开关转换到切断模式，则汽车不能出现移动。当汽车加注燃料时，汽车不能通过自身的驱动系统移动
紧急情况下的反应		当汽车起动过程中有报警信号时，汽车应立即关闭电源、切断燃料源。 汽车起动但还没有移动，并有报警信号时，则汽车应向驾驶人提出警告。如果在规定的时间内故障没有排除，则即使主开关没有断开，汽车应能自动切断燃料源和动力电源 如果汽车行驶过程中有报警信号，则汽车应立即向驾驶人提出警告。某些故障要求立刻切断高压或牵引电源和 / 或燃料。如果传感器检测到汽车发生碰撞，则应能够自动切断电源和燃料供应
燃料电池电动汽车使用和保养要求		燃料电池电动汽车制造厂商应该提供用户手册，指明汽车特定的操作、燃料和安全特征；应编制与汽车维修、保养相关的信息

2.3.3.5 EMC、噪声、VOC 及排放

分析对比燃料电池电动汽车和纯电动汽车结构特点，两者在车身、动力传动系统以及控制系统等方面基本相同，其主要区别在于燃料电池与动力电池工作原理不同。因此，就环境适应性和可靠性而言，燃料电池电动汽车在 EMC、噪声以及 VOC 等方面的技术要求

与纯电动汽车基本相似。

1. EMC

此部分内容同 2.3.1.5 中"1.EMC"。

2. 噪声

目前,燃料电池电动汽车适用的环境噪声标准主要为 GB 1495—2002《汽车加速行驶车外噪声限值及测量方法》,具体测试方法等同于纯电动汽车。

目前,生态环境部正在组织 GB 1495 标准的修订工作,对于燃料电池电动汽车功率明确为 GB/T 24554 测得的驱动电机峰值功率,同时对参考点、扩展条件、档位及试验条件选择等内容进行了全面增加,这将有利于燃料电池电动汽车依据 GB 1495 标准开展型式检验及相关试验认证。

3. VOC

此部分内容同 2.3.1.5 中"3.VOC"。

4. 排放

燃料电池电动汽车的排放具有特殊性,其排放与安全性能具有高度相关性,目前国内外相关标准见表 2-71。

表 2-71 燃料电池电动汽车排放相关标准

序号	标准号	标准名称
1	SAE J2572	压缩氢气燃料电池汽车的排放、能量消耗量和续驶里程测试方法
2	GB/T 34593	燃料电池发动机氢气排放测试方法

GB/T 34593—2017《燃料电池发动机氢气排放测试方法》主要在稳态工况和循环工况两种状态下测量。

(1)稳态工况氢气排放测试 试验前燃料电池发动机处于热机状态,热机方法按照 GB/T 24554 规定的方法进行。试验过程应自动进行,不能有人工干预。

试验应满足以下要求:

1)在燃料电池发动机工作范围内选择 11 个工况点,分别是怠速、$10\%P_E$、$20\%P_E$、$30\%P_E$、$40\%P_E$、$50\%P_E$、$60\%P_E$、$70\%P_E$、$80\%P_E$、$90\%P_E$、P_E,其中 P_E 为额定功率。

2)燃料电池发动机进行热机,热机过程结束后,回到怠速状态运行 10s。

3)按照规定的加载方法加载到预先确定的工况点,在每个工况点至少持续稳定运行 3min。

4)每个工况点分析数据时间长度不能少于 2min。

试验中测量的数据:氢气流量、燃料电池堆电压、燃料电池堆电流等。

燃料电池堆实际氢耗量、燃料电池堆理论氢耗量、氢气排放量、氢气排放率按照 GB/T 34593—2017 中附录 A 提供的方法进行试验结果处理。

(2)循环工况下氢气排放量测试 试验前燃料电池发动机处于热机状态,热机方法按照 GB/T 24554 规定的方法进行。试验过程应自动进行,不能有人工干预。

试验按以下方法进行:

1）燃料电池发动机进行热机，热机过程结束后，回到怠速状态运行 10s。
2）按照 GB/T 34593—2017 中附录 B 规定的循环工况进行加载。
3）循环工况结束后按照制造商规定的方法停机。
4）工况转换之间可以增加阶梯，工况运行期间如果出现中断，则试验失败，允许重新测试一次。

试验中测量的数据：氢气流量、燃料电池堆电压、燃料电池堆电流等。

燃料电池堆实际氢耗量、燃料电池堆理论氢耗量、氢气排放量、氢气排放率按照 GB/T 34593—2017 中附录 A 提供的方法进行试验结果处理。

2.4　车载储能系统标准

2.4.1　车载储能系统基本概念介绍

动力电池是电动汽车整车的核心零部件，对整车的安全性、成本、续驶里程、用户体验有着直接影响。对车载储能系统的标准进行了解，首先需要明确动力电池、可充电储能系统和车载储能系统三个概念。动力电池是为电动汽车动力系统提供能量的可以重复充电和放电的电化学装置，包括锂离子电池、镍氢电池、铅酸电池以及锂硫电池和固态电池等。另外还涉及可充电储能系统和车载储能系统的概念，可充电储能系统是指由可充电储能装置构成的系统，强调可以重复充电，不强调电化学装置的属性，包括动力电池、超级电容器、飞轮储能装置；车载储能系统不强调可以重复充电，也不强调电化学装置的属性，包括动力电池、超级电容器、锌空气电池以及飞轮储能装置等。在动力电池、可充电储能系统和车载储能系统三个概念中，以车载储能系统的范围最为宽泛，也能更好地包容电动汽车上使用的储能系统，车载储能系统中除了核心储能部件，还包括电池箱、电池管理系统等附件。动力电池、可充电储能系统及车载储能系统标准化工作涉及的范畴如图 2-26 所示。

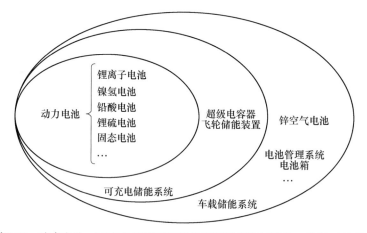

图 2-26　动力电池、可充电储能系统及车载储能系统标准化工作涉及的范畴

我国动力电池标准体系围绕整车安全、性能、寿命、空间布置与循环利用等需求开展研究，与整车标准体系密不可分，图2-27所示为我国动力电池标准关键领域与典型标准，主要包括电池单体、模块、电池包和系统的电性能、循环寿命、安全性、互换性、回收利用及关键附件相关标准，有力支撑了"新能源汽车生产企业和产品准入"等行业管理政策的发布和实施。

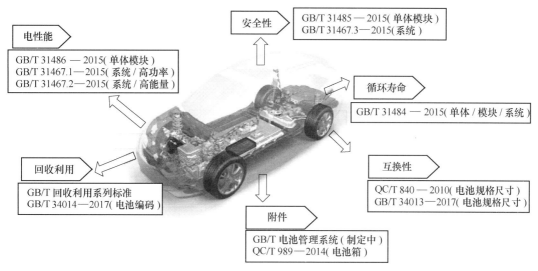

图2-27 我国动力电池标准关键领域与典型标准

我国动力电池新产品相关标准见表2-72。

表2-72 我国动力电池新产品相关标准

序号	标准号	标准名称
1	GB/T 31484—2015	电动汽车用动力蓄电池循环寿命要求及试验方法
2	GB/T 31485—2015	电动汽车用动力蓄电池安全要求及试验方法
3	GB/T 31486—2015	电动汽车用动力蓄电池电性能要求及试验方法
4	GB/T 31467.1—2015	电动汽车用锂离子动力蓄电池包和系统 第1部分：高功率应用测试规程
5	GB/T 31467.2—2015	电动汽车用锂离子动力蓄电池包和系统 第2部分：高能量应用测试规程
6	GB/T 31467.3—2015	电动汽车用锂离子动力蓄电池包和系统 第3部分：安全性要求与测试方法
7	GB/T 18333.2—2015	电动汽车用锌空气电池
8	GB/T 34013—2017	电动汽车用动力蓄电池产品规格尺寸
9	GB/T 34014—2017	汽车动力蓄电池编码规则
10	QC/T 741—2014	车用超级电容器
11	QC/T 742—2006	电动汽车用铅酸蓄电池
12	QC/T 743—2006	电动汽车用锂离子蓄电池
13	QC/T 744—2006	电动汽车用金属氢化物镍蓄电池
14	QC/T 840—2010	电动汽车用动力蓄电池产品规格尺寸
15	QC/T 897—2011	电动汽车用电池管理系统技术条件
16	QC/T 989—2014	电动汽车用动力蓄电池箱通用要求
17	QC/T 1023—2015	电动汽车用动力蓄电池系统通用要求

2.4.2 可充电储能系统

2.4.2.1 锂离子电池、镍氢电池

作为目前动力电池的主要类型,锂离子电池和镍氢电池的标准占可充电储能系统标准的大多数,见表2-73。我国的动力电池标准主要是关于锂离子电池和镍氢电池的安全性、电性能、循环寿命、互换性以及关键附件(电池箱、电池管理系统)与通用要求,其他类型的电池,如铅酸电池、超级电容器等可参考使用上述标准。本节依据细分分类进一步详细比较各子领域国内外标准法规的情况,包括国内的团体标准,T/CSAE 60—2017《电池模块测试规范》和T/CSAE 61—2017《电池系统测试规范》对电池模块和系统的电性能、循环寿命和安全性提出了综合性要求和测试方法。需要说明的是,QC/T 743—2006和QC/T 744—2006两项标准的技术内容已经被现有的2015年发布的系列标准替代,本书不再做详细介绍,读者可自行查阅。

表2-73 锂离子电池和镍氢电池相关标准

序号	标准号	标准名称
1	GB/T 31484—2015	电动汽车用动力蓄电池循环寿命要求及试验方法
2	GB/T 31485—2015	电动汽车用动力蓄电池安全要求及试验方法
3	GB/T 31486—2015	电动汽车用动力蓄电池电性能要求及试验方法
4	GB/T 31467.1—2015	电动汽车用锂离子动力蓄电池包和系统 第1部分:高功率应用测试规程
5	GB/T 31467.2—2015	电动汽车用锂离子动力蓄电池包和系统 第2部分:高能量应用测试规程
6	GB/T 31467.3—2015	电动汽车用锂离子动力蓄电池包和系统 第3部分:安全性要求与测试方法
7	GB ××××—××××	电动汽车用动力蓄电池安全要求
8	QC/T 743—2006	电动汽车用锂离子蓄电池
9	QC/T 744—2006	电动汽车用金属氢化物镍蓄电池
10	QC/T 840—2010	电动汽车用动力蓄电池产品规格尺寸
11	QC/T 897—2011	电动汽车用电池管理系统技术条件
12	GB/T ××××—××××	电动汽车用电池管理系统技术条件
13	QC/T 989—2014	电动汽车用动力蓄电池箱通用要求
14	QC/T 1023—2015	电动汽车用动力蓄电池系统通用要求
15	GB/T 34013—2017	电动汽车用动力蓄电池产品规格尺寸
16	GB/T 34014—2017	汽车动力蓄电池编码规则

1. 安全性标准

电动汽车用动力电池作为驱动汽车行驶的能量来源,其安全隐患是电动汽车安全问题的核心。动力电池不仅要保证正常使用情况下的安全,还要保证在过充、过放、短路等滥用情况下不会发生危险。理想工作状态下,电池内部发生的化学反应是完全可逆的,不会导致危害事故的发生,但实际使用中的电池由于各种原因会存在一定的安全隐患。滥用条件下,电池可能会出现电解液泄漏、外壳破裂、起火和爆炸等现象。

（1）国内外整体情况　国内外动力电池安全性相关标准见表2-74。

表2-74　国内外动力电池安全性相关标准

序号	标准号	标准名称
1	GB/T 31485—2015	电动汽车用动力蓄电池安全要求及试验方法
2	GB/T 31467.3—2015	电动汽车用锂离子动力蓄电池包和系统　第3部分：安全性要求与测试方法
3	GB ××××—××××	电动汽车用动力蓄电池安全要求
4	ECE R100.2	关于电动汽车特殊要求的统一规定（第2版）
5	GTR 20	电动汽车安全全球技术法规
6	ISO 12405-3	电动道路车辆—锂离子牵引电池包和系统试验规范—第3部分：安全性能要求
7	IEC 62660-2	电动道路车辆驱动用二次锂离子电池—第2部分：可靠性和滥用测试
8	IEC 62660-3	电动道路车辆驱动用二次锂离子电池—第3部分：安全要求
9	IEC 62660-4	电动道路车辆驱动用二次锂离子电池—第4部分：内部短路可选测试方法
10	IEC 61982-4:2015	电动道路车辆驱动用二次电池（锂电池除外）—第4部分：镍氢电池包及模块安全要求
11	SAE J2929—2011	电动和混合动力汽车用动力电池系统安全性标准 - 锂离子可充电电池
12	SAE J2464—2009	电动和混合动力电动汽车充电储能安全和滥用试验
13	UL 2580	电动汽车用电池安全标准

（2）标准介绍　各标准的适用范围和主要内容分别见表2-75和表2-76。

表2-75　国内外动力电池安全性相关标准的适用范围

标准号	适用范围
GB/T 31485—2015	该标准规定了电动汽车用动力电池的安全要求、试验方法、检验规则 该标准适用于装载在电动汽车上的锂离子蓄电池和金属氢化物镍蓄电池单体和模块，其他类型蓄电池参照执行
GB/T 31467.3—2015	该部分规定了电动汽车用锂离子动力电池包和系统安全性的要求和测试方法 该部分适用于装载在电动汽车上的锂离子动力电池包和系统，镍氢动力电池包和系统等可参照执行
GB ××××—××××	该标准规定了电动汽车用动力电池单体、电池包或系统的安全要求和试验方法 该标准适用于电动汽车用锂离子电池和镍氢电池等可充电储能装置
ECE R100.2	适用于最大设计速度超过25km/h，配备有一个或多个由电力驱动牵引电机的M类和N类道路车辆的电力传动系的安全要求
GTR 20	电动汽车安全全球技术法规（EVS-GTR）核心技术内容主要由乘用车整车安全、商用车整车安全和电池安全三部分组成。其中，根据EVS-GTR范围划分，电动汽车可分为电动乘用车［GVM < 4536kg的1类车辆（载人车辆）和2类车辆（载货车辆）］和电动商用车（GVM > 3500kg的1-2类车辆和2类车辆）两大类，对于3500kg ≤ GVM ≤ 4536kg的车辆，各个缔约方可根据国内立法中使用的车辆分类方式，选择使用相关法规规定
ISO 12405-3	规定了电动汽车用B级电压锂离子动力电池包和系统的安全性要求和试验方法，但不适用于电池包和系统在运输、存储、车辆生产、维修和保养过程中的安全性评估
IEC 62660-2	目前IEC TC69已经基本完成该部分的修改，形成FDIS版，考虑到技术内容的变化和实效性，本手册以最新内容进行说明。IEC 62660-2对纯电动汽车和混合动力汽车的电池单体与电池组（cell block）的可靠性与滥用测试提出了要求
IEC 62660-3	该标准规定了电池单体和电池组（cell block）基本的安全要求和对应的测试方法，建议由电池使用者对特殊安全要求按照商定的指标自行开展评价。该标准的部分测试方法参考了IEC 62660-2，主要的区别是该标准提出了是否通过试验的指标作为安全性的评价指标
IEC 62660-4	该文件为技术报告，不是正式标准。IEC 62660-3依据IEC 62619中的方法提出了模拟电芯内部被导电颗粒污染后导致内部短路的危险性评估方法，该方法需要打开电池壳体，操作难度大，因此该文件提出了新的替代方法

(续)

标准号	适用范围
IEC 61982-4	该标准规定了镍氢电池单体和模块基本的安全要求和对应的测试方法,建议由电池使用者对特殊安全要求按照商定的指标自行开展评价,该标准不考虑电池运输和存储期间的安全要求
SAE J2464—2009	作为一个推荐性指导规程,旨在通过对单体、模块、电池包进行滥用试验,依据试验中电池的响应进行安全性评价并指导电池的安全设计。需要注意的是,该试验规程不适用于电池的安全性认证,同时也没有对电池安全做出具体要求
SAE J2929—2011	该标准规定了电池系统在寿命周期内可能遇到的正常和滥用情形试验程序及试验要求,具体试验程序大多参考 SAE J2464 进行
UL 2580	该标准的范围包括电动汽车用电池包、电池包与电容器的组合以及下一层级的电池模组,评估电池在模拟的滥用条件下对乘客安全的防护能力,充放电电流和试验温度由厂家指定,不包括可靠性测试,不包括轻型车的要求

表2-76 国内外动力电池安全性相关标准的主要内容

标准号	主要内容
GB/T 31485—2015	该标准主要技术内容如下: ① 单体蓄电池技术要求及试验方法包括:过放电、过充电、短路、跌落、加热、挤压、针刺、海水浸泡、温度循环、低气压等 ② 蓄电池模块技术要求及试验方法包括:过放电、过充电、短路、跌落、加热、挤压、针刺、海水浸泡、温度循环、低气压等 | 序号	试验项目	测试对象	试验条件及要求 | |---|---|---|---| | 1 | 过放电 | 蓄电池单体/模块 | SOC100%, $1I_1$(A) 电流放电 90min 不爆炸、不起火、不漏液 | | 2 | 过充电 | 蓄电池单体/模块 | SOC100%, $1I_1$(A) 电流充电至电压达到规定的充电终止电压的1.5倍或充电时间达 1h 不爆炸、不起火 | | 3 | 短路 | 蓄电池单体/模块 | 正负极外部短路 10min, 外部线路电阻小于 $5m\Omega$ 不爆炸、不起火 | | 4 | 跌落 | 蓄电池单体/模块 | 单体正负端子向下从1.5m高度、模块正负端子向下从1.2m高度处自由跌落至水泥地面 锂电池不爆炸、不起火、不漏液 镍氢电池不爆炸、不起火 | | 5 | 加热 | 蓄电池单体/模块 | 锂电池5℃/min 加热至(130±2)℃,保持30min; 镍氢电池加热至(85±2)℃,保持2h 不爆炸、不起火 | | 6 | 挤压 | 蓄电池单体/模块 | 单体:电压 0V 或变形量达到30%或挤压力达到200kN 停止挤压 模块:变形量达到30%或挤压力达到蓄电池模块质量 1000 倍和 GB/T 31485—2015 中表2所列数值中较大值停止挤压 不爆炸、不起火 | | 7 | 针刺 | 蓄电池单体/模块 | 钢针垂直于极板贯穿,停留在蓄电池内,观察1h,模块至少贯穿3个单体 不爆炸、不起火 | | 8 | 海水浸泡 | 蓄电池单体/模块 | 浸入 2h 不爆炸、不起火 | | 9 | 温度循环 | 蓄电池单体/模块 | 温度按照 GB/T 31485—2015 中表1和图2进行调节,循环5次 不爆炸、不起火、不漏液 | | 10 | 低气压 | 蓄电池单体/模块 | 11.6kPa 静置 6h 不爆炸、不起火、不漏液 |

(续)

标准号	主要内容
GB/T 31467.3—2015	该标准中规定的锂离子蓄电池包和系统需要进行的测试项目如下： | 序号	试验项目	测试对象	试验条件及相关曲线
---	---	---	---
1	振动试验	蓄电池包或系统	振动测试在三个方向上进行，依次是 z 轴、y 轴、x 轴 蓄电池包或系统的振动测试功率谱密度曲线 1—水平纵向PSD X 2—水平横向PSD Y 3—水平横向PSD Y 4—纵向PSD Z
		蓄电池包或系统的电子装置	每个平面都进行8h的振动测试 加速度PSD和频率对应关系
2	机械冲击	蓄电池包或系统	对测试对象施加 25g、15ms 半正弦冲击波形，z 轴方向冲击 3 次
3	跌落	蓄电池包或系统	最可能跌落方向或 z 轴方向于 1m 处自由跌落至水泥地面
4	翻转	蓄电池包或系统	绕 x/y 轴以 6°/s 转动 360°，然后以 90° 增量旋转，每隔 90° 增量保持 1h，旋转 360° 停止	

（续）

标准号	主要内容				
GB/T 31467.3—2015	序号	试验项目	测试对象	试验条件及相关曲线	
	5	模拟碰撞	蓄电池包或系统	给台车施加下表和下图规定的脉冲（汽车行驶方向为 x 轴，另一垂直于行驶方向的水平方向为 y 轴） 模拟碰撞试验脉冲参数 | 点	脉宽/ms	≤3500kg x方向加速度	≤3500kg y方向加速度	3500～7500kg x方向加速度	3500～7500kg y方向加速度	≥7500kg x方向加速度	≥7500kg y方向加速度
---	---	---	---	---	---	---	---
A	20	0g	0g	0g	0g	0g	0g
B	50	20g	8g	10g	5g	6.6g	5g
C	65	20g	8g	10g	5g	6.6g	5g
D	100	0g	0g	0g	0g	0g	0g
E	0	10g	4.5g	5g	2.5g	4g	2.5g
F	50	28g	15g	17g	10g	12g	10g
G	80	28g	15g	17g	10g	12g	10g
H	120	0g	0g	0g	0g	0g	0g	 加速度脉冲示意图	
	6	挤压	蓄电池包或系统	挤压板为半径 75mm 半圆柱体，半圆柱体的长度大于测试对象高度但不超过 1m；x 和 y 方向挤压力达到 200kN 或挤压变形量达到挤压方向的整体尺寸的 30% 时停止挤压，保持 10min	
	7	温度冲击	蓄电池包或系统	测试对象置于（-40±2）～（85±2）℃的交变温度环境中，极端温度保持 8h，转换时间在 30min 以内，循环 5 次	

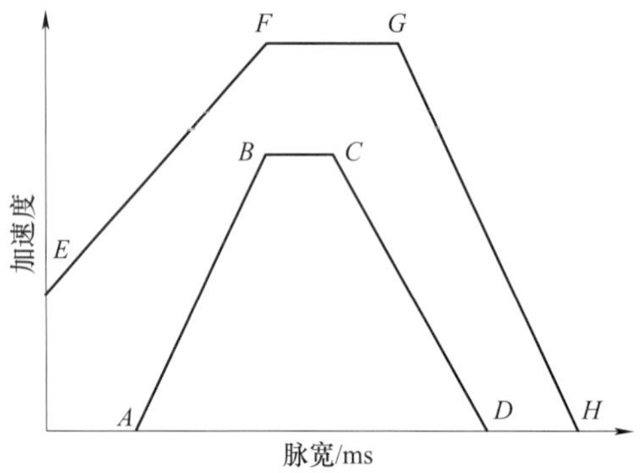

（续）

标准号	主要内容				
	序号	试验项目	测试对象	试验条件及相关曲线	
GB/T 31467.3—2015	8	湿热循环	蓄电池包或系统	最高温度80℃，循环5次 相对湿度(%)图：98—100, 95, 90, 80, 70, 60, 55, 50, 40, 30, 20, 10, 0；时间/h；0.5, 0.5, 0.5；d, e 温度/℃图：+83, +80, +77, +25, 0；时间/h；0.5, 0.5；0.75, 2, 0.75, 1.5, 0.75；f a: 升温结束 b: 降温开始 c: 推荐温湿度值 d: 冷凝 e: 干燥 f: 一个循环周期 温湿度循环	
	9	海水浸泡	蓄电池包或系统	浸没于3.5%NaCl（质量分数，模拟常温下的海水成分）溶液中2h	
	10	外部火烧	蓄电池包或系统	汽油盘60s预热→直接火烧70s→盖板加热或直接火烧60s；汽油液面与测试对象的距离设定为50cm或车辆空载状态下测试对象底面离地高度	
	11	盐雾	蓄电池包或系统	NaCl溶液浓度为（5±0.1）%（质量分数），（20±2）℃测得pH值为6.5～7.2 盐雾箱15～35℃喷盐雾2h，湿热箱（40±2）℃，相对湿度（93±3）%，储存20～22h；循环3次；标准大气条件储存3天 上述过程组成一个周期，整个周期重复4次	

（续）

标准号	主要内容			
	序号	试验项目	测试对象	试验条件及相关曲线
GB/T 31467.3—2015	12	高海拔	蓄电池包或系统	海拔高度 4000m 或等同高度的气压条件，室温，静置 5h 1C（不超过 400A）恒流放电至截止条件
	13	过温保护	蓄电池系统	所有控制系统处于工作状态；最高工作温度下以最大持续充放电电流进行充放电试验至电池管理系统起作用或超过最高温度 10℃ 或最高温度变化率小于 4℃/h 或其他意外情况
	14	短路保护	蓄电池系统	所有控制系统处于工作状态 将测试对象的接线端短路 10min，短路电阻≤20mΩ
	15	过充电保护	蓄电池系统	所有控制系统处于工作状态；1C（或双方协定）倍率充电至电池管理系统起作用或最高电压 1.2 倍或 SOC=130% 或超出最高温度 5℃ 或其他意外情况
	16	过放电保护	蓄电池系统	所有控制系统处于工作状态；标准放电至截止条件；继续以 1C（不超过 400A）放电至电池管理系统起作用或总电压低于额定电压的 25% 或放电时间超过 30min 或超出最高温度 5℃ 或其他意外情况
GB×××××—××××	该标准中规定的电动汽车用动力电池单体、电池包或系统需要进行的试验项目如下： 电池单体试验项目			
	序号	试验项目	测试对象	试验条件及要求
	1	过放电	电池单体	$1I_1$ 电流放电 90min，观察 1h，不起火、不爆炸
	2	过充电	电池单体	$1I_2$ 电流充电至规定的充电终止电压的 1.1 倍或 115% SOC，观察 1h，不起火、不爆炸
	3	外部短路	电池单体	同 GB/T 31485，外部短路 10min，5mΩ，观察 1h，不起火、不爆炸
	4	加热	电池单体	同 GB/T 31485，观察 1h，不起火、不爆炸
	5	温度循环	电池单体	同 GB/T 31485，不起火、不爆炸
	6	挤压	电池单体	挤压速度：≤2mm/s 挤压程度：电压达到 0V 或变形量达到 15% 或挤压力达到 100kN 或 1000 倍试验对象重量后停止挤压，保持 10min，不起火、不爆炸
	电池包或系统试验项目			
	序号	试验项目	测试对象	试验条件及要求
	1	振动	蓄电池包或系统	将测试对象安装在振动台上，每个方向分别施加随机和定频振动载荷 无泄漏、外壳破裂、起火或爆炸现象；试验后的绝缘电阻值不小于 100Ω/V
	2	机械冲击	蓄电池包或系统	7g、6ms 的半正弦冲击波形，z 轴正负方向各冲击 6 次 应无泄漏、外壳破裂、起火或爆炸现象 试验后的绝缘电阻值不小于 100Ω/V
	3	模拟碰撞	蓄电池包或系统	x、y 方向加速脉冲，分整车整备质量，施加脉冲规定同 GB/T 31467.3，应无泄漏、外壳破裂、起火或爆炸现象。试验后的绝缘电阻值不小于 100Ω/V
	4	挤压	蓄电池包或系统	挤压力达到 100kN 或挤压变形量达到挤压方向的整体尺寸的 30% 时停止挤压 应无起火、爆炸现象
	5	湿热循环	蓄电池包或系统	最高温度是 60℃ 或更高温度，循环 5 次，应无泄漏、外壳破裂、起火或爆炸现象。试验后 30min 之内的绝缘电阻值不小于 100Ω/V
	6	浸水安全	蓄电池包或系统	室内或温度箱的温度应从（20±10）℃ 或更高的温度（如果电池系统制造商要求）开始逐渐升高，直到达到规定的温度，然后保持在等于或高于此温度，直到试验结束

（续）

标准号	序号	试验项目	测试对象	主要内容
				试验条件及要求
GB×××××—××××	7	热稳定性之外部火烧	蓄电池包或系统	分四个阶段进行试验，应无爆炸现象
	8	热稳定性之热扩散	蓄电池包或系统	进行热扩散乘员保护分析和验证。蓄电池包或系统在由于单个电池热失控引起热扩散，进而导致乘员舱发生危险之前5min，应提供一个热事件报警信号
	9	温度冲击	蓄电池包或系统	测试对象置于（-40±2）~（60±2）℃（如果制造商要求，可采用更严苛的试验温度），两种极端温度的转换时间在30min以内，应无泄漏、外壳破裂、起火或爆炸现象。试验后的绝缘电阻值不小于100Ω/V
	10	盐雾	蓄电池包或系统	进行6个循环，行李舱等位置的电池包可不进行盐雾试验，应无泄漏、外壳破裂、起火或爆炸现象
	11	高海拔	蓄电池包或系统	海拔高度为4000m或等同高度的气压条件，应无泄漏、外壳破裂、起火或爆炸现象。试验后的绝缘电阻不小于100Ω/V
	12	过温保护	蓄电池系统	方式一：试验对象以实车装配方向置于3.5%NaCl（质量分数）溶液中2h，水深要足以淹没试验对象 方式二：试验对象参照GB/T 4208—2017中14.2.7所述方法和流程进行试验。测试对象按照制造商规定的安装状态全部浸入水中。对于高度小于850mm的测试对象，其最低点低于水面1000mm；对于高度等于或大于850mm的测试对象，其最高点应低于水面150mm。试验持续时间30min。水温与测试对象温差不大于5℃ 应无泄漏、外壳破裂、起火或爆炸现象。试验后的绝缘电阻值不小于100Ω/V
	13	过流保护	蓄电池系统	试验应在（20±10）℃的环境温度下进行 按照电池系统制造商推荐的正常操作（如使用外部充放电设备），调整测试对象的SOC到正常工作范围的中间部分。只要电池系统能够正常运行，可不需要精确的调整 与电池系统制造商协商确定可以施加的过电流（假设外部直流供电设备的故障）和最大电压（在正常范围内） 应无泄漏、外壳破裂、起火或爆炸现象。试验后的绝缘电阻值不小于100Ω/V
	14	外部短路保护	蓄电池系统	试验应在（20±10）℃的环境温度或更高温度（如果电池系统制造商要求）下进行 在试验开始时，影响测试对象功能并与试验结果相关的所有保护设备都应处于正常运行状态 应无泄漏、外壳破裂、起火或爆炸现象。试验后的绝缘电阻值不小于100Ω/V
	15	过充电保护	蓄电池系统	试验应在（20±10）℃的环境温度或更高温度（如果电池系统制造商要求）下进行 按照电池系统制造商推荐的正常操作（如使用外部充放电设备），调整测试对象的SOC到正常工作范围的中间部分。只要测试对象能够正常运行，可不需要精确的调整 在试验开始时，影响测试对象功能并与试验结果相关的所有保护设备都应处于正常运行状态。用于充电的所有相关的主要接触器都应闭合（如电池系统回路中包含相关继电器） 应无泄漏、外壳破裂、起火或爆炸现象，由制造商提供试验上限测试，采用此上限测试终止的试验判定为失败。试验后的绝缘电阻不小于100Ω/V
	16	过放电保护	蓄电池系统	试验应在（20±10）℃的环境温度或更高温度（如果电池系统制造商要求）下进行 按照电池系统制造商推荐的正常操作（如使用外部充放电设备），调整测试对象的SOC到较低水平，但必须在正常的工作范围内。只要测试对象能够正常运行，可不需要精确的调整 在试验开始时，影响测试对象功能并与试验结果相关的所有保护设备都应处于正常运行状态。用于放电的所有相关的主要接触器都应闭合（如电池系统回路中包含相关继电器） 应无泄漏、外壳破裂、起火或爆炸现象。试验后的绝缘电阻值不小于100Ω/V

（续）

标准号	主要内容
ECE R100.2	ECE R100.2 中主要规定了可充电储能系统的安全试验程序和要求。适用于搭载有一个或多个由电力驱动电机且非永久连接到外部电网的 M 类和 N_1 类道路车辆的可充电储能系统，但不包括用于为车辆起动、灯光系统和 / 或其他车辆辅助系统提供能量的可充电储能系统

	试验项目	试验要求
	试验条件	温度：（20±10）℃；SOC ≥ 50%
电气试验	过温保护	关闭冷却功能；可使用车载传感器或温度传感器检测单体附近温度；正常运行电流进行持续充放电；放置于对流室或气候室；升温至保护装置动作阈值或最大运行温度 截止条件：被测设备禁止或限制充放电，温度变化小于 4℃/2h，电解液泄漏、外壳破裂、着火及爆炸等
	短路保护	短路电阻 ≤ 5mΩ；保护功能切断或限制短路电流或外壳温度稳定（< 4℃/h），1h 后结束试验；标准循环
	过充电保护	关闭充电设备的控制功能；以最大运行电流进行充电；至待测设备切断 / 限制充电或 2 倍额定容量；标准循环
	过放电保护	以最大运行电流进行放电；至待测设备自动切断 / 限制放电或 25% 正常电压；标准充电
	排放	车辆 /REESS 准备；REESS 放电 正常充电氢气释放测定；REESS 放电 故障充电氢气释放测定
机械试验	振动	z 轴；15min 内以对数扫描正弦波 7-50-7Hz 进行；3h 内循环 12 次；标准循环 频率和加速度关系如下： | 频率 /Hz	加速度 /（m/s²） | |---|---| | 7～18 | 10 | | 18～30 | 逐渐由 10 降低到 2 | | 30～50 | 2 |
	模拟碰撞	基于车辆的测试：根据 ECE R12、ECE R94、ECE R95 进行 基于组件的测试：方向由双方协商确定 加速度脉冲示意图

（续）

标准号	主要内容		
	试验项目		试验要求
ECE R100.2	机械试验	挤压	试验只适用于 M_1、N_1 类车辆 基于车辆的动态测试：根据 ECE R12、ECE R94、ECE R95 进行 车辆特殊组件测试：根据组件测试步骤进行，试验方向和挤压力根据 ECE R12、ECE R94、ECE R95 进行修改 基于组件的测试：x、y 轴；挤压力 100～105kN，起效时间小于 3min，保持 100ms～10s；挤压板 ≤ 600mm×600mm 挤压板尺寸图
		温度冲击	（60±2）℃，6h；之后（-40±2）℃，6h；转换时间 < 30min；循环 5 次；（20±10）℃，24h；标准循环
		外部火烧	基于车辆的测试：模拟实际安装情形，固定装置为不可燃物 基于组件的测试：环境温度 ≥ 0℃，风速 < 2.5km/h；燃料盘水平方向超出被测设备（DUT）（20，50）cm，侧壁高出油面不超过 8cm；分为预热、直接加热、间接加热、结束试验四个步骤
GTR 20	作为电动汽车主要零部件之一的动力电池，其安全问题成为人们关注的焦点。其中，在 EVS-GTR 中分别对乘用车和商用车电池安全试验要求和试验程序进行了规定，见下表			

试验要求		试验程序	
1-1 类车辆和 2 类车辆	重型车辆	1-1 类车辆和 2 类车辆	重型车辆
试验项目	试验项目	试验项目	试验项目
一般原则	一般原则	一般程序	一般程序
振动	振动	振动试验	振动试验
热冲击和循环	热冲击和循环	热冲击和循环	热冲击和循环
耐火性	耐火性	耐火性	耐火性
外部短路保护	外部短路保护	外部短路保护	外部短路保护
过充电保护	过充电保护	过充电保护	过充电保护
过放电保护	过放电保护	过放电保护	过放电保护
过热保护	过热保护	过热保护	过热保护
过电流保护	保留	过电流保护	保留
低温保护	低温保护	机械冲击试验	机械冲击试验
排气管理	排气管理	机械完整性试验	
热扩散	热扩散		
碰撞后的安全性要求	模拟惯性负载下安全性		

对于 EVS-GTR 电池安全，我国作为电池热失控扩散研究小组牵头国，一方面全程主导电池热扩散研究工作，另一方面深入参与泄漏气体毒性分析、振动试验方法、SOC 定义、耐火性和热失控报警信号等研究工作。其中，就电池热扩散研究而言，在电动汽车大规模推广的背景下，电池包起火引发的事故对产业化发展产生影响。我国专家结合实际事故案例，在全球范围内首次提出对电池单体热失控原理进行分析，并进一步提出热失控发生后保证电池包整体安全性的要求和试验方法

(续)

标准号	主要内容		
ISO 12405-3	试验项目		试验要求
	通用要求		测试对象为电池包和系统,测试后包括观察的1h内,测试对象不应发生泄漏、破裂、起火或爆炸,以上失效均通过目测判定,直流绝缘电阻≥100Ω/V,含交流电路的情况,绝缘电阻≥500Ω/V
	机械安全性	振动	测试方法依据ISO 12405-1或ISO 12405-2,也可以由电池包用户提供或按照UN R100-2进行 液冷电池包的冷却液在振动过程中应继续循环或密封在电池包内
		机械冲击	测试方法可以依据ISO 12405-1或ISO 12405-2,也可以由电池包用户提供或按照UN R100-2进行
	环境测试	结露试验	测试方法可以依据ISO 12405-1或ISO 12405-2
		温度冲击	测试方法可以依据ISO 12405-1或ISO 12405-2,可以选择最高温度60℃下放置6h。液冷电池包的冷却液在试验过程中应处于正常状态,但冷却系统不工作
	事故模拟测试	模拟碰撞	测试方法可以依据车型不同选择加速度与测试时间 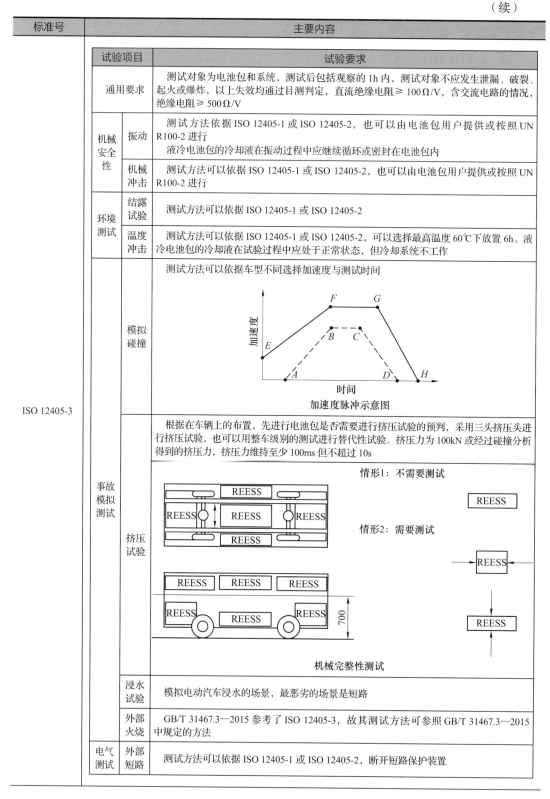 加速度脉冲示意图
		挤压试验	根据在车辆上的布置,先进行电池包是否需要进行挤压试验的预判,采用三头挤压头进行挤压试验,也可以用整车级别的测试进行替代性试验。挤压力为100kN或经过碰撞分析得到的挤压力,挤压力维持至少100ms但不超过10s 机械完整性测试
		浸水试验	模拟电动汽车浸水的场景,最恶劣的场景是短路
		外部火烧	GB/T 31467.3—2015参考了ISO 12405-3,故其测试方法可参照GB/T 31467.3—2015中规定的方法
	电气测试	外部短路	测试方法可以依据ISO 12405-1或ISO 12405-2,断开短路保护装置

（续）

标准号	主要内容		
ISO 12405-3	试验项目		试验要求
	系统功能性测试	过充保护	测试方法可以依据 ISO 12405-1 或 ISO 12405-2，过充保护装置正常工作，试验后进行一个标准循环测试，保护装置应断开过充电流
		过放保护	测试方法可以依据 ISO 12405-1 或 ISO 12405-2，过放保护装置正常工作，试验后进行一个标准循环测试，保护装置应断开过放电流
		热管理失效	电池包置于温度箱内，工作在正常状态，停止热管理系统的工作，用最大的允许电流进行充放电，温度上升至系统允许的最高温度以上 20℃ 或者保护装置动作的温度。监测系统的温度，当充放电被切断或者电流降低或者 2h 内电池温度变化小于 4℃ 或者达到最大运行温度的时间超过 2h 时停止试验。系统的热管理装置应切断充放电电流
IEC 62660-2	试验项目		试验要求
	试验条件		电池温度 /℃ — 放电电流 /A（纯电动应用 / 混合动力应用）：0、25、45 — 纯电动应用 C/3；混合动力应用 1C
	试验结果描述		结果描述 — 现象： 无影响 — 无影响，外观无变化 变形 — 外观变形包括膨胀 通风 — 电解液从泄放口泄漏或者电池包有雾化散出 注：软包电池的通风可能通过设定的开口实现 泄漏 — 电解液从泄放口以外的位置散出，如壳体、密封件与极柱 冒烟 — 烟雾释放，包括从泄放口释放的烟尘颗粒 破坏 — 由内部或外部原因导致的电池单体机械壳体破坏，导致电池材料的暴露、溢出等，不包括材料的喷出 起火 — 由电池单体或模块射出火焰，时长超过 1s 注：火星或者电弧不属于火焰 爆炸 — 电池壳体猛烈地打开并且导致主要部件被猛烈地射出 注：该标准没有提出通过或者试验失败的标准，仅要求记录试验结果
	机械试验	振动	测试对象：单体 试验条件：BEV-100% SOC，HEV-80%SOC 测试曲线：IEC 60068-2-64 随机振动，单体电池每个平面方向 8h 测试数据：记录试验前后电压的变化

功率谱密度PSD/[(m/s²)²/Hz] 对 频率/Hz 的振动曲线（纵轴 0.01—100，横轴 1—10000）

（续）

标准号	主要内容		
	试验项目	试验要求	
IEC 62660-2	机械试验	振动	频率/Hz PSD/[(m/s²)²/Hz] 10 20 55 6.5 180 0.25 300 0.25 360 0.14 1000 0.14 2000 0.14
		机械冲击	测试对象：单体 试验条件：BEV-100% SOC，HEV-80%SOC 测试方法：ISO 16750-3，方向与车辆遇到冲击的方向一致，如果方向未知，则进行6个方向的冲击试验 测试数据：记录试验前后电压的变化 振动脉冲类型 半正弦 加速度 50g 时长 6ms 冲击次数 每个方向10次
		挤压	测试对象：单体 试验条件：BEV-100% SOC，HEV-80%SOC 测试方法：选用球体或者半圆柱进行挤压，当电压降到达1/3或变形量达到15%或挤压力达到1000倍DUT时撤除挤压力，静置24h或当温度下降20%时停止试验 测试数据：记录挤压工具类型、挤压速度、单体电压、单体温度 挤压试验示例
	热环境试验	高温耐久性	测试对象：单体 试验条件：BEV-100% SOC，HEV-80%SOC 测试方法：将电池单体置于高温箱内，以5℃/min的速度上升至（130±2）℃，并保持30min，可以采用与电池包内成组类似的方式防止电池发生变形 测试数据：记录试验结果
		温度循环	测试对象：单体 试验条件：BEV-100% SOC，HEV-80%SOC 测试方法：按照ISO 16750-4的方法以下表所列数据进行温度循环，最低温为-40℃或厂家自定义，最高温为85℃或厂家自定义，循环30次 测试数据：记录试验结果

（续）

标准号	试验项目		试验要求
IEC 62660-2	热环境试验	温度循环	累计时间 /min | 温度 /℃ 0 | 20 60 | T_{min} 150 | T_{min} 210 | 20 300 | T_{max} 410 | T_{max} 480 | 20
	电性能测试	外部短路	测试对象：单体 试验条件：100% SOC，室温 测试方法：将电池单体的正负极短接 10min，外部电阻≤5mΩ 测试数据：电流电压的记录频率应≤10ms，记录试验结果
		过充电	测试对象：单体 试验条件：100% SOC，室温 测试方法：使用足以提供恒定充电电流的电源，在室温下持续对电池充电超过 100%SOC，BEV 应用的充电电流为 $1I_t$，HEV 应用的充电电流为 $5I_t$。当电池电压达到制造商规定的最高电压的两倍时，或者充电到电池的电量达到 200%SOC 时，应停止过充电测试 测试数据：记录试验结果
		强制放电	测试对象：单体 试验条件：0% SOC，室温 测试方法：将电池单体以 $1I_t$ 继续放电 90min 测试数据：记录试验结果
	附录	补充说明	给出了可供选择的容量测试方法，分纯电动和混合动力应用的电池，在 -20℃、0℃、25℃ 及 45℃ 下按照指定条件进行放电
IEC 62660-3	试验项目		试验要求
	试验通用要求		应记录试验设置的方法，包括单体固定和接线，根据电池生产者与使用者的协议，电池组也可以替代单体进行试验，每个试验后应留出 1h 的观察时间
	机械试验	振动	测试方法：依据 IEC 62660-2：2010 中 6.1.1.1 的方法 通过条件：单体无泄漏、冒烟、破裂、起火或爆炸
		机械冲击	测试方法：依据 IEC 62660-2：2010 中 6.1.2.1 的方法 通过条件：单体无泄漏、冒烟、破裂、起火或爆炸
		挤压	测试对象：单体 试验条件：BEV-100% SOC，HEV-80%SOC 测试方法：选用球体或者半圆柱进行挤压，当电压降到达 1/3 或变形量达到 15% 或挤压力达到 1000 倍 DUT 时撤除挤压力，静置 24h 或当温度下降 20% 时停止试验，挤压速度≤6mm/min 测试数据：记录挤压工具类型、挤压速度、单体电压、单体温度 通过条件：单体无起火或爆炸（编者注：允许泄漏、冒烟、破裂） 样品A 样品B 半圆柱挤压头 半球形挤压头 圆柱形单体 方形单体 → 挤压方向 挤压试验示例

（续）

标准号	主要内容		
IEC 62660-3		试验项目	试验要求
	热环境试验	高温耐久性	测试对象：单体 试验条件：BEV-100% SOC，HEV-80%SOC 测试方法：将电池单体置于高温箱内，以5℃/min的速度上升至（130±2）℃，并保持30min，关闭加热装置后，在高温箱内观察1h，可以采用与电池包内成组类似的方式防止电池发生变形 通过条件：单体无起火或爆炸（编者注：允许泄漏、冒烟、破裂）
		温度循环	测试对象：单体 测试方法：按照 IEC 62660-2：2010 中 6.2.2.1.1 的方法 通过条件：单体无泄漏、冒烟、破裂、起火或爆炸
	电性能测试	外部短路	测试对象：单体 测试方法：按照 IEC 62660-2：2010 中 6.3.1.1 的方法 通过条件：单体无起火或爆炸（编者注：允许泄漏、冒烟、破裂）
		过充电	测试对象：单体 试验条件：100% SOC，室温 测试方法：BEV 的电池 $1I_t$ 电流过充，HEV 电池 $5I_t$ 过充至最大电压的 120% 或者 130%SOC 通过条件：单体无起火或爆炸（编者注：允许泄漏、冒烟、破裂）
		强制放电	测试对象：单体 试验条件：0% SOC，室温 测试方法：将电池单体以 $1I_t$ 继续放电至电压低于 25% 的初始电压或者放电时间达到 30min 通过条件：单体无泄漏、冒烟、破裂、起火或爆炸
		内短路测试	① 单体强制内短路测试：在正负极材料之间放置镍颗粒，可以通过电池壳体切口将镍颗粒放入电池内部 ② 可以采用替代试验，但要满足可重复性等要求，测试结果可以通过拆解电池或者拍摄 X 光来进行判定 ③ 考虑电池包设计的防护，单体强制内短路测试也可以用电池包级别的热扩散试验进行考核，试验方法参考 IEC 62619
IEC 62660-4	单体试验准备：软包电池直接进行试验即可，具有硬壳体的方形电池，可以通过商定的方法，在电池充电和SOC 调整之前削减壳体的厚度或者去除壳体 测试装置和压头装置如下图所示 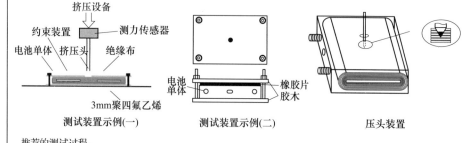 推荐的测试过程： ① 根据推荐的方法进行试验准备 ② 调整 SOC 至厂家规定的上限 ③ 针刺方向垂直于电池极片，速度 ≤ 0.1mm/s，当检测到 5mV 的压降时停止针刺，如果继续针刺超过 1/2 的厚度仍没有探测到 5mV 的电压降，该试验判定无效 ④ 停止针刺后，针头继续保留在电池单体内，相关的电压、挤压力、温度等信息均需要记录，继续观察1h，不能出现起火或爆炸现象 该标准在附录部分给出了一些电池单体试验的结果，记录了样品的材料类型、形状、穿刺速度、电压降、温升、穿刺的叠片层数、试验通过情况等，并提供了相关试验数据的曲线供参考		

（续）

标准号	主要内容		
	试验项目		试验要求
IEC 61982-4	机械试验	机械冲击	测试对象：单体 试验条件：BEV-100% SOC，HEV-80%SOC 测试方法：峰值加速度 50g 的半正弦波，持续时间 11ms，三个垂直方向各正反各三次，共计 18 次 通过条件：单体无起火或爆炸
		挤压	测试对象：单体 试验条件：BEV-100% SOC，HEV-80%SOC 测试方法：选用球体或者半圆柱进行挤压，当电压降到达 1/3 或变形量达到 15% 或挤压力达到 1000 倍 DUT 时撤除挤压力，静置 24h 或当温度下降了最大温升的 80% 时停止试验，挤压速度不低于 6mm/min 测试数据：记录挤压工具类型、挤压速度、单体电压、单体温度 通过条件：单体无起火或爆炸（编者注：允许泄漏、冒烟、破裂） 挤压试验示例
		振动	测试对象：单体 试验条件：BEV-100% SOC，HEV-80%SOC 测试方法：依据下表要求，15min 内进行 7～50Hz 的一次往复试验，3h 内进行 12 次，振动方向垂直于固定面，可以由厂家提供测试方法 通过条件：单体无起火或爆炸（编者注：允许泄漏、冒烟、破裂） 频率和加速度 <table><tr><th>频率 /Hz</th><th>加速度 /（m/s²）</th></tr><tr><td>7～18</td><td>10</td></tr><tr><td>18～30</td><td>逐渐由 10 降低到 2</td></tr><tr><td>30～50</td><td>2</td></tr></table>
	热环境试验	高温耐久性	测试对象：单体 试验条件：BEV-100% SOC，HEV-80%SOC 测试方法：将电池单体置于高温箱内，温度为（60±2）℃并保持 2h，关闭加热装置后，在高温箱内观察 1h，可以采用与电池包内成组类似的方式防止电池发生变形 通过条件：单体无起火或爆炸（编者注：允许泄漏、冒烟、破裂）
		温度循环	测试对象：单体 试验条件：BEV-100% SOC，HEV-80%SOC 测试方法：（60±2）℃或更高的温度放置 6h，（-40±2）℃或更低的温度 6h，切换时间小于 30min，重复总共 5 个循环，电池静置 24h 通过条件：单体无起火或爆炸（编者注：允许泄漏、冒烟、破裂）

（续）

标准号	主要内容		
	试验项目		试验要求
IEC 61982-4	电性能测试	外部短路	测试对象：单体 测试方法：用电阻值≤5mΩ的外部电阻短接正负极10min，观察1h 通过条件：单体无起火或爆炸（编者注：允许泄漏、冒烟、破裂）
		过充电	测试对象：单体 试验条件：100% SOC，室温 测试方法：过充电流值由厂家自定义，当电池电压达到3V，充电至200%SOC，维持电压为3V 通过条件：单体无起火或爆炸（编者注：允许泄漏、冒烟、破裂）
		强制放电	测试对象：单体 试验条件：0% SOC 测试方法：将电池单体以$1I_t$继续放电90min，如果90min还没到，电池单体电压降至-3V，继续放电至电量达到150%SOC 通过条件：单体无泄漏、冒烟、破裂、起火或爆炸
SAE J2464—2009	试验项目		试验要求
	试验条件		温度：（25±5）℃，SOC=100%
	电气试验	短路保护	关闭主动热控制系统；连续进行20次正常充放电循环 短路在1s内完成，保持60min；单体软/硬连接，模块/电池包连接 软连接：$R ≤ 5mΩ$ 硬连接：$R ≥ 10mΩ$
		过充电保护	单体2次：1C恒流充至满电，再生制动或充电系统最大电流（可用3C）过充电至200%SOC 模块和电池包1次：1C恒流充电至200%SOC，电压应为正常工作电压的1.2倍
		过放电保护	单体：对完全充电的电池单体，以最大推荐持续电流进行放电，放电时间为以Ah计的电芯容量两倍（即单体SOC为-100%） 模组：模组为一个完全放电的电芯和多个完全充电的电芯串联，以推荐的最大电流放电，直至模组的电压为（0±0.2）V
	机械试验	机械冲击	单体级别按相关规定进行 电池包级别：半正弦波，加速度25g，持续时间15ms
		跌落	最易受到损害的方向在2m高处自由跌落到坚硬平面；水平方向的影响可以用等效的速度和减速度进行代替
		翻转	1min内匀速转动一周，观察是否有任何材料泄漏；以90°增量旋转一周，每隔90°停留1h
		挤压	至少在两个方向进行；挤压到原始尺寸85%，保持5min；继续挤压到50%；挤压力不能超过被测设备质量的1000倍；挤压速度为单体0.5~1mm/min，电池包0.5~1cm/min；风速<3mile/h 挤压板尺寸图 R75
		针刺	试验探针材料为可导电低碳钢，杆端类型为圆锥尖点，刺入速度≥8cm/s，刺入方向应垂直于单体电极，单体试验中刺穿整个单体；模块/电池包试验中刺穿3个单体或100mm（取最大值），刺入后至少在被测设备中保留1h

（续）

标准号	主要内容		
	试验项目		试验要求
SAE J2464—2009	热环境试验	热稳定性	从正常运行温度或25℃以5℃/min升温至300℃，每个增量保持30min
		温度冲击	−40～70℃，转换时间小于15min，保持时间单体1h，模块6h，电池包温度均衡（±5℃）；循环5次；试验前后在25℃环境中进行3次C/3放电循环
		高温	90s内达到890℃，保持10min。可以使用辐射供暖装置
	试验项目		试验要求
SAE J2929—2011		试验条件	温度：(25±5)℃，SOC=正常运行最大值
	电气试验	过温保护	参考SAE J2464进行 充电倍率应为最大正常倍率，关闭冷却系统
		短路保护	参考UN测试手册Test T.5或SAE J2464进行 所有电子控制模块处于工作状态
		过充电保护	以最大充电倍率（不超过被动保护电路阈值）进行充电，最大电压为充电设备可输出最大电压，直至电池电压达到充电设备电压或断开连接
		过放电保护	放电倍率：HEV/PHEV为1C；EV为C/3。持续放电至连接断开或电池电压达到(0±0.2)V
	机械试验	振动	电池系统：参考UN测试手册Test T.3或SAE J2380进行 电池子系统：基于部件测试参考UN测试手册Test T.3或SAE J2380进行；基于车辆的测试应反映实际车辆振动情况
		机械冲击	基于部件测试：参考SAE J2464，纵向和横向均进行 基于车辆的测试：参考FMVSS 305进行
		跌落	参考SAE J2464进行 试验应包括实际维修过程中使用的工具，跌落高度不小于1m
		挤压	电池系统通用测试：参考SAE J2464进行。挤压力为100kN 基于车辆的测试：参考FMVSS 305进行
	热环境试验	温度冲击	参考UN测试手册Test T.2或SAE J2464进行
		湿热循环	参考IEC 60068-2-30进行，最高温度为55℃，循环6次
		高温	参考SAE J2464、ECE R34、SAE J2579、FMVSS 304进行
UL 2580	该标准是一个综合性标准，包括了电气测试、机械测试、环境测试三大部分		

2. 电性能标准

动力电池电性能反映了不同温度和放电条件下电池性能的特性,是对电池的能量、容量、内阻、容量损失等指标稳定性的评价,表明动力电池是否能满足车辆实际行驶过程中的放电需求,是动力电池的关键性能。

(1) 国内外整体情况　国内外动力电池电性能相关标准见表2-77。

表2-77　国内外动力电池电性能相关标准

序号	标准号	标准名称
1	GB/T 31486—2015	电动汽车用动力蓄电池电性能要求及试验方法
2	GB/T 31467.1—2015	电动汽车用锂离子动力蓄电池包和系统　第1部分:高功率应用测试规程
3	GB/T 31467.2—2015	电动汽车用锂离子动力蓄电池包和系统　第2部分:高能量应用测试规程
4	IEC 62660-1	电动道路车辆驱动用二次锂离子电池　第1部分:性能试验
5	IEC 61982:2012	电动道路车辆驱动用二次电池(锂电池除外)—性能和耐久性测试
6	ISO 12405-1:2011	电动道路车辆—锂离子动力电池包和系统试验规范—第1部分:高功率应用
7	ISO 12405-2:2012	电动道路车辆—锂离子动力电池包和系统试验规范—第2部分:高能量应用

(2) 标准介绍　各标准适用范围和主要内容分别见表2-78和表2-79。

表2-78　国内外动力电池电性能相关标准的适用范围

标准号	适用范围
GB/T 31486—2015	该标准规定了电动汽车用动力电池的电性能要求、试验方法和检验规则 该标准适用于装载在电动汽车上的锂离子蓄电池和金属氢化物镍蓄电池单体和模块,其他类型蓄电池参照执行
GB/T 31467.1—2015	该部分规定了电动汽车用高功率锂离子动力电池包和系统电性能的测试方法 该部分适用于装载在电动汽车上,主要以高功率应用为目的的锂离子动力电池包和蓄电池系统,以高功率应用为目的的镍氢动力电池包和系统等参照执行
GB/T 31467.2—2015	该部分规定了电动汽车用高能量锂离子动力电池包和系统电性能的测试方法 该部分适用于装载在电动汽车上,主要以高能量应用为目的的锂离子动力电池包和蓄电池系统,以高能量应用为目的的镍氢动力电池包和系统等参照执行
IEC 62660-1	目前IEC TC69已经基本完成该部分的修改,形成FDIS版,考虑到技术内容的变化和实效性,该手册以最新内容进行说明。IEC 62660-1对纯电动汽车和混合动力汽车的电池单体的性能与寿命测试提出要求。为容量、功率密度、能量密度、存储寿命和循环寿命提供测试方法
IEC 61982:2012	该标准适用于非锂离子电池,包括铅酸电池、镍镉电池、镍氢电池和锂硫电池等,与锂离子电池的IEC 62660前两部分和ISO 12405的前两部分对应,附件给出了HEV用镍氢电池的循环寿命测试方法
ISO 12405-1:2011	该部分规定了电动汽车用高功率锂离子动力电池包和系统电性能、可靠性和耐滥用性的测试方法 该部分适用于装载在电动汽车上,主要以高功率应用为目的的锂离子动力电池包和蓄电池系统,主要是在混合动力汽车和燃料电池汽车上使用,单体部分的测试参考IEC 62660-1和IEC 62660-2部分
ISO 12405-2:2012	该部分规定了电动汽车用高能量锂离子动力电池包和系统电性能、可靠性和耐滥用性的测试方法 该部分适用于装载在电动汽车上,主要以高能量应用为目的的锂离子动力电池包和蓄电池系统,主要是在纯电动汽车和插电式电池汽车上使用,单体部分的测试参考IEC 62660-1和IEC 62660-2部分

表 2-79 国内外动力电池电性能相关标准的主要内容

标准号	主要内容
GB/T 31486—2015	标准规定的电动汽车用动力电池单体、模块的测试项目如下 电池单体试验项目 	序号	试验项目	试验对象	试验条件及要求
---	---	---	---
1	外观	电池单体	光线良好，目测检验 外观不得有变形及裂纹，表面无毛刺、干燥、无外伤、无污物，且宜有清晰、正确的标志
2	极性	电池单体	使用电压表测量极性 端子极性标识应正确、清晰
3	外形尺寸及质量	电池单体	使用量具和衡器测量外形尺寸及质量 符合企业提供的产品技术条件
4	室温放电容量	电池单体	按规定方法对电池单体进行充电，室温下，以 $1I_1(A)$ 电流放电至终止条件，计算放电容量和放电比能量，重复上述步骤并计算结果 放电容量不低于额定容量，并且不超过额定容量的110%；初始容量极差不大于初始容量平均值的5% | 电池模块试验项目 | 序号	试验项目	试验对象	试验条件及要求
---	---	---	---
1	外观	电池模块	光线良好，目测检验 外观不得有变形及裂纹，表面干燥、无外伤，且排列整齐、连接可靠、标志清晰等
2	极性	电池模块	使用电压表测量极性 端子极性标识应正确、清晰
3	外形尺寸及质量	电池模块	使用量具和衡器测量外形尺寸及质量 符合企业提供的产品技术条件
4	室温放电容量	电池模块	按规定方法对电池模块进行充电，室温下，以 $1I_1(A)$ 电流放电至终止条件，计算放电容量和放电比能量，重复上述步骤并计算结果 放电容量不低于额定容量，并且不超过额定和容量的110%；初始容量极差不大于初始容量的平均值的7%
5	室温倍率放电容量	电池模块	能量型电池模块： ① 室温倍率放电性能：按规定方法对电池模块进行充电，室温下，以 $3I_1(A)$（最大电流不超过400A）电流放电至终止条件，计算放电容量 ② 比功率：按规定方法对电池模块进行充电，室温下，以 $1I_1(A)$ 电流放电 30min 后以企业规定的最大电流放电 10s，静置 30min，再以企业规定的最大电流充电 10s，计算平均比功率 放电容量不低于初始容量的90% 功率型电池模块： ① 室温倍率放电性能：按规定方法对电池模块进行充电，室温下，以 $8I_1$（A）（最大不超过400A）电流放电至终止条件，计算放电容量 ② 比功率：按规定方法对电池模块进行充电，以 $1I_1(A)$ 电流放电 30min 后以企业规定的最大电流放电 10s，静置 30min，再以企业规定的最大电流充电 10s，计算平均比功率 放电容量不低于初始容量的80%
6	室温倍率充电性能	电池模块	室温下，以 $1I_1(A)$ 电流放电至终止条件，静置 1h；以 $2I_1(A)$（不超过400A）电流充电至终止条件，并且充电总时间不超过 30min，静置 1h；室温下，以 $1I_1(A)$ 电流放电至终止条件，计算放电容量 放电容量不低于初始容量的80%	

（续）

标准号	主要内容			
GB/T 31486—2015	序号	试验项目	试验对象	试验条件及要求
	7	低温放电容量	电池模块	按规定方法对电池模块进行充电，(-20±2)℃搁置24h，以$1I_1$(A)电流放电至终止条件，计算放电容量 锂离子电池放电容量不低于初始容量的70% 金属氢化物镍蓄电池放电容量不低于初始容量的80%
	8	高温放电容量	电池模块	按规定方法对电池模块进行充电，(55±2)℃搁置5h，以$1I_1$(A)电流放电至终止条件，计算放电容量 放电容量不低于初始容量的90%
	9	荷电保持与容量恢复能力	电池模块	室温：按规定方法对电池模块进行充电，室温下储存28天，以$1I_1$(A)电流放电至终止条件，计算荷电保持容量，再按规定方法对电池模块进行充电，$1I_1$(A)电流放电至终止条件，计算恢复容量 高温：按规定方法对电池模块进行充电，(55±2)℃储存7天，室温下搁置5h，以$1I_1$(A)电流放电至终止条件，计算荷电保持容量，再按规定方法对电池模块进行充电，以$1I_1$(A)电流放电至终止条件，计算恢复容量 锂离子电池室温及高温保持功率不低于初始容量的85%，容量恢复不低于初始容量的90% 金属氢化物镍蓄电池室温保持功率不低于初始容量的85%，高温保持功率不低于初始容量的70%，容量恢复不低于初始容量的95%
	10	耐振动性	电池模块	按规定方法对电池模块进行充电，线性扫频振动：放电电流$I_1/3$(A)，上下单振动，频率10～55Hz，最大加速度30m/s²，扫频循环10次，振动时间3h 无放电电流锐变、电压异常、电池壳变形、电解液溢出等异常现象，连接可靠，结构完好
	11	储存	电池模块	按规定方法对电池模块进行充电，以$1I_1$(A)电流放电30min，(45±2)℃储存28天，室温下搁置5h，再次充电并以$1I_1$(A)电流放电至终止条件，计算放电容量 容量恢复不低于初始容量的90%
GB/T 31467.1—2015	高功率锂离子动力电池包和系统的测试项目如下			
	试验项目		试验对象	试验条件
	容量和能量	室温	蓄电池包、蓄电池系统	室温、1C、$I_{max}(T)$放电
		高温		40℃、1C、$I_{max}(T)$放电
		低温		0℃、-20℃、1C、$I_{max}(T)$放电
	功率和内阻		蓄电池包、蓄电池系统	室温、40℃、0℃、-20℃ SOC：80%（或由制造商规定）、50%、20%（或由制造商规定）
	无负载容量损失		蓄电池系统	满电态、40℃、室温、168h（7天）、720h（30天）
	存储容量损失		蓄电池系统	45℃、50%SOC（或由制造商规定）、720h（30天）
	高低温启动功率		蓄电池系统	SOC：20%、-20℃、40℃
	能量效率		蓄电池系统	室温、40℃、0℃、-20℃、SOC：65%、50%、35%

（续）

标准号	主要内容			
GB/T 31467.2—2015	高能量锂离子动力电池包和系统的测试项目如下			

试验项目		试验对象	试验条件
容量和能量	室温	蓄电池包、蓄电池系统	室温、1C、$I_{max}(T)$ 放电
	高温	蓄电池包、蓄电池系统	40℃、1C、$I_{max}(T)$ 放电
	低温	蓄电池包、蓄电池系统	0℃、-20℃、C/3、1C、$I_{max}(T)$ 放电
功率和内阻		蓄电池包、蓄电池系统	40℃、室温、0℃、-20℃、SOC：90%（或由制造商规定）、50%、20%（或由制造商规定）
无负载容量损失		蓄电池系统	满电态、40℃、室温、168h（7天）、720h（30天）
存储中容量损失		蓄电池系统	SOC：50%（或制造商规定）、45℃、720h（30天）
能量效率		蓄电池系统	室温、0℃、T_{min}（由制造商规定）、1C、$I_{max}(T)$

标准号	试验项目		试验要求
IEC 62660-1	试验条件		(25±2)℃
	电气试验	功率测试条件	SOC(%) / 电池温度/℃: 20→25；50→-20, 0, 25, 40；80→25
		功率测试-功率密度计算	使用厂家给定的最大放电电流 I_{dmax} 放电 10s，记录 10s 终止时电池电压 U_d。放电功率 $P_d = U_d \times I_{dmax}$，除以电池质量和体积，分别得到质量功率密度和体积功率密度
		功率测试-回收功率密度计算	使用厂家给定的最大充电电流 I_{cmax} 充电 10s，记录 10s 终止时电池电压 U_c。回收功率 $P_c = U_c \times I_{cmax}$，除以电池质量和体积，分别得到质量回收功率密度和体积回收功率密度
		能量密度	计算平均电压 $U_{avr} = \dfrac{U_1 + U_2 + \cdots + U_n}{n}$ 与放电安时数的乘积，得到放电能量 $W_{ed} = C_d U_{avr}$，除以质量和体积，得到质量能量密度和体积能量密度
		存储测试-荷电保持性测试	电池单体按照指定的方法放电至 50%SOC，纯电动汽车电池按照 $I_t/3$(A) 放电、混合动力电动汽车电池按照 $1I_t$(A) 放电至截止条件，放电容量为 C_b，电池在 50%SOC 下存储 28 天后按照同样条件放电，得到放电容量 C_r，将两个放电容量相比计算荷电保持性
		存储寿命测试	调整纯电动汽车电池 SOC 为 100%、混合动力电动汽车电池为 50%，在 (45±2)℃ 的环境温度下存储 42 天，测量容量、功率密度、回收功率密度、余留容量等综合评估存储寿命特性
		循环寿命测试-纯电动汽车	循环环境温度为 (45±2)℃ 先确定最大功率，然后按照下图进行充放电循环 纯电动汽车循环测试的动态放电标准（一）

（续）

标准号	主要内容		
	试验项目	试验要求	
IEC 62660-1	电气试验	循环寿命测试-纯电动汽车	当SOC到50%时，按下图进行一次放电 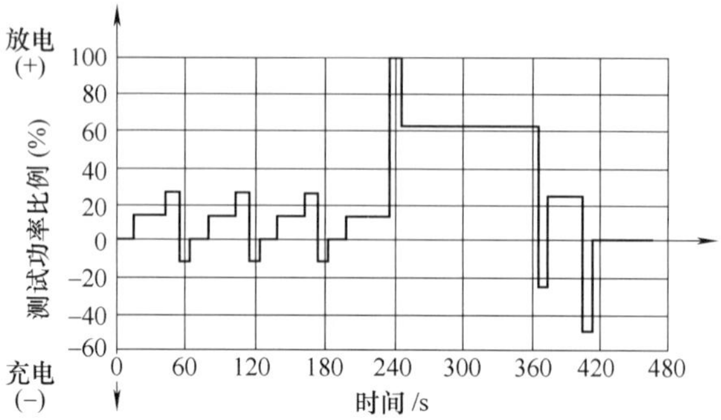 纯电动汽车循环测试的动态放电标准（二） 按照第一张图中的曲线放电至以上三个步骤放电容量达初始容量的80%，再按照制造商指定的方法完全充电，以上循环每循环28天，进行一次容量测试 当以上28天循环重复6次或电池测试容量下降到原始值的80%时停止测试或超过最高温度，停止试验
		循环寿命测试-混合动力汽车	循环环境温度为（45±2）℃ 按照下图放电，反复执行试制达到转变电压 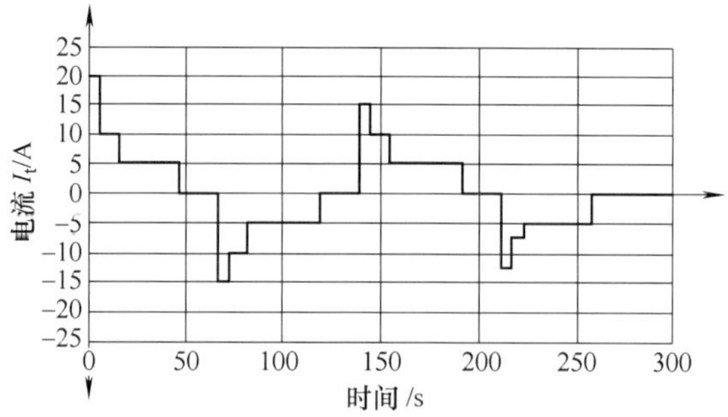 混合动力电动汽车放电工况循环测试 按照下图充电，反复执行试制达到转变电压 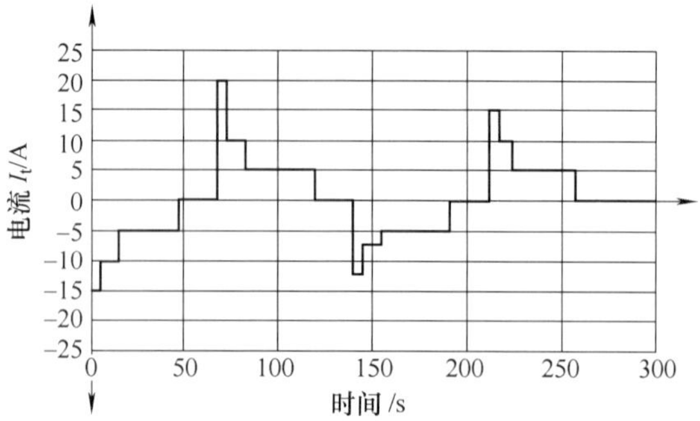 混合动力电动汽车充电工况循环测试 重复22h后静置2h 当时长达6个月或者任何性能降至初始值的80%以下时，停止测试

（续）

标准号	主要内容		
	试验项目		试验要求
IEC 62660-1	电气试验	能量效率	试验目的是测试纯电动汽车和混合动力电动汽车电池的充电效率，按照通用测试确定或者分别测试 ① 纯电动汽车和混合动力电动汽车通用测试 计算充电电量 Q_c 和放电电量 Q_d $\left(按 Q = \dfrac{I_1 + I_2 + \cdots + I_n}{3600} 计算\right)$，进一步计算得到库伦效率 $\eta_c = \dfrac{Q_d}{Q_c} \times 100\%$ 计算充电能量 W_c 和放电能量 W_d $\left(按 W = \dfrac{I_1 U_1 + I_2 U_2 + \cdots + I_n U_n}{3600} 计算\right)$，进一步计算得到能量效率 $\eta_e = \dfrac{W_d}{W_c} \times 100\%$ ② 纯电动汽车电池 测试方法与通用方法类似，充电 SOC 上限为 80% ③ 混合动力电动汽车电池 仅测试能量效率，放电电流是纯电动汽车的 5 倍，能量效率测试方法与通用方法相同
IEC 61982：2012	标准对试验前的状态准备进行了明确的规定，主要规定了动态放电性能、动态耐久性、电池系统寿命测试、最大放电功率和电池内阻测试、充电效率、自放电测试、最大车用功率放电以及不同 SOC 下最大再生制动能量回收功率测试的试验方法。该标准没有涉及环境适用性、滥用或安全性相关试验，是较为综合的非锂离子电池电性能测试标准，考虑到该部分主要介绍锂离子电池相关性能测试方法，不对该标准的内容展开，感兴趣的读者可以自行查阅		
ISO 12405-1：2011	高功率锂离子动力电池包和系统的测试项目如下		
	试验项目	试验对象	试验条件
	容量和能量 室温	蓄电池包、蓄电池系统	室温、1C、10C、$I_{d,max}(T)$
	容量和能量 高温	蓄电池包、蓄电池系统	40℃、1C、10C、$I_{d,max}(T)$
	容量和能量 低温	蓄电池包、蓄电池系统	0℃、-18℃、1C、10C、$I_{d,max}(T)$
	脉冲功率和充放电内阻	蓄电池包、蓄电池系统	脉冲放电功率：0.1s、2s、10s 和 18s，$I_{dp,max}(T)$ 脉冲功率特性 —— 电流 脉冲能量回收率：0.1s、2s、10s，$I_{dp,max}(T)$，计算和记录放电功率与 SOC 和温度的关系、再生制动功率与 SOC 和温度的关系，放电电阻、充电电阻、开路电压等

（续）

标准号	主要内容
ISO 12405-1:2011	<table><tr><th>试验项目</th><th>试验对象</th><th>试验条件</th></tr><tr><td>无负载容量损失</td><td>蓄电池系统</td><td>满电态、40℃、室温、24h（1天）、168h（7天）、720h（30天），记录放电剩余容量</td></tr><tr><td>存储容量损失</td><td>蓄电池系统</td><td>45℃、50%SOC（或由制造商规定）、720h，记录放电剩余容量</td></tr><tr><td>高低温启动功率</td><td>蓄电池系统</td><td>20%SOC、-30℃、-18℃、50℃，设置放电条件为最低允许电压，记录放电功率</td></tr><tr><td>能量效率</td><td>蓄电池系统</td><td>室温、40℃、0℃、65%SOC、50%SOC、35%SOC，积分计算放电能量与充电能量的比值</td></tr><tr><td>循环寿命</td><td>蓄电池系统</td><td>分别制定了充电和放电曲线，合并作为循环寿命测试曲线 当不满足试验条件时停止，记录放电能量，推荐了循环寿命计算方法：通过与续驶里程对应的放电电量来评估循环寿命性能。</td></tr><tr><td>湿热循环</td><td>蓄电池包、蓄电池系统</td><td>试验后功能等级满足 ISO 16750-1 的 A 级，绝缘电阻满足要求</td></tr><tr><td>温度冲击循环</td><td>蓄电池包、蓄电池系统</td><td>50%SOC、室温、-40~85℃切换时间30min以内，高低温最少各放置1h，进行5次测试 记录温度、电压等数据，绝缘电阻、1C容量对比</td></tr><tr><td>振动</td><td>蓄电池包、蓄电池系统</td><td>连接完好，在 ISO 16750-1 定义的工作模式 3.2 下，功能状态满足 A，在其他工作模式下，功能状态满足 C</td></tr><tr><td>机械冲击</td><td>蓄电池包、蓄电池系统</td><td>50% SOC、半正弦波、50g、6ms、室温、每个方向10次，在 ISO 16750-1 定义的工作模式 3.2 下，功能状态满足 A，在其他工作模式下，功能状态满足 C，记录温度、电压等数据，绝缘电阻、1C容量对比</td></tr><tr><td>短路保护</td><td>蓄电池包、蓄电池系统</td><td>100%SOC、外部短接10min、外部电阻100mΩ，观察2h，记录电压、电流、温度和绝缘电阻数据</td></tr><tr><td>过充电保护</td><td>蓄电池系统</td><td>满充后继续充电（推荐5C），持续充电直到系统切断或者过充至130%SOC 或温度达到55℃，记录电压、电流、温度和绝缘电阻数据</td></tr><tr><td>过放电保护</td><td>蓄电池系统</td><td>满放后1C继续放电，直到系统切断或者过放至25%初始电压或放电时间达到30min，记录电压、电流、温度和绝缘电阻数据</td></tr></table>
ISO 12405-2:2012	高能量锂离子动力电池包和系统需要进行的测试项目如下 <table><tr><th colspan="2">试验项目</th><th>试验对象</th><th>试验条件</th></tr><tr><td rowspan="3">容量和能量</td><td>室温</td><td rowspan="3">蓄电池包、蓄电池系统</td><td>室温、C/3、1C、2C、$I_{d,max}(T)$</td></tr><tr><td>高温</td><td>40℃、C/3、1C、2C、$I_{d,max}(T)$</td></tr><tr><td>低温</td><td>0℃、-10℃、-18℃、T_{min}、C/3、1C、2C、$I_{d,max}(T)$</td></tr><tr><td colspan="2">功率和内阻</td><td>蓄电池包、蓄电池系统</td><td>计算和记录放电功率与SOC和温度的关系，再生制动功率与SOC和温度的关系，放电电阻、充电电阻、开路电压等</td></tr><tr><td colspan="2">快速充电能量效率</td><td>蓄电池系统</td><td>室温、0℃、T_{min}、1C、2C 和 $I_{c,max}(T)$ 积分计算放电能量与充电能量的比值</td></tr><tr><td colspan="2">无负载容量损失</td><td>蓄电池系统</td><td>满电态、40℃、室温、24h（1天）、168h（7天）、720h（30天）、记录C/3放电剩余容量</td></tr><tr><td colspan="2">存储容量损失</td><td>蓄电池系统</td><td>45℃、50%SOC（或由制造商规定）、720h，记录C/3放电剩余容量</td></tr></table>

（续）

标准号	主要内容
ISO 12405-2：2012	<table><tr><th>试验项目</th><th>试验对象</th><th>试验条件</th></tr><tr><td>循环寿命</td><td>蓄电池系统</td><td>根据不同应用类型分别制定了充电和放电曲线 当不满足试验条件时停止，记录容量衰退情况</td></tr><tr><td>湿热循环</td><td>蓄电池包、蓄电池系统</td><td>试验方法与 ISO 12405-1 相同，试验后功能等级满足 ISO 16750-1 的 A 级，绝缘电阻满足要求</td></tr><tr><td>温度冲击循环</td><td>蓄电池包、蓄电池系统</td><td>50%SOC、室温、−40～85℃切换时间 30min 以内，高低温最少各放置 1h，进行 5 次测试 记录温度、电压等数据，绝缘电阻、C/3 容量对比</td></tr><tr><td>振动</td><td>蓄电池包、蓄电池系统</td><td>同 ISO 12405-1</td></tr><tr><td>机械冲击</td><td>蓄电池包、蓄电池系统</td><td>同 ISO 12405-1</td></tr><tr><td>短路保护</td><td>蓄电池系统</td><td>100%SOC、外部短接 10min、外部电阻 20mΩ，观察 2h，记录电压、电流、温度和绝缘电阻数据</td></tr><tr><td>过充电保护</td><td>蓄电池系统</td><td>满充后继续充电（推荐 2C），持续充电直到系统切断或者过充电至 130%SOC 或超过最高电压 20% 或温度达到 55℃，记录电压、电流、温度和绝缘电阻数据</td></tr><tr><td>过放电保护</td><td>蓄电池系统</td><td>满放后 C/3 继续放电，直到系统切断或者过放电至 25% 初始电压或放电时间达到 30min，记录电压、电流、温度和绝缘电阻数据</td></tr></table>

3. 循环寿命标准

电动汽车动力电池的循环寿命直接影响整车续驶里程衰减和使用寿命，是动力电池的关键指标。动力电池的循环寿命受到整车充放电电流、使用温度、湿度的影响，需要建立统一的测试方法。

（1）国内外整体情况　国内外动力电池循环寿命相关标准见表 2-80。

表 2-80　国内外动力电池循环寿命相关标准

序号	标准号	标准名称
1	GB/T 31484—2015	电动汽车用动力蓄电池循环寿命要求及试验方法
2	IEC 62660-1	电动道路车辆驱动用二次锂离子电池　第 1 部分：性能试验
3	ISO 12405-1：2011	电动道路车辆—锂离子动力电池包和系统试验规范—第 1 部分：高功率应用
4	ISO 12405-2：2012	电动道路车辆—锂离子动力电池包和系统试验规范—第 2 部分：高能量应用

（2）标准介绍　各标准适用范围和主要内容分别见表 2-81 和表 2-82。

表 2-81　国内外动力电池循环寿命相关标准的适用范围

标准号	适用范围
GB/T 31484—2015	该标准适用于装载在电动汽车上的动力电池，规定了电动汽车用动力电池的标准循环寿命的要求、试验方法、检验规则和工况循环寿命的试验方法和检验规则
IEC 62660-1	电动道路车辆用锂离子动力电池单体性能的试验方法、试验程序及试验条件
ISO 12405-1：2011	电动道路车辆高功率应用型锂离子动力电池包和系统试验规程
ISO 12405-2：2012	电动道路车辆高能量应用型锂离子动力电池包和系统试验规程

表 2-82 国内外动力电池循环寿命相关标准的主要内容

标准号	主要内容
GB/T 31484—2015	该标准主要技术内容如下 ① 标准循环寿命：$1I_1(A)$ 放电后按规定充电，静置至少 30min ② 工况循环寿命：混合动力乘用车用功率型蓄电池、混合动力商用车用功率型蓄电池、纯电动乘用车用能量型蓄电池、纯电动商用车用能量型蓄电池、插电式和增程式电动汽车用蓄电池
IEC 62660-1	同表 2-79　IEC 62660-1 "循环寿命测试 - 纯电动汽车" 部分的内容
ISO 12405-1：2011	同表 2-79　ISO 12405-1：2011 "循环寿命" 部分的内容
ISO 12405-2：2012	循环寿命：根据不同应用类型分别制定了充电和放电曲线。当不满足试验条件时停止，记录容量衰退情况

4. 互换性标准

在倡导节能减排、绿色环保的大背景下，新能源汽车的重要程度不言而喻。动力电池作为新能源汽车动力系统的核心部件，其成本、安全性等问题受到社会的广泛关注，动力电池系统的结构尺寸直接影响整车设计。目前，主流的电动汽车动力电池是锂离子电池，按照正极材料的不同，又分为磷酸铁锂电池、锰酸锂电池、三元聚合物锂电池和钴酸锂电池等。虽然产业化的电池电化学体系只有少数几种，但在具体的产品方面，目前尚没有统一的尺寸规格，由此带来的如下问题，严重影响了电动汽车产业的发展。

增加电池设计成本，从而增加了新能源汽车的总体成本。由于电池尺寸不一致，电池生产企业需要投入巨大成本建立单一类型电池的制造装备，然而因为尺寸的独特性，其生产量不能达到大规模生产的要求，直接增加了电芯的成本。小型电池生产企业即使拥有先进的电池材料技术，也很难确定投放市场具体产品的尺寸类型，可能因为选择的电芯尺寸独特、不能大规模生产而失败，不利于电池材料技术的创新。

整车企业设计电动汽车产品时，需要依据不同的电池单体设计多种方案并加以验证，最终确定一款方案，设计人员因为不同的电芯尺寸而分散了设计的精力，如果下一代车型选用新的电芯，可能因为两者尺寸不统一，需要改变之前的方案从头设计，很难产生技术积累，削弱了整车产品的竞争力，增加了研发成本。同时，由于电池尺寸众多，容易使电池供应商利用尺寸单一性形成垄断，整车企业无法自由选择供应商，增加了采购成本。

电池生产企业人力物力需要分散到不同的电芯生产线上，无法达到大规模产业化生产，电动汽车整车企业需要按照电芯的不同设计不同的电池模块和电池包系统以适应特定车型，这增加了整车成本，更为重要的是电池生产企业、电动汽车整车厂不能集中精力专注于生产一致性、提高产品品质上，电池单体一致性差，成组后系统性能较单体明显下降，这也是电动汽车安全事故频发的一个原因。

测试检验的电池差异性大，使不同的电池检测结果之间不具有可比性，如果电池单体规格统一，同样规格的电芯之间的优劣性更容易进行区分。测试方法便于统一，降低了对测试设备需要适应多种不同电池的适应性要求，降低检测成本，间接降低新能源汽车的价格。

（1）国内外整体情况　国内外动力电池互换性相关标准见表 2-83。

表 2-83　国内外动力电池互换性相关标准

序号	标准号	标准名称
1	QC/T 840—2010	电动汽车用动力蓄电池产品规格尺寸
2	GB/T 34013—2017	电动汽车用动力蓄电池产品规格尺寸
3	ISO/IEC PAS 16898：2012	电动道路车辆—二次锂离子电池尺寸和名称
4	SAE J3124	电动汽车电池尺寸标准概览
5	DIN 91252	电动汽车电池系统锂离子电池尺寸

（2）标准介绍　各标准适用范围和主要内容分别见表 2-84 和表 2-85。

表 2-84　国内外动力电池互换性相关标准的适用范围

标准号	适用范围
QC/T 840—2010	该标准规定了电动汽车用金属氢化镍动力电池和锂离子动力电池单体及模块的规格及外形尺寸 该标准适用于电动汽车用金属氢化物镍动力电池和锂离子动力电池单体及模块
GB/T 34013—2017	该标准规定了电动汽车用动力电池单体、模块和标准箱规格尺寸 该标准适用于装载在电动汽车上的锂离子蓄电池和金属氢化物镍蓄电池，其他类型蓄电池参照执行
ISO/IEC PAS 16898：2012	该标准由 ISO 和 IEC 成立的联合工作组修订完成，主要规定的对象是在质量为 3500kg 以下的乘用车上应用的锂离子电池单体的外部尺寸，包括圆柱形、方形和薄膜软包装三种类型
SAE J3124	该标准发布于 2018 年 6 月，主要关注锂离子圆柱形电池、软包电池及方形电池单体，对已有的模块级和电池包级的尺寸标准也进行了介绍
DIN 91252	该标准对电动汽车使用的锂电池单体的标准尺寸提出了要求，标准同时对单体尺寸、极柱和泄压阀的形状和尺寸以及极柱的稳定性进行了规定。该标准仅涉及方形电池和软包电池，不规定电池的内部构造、化学物质、电气特性等内容

表 2-85　国内外动力电池互换性相关标准的主要内容

标准号	主要内容
QC/T 840—2010	该标准 2010 年 11 月发布，2011 年 3 月实施，针对的对象包括镍氢电池和锂离子动力电池，范围包括单体及模块（不包括锂离子电池模块）。针对两种电化学体系的电池分别举了圆柱形、方形 1 和方形 2 三种结构，按照标称电压和额定容量进行分级，对长度（直径）、宽度和高度提出了范围的要求。该标准适应于当时的电池技术情况，但随着电池技术的发展，金属镍氢电池在电动汽车领域中的应用已经基本可以忽略，代表着高性能锂离子电池技术的薄膜软包装电池在标准中没有提及，这也是制定国家标准的重要内容
GB/T 34013—2017	该标准主要技术内容如下 为了统一蓄电池规格尺寸，做出下表所列的尺寸范围约定。在同一尺寸范围的单体蓄电池、蓄电池模块和蓄电池标准箱属于同一规格产品 蓄电池尺寸范围 | 产品尺寸 /mm	尺寸范围 /mm | |---|---| | < 10 | ± 0.5 | | ≥ 10、< 100 | ± 2.0 | | ≥ 100、< 500 | ± 5.0 | | ≥ 500 | ± 10.0 | 圆柱形电池尺寸系列 | 序号	外形尺寸 /mm || |---|---|---| | | N1 | N3 | | 1 | 18 | 65 | | 2 | 21 | 70 | | 3 | 26 | 65/70 | | 4 | 32 | 70/134 | 注：1. $N1$ 是指圆柱形电池的直径，$N3$ 是指不包含极柱的电池高度 　　2. 所列尺寸范围参照蓄电池尺寸范围

（续）

标准号	主要内容
GB/T 34013—2017	方形电池尺寸系列 	序号	外形尺寸 /mm		
---	---	---	---
	N1	N2	N3
1	20	65	138
2	20/27	70	107/120/131
3	12/20	100	141/310
4	12/20	120	80/85
5	27	135	192/214
6	20/27/40/53/57/79/86	148	91/95/98/129/200/396
7	12/20/32/40/45/48/53/71	173	85/110/125/137/149/166/184/200
8	32/53	217	98 | 注：1. $N1$ 是指方形电池的厚度，$N2$ 是指方形电池的宽度，$N3$ 是指不包含极柱的电池高度 2. 所列尺寸范围参照蓄电池尺寸范围 3. 考虑整车布置的需要，推荐方形电池极柱高度不超过 10mm 软包电池尺寸系列 | 序号	外形尺寸 /mm		
---	---	---	---
	N1	N2	N3
1	—	100	302/310
2	—	118	85/243/342
3	—	148	91
4	—	161	227/240/291
5	—	190	236/245
6	—	217	127/262
7	—	228	268 | 注：1. $N1$ 是指软包电池的厚度，$N2$ 是指软包电池的宽度，$N3$ 是指不包含极柱的电池高度 2. 所列尺寸范围参照蓄电池尺寸范围 蓄电池模块尺寸系列 | 序号	外形尺寸 /mm		
---	---	---	---
	N1	N2	N3
1	211～515	141	211/235
2	252～590	151	108/119/130/141
3	157	159	269
4	285～793	178	130/163/177/200/216/240/255/265
5	270～793	190	47/90/110/140/197/225/250
6	191/590	220	108/294
7	547	226	144
8	269～319	234	85/297
9	280	325	207
10	18～27、330～672	367	114/275/429
11	242～246	402	167
12	162～861	439	363	 注：1. $N1$ 是指蓄电池模块的厚度，$N2$ 是指蓄电池模块的宽度，$N3$ 是指蓄电池模块的高度 2. 所列尺寸范围参照蓄电池尺寸范围

（续）

标准号	主要内容
GB/T 34013—2017	蓄电池标准箱尺寸系列 | 序号	外形尺寸 /mm		
	N1	N2	N3
---	---	---	---
1	896/1080	489	205～450
2	820/1060/1200	630/660/680	215～275
3	2190	690	233
4	1015	720/800	215～275
5	1030	999/1360/1722	251～548	 注：1. N1 是指电池箱的厚度 / 长度，N2 是指电池箱的宽度，N3 是指电池箱的高度 2. 所列尺寸范围参照蓄电池尺寸范围
ISO/IEC PAS 16898：2012	按照电池极柱与电池外壳位置关系的不同，分为 A、B、C 三种类型，每种类型的电池根据结构特点，通过表格的形式将关键尺寸的范围进行列举，基本涵盖了主流的锂离子电池类型，主要的不足之处在于所列举的尺寸范围还在一个较为宽泛的范围，不能起到明显的限制规范作用，这也反映了目前电池产业化中电池种类众多的现状
SAE J3124	该标准首先对电池尺寸标准化的重要意义进行了介绍，并以铅酸电池模块标准化为例，说明了已有的产业化实例，目前的技术发展也为锂电池尺寸标准化提供了技术条件。该标准说明了目前开展电池规格尺寸的出发点，主要是基于其市场占有率、生产企业的普遍性和整车使用的广泛性 该标准在综述研究过程中，分析了超过 133 种电池单体的尺寸，对方形、软包和圆柱形电池的结构从生产过程的角度进行了说明，并解释了单体、模块和电池包的极柱结构，便于标准的使用者更好地理解标准提出的技术基础 该标准按照方形电池、软包电池、圆柱形电池单体的顺序通过表格的方式列举三个关键指标：长度、宽度和高度（圆柱形是直径），将各标准中的典型尺寸进行列举，因为表格内容较多，感兴趣的读者可以查阅原标准。从综述的表格可以看出，各国际标准之间重叠的单体尺寸较少，也是目前全球范围内缺少统一电池规格尺寸现状的反映 该标准对电池模块和电池包的规格尺寸也进行了介绍
DIN 91252	① 方形电池单体尺寸。标准按照方形电池的应用场合详细列举了单体的长度、宽度、高度（含 / 不含极柱）尺寸及允许的公差，特别对电池单体的极柱间距、位置、高度、平整度、平行度进行了规定 标准同时对方形电池的极柱螺纹、位置、泄压阀和壳体要求进行了规定 ② 软包电池单体尺寸。标准按照软包电池的应用场合列举了软包电池的宽度、高度（含 / 不含极柱）尺寸及允许的公差，特别对电池单体的极柱间距、位置等进行了规定，考虑到软包电池的特性，没有对厚度进行要求 标准在附件中对极柱和泄压阀的具体参数给出了资料性附录供参考

归纳已有的电池尺寸标准可以得出以下结论：

1）已有的电池标准规定内容多数仅涉及尺寸，不规定电池的内部构造、化学物质、电气特性等内容。

2）目前基本确定的电池类型包括圆柱形、方形和软包装电池三种。

3）三种类型电池的尺寸都可以通过规定关键结构的大小来确定，明确电池关键结构并通过表格的形式规定其尺寸，是切实可行的电池尺寸标准工作思路。

4）涉及电池尺寸以外的内容，如具体应用范围和对象，由于电动汽车技术的快速发展，不建议在标准中进行规定，否则很可能不适应技术的变化。

5）大部分标准都只规定到电池单体层级，仅有少数标准对电池模块和系统的层级进行了规定。

5. 关键附件与通用要求标准

车载储能系统中除了核心储能部件，还包括电池箱体等附件。

动力电池箱是整个电池系统的核心部件之一，是整个电池系统的载体，对于保证整个电池系统的安全性，使其达到设定的电性能和循环寿命要求，并在出现安全隐患的情况下隔绝危险源与乘员，保证人身安全具有重要的作用。

动力电池的编码规则，能够有助于建立动力电池之间的追溯关系，实现动力电池产品生产、销售、使用、维护、回收、梯级利用、再生利用全生命周期的溯源和管理，对汽车动力电池产业发展、电动汽车关键参数监控及电池回收利用方面，具有重要意义。

（1）国内外整体情况　国内外动力电池关键附件与通用要求相关标准见表2-86。

表2-86　国内外动力电池关键附件与通用要求相关标准

序号	标准号	标准名称
1	QC/T 989—2014	电动汽车用动力蓄电池箱通用要求
2	QC/T 1023—2015	电动汽车用动力蓄电池系统通用要求
3	GB/T 34014—2017	汽车动力蓄电池编码规则
4	SAE J3073—2016	电池热管理

（2）标准介绍　各标准适用范围和主要内容分别见表2-87和表2-88。

表2-87　国内外动力电池关键附件与通用要求相关标准的适用范围

标准号	适用范围
QC/T 989—2014	本标准对储能系统的电池箱这一关键附件进行了规定，范围包括蓄电池箱的一般要求、安全要求、机械强度、外观与尺寸、耐环境要求、组装要求、试验方法、标识与标志、运输储存与包装。本标准适用于车载充电的蓄电池箱和快换方式的蓄电池箱
QC/T 1023—2015	本标准适用于电动汽车用动力电池系统，规定了该系统的通用要求
GB/T 34014—2017	本标准规定了汽车动力电池编码的对象、代码结构和数据载体。本标准适用于汽车动力电池、超级电容器及其他可充电储能装置
SAE J3073—2016	本标准综合介绍了电动汽车使用的电池热管理系统，标准认为热管理系统对于保证电池性能和循环寿命具有重要意义，标准主要总结了电池热管理系统设计的关键点

表2-88　国内外动力电池关键附件与通用要求相关标准的主要内容

标准号	主要内容
GB/T ×××××—××××	随着技术的进步，QC/T 897—2011主要存在以下不足，需要进一步修订：① 重要性能指标缺失或不完善以及测试方法不明确问题；② 加强电池管理系统安全性要求；标准中仅规定了电池管理系统的基本故障要求和扩展故障要求，并没有明确各种故障等级以及处理方法；③ 增加电池管理系统故障安全强检项目，加强电池故障导向安全。截止本手册编写时，国内正基于QC/T 897—2011，制定推荐性国家标准
QC/T 989—2014	① 一般要求。对于电池箱的功能性提出了一般的规定，包括污染控制、通风、空间布置以及连接件、端子、电触头等加强防护，对快换动力电池箱的动力线连接器接触电阻、工作温度范围进行特别规定 ② 机械强度。包括耐振动强度、耐冲击强度、锁止固定，要求试验后不应有机械损坏、变形和紧固部位的松动现象，锁止装置不应受到损坏，锁止装置应具有防误操作措施 ③ 安全要求。对防护等级、触电防护、阻燃性能、排放压力功能进行了规定，并对快换动力电池相关的特殊要求，如锁止提示功能、双重锁止机构进行了规定

（续）

标准号	主要内容
QC/T 1023—2015	规定了电动汽车用动力电池系统的一般要求、使用要求、电气性能、机械强度、安全、环境要求、试验方法、标识与标志、运输与储存等通用要求 ① 动力电池的能量要求给出了最低的要求，即动力电池按相关要求做试验时，其能量不应低于生产厂商的标称值 ② 在试验要求中，IP防护试验后，动力电池包防护等级不应低于IP55 ③ 过流保护中，当动力电池系统的输出电流上升到设置的过流电流值时，应对蓄电池系统放电功率进行限制或要求车辆控制ECU进行功率限制，同时动力电池系统应能输出报警信号 ④ 对温保护中，当动力电池系统的温度达到过温保护值时，应对蓄电池系统放电功率进行限制或要求车辆控制ECU进行功率限制，同时动力电池系统应能输出报警信号 ⑤ 对机械强度提出要求
GB/T 34014—2017	编码对象为汽车动力电池包、蓄电池模块、单体蓄电池及梯级利用的动力电池包、蓄电池模块、单体蓄电池，且动力电池包、蓄电池模块与单体蓄电池，梯级利用的动力电池包、蓄电池模块与单体蓄电池的编码应建立对应关系 代码结构包括两部分，第一部分为设计信息，第二部分为生产信息，两部分可以分别编码或合并编码 本代码结构同样适用于梯级利用动力电池产品，对于梯级利用动力电池产品需要重新按编码规则进行编码，原动力电池产品的编码需要保留，编写过程中无扩展结构1的追溯信息代码 第一部分代码结构 | 基本结构	扩展结构1	含义 | |---|---|---| | X1 X2 X3 X4 X5 X6 X7 | X8 X9 X10 X11 X12 X13 X14 | | | X1 X2 X3 | | 厂商代码 | | X4 | | 产品类型代码 | | X5 | | 电池类型代码 | | X6 X7 | | 规格代码 | | | X8 X9 X10 X11 X12 X13 X14 | 追溯信息代码 | 第二部分代码结构 | 基本结构 | 扩展结构2 | 含义 | |---|---|---| | X15 X16 X17 X18 X19 X20 X21 X22 X23 X24 | X25 X26 | | | X15 X16 X17 | | 生产日期代码 | | X18 X19 X20 X21 X22 X23 X24 | | 序列号 | | | X25 X26 | 梯级利用代码 |
SAE J3073—2016	该标准首先明确了主、被动热管理的区别在于是否使用额外的能量来实现电池与外界的热量交换。被动散热的方式结构简单，不消耗额外的能量，但易受到环境的直接影响，当使用空调风来冷却电池时，需要注意隔绝电池可能产生的有毒气体 ① 主动风冷或加热。一般通过风扇实现，应用于单体发热小于10W的场合，可以采乘员舱的冷气，也可以设计封闭的空气内循环系统 ② 液体加热或冷却系统。应用于单体发热不超过20W的场合，又分为直接和间接两种热交换方式，主要区别是冷却液是否直接流经电池表面的散热体，通过加热元件等可以加热液体从而提高低温下电池的温度 ③ 制冷剂冷却系统。应用于单体发热不超过35W的场合，采用了制冷剂作为液体冷却的介质，系统中的冷却板和热膨胀装置一般集成在车辆的制冷系统中 ④ 热管理系统可以采用的其他冷却材料包括相变材料、热导管等。热管理系统还应该注意冷却板的短路问题，保证冷却板与电池表面之间的良好接触 该标准在最后总结了各种热管理方式的优缺点，对于热管理系统设计具有指导意义

2.4.2.2 铅酸电池

铅酸电池循环寿命在500次以下，使用寿命较短，同等规格容量下，有较大的体积和重量。铅酸电池大电流快速充放电性能较差。电池中存在大量的铅和酸液,废弃后若处理不当会对环境造成污染。铅酸电池成本低,且安全性好,在电动汽车上仍有一定的的应用。QC/T 742—2006《电动汽车用铅酸蓄电池》规定了电动汽车用铅酸电池的要求、试验方法、检验规则、标志、包装、运输和储存。

QC/T 742—2006 的主要技术内容见表 2-89。

表 2-89 QC/T 742—2006 的主要技术内容

序号	试验项目	要求
1	外观、极性	外观干燥无酸液,极性与标志一致
2	外形尺寸及质量	符合企业技术说明
3	3h 率额定容量	按规定试验时第一次不低于额定值的 90%,最终放电容量不高于企业提供额定值的 110%
4	大电流放电	持续大电流放电不低于 40min,电压应不低于 1.40V/ 单体
5	快速充电能力	充电后放电容量不低于额定值的 70%
6	-20℃低温放电	放电时间应不少于 5min,容量不低于额定值的 55%
7	安全性	外壳不得出现漏液、破裂等异常现象
8	密封反应效率	密封反应效率不低于 90%
9	水损率	水损耗不大于 3g/Ah
10	荷电保持能力	常温容量不低于储存前容量的 85%,高温容量不低于储存前容量的 70%
11	循环耐久能力	蓄电池容量下降至额定容量的 80% 时,循环次数应不少于 400 次
12	耐振动性能	试验期间放电电压无异常,试验后电池无机械损伤,无电解液渗漏

2.4.2.3 超级电容器

超级电容器具有充放电速度快、功率密度大、寿命长等优点,可作为动力电池的辅助能源,动力电池与超级电容器的混合能源系统可以增加电池的使用寿命,提高电动汽车的起动、加速和爬坡性能,以及高效回收电动汽车制动过程中反馈的电能。超级电容器可广泛搭载于无轨电车、电动公交车、场地用车等固定线路运行的车辆上。

(1)国内外整体情况 国内外超级电容器相关标准见表 2-90。

表 2-90 国内外超级电容器相关标准

序号	标准号	标准名称
1	QC/T 741—2014	车用超级电容器
2	IEC 62576:2018	混合动力电动汽车用双层电容器—电气特性测试方法

(2)标准介绍 各标准适用范围和主要内容分别见表 2-91 和表 2-92。

表 2-91 国内外超级电容器相关标准的适用范围

标准号	适用范围
QC/T 741—2014	该标准规定了电动道路车辆用超级电容器(电化学电容器)的要求、试验方法、检验规则、标志、包装、运输和储存,该标准适用于电动道路车辆用超级电容器单体和模块
IEC 62576:2018	该标准适用于在混合动力电动汽车上提供峰值功率助力的双层电容器,规定了该种电容器电性能的测试方法,该标准还适用于起停系统用的电容器,并且也可适用于电容器模块

第 2 章 电动汽车标准

表 2-92 国内外超级电容器相关标准的主要内容

标准号	主要内容			
	序号	超级电容器单体检验项目	超级电容器模块检验项目	检验方法
QC/T 741—2014	1	外观	外观	目测
	2	极性标识	极性标识	电压表 + 目测
	3	外形尺寸及质量	外形尺寸及质量	量具和衡器
	4	静电容量	静电容量	$C = It/(0.8U_R - U_{min})$
	5	储存能量	储存能量	$W = \int IU dt / 3600$ $E_{dm} = W/M$
	6	内阻	内阻	$R = (U_R - U_i)/2I$
	7	最大比功率	—	$P_{dm} = 0.25U_R^2/RM$
	8	电压保持能力	—	静置 72h,计算端电压与额定电压的比值
	9	高温特性	—	55℃储存 6h,测试静电容量和储存能量
	10	低温特性	—	-20℃储存 16h,测试静电容量和储存能量
	11	循环寿命	循环寿命	单体:用恒定电流充、放电 2000 次 模块:用恒定电流充、放电 1000 次
	12	过放电	过放电	以恒定电流放电至 0V,继续放电标称容量的 50%
	13	过充电	过充电	单体:以恒定电流充电至额定电压的 1.5 倍或充量达到标称容量的 100% 模块:充电至额定电压的 2 倍或过充电达到实际放电容量的 100%
	14	短路	短路	外部短路 10min,外部线路电阻小于 5mΩ
	15	跌落	跌落	单位:1.5m 高度 模块:1.2m 高度
	16	加热	加热	以 5℃/min 加热至(130±2)℃,保持 30min
	17	挤压	挤压	单体:挤压至电压达到 0V 或者壳体破裂 模块:挤压至 30% 变形量或挤压力达到电容器模块质量的 1000 倍和推荐值中较大值
	18	针刺	针刺	单体:贯穿 模块:贯穿 3 个单体
	19	海水浸泡	海水浸泡	浸泡 2h
	20	温度循环	温度循环	-40~85℃,循环 5 次
	21	—	耐振动性	扫频循环 10 次
IEC 62576:2018	注:表中公式涉及物理量的含义见 QC/T 741—2014 该标准主要给出了电容器容量、内阻、最大功率密度、电压保持能力及能量效率的测试方法;通过资料性附录的方式给出了耐久性、充放电效率等测试方法			

2.4.2.4 其他新型动力电池

固态电池是指电池结构中不含液体,所有材料都以固态形式存在的储能器件,由"正极材料 + 负极材料"和固态电解质组成。由于固态锂电池具有安全性能好、能量密度高和循环寿命长等优点,因此成为电动汽车理想的动力电池。固态电池有两个显著特点,一是能量密度为传统锂电池的 2.5~3 倍;二是更安全,杜绝了电池破裂或高温等意外带来的燃烧隐患。但固态电池也有两个问题,一是电解质材料本身的问题;二是界面性能的调控与优化问题。从目前来看，其商业化道路还很漫长，尚没有发布相关的标准。

2.4.2.5 混合电源

高性能车载储能系统的成本高是目前发展电动汽车的主要障碍。为了保证电动汽车的效率和动力性，对储能系统提出了诸多要求，包括高功率与高能量密度，长循环寿命与日历寿命，高可靠性、宽裕的工作温度区间以及无污染物质排放等。

目前最通用的车载储能系统为电化学电池和超级电容器，但是仅采用一种储能装置的方法都不能满足上述严格的要求，因此在实际应用中出现了许多采用混合储能系统的方案，可以弥补一种电源的不足。

应用场景一般为传统内燃机动力系统+电驱动系统下，混合储能系统在电驱动系统中实现制动能量回收、怠速启停、起动助力等功能，部分混合储能系统还为车载用电系统供电，满足日益扩大的车载用电功率需求。

混合电源典型应用实例包括48V系统和插电式复合能源系统。

1）48V系统在12V系统的基础上进行了结构拓展，保留传统12V网路，增加了独立的48V网路。12V网路处理传统负载，如照明、点火、娱乐、音响系统等。48V系统支持主动式底盘系统、空调压缩机以及再生制动系统等。

48V系统混合电源典型应用实例如图2-28所示。

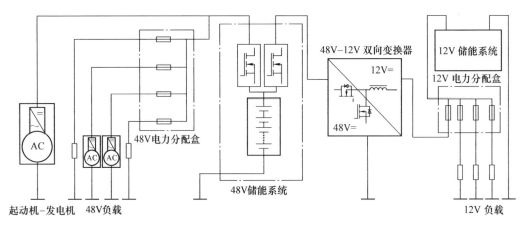

图2-28　48V系统混合电源典型应用实例

2）插电式复合能源系统基于已规模化应用的简洁、高效的双电机深度混合平台。集成动力电池/超级电容器的复合电源系统，采用高能量电池，储能多、成本低、纯电续驶里程长、节油率高。

复合能源系统典型应用实例如图2-29所示。

ISO 18300：2016《电动汽车锂离子电池与铅酸电池或超级电容器组成的混合电源的测试方法》主要规定了混合电源系统分类、通用要求、测试方法。其中，通用要求针对试验条件进行规定，测试部分分锂离子电池与铅酸电池混合、锂离子电池与超级电容器混合两种形式，测试项目差异较大。

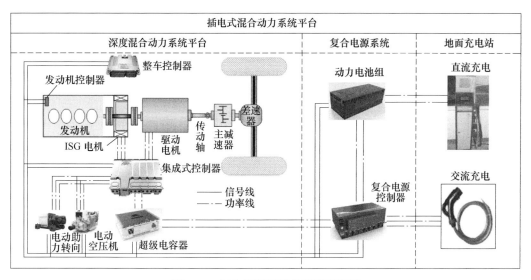

图 2-29 复合能源系统典型应用实例

目前，GB/T ×××××—××××《电动汽车用混合电源技术要求》正在编制，该标准将规定混合电源系统结构型式、混合电源系统的电性能、安全性、循环寿命、耐久性等技术要求并给出对应的试验方法。

2.4.3 不可充电储能系统

现阶段不可充电储能系统的主要应用为锌空气电池。

随着产业化的推进，提高动力电池等关键系统部件的技术水平和规模化配套能力成为当务之急，锌空气电池标准也需要深入研究完善，根据有关部门对锌空气电池标准制定工作的要求，加快我国电动汽车动力电池产品发展和技术水平的提高，我国现行有效的锌空气电池标准为 GB/T 18333.2—2015《电动汽车用锌空气电池》，其范围涵盖了电动汽车用锌空气电池的要求、试验方法、检验规则、标志、包装、运输和储存等多方面的内容。

标准的主要内容分为锌空气电池单体和模块，除外观、极性标识、外形尺寸及质量等常规项目之外，标准还对其他内容进行了规定，见表 2-93 和表 2-94。

表 2-93 锌空气电池单体试验项目

序号	试验项目	要求
1	倾倒性	倾倒试验不得出现漏液现象
2	放电性能	以 1/5 倍率放电，放电容量平均值不少于标称容量的 95%，以 1/3 倍率放电，放电容量平均值不少于额定容量的 65%
3	低温特性	规定条件下，放电容量不得低于初始额定容量的 60%
4	高温特性	规定条件下，放电容量不得低于初始额定容量的 80%，且端子、外观完好
5	荷电保持能力	电池容量应不低于额定容量的 80%
6	空气正极工作寿命	不少于 300 次循环
7	安全性及可靠性	短路、跌落、加热、过放电、盐雾试验，均不应起火爆炸

表2-94 锌空气电池模块试验项目

序号	试验项目	要求
1	倾倒性	倾倒试验不得出现漏液现象
2	放电性能	以1/5倍率放电,放电容量不少于标称容量的90%,以1/3倍率放电,放电容量不少于额定容量的60%
3	安全性及可靠性	短路、挤压、跌落、加热、过放电、耐振动性试验,均不应起火爆炸

2.4.4 动力电池管理系统（BMS）

2.4.4.1 BMS功能与标准概况

电池管理系统（Battery Management System，BMS）主要有以下三个功能：

1）实时监测电池状态。通过检测电池的外特性参数（如电压、电流、温度等），采用适当的算法，实现电池内部状态（如容量和SOC等）的估算和监控，这是电池管理系统有效运行的基础和关键。

2）在正确获取电池的状态后进行热管理、电池均衡管理、充放电管理、故障报警等。

3）与显示系统、整车控制器和充电机等实现数据交换。

在电动汽车快速增长的背景下，电动汽车对车载动力电池管理系统提出更高的系统级功能性要求以及安全要求，因此建立完善的电动汽车电池管理系统标准势在必行。因为电动汽车动力电池管理系统与整车设计参数相关性较大且一般不同厂家之间的差异性较大，因此目前国际上尚未有电池管理系统的标准法规，国内正在开展从行业标准向国家标准转化的工作。

2.4.4.2 标准主要内容介绍

BMS行业标准在向国家标准转化的过程中，主要适用范围基本保持不变，见表2-95。

表2-95 BMS标准的适用范围

标准号	适用范围
QC/T 897—2011	该标准规定了电动汽车用电池管理系统的术语与定义、要求、试验方法、检验规则、标志等 该标准适用于电动汽车所用动力电池的管理系统
GB/T ×××××—××××	该标准规定了电动汽车用电池管理系统的术语与定义、技术要求、试验方法、检验规则、标志等 该标准适用于电动汽车用锂离子动力电池的管理系统，镍氢动力电池及其他类型动力电池的管理系统可参照执行

BMS标准的内容概览见表2-96。

表2-96 BMS标准的内容概览

标准号	内容概览
QC/T 897—2011	该标准对电池电子部件、电池控制单元等基本术语进行了定义 该标准规定了绝缘电阻、绝缘耐压性能、状态参数测量精度、SOC估算精度、电池故障诊断的基本项目和扩展项目，以及过电压和欠电压运行的能力，并提供了相应的试验方法 随着技术的进步，该标准主要需要从以下几个方面做进一步修订： ① 重要性能指标缺失或不完善以及测试方法不明确 ② 加强电池管理系统安全性要求：标准中仅规定了电池管理系统的基本故障要求和扩展故障要求，并没有明确各种故障等级以及处理方法 ③ 增加电池管理系统故障安全强检项目，加强电池故障导向安全

(续)

标准号	内容概览
GB/T ×××××—××××	该标准主要技术内容如下： ① 术语。有关电池系统、电池管理系统的定义主要参考 GB/T 19596—2017《电动汽车术语》，参照电池荷电状态（SOC）的定义描述方法，首次给出电池功率状态（SOP）定义 ② 使用条件。根据整车企业的通用需求和电池系统使用情况，为了更好地规范电池管理系统环境方面的性能测试，标准规定了电池管理系统正常工作的使用条件。此外，整车企业也可根据实际应用中电池管理系统具体安装位置进一步提出特殊性的要求 ③ 基本功能要求。明确电池管理系统必备的功能需求，包括数据监测、故障诊断与记录、自检、与整车和非车载充电机的通信、安全防护、SOC 估算。与整车实现技术方案密切相关的功能，如绝缘电阻值检测、高压互锁、SOP 估算和均衡功能均规定为可选功能 ④ 参数测量精度。基于主要生产厂商技术调研数据以及多次工作组会议的深入讨论，考虑不同系统的测量范围的差异，标准规定总电压、总电流、单体（电芯组）电压的测量精度必须满足满量程误差以及最大误差的较小值 根据现有镍氢动力电池企业提出的反馈意见，考虑镍氢电池电压不均衡以及过充电的耐受能力优于锂离子电池，因此标准中适当放宽了镍氢电池管理系统的总电流、单体（电芯组）电压、温度测量精度的要求。但是在调研过程中企业反馈意见以及支撑数据较少，需在全行业范围进一步征求意见 ⑤ SOC 估算精度。准确的 SOC 估算可以合理利用电池，延长电池组的使用寿命，实际应用中 SOC 估算误差包括计量累积误差和状态初始误差，而对于 SOC 估算的全面评测与实际补偿方案密切相关，因此标准仅规定了与电池管理系统硬件设计相关的累计误差的性能要求与测试方法。对于状态初始误差的修正速度，仅在附录中提供推荐的测试方法 ⑥ 绝缘性能。为了保证电动汽车动力电池系统的系统安全，提升了电池管理系统绝缘性能的要求。绝缘电阻分为工作情况和不工作情况，在不工作时要求系统自身的绝缘电阻不小于 10MΩ，与 GB/T 28046.2 通用标准的要求一致。电池管理系统工作时，由于绝缘检测电路的接入会降低整个系统的绝缘电阻，标准规定电池管理系统绝缘电阻如果厂家没有特殊说明，应符合 GB/T 18384.3 的要求 ⑦ 环境适应性。通过与电动汽车整车企业的反复讨论，逐渐明确了电动汽车整车对电池管理系统的要求，标准中重点完善了对于电池管理系统电气环境、气候环境、机械环境以及电磁环境的性能要求以及测试方法

2.5 电动汽车用电驱动系统标准

电驱动系统是指由驱动电机、动力电子装置和将电能转换到机械能的相关操作装置组成的系统。电驱动系统是新能源汽车的核心组成之一，起到驱动车辆前进以及回收制动能量的作用，其驱动特性决定了汽车行驶的主要性能指标，在纯电动汽车和燃料电池电动汽车中作为唯一的驱动动力源，提供车辆行驶全部的驱动力。

与传统汽车相比，电动汽车除动力源发生变化外，驱动系统也发生了巨大改变，电动汽车的驱动源由传统的内燃机驱动变为电机驱动或电机与内燃机共同驱动，驱动电机系统作为主要动力源为电动汽车提供动力，驱动电机系统的安全性、性能参数、环境适用性以及可靠性都会对整车的使用性产生影响，因此需要对电动汽车电驱动系统进行研究，通过标准化的方式对驱动电机系统进行规范。

2.5.1 电动汽车电驱动系统国内外整体情况

目前我国已经建立起较为完善的电驱动系统标准体系，以驱动电机系统为核心，包括了电机、控制器、减速器以及绝缘栅双极型晶体管（IGBT）等部件级产品类标准，涵盖了驱动电机系统的要求以及 EMC、噪声、可靠性等测试方法类标准。根据行业需求将进一步促进电动汽车用驱动电机标准体系的完善。驱动电机标准体系如图 2-30 所示。

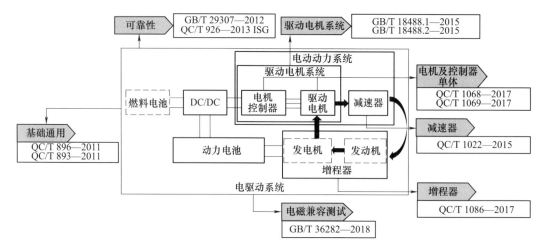

图 2-30 驱动电机标准体系

我国的电动汽车用驱动电机标准见表 2-97。

表 2-97 我国的电动汽车用驱动电机标准

序号	标准号	标准名称
1	GB/T 36282—2018	电动汽车用驱动电机系统电磁兼容性要求和试验方法
2	GB/T 18488.1—2015	电动汽车用驱动电机系统 第1部分：技术条件
3	GB/T 18488.2—2015	电动汽车用驱动电机系统 第2部分：试验方法
4	GB/T 29307—2012	电动汽车用驱动电机系统可靠性试验方法
5	QC/T 1088—2017	电动汽车用充放电式电机控制器技术条件
6	QC/T 1086—2017	电动汽车用增程器技术条件
7	QC/T 1069—2017	电动汽车用永磁同步驱动电机系统
8	QC/T 1068—2017	电动汽车用异步驱动电机系统
9	QC/T 1022—2015	纯电动乘用车用减速器总成技术条件
10	QC/T 926—2013	轻型混合动力电动汽车（ISG 型）用动力单元可靠性试验方法
11	QC/T 896—2011	电动汽车用驱动电机系统接口
12	QC/T 893—2011	电动汽车用驱动电机系统故障分类及判断

国际上，日本汽车技术法规、ECE、JIS 以及 IEC 等标准、法规组织也对驱动电机相关内容进行了标准、法规约束，国际法规对于我国电动汽车驱动电机产品的生产、设计以及我国标准的制修订具有重要的参考意义。国际驱动电机标准（法规）见表 2-98。

表 2-98 国际驱动电机标准（法规）

序号	标准（法规）类型及编号	标准（法规）名称
1	日本汽车技术法规 14-5-1	电动汽车驱动电机额定输出功率试验规程
2	日本汽车技术法规 14-5-2	电动汽车驱动电机最大输出功率试验规程

（续）

序号	标准（法规）类型及编号	标准（法规）名称
3	ECE R85	就净功率和电驱动系统最大 30min 功率测量方面批准用于驱动 M 类和 N 类机动车辆的内燃机或电驱动系统的统一规定
4	JIS D 1302—2004	电动汽车—电机—最大功率测量方法
5	IEC/TR 60785：1984	电动车辆用旋转电机
6	IEC 60349-4：2012	电力驱动—轨道和道路车辆用旋转电机—第 4 部分：电子变流器永磁同步电动机
7	IEC/TS 60349-3：2010	电力驱动—轨道和道路车辆用旋转电机—第 3 部分：用损耗总和法来确定变流器供电的交流电动机的总损耗
8	IEC 60349-2：2010	电力驱动—轨道和道路车辆用旋转电机—第 2 部分：电子变流器供电的交流电动机
9	IEC 60349-1：2010	电力驱动—轨道和道路车辆用旋转电机—第 1 部分：除电子变流器供电的交流电动机之外的交流电动机

IEC/TR 60785：1984《电动车辆用旋转电机》仅为技术报告，所规定内容已经不能符合电动汽车驱动电机系统现阶段发展需求，参考价值不大，因此本手册不再阐述。其他几项国际标准的适用范围、规定内容以及与 GB/T 18488《电动汽车用驱动电机系统》系列标准的对比，见表 2-99，详细内容可查阅相关标准。

表 2-99　驱动电机通用技术要求

标准或法规	GB/T 18488《电动汽车用驱动电机系统》系列标准	日本汽车技术法规 14-5-1 及 14-5-1-commentary《电动汽车驱动电机额定输出功率试验规程》	日本汽车技术法规 14-5-2《电动汽车驱动电机最大输出功率试验规程》	ECER85 Rev1-Amendment5《就净功率和电驱动系统最大 30min 功率测量方面批准用于驱动 M 类和 N 类机动车辆的内燃机或电驱动系统的统一规定》	IEC 60349《电力驱动—轨道和道路车辆用旋转电机》系列标准
适用范围	该系列标准适用于电动汽车用驱动电机系统、驱动电机、驱动电机控制器。对仅具有发电功能的车用电机及其控制器，可参照该系列标准执行	该法规适用于电动汽车用与电机控制器相连接的驱动电机	该法规适用于电动汽车用电机及其控制器	该法规适用于 M 类和 N 类机动车辆用内燃机或电力驱动系统	该系列标准适用于轨道和道路车辆使用的电力驱动旋转电机
规定内容	该系列标准规定了电动汽车用驱动电机系统的工作制、电压等级、型号命名、要求、检验规则以及标志与标识和驱动电机系统试验用的仪表、试验准备及各项试验方法	该法规规定了电动汽车的电机在电机控制器相连接条件下的额定输出功率测试方法。注释中提供了一种检验驱动电机额定功率是否与制造商提供的电机额定功率相一致的方法	该法规规定了电动汽车的电机在电机控制器相连接的条件下最大输出功率测试方法。注释中提供了一种检验驱动电机最大输出功率是否与制造商提供的电机最大功率相一致的方法	该法规修订版是在原法规基础上增加了对电力驱动系的要求，同时在测试净功率的基础上增加了对 30min 最大功率的测试，且对原法规的具体条款进行了修改	该系列标准规定了轨道和道路车辆使用的电力驱动旋转电机中： ① 除电子变流器供电的交流电动机之外的交流电动机与电子变流器供电的交流电动机的技术要求和相应的试验方法 ② 确定变流器供电的交流电动机的总损耗的损耗总和法 ③ 该系列标准为企业提供了电子变流器永磁同步电动机的技术要求和相应的试验方法

2.5.2 驱动电机系统

驱动电机系统是指驱动电机、驱动电机控制器及它们工作所必需的辅助装置的组合。

驱动电机系统是新能源汽车的核心部件,为保证驱动系统的生产制造能够满足新能源汽车使用要求,并且促进驱动电机生产企业的发展,全国汽车标准化技术委员会电动车辆分技术委员会组织行业修订完成了 GB/T 18488—2015《电动汽车用驱动电机系统》系列标准,该系列标准为电动汽车驱动电机系统的研发、生产、检测提供了标准依据,是电驱动系统标准体系中的核心部分。

2.5.2.1 驱动电机通用要求及测试方法

GB/T 18488—2015《电动汽车用驱动电机系统》系列标准中对驱动电系统进行了包括一般性项目、温升、输入输出特性、安全性以及环境适应性等技术要求和相应的试验方法,表 2-100 列出了驱动电机技术要求及试验方法,详细内容可查阅相关标准。

表 2-100 驱动电机技术要求及试验方法

项目	技术要求	试验方法
一般要求	驱动电机应空转灵活,无定转子相擦现象或异常响声(如周期性的异响、轴承受损后的异响、微小异物卡滞在转动部位引起的异响等)	试验环境条件:如无特殊规定,所有试验应在下列环境条件下进行: ① 温度:18~28℃ ② 相对湿度:45%~75% ③ 气压:86~106kPa ④ 海拔:不超过1000m,若超过1000m,应按 GB 755—2008 的有关规定
一般性项目	① 驱动电机外观。驱动电机表面不应有锈蚀、碰伤、划痕,涂覆层不应有剥落,紧固件连接应牢固,引出线或接线端应完整无损,颜色和标志应正确,铭牌的字迹和内容应清晰无误,且不应脱落 ② 驱动电机的外形和安装尺寸。应符合制造商和用户之间协商确定的外形和安装尺寸要求 ③ 驱动电机质量。应不超过制造商和用户之间协商确定的数值 ④ 液冷系统冷却回路密封性能。对于液冷的驱动电机及驱动电机控制器,应能承受不低于 200kPa 的压力,无渗漏 ⑤ 驱动电机定子绕组冷态直流电阻。应符合产品技术文件规定 ⑥ 驱动电机绝缘电阻包括定子绕组对机壳的绝缘电阻、定子绕组对温度传感器的绝缘电阻和驱动电机控制器绝缘电阻三部分,具体要求见 GB/T 18488.1—2015 的相关部分	① 外观。以目测为主,对于具有明确强度要求的技术参数,如紧固件的连接强度等,应辅之以力矩扳手等必要的工具 ② 外形和安装尺寸。根据被试电机系统的外形和安装尺寸要求,以及尺寸范围,选择满足测量精度要求的游标卡尺、千分尺、米尺等量具进行测量 ③ 质量。采用满足测量精度要求的衡器量取驱动电机的质量,衡器测量误差应不超过被试样品标称质量的 ±2% ④ 液冷系统冷却回路密封性能。试验介质的温度应与试验环境的温度一致并保持稳定;将被试品冷却回路的一端堵住,但不能产生影响密封性能的变形,向回路中充入试验介质,利用压力仪表测量施加的介质压力,使用液体介质试验时,需要将冷却回路腔内的空气排净。然后,逐渐加压至规定的试验压力,并保持该压力至少 15min。压力保持过程中,压力仪表显示值不应下降,期间不允许有可见的渗漏通过被试品壳壁和任何固定的连接处。如果试验介质为液体,则不得有明显可见的液滴或表面潮湿 ⑤ 驱动电机定子绕组冷态直流电阻。驱动电机定子绕组冷态直流电阻宜在实际冷状态下测量,并记录测量时的环境温度数值 ⑥ 绝缘电阻。驱动电机定子绕组对机壳或温度传感器的绝缘电阻,如果驱动电机埋置有温度传感器,则应分别测量定子绕组与温度传感器之间的绝缘电阻;如果各绕组的始末端单独引出,则应分别测量各绕组对温度传感器的绝缘电阻,不参加试验的其他绕组和埋置的其他检温元件等应与铁心或机壳作电气连接,机壳应接地;当中性点连在一起而不易分开时,则测量所有连在一起的绕组对温度传感器的绝缘电阻;测量结束后,每个回路应对地的机壳作电气连接使其放电 ⑦ 耐电压性测试 a. 驱动电机绕组的匝间冲击耐电压。驱动电机绕组的匝间冲击耐电压可分为驱动电机电枢绕组的匝间冲击耐电压、励磁绕组的匝间冲击耐电压和有刷直流驱动电机电枢绕组的匝间冲击耐电压三种,以上三种进行测试时需按 GB/T 18488.1—2015 中 5.2.8.1 的规定设置试验参数,并分别按照 GB/T 18488.2—2015 中的相应的试验方法进行测试 b. 驱动电机绕组对机壳的工频耐电压。试验应在工频耐压仪上进行,试验前应做好必要的安全防护措施,并测量绕组的绝缘电阻。除非另有规定,试验应在驱动电机静止状态下进行

项目	技术要求	试验方法
一般性项目	⑦ 耐电压要求主要包括驱动电机绕组的匝间冲击耐电压和工频耐电压 ⑧ 驱动电机超速要求。驱动电机在热态下应能承受1.2倍最高工作转速试验，持续时间为2min，其机械应不发生有害变形	试验时，电压应施加于绕组和机壳之间，试验电压的频率为工频，电压波形应尽可能接近正弦波形。此时，不参加试验的其他绕组和埋置的检温元件等均应与铁心或机壳连接，机壳应接地。当电枢绕组各相或各支路始末端单独引出时，应分别进行试验。如果三相绕组的中性点不易分开，三相绕组应同时施加电压 按照GB/T 18488.1—2015中5.2.8.2.1表1规定的全值试验电压加载于驱动电机绕组和机壳之间。加载过程中，施加的电压应从不超过试验电压全值的一半开始，然后以不超过全值5%的速度均匀地或分段地增加至全值，电压自半值增加至全值的时间应不少于10s，全值试验电压应持续1min 对于批量生产的5kW（或kVA）及以下电机可按照GB/T 18488.2—2015中5.8.2.2.3的要求进行加速试验 试验过程如果发现电压或漏电流急剧增加、绝缘冒烟或发生响声等异常现象时，应立即降低电压，断开电源，将被试绕组放电后再对绕组进行检查 记录试验过程中漏电流的大小 c. 驱动电机绕组对温度传感器的工频耐电压。若驱动电机的温度传感器埋置于定子绕组中，则应进行驱动电机绕组对温度传感器的工频耐电压试验 试验时，将1500V耐电压全值按照GB/T 18488.2—2015中5.8.2.2的方法施加于驱动电机绕组与温度传感器之间，驱动电机绕组和其他元件等均应与铁心或机壳连接，机壳应接地 对于驱动电机绕组中埋置多个温度传感器的情况，则应对每个温度传感器进行耐电压试验 记录试验过程中漏电流的大小 ⑧ 超速。超速试验可根据具体情况选用被试驱动电机空载自转或原动机（测功机）拖动法： a. 采用被试驱动电机空载自转的方法。试验时，被试驱动电机在驱动电机控制器的控制下，平稳旋转至1.2倍最高工作转速，并在此转速点空载运行不低于2min b. 采用原动机（测功机）拖动法。被试驱动电机不通电，在原动机（测功机）拖动下平稳旋转至1.2倍最高工作转速，并在此转速点空载运行不低于2min 升速过程中，当驱动电机达到额定转速时，应观察电机运转情况，确认无异常现象后，再以适当的速度提高转速，直至规定的转速
温升	在规定的工作制下，驱动电机的温升应符合GB 755—2008中8.10规定的温升限值	① 驱动电机绕组电阻的测量。电机绕组的温升宜用电阻法测量。此方法依据试验期间驱动电机绕组的直流电阻随着温度的变化而相应变化的增量来确定绕组的温升 试验时，使驱动电机系统在一定的工作状态下运行，电机断能后立即停机，尽量降低停机过程对驱动电机绕组温度变化的影响。在断能时刻开始记录时间，并记录冷却介质温度。尽快测量驱动电机绕组的电阻随时间的变化情况，绕组电阻的测量点与试验前的绕组电阻测量点相同。第一个记录时间点应不超过断能时刻30s，从第一个记录点开始，最长每隔30s记录一次数据，直至绕组电阻变化平缓为止，记录时间总长度宜不低于5min ② 驱动电机绕组温升计算。对于驱动电机绕组是铜绕组的情况，电机断能瞬间的温升由下式计算获得 $$\Delta\theta = \frac{R_0 - R_C}{R_C}(235 + \theta_C) + \theta_C - \theta_0$$ 上式中各量的含义参见GB/T 18488.2—2015中6.2.1 对于驱动电机绕组是铜以外的其他材料，应采用该材料在0℃时的电阻温度系数的倒数来代替上式中的数值235，对于铝质绕组，除另有规定外，应采用225 ③ 冷却介质温度的测定。对采用周围环境空气或气体冷却的驱动电机（开启式电机或无冷却器的封闭式电机），环境空气或气体的温度应采用不少于4个测温计测量，测温计应分布在驱动电机周围不同的地点，测点距离驱动电机1～2m，测点高度位于驱动电机高度1/2位置，并防止一切辐射和气流的影响。多个测温计读数的平均值作为当前温度 试验结束时的冷却介质温度，应取断能时刻的冷却介质温度 ④ 驱动电机断能时刻绕组电阻的外推计算方法。利用GB/T 18488.2—2015中6.1测量得到的驱动电机断能后绕组电阻随时间的变化数据，绘制电阻与时间关系曲线，绘制曲线时，推荐采用半对数坐标，电阻标在对数坐标上，并在坐标图中将此曲线外推至驱动电机断能时刻，所获得的电阻即为驱动电机断能时刻的电阻

（续）

项目	技术要求	试验方法
输入输出特性	① 驱动电机系统的工作电压范围应符合产品技术文件的规定 ② 驱动电机的转矩－转速特性应符合产品技术文件规定 ③ 驱动电机的持续转矩应符合产品技术文件规定 ④ 驱动电机的持续功率应符合产品技术文件规定 ⑤ 驱动电机的峰值转矩应符合产品技术文件规定 ⑥ 驱动电机的峰值功率应符合产品技术文件的规定。驱动电机在规定的峰值功率工况下、规定的运转时间内应无任何异常现象 ⑦ 驱动电机的堵转转矩应符合产品技术文件规定 ⑧ 在额定电压下，驱动电机带载运行所能达到的最高转速，应符合产品技术文件规定 ⑨ 在额定电压下，驱动电机系统的最高效率应不低于制造商和用户之间协商确定的值；在额定电压下，驱动电机系统的高效工作区（效率不低于80%）占总工作区的百分比应不低于制造商和用户之间协商确定的值 ⑩ 具有转速控制功能的驱动电机系统，转速控制精度应符合产品技术文件规定 ⑪ 具有转矩控制功能的驱动电机系统，转矩控制精度应符合产品技术文件规定 ⑫ 具有转速控制功能的电机系统，转速响应时间应符合产品技术文件规定 ⑬ 具有转矩控制功能的电机系统，转矩响应时间应符合产品技术文件规定 ⑭ 驱动电机控制器的持续工作电流应符合产品技术文件规定	① 工作电压范围。台架试验时，将驱动电机系统的直流母线电压分别设定在最高工作电压处和最低工作电压处，在不同工作电压下，测试在不同工作转速下的最大工作转矩，记录稳定的转速和转矩数值 在驱动电机系统转速范围内的测量点数不少于10个，绘制转速－转矩特性曲线，检查转矩输出是否能符合产品技术文件的规定 ② 转矩－转速特性及效率。试验时，根据试验目的，在相关的测试点处可以全部或者部分选择测量下列数据： a. 驱动电机控制器直流母线电压和电流 b. 驱动电机的电压、电流、频率及电功率 c. 驱动电机的转矩、转速及机械功率 d. 驱动电机、驱动电机控制器或驱动电机系统的效率 e. 驱动电机电枢绕组的电阻和温度 f. 冷却介质的流量和温度 g. 其他特殊定义的测量参数等 ③ 效率的测量 a. 驱动电机效率。驱动电机效率分为驱动电机系统电动状态时的效率和驱动电机系统馈电状态时的效率，其值应根据驱动电机输入功率和输出功率的比值确定。按照下式进行计算 $$\eta_m = \frac{P_{mo}}{P_{mi}} \times 100\%$$ 式中各物理量的含义参见 GB/T 18488.2—2015 中 7.2.4.2.2 b. 驱动电机系统效率。将驱动电机系统一并在试验台架上进行试验，根据驱动电机系统输入输出参数的测量和计算获得驱动电机系统的效率 驱动电机系统处于电动工作状态时，输入功率为驱动电机控制器直流母线输入的电功率，输出功率为驱动电机轴端的机械功率，驱动电机系统电动工作状态下的效率按照下式求取 $$\eta = \frac{Tn}{9.55UI} \times 100\%$$ 驱动电机系统处于馈电工作状态时，输入功率为驱动电机轴端的机械功率，输出功率为驱动电机控制器直流母线输出的电功率，驱动电机系统馈电工作状态下的效率按照下式求取 $$\eta = \frac{9.55UI}{Tn} \times 100\%$$ 式中各物理量的含义参见 GB/T 18488.2—2015 中 7.2.4.3.3 ④ 关键特征参数的测量。驱动电机需要测量的关键特征参数主要包括持续转矩、持续功率、峰值转矩、峰值功率、堵转转矩、最高工作转速、高效工作区、最高效率等参数 ⑤ 控制精度 a. 转速控制精度。试验时，驱动电机控制器直流母线电压宜设定为额定电压，驱动电机系统宜处于空载、热态、电动工作状态 对具有转速控制功能的驱动电机系统，在10%～90%最高工作转速范围内，均匀取10个不同的转速点作为目标值。按照某一转速目标值设定驱动电机控制器或上位机软件，驱动电机由静止状态直接旋转加速，并至转速稳定状态，此过程中不应对驱动电机控制器或上位机软件做任何调整，记录驱动电机稳定后的实际转速，并计算实际转速与目标转速的差值，或者实际转速与目标转速的偏差占目标转速值的百分数，此值即为这一转速目标值对应的转速控制精度 b. 转矩控制精度。试验时，驱动电机控制器直流母线电压宜设定为额定电压，驱动电机系统宜处于热态、电动工作状态对具有转矩控制功能的驱动电机系统，在设定转速条件下的10%～90%峰值转矩范围内，均匀取10个不同的转矩点作为目标值。按照某一转矩目标值设定驱动电机控制器或上位机软件，驱动电机输出由零转矩直接工作至转矩和转速稳定状态，此过程中不应对驱动电机控制器或上位机软件做任何调整，记录驱动电机系统的实际转矩值，并计算实际转矩值与目标转矩的差值，或者实际转矩与目标转矩的偏差占目标转矩值的百分数，此值即为在特定转速条件下，这一转矩目标值对应的转矩控制精度

（续）

项目	技术要求	试验方法
输入输出特性	⑮冷态工作条件下，驱动电机控制器短时工作电流应符合产品技术文件的规定，其持续时间按产品技术文件规定。在电动工况下，控制器短时工作电流的持续时间宜不低于30s ⑯驱动电机控制器最大工作电流应符合产品技术文件规定 ⑰馈电特性。在驱动电机因惯性旋转或被拖动旋转时驱动电机运行于发电状态。驱动电机通过驱动电机控制器应能向电源馈电，馈电电压范围、馈电电流的大小和馈电效率应符合产品技术文件规定	⑥响应时间 a.转速响应时间。试验时，驱动电机控制器直流母线电压宜设定为额定电压，驱动电机系统宜处于空载、热态、电动工作状态 对具有转速控制功能的驱动电机系统，按照转速期望值设定驱动电机控制器或上位机软件，驱动电机由静止状态直接旋转加速，此过程中不应对驱动电机控制器或上位机软件做任何调整，记录驱动电机控制器从接收转速期望指令信息开始至第一次达到规定容差范围的期望值所经过的时间 b.转矩响应时间。试验时，驱动电机控制器直流母线电压宜设定为额定电压，驱动电机系统宜处于堵转、热态、电动工作状态 具有转矩控制功能的驱动电机系统，在堵转状态下，按照转矩期望值设定驱动电机控制器或上位机软件，对电机进行转矩控制，使驱动电机输出转矩从零快速增大，此过程中不应对驱动电机控制器或上位机软件做任何调整，记录驱动电机控制器从接收转矩期望指令信息开始至第一次达到规定容差范围的期望值所经过的时间 ⑦馈电特性。试验时，被试驱动电机系统由原动机（测功机）拖动，处于馈电状态，根据试验目的和测量参数的不同，驱动电机控制器工作于设定的直流母线电压条件下，驱动电机在相应的工作转速和转矩负载下进行馈电试验 记录馈电状态时驱动电机控制器的直流母线电压、直流母线电流、驱动电机各相的交流电压、交流电流，以及驱动电机轴端的转速和转矩等参数，同时计算获得功率、馈电效率等数值，绘制相关曲线
安全性	①安全接地检查。驱动电机及驱动电机控制器中能触及的可导电部分与外壳接地点处的电阻不应大于0.1Ω。接地点应有明显的接地标志。若无特定的接地点，应在有代表性的位置设置接地标志。 ②驱动电机控制器的保护功能。驱动电机控制器应具有短路、过电流、过电压、欠电压和过热的保护功能 ③驱动电机控制器支撑电容放电时间。当对驱动电机控制器有被动放电要求时，驱动电机控制器支撑电容放电时间应不大于5min；当对驱动电机控制器有主动放电要求时，驱动电机控制器支撑电容放电时间应不超过3s	①安全接地检查。接地检查方法和量具要求按照GB/T 13422—2013中5.1.3进行，测量被试驱动电机系统相应的接地电阻。量具推荐采用毫欧表 ②控制器保护功能。按照GB/T 3859.1—2013中7.5.3的要求进行 ③驱动电机控制器支撑电容放电时间 a.被动放电时间。试验时，直流母线电压应设定为最高工作电压，电压稳定后，立即切断直流供电电源，同时利用电气测量仪表测取驱动电机控制器支撑电容两端的开路电压。试验期间，驱动电机控制器不参与任何工作。记录支撑电容开路电压从切断时刻直至下降到60V经过的时间，此数值即为驱动电机控制器支撑电容的被动放电时间 b.主动放电时间。对于具有主动放电功能的驱动电机控制器，试验时，直流母线电压应设定为最高工作电压，电压稳定后，立即切断直流电源，并且驱动电机控制器参与放电过程，利用电气测量仪表测取驱动电机控制器支撑电容两端的开路电压，记录支撑电容开路电压从切断时刻直至下降到60V经过的时间，此数值即作为驱动电机控制器支撑电容的主动放电时间
环境适应性	①低温主要包括低温储存和低温工作两种状态要求。 a.低温储存。若无特殊规定，驱动电机及驱动电机控制器应能承受-40℃的持续时间2h的低温储存试验。低温储存2h期间，驱动电机及驱动电机控制器为非通电状态。低温储存持续2h后，箱内复测绝缘电阻应符合GB/T 18488.1—2015中5.2.7的规定。恢复常态后，驱动电机及驱动电机控制器应能在额定电压、持续转矩、持续功率下正常运行 b.低温工作。若无特殊规定，驱动电机及驱动电机控制器在-40℃的低温下保持2h后应能正常起动。试验后，箱内复测绝缘电阻应符合GB/T 18488.1—2015中5.2.7的规定 ②高温主要包括高温储存和高温工作两种状态要求	①低温试验。进行低温储存试验时，将驱动电机和驱动电机控制器正确连接，按照GB/T 2423.1—2008的规定，放入低温箱内，使箱内温度降至-40℃，并保持2h，试验过程中，驱动电机系统处于非通电状态，对于液冷式驱动电机及驱动电机控制器，不通入冷却液。低温储存2h后，按照GB/T 18488.2—2015中5.7的方法在低温箱内复测绝缘电阻，复测绝缘电阻期间，低温箱内的温度应保持在-40℃ 低温储存2h后，低温箱内的温度继续保持在-40℃，在低温箱内为驱动电机系统通电，检查能否正常空载起动。对于液冷式驱动电机及驱动电机控制器，若要求在起动过程中通入冷却液，冷却液的成分、温度及流量按照产品技术文件规定 试验结束，按照GB/T 2423.1—2008的规定恢复常态后，将驱动电机控制器直流母线工作电压设定为额定电压，驱动电机工作于持续转矩、持续功率条件下，检查系统能否正常工作 ②高温试验。进行高温储存试验时，将驱动电机和驱动电机控制器放入高温箱内，按照GB/T 2423.2—2008的规定，使箱内温度升至85℃，并保持2h，试验过程中，驱动电机系统处于非通电状态，对于液冷式驱动电机及驱动电机控制器，不通入冷却液。高温储存2h后，检查驱动电机轴承内的油脂是否有外溢，同时按照GB/T 18488.2—2015中5.7的方法在高温箱内复测绝缘电阻，复测绝缘电阻期间，高温箱内的温度应保持在85℃

（续）

项目	技术要求	试验方法
环境适应性	a. 高温储存。若无特殊规定，驱动电机及驱动电机控制器应能承受85℃、持续2h的高温储存试验。高温储存2h期间，驱动电机及驱动电机控制器为非通电状态。驱动电机轴承内的油脂不允许有外溢。高温储存持续2h后，箱内复测绝缘电阻应符合GB/T 18488.1—2015中5.2.7的规定。恢复常态后，驱动电机及驱动电机控制器应能在额定电压、持续转矩、持续功率下正常运行 b. 高温工作。驱动电机及驱动电机控制器应能在额定电压、持续转矩、持续功率、55℃的工作环境下，持续工作2h，试验后，箱内复测绝缘电阻应符合GB/T 18488.1—2015中5.2.7的规定 若有特殊要求，宜按下表规定的温度限值，并按用户与制造商协商确定的试验要求追加试验 | 产品的安装部位	上限工作温度/℃
---	---
装在发动机上的产品	120、105、90
装在发动机罩下或受日光照射的产品	85、70
装在其他部位的产品	65、55 | ③ 湿热。若无特殊规定，驱动电机及驱动电机控制器应能承受（40±2）℃、相对湿度为90%～95%、48h的恒定湿热试验，驱动电机及驱动电机控制器应无明显的外表质量变坏及影响正常工作的锈蚀现象。试验后，箱内复测驱动电机的绝缘电阻，应符合GB/T 18488.1—2015中5.2.7.1、5.2.7.2的规定；箱内复测驱动电机控制器中各动力线与地（外壳）之间的绝缘电阻，应符合GB/T 18488.1—2015中5.2.7.3的规定。恢复常态后，驱动电机及驱动电机控制器应能在额定电压、持续转矩、持续功率下正常运行 ④ 耐振动。扫频振动和随机振动，具体要求见GB/T 18488.1—2015中5.6.4的规定。 ⑤ 防水、防尘。应满足GB/T 4942.1和GB 4208规定的IP44或更高等级的防护要求 ⑥ 盐雾。驱动电机及驱动电机控制器的抗盐雾能力，应能满足GB/T 2423.17中的有关规定。试验周期不低于48h。试验后，驱动电机及驱动电机控制器恢复1～2h后，应能正常工作	高温储存2h，按照GB/T 2423.2—2008的规定恢复常态后，将驱动电机控制器直流母线工作电压设定为额定电压，驱动电机工作于持续转矩、持续功率条件下，检查系统能否正常工作 进行高温工作试验时，将驱动电机和驱动电机控制器正确连接，按照GB/T 2423.2—2008的规定，放入高温箱内，按照GB/T 18488.1—2015中5.6.2.2的要求设置高温箱内的试验环境温度，将驱动电机控制器直流母线工作电压设定为额定电压，驱动电机工作于持续转矩、持续功率条件下，检查驱动电机系统能否正常工作2h。对于液冷式驱动电机及驱动电机控制器，应在试验过程中通入冷却液，冷却液的成分、温度及流量按照产品技术文件规定。高温工作2h后，按照GB/T 18488.2—2015中5.7的方法在高温箱内复测绝缘电阻，复测绝缘电阻期间，高温箱内的温度应继续保持不变 ③ 湿热试验。将驱动电机和驱动电机控制器放入温度为（40±2）℃、相对湿度为90%～95%的试验环境条件下，保持48h，试验过程中，驱动电机系统处于非通电状态，对于液冷式驱动电机及驱动电机控制器，不通入冷却液。48h后，按照GB/T 18488.2—2015中5.7的方法复测绝缘电阻，复测绝缘电阻期间，试验环境条件应继续保持不变 试验结束恢复常态后，将驱动电机控制器直流母线工作电压设定为额定电压，驱动电机工作于持续转矩、持续功率条件下，检查系统能否正常工作 ④ 耐振动试验。试验时，将被试样品固定在振动试验台上并处于正常安装位置，在不工作状态下进行试验，同时应将与产品连接的软管、插接器或其他附件安装并固定好。进行扫频试验和随机振动试验 振动试验完成后，检查零部件是否损坏，紧固件是否松脱。恢复常态后，将驱动电机控制器直流母线工作电压设定为额定电压，驱动电机工作于持续转矩、持续功率条件下，检查系统能否正常工作 ⑤ 防水、防尘。按照GB/T 4942.1—2006和GB 4208—2008中所规定的方法进行试验 ⑥ 盐雾。按照GB/T 2423.17—2008的规定进行盐雾试验。驱动电机及驱动电机控制器在盐雾箱内应处于正常安装状态 试验结束后，驱动电机及驱动电机控制器恢复1～2h后，将驱动电机控制器直流母线工作电压设定为额定电压，驱动电机工作于持续转矩、持续功率条件下，检查系统能否正常工作，但不考核驱动电机及驱动电机控制器的外观

（续）

项目	技术要求	试验方法
电磁兼容性	电磁兼容主要包括电磁辐射骚扰和电磁辐射抗扰性，GB/T 36282—2018 规定了宽带电磁辐射发射和窄带电磁辐射发射限值，同时规定了电磁辐射抗扰度、沿电源线的瞬态传导抗扰度和静电放电抗扰度三方面的要求	驱动电机宽带电磁辐射发射、窄带电磁辐射发射试验方法和电磁辐射抗扰度、电源线瞬态传导的抗扰度、静电放电抗扰度试验方法可按照 GB/T 36282—2018 中第 5 章进行操作
可靠性	一般要求。可靠性试验规范按照驱动电机系统所应用的车辆类型进行，转矩负荷循环按照 GB/T 29307—2012 中规定的测试循环示意图和测试循环参数进行。总计运行时间为 402h。按照 GB/T 29307—2012 中规定的试验顺序进行	试验顺序： ① 被测驱动电机系统工作于额定工作电压，试验转速 n_S 保持为 1.1 倍的额定转速 n_N，即 $n_S = 1.1 n_N$，此负荷下循环 320h ② 被测驱动电机系统工作于最高工作电压，试验转速 $n_S = 1.1 n_N$，此负荷下循环 40h ③ 被测驱动电机系统工作于最低工作电压，试验转速 $n_S = \dfrac{最低工作电压}{额定工作电压} \times n_N$，此负荷下循环 40h ④ 被测驱动电机系统工作于额定工作电压、最高工作转速和额定功率状态，持续运行 2h 电动汽车用驱动电机系统可靠性测试循环见下图和下表：

序号	负载转矩	运行时间 /min		
		纯电动商用车	纯电动乘用车	混合动力汽车
1	持续转矩 T_N (t_1)	23.5	22	6.5
2	T_N 过渡到 T_{PP} (t_2)	0.5	0.5	0.5
3	峰值转矩 T_{PP} (t_3)	1	0.5	0.5
4	T_{PP} 过渡到 $-T_N$ (t_4)	1	1	0.5
5	持续回馈转矩 $-T_N$ (t_5)	3	5	6.5
6	$-T_N$ 过渡到 T_N	1	1	0.5
	单个循环累计时间	30	30	15

2.5.2.2 交流异步电机要求及测试方法

异步电机是由气隙旋转磁场与转子绕组感应电流相互作用产生电磁转矩，从而实现机电能量转换为机械能量的一种交流电机。交流异步电机是目前电动汽车应用较为广泛的电机之一，其特点是定子、转子由硅钢片叠压而成，两端用铝盖封装，定子、转子之间没有相互接触的机械部件，结构简单，运行可靠耐用，维修方便。

为保证电动汽车用异步驱动电机系统在生产、使用过程中有统一的要求和试验方法，全国汽车标准化技术委员会电动车辆分技术委员会制定了 QC/T 1068—2017《电动汽车用异步驱动电机系统》，其在传统驱动电机系统要求的基础上增加了对驱动电机空载电流容差和驱动电机堵转电流容差的要求。QC/T 1068—2017 规定了电动汽车用异步驱动电机系统的要求、试验方法、检验规则、标志与标识等信息，适用于电动汽车用异步驱动电机系统。表 2-101 列出了 QC/T 1068—2017 中对于异步驱动电机系统的要求及相应试验方法。

表 2-101　QC/T 1068—2017 中对于异步驱动电机系统的要求及相应试验方法

项目	技术要求	试验方法
总则	驱动电机系统应满足 GB/T 18488.1—2015、驱动电机空载电流容差和驱动电机堵转电流容差的要求	除 QC/T 1068—2017 中 5.2、5.3 规定的试验方法外，其他试验项目的试验方法按 GB/T 18488.2—2015 执行
空载	空载电流容差。驱动电机在规定的工频电压下空载运行，空载电流不得偏离典型值的 ±10% 规定的工频空载电压通过计算得出，其值为驱动电机在整个运行范围内的最大磁通值所对应的电压	驱动电机空载试验。进行型式检验的驱动电机必须测量空载曲线。其起始点的电压为 QC/T 1068—2017 中 4.2 规定电压的 1.25 倍，然后逐步降低电压到可能达到的最低电压值（即电流开始回升时）为止，测量驱动电机各测量点的输入电压、空载电流、空载损耗和功率因数。试验时至少测量 7 点，其中必须精确测量 QC/T 1068—2017 中 4.2 规定电压下的空载电流。试验后，根据 GB/T 1032 规定的方法绘制相应的曲线，并计算出风摩耗和铁耗 进行出厂检验的驱动电机不必测量空载曲线，只需测量 QC/T 1068—2017 中 4.2 规定电压时的空载电流
堵转	堵转电流容差。驱动电机在规定的工频堵转电压下运行，堵转电流不得偏离典型值的 ±5% 规定的工频堵转电压在所产生的第一台驱动电机上确定，其值为将驱动电机堵住，能产生额定电流的工频电压	驱动电机堵转试验。进行型式检验的驱动电机必须测量堵转特性曲线。将驱动电机转子堵住，施加工频电压。开始点的堵转电流为 1.2 倍额定电流，然后逐步降低电压，一直到堵转电流为额定电流的 0.4～0.5 为止。记录各测量点的电压、输入功率和功率因数。试验时至少测量 7 点，其中要求在第一台驱动电机上精确测量 QC/T 1068—2017 中 4.3 规定的电压。试验后，绘制出堵转电压、输入功率和功率因数与堵转电流之间的曲线 进行出厂检验的驱动电机不必测量堵转曲线，只需测量 QC/T 1068—2017 中 4.3 规定电压时的堵转电流

2.5.2.3　永磁同步电机要求及测试方法

永磁同步电机是由永磁体励磁产生同步旋转磁场的同步电机。由于永磁同步电机具有体积小、效率高、功率因数大、起动力矩大、力能指标好、温升低等特点，非常适用于电动汽车用电机，同时由于我国拥有丰富的稀土资源，更加促进了永磁电机的发展。

QC/T 1069—2017《电动汽车用永磁同步驱动电机系统》在传统驱动电机系统要求的基础上增加了对初始位置角度、最大空载反电势限值、空载反电势容差、齿槽转矩、转矩脉动、驱动电机系统空载损耗、稳态短路电流、稳态短路电流容差和永磁体老化退磁等技术内容的要求。QC/T 1069—2017 规定了电动汽车用永磁同步驱动电机系统的技术要求、试验方法、检验规则、标志与标识等信息，适用于电动汽车用永磁同步驱动电机系统。表 2-102 列出了 QC/T 1069—2017 中对于永磁同步驱动电机系统的要求及相应的试验方法。

表 2-102　QC/T 1069—2017 中对于永磁同步驱动电机系统的要求及相应试验方法

项目	技术要求	试验方法
要求	① 总则。驱动电机系统应满足 GB/T 18488.1 ② 初始位置角度。当驱动电机带位置传感器时，驱动电机反电势波形相位与位置传感器反馈的波形相位的相对角度关系应符合产品技术文件的规定 ③ 最大空载反电势限值。驱动电机在最高工作转速时的反电势应不大于产品技术文件的规定值 ④ 空载反电势容差。同一规格型号的驱动电机之间，额定转速时的反电势与典型值的偏差应不超过 ±5% ⑤ 齿槽转矩。应不大于产品技术文件规定值 ⑥ 转矩脉动。应不大于产品技术文件规定值 ⑦ 驱动电机系统空载损耗。应不大于产品技术文件规定值 ⑧ 驱动电机空载损耗：应不大于产品技术文件规定值 ⑨ 稳态短路电流限值。应不大于产品技术文件规定值 ⑩ 稳态短路电流容差。同一规格型号的驱动电机之间，规定转速时测得的稳态短路电流与典型值的偏差不大于 ±5% ⑪ 永磁体老化退磁。在可靠性试验后，因永磁体老化造成的驱动电机反电势下降比例应不大于产品技术文件规定值。供需双方可商定采用其他评判方法	① 初始位置角度。将驱动电机拖动至由产品技术文件的规定转速，检查位置传感器的波形相位与反电势波形相位的相对角度关系 批量生产中的出厂检验，供需双方可商定其他方法进行初始位置角度的检验 ② 最大空载反电势限值。试验在实际冷状态条件下进行，且必须记录试验时的环境温度 将驱动电机拖动至最高工作转速，测取反电势 需按照供需双方商定的方法将上述反电势值修正到20℃ ③ 空载反电势容差。试验在实际冷状态条件下进行，且必须记录试验时的环境温度 将驱动电机拖动至额定转速，测取反电势 温度修正方法同最大空载反电势限值所述 批量生产中的出厂检验，供需双方可商定其他反映空载反电势容差的方法进行该项检验 ④ 齿槽转矩。试验在实际冷状态下进行。将驱动电机平稳放置，随机选择 3 个不同转子位置，在各位置上用力矩扳手分别将转子正、反方向转动，读取并记录转子开始转动而未连续转动时的力矩扳手数值最大值。取所有力矩值中最大值作为驱动电机的齿槽转矩值 也可采用其他供需双方商定的测试方法 用力矩扳手测得的转矩值实际为摩擦转矩和齿槽转矩的和，因电机的齿槽转矩一般占比较大，测得值可基本等同于齿槽转矩 ⑤ 转矩脉动。试验在实际冷状态下进行，驱动电机系统处于正常的电气连接状态和产品技术文件规定的冷却条件下，直流母线上施加额定电压 在圆周上均匀选取若干个点，分别将转子固定在各个转子位置，控制器施加规定转矩指令，分别测试堵转转矩值。测试值中最大值与最小值之差即为转矩脉动 测试点数和转矩指令值由供需双方商定，推荐使用峰值转矩、额定转矩、10% 峰值转矩作为转矩指令 也可采用其他供需双方商定的测试方法 该方法仅为对非弱磁区域转矩脉动的近似测量方法，且未考虑转动引起的位置传感器反馈角度误差的影响 ⑥ 驱动电机系统空载损耗。试验在实际冷状态下进行，驱动电机系统处于正常的电气连接和产品技术文件规定的冷却条件下，直流母线上施加额定电压，驱动电机轴不接负载 在转速范围内均匀取至少 5 个转速点，其中需包含最高工作转速。测量这些转速点的直流母线端电流、电压和损耗 试验后绘制损耗和转速的关系曲线 ⑦ 驱动电机空载损耗。试验在实际冷状态下进行。将驱动电机拖动至规定转速，记录转矩传感器的转矩、转速和功率，该功率值即为该转速下驱动电机空载损耗。 在转速范围内均匀取至少 5 个转速点，其中需包含最高工作转速 试验后绘制损耗和转速的关系曲线 ⑧ 稳态短路电流限值。试验在实际冷状态下进行。用低阻抗导体在尽可能接近定子绕组出线端处可靠地将驱动电机所有绕组短接。拖动驱动电机至相应的转速，测量该转速下的定子绕组电流。转速范围内均匀取至少 5 个转速点，其中需包含最高工作转速 试验后绘制稳态短路电流与转速的关系曲线 ⑨ 稳态短路电流容差。试验方法同稳态短路电流限值 ⑩ 永磁体老化退磁。将经过 GB/T 29307 规定的可靠性试验后的驱动电机，按照 QC/T 1069—2017 中 5.3 的方法复测反电势，计算可靠性试验前后的反电势下降比例 或按照供需双方商定的方法表征和测试

2.5.2.4　电机控制器要求及测试方法

电机控制器是控制动力源与驱动电机之间能量传输的装置，由控制信号接口电路、驱动电机控制电路和驱动电路组成。通过主动工作来控制电机按照设定的方向、速度、角度、响应时间进行工作。在电动汽车中，电机控制器的功能是根据整车控制器的电机开启和扭矩等指令、当前的电机控制器内部各模块信息，及当前的电池管理器的工作信息，综合处理后，将动力电池所存储的电能转化为驱动电机所需的电能，从而控制电动车辆的起动运行、进退速度、爬坡力度等行驶状态或制动状态。

目前电机控制器可分为通用电机控制器和充放电式电机控制器两种，分别通过 GB/T 18488《电动汽车用驱动电机系统》系列标准和 QC/T 1088—2017《电动汽车用充放电式电机控制器技术条件》进行规定。

通用驱动电机控制器技术要求及试验方法见表 2-103。

表 2-103　通用驱动电机控制器技术要求及试验方法

项目	技术要求	试验方法
一般要求	驱动电机控制器应具有满足整车要求的通信功能、故障诊断的功能	试验环境条件。如无特殊规定，所有试验应在下列环境条件下进行： ① 温度：18～28℃ ② 相对湿度：45%～75% ③ 气压：86～106kPa ④ 海拔：不超过1000m，若超过1000m，应按 GB 755—2008 的有关规定
一般性试验项目	外观。驱动电机控制器表面不应有锈蚀、碰伤、划痕，涂覆层不应有剥落，紧固件连接应牢固，引出线或接线端子应完整无损，颜色和标志应正确，铭牌的字迹和内容应清晰无误，且不应脱落	以目测为主，对于具有明确强度要求的技术参数，如紧固件的连接强度等，应辅之以力矩扳手等必要的工具
	外形和安装尺寸。驱动电机控制器的外形和安装尺寸应符合制造商和用户之间协商确定的外形和安装尺寸要求	根据被试驱动电机控制器的外形和安装尺寸要求，以及尺寸范围，选择满足测量精度要求的游标卡尺、千分尺、米尺等量具进行测量
	质量。应不超过制造商和用户之间协商确定的数值	采用满足测量精度要求的衡器取驱动电机控制器的质量，衡器测量误差应不超过被试样品标称质量的 ±2%
	驱动电机控制器壳体机械强度。驱动电机控制器壳体应能承受不低于 10kPa 的压强，不发生明显的塑性变形	驱动电机控制器壳体机械强度。试验时，分别在驱动电机控制器壳体的 3 个方向上按照 GB/T 18488.1—2015 中 5.2.4 的规定，缓慢施加相应压强的砝码，其中砝码与驱动电机控制器壳体的接触面积最少不应低于 5cm×5cm，检查壳体是否有明显的塑性变形
	液冷系统冷却回路密封性能。对于液冷的驱动电机控制器，应能承受不低于 200kPa 的压力，无渗漏	试验前，不允许对驱动电机控制器表面涂覆可以防止渗漏的涂层，但是允许进行无密封作用的化学防腐处理 试验使用的介质可以是液体或气体，液体介质可以是含防锈剂的水、煤油或黏度不高于水的非腐蚀性液体，气体介质可以是空气、氮气或惰性气体 用于测量试验介质压力的测量仪表的精度不低于 1.5 级，量程应为试验压力的 1.5～3 倍 试验时，试验介质的温度应和试验环境一致并保持稳定；将被试样品冷却回路的一端堵住，但不能产生影响气密性能的变形，向回路中充入试验介质，利用压力仪表测量施加的介质压力，使用液体介质试验时，需要将冷却回路腔内的空气排净。然后，逐渐加压至 GB/T 18488.1—2015 中 5.2.5 规定的试验压力，并保持该压力至少 15min 压力保持过程中，压力仪表显示值不应下降，期间不允许有可见的渗漏通过被试品壳壁和任何固定的连接处。如果试验介质为液体，则不得有明显可见的液滴或表面潮湿
	驱动电机控制器绝缘电阻。驱动电机控制器动力端子与外壳、信号端子与外壳、动力端子与信号端子之间的冷态及热态绝缘电阻均不小于 1MΩ	驱动电机控制器绝缘电阻。试验前，控制器与外部供电电源以及负载应分开，不能承受兆欧表高压冲击的电器元件（如半导体整流器、半导体管和电容器等）宜在测量前将其从电路中拆除或短接 试验时，分别测量控制器动力端子与外壳、控制器信号端子与外壳、控制器动力端子与控制器信号端子之间的绝缘电阻，不参加试验的部分应连接接地 测量结束后，每个回路应对接地的部分作电气连接使其放电

（续）

项目	技术要求	试验方法
一般性试验项目	驱动电机控制器工频耐电压。驱动电机控制器动力端子与外壳、动力端子与信号端子之间，应能耐受下表所规定的试验电压，驱动电机控制器信号端子与外壳之间，应能耐受500V的工频耐电压试验。驱动电机控制器动力端子与外壳、动力端子与信号端子、信号端子与外壳间的工频耐电压试验持续时间为1min，无击穿现象，漏电流限值应符合产品技术文件规定。对于驱动电机控制器信号地与外壳短接的控制器，只需进行驱动电机控制器动力端子与外壳间的工频耐电压测试 | 最高工作电压 U_{dmax}/V	试验电压（均方根值）/V | |---|---| | $U_{dmax} \leq 60$ | 500 | | $60 < U_{dmax} \leq 125$ | 1000 | | $125 < U_{dmax} \leq 250$ | 1500 | | $250 < U_{dmax} \leq 500$ | 2000 | | $U_{dmax} > 500$ | $1000 + 2 \times U_{dmax}$ |	驱动电机控制器的工频耐电压。试验过程中，驱动电机控制器的各个动力端子应短接，各个信号端子应短接。根据GB/T 18488.1—2015表2的试验电压要求设置试验电压，按照GB/T 18488.2—2015中5.8.2.2的试验方法，在驱动电机控制器动力端子与外壳、控制器信号端子与外壳、控制器动力端子与控制器信号端子之间进行试验。对于控制器信号地与外壳短接的情况，不进行控制器信号端子与外壳的耐电压测试 在驱动电机控制器动力端子与外壳，以及控制器信号端子与外壳的耐电压试验过程中，不参加试验的其他端子或部件应与外壳连接，外壳接地 在驱动电机控制器动力端子与控制器信号端子之间的耐电压试验过程中，动力端子和不参加试验的其他元件应与外壳连接，外壳接地 对有些因电磁场感应等情况而导致高电压进入低压电路的部件（如脉冲变压器、互感器等），可在试验前予以隔离或者拔除 记录试验过程中漏电流的大小
输入输出特性试验	① 驱动电机系统效率。在额定电压下，驱动电机系统的最高效率应不低于制造商和用户之间协商确定的值 ② 驱动电机控制器工作电流。驱动电机控制器的持续工作电流应符合产品技术文件规定 ③ 驱动电机控制器短时工作电流。冷态工作条件下，驱动电机控制器短时工作电流应符合产品技术文件的规定，其持续时间按产品技术文件规定。在电动工况下，控制器短时工作电流的持续时间宜不低于30s ④ 驱动电机控制器最大工作电流。驱动电机控制器最大工作电流应符合产品技术文件规定	① 驱动电机控制器效率。驱动电机控制器效率分为驱动电机系统电动状态时控制器的效率和驱动电机系统馈电状态时控制器的效率，其值应根据驱动电机控制器输入功率和输出功率的比值计算确定 驱动电机控制器效率按照下式计算： $$\eta_c = \frac{P_{co}}{P_{ci}} \times 100\%$$ 式中，η_c 为驱动电机控制器效率 (%)；P_{co} 为驱动电机控制器输出功率 (kW)；P_{ci} 为驱动电机控制器输入功率 (kW) ② 驱动电机控制器工作电流。驱动电机控制器与对应的驱动电机连接后一并进行台架试验，组成的驱动电机系统可以工作于电动或馈电状态 试验时，按照制造商或者产品技术文件的规定设置台架试验条件，如驱动电机控制器直流母线电压、驱动电机工作转速和转矩、试验持续时间等，驱动电机系统应能够在规定的试验时间内正常稳定的工作，并且不超过驱动电机的绝缘等级和规定的温升限值 按照GB/T 18488.2—2015中7.2.3的方法测量驱动电机控制器工作电流的均方根值 ③ 驱动电机控制器短时工作电流。按照制造商或者产品技术文件的规定，通过改变台架试验条件增大驱动电机控制器的工作电流，使得驱动电机系统能够在较短的时间内正常稳定工作，此时测量得到的电流为驱动电机控制器在对应工作时间内的短时工作电流，驱动电机控制器短时工作电流的持续时间宜不低于30s ④ 驱动电机控制器最大工作电流。按照制造商或者产品技术文件的规定，改变台架试验条件进一步增大驱动电机控制器的工作电流，试验持续时间可以很短，一般情况下远低于30s，此时测量得到的电流为驱动电机控制器最大工作电流

（续）

项目	技术要求	试验方法
安全性试验	① 驱动电机控制器支撑电容放电时间。当对驱动电机控制器有被动放电要求时，驱动电机控制器支撑电容放电时间应不大于 5min；当对驱动电机控制器有主动放电要求时，驱动电机控制器支撑电容放电时间应不超过 3s ② 安全接地检查。驱动电机控制器中能触及的可导电部分与外壳接地点处的电阻不应大于 0.1Ω。接地点应有明显的接地标志。若无特定的接地点，应在有代表性的位置设置接地标志 ③ 驱动电机控制器的保护功能。驱动电机控制器应具有短路、过电流、过电压、欠电压和过热的保护功能	① 驱动电机控制器支撑电容放电时间。 a. 被动放电时间。试验时，直流母线电压应设定为最高工作电压，电压稳定后，立即切断直流供电电源，同时利用电气测量仪表测取驱动电机控制器支撑电容两端的开路电压。试验期间，驱动电机控制器不参与任何工作。记录支撑电容开路电压从切断时刻直至下降到 60V 经过的时间，此数值即为驱动电机控制器支撑电容的被动放电时间 b. 主动放电时间。对于具有主动放电功能的驱动电机控制器，试验时，直流母线电压应设定为最高工作电压，电压稳定后，立即切断直流供电电源，并且驱动电机控制器参与放电过程，利用电气测量仪表测取驱动电机控制器支撑电容两端的开路电压，记录支撑电容开路电压从切断时刻直至下降到 60V 经过的时间，此数值即作为驱动电机控制器支撑电容的主动放电时间 ② 接地检查方法和量具要求按照 GB/T 13422—2013 中 5.1.3 进行，测量被试驱动电机系统相应的接地电阻。量具推荐采用毫欧表 ③ 控制器保护功能。按照 GB/T 3859.1—2013 中 7.5.3 的要求进行
电磁兼容性	电磁兼容主要包括电磁辐射骚扰和电磁辐射抗扰性，GB/T 36282—2018 规定了宽带电磁辐射发射和窄带电磁辐射发射限值，同时规定了电磁辐射抗扰度、沿电源线的瞬态传导抗扰度和静电放电抗扰度三方面的要求	驱动电机宽带电磁辐射发射、窄带电磁辐射发射试验方法和电磁辐射抗扰度、电源线瞬态传导的抗扰度、静电放电抗扰度试验方法可按照 GB/T 36282—2018 中第 5 章进行操作

电动汽车用充放电式电机控制器是集成了电网给车辆充电 / 车辆给电网供电功能的电机控制器，这是一种新型的技术。可以实现驱动电机给整车提供动力，同时通过控制器内部接触器切换，并共用电机驱动模块和控制模块，实现与电网三相或单相并网，给电动汽车快速充电或给电网供电，可为家用和紧急救援提供电源。因为电动汽车用集成双向逆变充电功能的电机控制器是发展趋势，故制定了 QC/T 1088—2017《电动汽车用充放电式电机控制器技术条件》来规范电动汽车用集成双向逆变充电功能的电机控制器的设计开发、检测、生产和应用。

QC/T 1088—2017 规定了电动汽车用充放电式电机控制器的术语和定义、分类、技术要求、检验和试验方法以及标志、包装、运输和储存的要求，适用于可外接充电电动汽车用具有充放电功能的电机控制器。表 2-104 列出了 QC/T 1088—2017 中对于充放电式电机控制器的技术要求及试验方法。

表 2-104　QC/T 1088—2017 中对于充放电式电机控制器的技术要求及试验方法

项目	技术要求	试验方法
一般要求	控制器应具备整车要求的通信和故障诊断功能 控制器在电机驱动模式下的技术要求见 GB/T 18488.1—2015 控制器在 G2V 模式下的技术要求见 QC/T 895—2011	试验环境条件： ① 温度：（23±5）℃ ② 相对湿度：45%～75% ③ 气压：86～106kPa

（续）

项目	技术要求	试验方法
电气性能	工作电压。车载动力电池电压在规定范围时，V2G模式下控制器的输出电流谐波应能符合GB/Z 17625.6规定，直流电流分量不应超过其交流额定值的1%；车载动力电池电压在规定范围时，V2L模式下控制器应能输出的相电压为220V，相对误差为±10%；车载动力电池电压在规定范围时，V2V模式下控制器应能输出的相电压为220V，相对误差为±15%	使控制器分别工作在电机驱动模式和充放电模式下，调整各输入电压，控制器应在QC/T 1088—2017中4.2.1的条件下分别运行1min
	频率范围。V2G模式下，并网电压频率的变化值在（50±1）Hz范围内；V2L模式下，控制器能输出电压频率在（50±1）Hz范围内；V2V模式下，控制器能输出电压频率在（50±1）Hz范围内	将控制器置于充放电模式并带电运行，调整电网频率，控制器应在QC/T 1088—2017中4.2.2的条件下分别运行1min
	输出电流稳态误差。控制器在恒流充放电模式下，输出电流在小于或等于10A时，与设定电流的误差应不大于0.5A。其输出电流大于10A时，与设定电流的误差应不大于5%	把控制器置于充放电模式并带电运行，参照QC/T 895—2011中7.5.3试验方法进行
	电压纹波系数。充放电模式下，控制器的直流高压端（根据工作模式不同作为输入或输出端）电压纹波系数应满足QC/T 895—2011中6.5.4的规定	按QC/T 895—2011中7.5.4的规定进行
	充放电效率。控制器在额定输入电压、额定负载的状态下，效率应不低于90%	将控制器安装到台架上，使控制器分别工作在充放电模式下，调整输入为额定电压和额定频率，调整输出为额定电压、额定频率和额定电流，测量输入和输出功率，计算充放电的效率
	电气安全要求： ① 绝缘电阻。控制器高压端子与外壳、高压端子与信号端子之间的冷态及热态绝缘电阻均应不小于1MΩ ② 耐电压。控制器的耐电压应满足GB/T 18488.1—2015中5.2.8.2.3的规定 ③ 电位均衡。控制器的电位均衡要求应满足GB/T 18384.3—2015中6.9的规定 ④ 接地保护。控制器的接地点应有明显的接地标志	电气安全要求： ① 绝缘电阻。试验方法参照GB/T 18488.2—2015中5.7.5的试验方法进行 ② 耐电压。试验方法参照GB/T 18488.2—2015中5.8.2的试验方法进行 ③ 电位均衡。试验方法参照GB/T 18384.3—2015中7.4的试验方法进行 ④ 接地保护。试验方法参照GB/T 18384.3—2015中7.4的试验方法进行
	主动放电和被动放电。控制器主动放电和被动放电功能应满足GB/T 18488.1—2015中5.5.3的规定	试验方法参照GB/T 18488.2—2015的试验方法进行
	过载能力。控制器在V2G、V2L和V2V模式下，过载能力应满足：控制器在110%额定负载下电流连续可靠工作时间不小于1min，在125%额定负载电流下连续可靠工作不小于10s	试验方法由供需双方协商
	充放电功能。在规定的产品技术条件下，控制器应具备以下功能：应能参照QC/T 1088—2017中附录A.1流程，实现对车外负载的供电功能；应能参照QC/T 1088—2017中附录A.2流程，实现对车辆充电功能；应能参照QC/T 1088—2017中附录A.3流程，将车载储能装置的电量反馈给电网供电	试验方法由供需双方协商。

（续）

项目	技术要求	试验方法
电气性能	保护功能： ① 过流保护。控制器在超出规定的电流下应进行过流保护 ② 过压保护。电网电压超过 QC/T 1088—2017 中 4.2.1 的规定时，控制器应关闭输出，并报警提示 ③ 欠压保护。电网电压低于 QC/T 1088—2017 中 4.2.1 的规定时，控制器应关闭输出，并报警提示 ④ 短路保护。控制器在起动前，输出短路时，通电后应不起动；在工作的过程中，输出短路时，应关闭输出，并给出报警提示 ⑤ 过温保护。控制器温度超过温度保护点设定值应自动进入过温保护状态，并降低功率运行或停机。控制器温度恢复正常后，应具备恢复功能 ⑥ 反接保护。充放电模式下，控制器直流端与车载储能装置的正负极反接时，通电后应不起动并给出提示。故障排除后，控制器应能正常工作 ⑦ 防孤岛效应保护。V2G 模式下，当控制器系统并入的电网失压时，必须在规定的时限内将该控制器系统与电网断开，防止出现孤岛效应 应设置至少各一种主动和被动防孤岛效应保护： a. 主动防孤岛效应保护方式主要有频率偏离、有功功率变动、无功功率变动、电流脉冲注入引起阻抗变动等 b. 被动防孤岛效应保护方式主要有电压相位跳动、3 次电压谐波变动、频率变化率等 当电网失压时，防孤岛效应保护应在 2s 内动作，将控制器系统与电网断开 ⑧ 恢复 V2G 模式功能。由于超限状态导致控制器停止 V2G 模式后，在电网的电压和频率恢复到正常范围后的 20s～5min，控制器不应向电网送电	试验方法由供需双方协商
电磁兼容性	控制器在充放电模式下的电磁兼容性应满足 QC/T 895—2011 的规定	试验方法参照 QC/T 895—2011 中的试验方法进行
环境适应性	控制器的环境适应性应满足 GB/T 18488.1—2015 的规定	试验方法参照 GB/T 18488.2—2015 中的试验方法进行
噪声	控制器在充放电模式下的噪声应满足 QC/T 895—2011 的规定	控制器在充放电模式下的噪声试验方法参照 QC/T 895—2011

2.5.3 电动汽车用减速器总成

电动汽车的驱动源由传统的汽油机变为电机，而正是由于电机的工作特点，对变速器的要求也发生了变化，与传统手动变速器相比，电驱动减速器档位数量、零部件数量减少，因此总体质量减小，传递路径的简单化使得传递效率提高。同时为适用电机特性，减速器需要长期处于高速运转，这也对电动汽车用减速器提出更高的要求。

为保证减速器的生产、使用能够适用于电动汽车，全国汽车标准化技术委员会电动车辆分技术委员会组织起草了 QC/T 1022—2015《纯电动乘用车用减速器总成技术条件》，其规定了纯电动乘用车用减速器总成的基本参数、要求、试验方法、检验规则和标志、包装、运输、储存等内容，适用于纯电动乘用车用齿轮减速器总成。表2-105列出了该标准的技术要求及相应试验方法。

表2-105　纯电动乘用车用减速器总成的技术要求及相应试验方法

项目	技术要求	试验方法
基本要求	减速器的外观应清洁、无锈蚀及氧化现象 各紧固件、加放油螺塞等应按技术条件规定的紧固力矩拧紧或安装，不应松动和漏装 各结合面及油封处不应有渗漏油，满足密封性检测的要求 各运动件应运转灵活，无卡滞异响 不应有影响减速器清洁度的杂物 减速器抗盐雾能力应能满足GB/T 10125的有关规定，试验周期不低于48h	减速器输出端、输入端位置尺寸及整车连接的位置尺寸应符合设计要求 目视检查减速器的外观状况，应无污垢、锈蚀及氧化现象 用扭力矩扳手按钮紧法检查螺栓紧固力矩 密封性检测按QC/T 29063.1—2011中6.1.6规定的气密法或浸水法执行 按规定加注润滑油，起动检测试验台，依次进行正转试验和反转试验，检查减速器有无卡滞、异响，或在专用测试环境下用仪器抽检减速器的噪声 盐雾试验按照GB/T 10125的规定执行，裸露部分面积不小于其在整车安装状态时的面积，试验持续时间不低于48h
台架试验要求	动态密封性能。试验过程中各密封件不应有"滴"状渗漏油发生	① 试验步骤。旋转方向为正转或反转，起动减速器试验台，使减速器输入转速为最高输入转速，按下表所规定的顺序和条件完成5个循环 | 试验阶段	旋转方向	试验油温	输入转速	每循环试验时间
---	---	---	---	---
1	正转	(90±5)℃	最高输入转速	13h
2	反转	(90±5)℃	最高输入转速30%	0.4h
3	正转	最高许用温度	最高输入转速	5h
4	反转	最高许用温度	最高输入转速30%	0.2h
5		冷却阶段	0	3.5h	 ② 试验结果。记录油封及其周围是否有"滴"状渗漏油发生
	温升性能。试验过程中减速器油温应不大于最高许用温度，且温度－时间曲线应平滑无突变	① 试验步骤。环境温度保持为(25±5)℃，从油温与环境温度相差±2℃开始试验，测量整个试验期间减速器的油温，测量的时间间隔不超过10min，减速器在额定功率情况下，以最高输入转速运转，温升性能判定按下表的规定 	试验时间	油温	判定
2h	在2h内稳定在最高许用温度以下的某个温度0.5h以上	合格
	不高于最高许用温度	合格
	高于最高许用温度	不合格 | ② 试验结果。记录整个试验过程中减速器油温变化情况
	高温性能。试验过程中应没有渗漏油现象，且轴承、齿轮、油封等零件不应发生烧蚀或有影响减速器正常运转的损坏	① 试验步骤。整个试验期间减速器的油温不低于最高许用温度的120%，减速器在输入扭矩为最大输入扭矩的50%、额定功率点转速的工况下运转，试验时间2h ② 试验结果。监视在试验期间是否发生渗漏油现象，检查试验完成后轴承、齿轮、油封等零件是否存在烧蚀或有影响减速器正常运转的损坏

（续）

项目	技术要求	试验方法
台架试验要求	疲劳寿命。完成疲劳寿命试验后，主要零部件不应有损坏，如断裂、齿面严重点蚀（点蚀面积超过 4mm²，或深度超过 0.5mm）、剥落、轴承卡滞等	① 试验步骤。试验油温为（80±5）℃，试验条件、试验时间按下表的要求确定，试验按先正转后反转的顺序进行，整个试验可分 10 个循环进行。 | 试验条件			寿命指标——输出端转数		| |---|---|---|---|---|---| | | | | 正转正驱动 | 正转反驱动 | 反转正驱动 | | 高扭工况 | 1 | 输入转速 /(r/min) | 最大功率点转速 ±5‰ | ≥ 80×10⁵ | — | 0.35×10⁵ | | | | 输入扭矩 /(N·m) | 最大输入扭矩 ±5 | | | | | | 2 | 输入转速 /(r/min) | （最大功率点转速÷减速比）±5‰ | — | ≥ 10×10⁵ | — | | | | 输入扭矩 /N·m | （最大输入扭矩×减速比）±5 | | | | | 高速工况 | 3 | 输入转速 /(r/min) | 最高输入转速 ±5‰ | ≥ 40×10⁵ | — | — | | | | 输入扭矩 /(N·m) | 最大功率点扭矩 ±5 | | | | 注：高扭工况中最大功率点转速是指最大输入扭矩时最大功率下的转速，高速工况中最大功率点扭矩是指最高输入转速时最大功率下的扭矩 ② 试验结果。监视在试验期间是否发生渗漏油现象，检查试验完成后主要零部件有无断裂、齿面严重点蚀（点蚀面积超过 4mm²，或深度超过 0.5mm）、剥落、轴承卡滞等现象，并记录
	传动效率。综合传动效率应不小于 95%	① 试验步骤。 a. 试验转速。从 500r/min 到最高输入转速范围内均匀取 5 种转速，其中应包括最高输入转速 b. 试验扭矩。输入扭矩为减速器最大输入扭矩的 50%、100% c. 油温控制在（80±5）℃ 范围内 d. 试验仅测量正转方向，结合转速、扭矩、油温组合的要求依次测定 ② 试验结果。按所测得的结果绘制成正转在各试验温度下传动效率-转速、传动效率-扭矩的曲线图。减速器综合传动效率取所有检测的传动效率的平均值，按下式计算评定： $$\eta = \frac{\sum_{m=1}^{2}\sum_{n=1}^{5}\eta_{mn}}{10}$$
	差速可靠性。完成差速器可靠性试验后，差速器应转动灵活，无卡滞异响	① 试验步骤。差速器磨合：其中任一个输出端固定不能转动，另一个输出端可自由转动。油温控制在 95～105℃，正转，空载，以（2000±10）r/min 的输入转速运转不少于 30min。磨合完成后更换润滑油 低速高扭试验条件 | 试验阶段 | 输入扭矩 /N·m | 试验时间 /min | |---|---|---| | 1 | 从 0 升到 75% 最大输入扭矩 ±5 | ≤ 1 | | 2 | 75% 最大输入扭矩 ±5 | ≥ 1 | | 3 | 从 75% 最大输入扭矩 ±5 降到 0 | ≤ 1 | ② 试验结果。检测差速器是否转动灵活，无卡滞异响
	高速性能。试验期间应没有渗漏油现象，且轴承、齿轮、油封等零件不应有发生烧蚀或影响减速器正常运转的损坏	① 试验步骤。将减速器安装在试验台上，按规定加注润滑油。试验油温为 90～110℃。按下表规定的旋转方向、输入转速和输入扭矩，运转规定的时间 | 旋转方向 | 输入转速 /(r/min) | 输入扭矩 /N·m | 持续时间 /h | |---|---|---|---| | 正转 | 最高输入转速 ±5‰ | 最大功率点扭矩 ±5 | ≥ 5 | | 反转 | 最高输入转速 50% ±5‰ | 额定功率点扭矩 ±5 | ≥ 0.17 | ② 试验结果。监视在试验期间是否发生渗漏油现象，检查试验完成后轴承、齿轮、油封等零件是否存在烧蚀或有影响减速器正常运转的损坏

(续)

项目	技术要求	试验方法
台架试验要求	超速性能。试验期间应没有渗漏油、异响现象，且轴承、齿轮、油封等零件不应有发生影响减速器正常运转的损坏	① 试验步骤。将减速器安装在试验台上，按规定加注润滑油。试验油温为90～110℃。按下表规定的旋转方向、输入转速和输入扭矩，运转规定的时间 	旋转方向	输入转速/(r/min)	输入扭矩/N·m	持续时间/min
---	---	---	---
正转	最高输入转速的120%±5‰	空载	≥2	 ② 试验结果。监视在试验期间是否发生渗漏油、异响等现象，检查试验完成后轴承、齿轮、油封等零件是否存在烧蚀或有影响减速器正常运转的损坏
	静扭强度。静扭强度后备系数应不小于2.5	① 试验步骤。将减速器正转，开机加载，直至损坏或达到规定的扭矩为止，然后卸载到0，记录出现损坏时或达到规定的扭矩时输入轴的输入扭矩及转角，每台测试一点，测三台，取最小值 ② 试验条件。输出轴固定，输入轴扭转转速不超过15r/min，输入轴和输出轴只承受扭矩，不允许有附加的弯矩作用，轮齿受载工作面与正驱动工况相同 ③ 试验结果。由下式计算静扭强度后备系数K_1 $$K_1 = \frac{M}{M_{e\max}}$$ 式中，M为试验结束时记录的扭矩；$M_{e\max}$为最大输入扭矩
	噪声： ① 加载噪声。减速器加载噪声应不大于83dB（A） ② 滑行噪声。减速器在惯性作用下运转的噪声值应不大于切断减速器动力前运转的噪声值	① 加载噪声试验 a. 试验步骤。在正式测量减速器噪声之前应先测量本底噪声，测量方法是：被测减速器在试验台安装之前，按下表规定测试距离，在减速器上、左、右、后四处布置噪声检测仪器，噪声检测仪器指向减速器输入轴轴线，其中左、右、后三处检测仪器应与输入轴轴线在同一水平面上，上方传感器应垂直指向输入轴轴线，试验台按下表规定的转速和测距测量的噪声即为本底噪声，油温升到（60±5）℃时，按下表规定测量并记录噪声值，测试持续时间不小于30s 噪声测试条件 	旋转方向	测试距离/mm	输入转速/(r/min)	输入扭矩/N·m
---	---	---	---
正转	1000±10	6000±10	最大输入扭矩的10%、20%、30%、40%±5
反转	1000±10	2000±10	最大输入扭矩的10%、20%、30%、40%±5 | 注：产品最高输入转速低于6000r/min，测量正转噪声时，按最高输入转速测量 b. 试验结果。使用"A计权网络"；对于噪声检测仪器，当数值波动小于3dB时，应取最大值、最小值的平均值；当数值波动大于3dB时，应取最大值、最小值的均方根值；当被测减速器各测点所测的噪声值与该点的本底噪声值之差小于3dB时，该测量值无效，等于3～10dB时，按下表修正；减速器噪声以4测点中最大读数并经修正后的值作为噪声值 | 声级差/dB	3	4	5	6	7	8	9	10
---	---	---	---	---	---	---	---	---
修正值/dB	-3	-2			-1			0	 ② 滑行噪声试验 a. 试验步骤。将减速器安装在试验台上，减速器输入端装有驱动装置，输出的两端装有储能飞轮半轴机构，按规定加注润滑油。开启驱动装置，由减速器带动半轴机构转动，当输入转速达到3000r/min，测取噪声值。迅速切断动力，由储能飞轮带动减速器运转，从切断动力瞬间开始测取的噪声值，直至减速器停止转动 b. 试验结果。记录减速器切断动力前和切断动力后的噪声值
清洁度	减速器的杂质总量与其额定加注润滑油比值应不大于每升50mg	清洁度检测按QC/T 572、QC/T 573和QC/T 575的规定执行

2.5.4 电动汽车用增程器

增程式电动汽车通过搭载增程器以缓解纯电动汽车使用过程中里程焦虑的困扰，是新能源汽车的一种技术路线。增程器是增程式电动汽车的核心部件，搭载在电动汽车上，因此与传统发动机相比，需要对发电机及控制器的技术要求与内燃机的技术要求进行综合优化。为此全国汽车标准化技术委员会电动车辆分技术委员会驱动电机工作组召集行业内有代表性的相关企业、整车厂、高校以及研究机构，共同开展 QC/T 1086—2017《电动汽车用增程器技术条件》的制定工作。

QC/T 1086—2017 规定了电动汽车用增程器的术语和定义、要求、试验方法和检验规定等要求，适用于由内燃机和发电机及控制器组成的车载式增程器。QC/T 1086—2017 的技术要求及相应试验方法见表 2-106。

表 2-106 电动汽车用增程器技术要求及相应试验方法

项目	技术要求	试验方法
要求	① 外观。增程器的外观应该标识清晰、无擦痕、高压线束颜色标识、走向应清晰，低压线束排布应工整整洁 ② 输出特性。电动汽车用增程器系统输出特性主要包括持续功率、峰值功率、功率输出精度等。以上特性均应符合产品技术文件规定 ③ 响应特性 a. 起动特性。增程器的起动时间应符合产品技术文件规定，增程器从起动到稳态工作的过程中，转速超调量不超过 200r/min b. 停机特性。增程器的停机时间应符合产品技术文件规定，增程器停机的过程中，内燃机不应出现反转现象 c. 动态响应特性。增程器稳态工作点之间切换的动态响应特性应符合产品技术文件规定 ④ 环境适应性。增程器的发电机及控制器的环境适应性要求应符合 GB/T 18488.1 中相关规定，增程器的内燃机的环境适应性要求应符合内燃机产品技术文件规定 ⑤ 电气安全性。增程器电气安全性应符合 GB/T 18488.1 中相关规定 ⑥ 能量转换率。增程器的能量转换率应符合产品技术文件规定 ⑦ 系统密封性。对于采用液冷方式的增程器，发电机及控制器冷却回路应符合 GB/T 18488.1 中有关规定，内燃机冷却回路应符合 GB/T 18352.5—2013、GB/T 19055.5—2003 中相关规定	① 外观试验。通过观察或手动试验对增程器的外观进行检查 ② 输出特性、响应特性。试验方法由供需双方协商 ③ 环境适应性。增程器的发电机及控制器的环境适应性试验方法按 GB/T 18488.2 中规定进行，增程器的内燃机的环境适应性试验方法应符合内燃机产品技术文件规定 ④ 电气安全性。增程器总成绝缘和耐电压性能、电机定子绕组冷态直流电阻的试验方法按 GB/T 18488.2 中规定进行 ⑤ 能量转换率。增程器的发电机及控制器试验准备按照 GB/T 18488.2 中相关规定，增程器的内燃机试验准备按照 GB 19055—2003 中相关规定 增程器的发电机控制器输出端电压、电流测量精度应符合 GB/T 18488.2 中相关规定 增程器的内燃机燃料消耗量的测量和计算应符合 GB/T 8297—2001 中相关规定 增程器发电量计算。增程器试验过程中实时测量发电机控制器输出端的直流电压和电流，增程器发电量按下式计算： $$E = \int_0^t \frac{UI}{3600 \times 1000} dt$$ 式中各物理量的含义见 QC/T 1086—2017 中 5.6.4 增程器能量转换率计算。增程器能量转换率按下式计算： $$\xi = \frac{1000E}{\Delta m}$$ 式中各物理量的含义见 QC/T 1086—2017 中 5.6.5 能量转换率试验方法包括多功率点测试和单点型测试 a. 多功率点测试。多功率点测试方法如下图所示

（续）

项目	技术要求	试验方法

要求	增程器各密封面及管接处，在预热、磨合运行及性能试验期间，经紧固后不允许出现油、汽、水渗漏
	⑧ 绝缘。增程器的发电机及控制器绝缘性能应符合 GB/T 18384.3 中有关规定；增程器其他导电零部件如点火线圈等的绝缘性能应符合 QC/T 413 中有关规定
	⑨ 耐电压。增程器的发电机及控制器耐电压性能应符合 GB/T 18488.1 中有关规定
	⑩ 温升和温升限值。增程器的发电机及控制器温升和温升限值应符合 GB/T 18488.1 中有关规定，增程器的内燃机温升和温升限值应符合产品技术文件规定
		根据增程器产品技术文件，按下表选取增程器试验工作点
		
		| 试验工作点选择
			A	B	C	D |
						|---|---|---|---|---|
						| 目标功率 /kW | $0.5P_e$ | $0.75P_e$ | P_e | P_p |
						| 试验时间 /s | 600 | 600 | 1200 | 30 |
						| Δt/s | | ≤ 10 | | |
						
						注 1. P_e 为对应产品技术文件中持续功率；P_p 为对应产品技术文件中峰值功率
						  2. 试验时间 = 稳定工作点时间 + Δt，$T_A = \Delta t + t_a$，$T_B = \Delta t + T_b$；$T_C = \Delta t + T_c$，$T_D = \Delta t + t_d$，T_A、T_B、T_C、T_D 分别为增程器测试点 A、B、C、D 的试验时间
						  3. 可根据实际情况增加测试循环，以降低燃料消耗量测量误差
						多功率点测试方法下增程器能量转换率计算按下式：
						$$\xi_c = \frac{1000E_c}{G_c}$$
						式中各物理量的含义见 QC/T 1086—2017 中 5.6.6.1
						b. 单点型测试。根据增程器产品技术文件，按下表选取增程器试验工作点
						
						| 工作点数量
							目标功率 /kW	测试时间 /s |
								|---|---|---|
								| 1 | P_e | 1800 |
								
								注：1. P_e 为对应产品技术文件持续功率
								  2. 可根据实际情况增加测试时间，以降低燃料消耗量测量误差
								单点型测试方法下增程器能量转换率计算按下式：
								$$\xi_d = \frac{1000E_d}{G_d}$$
								式中各物理量的含义见 QC/T 1086—2017 中 5.6.6.2
								⑥ 系统密封性试验。对于采用液冷方式的增程器，发电机及控制器冷却回路密封性试验方法应符合 GB/T 18488.2 中有关规定；内燃机冷却回路密封性试验方法应符合 GB/T 19055—2003 中相关规定
								⑦ 绝缘检测试验。增程器的发电机及控制器绝缘检测试验方法应符合 GB/T 18384.3 中有关规定
								⑧ 耐电压试验。增程器的发电机及控制器耐电压试验方法应符合 GB/T 18488.2 中有关规定
								⑨ 温升和温升限值试验。增程器的发电机及控制器温升和温升限值试验方法应符合 GB/T 18488.2 中有关规定

2.6 电动汽车用其他总成和零部件标准

电动汽车的电能由可充电储能系统存储，再通过驱动电机系统的能量转换变成机械能，从而驱动车辆行驶。为了实现从电能到机械能的能量转换的各种功能，电动汽车还需配备各种电能变换装置、电能传导系统、保护器件等辅助部件。其中，DC/DC 变换器、高压连接器和高压电缆是电动汽车必备部件，是电动汽车区别于传统内燃机汽车的重要部件。如果电动汽车可以外接交流充电，则电动汽车还需配备车载充电机，实现外部电源到电池所需直流电能的转换。

电动汽车高压系统逻辑图如图 2-31 所示。

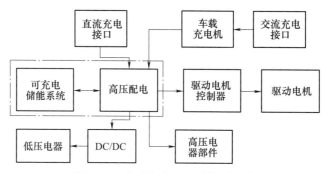

图 2-31　电动汽车高压系统逻辑图

绝缘栅双极型晶体管（Insulated Gate Bipolar Transistor，IGBT）是电动汽车应用最为广泛的功率器件，是构成电动汽车各种车载电源模块的核心器件。

另外，电动汽车多采用电动附件，如电动助力转向装置、电动空调和电动制动装置。在纯电动汽车上，它们几乎成了必选项。出于降低系统复杂性考虑，为了高效利用能量，电动附件的工作电压发生了变化，从以内燃机汽车为基础的 12V 或 24V 低压电器，演变至直接采用与可充电储能系统电压相匹配的高压电器部件，最明显的优势是减少了中间电压变换设备。

2.6.1　电动汽车用车载充电机

车载充电机是一种将车外交流电转换为动力电池所需直流电的车载电源装置。交流充电时，车载充电机与动力电池系统和整车控制系统实时通信，按车辆要求调整充电过程。

车载充电机可使用 220V 或 380V 交流电网作为输入电源，其来源方便，因此使用车载充电机的传导式充电是中小型电动汽车最基本、最常用的充电方式。车载充电机的工作性能和技术参数显著影响充电时间和效率，对动力电池循环寿命也有影响，是电动汽车的重要部件。

车载充电机如图 2-32 所示。

在国内，随着电动汽车产业化的不断推进，车载充电机的研发经验与技术积累有了一定程度的提升，部分企业开始着手进行车载充电机的优化和改进，以适应动力电池和充电设施的不断升级需求。

图 2-32　车载充电机

在标准方面，QC/T 895—2011《电动汽车用传导式车载充电机》规定了电动汽车传导式车载充电机的基本构成、参数、要求、试验方法、检验规则及标志、包装、运输和储存。该标准适用于纯电动汽车和可外接充电的混合动力电动汽车用的车载充电机。目前国家标准 GB/T ××××—××××《电动汽车用传导式车载充电机》正在制定，其发布后将同步废止 QC/T 895—2011。电动汽车用传导式车载充电机的技术要求和对应试验方法见表 2-107。

表 2-107　电动汽车用传导式车载充电机的技术要求和对应试验方法

序号	技术要点	技术要求	对应试验方法
1	一般规定	① 车载充电机外表面应平整，应无明显的划伤、变形等缺陷；表面涂镀层应均匀 ② 铭牌、标志安装端正牢固，字迹清晰 ③ 零部件应紧固可靠，应无锈蚀、毛刺、裂纹等缺陷和损伤 ④ 车载充电机结构的强度与刚度应符合 GB/T 15139—1994 中 6.5 的要求 ⑤ 车载充电机宜具有与电池管理系统等进行信息交互的 CAN 通信功能，波特率可为 125kbit/s 或 250kbit/s 或 500kbit/s	
2	湿度	相对湿度 5%～95%，无冷凝，无结露	按 QC/T 413—2002 中 3.11 的规定进行，应进行 2 个循环；试验过程中，在 0～45℃时，车载充电机应处于工作状态
3	温度	车载充电机的工作温度及储存温度范围应符合以下要求 | 下限工作环境温度/℃	下限储存温度/℃	上限工作环境温度/℃	上限储存温度/℃
-20	-30	85	95		① 低温工作试验。将车载充电机放入初始温度为室温的温箱中，调节温箱温度使其达到（-20±2）℃后，使车载充电机处于满载工作状态并持续 2h，在试验期间和试验结束后，车载充电机应能正常工作 ② 低温储存试验。将车载充电机放入初始温度为室温的温箱中，调节温箱温度使其达到（-30±2）℃后保持 4h，之后将车载充电机从温箱中取出，放置在 QC/T 895—2011 中 7.1.1 规定的环境条件中 1h。试验结束后，车载充电机应能正常工作 ③ 高温工作试验。将车载充电机放入初始温度为室温的温箱中，调节温箱温度使其达到（85±2）℃后，使车载充电机处于满载工作状态并持续 2h，在试验期间和试验结束后，车载充电机应能正常工作 ④ 高温储存试验。将车载充电机放入初始温度为室温的温箱中，调节温箱温度使其达到（95±2）℃后保持 4h，之后将车载充电机从温箱中取出，放置在 QC/T 895—2011 中 7.1.1 规定的环境条件中 1h。试验结束后，车载充电机应能正常工作
4	输入电压范围	在额定输入电压的 ±15% 范围内，车载充电机应能正常工作	开启车载充电机，使车载充电机在额定负载条件下运行，分别调整车载充电机输入电压为额定值的 85%、100% 和 115%，在各个输入电压下持续运行 1min
5	输入频率范围	输入电压频率在 50Hz±2% 范围内，车载充电机应能正常工作	将车载充电机的输入电压调至额定电压，开启车载充电机，使车载充电机在额定负载的条件下运行，分别调整车载充电机输入频率为 49Hz 和 51Hz，在各个频率下持续运行 1min
6	充电功能	在 QC/T 895—2011 中 6.2 和 6.3 规定的条件下，车载充电机应能够为车载储能装置充电 车载充电机充电过程不应对车载储能装置及人员造成伤害	在 QC/T 895—2011 中 6.3 规定的电压以及频率范围条件下，开启车载充电机，使车载充电机输出额定功率
7	限压特性	车载充电机运行时，当输出电压达到限压设定值时，应自动限制其输出电压的增加	设定车载充电机输出限压值。开启车载充电机，使其在恒流状态下运行，调整负载电阻，使车载充电机输出电压增加，使输出电压逐步达到限压设定值
8	限流特性	车载充电机运行时，当输出电流达到限流设定值时，应自动限制其输出电流的增加	设定车载充电机输出限流值。开启车载充电机，使其在恒压状态下运行，调整负载电阻，使车载充电机输出电流增加，使输出电流逐步达到限流设定值

（续）

序号	技术要点	技术要求	对应试验方法
9	过压保护	车载充电机输入或输出电压大于过压保护值时，应关闭输出，并报警提示。故障排除后，应具备自动恢复功能	① 输入过压保护。在 QC/T 895—2011 中 6.3 规定的电压以及频率范围条件下，开启车载充电机，使其处于工作状态，调节车载充电机的输入电压使其大于输入过压保护值 ② 输出过压保护。给车载充电机输出端连接直流电子负载，在 QC/T 895—2011 中 6.3 规定的电压以及频率范围条件下，开启车载充电机，使其处于恒流工作状态，调节电子负载电压，使其逐步达到车载充电机直流过压保护值
10	欠压保护	车载充电机输入或输出电压小于欠压保护值时，应关闭输出，并报警提示。故障排除后，应具备自动恢复功能	① 输入欠压保护。在 QC/T 895—2011 中 6.3 规定的电压以及频率范围条件下，开启车载充电机，使其处于工作状态，调节车载充电机的输入电压使其低于输入欠压保护值 ② 输出欠压保护。在 QC/T 895—2011 中 6.3 规定的电压以及频率范围条件下，开启车载充电机，使其处于恒流工作状态，减小负载电阻，使车载充电机输出电压低于直流欠压保护值
11	短路保护	车载充电机在起动前，输出短路时，通电后应不起动，并报警提示；在工作的过程中，输出短路时，应关闭输出，并报警提示。故障排除后，车载充电机应能正常工作	① 起动前的短路保护试验。将车载充电机输出直流正负极进行短接，在 QC/T 895—2011 中 6.3 规定的电压以及频率范围条件下，开启车载充电机 ② 工作过程中的短路保护试验。在 QC/T 895—2011 中 6.3 规定的电压以及频率范围条件下，开启车载充电机，使其处于工作状态，将车载充电机输出直流正负极进行短接
12	过温保护	车载充电机温度采样点温度超过过温保护设定值时，应自动进入过温保护状态，并降低功率运行或停机。车载充电机温度恢复正常后，应具备自动恢复功能。	在 QC/T 895—2011 中 6.3 规定的电压以及频率范围条件下，开启车载充电机，使其处于工作状态，提高车载充电机温度监测点的温度，使其超过设定值
13	反接保护	对于输出端口未做防反处理的车载充电机，直流输出端与车载储能装置的正负极反接时，通电后应不起动，并报警提示。故障排除后，车载充电机应能正常工作	将车载充电机的输出正极与容性负载的负极相连、车载充电机输出负极与容性负载正极相连，在 QC/T 895—2011 中 6.3 规定的电压以及频率范围条件下，开启车载充电机
14	电位均衡和接地保护	车载充电机中人体可直接触及的可导电部分与电位均衡点之间的电阻不应大于 0.1Ω。车载充电机的接地点应有明显的接地标志	按 GB/T 18384.3—2001 中 6.4.2 的规定进行试验
15	断电保护	车载充电机应具备异常情况下快速切断供电电源的功能	在额定输入电压、额定输入频率的条件下，开启车载充电机，使其工作在额定负载状态，使车载充电机的输出短路，检查车载充电机是否具备切断输入电源的能力
16	低压供电功能	对于带有低压辅助电源的车载充电机，低压辅助电源应提供标称值为 12V 或 24V 的直流电压，其直流电压纹波系数应不大于 1%	在低压辅助电源输出端连接可调阻性负载电路（可调阻性负载需满足低压辅助电源从空载到满载调节要求），并在输出端连接示波器，开启车载充电机，读取并记录示波器所显示的最大峰-峰值以及直流输出电压平均值，计算得到纹波系数值

（续）

序号	技术要点	技术要求	对应试验方法
17	起动冲击电流	车载充电机的起动冲击电流（车载充电机输入电流）不应大于工作时输入电流最大值的150%	在额定输入电压、额定输入频率的条件下，开启车载充电机，使其工作在额定负载状态，使用示波器测量此开启过程中输入电流峰值
18	输出电压误差	车载充电机在恒压输出状态下运行时，其输出电压与设定电压的误差应不大于±1%	输出电压误差在车载充电机连接电阻性负载时测量。开启车载充电机，使其工作在恒压输出模式下，输出电压为车载充电机输出电压范围内的某设定值 U_{Z0}，调节车载充电机输入电压在额定值的±15%范围内变化、输出电流在空载到额定电流范围内变化时，测量车载充电机的实际输出电压 U_Z，按下式计算输出电压误差 $$\xi_U = \frac{U_Z - U_{Z0}}{U_{Z0}} \times 100\%$$ 式中，ξ_U 为输出电压误差；U_Z 为实际输出电压值（V）；U_{Z0} 为输出电压设定值（V）
19	输出电流误差	车载充电机在恒流输出状态下运行时，其输出电流与设定电流的误差应不大于±5%	输出电流误差在车载充电机连接电阻性负载时测量。开启车载充电机，使其工作在恒流输出模式下，输出电流为车载充电机输出电流范围内的某设定值 I_{Z0}，调节车载充电机输入电压在额定值的±15%范围内变化、输出电压在车载充电机输出电压范围内变化时，测量车载充电机的实际输出电流 I_Z，按下式计算输出电流误差 $$\xi_I = \frac{I_Z - I_{Z0}}{I_{Z0}} \times 100\%$$ 式中，ξ_I 为输出电流误差；I_Z 为实际输出电流值（A）；I_{Z0} 为输出电流设定值（A）
20	电压纹波系数	车载充电机的电压纹波系数应不大于±5%	按 GB/T 19826—2005 中 6.3.4 的规定进行试验
21	功率因数和充电效率	车载充电机在额定输入电压、额定负载的状态下，效率应不低于90% 车载充电机在额定输入电压、额定负载的状态下，功率因数应不低于0.92	在额定输入电压、额定频率的条件下，开启车载充电机，使其工作在满载状态下，使用功率计测量车载充电机的功率因数，记录车载充电机的输入有功功率和直流输出功率，计算得到车载充电机的充电效率
22	输出响应时间	车载充电机输出电压的上升时间应小于5s，超调量应小于10%。在接收到关机命令后，在300ms内电流降到10%以下、500ms内降到0A	在额定输入电压、额定频率的条件下，开启车载充电机，使其工作在恒压输出模式下，使用示波器测量车载充电机完全启动后，输出电压的上升时间、输出电压的上升峰值以及稳定值，输出电压上升时间以及计算得到的超调量应满足 QC/T 895—2011 中 6.5.6 的要求；当车载充电机收到关机命令后，输出电流的下降时间应满足 QC/T 895—2011 中 6.5.6 的要求
23	绝缘性能	车载充电机的绝缘性能应符合以下规定： ① 各独立电路与地（即金属外壳）之间的绝缘电阻应不小于10MΩ ② 无电气联系的各电路之间的绝缘电阻应不小于10MΩ	根据下栏中的表选取合适电压等级的绝缘电阻测试仪，测量车载充电机高压电路和其壳体之间、无电气联系的各电路之间的绝缘电阻

(续)

序号	技术要点	技术要求	对应试验方法
24	介电强度	车载充电机各独立电路与地（即金属外壳）之间、无电气联系的各电路之间，按照右栏所述进行介电强度试验，不应出现击穿或闪络现象	① 将通过固定电阻或参考点接地的电路断开（如果有） ② 在车载充电机未工作的状态下，在各独立电路与其壳体之间施加频率为（50±5）Hz 的正弦波形交流电压，试验电压等级根据下表选取，历时 1min ③ 在车载充电机未工作的状态下，在无电气联系的各电路之间施加频率为（50±5）Hz 的正弦波形交流电压，试验电压等级根据下表选取，历时 1min 注：在测试时，也可采用直流电压，试验电压为交流电压有效值的 1.4 倍，如下表括号内所示 	额定绝缘电压 U/V	绝缘电阻测试仪器的电压等级 /V	介质试验电压 /kV
---	---	---
$U \leq 63$	250	0.5（0.7）
$63 < U \leq 250$	500	2.0（2.8）
$250 < U \leq 500$	1000	2.0（2.8）
$500 < U \leq 750$	1000	$2U+1000$	
25	电气间隙和爬电距离	车载充电机的电气间隙和爬电距离应符合 GB/T 18488.1—2006 中表 3 的要求	① 电气间隙试验。使用游标卡尺（或等同测试仪器）测量两相邻导体或一个导体与相邻壳表面的最短距离，结果应符合左栏中的要求 ② 爬电距离试验。按 GB/T 16935.1—2008 中 6.2 的规定进行试验，试验结果应符合左栏中的要求
26	电磁抗扰性	车载充电机在运行过程中电磁抗扰性应符合 GB/T 18487.3—2001 中 11.3.1 的要求	依据 GB/T 18487.3—2001 中 11.3.1 测试
27	电磁骚扰性	车载充电机在运行过程中产生的电磁骚扰性应符合 GB/T 18487.3—2001 中 11.3.2 的要求	依据 GB/T 18487.3—2001 中 11.3.2 测试
28	谐波电流	① 输入单相电流小于或等于 16A 时，车载充电机产生的谐波电流含量应符合 GB 17625.1—2003 中 6.7.3.1 的要求 ② 输入单相电流大于 16A 时，车载充电机产生的谐波电流含量以及总谐波畸变率应符合 GB/Z 17625.6 中 6.7.3.2 的要求	① 输入单相电流小于或等于 16A 时，车载充电机产生的谐波电流含量应按 GB 17625.1—2003 中 6.2 的规定执行 ② 输入单相电流大于 16A 时，车载充电机产生的谐波电流含量和总谐波畸变率试验应按 GB/Z 17625.6—2003 中第 7 章的规定执行
29	耐振动性能	车载充电机按右栏所述进行扫频振动试验，试验后，零部件应无损坏，紧固件应无松脱现象，且应能正常工作	车载充电机处于不工作状态，使其承受上下、左右、前后三个方向的扫频振动试验，每一方向试验时间为 8h，扫频振动试验条件按照以下要求进行 | 频率 /Hz	振幅 /mm	加速度 /(m/s²)	扫频速率 /(oct/min)	每一方向试验时间 /h
---	---	---	---	---
10～25	1.2		1	8
25～500		30			 注 1. 表中的振幅和加速度适用于"Z"和"Y"方向，对于"X"和"Y"方向其振幅和加速度值可以除以 2 2. 振动试验时的"Z"方向规定为：与汽车的垂直方向平行的方向
30	耐冲击性能	车载充电机按右栏所述试验后，其性能不应降低，不因永久或暂时变形而使带电部分和外壳相接触	处于不工作状态的车载充电机，承受峰值加速度为 500m/s²、标称脉冲持续时间为 18ms 的半正弦脉冲冲击

（续）

序号	技术要点	技术要求	对应试验方法
31	耐工业溶剂性能	车载充电机按右栏所述进行试验，试验后不应出现腐蚀缺陷	车载充电机在不工作状态下，至少使用三种下表规定的试剂涂抹充电机外表面。溶剂种类、试件存放温度及润渍持续时间按下表的规定进行 | 溶剂种类	试件存放温度/℃	润渍持续时间/h
---	---	---
制动液	65	48
防冻液	65	48
室内清洁剂	65	48
玻璃清洗剂	室温	48
其他试剂	室温	48	
32	IP防护等级	车载充电机的IP防护等级应符合QC/T 413—2002中3.6的规定，具体防护等级按照车身布局的要求来设定，最低不应低于IP20B	① 防尘试验。按GB 4208—2008中第13章的规定进行试验 ② 防水试验。按GB 4208—2008中第14章的规定进行试验
33	防盐雾性能	车载充电机应能经受右栏所规定的盐雾试验，在试验结束并静置后应能正常工作	按GB/T 2423.17—2008的规定进行试验。试验持续时间为48h。试验结束后，车载充电机在QC/T 895—2011中7.1.1规定的环境条件下放置1～2h
34	噪声	按照右栏所述测得车载充电机及其冷却系统的工作噪声最大值应不大于65dB（A）	在额定负载和周围环境噪声不大于40dB的条件下，在距噪声源水平位置1m，离地面高度1～1.5m处测量车载充电机的工作噪声
35	平均无故障间隔时间	车载充电机的平均无故障间隔时间不应小于8750h（置信度为85%）	

QC/T 895—2011《电动汽车用传导式车载充电机》解决了汽车行业标准有无的问题，但近几年的技术发展使得该标准无法适应新变化，技术内容无法满足目前电动汽车和充电设施的技术要求，需要改进与完善。

2.6.2 电动汽车用电动助力转向装置

电动助力是指依靠电动机提供辅助转向力，除了电动汽车，电动助力还完全适用于内燃机汽车。相对于液压助力系统，电动助力的优势很明显，其不但动力系统简单，而且具有响应速度快、助力灵敏度高、控制简单等特点。

QC/T 1081—2017《汽车电动助力转向装置》规定了汽车电动助力转向装置的技术要求和试验方法。该标准适用于管柱助力式、小齿轮助力式、齿条助力式和循环球助力式等多种转向系统。该标准规定的电动助力转向装置工作电压为12V或24V，覆盖当前车辆电压平台，在电动汽车应用时，没有明显的特殊要求，因此不再赘述。

2.6.3 电动汽车用电动压缩机

电动汽车不同于内燃机汽车，为提高有限的车载能量利用效率，其最佳方式是采用独立于驱动电机系统之外的电动空调系统。电动压缩机是电动空调的主要部件，功率需求较大，会显著影响电动汽车的电能消耗，因此电动压缩机是电动空调进行整车匹配的核心。

GB/T 22068—2018《汽车空调用电动压缩机总成》规定了电动压缩机总成的一般要求、能效比、噪声、电动机和控制器、耐久性和电磁兼容性要求，见表2-108。

表 2-108 汽车空调用电动压缩机总成的技术要求和对应试验方法

序号	技术要点	技术要求	对应试验方法
1	制冷（热）量、输入功率、制冷（热）性能系数	电动压缩机总成的实测制冷（热）量应不小于名义制冷（热）量的95%，实测输入功率应不大于名义输入功率的110%。电动压缩机总成的实测制冷（热）性能系数不小于明示值的95%，且应不小于下表规定的数值。对于不带驱动控制器的电动压缩机总成制冷（热）性能系数不小于下表规定值的110% 	适用额定电压等级	测试电压/V	压缩机转速/(r/min)	制冷性能系数/(W/W)	制热性能系数/(W/W)	
				热泵型	低温热泵型
12~120V	额定电压	设计名义转速	2.1	2.6	2.3
144~800V			2.2	2.7	2.5		在技术要求限值规定的名义工况下，按 GB/T 5773 的规定进行试验，分别测定电动压缩机总成的制冷（热）量、输入功率和制冷（热）性能系数
2	噪声	电动压缩机总成的单点最大噪声实测值应不大于下表的规定 | 名义转速范围/(r/min)	<2000	≥2000~3000	≥3000~4000	≥4000~5000	≥5000~6000	≥6000~7000	≥7000
噪声值/dB(A) A类	70	74	77	78	82	85	88
B类	72	76	78	80	85	90	93
C类	74	78	80	82	86	91	94		将电动压缩机总成安装到半消声室特定的台架上。电动压缩机总成的接口和置于室外的制冷剂管路连接起来组成试验回路，以及接上规定的电源。起动压缩机，使电动压缩机总成噪声性能测试系统达到 GB/T 22068—2018 中表7规定的工况 将噪声测量仪表放置在电动压缩机总成几何中心为原点的笛卡儿坐标上，分别距离压缩机的水平侧部、水平后部及上部300mm处，按 JB/T 4330 的规定进行噪声测试，并记录噪声值
3	激振力	在转速允许的范围内，电动压缩机总成水平前后、水平左右、垂直三个方向的实测激振力应不大于下式的计算值。 $$F_{max} = kn$$ 式中，F_{max} 为最大允许激振力（N）；k 为激振系数（N·min/r）；n 为压缩机的转速（r/min）	将电动压缩机总成通过钢过渡支架固定在带有三轴向力传感器的激振力测试台上，过渡支架的重量应不大于2kg 电动压缩机总成安装方向与实车相同，三轴向支座平面应垂直于压缩机总成安装方向。垂直方向为Z轴，压缩机总成轴线方向为Y轴，垂直于压缩机总成轴向的方向为X轴 将电动压缩机总成连接到测试用替代制冷系统上，按照 GB/T 22068—2018 中表8规定的工况运转，工况稳定后记录所测定的激振力
4	电动压缩机本体部分	① 内部清洁度。电动压缩机本体部分的内部清洁度应符合以下要求： a. 电动压缩机本体部分的内部杂质总质量应不大于下表的规定值 b. 电动压缩机本体部分的内部最大杂质颗粒直径应不大于 0.5mm 	电动压缩机总成类别	A类	B类	C类
内部杂质总质量/mg	30	35	80	 ② 内部含水率。电动压缩机本体部分的内部含水率应不大于 1.5×10^{-3} ③ 密封性。电动压缩机本体部分的总泄漏量应不大于 14g/a ④ 耐压强度。电动压缩机本体壳体及电机引出线端子应无泄漏和异常变形 ⑤ 耐振动性。耐振动性试验后，电动压缩机本体应符合 GB/T 22068—2018 中 5.6.5 的要求 ⑥ 热循环。分别进行高温、耐低温和温度交变试验后，封闭吸、排气口的电动压缩机本体部分应符合 GB/T 22068—2018 中 5.6.6 的要求	① 内部清洁。按 GB/T 21360 规定的方法测定 ② 内部含水率。按 GB/T 21360 规定的方法测定 ③ 密封性试验。按 GB/T 21360 规定的方法测定 ④ 耐压强度试验。按 GB/T 21360 规定的方法测定 ⑤ 耐振动性试验。将电动压缩机本体部分通过支架夹具安装到振动试验台上，按照 GB/T 22068—2018 中表9的试验条件设定参数后进行耐振动性能试验。试验完毕后，进行密封性、电动机定子绕组对外壳绝缘电阻、耐电压、制冷（热）量、输入功率和噪声试验，并将试验结果与耐振动性试验前测定的制冷量、输入功率、噪声试验结果进行比较 ⑥ 热循环试验。热循环试验需要进行耐高温、耐低温、温度交变三项试验

（续）

序号	技术要点	技术要求	对应试验方法
4	电动压缩机本体部分	⑦ 交变湿热性能。交变湿热性能试验后，封闭吸、排气口的电动压缩机本体部分应符合 GB/T 22068—2018 中 5.6.7 的要求 ⑧ 耐腐蚀性。耐腐蚀性试验后，电动压缩机本体部分应符合 GB/T 22068—2018 中 5.6.8 的要求 ⑨ 电动机定子绕组对外壳的绝缘电阻。电动定子绕组对外壳的绝缘电阻满足 GB/T 22068—2018 中 5.6.9 的要求 ⑩ 电动机定子绕组对外壳的耐压性。电动机定子绕组对外壳的绝缘应能承受下表中规定的试验电压和漏电流，绝缘应无击穿、闪络和飞弧 对产品进行出厂检验时，1min 电压持续试验时间可用 1s 试验代替，但试验电压值为下表中规定的 120% | 额定电压 U_N/V	试验电压（有效值）/V	电源功率/kVA	电源频率/Hz	电压持续时间/s	漏电流/mA
---	---	---	---	---	---
≤ 60	500	1	50～60 正弦波	60	≤ 5
> 60～125	1000				≤ 10
> 125～250	1500				≤ 10
> 250～500	2000				≤ 20
> 500	1000+2U_N				≤ 25	 ⑪ 外壳防护等级。电动压缩机本体部分的防护等级为 IP54。外壳防护等级试验后，复测电动压缩机本体部分的耐电压性能应符合 GB/T 22068—2018 中 5.6.10 的要求	⑦ 交变湿热试验。将电动压缩机本体部分放入恒温恒湿箱中，按 GB/T 2434.34—2012 规定的方法在 -10～65℃ 之间进行 10 个循环的温度/湿度组合循环试验、每个循环为 24h，在每个循环周期内的温度和湿度的变化情况如 GB/T 2434.34—2012 中图 2a 所示 ⑧ 耐腐蚀性试验。将封闭吸、排气口的电动压缩机本体部分放入盐雾箱中，按 GB/T 2434.17 规定的方法试验，试验时间为（72±2）h ⑨ 电动机定子绕组对外壳的绝缘电阻试验。采用兆欧表或专用绝缘电阻测量仪测量电动压缩机本体的电动机定子绕组每个出线端对外壳的绝缘电阻，根据被测定子绕组的额定电压选择兆欧表或专用绝缘电阻测量仪的电压值，应符合 GB/T 22068—2018 中表 10 的规定。绝缘电阻测量后，被测定子绕组应对地充分放电 ⑩ 电动机定子绕组对外壳的耐电压试验。电动压缩机本体的电动机定子绕组对外壳的耐电压试验按 GB/T 18488.2 规定的方法进行，试验时应先将定子绕组三相线出线端互相短接，根据被测定子绕组的额定电压选择符合 GB/T 22068—2018 中表 6 规定的试验电压，测量电压的有效值应不大于规定值的 ±5%。试验不应重复进行，如用户提出要求，允许在安装后开始运行前进行一次试验，其试验电压值应不大于 GB/T 22068—2018 中表 6 规定电压的 80% ⑪ 外壳防护等级试验。将电动压缩机本体安装于在实际工作状态相似的工装中，按 GB/T 4208 规定的方法测试
5	驱动控制器	① 机械强度。驱动控制器壳体应不发生变形 ② 绝缘电阻。驱动控制器的绝缘电阻应不大于 50MΩ ③ 耐电压。驱动控制器应无击穿、闪络和飞弧 ④ 外壳防护等级。驱动控制器的防护等级分体型为 IP 54，外壳防护等级试验后，复测驱动控制器的绝缘电阻应符合 GB/T 22068—2018 中 5.7.2 的规定，复测驱动控制器的耐电压性能应符合 GB/T 22068—2018 中 5.7.3 的规定 ⑤ 耐振动性。耐振动性试验后，驱动控制器应符合 GB/T 22068—2018 中 5.7.5 的规定 ⑥ 热循环。热循环试验后，驱动控制器应符合 GB/T 22068—2018 中 5.7.6 的要求 ⑦ 交变湿热。交变湿热试验后，驱动控制器应符合 GB/T 22068—2018 中 5.7.7 的规定	① 机械强度。将 10cm×10cm 面积大小、重 20kg 的重物放在驱动控制器外壳上，检查驱动控制器外壳的变形情况 ② 绝缘电阻。采用兆欧表或专用绝缘电阻测量仪测量驱动控制器各出线端的绝缘电阻。试验时驱动控制器内的电源开关和接触器置于接通状态，对于不能承受兆欧表高压冲击的电器元件（如浪涌抑制器、半导体元件及电容器等）应将其接通或断开。根据被测线路的额定电压选择兆欧表或专用绝缘电阻测量仪的电压值，应符合 GB/T 22068—2018 中表 10 的规定。绝缘电阻测量后，被测线路应对地充分放电 ③ 耐电压。驱动控制器按 GB/T 18488.2 规定的方法进行耐压试验，测量时并联短接后的高压端对外壳、并联短接后的低压端对外壳分别测量 根据被测线路额定电压选择符合 GB/T 22068—2018 中表 6 规定的试验电压，测量电压的有效值应不大于规定值的 ±5% 试验不应重复进行，如用户提出要求，允许在安装后开始运行前进行一次试验，其试验电压值应不大于 GB/T 22068—2018 中表 6 规定电压的 80%

（续）

序号	技术要点	技术要求	对应试验方法
5	驱动控制器	⑧ 耐腐蚀性。耐腐蚀性试验后，驱动控制器经表面防腐处理的钢件表面不应有大于10%面积的红锈，且表面无气泡、蠕变、黏着及功能丧失，驱动控制器应能正常工作。并且，外壳防护等级应符合 GB/T 22068—2018 中 5.7.4 的规定。 ⑨ 温升。温升试验后，驱动控制器各部位的温升应符合 GB/T 18488.1 规定的限值要求	④ 外壳防护等级。将驱动控制器、接插件及对接件安装于与实际工作状态相似的工装中，按 GB/T 4208 规定的方法测试 ⑤ 耐振动性。将驱动控制器、接插件及对接件安装于与实际工作状态相似的工装中，将工装安装在振动试验台的平台上，工作和驱动控制器的重心应在振动的中心轴上，按 GB/T 22068—2018 中表 11 给出的工况进行振动试验 ⑥ 热循环试验。热循环试验需要进行耐高温、耐低温、温度交变三项试验 ⑦ 交变湿热性能。将驱动控制器、接插件及对接件放入恒温恒湿箱中，按 GB/T 2434.34—2012 规定的方法在 -10～65℃ 之间进行 10 个循环的温度/湿度组合循环试验、每个循环为 24h，在每个循环周期中的温度和湿度的变化情况如 GB/T 2434.34-2012 中图 2a 所示 ⑧ 耐腐蚀性。将驱动控制器放入盐雾箱中，按 GB/T 2434.17 规定的方法试验，试验时间为（72±2）h ⑨ 温升。在电动压缩机总成进行性能试验过程中，同时按 GB/T 22068—2018 中附录 A 规定的方法测试驱动控制器各部位的温升
6	耐久性	耐久性试验后，电动压缩机总成应无异常，试验后电动压缩机总成应符合以下要求： ① 外部各面无裂纹和损坏，螺栓无松动或损坏 ② 电动压缩机的总泄漏量不大于 14g/a ③ 电动机定子绕组对外壳绝缘电阻试验应符合 GB/T 22068—2018 中 5.6.9 的规定 ④ 耐电压试验应符合 GB/T 22068—2018 中 5.6.10 的规定 ⑤ 按 GB/T 22068—2018 中表 2 的工况复测，电动压缩机总成的实测制冷（热）量不小于耐久性试验前实测值的 90%，实测制冷（热）性能系数不小于耐久性试验前实测值的 82% ⑥ 无异常噪声，电动压缩机总成的噪声增加不大于 3dB（A） ⑦ 外壳防护等级符合 GB/T 22068—2018 中 5.7.4 的规定	将电动压缩机总成安装在压缩机耐久性试验台上，按 GB/T 21360 规定的试验方法试验。对于单冷型、热泵型电动压缩机总成，耐久性试验工况按 GB/T 22068—2018 中表 12 进行；对于低温热泵型电动压缩机总成，耐久性试验工况按 GB/T 22068—2018 中表 13 进行
7	电磁辐射抗扰性	在 GB/T 17619 规定的抗扰性限值下，电动压缩机总成在正常使用条件下应能正常工作	按 GB/T 17619 规定的方法进行试验。可采用自由场法、TEM 小室法或大电流注入法，也可按照与用户协商后双方认可的方法进行试验
8	电瞬变传导抗扰性	在 GB/T 21437.2 和 GB/T 21437.3 中规定的脉冲种类和 Ⅲ 级抗扰性限值下，电动压缩机总成在正常使用条件下应能正常工作	按 GB/T 21437.2 和 GB/T 21437.3 规定方法或按与用户协商后双方认可的方法进行试验
9	静电放电抗扰性	在 GB/T 19951—2005 规定的 Ⅲ 级抗扰性限值下，电动压缩机总成在正常使用条件下应能正常工作	按 GB/T 19951—2005 规定的方法进行试验
10	电磁骚扰性	电动压缩机总成在正常使用条件下工作产生的传导骚扰应符合 GB/T 18655 规定的零部件传导骚扰限值的要求 电动压缩机总成在正常使用条件下工作产生的辐射骚扰应符合 GB/T 18655 规定的零部件辐射骚扰限值的要求	按 GB/T 18655 规定的方法进行试验

2.6.4 电动汽车用电动真空泵

与内燃机汽车不同，电动汽车需要独立的真空源。电动真空泵是由电机驱动为汽车制动系统中的真空助力伺服装置提供独立真空源的装置。制动系统是涉及行车安全的重要内容，因此电动真空泵的可靠性尤为重要。

我国制定了 QC/T 1004—2015《汽车电动真空泵性能要求及台架试验方法》，为电动真空泵提供统一的测试和评价方法。符合该标准的电动真空泵可适用于电动汽车，同时也可应用于传统内燃机汽车。汽车电动真空泵性能要求及台架试验方法见表 2-109。

表 2-109 汽车电动真空泵性能要求及台架试验方法

序号	技术要点	技术要求	对应试验方法
1	基本性能	① 电动真空泵在不同试验环境温度下达到不同真空度的抽气时间应满足以下要求 	试验项目	真空度/kPa	抽气时间/s
---	---	---
常温性能	-50	≤ 5.5
	-66.7	≤ 12
	-80	≤ 23
高温性能	-50	≤ 6
	-66.7	≤ 13
	-80	≤ 23
低温性能	-50	≤ 7
	-66.7	≤ 15
	-80	≤ 30 | ② 电动真空泵在常温下所能达到的最大真空度不应低于 -86kPa	基本性能试验装置示意如下图所示 1—截止阀　2—真空罐　3—压力表　4—单向阀 5—直流稳压电源　6—开关　7—电动真空泵 ① 常温性能。将被试样品通过固定支架固定安装在电动真空泵基本性能试验台上，如上图所示。按产品技术文件要求连接相关管路和电路，起动电动真空泵，分别记录达到左栏表中规定的真空度的抽气时间和所能达到的最大真空度 ② 低温性能 a. 样品安装和相关管路、电路连接同常温性能试验 b. 将高低温试验箱的试验温度设置为 -40℃，起动高低温试验箱，待达到规定温度后，再在此温度下放置 8h，然后起动电动真空泵，分别记录达到左栏表中规定的真空度的抽气时间 ③ 高温性能。除高低温试验箱的温度为 120℃外，其余同低温性能试验
2	工作耐久性	工作耐久性试验后，任何零件不应损坏，其基本性能应满足上栏中的常温性能要求	工作耐久性试验包括常温耐久性、高温耐久性、低温耐久性，单个循环的试验顺序和试验条件如下： | 试验项目		环境温度/℃	真空度/kPa 开始	真空度/kPa 停止	试验周期/s	试验次数/万次
---	---	---	---	---	---	---
常温耐久性	干式电动真空泵	20±15	-50±5	-70±5	20±5	2.5
	湿式电动真空泵					3.5
高温耐久性	干式电动真空泵	120±2				0.25
	湿式电动真空泵					0.75
低温耐久性	干式电动真空泵	-40±2			25±5	0.25
	湿式电动真空泵					0.75	 ① 样品安装和相关管路、电路连接同常温性能试验 ② 在达到规定环境温度后，起动电动真空泵，按上表的规定试验条件进行耐久性试验，共进行 10 个循环 ③ 试验结束后，按常温性能试验进行常温基本性能复测，必要时解体样件，记录样件损坏情况

（续）

序号	技术要点	技术要求	对应试验方法
3	振动耐久性	振动耐久性试验后，任何零件不应损坏，其基本性能应满足上栏中的常温性能要求	① 将被试样品通过固定支架按实车安装状态安装到振动试验台上，按产品技术文件要求连接相关管路和电路 ② 起动振动试验台，以 43m/s² 的加速度从 33.3～66.7Hz 沿垂直方向进行扫频试验，扫频周期为 15min，试验时间为 40h。同时真空泵按上栏表中规定的常温工作耐久性试验条件进行工作 ③ 试验结束后，按常温性能试验进行常温基本性能复测，必要时解体样品，记录样件损坏情况

4	耐腐蚀性	① 对表面处理为镀锌的样件，耐腐蚀性试验结束后，在任意 100cm² 内的有色铬酸盐物的生成物和黑色处理物的锈蚀面积不应大于 5cm²
		② 对表面处理为涂膜的样件，耐腐蚀性试验结束后，应满足以下要求：
		  a. 不应有膨胀、剥落和涂膜软化现象
		  b. 在任意 100cm² 内不应有一个以上面积大于 2cm² 的腐蚀物
			封堵被试样品的抽气口后，将样品放入盐雾试验箱内，按 GB/T 10125—1997 中的中性盐雾试验要求进行 144h（镀锌件为 96h）的连续喷雾试验。试验结束后，用不高于 40℃ 的清洁流水清洗，除去样品表面盐沉积物，然后在 2min 内用空气吹干，检查并记录表面防护层腐蚀情况

5	耗液量	对湿式电动真空泵，试验后的液态介质消耗量不应大于产品技术文件规定的初始加液量的 80%	① 在电动真空泵储液罐的加液口处，通过过渡接头安装一个滴定管，然后加入产品技术文件规定的液态介质至适当高度 ② 将样品安装到试验台上 ③ 起动电动真空泵，按 QC/T 1004—2015 中表 3 规定的常温工作耐久性试验条件连续进行 20000 次试验后，记录滴定管中液态介质的液面下降量，精确到毫升
6	噪声	电动真空泵在整个试验阶段的最大噪声值不应大于 74dB（A）	① 将被试样品通过固定支架按实车安装状态安装到试验台上 ② 起动电动真空泵，按常温耐久性试验条件进行运转，同时用声级计进行噪声测量。测量位置分别为电动真空泵的正上方及左、右两侧，声级计拾音头距电动真空泵泵体几何中心的距离为 0.3m。取三个测量点噪声测量值的算术平均值作为该工况下的噪声测量值 ③ 试验时，在测点方向距离样件表面 2m 范围内不应有任何障碍物，背景噪声不应大于 60dB(A)
7	防护等级	在封堵电动真空泵进排气口的情况下，电动真空泵外壳防护等级不应低于 GB/T 4942.1—2006 中的 IP56	—
8	电磁骚扰特性	电磁骚扰特性应至少满足 GB/T 18655—2010 中规定的零部件辐射骚扰限值等级 1 要求	在电动真空泵按 QC/T 1004—2015 中表 3 规定的常温耐久性试验条件进行工作的情况下，按 GB/T 18655—2010 中的 6.4 进行试验

2.6.5 绝缘栅双极型晶体管（IGBT）

在功率变换电路中，IGBT 起到高频开关的作用，可将直流电转换为交流电，是电机控制器电路中的核心器件。由于 IGBT 具有电压控制功耗低、控制电路简单、耐高压、承受电流大等特性，在电动汽车行业获得广泛应用。

汽车行业开始应用 IGBT 是在工业级产品的基础上，由芯片企业通过一系列测试、筛选而来的，此后开始供应汽车级 IGBT 模块。但需要对汽车级进行定义，传统工业通用 IGBT 功率不大，其标准只提供了工业应用的基本测试项目和方法，没有考虑汽车应用的需求。对于汽车企业来说，需求的 IGBT 产品形式为封装后的 IGBT 模块，因此需要对封装模块级别的产品进行测试评价。在此基础上，我国制定了汽车行业标准 QC/T ××××× —××××《电动汽车用绝缘栅双极晶体管（IGBT）模块环境试验要求和试验方法》，其内容见表 2-110。

表 2-110 电动汽车用绝缘栅双极晶体管（IGBT）模块环境试验要求和试验方法

序号	项目	试验目的	试验条件	试验方法	试验程序
1	高温阻断试验	在规定试验条件下，检验 IGBT 器件 C、E 之间在长期高温下的电气稳定性	电压：$V_{CE}=(0.8\sim0.9)V_{CES}$，$V_{GE}=0$V 温度：$T_j=T_{jop\_max}$ 时间：≥ 1000h	试验方法按 GB/T 29332 执行	① 试验前对样品进行编号，按照 GB/T 29332 对样品电参数进行测试并记录数据 ② 将样品进行 G、E 短接，按照 GB/T 29332 接线方法将 DUT 接入测试回路 ③ 设置规定的试验电压及温度，当达到设定值后，试验开始计时并实施 ④ 试验时间到后，关闭直流电源及烘箱，取出样品自然冷却至室温 ⑤ 在 24～48h 之内，按照 GB/T 29332 对样品电参数进行测试
2	高温栅极偏置	在规定试验条件下，检验 IGBT 器件 G、E 之间在长期高温和电压状态下的电气稳定性	电压：$V_{GE}=\pm V_{GES}$ 温度：$T_j=T_{jop\_max}$ 时间：≥ 1000h	试验方法按 GB/T 29332 执行	① 试验前对样品进行编号，按照 GB/T 29332 对样品电参数进行测试并记录数据 ② 将样品进行 C、E 短接，按照 GB/T 29332 接线方法将 DUT 接入测试回路 ③ 设置规定的试验电压及温度，当达到设定值后，试验开始计时并实施 ④ 试验时间到后，关闭直流电源及烘箱，取出样品自然冷却至室温 ⑤ 在 24～48h 之内，按照 GB/T 29332 对样品电参数进行测试
3	高温高湿阻断试验	在规定试验条件下，检验 IGBT 模块带电抵御高温高湿恶劣环境的能力	电压：$V_{CE}\geq 0.8V_{CES}$，$V_{GE}=0$V 湿度：85%RH 温度：85℃ 时间：≥ 1000h 注：如无法满足以上要求，可按 $V_{CE}=80$V 测试，以上测试条件供需双方认可	试验方法按 GB/T 2423.50 执行	① 试验前对样品进行编号，按照 GB/T 29332 对样品电参数进行测试并记录数据 ② 将样品进行 G、E 短接，按照 GB/T 29332 接线方法将 DUT 接入测试回路 ③ 将接好线的 DUT 放置于恒温恒湿箱中，设置规定的试验电压、温度及湿度，当达到设定值后，试验开始计时 ④ 试验时间到后，关闭直流电源及恒温恒湿箱，取出样品自然冷却至室温，静置 2h 以上 ⑤ 在 24～48h 之内，按照 GB/T 29332 对样品电参数进行测试
4	功率循环试验	在规定试验条件下，检验 IGBT 模块频繁键合线变化及焊料在频繁温变下的电气性能、热性能以及机械性能	条件 1： 起始温度：$T_{jop\_max}-100$℃ 温度：$\Delta T_j=100$℃ 负载电流：第一循环$\geq 0.85I_{CN}$，第二循环$\leq 0.85I_{CN}$ 循环：≥ 30000 次 循环时间：$t_{on}\leq 5$s，$t_{off}\leq 15$s	试验方法按 IEC 60749-34 执行	① 试验前对样品进行编号，按照 GB/T 29332 对样品电参数进行测试并记录数据 ② 按照 GB/T 29332 接线方法将 DUT 接入试验回路，并将 DUT 固定在散热器上，安装完毕后，检查双方线路

275

（续）

序号	项目	试验目的	试验条件	试验方法	试验程序
4	功率循环试验	在规定试验条件下，检验模块键合线及焊料在频繁温度变化条件下的电气性能、热性能以及机械性能	寿命终止判断：V_{CEsat} 增加 ≥ 5%，V_F 增加 ≥ 5%，R_{th} 增加 ≥ 20% 条件1 循环图（T_{jop_max}，$T_{jop\_max}-100$，≤5s，≤15s，循环） 条件2： 起始温度：$T_{jop\_max}-100℃$ 温度：$\Delta T_j = 100℃$ 负载电流：第一循环 ≤ $0.85I_{CN}$，第二循环 ≤ $0.85I_{CN}$ 循环时间：$1.5min \leq t_{on}$，$t_{off} \leq 4.5min$ 循环：≥ 10000 次 寿命终止判断：V_{CEsat} 增加 ≥ 5%，V_F 增加 ≥ 5%，R_{th} 增加 ≥ 20% 条件2 循环图（T_{jop_max}，$T_{jop\_max}-100$，≤1.5min，≤4.5min，循环）	试验方法按 IEC 60749-34 执行	③ 给 DUT 施加小的电流，确认试验台及试验回路是否工作正常 ④ 确认冷却水温，按试验条件施加大的电流及设定冷却水温，依次分别反复调节使其达到规定的试验条件1和条件2 ⑤ 试验过程中需要监控 V_{CEsat}、V_F 和 R_{th}，当 V_{CEsat} 增加 ≥ 5%，V_F 增加 ≥ 5%，R_{th} 增加 ≥ 20% 任一条件满足时终止试验，并记录循环次数 ⑥ 在 24～48h 之内，按照 GB/T 29332 对样品电参数进行测试

序号	项目	目的	工况循环	试验方法	试验步骤
5	温度冲击试验	在规定试验条件下，检验模块封装结构和材料在高低温循环变换条件下的电气及热性能	温度：$T_{\text{stgmin}} \sim T_{\text{stgmax}}+10℃$ 循环：≥1000次 高温存储时间：≥30min 低温存储时间：≥30min 温度转换时间：>5s且<30s	试验方法按GB/T 2423.22执行	① 试验前对样品进行编号，按照GB/T 29332对样品电参数进行测试并记录数据 ② 将样品放置在温度冲击试验箱中 ③ 根据要求的试验参数设置好高低温、驻留时间以及循环次数等参数后实施试验 ④ 试验结束后，24～48h内完成样品的参数测试
6	温度循环试验	在规定试验条件下，检验模块材料在高低温循环变换条件下的电气及热性能	温度：$T_{\text{stgmin}} \sim T_{\text{stgmax}}+10℃$ 循环：≥1000次 高温存储时间：≥30min 低温存储时间：≥30min 温度变换速率：≥18℃/min	试验方法按GB/T 2423.22执行	① 试验前对样品进行编号，按照GB/T 29332对样品电参数进行测试并记录数据 ② 将两部温度分别调温至规定的高温及低温条件 ③ 将试件置于低温柜中，并依规定之驻留时间进行保温 ④ 将试件移于高温柜中，并依规定的驻留时间进行保温 ⑤ 高、低温转移时间依试验条件规定执行 ⑥ 按规定循环次数重复④、⑤步骤 ⑦ 试验结束后，24～48h内完成样品的参数测试

（续）

序号	项目	试验目的	试验条件	试验方法	试验程序
7	高温储存试验	在规定试验条件下，检验IGBT模块在持续高温下的电性能稳定性	温度：$T_a = T_{stgmax}$ 时间：≥1000h	试验方法按GB/T 2423.2执行	①试验前对样品进行编号，按照GB/T 29332对样品电参数进行测试并记录数据 ②按规定设定好试验温度，将产品置于高温托盘上，放置于高温烘箱中 ③高温烘箱开始升温，到达设定温度，开始计时 ④试验时间到后，关闭高温烘箱，取出样品自然冷却至室温 ⑤在24~48h之内，按照GB/T 29332对样品电参数进行测试
8	低温储存试验	在规定试验条件下，检验IGBT模块在持续低温下的电性能稳定性	温度：$T_a = T_{stgmin}$ 时间：≥1000h	试验方法按GB/T 2423.1执行	①试验前对样品进行编号，按照GB/T 29332对样品电参数进行测试并记录数据 ②按规定设定好试验温度，将样品放置于低温试验箱中 ③低温箱开始降温，当到达设定温度，开始计时 ④试验时间到后，关闭低温箱，取出样品升温至室温 ⑤在24~48h之内，按照GB/T 29332对样品电参数进行测试
9	锡焊焊接温度测试	在规定试验条件下，检验焊接端子在承受较高焊接温度时，承受热效应的能力	温度：(260±5)℃ 时间：(10±1)s	试验方法按GB/T 2423.28执行	①试验前对样品进行编号，按照GB/T 29332对样品电参数进行测试并记录数据 ②将焊锡炉升温至规定温度 ③待焊锡中焊锡完全熔化后，将接焊端子浸入焊锡中规定的时间 ④将进行过焊接的样品静置于室温环境1h以上 ⑤在24h之内，按照GB/T 29332对样品电参数进行测试
10	锡焊焊接性试验	在规定试验条件下，检验焊接端子的上锡焊接效果	温度：(235±5)℃ 等级：老化等级3	试验方法按GB/T 2423.28执行	①试验前对样品进行编号 ②将焊锡炉升温至规定温度 ③待焊锡中焊锡完全熔化后，将接焊端子浸入焊锡中规定的时间 ④取出样品，将接焊端子放在放大镜下观察，计算上锡面积是否满足依照GB/T 2423.28规定，要求

2.6.6　电动汽车用 DC/DC 变换器

DC/DC 变换器是一种将某个直流电压值变换为其他直流电压值的装置，是应用现代电力电子技术的直流开关电源。DC/DC 变换器是电动汽车区别于传统燃油汽车的关键部件之一，电动汽车通常有三种类型的 DC/DC 变换器，一是用于驱动电机系统的驱动型高功率 DC/DC 变换器，其将动力电池电压变换到驱动电机系统所需电压平台，再通过电机控制器输出交流电，从而为驱动电机供电，该类型变换器是涉及动力电池和驱动电机两大系统的关键部件。另一种是用于低压电路供电作为低压电源的小功率 DC/DC 变换器，或者作为变换至任意直流电压的辅助部件小功率电源。第三种是用于直流充电或放电的高功率 DC/DC 变换器，其将外部直流充电柜电压提升至高于车辆电池电压，为动力电池充电；或将动力电池电压降压至充电柜或其他用电设备需求电压，实现车辆对外直流放电。

与其他电器设备一样，DC/DC 变换器的应用需要高可靠性、高体积密度、高质量密度、低的价格和好的电气性能。DC/DC 变换器的电气性能包括输入特性、输出特性、附加功能、电磁兼容性和噪声容限。输入特性包括电源电压额定值及其变换范围，输入电流额定值及其变换范围，输入冲击电流，输入电压的突然下降或瞬时断电，输入漏电流等。输出参数有额定输出电压、电流，输出电压可变范围，输出电流变换范围和输出电压的纹波。输出电压的稳定精度是直流开关电源的重要技术指标，输入电压的变化、负载电流的变化、工作环境温度的变化和工作时间的增长都会使输出电压发生变化。稳压精度包括负载效应和源效应。变换器还应有输出过电压、欠电压、过电流和过热保护功能，以免损坏用电设备。DC/DC 变换器的开关器件具有较大的 dU/dt，会产生较大的电磁辐射，因此变换器还应具有良好的电磁兼容性，以避免对其他部件及自身造成影响。变换器还应具有较高的电能转换效率、低的噪声及较高的绝缘性能等。

在标准方面，我国制定了 GB/T 24347—2009《电动汽车 DC/DC 变换器》，该标准充分借鉴了国外已有的其他类型的 DC/DC 变换器标准或标准草案，参考了 GB/T 19596—2004《电动汽车术语》、JB/T 10635—2006《小功率电流电压变换器　通用技术条件》、MT/T 863—2000《矿用直流电源变换器》、QJ 1228B—2004《模块式 DC/DC 电源变换器系列》的相关内容。国际上没有电动汽车用 DC/DC 变换器专用标准，制定我国国家标准时，参考了美国保险商试验室协会的标准 UL 458—2006《地面车辆和航船用的电源变换器/逆变器和电源变换器/逆变器系统》，国际电工委员会的标准 IEC 61287-1：1995《车载电源变换器　第 1 部分：特性和试验方法》，以及以 IEC 为基础制定的日本工业标准 JIS E 5008：1999《铁道车辆用电源变换装置的特性及试验方法》。

电动汽车 DC/DC 变换器的技术要求和对应试验方法见表 2-111。

表 2-111　电动汽车 DC/DC 变换器的技术要求和对应试验方法

序号	技术要点	技术要求	对应试验方法
1	温度	工作环境温度为 -20 ～ +60℃，储存温度为 -30 ～ +70℃	低温试验按 GB/T 2423.1 相关要求进行，试验温度选取为 -20℃，持续时间不小于 2h。试验过程中，DC/DC 变换器在正常工作状态 高温试验按 GB/T 2423.2 相关要求进行，试验温度选取为 +60℃，持续时间不小于 2h。试验过程中，DC/DC 变换器在正常工作状态

（续）

序号	技术要点	技术要求	对应试验方法
2	湿度	工作环境相对湿度为5%～95%（不结露）	湿度试验按QC/T 413—2002中3.11的规定进行，可进行两个循环；试验过程中，在0～45℃时，DC/DC变换器应处于工作状态
3	盐雾	产品应进行盐雾试验。试验后，产品的电气性能参数应符合产品标准的规定。产品的安装细节、试验后的恢复条件和其他判定要求应在产品标准中规定	按GB/T 2423.17中的有关规定进行。DC/DC变换器应处于正常安装状态。推荐试验持续时间为16h、24h、48h。试验结束，DC/DC变换器恢复1～2h后，检查其通电能否正常工作
4	耐振性	耐振性应满足QC/T 413—2002中3.12的要求	按QC/T 413—2002中3.12的规定进行
5	壳体机械强度	按照右栏所述的方法试验后，不发生明显的塑性变形	在DC/DC变换器壳体各表面任意30cm×30cm的面积上均匀地施加相当于100kg质量重物的力，观测表面的塑性变形情况
6	防护等级	产品防护等级应符合GB 4208—2008中IP55要求	按GB 4208—2008中IP55中方法试验
7	噪声	DC/DC变换器及其冷却系统的工作噪声应不大于70dB（A）	按QC/T 413—2002中4.4的规定进行
8	绝缘性能	DC/DC变换器中带电电路与地（外壳）之间的绝缘电阻，在环境温度为（23±2）℃和相对湿度为80%～90%时，不小于500Ω/V	在DC/DC变换器未工作情况下，在环境温度为（23±2）℃和相对湿度为80%～90%时，用1000V兆欧表（或其他具有相同功能和精度等级的仪器）对DC/DC变换器中带电电路与地（外壳）之间的绝缘电阻进行测量
9	耐电压性能	接线端子对地（外壳）和彼此无电连接的电路之间的介电强度，应能耐受DC 2000V（或额定电压+1500V）的试验电压1min 输入和输出引线应满足GB 14711—2006中5.7的要求	在DC/DC变换器未工作情况下，在环境温度为23℃±2℃和相对湿度为80%～90%时，用量程为DC 2000V（或额定电压+1500V）的耐电压测试仪对接线端子对地（外壳）和彼此无电连接的电路的漏电流进行测量
10	接地	按照右栏所述的方法试验后，电阻应不大于0.1Ω 接地点应有明显的接地标志	用精度为0.001Ω的万用表（或其他具有相同功能和精度等级的仪器）测量DC/DC变换器中能触及的金属部件与外壳接地点处的电阻
11	电气间隙和爬电距离	电气间隙和爬电距离应满足GB/T 18488.1—2006中表3的相关要求	使用千分尺或塞规，测量两相邻导体或一个导体与相邻壳表面的最短距离 按照GB/T 18384.1—2001中6.2的方法确认爬电距离
12	额定功率	在规定的环境条件、额定电压和连续工作情况下，DC/DC变换器达到稳定温升后可输出的最大功率应大于或等于铭牌中标出的额定功率值 注：额定功率即在规定的环境条件、额定电压和连续工作情况下，DC/DC变换器达到稳定温度后可输出的最大功率	使DC/DC变换器的输出电压值等于铭牌上的额定电压值，调整负载输出电流，使其与额定电压的乘积等于额定功率，在温度达到平衡后，可长时间持续工作，持续工作时间应不小于2h
13	峰值输出功率及持续时间	DC/DC变换器的过载输出功率不小于其额定功率的1.2倍；按照右栏所述的方法测量出的峰值持续运行时间，应不小于6min 注：峰值功率即在规定的环境条件下和规定时间内，DC/DC变换器可连续工作的最大功率	使DC/DC变换器的输出电压值等于铭牌上的额定电压值，调整负载输出电流，使其与额定电压的乘积等于额定功率的1.2倍，在规定的测量时间内可正常工作
14	电磁兼容	DC/DC变换器在运行过程中产生的传导干扰和辐射干扰不应超过GB 18655—2002中第12章和第14章规定的限值 DC/DC变换器在运行过程中抗干扰应满足GB/T 17619—1998中第4章的规定	① 按GB 18655—2002中第3章的测量方法进行电磁干扰测试 ② 按GB/T 17619—1998的测量方法和规定的抗扰性电平要求进行电磁抗扰性测试

(续)

序号	技术要点	技术要求	对应试验方法
15	可靠性	在额定负载或按照设定的循环工况运行条件下,DC/DC变换器无故障工作时间应不小于3000h	推荐的可靠性试验循环工况曲线(燃料电池大客车)示例如下图所示,i_P表示输出功率(P)与额定功率(P_e)的比值,试验循环数据见下表 每个循环试验时间为5.5h。其他车型应用的DC/DC变换器可靠性试验循环工况由制造商和用户协商确定 | 工况序号	i_P(%)	工况时间 t/min	累计时间 t/min | |---|---|---|---| | 1 | 20 | 30 | 30 | | 2 | 50 | 60 | 90 | | 3 | 20 | 30 | 120 | | 4 | 80 | 30 | 150 | | 5 | 100 | 120 | 270 | | 6 | 120 | 6 | 276 | | 7 | 50 | 24 | 300 | | 8 | 0 | 30 | 330 |
16	电流控制精度	对于恒流输出特性的DC/DC变换器在额定输出电流下的相对误差不大于2%	温度为(23±2)℃,相对湿度为80%~90%。按30%、60%和100%的额定功率测量
17	电压控制精度	对于恒压输出特性的DC/DC变换器在额定输出电压下的相对误差不大于1%	温度为(23±2)℃,相对湿度为80%~90%。按30%、60%和100%的额定功率测量
18	外观质量	① 变换器外表面应平整,无明显的划伤、变形等缺陷;表面涂镀层应均匀 ② 铭牌、标志安装端正牢固,字迹清晰 ③ 零部件紧固可靠,无锈蚀、毛刺、裂纹等缺陷和损伤	目测检查

近年来电动汽车市场的不断开拓,促使技术和产品不断升级变化,部分DC/DC变换器已从单一的车内部件逐渐向集成化转变,国家标准GB/T 24347—2009《电动汽车DC/DC变换器》不再全面适应,需要进行修改调整,以适应技术发展趋势。DC/DC变换的标准化具有显著的现实意义,DC/DC变换是电动汽车的核心技术之一,与国外相比,其核心器件及系统优化仍存在较大的不足和追赶空间。目前该标准正在修订中。

2.6.7 电动汽车用高压连接器与高压线束

电动汽车动力电池、驱动电机及控制器、高压配电系统及其他电力器件之间的连接承载着高压大电流传输的作用,其连接的可靠性、方便性及高压互锁和触电防护设计对于保证整车安全具有重要影响。

GB/T 37133—2018《电动汽车用高压大电流线束和连接器技术要求》规定了由电动汽车用高压大电流线束和连接器组成的高压连接系统的一般要求、电气性能、物理性能、环境适应性、电磁屏蔽效能、试验方法和检验规则。高压连接器与高压线束的技术要求和对应试验方法见表 2-112。

表 2-112 高压连接器与高压线束的技术要求和对应试验方法

序号	技术要点	技术要求	对应试验方法
1	外观	① 高压连接系统的外观上应清晰、牢固地标有产品基本信息 ② 高压连接系统的标记应符合 GB/T 18384.3—2015 中第 5 章的要求以及 GB/T 18384.3—2015 第 1 号修改单要求 ③ 高压连接系统易触及的表面应无毛刺、飞边及类似尖锐边缘 ④ 高压连接系统应无损伤、变形等缺陷	通过观察或手动试验对高压连接系统的外观进行检查
2	结构	① 高压连接系统的人员触电基本防护应满足 GB/T 18384.3—2015 中 6.2 的要求 ② 正常连接时,高压连接系统的防护等级应满足 IPXXD。若高压连接系统可不通过工具手动断开,则非连接状态的高压连接系统各部分防护等级应满足 IPXXB ③ 具有高压互锁功能的高压连接系统,系统的功率端子和信号/控制端子应满足: a. 高压连接系统连接时,功率端子先接通,信号/控制端子后接通 b. 高压连接系统断开时,信号/控制端子先断开,功率端子后断开 ④ 高压连接系统的电缆压接、螺纹连接、焊接等连接位置,应无松脱、断裂等连接缺陷 ⑤ 若高压连接系统带有屏蔽层,则屏蔽层应具有可接地结构	通过观察或手动试验对高压连接系统的结构进行检查
3	工作环境	① 高压连接系统工作环境的温度应满足下表要求 | 温度分级[a]	温度范围[b]	适用位置示例
---	---	---
T1	-40~+75℃	除 T2、T3 外的其他区域或位置
T2	-40~+105℃	乘员舱内阳光直射位置、舱外散热等位置
T3	-40~+125℃	靠近发动机、排气管或其他热源 | a 高压连接系统连接不同温度环境的部件时,应符合较严酷温度级别的相关要求 b 若产品在使用位置有隔热等措施,可协商调整温度范围 ② 高压连接系统应符合相对湿度为 5%~95% 的工作环境要求 ③ 高压连接系统应符合所连接高压部件的振动环境要求	
4	系统中的部件	高压连接系统中,高压连接器的部分要求见表 2-113,高压电缆的部分要求见表 2-114	

（续）

序号	技术要点	技术要求	对应试验方法
5	耐电压	高压连接系统导体与导体之间、导体与外壳之间、导体与屏蔽之间应能承受耐电压试验电压，无介质击穿或电弧现象	施加 GB/T 18384.3—2015 中 7.3.3.3 规定的试验电压，检查高压连接系统耐电压性能
6	绝缘电阻	高压连接系统导体与导体之间、导体与外壳之间、导体与屏蔽层之间的绝缘电阻应不小于 100MΩ	在高压连接系统的导体与导体之间、导体与外壳之间、导体与屏蔽层之间，依次施加规定的试验电压测量绝缘电阻，测量回路的直流电压为（1000±50）V。应读取稳定的绝缘电阻数值，如未达到稳定，则应在加压后的（60±5）s 内读取数值
7	温升	高压连接系统在正常连接工作时，系统各点温升不应大于 55K	对高压连接系统进行正常工作温升试验，试验不含互锁信号端子。试验电流为系统额定电流值，试验时间见 GB/T 11918.1—2014 中第 22 章 注：额定电流为高压连接系统正常工作电流的设计值，且不考虑短时工作的持续或峰值电流
8	设备防护等级	高压连接系统正常连接后，系统各连接部位的设备防护等级应满足下面的规定 | 密封分级 [a]	防护等级	适用场合示例
---	---	---
S1	IP67 和 IPX6	除 S2 外的其他位置
S2	IP6K9K、IPX7 和 IP68	底盘等位置较低处，高压水可到达位置 | [a] 高压连接系统连接不同使用场合的部件时，系统各部分可根据需要符合相应密封级别的相关要求	防护等级试验方法按 GB/T 30038 或 GB/T 4208
9	恒温储存	高压连接系统应按"工作环境"规定的温度上下限进行低温和高温储存试验，其中，T1 级高温储存试验温度为 +85℃。试验后，高压连接系统应满足"绝缘电阻"和"设备防护等级"的要求	低温和高温储存试验方法分别按 GB/T 28046.4—2011 中的 5.1.1.1 和 5.1.2.1
10	耐盐雾	高压连接系统应进行耐盐雾试验，试验周期为 48h，试验后，高压连接系统应满足"绝缘电阻""温升"和"设备防护等级"的要求	耐盐雾试验方法按 GB/T 28046.4—2011 中的 5.5.1
11	耐化学试剂	高压连接系统应进行耐化学试剂试验，试验后，高压连接系统应满足"绝缘电阻""温升"和"设备防护等级"的要求	耐化学试剂试验方法按 GB/T 28046.5—2013
12	随机振动	高压连接系统应进行随机振动试验，随机振动的严酷度限值及试验持续时间应符合 GB/T 28046.3—2011 的规定。试验中，对高压连接系统进行电路连续性监测，应无大于 1μs 的瞬断。试验后，高压连接系统应满足"绝缘电阻""温升"和"设备防护等级"的要求	随机振动试验方法按 GB/T 28046.3—2011
13	电磁屏蔽效能	具有电磁屏蔽特性的高压连接系统，屏蔽效能如下： | 屏蔽分级	屏蔽效能 /dB
---	---
E1	≥ 20，< 40
E2	≥ 40，< 60
E3	≥ 60		电磁屏蔽效能试验方法参见表 2-115

高压连接器的部分要求见表 2-113。

表 2-113 高压连接器的部分要求

序号	技术要点	技术要求
1	结构	① 高压连接器配合时，各导体端子应对应唯一的接触端子 ② 高压连接器在连接状态时应具有保持功能，机械保持机构动作时宜具有声音或视觉提示
2	可燃性	高压连接器的可燃性应满足 GB/T 5169.11—2017 中第 10 章要求，可燃性试验方法见 GB/T 5169.11—2017，试验温度为 850℃。试验适用于将高压载流部件保持于正常位置的绝缘材料部件
3	插拔力	高压连接器的直接插接力或采用的助力装置的操作力均应小于 100N。在进行误插接操作时，施加不大于下表的插接力，高压连接器不应损坏，且端子接触情况应符合结构要求 | 最大持续工作电流 /A | 插接力 /N | | --- | --- | | ≤ 20 | 100 | | > 20，≤ 40 | 200 | | > 40 | 300 |
4	保持力	高压连接器的保持机构在工作状态下，最小保持力见下表的要求。沿高压连接器接触端子分离方向施加拔出外力时，连接不应断开，且保持机构不应损坏 注：拔出外力为高压连接器的最小保持力 | 最大持续工作电流 /A | 最小保持力 /N | | --- | --- | | ≤ 20 | 100 | | > 20，≤ 40 | 150 | | > 40 | 500 |
5	插拔次数	高压连接器应保证插拔寿命不小于 50 次。根据寿命要求对高压连接器进行空载插拔试验循环，试验结束后，应满足： ① 无明显的外观、结构和使用功能劣化 ② 插拔力符合上面"插拔力"的要求 ③ 保持力和保持机构符合上面"保持力"的要求 ④ 性能复试满足 GB/T 37133—2018 中第 5 章和第 6 章的相关要求

高压电缆的部分要求见表 2-114。

表 2-114 高压电缆的部分要求

序号	技术要点	技术要求
1	高温压力	高压电缆高温压力应按 GB/T 25087—2010 中 7.1 进行试验，试验温度见下表。试验后按 GB/T 25085—2010 中 6.2 进行耐电压测试，试验程序按 GB/T 25085—2010 中 6.2.3.2 | 温度分级 | 试验温度 /℃ | | --- | --- | | T1 | 85 ± 2 | | T2 | 125 ± 3 | | T3 | 150 ± 3 |
2	240h 短期老化	高压电缆 240h 短期老化应符合 GB/T 25085—2010 中 10.2 或 GB/T 25087—2010 中 10.2 的要求，短期老化试验温度如下： | 温度分级 | 试验温度 /℃ | | --- | --- | | T1 | 110 ± 2 | | T2 | 150 ± 3 | | T3 | 175 ± 3 |
3	热过载	高压电缆热过载应符合 GB/T 25085—2010 中 10.3 或 GB/T 25087—2010 中 10.3 的要求，热过载试验温度如下： | 温度分级 | 试验温度 /℃ | | --- | --- | | T1 | 135 ± 3 | | T2 | 175 ± 3 | | T3 | 200 ± 3 |
4	抗延燃	高压电缆抗延燃性应符合 GB/T 25085—2010 中第 12 章的要求

高压连接系统电磁屏蔽效能测量方法见表2-115。

表2-115 高压连接系统电磁屏蔽效能测量方法

序号	技术要点	技术要求
1	测试原理	使用电流探头法测量150kHz～108MHz频率范围内高压连接系统的电磁屏蔽效能
2	射频信号源及接收装置	射频信号源及接收装置可以有如下几种选择： ① 单独信号源和频谱分析仪（或电磁干扰测量接收机） ② 带跟踪源的频谱分析仪（或电磁干扰测量接收机） ③ 网络分析仪
3	电流探头	采用符合GB/T 18655—2010要求的电流探头。电流探头可以是一个或者一组，覆盖频率范围为150kHz～108MHz
4	匹配阻抗	特性阻抗为50Ω的负载，用于吸收信号源注入的测试信号
5	屏蔽制具	屏蔽制具为全屏蔽的壳体，壳体一端嵌入射频接头，方便连接信号源输出或者50Ω匹配阻抗；另一端嵌入高压连接系统的高压连接器和屏蔽层
6	测试布置	① 高压连接系统的测试布置宜与实际工作状态一致。测试示意图如下：  1—射频信号源及接收装置　2—电流探头 3—屏蔽制具（由屏蔽箱、射频接头和接线导线等构成） 4—被测高压连接系统　5—50Ω终端阻抗 6—接地平板　7—射频同轴电缆 注：如果高压连接系统长度较大，可进行适当的布置处理，注意避免对测试结果的干扰 ② 屏蔽制具直接安装在接地平板上，高压连接系统高于接地平板50mm ③ 推荐至少测量三个位置，分别位于高压电缆两端与高压连接器的连接处，以及高压电缆的中间位置
7	测试程序	① 若使用网络分析仪，校准后测量正向传输参数 S_{21} 的值 ② 若使用信号源和接收机，调整信号源的输出，并在接收机端读取各个频率点的数值。信号源的输出宜考虑接收机的线性动态范围，并记录信号源的输出电平值。也可使用接收机的内置信号源 ③ 若使用频谱分析仪或者接收机，则采用峰值检波方式，测试带宽、步长、扫描时间和驻留时间满足GB/T 18655—2010的要求 ④ 记录电流探头在各个位置的测试值1 ⑤ 去除高压连接系统的屏蔽层，在仪器设置和试验布置不变的情况下重复测试程序，记录测试值2 ⑥ 根据下式计算高压连接系统电磁屏蔽效能 $$屏蔽效能 = 测试值2 - 测试值1$$ 式中，屏蔽效能的单位为dB；测试值1和测试值2的单位为dBμA

2.6.8 燃料电池电动汽车用车载氢系统

车载氢系统是燃料电池电动汽车的关键部件，目前与之相关的国内外标准见表2-116。

表 2-116　车载氢系统关键部件标准

序号	标准号	标准名称
1	GB/T 26990—2011	燃料电池电动汽车　车载氢系统　技术条件
2	GB/T 29126—2012	燃料电池电动汽车　车载氢系统　试验方法
3	GTR 13	氢燃料电动车辆
4	日本保安基准附件 18	车用燃料容器安装要求

目前国内有 GB/T 26990—2011《燃料电池电动汽车　车载氢系统　技术条件》和 GB/T 29126—2012《燃料电池电动汽车　车载氢系统　试验方法》两项标准，针对车上安装车载氢系统主要从安装位置、安装强度以及泄漏保护等层面进行了规定。车载氢系统的相关规定见表 2-117。

表 2-117　车载氢系统的相关规定

检验项目	标准要求
一般要求	① 主关断阀、储氢容器单向阀和压力释放装置（PRD）应集成在一起，装在储氢容器的端头。主关断阀的操作应采用电动方式，并应在驾驶人易于操作的部位，当断电时应处于自动关闭状态 ② 应有过流保护装置或其他措施，当由检测储氢容器或管道内压力的装置检测到压力反常降低或流量反常增大时，能自动切断来自储氢容器内的氢气供应；如果采用过流保护阀，应安装在主关断阀上或紧靠主关断阀处 ③ 每个储氢容器的进口管路上应装手动关断阀或其他装置，在加氢、排氢或维修时，可用来单独地隔断各个储氢容器
储氢容器和管路	① 不允许采用更换储氢容器的方式为车辆加注氢气 ② 储氢系统管路安装位置及走向要避开热源以及电器、蓄电池等可能产生电弧的地方，与这些地方至少应有 200mm 的距离。尤其管路接头不能位于密闭的空间内。高压管路及部件可能产生静电的地方要可靠接地，或采取其他控制氢泄漏量及浓度的措施，即便在产生静电的地方，也不会发生安全问题 ③ 储氢容器和管路一般不应安装在乘客舱、行李舱或其他通风不良的地方；但如果不可避免地要安装在行李舱或其他通风不良的地方时，应设计通风管路或采取其他措施，将可能泄漏的氢气及时排出 ④ 储氢容器和管路应安装牢固，紧固带与储氢容器之间应有缓冲保护垫，以防行车时发生位移和损坏。当储氢容器按照标称工作压力充满氢气时，固定在储氢容器上的零件，应能承受车辆加速或制动时的冲击，而不发生松动现象。有可能发生损坏的部位应采用覆盖物加以保护。储氢容器紧固螺栓应有防松装置，紧固力矩符合设计要求 ⑤ 储氢容器安装紧固后，在上、下、前、后、左、右六个方向上应能承受 8g 的冲击力，保证储氢容器与固定座不损坏，相对位移不超过 13mm ⑥ 刚性管路应布置合理、排列整齐，不得产生与相邻部件碰撞和摩擦；管路保护垫应能抗震和消除热胀冷缩影响，管路弯曲时，其中心线曲率半径应不小于管路外直径的 5 倍。两端固定的管路在其中间应有适当的弯曲，支撑点的间隔应不大于 1m ⑦ 储氢容器及附件的安装位置，应距车辆的边缘至少有 100mm 的距离。否则，应增加保护措施 ⑧ 对可能受排气管、消声器等热源影响的储氢容器、管道等应有适当的热绝缘保护。要充分考虑使用环境对储氢容器可能造成的伤害，需要对储氢容器组加装防护装置。直接暴露在阳光下的储氢容器应有必要的覆盖物或遮阳棚 ⑨ 当车辆发生碰撞时，主关断阀应根据设计的碰撞级别，立即（自动）关闭，切断向管路的燃料供应
氢气泄漏量及检测	① 对一辆标准乘用车进行氢气渗透量、泄漏量评估时，需要将其限制在一个封闭的空间内，增压至 100% 的标称工作压力，确保氢气的渗透量和泄漏量在稳态条件下不超过 0.15NL/min ② 在安装氢系统的封闭或半封闭的空间上方的适当位置，至少安装一个氢泄漏探测器，能实时检测氢气的泄漏量，并将信号传递给氢气泄漏警告装置 ③ 在驾驶人容易识别的部分安装氢泄漏警告装置，该装置能根据氢泄漏量的大小发出不同的警告信号。泄漏量与警告信号的级别由制造商根据车辆的使用环境和要求决定。一般情况下，在氢气泄漏量较小时，即空气中氢气体积含量≥ 2% 时，发出一般警告信号；在氢泄漏量较大时，即空气中氢气体积含量≥ 4% 时，立即发出严重警告信号，并自动断氢供应；但如果车辆装有多个氢系统，允许仅关断有氢泄漏部分的供应 ④ 当氢泄漏探测器发生短路、断路等故障时，应能对驾驶人发出故障报警信号

(续)

检验项目	标准要求
加氢口	加氢口的安装位置和高度要考虑安全保护要求并且方便加气操作,不应位于乘客舱、行李舱和通风不良的地方,距暴露的电气端子、电气开关和点火源至少应有200mm的距离
压力释放装置和氢气的排放	当压力释放阀排放氢气时,排放气体流动的方位、方向应远离人、电源、火源。放气装置应尽可能安装在汽车的高处,且应防止排出的氢气对人员造成危害,避免流向暴露的电气端子、电气开关器件或点火源等部件。所有压力释放装置排气时不应直接排到乘客舱和行李舱,不应排向车轮所在的空间,不应排向露出的电气端子,电气开关器件及其他点火源,不应排向其他氢气容器,不应朝本车辆正前方排放
压力表和氢气剩余量指示表	在驾驶人易于观察的地方,应装有指示储氢容器氢气压力的压力表,或指示氢气剩余量的仪表

2.6.9 燃料电池发动机

燃料电池发动机是指燃料电池系统,包括电堆、空压机、加湿器、循环泵、散热器和电控等。目前国内主要相关标准为GB/T 24554—2009《燃料电池发动机性能试验方法》,尚没有相对的国际标准。另外,国家标准中还缺失低温冷起动的相关试验方法和要求,这是下一步标准的制修订方向。

GB/T 24554—2009规定了燃料电池发动机的起动特性、稳态特性、动态响应特性、气密性检测、绝缘电阻检测等试验方法,适用于车用质子交换膜燃料电池发动机。燃料电池发动机性能试验项目及方法见表2-118。

表2-118 燃料电池发动机性能试验项目及方法

试验项目	试验方法
冷机方法	燃料电池发动机(冷却液加注完成)在规定的温度和湿度条件下保温足够长的时间以保证燃料电池发动机内部温度与环境温度相同,静置时间至少为12h
热机方法	按照制造厂的使用规定,使燃料电池发动机工作在一定功率,同时监测燃料电池堆冷却液的出口温度,一旦燃料电池堆冷却液的出口温度达到正常工作温度,即认为燃料电池发动机达到热机状态
起动特性试验	① 冷起动特性试验。 a. 试验条件。试验前燃料电池发动机处于冷机状态。试验过程应自动进行,不能有人工干预 b. 试验方法。冷起动特性试验按以下方法进行: Ⅰ. 按照制造厂规定的起动操作步骤起动燃料电池发动机 Ⅱ. 燃料电池发动机起动后,在怠速状态下持续稳定运行10min c. 试验过程中测量记录的数据。试验中测量的数据:冷起动时间、燃料电池发动机系统电压 ② 热起动试验。 a. 试验条件。试验前燃料电池发动机处于热机状态,试验过程应自动进行,不能有人工干预 b. 试验方法。热起动试验按以下方法进行: Ⅰ. 按照制造厂规定的起动操作步骤起动燃料电池发动机 Ⅱ. 燃料电池发动机起动后,在怠速状态下持续稳定运行10min c. 试验过程中测量记录的数据。试验中测量的数据:热起动时间、燃料电池发动机系统电压
额定功率试验	① 试验条件。试验前燃料电池发动机的状态为热机状态,试验过程应自动进行,不能有人工干预 ② 试验方法。额定功率试验按以下方法进行: a. 热机过程结束后,回到怠速状态运行10s b. 测试平台按照规定的加载方法进行加载,加载到额定功率后持续稳定运行60min ③ 试验过程中测量记录的数据。试验中测量的数据:燃料电池发动机系统的电压、电流,氢气的消耗量,辅助系统的电压、电流

（续）

试验项目	试验方法
峰值功率试验	① 试验条件。试验前燃料电池发动机的状态为热机状态。试验过程应自动进行，不能有人工干预 ② 试验方法。峰值功率试验按以下方法进行： a. 热机过程结束后，回到怠速状态运行 10s b. 测试平台按照规定的加载方法进行加载，加载到额定功率后在该功率点至少稳定运行 10min，然后按照规定的加载方式加载到设定的峰值功率，在该功率点持续稳定运行设定的时间（根据产品技术要求确定），到达设定的时间后按照制造厂规定的卸载方式进行卸载 ③ 试验过程中测量记录的数据。试验中测量的数据：峰值功率运行的时间、燃料电池发动机系统的电压、电流、氢气的消耗量、辅助系统的电压、电流
动态响应特性试验	① 试验条件。试验前燃料电池发动机处于热机状态。试验过程应自动进行，不能有人工干预 ② 试验方法。加载动态响应测试按以下方法进行： a. 热机过程结束后，回到怠速状态运行 10s b. 按照规定的加载方式加载到动态响应的起始功率点，在该功率点至少稳定运行 1min c. 测试平台向燃料电池发动机发送动态阶跃工作指令，同时测试平台按照规定的加载方式加载，直至达到动态阶跃的截止点，燃料电池发动机在该功率点至少持续稳定运行 10min 推荐取 $10\%P_E \sim 90\%P_E$ 的响应时间作为评价燃料电池发动机的动态响应指标。P_E 为燃料电池发动机额定功率 卸载动态响应测试按以下方法进行： a. 热机过程结束后，回到怠速状态运行 10s b. 按照规定的加载方式加载到动态响应的起始功率点，在该功率点至少稳定运行 1min c. 测试平台向燃料电池发动机发送动态阶跃工作指令，同时测试平台按照规定的卸载方式卸载，在规定的时间内达到动态阶跃的截止点，燃料电池发动机在该功率点至少持续稳定运行 10min ③ 试验过程中测量记录的数据。试验中测量的数据：动态阶跃响应时间、燃料电池发动机系统的电压、电流、氢气的消耗量、辅助系统的电压、电流
稳态特性试验	① 试验条件。试验前燃料电池发动机处于热机状态。试验过程应自动进行，不能有人工干预 ② 试验方法。稳态特性试验按以下方法进行： a. 在燃料电池发动机工作范围内均匀选择至少 10 个工况点 b. 热机过程结束后，回到怠速状态运行 10s c. 按照规定的加载方法加载到预先确定的工况点，在每个工况点至少持续稳定运行 3min ③ 试验过程中测量记录的数据。试验中测量的数据：燃料电池发动机系统的电压、电流、氢气的消耗量、辅助系统的电压、电流 由此可以得到：燃料电池堆的极化特性曲线（V-I 曲线）、燃料电池堆的功率曲线、燃料电池堆的效率曲线、燃料电池发动机的功率曲线、燃料电池发动机的效率曲线、辅助系统的功率曲线等
紧急停机功能测试	① 试验条件。燃料电池发动机处于工作状态。试验过程应自动进行，不能有人工干预 ② 试验方法。按照规定的加载方式，把燃料电池发动机加载到一定的功率点（功率值不低于 $50\%P_E$），持续运行一定时间，然后测试平台紧急切断气源，5min 后重新起动燃料电池发动机，检查燃料电池发动机是否正常起动
燃料电池发动机气密性测试	① 关闭燃料电池发动机排氢阀，将燃料电池发动机氢气系统中充满惰性气体（氮气、氩气、氦气，或者氢气浓度不低于 5% 的氢氮混合气），压力设定为 50kPa，压力稳定后，关闭氢气的进气阀，保持 20min ② 关闭燃料电池发动机排气阀，燃料电池发动机空气排气口封闭。将燃料电池发动机氢气系统和阴极流道中充满惰性气体，两侧压力都设定为正常工作压力，压力稳定后，关闭两侧的进气阀，保持 20min ③ 数据记录。记录压力下降值
绝缘电阻测试	① 测试条件。上述测试项目完成后，燃料电池发动机冷却泵处于运转状态，燃料电池发动机处于热机状态 ② 测试方法。按照 GB/T 24549 规定的方法测量燃料电池堆正极和负极分别对地的绝缘电阻；绝缘电阻值应满足 GB/T 24549 的规定
质量测试	测量燃料电池堆和辅助系统的质量［包括氢气供应系统（不包括高压氢气瓶）、空气供应系统、控制系统、水热管理系统（不包括散热器总成）等，应包括冷却液及加湿用水的质量］

参考文献

[1] 全国汽车标准化技术委员会. 电动汽车术语：GB/T 19596—2017 [S]. 北京：中国标准出版社，2017.

[2] 全国汽车标准化技术委员会. 燃料电池电动汽车 术语：GB/T 24548—2009 [S]. 北京：中

国标准出版社，2010.

[3] 全国汽车标准化技术委员会. 汽车和挂车类型的术语和定义：GB/T 3730.1—2001［S］. 北京：中国标准出版社，2004.

[4] 全国汽车标准化技术委员会. 机动车辆及挂车分类：GB/T 15089—2001［S］. 北京：中国标准出版社，2004.

[5] 全国汽车标准化技术委员会. 汽车操纵件、指示器及信号装置的标志：GB 4094—2016［S］. 北京：中国标准出版社，2017.

[6] 全国汽车标准化技术委员会. 轻型汽车能源消耗量标识 第2部分：可外接充电式混合动力电动汽车和纯电动汽车：GB 22757.2—2017［S］. 北京：中国标准出版社，2017.

[7] 全国汽车标准化技术委员会. 电动汽车 定型试验规程：GB/T 18388—2005［S］. 北京：中国标准出版社，2005.

[8] 全国汽车标准化技术委员会. 超级电容电动城市客车 定型试验规程：QC/T 925—2013［S］. 北京：中国计划出版社，2013.

[9] 全国汽车标准化技术委员会. 超级电容电动城市客车：QC/T 838—2010［S］. 北京：中国计划出版社，2011.

[10] 全国汽车标准化技术委员会. 纯电动乘用车 技术条件：GB/T 28382—2012［S］. 北京：中国标准出版社，2012.

[11] 全国汽车标准化技术委员会. 纯电动货车 技术条件：GB/T 34585—2017［S］. 北京：中国标准出版社，2017.

[12] 全国汽车标准化技术委员会. 纯电动城市环卫车技术条件：QC/T 1087—2017［S］. 北京：科学技术文献出版社，2017.

[13] 全国汽车标准化技术委员会. 电动汽车 动力性能 试验方法：GB/T 18385—2005［S］. 北京：中国标准出版社，2005.

[14] 全国汽车标准化技术委员会. 电动汽车 能量消耗率和续驶里程 试验方法：GB/T 18386—2017［S］. 北京：中国标准出版社，2017.

[15] 全国汽车标准化技术委员会. 电动汽车安全要求：GB/T 18384—2015［S］. 北京：中国标准出版社，2015.

[16] 全国汽车标准化技术委员会. 电动汽车碰撞后安全要求：GB/T 31498—2015［S］. 北京：中国标准出版社，2015.

[17] 全国汽车标准化技术委员会. 电动汽车用锂离子动力蓄电池包和系统 第3部分：安全性要求与测试方法：GB/T 31467.3—2015［S］. 北京：中国标准出版社，2015.

[18] 全国汽车标准化技术委员会. 电动汽车低速提示音：GB/T 37153—2018［S］. 北京：中国标准出版社，2018.

[19] 中华人民共和国公安部. 机动车运行安全技术条件：GB 7258—2017［S］. 北京：中国标准出版社，2017.

[20] 全国汽车标准化技术委员会. 电动汽车再生制动系统要求及试验方法：QC/T 1089—2017［S］. 北京：科学技术文献出版社，2018.

[21] 全国汽车标准化技术委员会. 电动车辆的电磁场发射强度的限值和测量方法：GB/T 18387—2017 [S]. 北京：中国标准出版社，2017.

[22] 全国汽车标准化技术委员会. 混合动力电动汽车 定型试验规程：GB/T 19750—2005 [S]. 北京：中国标准出版社，2005.

[23] 全国汽车标准化技术委员会. 插电式混合动力电动乘用车 技术条件：GB/T 32694—2016 [S]. 北京：中国标准出版社，2016.

[24] 全国汽车标准化技术委员会. 插电式混合动力电动商用车 技术条件：GB/T 34598—2017 [S]. 北京：中国标准出版社，2017.

[25] 全国汽车标准化技术委员会. 混合动力电动汽车 动力性能 试验方法：GB/T 19752—2005 [S]. 北京：中国标准出版社，2005.

[26] 全国汽车标准化技术委员会. 轻型混合动力电动汽车能量消耗量试验方法：GB/T 19753—2013 [S]. 北京：中国标准出版社，2014.

[27] 全国汽车标准化技术委员会. 重型混合动力电动汽车能量消耗量试验方法：GB/T 19754—2014 [S]. 北京：中国标准出版社，2014.

[28] 中华人民共和国环境保护部. 轻型混合动力电动汽车污染物排放控制要求及测量方法：GB 19755—2016 [S]. 北京：中国环境科学出版社，2016.

[29] 中华人民共和国环境保护部. 轻型汽车污染物排放限值及测量方法（中国第六阶段）：GB 18352.6—2016 [S]. 北京：中国环境科学出版社，2020.

[30] 全国汽车标准化技术委员会. 重型混合动力电动汽车污染物排放车载测量方法：QC/T 894—2011 [S]. 北京：中国计划出版社，2012.

[31] 全国汽车标准化技术委员会. 燃料电池电动汽车 安全要求：GB/T 24549—2009 [S]. 北京：中国标准出版社，2010.

[32] 全国汽车标准化技术委员会. 燃料电池发动机氢气排放测试方法：GB/T 34593—2017 [S]. 北京：中国标准出版社，2017.

[33] 全国汽车标准化技术委员会. 电动汽车用动力蓄电池安全要求及试验方法：GB/T 31485—2015 [S]. 北京：中国标准出版社，2015.

[34] 全国汽车标准化技术委员会. 电动汽车用动力蓄电池电性能要求及试验方法：GB/T 31486—2015 [S]. 北京：中国标准出版社，2015.

[35] 全国汽车标准化技术委员会. 电动汽车用锂离子动力蓄电池包和系统 第1部分：高功率应用测试规程：GB/T 31467.1—2015 [S]. 北京：中国标准出版社，2015.

[36] 全国汽车标准化技术委员会. 电动汽车用锂离子动力蓄电池包和系统 第2部分：高能量应用测试规程：GB/T 31467.2—2015 [S]. 北京：中国标准出版社，2015.

[37] 全国汽车标准化技术委员会. 电动汽车用动力蓄电池循环寿命要求及试验方法：GB/T 31484—2015 [S]. 北京：中国标准出版社，2015.

[38] 全国汽车标准化技术委员会. 电动汽车用动力蓄电池产品规格尺寸：QC/T 840—2010 [S]. 北京：中国计划出版社，2011.

[39] 全国汽车标准化技术委员会. 电动汽车用动力蓄电池产品规格尺寸：GB/T 34013—2017 [S].

北京：中国标准出版社，2017.

[40] 全国汽车标准化技术委员会. 电动汽车用动力蓄电池箱通用要求：QC/T 989—2014［S］. 北京：中国计划出版社，2015.

[41] 全国汽车标准化技术委员会. 电动汽车用动力蓄电池系统通用要求：QC/T 1023—2015［S］. 北京：中国计划出版社，2016.

[42] 全国汽车标准化技术委员会. 汽车动力蓄电池编码规则：GB/T 34014—2017［S］. 北京：中国标准出版社，2007.

[43] 全国汽车标准化技术委员会. 电动汽车用铅酸蓄电池：QC/T 742—2006［S］. 北京：中国计划出版社，2007.

[44] 全国汽车标准化技术委员会. 车用超级电容器：QC/T 741—2014［S］. 北京：中国计划出版社，2015.

[45] 全国汽车标准化技术委员会. 电动汽车用锌空气电池：GB/T 18333.2—2015［S］. 北京：中国标准出版社，2015.

[46] 全国汽车标准化技术委员会. 电动汽车用电池管理系统技术条件：QC/T 897—2011［S］. 北京：中国计划出版社，2012.

[47] 全国汽车标准化技术委员会. 电动汽车用驱动电机系统：GB/T 18488—2015［S］. 北京：中国标准出版社，2015.

[48] 全国汽车标准化技术委员会. 电动汽车用驱动电机系统电磁兼容性要求和试验方法：GB/T 36282—2018［S］. 北京：中国标准出版社，2018.

[49] 全国汽车标准化技术委员会. 电动汽车用驱动电机系统可靠性试验方法：GB/T 29307—2012［S］. 北京：中国标准出版社，2013.

[50] 全国汽车标准化技术委员会. 电动汽车用异步驱动电机系统：QC/T 1068—2017［S］. 北京：科学技术文献出版社，2017.

[51] 全国汽车标准化技术委员会. 电动汽车用永磁同步驱动电机系统：QC/T 1069—2017［S］. 北京：科学技术文献出版社，2017.

[52] 全国汽车标准化技术委员会. 电动汽车用充放电式电机控制器技术条件：QC/T 1088—2017［S］. 北京：科学技术文献出版社，2017.

[53] 全国汽车标准化技术委员会. 纯电动乘用车用减速器总成技术条件：QC/T 1022—2015［S］. 北京：中国计划出版社，2016.

[54] 全国汽车标准化技术委员会. 电动汽车用增程器技术条件：QC/T 1086—2017［S］. 北京：科学技术文献出版社，2017.

[55] 全国汽车标准化技术委员会. 电动汽车用传导式车载充电机：QC/T 895—2011［S］. 北京：中国计划出版社，2012.

[56] 全国汽车标准化技术委员会. 汽车电动助力转向装置：QC/T 1081—2017［S］. 北京：科学技术文献出版社，2018.

[57] 全国冷冻空调设备标准化技术委员会. 汽车空调用电动压缩机总成：GB/T 22068—2018［S］. 北京：中国标准出版社，2018.

［58］全国汽车标准化技术委员会. 汽车电动真空泵性能要求及台架试验方法：QC/T 1004—2015［S］. 北京：科学技术文献出版社，2016.

［59］全国汽车标准化技术委员会. 电动汽车 DC/DC 变换器：GB/T 24347—2009［S］. 北京：中国标准出版社，2009.

［60］全国汽车标准化技术委员会. 电动汽车用高压大电流线束和连接器技术要求：GB/T 37133—2018［S］. 北京：中国标准出版社，2018.

［61］全国汽车标准化技术委员会. 燃料电池发动机性能试验方法：GB/T 24554—2009［S］. 北京：中国标准出版社，2010.

第 3 章 基础设施标准

3.1 电动汽车基础设施基础通用标准

3.1.1 充换电设施标准体系

标准体系是按领域内标准的内在联系形成的科学有机的整体,具有集合性、目标性、整体性、适应性等特征。充换电设施标准体系是我国充换电设施产业发展的重要成果,是充换电设施关键技术研究和重要实践成果的凝练和固化,是未来充换电设施产业发展的重要支撑类文件,明确了充换电设施技术发展路线图,是开展标准制定和修订工作的指导性文件,对推动充换电设施产业发展有着重要的作用。

2017 年,电动汽车充换电设施标准体系(2017 年版)发布,涵盖充换电设备制造、检验检测、规划建设和运营管理等方面内容,主要解决电动汽车推广过程中的充电安全、互联互通、设备质量、设施规划布局、计量计费等关键问题。标准体系共划分为基础通用标准、电能补给标准、建设与运行标准、充换电站及服务网络标准 4 个部分。主要包括传导充电、无线充电、电池更换 3 个充电技术路线,涉及术语、传导充电系统与设备标准、无线充电系统与设备标准、动力电池箱标准、计量、服务网络等 21 个专业领域标准。规划标准 144 项,其中,规划国家标准 63 项,行业标准 47 项,团体标准 34 项。

电动汽车充换电设施标准体系如图 3-1 所示。

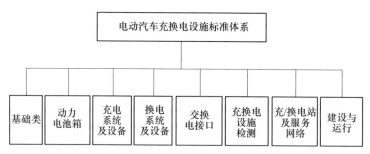

图 3-1 电动汽车充换电设施标准体系

3.1.1.1 基础通用

这方面内容主要包括充换电设施术语、图形标志和信息安全等。规划国家标准 3 项，行业标准 1 项，团体标准 1 项。该部分标准是为适应电动汽车充换电基础设施的建设提供规范的基础性定义。

3.1.1.2 电能补给

电能补给分为传导充电、无线充电和电池更换三类技术路线。

在传导充电方面，主要包括传导充电系统与设备、传导充电接口及通信、传导充电检测 3 个专业。规划国家标准 16 项，行业标准 20 项，团体标准 10 项。主要内容包括传导充电系统的通用要求、特殊要求、电磁兼容性要求等；关键充电设备和零部件如非车载交流/直流充电设备、充放电设备等技术要求；传导充电接口连接装置要求及关键部件之间通信协议；传导充电设施互操作性、协议一致性等测试方法和检测要求等。该部分标准关注于传导充电系统与设备的基本参数、功能要求、性能指标、检测试验及接口通信。

在无线充电方面，主要包括无线充电系统与设备、无线充电接口及通信、无线充电检测 3 个专业。规划国家标准 12 项，行业标准 4 项。主要内容包括无线充电系统的通用要求、特殊要求、电磁兼容性要求等；关键充电设备和零部件如地面设备、车载设备等技术要求；车载设备与无线充电设备通信协议及互操作性要求；无线充电系统电磁兼容、通信协议、互操作及关键设备的测试方法和检测要求等。该部分标准关注于无线充电系统与设备的基本参数、功能要求、性能指标、检测试验及通信互操作性。

在电池更换方面，主要包括动力电池箱、换电系统与设备、充电设备、换电接口及通信、换电检测 5 个专业。规划国家标准 9 项，行业标准 8 项，团体标准 6 项。主要内容包括动力电池箱类的编码、动力电池型号、规格及尺寸、检验规则以及快速更换电池箱通用要求等；快换系统、电池仓、电池架等关键设备的技术要求；动力电池箱用充电机技术要求；电池箱连接器、动力仓总成通信协议等换电接口和通信协议要求；换电系统兼容性测试规范等。该部分标准关注于换电系统与设备的基本参数、功能要求、性能指标、检测试验及接口通信。

3.1.1.3 建设与运行

在规划建设及运行方面，主要包括计量、电能质量、与电网互动、运行管理和施工验收 5 个专业。规划国家标准 13 项，行业标准 12 项，团体标准 2 项。建设与运行方面的内容包括：计量类标准有非车载充电机计量、交流充电桩计量、电池箱电能计量以及直流电表技术要求等；电能质量标准有充换电设施电能质量；与电网互动标准有充电设施接入电网技术、试验规范、电网间歇性电源与电动汽车充电协同调度技术等；运行管理类标准有分散充电设施技术、能效等级要求、测评方法、充换电设施规划、充换电设施运行管理等；施工验收类标准有充换电设施建设、充换电设施工程施工和竣工验收等技术要求。该部分标准构成了一整套充换电建设规范，对充换电站的功能、技术、安全、选址、布局、建设、验收、运行等方面要求进行了明确和细化。

3.1.1.4　充换电站及服务网络

在充换电站及服务网络方面，主要包括充换电站、服务网络 2 个专业。规划国家标准 10 项，行业标准 8 项，团体标准 9 项。主要内容包括充换电站的通用技术要求、供电技术、设计规范、监控系统、通信协议等；充换电服务网络的信息交换、运营监控系统、计费控制单元等。该部分标准是为促进电动汽车智能充换电服务的创新和进步，规范化充换电运营监控系统及服务网络，同时带动了充换电设施、充换电站及车载终端等关联产业的发展，从而推进整个充换电设施、运营监控系统的建设和运营。

3.1.2　电动汽车充换电设施术语

3.1.2.1　需求分析

随着我国的电动汽车技术逐渐成熟并实现产业化推广，为了适应电动汽车充换电基础设施的建设，我国电动汽车及其充换电设施相关行业、企业均开始着手制定相关的充换电设施标准。充换电设施的建设存在直流充电、交流充电、电池更换等多种形式，涉及大量的新技术和新设备。2004 年发布的 GB/T 19596—2004《电动汽车术语》规定了与电动汽车相关的术语及其定义，包括整车、电机及控制器、蓄电池及充电器等，但是不涵盖充换电设施相关的名词术语。由于缺乏统一的术语标准，给电动汽车充换电标准的理解与执行、标准之间的衔接以及在工程建设中的应用造成了很大障碍。因此，急需制定关于充换电设施术语的标准，规范相关术语的使用。

GB/T 29317—2012《电动汽车充换电设施术语》的制定，第一次以标准的形式明确了电动汽车充换电模式、充电方式以及充换电设施的分类和构成，统一了标准体系内各标准之间的名词术语的使用，实现了相关国家标准、行业标准之间在术语使用上的协调一致，促进了电动汽车充换电设施相关标准的理解和执行，对建立和完善充换电设施标准体系、推动充换电设施建设具有重大意义。

3.1.2.2　标准制定

GB/T 29317—2012《电动汽车充换电设施术语》于 2012 年 12 月 31 日发布，2013 年 6 月 1 日开始实施。电动汽车充换电设施术语见表 3-1。

表 3-1 电动汽车充换电设施术语

标准号及标准名称	标 准 定 义
GB/T 29317—2012《电动汽车充换电设施术语》	该标准根据当时的充换电技术和设施建设情况定义了充换电模式和分类。充换电模式的选择决定了充换电设施提供的服务功能，直接影响充换电设施的规划、设计、设备的选用等
	该标准定义了充电站、电池更换站、电池配送中心、充换电站、交流充电桩等充换电设施的建设模式，定义了所涉及的各类设备和站内系统
	该标准首次定义了电池更换站相关的名词术语，为电池更换相关标准的制定奠定了基础
	该标准首次定义了电动汽车充换电运营管理系统的概念，为充换电服务网络的发展和相关标准的制定提供了依据

该标准规定了与电动汽车充换电设施相关的术语及其定义，包括充换电设施、充换电模式、充电设备、充电站/电池更换站、站内系统、运营管理系统等几个部分。该标准涵盖了当时充换电设施的各种充换电技术和建设模式，为术语的标准化、规范化使用提供了依据。

3.1.3 充电电能计量

3.1.3.1 需求分析

在电动汽车发展之初，国内外没有关于电动汽车充电计量方面的标准。对于非车载充电机，在充电设备与电动汽车用户之间采用直流充电，而我国直流计量表应用范围较小，关于直流计量没有统一的计量等级规范。因此，非车载充电机的计量处于无标准、无监管的状态。对于交流充电桩，虽然有交流电能表的标准，但是交流充电桩的计量装置的配置、安装、参数指标、检验检定等也无标准可循。电能计量通常是充电设施运营商和电动汽车用户之间的结费界面，影响到用户利益和用户体验，从而受到广泛的关注。

GB/T 28569—2012《电动汽车交流充电桩电能计量》和 GB/T 29318—2012《电动汽车非车载充电机电能计量》是国内首次发布的电动汽车充电计量标准。通过制定该两项标准，为充电设施商业化运营提供了标准支撑，为规范交流充电桩、非车载充电机和充电计量用电能计量装置的设计、生产及验收提供了技术依据，并促进了电动汽车和充电设施产业的发展和应用。

3.1.3.2 标准制定

GB/T 28569—2012《电动汽车交流充电桩电能计量》于 2012 年 6 月 29 日发布，2012 年 11 月 1 日开始实施。GB/T 29318—2012《电动汽车非车载充电机电能计量》于 2012 年 12 月 31 日发布，2013 年 6 月 1 日开始实施。

GB/T 28569—2012《电动汽车交流充电桩电能计量》规定了电动汽车交流充电桩电能计量的技术要求及电能计量装置的配置安装要求、试验方法和检验规则。GB/T 29318—2012《电动汽车非车载充电机电能计量》规定了电动汽车非车载充电机计量用直流电能计量装置的配置安装要求、技术要求、试验方法和检验规则，规定了充电机计量技术要求。

电动汽车交流充电桩及非车载充电机电能计量见表 3-2。

第3章 基础设施标准

表3-2 电动汽车交流充电桩及非车载充电机电能计量

序号	标准号及标准名称	标准定义
1	GB/T 28569—2012《电动汽车交流充电桩电能计量》	① 标准结合充电设备对于计量的实际要求,对计量的基本配置做出了要求,并规定了电能表准确度、外附分流器准确度等级关键的指标。标准给出了电能表规格配置,包括基本参数、接入方式、安装位置等内容 ② 在技术要求中,规定了电能计量装置的准确度要求、功能要求和技术指标,保证了电能表误差对于计量的影响较小。规定使用 DL/T 645—2007 给出的通信协议,为直流计量的互联互通提供了技术保障。标准还对试验方法、接线要求、计量检定等做出了明确的规定 ③ 检验规则分为出厂检验和型式试验,对电能表基本误差、起动、潜动、日计时误差等与计量相关的检验方法进行了规定,保证了电能计量的可靠性和准确性。为了保证电能计量不受外部干扰,对电磁兼容方面提出了检测要求
2	GB/T 29318—2012《电动汽车非车载充电机电能计量》	

1. 电动汽车交流充电桩电能计量

(1) 配置要求及安装位置

1) 交流充电桩的充电计量装置应选用静止式交流多费率有功电能表(以下简称电能表),电能表采用直接接入式,其电气和技术参数如下:参比电压(U_n):220V;基本电流(I_b):10A;最大电流(I_{max}):大于或等于4倍基本电流;参比频率:50Hz;准确度等级:2.0。

2) 交流充电桩具备多个可同时充电接口时,每个接口应单独配备电能表。

3) 电能表宜安装在交流充电桩内部,位于交流输出端与车载充电机之间,电能表与车载充电机之间不应接入其他与计量无关的设备。

(2) 技术要求(表3-3)

表3-3 电动汽车交流充电桩电能计量技术要求

电能表要求	① 准确度要求。电能表由电流改变引起的误差极限、起动、潜动、仪表常数、由其他影响量引起的误差极限和准确度试验条件应满足 GB/T 17215.321—2008 第8条的要求 ② 机械要求。电能表的机械要求应符合 GB/T 17215.211—2006 第5条的规定 ③ 气候条件。电能表的气候条件应符合 GB/T 17215.211—2006 第6条的规定 ④ 电气要求。电能表的电气要求应符合 GB/T 17215.211—2006 第7条和 GB/T 17215.321—2008 第7条的规定 ⑤ 功能要求:电能计量,存储功能、时钟、费率时段、事件记录、测量及监测、通信功能、显示功能
交流充电桩要求	① 交流充电桩应满足 NB/T 33002 的要求,同时应能采集电能表数据,计算充电电量,显示充电时间、充电电量及充电费用等信息 ② 交流充电桩应显示本次充电电量,并可对该项进行清零 ③ 交流充电桩应至少记录100次充电行为,记录内容包括充电起始时刻、起始时刻电量值、结束时刻、结束时刻电量值和充电电量 ④ 交流充电桩从电能表采集的数据应与其对应显示内容保持一致

(3) 试验方法

1) 常规试验。电能表的常规试验项目和方法应按照 GB/T 17215.211—2006 和 GB/T 17215.321—2008 执行。

2) 功能检查。电能表通电后,通过目视、按键轮显、软件抄读等方式检查电能表功能是否符合 GB/T 28569—2012 中 5.1.5 的规定。

3) 费率时段电能示值误差。按照 GB/T 15284 规定的试验进行。

4) 计度器总电能示值组合误差。按照 GB/T 15284 规定的试验进行。

5) 日计时误差。按照 GB/T 17215.421—2008 第 7.5.2.3 条的规定进行试验。

6) 环境温度对日计时误差的影响。按照 GB/T 17215.421—2008 第 7.5.2.3 条的规定进行试验。

7) 通信协议一致性。按照 DL/T 645 的规定检查电能表的通信帧格式、延时时间、数据标识、验证方式等。

8）测量误差试验。在参比电压 I_{max}、I_b、10% I_b，功率因数分别为 1.0 和 0.5L 时，读取电能表电压、电流、功率因数、有功功率的数值，计算测量参数的引用误差，应满足 GB/T 28569—2012 中 5.1.5.5 的要求。

9）数据安全检测。通过软件抄读检测存储在安全模块中的数据是否与电能表显示一致。

10）数据一致性比对。对交流充电桩采集并显示的计量相关信息与电能表相应显示内容进行比对，判断其是否一致。

（4）检验规则

1）电能表检验。

① 出厂检验。每个电能表按照 GB/T 28569—2012 的试验方法进行检验，检验合格后应施加出厂封印，并出具质量合格证明。电能表试验项目见表 3-4。

② 型式检验。新产品定型或电能表结构、工艺、主要材料（元器件）以及软件发生重大改变时，应进行型式试验，电能表试验项目见表 3-4。

表 3-4 电能表试验项目

序号	试验项目		条款[①]	出厂检验	型式检验
1	常规试验	脉冲电压	6.1		√
2		交流电压		√	√
3		基本误差		√	√
4		起动试验		√	√
5		潜动试验		√	√
6		电能表常数		√	√
7		影响量试验			√
8		功率消耗			√
9		电源电压影响			√
10		短时过电流试验			√
11		自热试验			√
12		温升试验			√
13		无线电干扰抑制			√
14		快速瞬变脉冲群抗扰度			√
15		衰减振荡波抗扰度			√
16		射频电磁场抗扰度			√
17		射频场感应的传导骚扰抗扰度			√
18		静电放电抗扰度			√
19		浪涌抗扰度			√
20		高温试验			√
21		低温试验			√
22		交变湿热试验			√
23		阳光辐射防护试验			√
24		振动试验			√
25		冲击试验			√
26		弹簧锤试验			√
27		防尘和防水			√
28		耐热阻燃试验			√

（续）

序号	试验项目		条款[①]	出厂检验	型式检验
29	常规试验	功能检查	6.2	√	√
30		费率时段电能示值误差	6.3		√
31		计度器总电能示值组合误差	6.4		√
32		日计时误差	6.5	√	√
33		环境温度对日计时误差的影响	6.6		√
34		通信协议一致性	6.7		√
35		测量误差试验	6.8		√
36		数据安全检测	6.9		√

① 条款列的序号按 GB/T 28569—2012。

2）交流充电桩计量检验。数据一致性检验。交流充电桩在出厂检验和型式检验时，应进行数据一致性比对。

2. 电动汽车非车载充电机电能计量

（1）配置要求及安装位置 电能计量装置的配置及安装应符合以下要求：

1）充电机直流侧电能计量装置包括电子式直流电能表（以下简称电能表）和分流器，电能表准确度等级为 1.0 级，分流器准确度等级为 0.2 级，具体规格配置见表 3-5，其中额定电压 100V 为经电阻分压得到的电压规格，为减少电能表规格，350V、500V、700V 可经分压器转换为 100V 进行计量，分压器准确度等级为 0.1 级，基本误差、改变量、电气和机械要求应符合 GB/T 3928—2008 对应条款。

表 3-5 电能计量装置规格配置

额定电压 /V	（100）、350、500、700
参比电流 /A	10、20、50、100、150、200、300、500

2）根据充电电流大小，电能表电流线路可采用直接接入方式或经分流器接入方式。经分流器接入式电能表，分流器二次额定电压为 75mV，电能表电流采集回路接入分流器电压信号。

3）充电机具备多个可同时充电接口时，每个接口应单独配备电能计量装置。

4）电能计量装置宜安装在充电机内部，位于充电机直流输出端和电池接口之间，电能计量装置与电动汽车充电接口之间不应接入与电能计量无关的设备。

5）充电机内部应预留电能计量装置现场检验用的接口。

（2）电能表的技术要求

1）准确度要求。准确度应符合以下要求：

① 在额定电压下，电能表的基本误差不应超过表 3-6 给出的规定值。

表 3-6 额定电压下电能表基本误差限值

负载电流	误差极限（%）
$0.01I_b \leq I < 0.5I_b$	±1.5
$0.5I_b \leq I \leq 1.2I_b$	±1.0

注：I_b 为参比电流。

② 在参比电流下,电能表的基本误差不应超过表 3-7 给出的规定值。

表 3-7 参比电流下电能表基本误差限值

电压变化范围	误差极限(%)
$0.1U_n \leq U < 0.4U_n$	±1.5
$0.4U_n \leq U \leq 1.1U_n$	±1.0

③ 电能表在输入直流纹波因数不大于 2% 时,其误差应在 ±1% 之内。

④ 在额定电压下,当负载电流值为 $0.001I_b$ 时,电能表应能启动。

⑤ 当电能表电流线路无电流,电压线路上的电压为额定值的 80%～110% 时,电能表测试输出不应产生多于一个的脉冲。

2)机械要求。电能表的机械要求应符合 GB/T 17215.211 的规定。

3)气候条件。电能表的气候条件应符合 GB/T 17215.211 的规定。

4)功率消耗。功率消耗应符合以下要求:

① 电压线路。在额定电压、辅助电源供电情况下,电能表电压线路的功率消耗不应大于 1W。

② 电流线路。直接接入式电能表,在参比电流下,电能表电流线路的功率消耗不应大于 1W。

③ 辅助电源线路。在交流 220V 情况下,电能表辅助电源线路的功率消耗不应大于 2W。

5)绝缘性能。

① 脉冲电压。电能表所有线路对地以及互不相连的线路间应能耐受 1.2/50μs 脉冲电压,电能表试验电压见表 3-8。试验中电能表应不被击穿。

表 3-8 电能表试验电压

额定电压 /V	脉冲电压 /V
≤ 100	2500
≤ 500	4000
≤ 700	6000

② 交流电压。电能表所有线路对地应能耐受工频 4kV 交流电压历时 1min 的试验。电能表互不相连的线路间应能耐受工频 2kV 交流电压历时 1min 的试验。试验中不发生飞弧、火花放电或击穿现象。

③ 绝缘电阻。电能表所有线路对地的绝缘电阻不应小于 40MΩ。

6)输出接口。

① 电能量测试脉冲输出。电能表应具有与其电能量成正比的电脉冲和光脉冲测试端口。电脉冲应经光电隔离后输出,脉冲宽度为(80±20)ms。光脉冲采用超亮、长寿命 LED 作为电量脉冲指示,在正常工作条件下 LED 的平均故障间隔时间(MTBF)应大于或等于 100000h。电能量测试脉冲输出应能从正面触及。

② 时钟信号输出。用于测试电能表计时准确度,输出频率为 1Hz。

7）功能要求。

① 电能计量。电能表可计量总电能及各费率电能。

② 存储功能。存储功能应符合以下要求：

a. 电能表至少能存储前两个月或前两个结算周期的总电能和各费率电能数据，数据转存分界时间的默认值为每月最后一日的24时或设定每月1～28日的任意时刻。

b. 电能表电源失电后，所存储的数据应保存至少10年。

c. 电能量等关键充电信息应存入电能表内置的安全模块中，防止关键数据被篡改。

③ 时钟、时段及费率。时钟、时段及费率应符合以下要求：

a. 电能表采用具有温度补偿功能的内置硬件时钟电路，具有日历、计时和闰年自动切换功能。在参比温度下，时钟准确度≤±0.5s/d。时钟准确度随温度的改变量每24h应小于0.15s/℃。时钟可在编程状态下通过RS485进行校时，在非编程状态进行广播校时，但广播校时的时钟误差不得大于5min，每天只允许校时一次。

b. 电能表应具有两套费率时段，可通过预先设置时间实现两套费率时段的自动切换。每套费率时段全年至少可设置2个时区，24h内至少可以设置8个时段，时段最小间隔为15min，时段可跨越零点设置。

④ 测量及监测。能测量当前电压、电流、功率等运行参数。测量误差（引用误差）不超过±1%。

⑤ 通信功能。通信功能应符合以下要求：

a. 电能表应具备与计费设备或系统进行信息交换的RS485通信接口，具备与手持抄表单元通信的调制型红外接口。

b. RS485通信接口的初始速率为2400bit/s，可通过软件设置为1200bit/s、4800bit/s、9600bit/s；调制型红外接口的通信速率为1200bit/s。

⑥ 显示功能。显示功能应符合以下要求：

a. 电能表显示屏应具备背光功能，可通过按键、红外等触发方式点亮背光，两个自动轮显周期后关闭背光。

b. 电能表应具备自动循环和按键两种显示方式。

c. 电能表应能显示累计电能量、电压、电流、功率、时间、报警等相关信息。

d. 电能量显示位数为8位，出厂默认2位小数，计量单位为kW·h。小数位数可通过编程在0～3中选定。

⑦ 事件记录。事件记录应符合以下要求：

a. 记录编程总次数，最近10次编程的时刻、操作者代码和编程项。

b. 记录校时总次数（不包含广播校时），最近10次校时前、后的时间。

⑧ 电磁兼容性。电能表的设计应能保证在静电放电、射频电磁场、电快速瞬变脉冲群和浪涌的电磁骚扰影响下不损坏或不受实质性影响。

⑨ 供电方式。电能表采用辅助电源供电，供电电压为交流220V、直流24V自适应。

⑩ 可靠性。在正常工作条件下，电能表的平均无故障工作时间（MTTF）不少于2.19×10^4h。

（3）分流器的技术要求　分流器技术条件应满足JB/T 9288的规定。

（4）充电机的技术要求

1）充电机应满足 NB/T 33001 的要求，通过采集电能表数据并显示电流、电压、充电时间、电量、费率时段等信息，并能够准确计算和显示电费信息。

2）充电机应显示本次充电电量，并可对该项进行清零。

3）充电机可至少记录 100 次充电行为，记录内容包括充电起始时刻、起始时刻电量值、结束时刻、结束时刻电量值和充电电量。

4）充电机从电能表采集的数据应与其对应显示内容保持一致。

（5）试验方法

1）试验参比条件。参比温度为（23±2）℃，参比湿度为 60%±15%。

2）电能表。

① 直观检查。用目测的方法对电能表进行直观检查，应符合 JJG 842—1993 第 10 条的规定。

② 准确度要求试验见表 3-9。

表 3-9 准确度要求试验

项目	内容
额定电压下基本误差	在参比条件下直接接入式电能表电压回路通以额定电压，电流回路依次通以 $1.2I_b$、I_b、$0.5I_b$、$0.2I_b$、$0.1I_b$、$0.05I_b$、$0.01I_b$。经分流器接入式电能表电压回路通以额定电压，电流回路按照上面试验点折算成电压进行试验。测得的基本误差应符合 5.1.1[①]a）的要求
参比电流下基本误差	在参比条件下电能表通以参比电流，电压依次施加 $1.1U_n$、$0.9U_n$、$0.8U_n$、$0.7U_n$、$0.6U_n$、$0.5U_n$、$0.4U_n$、$0.3U_n$、$0.2U_n$、$0.1U_n$，电能表的误差应满足 5.1.1[①]b）的要求
纹波试验	在参比条件下保持输入电流为参比电流，在输入电压纹波因数为 2% 时进行电能表误差测试。保持输入电压为额定电压，在输入电流纹波因数为 2% 时进行电能表误差测试。电能表的误差应符合 5.1.1[①]c）的要求
启动试验	在参比条件下电能表施加额定电压，0.1% 参比电流，在理论产生一个电能脉冲的 1.5 倍时间内，电能表应有脉冲输出。启动试验时间不超过 t_Q： $$t_Q = (1.5 \times 60)/(C \times P_Q) \text{ min}$$ 式中，C 为脉冲常数（imp/kW·h）；P_Q 为启动功率（kW）
潜动试验	在参比条件下电能表电流线路短路，电压线路分别施加 $1.1U_n$ 和 $0.8U_n$，在不少于 20min 时间内，电能表不应有脉冲输出
日计时误差	按照 GB/T 17215.421—2008 中第 7.5.2.3 条的规定进行试验，电能表的日计时误差不应超过 5.1.7.3[①]的规定限值
环境温度对日计时误差的影响	按照 GB/T 17215.421—2008 中第 7.5.2.3 条的规定进行试验，电能表在 -25℃ 和 60℃ 的日计时误差不应超过 5.1.7.3[①]的规定限值
计度器组合误差	按 GB/T 15284—2002 的规定试验、判定

① 该内容来自于 GB/T 29318—2012。

③ 功率消耗

a. 直接接入式直流电能表电压线路和电流线路分别通以额定电压和参比电流，辅助电源线路通以交流 220V，用准确度不低于 0.5 级的直流电流表、直流电压表测量电能表电压线路电流值 I_u 和电流线路电压值 U_i。电流线路功耗为 $I_b \times U_i$，电压线路功耗为 $U_n \times I_u$。在显示器全部显示情况下用准确度不低于 0.5 级的交流电流表测量辅助线路电流值 I_f，辅助线路功耗为 $220 \times I_f$。所测结果应满足 GB/T 29318—2012 中 5.1.4 的要求。一体式仪表不测量电流线路功耗。

b. 经分流器接入式直流电能表电压线路通以额定电压，辅助电源线路通以交流 220V，用准确度不低于 0.5 级的直流电流表测量电能表电压线路电流值 I_u，电压线路功耗为 $U_n \times I_u$。在显示器全部显示情况下用准确度不低于 0.5 级的交流电流表测量辅助线路电流值 I_f，辅助线路功耗为 $220 \times I_f$。所测结果应满足 GB/T 29318—2012 中 5.1.4 的要求。

④ 绝缘性能试验。脉冲电压和交流电压试验按照 GB/T 17215.211 规定执行，绝缘电阻测量按照 JJG 842—1993 第 11 条的规定进行。

⑤ 功能检查。电能表通电后，通过目视、按键轮显、软件抄读等方式检查电能表功能是否符合 GB/T 29318—2012 中 5.1.7 的要求。

⑥ 电磁兼容试验见表 3-10。

表 3-10　电磁兼容试验

静电放电抗扰度试验	试验应按照 GB/T 17626.2—2006，在下列条件下进行： ——作为台式设备试验 ——仪表在工作状态：电压线路和辅助电源线路加额定电压，电流线路开路 ——8kV 接触放电（如无外露金属部件，则进行 15kV 空气放电） ——放电次数：10 次 ——试验前后，分别检查电能表的功能并读取电能表的内存数据，不应出现数据变化
射频电磁场辐射抗扰度试验	试验应按照 GB/T 17626.3—2006，在下列条件下进行： ——作为台式设备试验 ——仪表在工作状态：电压线路和辅助电源线路加额定电压，电流线路开路 ——频率范围：80 ～ 2000MHz ——未调制的试验场强：30V/m ——试验前后，分别检查电能表的功能并读取电能表的内存数据，不应出现数据变化
电快速瞬变脉冲群抗扰度试验	试验应按照 GB/T 17626.4—2008，在下列条件下进行： ——作为台式设备试验 ——仪表在工作状态：电压线路和辅助电源线路加额定电压，电流线路开路 ——试验电压以共模方式施加在电压线路 ——试验电压：4kV ——试验时间：每一极性 60s ——试验前后，分别检查电能表的功能并读取电能表的内存数据，不应出现数据变化
浪涌抗扰度试验	试验应按照 GB/T 17626.5—2008，在下列条件下进行 ——作为台式设备试验 ——仪表在工作状态：电压线路和辅助电源线路加额定电压，电流线路开路 ——试验电压以差模方式施加在电压线路和电流线路 ——试验电压：4kV ——试验次数：正极性 5 次，负极性 5 次 ——重复速率：最大 1/min ——试验前后，分别检查电能表的功能并读取电能表的内存数据，不应出现数据变化

⑦ 气候影响试验见表 3-11。

表 3-11　气候影响试验

高温试验	按照 GB/T 2423.2—2008 的规定，电能表在不工作状态下加温至（70±2）℃，保持 72h 后恢复至 23℃。试验完成 24h 后，电能表不应出现损坏和信息变化，能准确地工作
低温试验	按照 GB/T 2423.1—2008 的规定，电能表在不工作状态下降温至（-25±3）℃，保持 72h 后恢复至 23℃。试验完成 24h 后，电能表不应出现损坏和信息变化，能准确地工作
交变湿热试验	按照 GB/T 2423.4—2008 的规定，电能表所有电压线路加额定电压，电流线路无电流，变化型式为 1，上限温度为室内用电能表（40±2）℃、室外用电能表（55±2）℃，在不采取特殊措施排除表面潮气条件下，试验 6 个周期。试验完成 24h 后，电能表不应出现损坏和信息变化，能准确地工作

⑧ 机械要求试验见表 3-12。

表 3-12 机械要求试验

冲击试验	按照 GB/T 2423.57—2008 的规定，并在下列条件下进行试验： ——电能表在非工作状态下，无包装 ——半波正弦波形 ——峰值加速度：300g ——冲击时间：18ms 试验后电能表应无损坏或信息改变并能正常工作
振动试验	按照 GB/T 2423.58—2008 的规定，并在下列条件下进行试验： ——电能表在非工作状态下，无包装 ——频率范围：10～150Hz ——交越频率：60Hz ——$f<60Hz$ 恒定的振幅 0.075mm ——$f>60Hz$ 恒定的加速度 $9.8m/s^2$ ——单点控制 ——每一轴向扫描周期数：10 试验后电能表应无损坏或信息改变并能正常工作
弹簧锤试验	电能表以正常位置安装，弹簧锤以（0.2±0.02）J 的动能作用于表壳（包括窗口）和端盖的外表面上。试验后表壳和端盖没有出现影响电能表功能及可能触及带电部件的损坏，则试验结果是合格的。允许有轻微的损坏，这种损坏不应削弱对间接接触的防护或异物、尘和水进入的防护
耐热和阻燃试验	按照 GB/T 5169.11—2006 的规定，在下列条件下进行试验： ——接线端座：（960±15）℃ ——接线端盖和表壳：（650±10）℃ ——作用时间：（30±1）s 试验中受试部位不起燃或在灼热丝离开后火焰熄灭
防尘试验	按照 GB 4208—2008 的规定，并在下列条件下进行试验： ——电能表为非工作状态，并安装在模拟墙上 ——在装有一定长度的模拟电缆（暴露端密封）状态下进行试验 ——对于室内用电能表，应保持电能表内部和外部的大气压力相同 ——第一特性数字：5（IP5X） 进入灰尘的量不应妨碍电能表的工作和减弱其绝缘强度
防水试验	按照 GB 4208—2008 的规定，并在下列条件下进行试验： ——电能表为非工作状态 ——第二特性数字：1（IPX1）适用室内用电能表 ——第二特性数字：4（IPX4）适用室外用电能表 进入的水量不应妨碍电能表的工作和减弱其绝缘强度

3）分流器。分流器的试验项目和方法按照 JB/T 9288—1999 执行。

4）充电机。对充电机显示的计量相关信息与电能表相应显示内容进行比对，判断其是否一致。

（6）检验规则

1）电能计量装置检验。

① 出厂检验。由制造单位对所生产的每个电能计量产品按照 GB/T 29318—2012 提供的试验方法进行检验，检验合格后应施加出厂封印，并出具质量合格证明。电能表试验项目见表 3-13，分流器的检验项目见 JB/T 9288—1999 的附录 B。

表 3-13 电能表试验项目

序号	试验项目	条款[①]	型式检验	出厂检验
1	直观检查	6.2.1	√	√
2	绝缘试验	6.2.4	√	√
3	额定电压下基本误差	6.2.2.1	√	√
4	参比电流下基本误差	6.2.2.2	√	√
5	纹波试验	6.2.2.3	√	
6	起动试验	6.2.2.4	√	√
7	潜动试验	6.2.2.5	√	√
8	日计时误差	6.2.2.6	√	√
9	环境温度对日计时误差的影响	6.2.2.7	√	
10	计度器示值组合误差	6.2.2.8	√	
11	功率损耗	6.2.3	√	√
12	静电放电抗扰度试验	6.2.6.1	√	
13	射频电磁场辐射抗扰度试验	6.2.6.2	√	
14	电快速瞬变脉冲群抗扰度试验	6.2.6.3	√	
15	浪涌抗扰度试验	6.2.6.4	√	
16	高温试验	6.2.7.1	√	
17	低温试验	6.2.7.2	√	
18	交变湿热试验	6.2.7.3	√	
19	冲击试验	6.2.8.1	√	
20	振动试验	6.2.8.2	√	
21	弹簧锤试验	6.2.8.3	√	
22	耐热和阻燃试验	6.2.8.4	√	
23	防尘试验	6.2.8.5	√	
24	防水试验	6.2.8.6	√	
25	功能检查	6.2.5	√	√

① 条款列的序号按 GB/T 29318—2012。

② 型式检验。新产品定型鉴定或已有产品的结构、工艺、主要材料（元器件）以及软件发生重大改变时，应进行型式试验。

2）充电机计量检验。充电机在出厂检验和型式检验时，应进行数据一致性比对。

3.1.4 充换电设施电能质量

3.1.4.1 需求分析

在政府对电动汽车产业的大力推动下，我国电动汽车产业将步入快速发展期，这也极大地推动了电动汽车充换电设施的建设，大量电动汽车的充电行为将会给电网带来较大影响。电动汽车充电设备对电能质量的影响主要体现在造成谐波污染和电网功率因数的下降等方面，大功率充电负荷对电网的冲击会造成电压变化，大规模无序充电对电网的影响将更加复杂和深远，应从源头进行控制。

通过制定 GB/T 29316—2012《电动汽车充换电设施电能质量技术要求》，使充换电设施的电能质量符合相关限值。一方面充电设备在设计阶段控制其谐波和无功的产生，通过充电策略的设计减小对电网的冲击；另一方面充换电站配备谐波治理和无功补偿措施，通过有序充电、充储结合等方式最大限度地减小对电网的不利影响，提高电能质量和运行安全可靠性。

3.1.4.2 标准制定

GB/T 29316—2012《电动汽车充换电设施电能质量技术要求》于 2012 年 12 月 31 日发布，2013 年 6 月 1 日开始实施。

该标准在制定中参考了国内外相关设备的技术标准和现行的电能质量国家标准，结合电动汽车的充电特性和充电设备的运行特性，有针对性地提出了电动汽车充换电设施应符合的电能质量相关指标限值，包括供电电压偏差、电压不平衡、谐波限值、功率因数等，以及电能质量的检测要求。

电动汽车充换电设施电能质量技术要求见表 3-14。

表 3-14 电动汽车充换电设施电能质量技术要求

标准号与标准名称	标准定义
GB/T 29316—2012《电动汽车充换电设施电能质量技术要求》	该标准根据充换电设施的不同电压等级给出了供电电压的正负偏差范围，规定了充换电设施接入公共电网时造成的三相电压不平衡度范围
	该标准规定了充换电设施接入公共电网连接点的谐波电压和谐波电流限值。对于非车载充电机和交流充电机分别提出了输入侧谐波电流含有率和功率因数指标限值
	该标准规定了充换电设施电能质量的检测点、检测仪器及检测项目等

1. 供电电压偏差

电动汽车充换电设施的供电电压偏差应符合表 3-15 的要求。

表 3-15 电动汽车充换电设施的供电电压偏差要求

充电站及换电站电压等级	供电电压正、负偏差
35kV 及以上	供电电压正、负偏差绝对值之和不超过标称电压的 10%
10（20）kV	供电电压正、负偏差范围：-7% ~ +7%
380V	供电电压正、负偏差范围：-7% ~ +7%
220V	供电电压正、负偏差范围：-10% ~ +7%

2. 电压不平衡

1）电动汽车充换电设施接入公共电网，电网正常运行时，公共连接点负序电压不平衡度不应超过 2%，短时不得超过 4%。

2）电动汽车充换电设施接入公共电网连接点引起负序电压不平衡度允许值一般为 1.3%，短时不得超过 2.6%。

3. 谐波限值

1）电动汽车充换电设施接入公共电网连接点谐波电压的限值（相电压）要求应符合 GB/T 14549 的规定。

2）电动汽车充换电设施注入公共电网连接点的谐波电流允许值应符合 GB/T 14549 的规定。

3）电动汽车非车载充电机额定功率输出时，按输入侧的谐波电流含有率和输入功率因数分为 A 级设备和 B 级设备，见表 3-16 的规定。对于 A 级设备，可不对谐波和无功电流进行补偿。对于 B 级设备，应对谐波和无功电流进行补偿，补偿后注入公共电网连接点的谐波电流允许值应符合 2）的要求。

表 3-16　输入侧谐波电流含有率和输入功率因数

参数	A 级设备	B 级设备
输入功率因数	大于或等于 0.95	大于或等于 0.90
输入侧谐波电流含有率	电流总谐波畸变率小于或等于 8%	各次谐波含有率小于或等于 30%

注：A 级设备指带有源功率因数校正的非车载充电机，B 级设备指不带有源功率因数校正的非车载充电机。

4）接入交流充电桩的车载充电机在额定功率输出时，交流输入侧电流总谐波畸变率应小于或等于 8%，功率因数应大于或等于 0.95。

4. 电能质量检测

1）充换电设施电能质量检测点宜取自电源进线，监测仪器宜采用符合 GB/T 14549 规定的 A 级仪器。

2）电能质量检测参数应包含电压偏差、三相不平衡度、谐波电压、谐波电流等。

3.2　充换电设施关键设备标准

3.2.1　充电模式和连接方式

整车充电模式又可以分为交流充电和直流充电。交流充电是指采用交流电源为电动汽车提供电能的方式，采用该方式的充电设备有充电模式 2 的充电线和专用的交流充电桩。直流充电是指采用直流电源为电动汽车提供电能的方式，采用该方式的充电设备有专用的直流充电机。GB/T 18487.1—2015《电动汽车传导充电系统　第 1 部分：通用要求》中规定了整车充电共有四种模式。其中模式 2、模式 3、模式 4 应具备控制导引功能。

1）模式 1：将电动汽车连接到交流电网（电源）时，在电源侧使用了符合 GB 2099.1 和 GB 1002 要求的插头插座，在电源侧使用了相线、中性线和接地保护的导体。

2）模式 2：将电动汽车连接到交流电网（电源）时，在电源侧使用了符合 GB 2099.1 和 GB 1002 要求的插头插座，在电源侧使用了相线、中性线和接地保护的导体，并且在充电连接时使用了缆上控制与保护装置（IC-CPD）。

3）模式 3：将电动汽车连接到交流电网（电源）时，使用了专用供电设备，将电动汽车与交流电网直接连接，并且在专用供电设备上安装了控制导引装置。

4）模式 4：将电动汽车连接到交流电网或直流电网时，使用了带控制导引功能的直流供电设备。

电动汽车充电连接方式规定了使用电缆和连接器将电动汽车接入电网（电源）的方法。电动汽车充电连接方式共有三种。

1）连接方式 A 是将电动汽车和交流电网连接时，使用和电动汽车永久连接在一起的充电电缆和供电插头，电缆组件是车辆的一部分。连接方式 A 如图 3-2 所示。

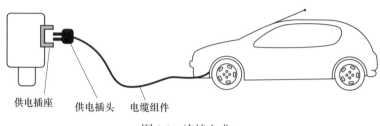

图 3-2　连接方式 A

2）连接方式 B 是将电动汽车和交流电网连接时，使用带有车辆插头和供电插头的独立的活动电缆组件，可拆卸电缆组件不是车辆或者充电设备的一部分。连接方式 B 如图 3-3 所示。

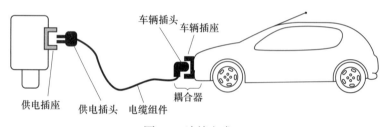

图 3-3　连接方式 B

3）连接方式 C 是将电动汽车和交流电网连接时，使用了和供电设备永久连接在一起的充电电缆和车辆插头，电缆组件是充电设备的一部分。连接方式 C 如图 3-4 所示。

图 3-4　连接方式 C

3.2.2　交流充电桩

3.2.2.1　交流充电桩的基本构成

充电桩的基本构成包括桩体和交流充电连接装置，桩体包含但不限于主电源回路、控制单元、人机交互界面、计量计费单元（可选）。充电桩基本构成框图如图 3-5 所示。

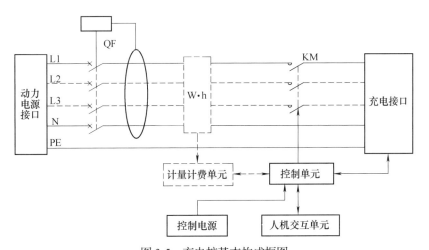

图 3-5　充电桩基本构成框图
QF—具备漏电保护功能的断路器或同类装置　W·h—交流电能表
KM—控制交流充电桩输出的接触器或同类装置

3.2.2.2　交流充电桩的功能要求

1. 充电控制导引

充电桩应具备符合 GB/T 18487.1—2015 中附录 A 要求的充电控制导引功能。

2. 通信功能

充电桩宜具备与上级监控管理系统通信的功能。

3. 充电连接装置

充电桩的充电连接装置应符合 GB/T 20234.1 和 GB/T 20234.2 的规定。

4. 电子锁止装置

采用 GB/T 18487.1—2015 中 3.1 规定的连接方式 A 或连接方式 B 的充电桩，当充电桩额定电流大于 16A 时，供电插座应安装电子锁止装置。当电子锁止装置未可靠锁止时，充电桩应停止充电或不启动充电。

5. 人机交互功能

（1）显示功能

1）充电桩应显示下列状态：

——充电桩的运行状态指示：待机、充电、故障。

2）充电桩宜显示下列信息：

——输出电压、输出电流。

——已充时间、已充电量、已充金额。

（2）输入功能　充电桩宜具有实现手动输入和控制的功能。

6. 计量功能

公用型充电桩应具有对充电电能量进行计量的功能，计量功能应符合 GB/T 28569 的要求。

7. 急停功能

充电桩可安装急停装置。

8. 连接方式

GB/T 18487.1—2015 中 3.1 规定的连接方式 A、连接方式 B、连接方式 C 均适用于充电桩。当充电桩额定电流大于 32A 时，应采用连接方式 C。

3.2.2.3　交流充电桩的技术要求

1. 耐环境要求

（1）防护等级　充电桩外壳的防护等级应不低于 GB/T 4208 中 IP32（户内型）或 IP54（户外型）。

注：不考虑连接过程中充电接口部分的防护等级。

（2）三防（防潮湿、防霉变、防盐雾）保护　充电桩内印制电路板、接插件等部件应进行防潮湿、防霉变、防盐雾处理。防盐雾腐蚀能力应满足要求。

（3）防锈（防氧化）保护　充电桩铁质外壳和暴露的铁质支架、零件应采用双重防锈措施，非铁质的金属外壳也应具有防氧化保护膜或进行防氧化处理。

（4）防盗保护　充电桩应具有必要的防盗措施。

2. 温升要求

正常实验条件下，交流输入为额定值，充电桩在额定输出功率下长期连续运行，内部各发热元器件及各部位的温升不应超过表 3-17 中的规定。并且发热元件的温度不应影响周围元器件的正常工作且无元器件损坏。

表 3-17　充电桩各部件极限温升

部件或器件		极限温升 /K
熔断器外壳		70
母线连接处	铜—铜	50
	铜镀锡—铜镀锡	60
	铜镀银—铜镀银	80

3. 防护要求

（1）允许温度　充电桩的表面温度应满足 GB/T 18487.1—2015 中 11.6.3 的要求。

（2）电击防护　充电桩的电击防护应符合 GB/T 18487.1—2015 中 7 的要求。

（3）电气间隙和爬电距离　充电桩的电气间隙和爬电距离应符合表 3-18 的规定。

表 3-18　充电桩的电气间隙和爬电距离

额定绝缘电压 U_i/V	电气间隙 /mm	爬电距离 /mm
$U_i \leq 60$	3.0	3.0
$60 < U_i \leq 300$	5.0	6.0
$300 < U_i \leq 700$	8.0	10.0

注：1. 当主电路与控制电路或辅助电路的额定绝缘电压不一致时，其电气间隙和爬电距离可分别按其额定值选取。
　　2. 具有不同额定值主电路或控制电路导电部分之间的电气间隙与爬电距离，应按最高额定绝缘电压选取。
　　3. 小母线、汇流排或不同级的裸露的带电导体之间，以及裸露的带电导体与未经绝缘的不带电导体之间的电气间隙不小于 12mm，爬电距离不小于 20mm。
　　4. 印制电路板的电气间隙和爬电距离参考 GB/T 16935.1。

（4）接地要求　充电桩的接地要求应能满足以下规定：

1）充电桩金属壳体应设置接地螺栓，其直径不得小于 6mm，并应有接地标志。

2）所有作为隔离带电导体的金属材质的外壳、隔板、电气元件的金属外壳以及金属手柄等均应有效等电位联结，接地连续性电阻不应大于 0.1Ω。

3）充电桩金属材质的门、盖板、覆板和类似部件，应采用保护导体将这些部件和充电桩接地端子连接，此保护导体的截面积不得小于 $2.5mm^2$。

4. 电气绝缘性能

（1）绝缘电阻　充电桩非电气连接的各带电回路之间、各独立带电回路与地（金属外壳）之间绝缘电阻应不小于 $10M\Omega$。

（2）介电强度　充电桩非电气连接的各带电回路之间、各独立带电回路与地（金属外壳）之间，按其工作电压应能承受表 3-19 所规定历时 1min 的工频交流电压。试验过程中，试验部位不应出现绝缘击穿和闪络现象。

（3）冲击耐压　充电桩各带电回路、各带电电路对地（金属外壳）之间，按其工作电压应能承受表 3-19 所规定标准雷电波的短时冲击电压试验。试验过程中，试验部位不应出现击穿放电。

表 3-19　绝缘试验的试验等级

额定绝缘电压 U_i/V	绝缘电阻测试仪器的电压等级 /V	介电强度试验电压 /kV	冲击耐压试验电压 /kV
$U_i \leq 60$	250	1.0	±1.0
$60 < U_i \leq 300$	500	2.0	±2.5
$300 < U_i \leq 700$	1000	2.4	±6.0

注：出厂试验时，介电强度试验允许试验电压高于表中规定值的 10%，试验时间为 1s。

5. 保护功能要求

1）充电桩应具备输出过载和短路保护功能，过载和短路保护应符合 GB/T 18487.1—2015 中 12 的要求。

2）当充电桩额定电流大于 16A 且采用 GB/T 18487.1—2015 中 3.1 规定的连接方式 A 或连接方式 B 时，充电桩供电插座应设置温度监控装置，充电桩应具备温度监测和过温保护功能。

3）在充电过程中，当达到设置的结束条件，或操作人员对充电桩实施了停止充电指令时，充电桩应控制开关 S1 切换到 +12V，并在检测到 S2 开关断开后，在 100ms 内切断交流供电回路；超过 3s 仍未检测到 S2 断开时，则强制切断交流供电回路。如供电接口带有电子锁，应在交流回路切断 100ms 后解锁。

4）具备急停功能的充电桩，启动急停装置时，充电桩应在 100ms 内切断交流供电回路。

5）当充电桩与电动汽车之间的保护接地连续性丢失时，充电桩应控制开关 S1 切换到 +12V，并在 100ms 内切断交流供电回路。

6）当充电桩检测到检测点 1 电压幅值为 12V（状态 1）或其他非 6V（状态 3）、非 9V（状态 2）状态时，充电桩应控制开关 S1 切换到 +12V，并在 100ms 内切断交流供电回路。

当检测到供电接口由完全连接变为断开［检测点4由完全连接变为断开（状态A）］时，充电桩应控制开关S1切换到+12V连接状态，并在100ms内断开交流供电回路。

当检测点1的电压幅值由6V变为9V时，充电桩应在100ms内切断交流供电回路，并持续输出PWM信号；当车辆再次闭合S2时，充电桩应再次接通交流供电回路。

7）当充电桩PWM信号对应的充电电流限值≤20A，且充电桩实际输出电流超过充电电流限值2A并保持5s时，或充电桩PWM信号对应的充电电流限值>20A，且充电桩实际输出电流超过充电电流限值的110%并保持5s时，充电桩应在5s内切断交流供电回路并控制S1切换到+12V。

8）充电桩应具备交流接触器（或同类装置）粘连检测功能。当接触器触点粘连时，充电桩应发出告警提示，并不能启动充电。

9）在充电过程中，充电桩应具有明显的状态指示或文字提示，防止人员误操作。

10）充电桩的接触电流应满足GB/T 18487.1—2015中11.2的要求。

11）充电桩应具备漏电保护功能。

注：上述涉及的S1、S2及各检测点位置参见NB/T 33002—2018中图6。

6. 控制导引电路要求

充电桩的控制导引电路应满足GB/T 18487.1—2015中附录A的要求。

当充电桩自身无故障且供电接口已完全连接（连接方式A或连接方式B），且充电桩已做好充电准备时，充电桩应持续输出PWM信号。具备省电模式的充电桩，进入省电模式的时间不宜低于24h。

7. 充电控制时序及流程

充电控制时序及流程应满足GB/T 18487.1—2015中附录A.3、A.4及A.5的规定。

8. 待机功耗

在额定输入电压下，充电桩（一桩双充及以下）的待机功耗不应大于15W。

9. 机械强度

充电桩包装完好，按GB/T 2423.55—2006规定的方法进行试验，外壳应能承受的剧烈冲击能量为20J（5kg，0.4m）。试验结束后性能不应降低，充电桩的IP防护等级不受影响，门的操作和锁止点不受损坏，不会因变形而使带电部分和外壳相接触，并满足电气间隙和爬电距离的要求。

10. 噪声

充电桩在额定输出功率下稳定运行，在周围环境噪声不大于40dB的条件下，距离充电桩水平位置1m处，测得噪声最大值应不超过55dB。

11. 环境要求

（1）低温性能　按GB/T 2423.1—2008中试验Ad规定的方法进行试验，试验温度为NB/T 33002—2018中7.1.1规定的下限值，充电桩应能正常启动。试验前、试验期间、试验后，充电桩应能正常工作。

（2）高温性能　按GB/T 2423.2—2008中试验Bd规定的方法进行试验，试验温度为NB/T 33002—2018中7.1.1规定的上限值，待达到试验温度后启动充电桩，充电桩应能正常工作，试验温度持续2h。试验前、试验期间、试验后，充电桩应能正常工作。

（3）湿热性能　按 GB/T 2423.4—2008 中试验 Db 规定的方法进行试验，试验温度为（40±2）℃，循环次数为 2 次；在试验结束前 2h 进行介电强度试验和测试绝缘电阻，其中绝缘电阻不应小于 1MΩ，介电强度按表 3-19 规定值的 75% 施加测量电压。试验结束后，恢复至正常大气条件，通电后充电桩应能正常工作。

3.2.3 直流充电机

3.2.3.1 非车载充电机

电动汽车充电机是一种专为电动汽车动力电池充电的设备，电动汽车充电机可以分为直流充电机和交流充电机。

非车载充电机又称为直流充电机，是将交流/直流电网电能，转化为电动汽车动力电池能够接受的直流电能，并实现输出电压和输出电流的调节。目前使用最多的直流充电机是高频开关电源型充电机，它具有体积小、重量轻、可靠性高、效率高、功率因数高、电网适应能力强、功率可调节，容易实现并联冗余等优点。

3.2.3.2 直流充电机的分类

1. 按直流充电机安装位置的不同分类

直流充电机根据是否安装在电动汽车上可分为车载直流充电机和非车载直流充电机。车载直流充电机是指组装在电动汽车内部，将一定电压的直流电能转换为适配电动汽车所需电压电能的装置。非车载直流充电机是指独立安装在电动汽车外部，固定连接至交流或直流电源，并将其电能转化为直流电能，采用传导方式为电动汽车动力电池充电的专用装置。这里主要介绍安装在电动汽车外的非车载直流充电机。非车载直流充电机按照安装方式的不同又可分为落地式直流充电机和壁挂式直流充电机，如图 3-6 和图 3-7 所示。

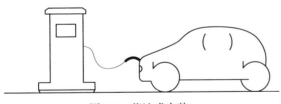
图 3-6　落地式安装

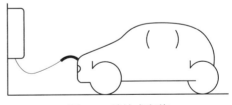
图 3-7　壁挂式安装

2. 按直流充电机的结构形式分类

按直流充电机的结构形式，可分为一体式直流充电机和分体式直流充电机。一体式直流充电机是指将功率变换单元、充电终端等组成单元放置于一个柜（箱）体内，在结构上合成一体的直流充电机。分体式直流充电机是指将功率变换单元与充电终端在结构上分开，两者间通过电缆连接的充电机。充电终端是指电动汽车充电时，充电操作人员需要面对和操作的、非车载传导式充电机的一个组成部分，一般由充电电缆、车辆插头、人机交互界面组成，也可包含有计量、通信、控制等部件。分体式充电机和一体式充电机分别如图 3-8 和图 3-9 所示。

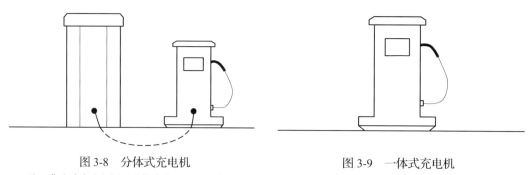

图 3-8　分体式充电机　　　　　　图 3-9　一体式充电机

注：集中式充电机属于分体式充电机的一种。

3. 按充电接口数量分类

按直流充电接口数量，可分为一机一充式直流充电机和一机多充式直流充电机。一机一充式直流充电机是指一台充电机只有一个车辆插头，同一时刻只能给一辆电动汽车充电。一机多充式直流充电机是指一台充电机具备多个车辆插头，可以对多辆电动汽车进行同时或排序充电，多个车辆插头之间可具备动态功率分配功能，如图 3-10 和图 3-11 所示。

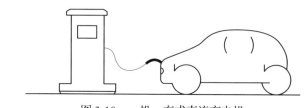

图 3-10　一机一充式直流充电机

注：图中以落地、一体式为例。

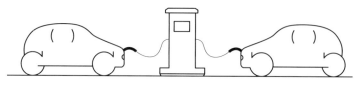

图 3-11　一机多充式直流充电机

注：图中以落地、一体式、两个车辆插头为例。

4. 其他分类方式

直流充电机按其他特性还有多种分类方式：如按照使用环境条件可分为户内型直流充电机和户外型直流充电机；按照安装使用场所可分为非工业环境使用直流充电机和工业环境使用直流充电机；按照使用对象可分为公用型充电机（对普通公众开放，使用运营商的支付方式进行充电）和专用型充电机（只对特定车主或车辆提供充电服务，不对普通公众开放）；按照充电机输入特性可分为交流电网（电源）供电充电机和直流电网（电源）供电充电机。这里不再一一进行详细的介绍。

3.2.3.3　直流充电机的构成

直流充电机的基本构成包括动力电源输入、功率变换单元、输出开关单元、充电电缆和车辆插头，以及控制电源、充电控制单元、人机交互单元，也可包括计量等功能单元。充电机构成原理框图如图 3-12 所示。

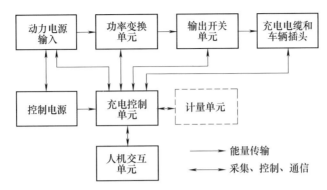

图 3-12　充电机构成原理框图

注：图中实线框内为充电机基本构成单元，虚线框内为可选构成单元。

3.2.3.4　直流充电机的功能要求

1. 充电控制功能

充电机应具备自动充电控制功能，可具备手动充电控制功能。充电机采用手动充电控制时，应具有明确的操作提示信息。

供电控制功能：仅当电动汽车供电设备和电动汽车之间的控制引导功能与允许通电状态信号建立正确关系时，电动汽车供电设备才可向电动汽车供电。

断电控制功能：当控制引导功能中断，或控制引导信号不允许充电，或充电设备门打开灯活动造成带电部位露出时，应切断对电动汽车的供电，但控制引导电路可以保持供电。

2. 通信功能

充电机具有与电动汽车 BMS 或车辆控制器通信的功能，判断充电机是否与电动汽车动力电池系统正确连接；获得电动汽车 BMS 或车辆控制器充电参数和充电实时数据。充电机与 BMS 或车辆控制器之间的通信协议符合 GB/T 27930 的规定。

充电机宜具有与上级监控系统或运营管理系统通信的功能。

3. 绝缘检测功能

充电机具备对直流输出回路进行绝缘检测的功能，并且充电机的绝缘检测功能要与车辆绝缘监测功能相配合。充电机的绝缘检测功能参考 GB/T 18487.1—2015 中 B.4.1 和 B.4.2 的规定。

4. 直流输出回路短路检测功能

充电机具备对直流输出回路进行短路检测的功能，充电机的短路检测在绝缘检测阶段进行，当直流输出回路出现短路故障时，应停止充电过程并发出告警信息。

5. 车辆插头锁止功能

充电机车辆插头应具备锁止装置，在出现动力电源输入失电、故障不能继续充电、充电完成现象时，锁止装置会自动解锁。

6. 预充电功能

充电机具备预充电功能。启动充电阶段，电动汽车闭合车辆侧直流接触器后，充电机会检测电池电压并判断此电压是否正常。当充电机检测到电池电压正常后，将输出电压调整到当前电池端电压减去 1～10V，再闭合充电机侧直流接触器。

7. 计量功能

公共型充电机具有对充电电能量进行计量的功能，计量功能应符合 GB/T 29318 的规定。

8. 急停功能

充电机都安装有急停装置。一体式充电机启动急停装置时，会同时切断动力电源输入和直流输出。分体式充电机启动急停装置时，会切断相应充电终端的直流输出，也可同时切断充电机的动力电源输入。

3.2.4 换电设施

3.2.4.1 换电模式简述

换电技术的出租车与充电技术的出租车相比，优势如下：

1）大幅度降低了充电等待时间。目前换电出租车行驶里程为 220km、260km 和 300km，电池每天更换 2～3 次，即可满足日行驶里程 600km 的要求，电池更换总时间为 6～10min，与传统汽车出租车加油等待时间和每日行驶里程相当。

2）延长电池循环使用寿命，降低电池使用及维护成本。换电电池在换电站充电，充电环境温度通常保持在 25℃左右，采用 C/3 倍率充电，电池循环寿命可增加 30% 以上；充电过程中，可实时对电池进行维护，确保电池性能不会明显衰减。

3）提升电池充电安全性。换电电池采用最优的充电电流充电，充电数据全程监控，当出现故障时，监控设备停止充电并报警，换电站工作人员会及时采取安全措施。

电动车快换技术解决了电动车商业化遇到的充电时间长和车辆续驶里程短的问题，有助于推广电池包标准化，降低电池包开发和验证成本。

换电技术成为解决电动车充电的最优方法，但由于没有相关换电标准，换电电池无法标准化，影响换电车型推广。因此，需要研究换电技术，规范换电技术标准化，并结合充电基础设施的布局，合理规划建设具备充电功能而且能够实现商业化运营的综合性设施，促进电动车行业的健康发展，为绿色经济和可持续发展提供助力。

3.2.4.2 技术的难点及创新点

1. 技术难点

1）换电电池及换电支架结构很难标准化。各厂家车型不同，导致电池包络不同，无法形成电池包络标准化。

2）高低压电气接口较难标准化。各厂家高压平台功率及电流不同、低压电气接口定义不同、换电接插件安装位置等不同，较难实现电气接口的标准化。

3）BMS 功能及软件接口较难标准化。各厂家采用不同的 BMS 软件、CAN 通信接口、故障判别条件等，影响电池包的互换。

为使换电技术标准化，避免换电技术重复开发，需要研究换电技术，规范换电技术标准化，最终实现换电电池通用性，促进换电行业的快速健康发展，助力于节能减排目标的实现和绿色经济发展。

2. 技术创新点

1）动力电池快换系统。全新开发动力电池快换系统，能够实现纯电动汽车动力电池的快速更换。动力电池快换系统包含快换装置、快换电池箱、快换检测系统及相关辅助件。其中，电池快换装置由快换支架、定位机构、锁止机构、快换连接器及相关辅助件组成；快换电池箱由电池箱体、动力电池、电子控制单元、电池箱连接器及相关辅助件等组成；快换检测系统由到位信号检测传感器、无线传输模块、信号处理模块及相关辅助件等组成，如图 3-13、图 3-14 所示。

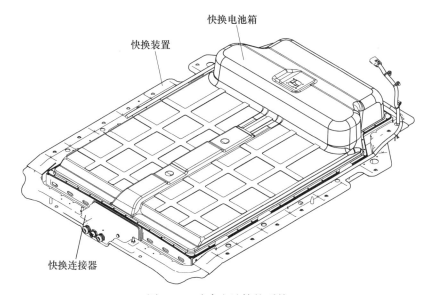

图 3-13 动力电池快换系统

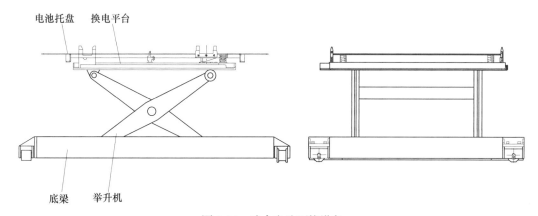

图 3-14 动力电池更换设备

2）动力电池系统安全性能提升。动力电池采用三元锂离子电池，具有安全性能高、能量密度高、低温性能好、循环寿命可超过 2000 次、自放电率低等特点。动力电池系统包括电池管理系统、电池本体、电池热管理系统。电池管理系统具有电池单体电压采集功能、温度采集功能、总线电流采集功能、绝缘监测功能、电池充放电功率预测功能、主动均衡功能、SOC 预测功能、高压环路互锁功能、碰撞断高压功能。

动力电池系统的安全是电动汽车安全的根本保障，新能源汽车动力电池系统的安全开发理念为：小事故电池安全，大事故人员安全。在开发过程中，通过安全三步走的方式确保动力电池系统的开发安全：第一步，电池单体安全技术开发；第二步，系统集成安全技术开发；第三步，安全测试验证技术开发。

3）高压集成控制系统（图 3-15）。某车型搭载集成控制单元 PEU，集成 MCU、DC/DC、高压配电模块、PTC 控制和车载充电机功能；集中散热，减少连接器数量，有效减重，降低成本；同时，能有效解决整车 EMC 超标问题。

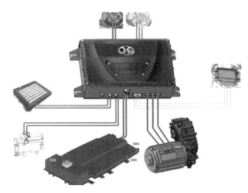

图 3-15　高压集成控制系统示意图

3. 综合评价（表 3-20）

表 3-20　技术的关键指标及优点、缺点

关键指标	优点	缺点
电池快换技术，3min 完成电池更换	车电分离、快速更换电池，解决用户里程和充电焦虑 专业人员利用慢充为电池充电，延长了电池寿命，安全系数高	用户担心更换的电池性能下降，认可度较低 配套建设换电站投资大，对专业人员要求高，人员缺口较大

3.2.4.3　应用场景及产业化进程分析

换电技术目前主要用于运营出租车，分时租赁、个人用户等市场推广在技术层面可行，但需解决专业技术人员、换电站等配套软硬件问题，如果扩大应用范围还需从法规、政策层面提供支持。

3.3　建设与运行

3.3.1　建设

3.3.1.1　总则

1）充换电设施接入电网所需的线路走廊、地下通道、变/配电站址等应与城乡发展相关规划、土地利用规划和配电网发展规划相协调。

2）充换电设施接入电网应充分考虑接入点的供电能力，保障电网安全和电动汽车的电能供给。

3）充换电设施应满足所接入配电网的配电自动化要求，其接入电网不应影响配电网的可靠供电。

4）充换电设施宜按最终规模进行规划设计，充换电设备可分期建设安装。

3.3.1.2 接入电网原则

1. 电压等级

1）充换电设施所采用的标称电压应符合 GB/T 156 的要求。

2）充换电设施的供电电压等级，应根据充电设备及辅助设备总容量，综合考虑需用系数、同时系数等因素，经过技术经济比较后确定，具体可参照表 3-21。

表 3-21 充换电设施宜采用的供电电压等级

供电电压等级	充电设备及辅助设备总容量	受电变压器总容量
220V	10kW 及以下单相设备	—
380V	100kW 及以下	50kVA 及以下
10kV	—	50kVA ~ 10MVA
20kV	—	50kVA ~ 20MVA
35kV	—	5 ~ 40MVA
66kV	—	15 ~ 40MVA
110kV	—	20 ~ 100MVA

3）充换电设施供电负荷的计算中应根据单台充电机的充电功率和使用频率、设施中的充电机数量等，合理选取负荷同时系数。

2. 用户等级

1）充换电设施的用户等级应满足 GB/Z 29328 的要求。

2）具有重大政治、经济、安全意义的充换电设施，或中断供电将对公共交通造成较大影响或影响重要单位的正常工作的充换电站可作为二级重要用户，其他可作为一般用户。

3. 接入点

1）220V 供电的充电设备，宜接入低压公用配电箱；380V 供电的充电设备，宜通过专用线路接入低压配电室。

2）接入 10（20）kV 电网的充换电设施，容量小于 4000（8000）kVA 的宜接入公用电网 10kV 线路或接入环网柜、电缆分支箱、开关站等，容量大于 4000（8000）kVA 的宜专线接入。

3）接入 35kV、110（66）kV 电网的充换电设施，可接入变电站、开关站的相应母线，或 T 接至公用电网线路。

4）不同电压等级接入的充换电设施接入电网示意图可参照 GB/T 36278—2018 中附录 A。

4. 供电距离

充换电设施接入电网后，其公共连接点及接入点的运行电压应满足 GB/T 12325 的要求，充换电设施的供电距离应根据充换电设施的供电负荷、系统运行电压，经电压损失计算确定。

5. 接线形式

1）采用 35kV 及以上电压等级供电的充换电设施，其接线形式应满足 GB 50059 的要求。作为二级重要用户的充换电设施，高压侧宜采用桥形、单母线分段或线路变压器组接线，装设两台及以上主变压器，低压侧宜采用单母线分段接线。

2）采用 10（20）kV 及以下电压等级供电的充换电设施，其接线形式应满足 GB 50053 的要求。作为二级重要用户的充换电设施，进线侧宜采用单母线分段接线。

3）充换电设施供电变压器低压侧应根据需要留有 1～2 回备用出线回路。

6. 供电电源

1）充换电设施供电电源点应具备足够的供电能力，提供合格的电能质量，并确保电网安全运行。

2）属于二级重要用户的充换电设施宜采用双回路供电，应满足如下要求：

① 当任何一路电源发生故障时，另一路电源应能对保安负荷持续供电。

② 应配置自备应急电源，电源容量至少应满足全部保安负荷正常供电需求。

3）属于一般用户的充换电设施可采用单回线路供电，宜配置自备应急电源，电源容量应满足 80% 保安负荷正常供电需求。

7. 接地方式

充换电设施接入电网侧接地方式应和电网系统保持一致。

3.3.1.3 设备选择

1. 一般要求

充换电设施供电变压器、接入电网线路等设备的选择应满足 GB 50054 的有关要求。

2. 供电变压器

1）充换电设施配电变压器宜选用干式低损耗节能型变压器。在过负荷、大容量等特殊条件下，可选用油浸式变压器。

2）220V 单相接入的充电设施，变压器宜采用 Dyn 联结方式。

3. 接入电网线路

1）充换电设施接入电网线路应具有较强的适应性，其导线截面宜根据充换电设施最终规划容量一次选定。

2）充换电设施接入电网线路的导线截面按经济电流密度选择，并按长期允许发热和机械强度条件进行校核。

4. 电缆

充换电设施的电缆敷设应满足 GB 50217 的要求。电力电缆不应和热力管道、输送易燃、易爆及可燃气体管道或液体管道敷设在同一管沟内。

3.3.1.4 无功补偿

1）充换电设施接入电网的无功补偿装置应按照"同步设计、同步施工、同步投运"

的原则规划和建设。

2）充换电设施的无功补偿装置应按就地平衡和便于调整电压的原则进行配置。

3）采用 10kV 及以上电压等级供电的充换电设施在高峰负荷时的功率因数不宜低于 0.95，采用 380V 及以下电压等级供电的充换电设施在高峰负荷时的功率因数不宜低于 0.9，不能满足要求的应安装就地无功补偿装置。

4）充换电设施设置的无功补偿装置，应具备随充电设备投切自动进行调节的能力。

3.3.1.5 保护和计量

1. 保护

1）充换电设施采用 220V、380V 电压等级接入时，配电线路的低压开关设备及保护应符合 GB 50054 的相关要求。

2）充换电设施采用 10～110kV 电压等级接入时，保护配置应满足 GB/T 14285 的相关技术要求。

2. 计量

1）电动汽车充换电设施接入电网应明确上网电量计量点，原则上设在产权分界点。

2）计量点应装设电能计量装置，其设备配置和技术要求应符合 DL/T 448 的相关要求。

3）充换电设施电能计量装置分类类别应参照 DL/T 448 的相关规定，其中 Ⅰ、Ⅱ、Ⅲ 类分类可按充换电设施负荷容量或月平均用电量确定，具体详见表 3-22。

表 3-22 充换电设施电能计量装置分类

充换电设施负荷	充换电设施月平均用电量 /kW·h	电能计量装置分类
单相设备	—	Ⅴ类
315kVA 以下	—	Ⅳ类
315kVA 及以上	10 万及以上	Ⅲ类
2000kVA 及以上	100 万及以上	Ⅱ类
10000kVA 及以上	500 万及以上	Ⅰ类

3.3.1.6 电能质量

1. 谐波

充换电设施接入公共电网，公共连接点的谐波电压、谐波电流应满足 GB/T 14549 的规定。

2. 电压偏差

充换电设施接入公共电网，公共连接点的电压偏差应满足 GB/T 12325 的规定。

3. 电压不平衡度

充换电设施接入公共电网，公共连接点的三相不平衡度应满足 GB/T 15543 的规定。

3.3.2 运行

充电设施运行管理标准规定了电动汽车充电站、电池更换站和分散充电设施运行管理的总体要求、环境要求、运营管理要求、服务要求、评价与改进等要求。适用于电动汽车充电站、电池更换站和分散充电设施运营管理与服务。

3.3.2.1 总体要求

1) 充换电设施运营管理应符合国家法律法规的规定和相关标准要求。
2) 充换电设施投入运营前应通过竣工验收，并符合政府相关要求。
3) 应根据充换电服务需求创新服务模式，完善服务内容和流程，提高服务质量。

3.3.2.2 环境要求

1. 外部环境

1) 充换电设施的总体规划应符合当地区域总体规划，符合有关环境保护和消防安全要求。
2) 充换电设施选址及环境应符合 GB 50966、GB/T 29781 的相关要求。
3) 充换电设施宜充分利用供电、交通、消防、排水等公用设施。
4) 充换电设施设计规划应与市容市貌保持一致，在不影响运行、设备检修及消防安全的前提下，因地制宜开展绿化，绿化布置应与周围环境、建筑物相协调。
5) 充电站和电池更换站宜设置临时停车位。

2. 设施环境

1) 充换电设施内环境应卫生清洁，设施整洁。
2) 充换电设施工作时的温度、湿度、气压等环境条件应满足为电动汽车动力电池正常充换电的要求。
3) 充换电设施运营区域不应存放易燃易爆物品及污染和腐蚀介质。
4) 充电站、电池更换站应保持日常照明和应急照明设施完好。电池更换站内工作环境明亮，操作区域营业间照度不小于 200lx，罩棚下照度（距地 1.2m 平面）为 50～250lx。

3. 标志标识

1) 应在明显位置明示运营机构的名称、运营时间、服务范围、服务项目、收费标准和计算方式、服务热线、求援电话、监督举报电话等，宜显示当前站内充换电设备可供使用情况。
2) 应设置合理的引导标识，出入口和车辆限速标志应明确，应在地面清晰标识行车导引线。
3) 充电设施上需有明确的标识并标注技术参数，包括但不限于交直流类型、电压、电流、功率等。直流充电机车辆插头应显著标注接口版本年号。
4) 安全、消防设施标志应明显、清晰，应符合 GB 2894、GB 15630 和 GB 2894 的有关要求。
5) 应设置安全警示标志，提示用户注意设施环境、电气安全、安全操作等信息。
6) 公共信息图形标志应醒目、清晰、无破损、使用规范，符合 GB/T 10001.1 的要求。充换电设施标志应符合 GB/T 31525 中的要求。

7）宜设置相应标识，以提示充换电车位仅供充换电车辆使用。

3.3.2.3 运营管理要求

1. 制度管理

1）建设能符合运营管理需要的组织架构，明确各机构职能，设置合理的岗位定员，并应制定可行的运营管理制度。

2）应建立岗位责任制，明确每个部门、岗位的工作职责、服务质量要求等。

3）应建立健全设施管理制度，设置设备运行监控、巡视检查、维修养护、缺陷管理、器具备件管理等制度。

4）应制定运营管理系统运维制度和各子系统的操作规范，确保系统后台持续稳定运行。

5）应具备完善的记录管理制度。

6）应建立完备的安全与应急管理制度。

2. 设施管理

1）设施管理应包括充电系统、供电系统、监控系统和消防设施等设施的管理。电池更换站还包括换电设施、电池存储设施及电池管理等。

2）设施管理应建立管理台账，记录应完整准确。

3）应制定相应设施操作规范和作业指导书，规范设施操作。

4）应定期对设施进行巡查、检测与维护，及时发现设备运行过程中的异常情况并处理，形成记录，确保设备处于安全运行状态。

5）电池更换站内的动力电池的更换、维护、保养、存放应在规定的区域内进行作业。

6）分散充电设施的监控、消防设施管理应能满足运营需求。

3. 人员管理

1）应根据运营管理需要及服务环节设置岗位，明确责任人、工作流程、职责，制定岗位操作规程与规范。

2）工作人员应接受安全生产教育和岗位技能培训，掌握电动汽车基础知识、动力电池基础知识、电动汽车安全知识、用电规范、紧急情况的处理方法，考核合格后上岗。

3）工作人员应统一着装，并佩戴易识别的服务标志。

4）工作人员应及时响应现场情况、用户反馈信息，并及时处理问题。

5）应配备安全员，安全员应遵守岗位安全管理制度，了解电动汽车构造、充换电设施工作原理，掌握充换电操作规程、安全知识和应急处理方法。

6）运营管理系统维护人员应遵守本岗位规范，对网络系统实行查询、监控，及时对故障进行有效的隔离、排除和恢复，对系统及时进行维护和管理。

7）客服人员应遵守本岗位职责，尊重服务对象，使用文明用语，及时反馈、处理客户反馈信息。

8）充电站内的充电作业、设备维护等人员应掌握电动汽车充电安全知识、本岗位操作规程和紧急情况的处理方法。设备维护人员还应获得电工特种作业操作证，持证上岗。

9）电池更换站换电作业、电池维护人员应了解电动汽车相关知识，掌握换电设备的工作原理和本岗位操作规程，并取得电工特种作业操作证，持证上岗。电池维护人员还应掌握电池的检测、故障判断和处理方法。

10）分散充电设施的设备维护人员应掌握本岗位的操作规程，应对设备进行定期巡检，及时上报、处理发现的故障并记录，保证设备运行状态正常。

4. 运营管理系统管理

1）运营管理系统建设应满足运营管理需求、符合互联互通发展需要。充换电设施应有易于人机识别的编码，编码应有唯一性、可扩展性、协调性，并符合电动汽车充换电服务公共信息交换的有关要求。

2）系统在满足业务需求、安全需求外，还应满足提供服务的性能要求，以提高服务质量和用户体验。

3）应根据岗位、业务性质、重要程度、涉密情况等确定系统的操作权限，建立相应的授权使用制度。

4）应定时进行数据备份，备份介质应异地存放并妥善保管，防止未经授权访问业务备份数据。

5）应有防信息泄露及篡改、防病毒、防网络入侵等的措施保证运营管理系统信息安全。

5. 记录管理

1）应对运营管理、服务进行记录，记录应包括但不限于：充换电记录、运行日志、用户交易记录、账单记录、设备及电池检修维护记录、巡查记录、交接班记录及客户投诉处理记录等。记录应及时、准确、真实、齐全完整。

2）明确记录的收集、整理、归档、修改流程，并由专人负责记录管理。

3）对有相关人员签字的记录应保留原始文件，其他资料可采用纸质或电子媒介等形式保存。

4）按照记录不同类型进行不同保存周期的分类保存。

6. 安全与应急管理

（1）安全控制

1）应增强人员安全防范意识，各项安全责任落实到人。

2）充换电设施运营、检修等应采取保证安全的组织措施和技术措施。

3）应为所有操作人员提供工作区域安全防护措施，并提示相关危险点等。

4）应定期开展安全监察和反违章纠察活动，加大安全监督和反违章工作力度。

5）应全面实施危险因素辨识、危险评价及危险控制程序，辨识和评价检修工作中存在的危险因素并加以有效控制。

（2）消防安全

1）应建立符合法律法规和标准规定的消防安全管理制度。

2）应完善消防设施配备，制定消防安全工器具操作规程。不应挪用消防设施，不应埋压和圈占消防设施。

3）应定期对消防设施、器材进行检查、维护与保养，填写相关记录。发现消防设施问题，应及时维修并上报。

4）有驻场人员的充换电站运营机构应定期进行消防培训和演练，全体人员应掌握消防知识，熟知消防器材的位置、性能和使用方法。

5）防火重点区域禁止吸烟，应有明显标志。

（3）应急管理

1）应建立专职和兼职应急队伍，配备应急所需的器材、设备，并进行日常保养，保证设备完好。

2）应编制突发应急事件应急预案，应急预案编制应科学合理、内容完备，针对性和操作性强，并定期进行演练。应急预案主要包括：

① 运营突发事件应急预案，应对设施设备故障、火灾、断电等应急预案。

② 自然灾害应急预案，应对地震、台风、雨涝、冰雪灾害和地址灾害等的应急预案。

③ 社会安全事件应急预案，应对人为纵火、爆炸等恐怖袭击事件的应急预案。

3）发生运营安全事故后，应按规定立即启动相应的应急预案，采取应急措施，防止事态扩大，在确保安全的前提下尽快恢复正常运营，并按规定及时报告。

4）宜设立统一的应急指挥中心，承担各类突发事件的指挥协调处置工作。

5）应根据有关法律法规和标准的变动情况、安全条件的变化情况以及应急预案演练和应用过程中发现的问题，及时修订完善应急预案。

3.3.2.4 服务要求

1. 服务原则

（1）安全　为客户提供安全的充换电环境，保证充换电服务过程中人员、车辆安全。

（2）便捷　通过设置标志标识、应用充换电服务平台等措施，为客户提供方便的充换电服务。

（3）高效　通过提高管理水平、技术创新等措施，为客户提供高效的服务。

（4）智能　运用移动互联网、物联网、云计算、大数据等技术，提高充换电服务智能化水平。

（5）创新　结合"互联网+"，采取线上线下相结合等方式，创新服务模式。

2. 服务内容

（1）充电站

1）应有客户服务渠道、导引服务、充电服务、计量、结算服务、信息服务、投诉处理和其他服务等。

2）应有应急服务，如移动充电车、远程授权、紧急救援等，并提供应急服务渠道。

3）宜根据场地条件设置便民服务，可提供电话通信、车辆维修、便利店等服务项目和设施。

（2）电池更换站

1）应有客户服务渠道、导引服务、换电服务、计量、结算服务、信息服务、投诉处理和其他服务等。

2）应有应急服务，如紧急临时充电、应急换电、紧急救援等，并提供应急服务渠道。

3）宜有便民服务。

（3）分散充电设施

1）应有客户服务渠道、导引服务、计量、结算服务、信息服务、投诉处理和其他服务等。

2）应有应急服务，如移动充电车、远程授权、紧急救援等，并提供应急服务渠道。

3）宜提供预约服务。

3. 服务质量

（1）客户服务渠道

1）客户服务渠道包括但不限于服务电话、网站、移动客户端、现场窗口等。

2）应设置24h服务渠道并保持畅通。

3）更改与新增服务点、设施停运、设施维护信息应提前通过媒体、网络或现场进行公告。

（2）导引服务

1）宜根据周边道路条件设置引导标识。

2）宜通过客户端提供充换电设施导航服务。

3）应通过标志标识或人员提供车辆进场、停车入位和离场导引服务。

（3）充电服务

1）应提供人工或自助充电服务。

2）车辆停稳后应提示用户切断电动汽车电源。

3）人工充电服务在充电前，应对车辆进行充电前检查，检查充电接口是否正常完好，对充电设备与电动汽车连接和充电参数的设置进行确认。

4）人工充电服务充电启动后，确认充电正常，并定期巡视充电状态。发生异常情况时，应及时处理。

5）人工充电服务充电结束后，应确认充电终止以及充电设备与电动汽车物理分离完成，确认后引导车辆离开。

6）自助充电服务应在现场设置明显的操作指南，宜在客户端显示充电操作说明，提示用户按规定充电流程进行充电。

7）自助充电服务应提示用户对车辆进行充电前检查，对充电设备连接、充电参数进行确认。

8）自助充电服务时，应提示用户充电过程中禁止起动或移动车辆，严禁带电插拔充电插头。

9）自助充电服务充电结束后、行车前，应通过现场操作指南或客户端提示用户确认停止充电、订单支付以及充电设备与电动汽车物理分离完成。

（4）换电服务

1）车辆应按电池更换站站内指引或工作人员导引驶入换电区域，场站工作人员应提示驾驶人停车后熄火、关闭总电源、驾驶人及所有乘车人员宜下车，关好车门等待。

2）工作人员应检查车辆正确停放、车辆电源关闭、人员离车等处于安全状态后，准备开始换电。

3）工作人员操作设备进行电池箱更换服务，完成电池箱的更换。

4）换电完成后，监控系统显示换电成功，工作人员应确认电池箱更换到位并告知驾驶人换电成功。

5）驾驶人结算相关费用后，场站人员根据用户要求提供相应票据。

6）电池更换站内电池不能满足换电车辆换电需求时，宜及时对电池统一调派。

（5）计量

1）应按国家、行业相关标准进行准确计量。应根据运营模式采用相应的计量方式。

2）非车载充电机电能计量应符合 GB/T 29318 的有关规定。

3）交流充电桩电能计量应符合 GB/T 28569 的有关规定。

（6）结算服务

1）收费标准应符合国家及当地政府的政策文件要求，在不高于政策文件指导价格的前提下，充换电设施运营单位可自行设定收费标准并公示。

2）根据公示的计费方式核算收费金额，计价应准确，收费应向用户明示。收费标准发生变化时应及时更新并公示。

3）结算时应提供用户明确的收费明细、充电单价、充电量及收费总金额等。

4）人工充换电服务可采用充电卡、现金结算、银联支付或第三方支付方式。采用第三方支付方式进行结算的，宜现场确认支付方式与支付结果真实有效。

5）自助充电服务应在现场明显位置或移动客户端显示充电卡结算、移动客户端结算操作步骤。

6）应准确、及时向用户反馈账单信息，能够为用户提供近 3 个月的账单信息。为用户提供获取发票的渠道。

（7）信息服务

1）应通过现场标识、导引、客户端等方式告知用户充换电站位置、充电桩位置、充电桩占用情况、充电桩可用状态等信息。

2）应通过现场标识及客户端等方式提供用户安全警示信息。

3）应确保充换电设施上的充换电二维码信息清晰、准确。

4）在充换电过程中，应通过客户端或现场显示等形式为用户提供充换电状态详情信息。

（8）投诉处理

1）实施客户投诉处理管理制度，制定投诉受理程序。

2）公示投诉流程，明确投诉处理时限。

3）应按照 GB/T 17242 的要求设置投诉受理部门，定期和不定期收集各方反馈意见并建立反馈意见档案。

4）应在 24h 内回应用户投诉，及时处理并告知用户投诉处理进程或者结果，并做好记录。

（9）其他服务

1）应提供退卡、退费服务，并告知服务流程和时限。

2）应提供售卡、充值、挂失等服务。

3）应提供线上线下咨询服务。

4）应做到对用户事前告知、事间确认和事后通知等服务。

5）宜提供预约服务，并提供可保证预约用户按预约时间充电的功能和设施。

3.3.2.5 评价与改进

1. 评价

1）可采用自我评价、客户评价及第三方评价的方式。

2）评价内容主要包括硬件环境、标识指引、卫生环境、人员形象、礼貌态度、监督管理等。

2. 改进

应根据评价过程中发现的问题与建议，及时改进，不断提高服务质量。

1）根据评价结果指导整改措施。

2）督促对评价中发现的问题采取措施加以改进。

3）对工作改进进行跟踪、复查和验证。

3.3.3 安全规范

3.3.3.1 充换电设备安全

电动汽车充换电设备安全要素一般包括为充换电设备提供电气或机械保护、控制保护以及其他类型危险保护的最低安全设计和生产要求。

充换电设备安全是在符合正确使用规程，但可能发生操作失误的情况下，给使用者和供电设备周围环境提供足够的安全防护，防止电击和能量危险、机械危险、高温危险、着火蔓延危险、声压危险、电磁辐射、控制失控危险等造成的重大人身危害和供电设备严重损坏。不涉及因故意破坏和其他有目的行为所引起的安全问题。

3.3.3.2 电击安全

1. 几种电压的定义

（1）工作电压（Working Voltage） 当充换电设备在正常使用的条件下工作时，考虑绝缘或元器件上所承受的或能够承受的最高电压。

交流工作电压的典型波形如图3-16所示。

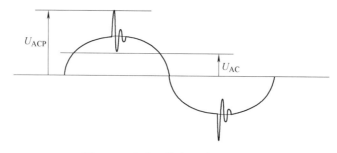

图3-16 交流工作电压的典型波形

图 3-16 中，U_{AC} 为交流工作电压的有效值，U_{ACP} 为重复峰值。直流工作电压的典型波形如图 3-17 所示。

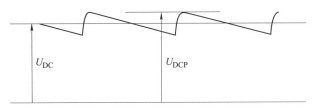

图 3-17 直流工作电压的典型波形

图 3-17 中，U_{DC} 为直流工作电压的平均值，U_{DCP} 为峰值。U_{DCP} 是由于电压纹波引起的。

（2）决定性电压（Decisive Voltage） 在最恶劣的额定工作条件下、按照预定目的使用时，两个任意带电部件之间持续出现的最高电压。决定性电压等级分为决定性电压等级 A、决定性电压等级 B 和决定性电压等级 C，见表 3-23。

表 3-23 决定性电压等级的限值

决定性电压等级（DVC）	工作电压限值 /V		
	交流电压（有效值）U_{ACL}	交流电压（峰值）U_{ACPL}	直流电压（平均值）U_{DCL}
A[①]	25	35.4	60
B	50	71	120
C	1000	4500	1500

① DVC-A 电路允许在单一故障条件下在 0.2s 的时间内超过 DVC-A 的限值但不超过 DVC-B 的限值。

（3）安全特低电压（Safety Extra-Low Voltage） 做了适当的设计与保护的二次电路，使得在正常工作条件下和单一故障条件下，它的电压值不会超过安全值，简称 SELV。

（4）危险电压（Hazardous Voltage） 存在于既不符合限流电路要求，也不符合在正常条件下和单一故障条件下电路做了适当设计和保护使它的电压均不会超过规定限值的要求，它的交流峰值超过 42.4V 或直流值超过 60V 的电压。

2. 绝缘

绝缘是指使用绝缘材料将充换电设备的带电导体封护或隔离起来，在保证充换电设备能正常工作的同时，防止与任何带电部分有接触的可能，进而避免人身电击事故的发生。绝缘防护是充换电设备最基本、最普遍、应用最广泛的安全防护措施之一。

绝缘的工作类型可以分为功能绝缘、基本绝缘、附加绝缘、双重绝缘和加强绝缘。

（1）功能绝缘（Functional Insulation） 仅使充换电设备完成正常功能所需要的绝缘。功能绝缘并不起防电击的作用，但是，可以用来减小引燃和着火蔓延危险的可能。

（2）基本绝缘（Basic Insulation） 对电击防护提供基本保护作用的绝缘，其失效会引起电击危险。

（3）附加绝缘（Supplementary Insulation） 除了基本绝缘以外施加的独立的绝缘，用以保证在基本绝缘一旦失效时仍能防止电击。

（4）双重绝缘（Double Insulation） 由基本绝缘和附加绝缘构成的绝缘。

（5）加强绝缘（Reinforced Insulation） 提供防电击能力不低于双重绝缘的绝缘，它可以由几层不能像附加绝缘或基本绝缘那样单独来试验的绝缘层构成。

3. Ⅰ类设备和Ⅱ类设备

（1）Ⅰ类设备 指采用基本绝缘，并使基本绝缘一旦失效就会带有危险电压的导电零部件与保护接地导体独立相连，如图3-18所示。

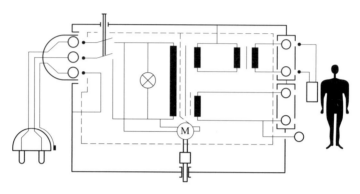

图3-18　Ⅰ类设备示例

Ⅰ类设备的保护应在所有可接触导体部件与外部保护接地导体之间提供可靠的保护连接和保护接地。保护接地导体的尺寸应符合GB/T 18487.1—2015中7.4的要求；作为隔离带电导体的金属外壳、隔板，电气元件的金属外壳以及金属手柄等均应有效接地，连续性电阻应不大于0.1Ω。

1）保护连接。用于保护连接的方式包括：

① 直接通过金属接触。

② 通过其他导电部件，这些部件在供电设备或组件按规定使用时不会被卸掉。

③ 通过专门的保护连接导体。

④ 通过供电设备的其他金属元器件。

在可接触导电零部件出现故障时保护连接要一直保持有效，除非上级的保护装置切断该部分的电源。

2）保护接地。供电设备的外部保护接地导体应该在靠近相应带电导体连接端子的地方提供一种连接方式，并且这个连接方式要防腐蚀，供电设备上电后，其外部保护接地导体应始终保持连接。如果外部保护接地导体经过插头和插座或者类似断开装置，这些连接不能被断开，除非被保护部分的电源也能随之同时断开。如果外部保护接地采用线束连接，应保证外部保护接地导体是线束中最后一个被断开的。保护接地导体在受损或被断开的情况下，供电设备外壳接触电流应符合GB/T 18487.1—2015中11.2的要求。

（2）Ⅱ类设备 指不仅依靠基本绝缘，而且采取双重绝缘或加强绝缘等附加安全保护措施的设备，这类设备既不依靠保护接地，也不依靠安装条件的保护措施，如图3-19所示。

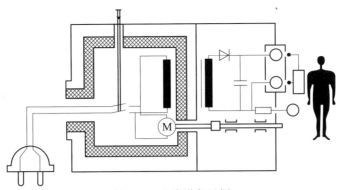

图 3-19　Ⅱ类设备示例

Ⅱ类设备的保护应在带电零部件和可触及表面之间根据防止直接接触的要求提供绝缘措施。绝缘措施应满足：

1）Ⅱ类设备的外部保护接地导体跟设备的可触及表面以及根据要求使用了保护接地、特低电压、保护阻抗和限制放电能量的电路之间，要使用基本绝缘。

2）Ⅱ类设备若采用金属外壳，外壳上应为等电位联结导体提供连接措施。

3.3.3.3　电击防护

在正常使用和单一故障条件下，充换电设备在功能绝缘、基本绝缘或附加绝缘失效时，提供的电击防护都不应在可接触电路或可接触导体部件上出现高于 DVC 等级 A 的电压而发生电击危险。可接触接地导体应该与 DVC 等级 B 和 DVC 等级 C 的电路之间存在至少基本绝缘。可接触未接地导体应该与 DVC 等级 B 和 DVC 等级 C 的电路之间存在至少双重绝缘或加强绝缘或保护隔离措施。

直接接触防护应满足 GB/T 18487.1—2015 中 7.2.1 的要求。提供直接接触防护的外壳和挡板部件在不使用工具的情况下应不能拆卸。在安装或维修期间，供电设备外壳打开并带电时，可以触碰到 DVC 等级 C 或 DVC 等级 B 的危险带电部分应该做隔离防护，防止直接接触。

间接接触防护是用来防止人员在绝缘失效时可能触及危险带电部分引起的电击危险。这种保护应符合Ⅰ类设备保护和Ⅱ类设备保护的要求。

电击危险的防护如图 3-20 所示。

3.3.3.4　能量安全

充换电设备在正常工作及任何单一故障时，均不应存在触电、起火等能量危险。

1. 功能电路电压消失

供电设备的功能电路中标准插头与标准插座断开后，任何可触及带电部分之间及可触及带电部分与保护接地导体之间的电压应在 1s 内降到 DC 60V（或 AC 42.4V）以下。

2. 供电输出电压消失

供电设备断电后 1s 内，在其输出端子的电源线之间或电源线和保护接地导体之间测量的电压值应小于或等于 DC 60V（或 AC 42.4V）。

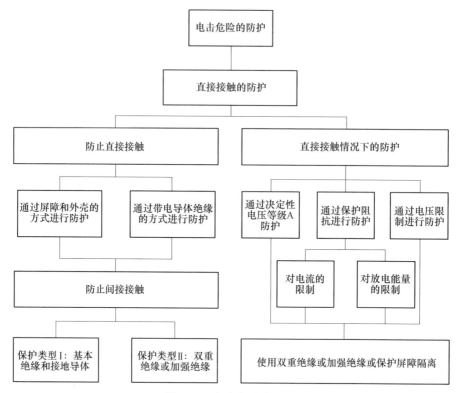

图 3-20 电击危险的防护

3.3.3.5 充电安全

1. 连接确认

连接确认是通过电子或者机械的方式，反映车辆插头连接到车辆和/或供电插头连接到充电设备上的状态的功能。

2. 绝缘自检和泄放

非车载充电机进行绝缘检测时的输出电压应为车辆通信握手报文内的最高允许充电总电压和供电设备额定电压中的较小值；绝缘检测完成后，将 IMD（绝缘检测）以物理的方式从强电回路中分离，并投入泄放回路对充电输出电压进行泄放。充电结束后，充电机也应及时对充电输出电压进行泄放，避免对操作人员造成电击伤害。泄放回路的参数选择应保证在充电连接器断开后 1s 内将供电接口电压降到 DC 60V 以下。

3. 过温保护

对于额定充电电流大于 16A 的充换电设备，供电插座、车辆插座均应设置温度监控装置，供电设备和电动汽车应具备内部温度监测和过温保护功能。当内部温度达到保护定值时，应采取降功率或停止输出。温度监控装置的温度传感器一般选用 PT1000 或 NTC。

以 PT1000 温度传感器为例，其测量的温度范围为 -40 ~ 190℃。PT1000 温度传感器的阻值与温度对应关系见表 3-24。

表 3-24　PT1000 温度传感器的阻值与温度对应关系　　（单位：Ω）

T/℃	0	1	2	3	4	5	6	7	8	9
-40	842.72									
-30	882.22	878.28	874.33	870.39	866.39	862.49	858.54	854.58	850.63	846.67
-20	921.60	917.67	913.74	909.80	905.87	901.93	897.99	894.05	890.11	886.17
-10	960.86	956.94	953.02	949.10	945.17	941.25	937.32	933.39	929.47	925.54
-0		996.09	992.18	988.27	984.36	980.45	976.53	972.62	968.70	964.78
0	1000.00	1003.91	1007.81	1011.72	1015.62	1019.53	1023.43	1027.33	1031.23	1035.13
10	1039.02	1042.92	1046.81	1050.71	1054.60	1058.49	1062.38	1066.27	1070.16	1074.04
20	1077.93	1081.81	1085.70	1089.58	1093.46	1097.34	1101.22	1105.10	1108.97	1112.85
30	1116.72	1120.59	1124.47	1128.34	1132.21	1136.07	1139.94	1143.81	1147.67	1151.53
40	1155.40	1159.26	1163.12	1166.98	1170.84	1174.69	1178.55	1182.40	1186.25	1190.11
50	1193.96	1197.81	1201.66	1205.50	1209.35	1213.19	1217.04	1220.88	1224.72	1228.56
60	1232.40	1236.24	1240.08	1243.91	1247.75	1251.58	1255.41	1259.25	1263.08	1266.90
70	1270.73	1274.56	1278.38	1282.21	1286.03	1289.85	1293.67	1297.49	1301.31	1305.13
80	1308.95	1312.76	1316.58	1320.39	1324.20	1328.01	1331.82	1335.63	1339.43	1343.24
90	1347.04	1350.85	1354.65	1358.45	1362.25	1366.05	1369.85	1373.65	1377.44	1381.23
100	1385.03	1388.82	1392.61	1396.40	1400.19	1403.98	1407.76	1411.55	1415.33	1419.11
110	1422.90	1426.68	1430.46	1434.23	1438.01	1441.79	1445.56	1449.33	1453.11	1456.88
120	1460.65	1464.42	1468.18	1471.95	1475.72	1479.48	1483.24	1487.01	1490.77	1494.53
130	1498.28	1502.04	1505.80	1509.55	1513.31	1517.06	1520.81	1524.56	1528.31	1532.06
140	1535.81	1539.55	1543.30	1547.04	1550.78	1554.52	1558.26	1562.00	1565.74	1569.48
150	1573.21	1576.94	1580.68	1584.41	1588.14	1591.87	1596.60	1599.33	1603.05	1606.78
160	1610.50	1614.22	1617.94	1621.67	1625.38	1629.10	1632.82	1636.54	1640.25	1643.96
170	1647.68	1651.39	1655.10	1658.81	1662.51	1666.22	1669.92	1673.63	1677.33	1681.03
180	1684.73	1688.43	1692.13	1695.83	1699.53	1703.22	1706.91	1710.61	1714.30	1717.99
190	1721.68	1725.37	1739.05	1732.74	1736.42	1740.11	1743.79	1747.47	1751.15	1754.83

4. 着火蔓延

供电设备在正常工作条件下和单一故障条件下，应通过使用适当的材料和元器件以及适当的结构，限制元器件的最高温度或限制电路的有效功率。选择和使用能将着火危险和火焰蔓延的可能性减小的元器件、配线和材料，可燃性等级应为 V-2 级或 HF-2 级。提供足够的阻隔距离，除金属材料外壳、陶瓷材料外壳和玻璃材料外壳以外，其他防火外壳材料距离起弧零部件（如非密封换向器和未封装的开关触点）的空气间隙应大于 13mm，以减小引燃和火焰蔓延的危险。

3.3.3.6　辐射安全

电动汽车充换电设备是一个复杂的声源系统，存在电气组部件运行引起的电磁噪声和机械噪声。NB/T 33001—2018《电动汽车非车载传导式充电机技术条件》中规定，在周围环境背景噪声不大于 40dB 的条件下，充电机额定功率输出且温度达到热稳定时，距离充电机水平位置 1m 处，所测得噪声最大值应符合表 3-25 中规定的要求（不包括充换电设备故障时的报警声或安装在远处的零部件发出的声音）。根据不同的安装场所和应用，充电机在不满足相关法律法规要求时，还应采取额外的降低噪声措施。

表 3-25 噪声级别要求

噪声等级	噪声最大值 /dB
Ⅰ 级	≤ 55
Ⅱ 级	55 ～ 80
Ⅲ 级	>80

低频骚扰的限值见表 3-26。

表 3-26 低频骚扰的限值

端口	试验项目	参考标准
交流电源端口	谐波电流①	GB 17625.1（每相额定电流 ≤ 16A） GB/T 17625.8（每相额定电流 > 16A 且 ≤ 75A）
	电压波动和闪烁①	GB 17625.2（每相额定电流 ≤ 16A） GB/T 17625.7（每相额定电流 > 16A 且 ≤ 75A）②

注：充电模式 2 和充电模式 3 的供电设备应在待机模式下测试。
① 适用于 GB 17625.1、GB 17625.2、GB/T 17625.7 和 GB/T 17625.8 范围内的供电设备。
② 满足 GB 17625.2 要求的设备，不适用于 GB/T 17625.7。

射频骚扰的限值见表 3-27。

表 3-27 射频骚扰的限值

端口类型	试验项目	参考标准
电源输入端（低压交流或直流）	传导骚扰（150kHz ～ 30MHz）	GB 4824—2013①
CPT（低压交流或直流）	传导骚扰（150kHz ～ 30MHz）	GB 4824—2013 附录 A 和附录 C
有线网络和信号 / 控制端口	传导骚扰（150kHz ～ 30MHz）	CISPR 32②
外壳	辐射骚扰，保护车辆无钥匙进入系统的要求（20 ～ 185kHz）	GB 4824—2013 附录 B
外壳	辐射骚扰（30 ～ 1000MHz）	GB 4824—2013①

① A 类和 B 类限值应用参见 GB 4824—2013。
② 单独连接到 CAN 总线的网络端口无须进行符合性验证。

3.3.3.7 充换电信息安全

充换电信息安全防护遵循国家有关方针、政策，法律、法规，针对不同类型的信息安全威胁，立足自防自查，采取可靠有效的防护措施，做到安全可靠、经济合理、方便适用，减少信息安全危害，保护用户隐私、人身和财产安全、公共安全。充换电设施信息安全适用于充换电业务相关个人及企业。

基于充电设施网络互联互通信息安全架构的接口框架如图 3-21 所示。

根据充换电基础设施网络信息交换基础架构，建立信息传送基本参考模型，结合接口参考结构，提出相关安全防护对象的要求。图 3-21 中 I1 ～ I6 表示信息接口，其中：

(I1)接口涉及车桩兼容：包括物理接口与现场电缆通信和无线局域网络，相关充电控制信息容易受到攻击，安全相关标准有待研究增强。

(I2)设备远程监控：涉及互联网链路，数据通信网络的安全，技术相对成熟，但控制信息安全性目前缺乏约束性要求。

(I3)与支付结算有关：通信采用网络专线服务等级，应达到支付认证信息安全要求（第三方支付平台安全保证），目前较普遍采用的后台账户认证模式需要进一步增强安全措施。

(I4)信息共享及漫游服务：需做好数据隐私保护，采取数据加密、数据清洗技术，并统一建立安全技术标准。

(I5、I6)与身份认证和业务认证有关：互联网链路，数据通信网络安全范畴及身份认证技术。

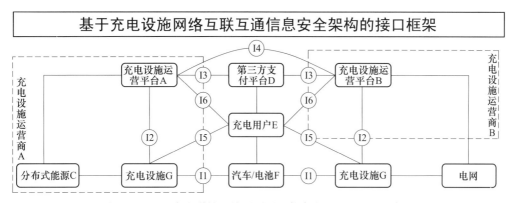

图 3-21　基于充电设施网络互联互通信息安全架构的接口框架

3.4　充换电服务网络

3.4.1　充换电服务网络标准体系

充换电服务网络标准体系的主要内容包括充电站/电池更换站/供电系统通用技术要求、充电站及电池更换站监控系统、智能充换电服务网络运营监控系统、充电站/电池更换站/防火设计要求、车与充换电设施互动控制技术、充电站/电池更换站监控系统与充换电设备通信协议、充换电服务网络运营管理系统通信规约等。

3.4.2　信息体系框架

电动汽车充换电服务网络整体框架分为信息接入层、基础设施层、运营服务层、数据共享层四个信息结构。

（1）信息接入层（EVAC Layer）　由电动汽车用户以及各类信息终端组成，包括电动汽车、智能终端、智能卡、NFC等设备或模块，提供用户身份识别和用户终端服务交互功能。

（2）基础设施层（EVIE Layer） 由交流充电桩、非车载充电机及其他充换电设备组成基础设施。基础设施连接到充换电运营服务平台，与信息接入层各类终端进行实时信息交互，完成向电动汽车输送电能量。

（3）运营服务层（EVSOP Layer） 由充换电设施运营服务平台、电动汽车运营服务平台及结算平台组成，各平台通过相互协同构成运营服务网络，向用户提供完整的充换电服务。其中结算平台负责不同运营之间的结算服务。

（4）数据共享层（EVDSS Layer） 由第三方服务或管理平台组成。可利用充换电设施运营服务网络提供的信息完成信息统计、行业管理等功能。

电动汽车充换电服务网络整体框架如图3-22所示。

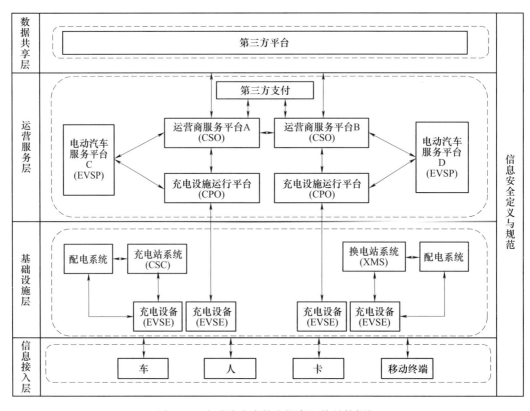

图3-22 电动汽车充换电服务网络整体框架

3.4.3 信息接口标准

电动汽车充换电服务网络整体框架中的标准分布情况如图3-23所示。

充换电服务网络标准共有23项，5大类。按照充换电站、信息交换、运营服务、无线充电和信息安全5个方面来分布。

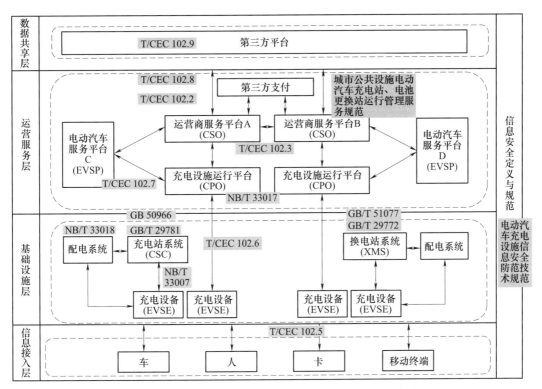

图 3-23　电动汽车充换电服务网络整体框架中的标准分布情况

电动汽车充换电服务网络标准按照应用领域不同的分类见表 3-28。

表 3-28　电动汽车充换电服务网络标准按照应用领域不同的分类

类型	具体分类说明
充换电站标准	用于定义充换电体系中的主要业务实体的标准，主要是站级系统
信息交换标准	用于定义充换电体系中的不同业务实体之间的信息交换协议
运营服务标准	用于定义充换电体系中运营服务功能标准
无线充电标准	用于定义充换电体系中无线充电服务功能标准
信息安全标准	用于定义充换电体系中信息安全防护要求和规范

3.4.4　充换电站标准

充换电站标准见表 3-29。

表 3-29　充换电站标准

标准号	标准名称	标准层级	状态
GB/T 29781—2013	电动汽车充电站通用要求	GB	现行
GB 50966—2014	电动汽车充电站设计规范	GB	现行
GB/T 51077—2015	电动汽车电池更换站设计规范	GB	现行
GB/T 29772—2013	电动汽车电池更换站通用技术要求	GB	现行
NB/T 33005—2013	电动汽车充电站及电池更换站监控系统技术规范	NB	现行
NB/T 33017—2015	电动汽车智能充换电服务网络运营监控系统技术规范	NB	现行
NB/T 33018—2015	电动汽车充换电设施供电系统技术规范	NB	现行

该部分标准主要定义充换电体系中的主要业务实体的标准，主要是站级系统。涉及其充电、换电系统的通用技术要求，电动汽车电池充电或更换站设计规范，站级监控系统和供电系统技术规范。

3.4.5 信息交换标准

信息交换标准见表 3-30。

表 3-30　信息交换标准

标准号	标准名称	标准层级	状态
NB/T 33007—2013	电动汽车充电站/电池更换站监控系统与充换电设备通信协议	NB	现行
T/CEC 102.1—2016	电动汽车充换电服务信息交换　第1部分：总则	CEC	现行
T/CEC 102.2—2016	电动汽车充换电服务信息交换　第2部分：公共信息交换规范	CEC	现行
T/CEC 102.3—2016	电动汽车充换电服务信息交换　第3部分：业务信息交换规范	CEC	现行
T/CEC 102.4—2016	电动汽车充换电服务信息交换　第4部分：数据传输及安全	CEC	现行
T/CEC 102.5	电动汽车充换电服务信息交换　第5部分：智能卡凭证技术规范		在制定
T/CEC 102.6	电动汽车充换电服务信息交换　第6部分：充换电设备接入服务平台接口规范		在制定
T/CEC 102.7	电动汽车充换电服务信息交换　第7部分：电动汽车车联网平台与充换电服务平台信息交换规范		计划中
T/CEC 102.8	电动汽车充换电服务信息交换　第8部分：监管信息交换规范		在制定

3.4.6 运营服务标准

运营服务标准见表 3-31。

表 3-31　运营服务标准

标准号	标准名称	标准层级	状态
—	城市公共设施　电动汽车充电站、电池更换站运行管理服务规范	GB	在制定
—	电动汽车电池更换系统　用例		计划中
T/CEC 102.9	电动汽车充换电服务信息交换　第9部分：信息服务平台功能规范	CEC	在制定

3.5　加氢站建设与运营

3.5.1　氢能技术标准体系

根据氢能技术的基本分类和我国氢能产业链的布局情况，我国氢能技术标准体系的总体框架如图 3-24 所示，主要包括氢能基础与管理方面的标准、氢质量方面的标准、氢安全方面的标准、氢工程建设方面的标准、氢制备与提纯方面的标

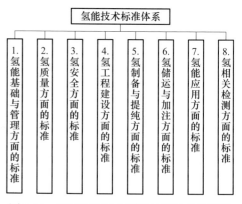

图 3-24　我国氢能技术标准体系的总体框架

准、氢储运与加注方面的标准、氢能应用方面的标准和氢相关检测方面的标准 8 个标准子体系。

上述 8 个标准子体系又可以根据各自领域的特点细化分类，具体如图 3-25 所示。

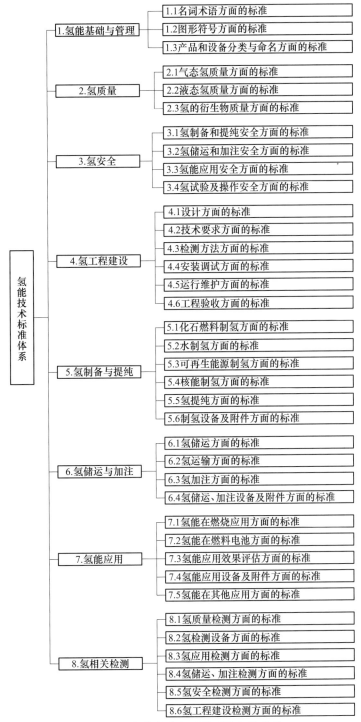

图 3-25 氢能技术标准体系的细化分类

氢能基础与管理方面的标准包括氢能相关产品型号命名、名词术语、符号、分类和基础测量等方面的国家标准和行业标准，是标准体系的基础。

氢质量方面的标准包括气态氢、液态氢和氢的衍生物质量（如纯度、杂质含量、相关检测方法和产品评价指标等）方面的国家标准和行业标准。

氢安全方面的标准包括氢在制备、提纯、储存、运输、加注、应用等各环节中操作和使用安全方面的国家标准和行业标准。

氢工程建设方面的标准包括氢工程建设中所涉及的设计、技术要求、检测方法、安装调试、运行维护和工程验收等方面的国家标准和行业标准。

氢制备与提纯方面的标准包括氢制备方法，如化石燃料制氢、水制氢、可再生能源制氢及核能制氢等，以及氢提纯的相关技术、设备及附件等方面的国家标准和行业标准。

氢储运与加注方面的标准包括氢在储存、运输和加注过程中所涉及的技术要求、设备及附件等方面的国家标准和行业标准。

氢能应用方面的标准包括氢能在燃烧应用、燃料电池和其他应用过程中所涉及的技术要求、设备及附件，以及应用效果评估等方面的国家标准和行业标准。

氢相关检测方面的标准包括在氢的制备、储运、加注和应用过程中所涉及的检测与试验方法，以及相关设备等方面的国家标准和行业标准。

3.5.2 国内外氢能标准

截至2017年12月，全国氢能标准化技术委员会（SAC/TC 309）主导制定国家标准共计22项，详见表3-32。

表3-32 SAC/TC 309主导制定的氢能技术相关国家标准

序号	标准号	标准名称
1	GB/T 19773—2005	变压吸附提纯氢系统技术要求
2	GB/T 19774—2005	水电解制氢系统技术要求
3	GB/T 24499—2009	氢气、氢能与氢能系统术语
4	GB/T 26915—2011	太阳能光催化分解水制氢体系的能量转化效率与量子产率计算
5	GB/T 26916—2011	小型氢能综合能源系统性能评价方法
6	GB/T 29411—2012	水电解氢氧发生器技术要求
7	GB/T 29412—2012	变压吸附提纯氢用吸附器
8	GB/T 29729—2013	氢系统安全的基本要求
9	GB/T 30718—2014	压缩氢气车辆加注连接装置
10	GB/T 30719—2014	液氢车辆燃料加注系统接口
11	GB/T 31138—2014	汽车用压缩氢气加气机
12	GB/T 31139—2014	移动式加氢设施安全技术规范
13	GB/T 33291—2016	氢化物可逆吸放氢压力-组成-等温线（P-C-T）测试方法
14	GB/T 33292—2016	燃料电池备用电源用金属氢化物储氢系统
15	GB/T 34537—2017	车用压缩氢气天然气混合燃气
16	GB/T 34539—2017	氢氧发生器安全技术要求
17	GB/T 34540—2017	甲醇转化变压吸附制氢系统技术要求
18	GB/Z 34541—2017	氢能车辆加氢设施安全运行管理规程

(续)

序号	标准号	标准名称
19	GB/T 34542.1—2017	氢气储存输送系统 第1部分：通用要求
20	GB/T 34544—2017	小型燃料电池车用低压储氢装置安全试验方法
21	GB/T 34583—2017	加氢站用储氢装置安全技术要求
22	GB/T 34584—2017	加氢站安全技术规范

ISO 技术委员会中负责氢能技术领域标准制定的主要是氢能技术标准化技术化委员会（ISO/TC 197）。ISO/TC 197 的工作范围是：负责氢能生产、储运、检测和利用等领域系统和设备的国际标准化工作。其他技术委员会，如路用车标准化技术委员会（ISO/TC 22）和气体储罐标准化技术委员会（ISO/TC 58）等也都参与并与 ISO/TC 197 合作制定和发布一些与氢能技术和应用相关的国际标准。目前 ISO/TC 197 有 P 成员国 20 个，O 成员国 13 个，我国为 ISO/TC 197 的 P 成员国。ISO 已发布的氢能技术相关国际标准见表 3-33。

表 3-33 ISO 已发布的氢能技术相关国际标准

序号	标准号	标准名称
1	ISO/TR 11954：2008	燃料电池道路车辆 最高速度测量
2	ISO 13984：1999	液态氢 道路车辆燃料系统界面
3	ISO 13985：2006	液态氢 地面车辆燃料箱
4	ISO 14687-1：1999	氢燃料产品规范 第1部分：除质子交换膜（PEM）燃料电池外的所有道路车辆用燃料电池
5	ISO 14687-2：2012	氢燃料产品规范 第2部分：质子交换膜（PEM）燃料电池在道路车辆上的应用
6	ISO 14687-3：2014	氢燃料产品规范 第3部分：质子交换膜（PEM）燃料电池的固定式应用
7	ISO 14951-2：1999	航天系统流体特性 第2部分：氢推进剂
8	ISO/PAS 15594：2004	飞机场氢燃料设备操作
9	ISO 15859-2：2004	航天系统流体特性、取样和试验方法 第2部分：氢
10	ISO/TS 15869：2009	气态氢和氢混合物 道路车辆燃料储罐
11	ISO/TR 15916：2015	氢系统安全性的基础问题
12	ISO 16110-1：2007	利用燃料处理技术的氢发生器 第1部分：安全性
13	ISO 16110-2：2010	利用燃料处理技术的氢发生器 第2部分：性能用试验方法
14	ISO 16111：2008	移动式气体存储设备可逆金属氢化物储氢
15	ISO 17268：2012	压缩氢路面车辆加油连接设备
16	ISO/TS 19880-1：2016	气态氢燃料站 第1部分：一般要求
17	ISO/TS 19883：2017	变压吸附氢气分离净化系统的安全性
18	ISO 22734-1：2008	水电解制氢装置 第1部分：工业和商业应用
19	ISO 22734-2：2011	水电解制氢装置 第2部分：住宅应用
20	ISO 23273：2013	燃料电池道路车辆 安全性规范 带压缩氢燃料汽车用氢危险防护措施
21	ISO 23828：2008	燃料电池道路车辆 能量消耗测量 供以压缩氢为燃料的车辆
22	ISO 26142：2010	氢检测装置的固定应用

3.5.3 移动式加氢设施安全技术规范

GB/T 31139—2014《移动式加氢设施安全技术规范》规定了移动式加氢设施的术语和定义、安全技术要求、运行安全管理、运输和长期停放的要求。移动式加氢设施安全技术规范见表 3-34。

表 3-34　移动式加氢设施安全技术规范

条目	内容
安全技术要求	基本要求
	作业区域要求
	消防安全
	电气设施
	防静电
	制氢装置
	储氢装置
	增压装置
	加注装置
	氢气管道及附件
运行安全管理	基本要求
	人员要求
	设施维护要求
运输和长期停放	1）加氢车应采用专用机动车辆牵引，载运氢气时应符合 JT 617 和 JT 618 的相关规定，且应符合国务院颁布的《危险化学品安全管理条例》中关于危险化学品运输的有关规定 2）移动撬装式加氢装置不应带氢搬运，搬运前应采用氮气置换至含氢量不超过 0.4%，置换后充氮气压力保持在 0.3MPa 以上 3）移动式加氢设施长期不用停放时，氢气设备和管道应采用氮气置换至含氢量不超过 0.4%，置换后充氮气压力保持在 0.3MPa 以上

3.5.4　加氢站用储氢装置安全技术要求

GB/T 34583—2017《加氢站用储氢装置安全技术要求》适用于设计压力不大于 100MPa，使用温度不低于 -40℃ 且不高于 60℃，充装高压氢气的加氢站用固定式储气罐储氢装置和无缝管式储气瓶储氢装置。

加氢站用储氢装置安全技术要求见表 3-35。

表 3-35　加氢站用储氢装置安全技术要求

条目	内容
通用要求	① 充入储氢装置的氢气质量应符合相关标准及设计文件的规定 ② 与储氢装置连接的管道应符合相应规范、标准及设计文件的规定 ③ 储氢装置应尽量减少接头或者其他可能产生泄漏的潜在危险点的数量 ④ 储氢装置的储氢能力应满足设计压力、供氢方式、供氢压力、充氢压力、氢气充装量以及均衡连续供气的要求；储氢装置的设计压力宜按 2 级或者 3 级分级设置 ⑤ 不同设计压力的储氢装置相互连通时，应设置减压装置，确保较低设计压力的储氢装置不超压 ⑥ 储氢装置中与氢直接接触的零部件材料，应经验证与氢具有良好的兼容性 ⑦ 储氢装置用管道、阀门、压力表、爆破片等，在设计选型时应考虑氢脆的影响 ⑧ 储氢装置安装区域应通风良好，并配备消防设施和氢气泄漏报警设施 ⑨ 储氢装置安装区域应设置明显的禁火标志，如易燃气体、严禁吸烟、严禁明火等 ⑩ 储氢装置的防雷、防静电与接地应符合 GB 50516 的规定 ⑪ 储氢装置的安全泄放量应根据氢气的增压方式确定。采用压缩机增压时，安全泄放量应取压缩机在单位时间内的最大排气量 ⑫ 储氢装置的置换除应满足 GB 4962 的有关规定外，还应符合下列规定： a. 置换用氮气中氧的体积分数不得大于 0.5% b. 置换后的气体应通过排放管排放

（续）

条目	内容
设计、制造	① 储氢装置中储气罐和钢质无缝管式储气瓶的设计、制造应符合 TSG 21、JB 4732 的有关规定，钢带错绕式储氢罐的设计、制造还应符合 GB/T 26466 的相关规定 ② 储氢装置的设计单位应取得相应的压力容器设计资质，并应向设计委托方提供完整的设计文件，包括应力分析报告、设计图样、制造技术条件、风险评估报告、安装与使用维修说明、储氢装置安全泄放量、安全阀排量或者爆破片泄放面积的计算书 ③ 储氢装置应进行疲劳分析 ④ 储氢装置的工作压力应根据车载储氢气瓶的充氢方式和公称工作压力确定，通常不小于 1.38 倍的公称工作压力 ⑤ 储氢装置中管道组成件的设计压力不应小于其工作压力的 1.1 倍 ⑥ 储氢装置的设计寿命（循环次数）不得低于预期使用年限内的压力循环次数 ⑦ 储氢装置的最低设计金属温度应小于或等于使用地区历年来月平均最低气温的最低值 ⑧ 无缝管式储气瓶储氢装置的瓶体不得进行焊接
安全附件	① 一般要求。储氢装置至少应设置如下安全附件： a. 超压泄放装置 b. 压力测量仪表、压力传感器 c. 氢气泄漏报警装置 d. 氮气吹扫置换接口 e. 位于储氢装置顶部的氢气排放管 ② 超压泄放装置 ③ 阀门 ④ 排放管 ⑤ 控制与监测装置
平面布置	① 储氢装置与加氢站内其他设施间的防火间距应符合 GB 50516 中的规定 ② 储氢装置与其他设施间的距离应满足人员作业的要求 ③ 储氢装置与站内汽车通道相邻时，相邻的一侧应设置安全防护栏或采取其他防撞措施
安装	① 储氢装置应按照产品设计文件的要求进行安装 ② 储气罐和无缝管式储气瓶应在制造厂整体制造，其主体不得进行现场焊接 ③ 储氢装置应采用承载力强的钢筋混凝土基础，其所承受的载荷应考虑水压试验时水的质量以及风载、地震载荷等 ④ 储氢装置电气仪表的施工安装以及安装后的竣工验收应符合 GB 50516 的规定
使用管理	① 储氢装置的使用管理应符合 TSG 21 的规定 ② 使用单位应逐台建立储氢装置的技术档案并且由其管理部门统一保管。技术档案至少应包括以下内容： a. 特种设备使用登记证 b. 储氢装置登记卡 c. 储氢装置设计制造技术文件和资料 d. 储氢装置年度检查、定期检验报告，以及其他有关检验的技术文件 e. 储氢装置维修和技术改造的方案、图样、材料质量证明书等技术资料 f. 安全附件的校验、维修和更换记录 g. 相关事故的记录资料和处理报告 ③ 使用单位应在工艺操作规程和岗位操作规程中，明确提出储氢装置的安全操作要求以及突发事件处理方案。对突发事件的处理应符合 GB/T 29729 的有关规定 ④ 使用单位应对作业人员进行安全教育，确保作业人员掌握操作规程及事故应急措施；储氢装置的安全管理人员和操作人员应持有相应的特种设备作业人员证 ⑤ 使用单位应对储氢装置及其安全附件进行日常维护保养，对异常情况应及时处理并且记录 ⑥ 使用单位应对储氢装置进行年度检查，年度检查应包括储氢装置安全管理情况检查、装置本体及运行状况检查、安全附件检查等 ⑦ 使用单位应当在储氢装置定期检查有效期届满前一个月向检验机构提出定期检验要求 ⑧ 储氢装置在投入运行前、检修动火作业前或者长期停用前后，均应采用氮气进行吹扫置换 ⑨ 储氢装置的动火作业应实行企业安全部门主管书面审批制度，未经安全部门主管书面审批不得擅自作业 ⑩ 储氢装置检修前，应切断相应的电源、气源，并经氮气吹扫置换合格后再进行检修 ⑪ 操作人员、检修人员不得随意敲击储氢装置；储氢装置运行时，不得带压维修和紧固；不得使储氢装置处于负压状态

3.5.5 加氢站安全技术规范

GB/T 34584—2017《加氢站安全技术规范》规定了氢能车辆加氢站的氢气输送、站内制氢、氢气储存、压缩、加注以及安全与消防等方面的安全技术要求。该标准适用于采用各种供氢方法的氢能车辆加氢站，也适用于加氢加油、加氢加气、加氢充电合建站等两站合建或多站合建的加氢站。

加氢站安全技术规范见表 3-36。

表 3-36 加氢站安全技术规范

条目	内容
基本要求	① 加氢站可采用氢气长管拖车运输、液氢运输、管道运输或自备制氢系统等方式供氢 ② 加氢站可与汽车加油、加气和电动汽车充电站等设施联合建站 ③ 加氢站及各类加氢合建站的火灾危险类别应为甲类。加氢站及各类加氢合建站内有爆炸危险房间或区域的爆炸危险等级应为 1 区或 2 区 ④ 加氢站及各类合建站内的建筑物耐火等级不应低于二级 ⑤ 加氢站、加氢加气合建站、加氢加油合建站的等级划分应符合 GB 50516 的有关规定 ⑥ 加氢站与充电站合建时，其等级划分应符合以下的规定 （见下表） 注：1. "×"表示不得合建 2. 充电站等级划分参照北京市标准化指导性技术文件 DB11/Z 728 执行 ⑦ 加氢站与充电站合建时，充电工艺设施的设计应遵循 GB 50966 和 GB/T 29781 的有关规定
站址选择	① 加氢站及各类合建站应符合城镇规划，并应设置在交通方便的位置，不应设在多尘或有腐蚀性气体及地势低洼和可能积水的场所 ② 与充电站合建的加氢合建站与站外市政道路之间宜设置缓冲距离或缓冲地带，便于电动汽车的进出和充电等候 ③ 加氢站、加氢加气合建站与加氢加油合建站的工艺设施与站外建筑物、构筑物的防火距离，应符合 GB 50516 的规定 ④ 与充电站合建的加氢合建站的氢气工艺设施与站外建筑物、构筑物的防火距离，应符合 GB 50516 的规定 ⑤ 与充电站合建的加氢合建站的充电工艺设施与站外建筑物、构筑物的防火距离，应符合 GB 50016 和 GB 50966 的规定
平面布置	① 加氢站、加氢加气合建站与加氢加油合建站站内设施之间的防火距离应符合 GB 50516 和 GB 50156 的规定 ② 与充电站合建的加氢合建站的充电工艺设施安装位置应距爆炸危险区域边界线 3m 以外，爆炸危险区域的划分按 GB 50516 的有关规定 ③ 加氢站及各类合建站站内的加氢、加气、加油、充电等不同介质的工艺设施，不宜交叉布置

加氢站等级	充电站等级			
	一级 电池存储能量 ≥6800kW·h， 或单路配电容量 ≥5000kVA	二级 3400kW·h≤电池存储能量<6800kW·h， 或 3000kVA≤单路配电容量<5000kVA	三级 1700kW·h≤电池存储能量<3400kW·h，或 1000kVA≤单路配电容量<3000kVA	四级 电池存储能量 <1700kW·h， 或单路配电容量 <1000kVA
一级	×	×	×	×
二级	×	一级	一级	二级
三级	×	二级	二级	三级

第3章 基础设施标准

（续）

条目	内容
氢气输送	① 氢气管道 ② 氢气长管拖车
液氢	① 液氢储罐 ② 液氢汽化器
加氢站内制氢	① 电解水制氢 ② 天然气、甲醇重整制氢
氢气储存系统	① 氢气储存系统及设备应符合 GB 50516 的有关规定 ② 储氢装置可采用多级固定式氢气罐或储氢气瓶组等，其储存氢气的压力和容量应满足加氢站的加注需求 ③ 氢气储存系统中储氢装置分组放置并相互连通时，应设置保护措施确保储氢容器不会发生超压事故 ④ 氢气储存系统中每个独立储存容器应有各自独立的安全泄放装置

加氢机	① 加氢机的设计制造应符合 GB/T 31138 和 GB 50516 的有关规定
	② 加氢机应安放在高度超过 120mm 的基座上，基座每个边缘离加氢机至少 200mm。加氢机周围应设置防撞柱（栏），以预防车辆撞击
	③ 加氢机或加氢岛应设置紧急切断按钮，当紧急切断按钮被触发时应实现下列连锁控制：
	  a. 自动关闭加氢机进气管道的自动切断阀
	  b. 上游的压缩系统应被关闭
	④ 加氢机内应设置氢气泄漏检测报警装置，当发生氢气泄漏在空气中含量达 0.4% 时向加氢站内控制系统发出报警信号，当发生氢气泄漏在空气中含量达 1.6% 时应向加氢站内控制系统发出停机信号，并自动关闭阀门停止加氢
	⑤ 额定工作压力为 70MPa 的加氢机应在供氢系统中设置预冷系统，以便将氢气冷却至预定温度后充装到汽车气瓶中，预冷温度范围为 -40 ～ 0℃
	⑥ 额定工作压力为 70MPa 的加氢机应设置可与汽车相连接的符合相应标准的通信接口，以便在加注过程中将汽车气瓶的温度、压力信号输入到加氢机。若通信中断或者有超温或超压情况发生，应能自动停止加注氢气

氢气压缩机	① 加氢站所用氢气压缩机应采用无油润滑压缩机 ② 氢气压缩机的安全保护装置设置，应符合 GB 50516 中相关规定 ③ 氢气压缩机配置的电气装置（包括电动机等），应符合 GB 50058 的有关规定 ④ 氢气压缩机试车时，应首先采用氮气进行吹扫置换后再进行试车，不应使用氢气直接试车。试车后投入正式运行前，应用氢气进行吹扫置换
安全与消防	① 可燃气体报警 ② 消防设施 ③ 电气设施 ④ 监控与数据采集系统 ⑤ 紧急切断系统

参考文献

［1］中国电力企业联合会. 电动汽车充换电设施术语：GB/T 29317—2012［S］. 北京：中国标准出版社，2013.

［2］中国电力企业联合会. 电动汽车交流充电桩电能计量：GB/T 28569—2012［S］. 北京：中国标准出版社，2012.

［3］中国电力企业联合会. 电动汽车非车载充电机电能计量：GB/T 29318—2012［S］. 北京：中国标准出版社，2013.

［4］ 中国电力企业联合会. 电动汽车充换电设施电能质量技术要求：GB/T 29316—2012［S］. 北京：中国标准出版社，2013.

［5］ 全国氢能标准化技术委员会. 移动式加氢设施安全技术规范：GB/T 31139—2014［S］. 北京：中国标准出版社，2014.

［6］ 全国氢能标准化技术委员会. 加氢站用储氢装置安全技术要求：GB/T 34583—2017［S］. 北京：中国标准出版社，2017.

［7］ 全国氢能标准化技术委员会. 加氢站安全技术规范：GB/T 34584—2017［S］. 北京：中国标准出版社，2017.

第 4 章 界面与通信标准

4.1 电动汽车充电

4.1.1 传导式充电

电动汽车充电可以类比于内燃机汽车的加油,其是电动汽车能量补充的最主要方式。此外,电动汽车可以通过更换电池来"瞬间"补满电能,几乎等同于电视遥控器 AAA 电池的更换。不过,由于电动汽车用动力电池的规格难以统一,再加上其他方面的复杂因素,换电技术尚未有效应用。

电动汽车充电按照电能传输介质的不同,可以分为导体输电的传导充电和空间传输电磁波的无线充电,相比而言,传导充电较为传统和成熟。目前,市场上的绝大部分充电设施都能提供传导充电服务。

电动汽车传导充电可分为交流充电和直流充电,该分类是根据车辆接收的电源性质确定的。传导充电的实施需要电动汽车、充电连接装置和充电设施三者的有机配合,需要符合相应的标准,在物理结构、电气电路和通信协议等多个方面进行统一,从而实现电动汽车充电的互联互通。

我国制定了较为完善的传导充电标准体系,传导充电系统要求有 GB/T 18487.1—2015《电动汽车传导充电系统 第 1 部分:通用要求》,充电接口标准有 GB/T 20234.1—2015《电动汽车传导充电用连接装置 第 1 部分:通用要求》、GB/T 20234.2—2015《电动汽车传导充电用连接装置 第 2 部分:交流充电接口》和 GB/T 20234.3—2015《电动汽车传导充电用连接装置 第 3 部分:直流充电接口》,通信协议为 GB/T 27930—2015《电动汽车非车载传导式充电机与电池管理系统之间的通信协议》，这些标准规定了充电接口、控制导引电路和直流充电的通信协议。为了测试电动汽车和充电设施的互联互通符合性，制定了互操作性测试的系列标准，即 GB/T 34657.1—2017《电动汽车传导充电互操作性测试规范 第1部分：供电设备》、GB/T 34657.2—2017《电动汽车传导充电互操作性测试规范 第2部分：车辆》和 GB/T 34658—2017《电动汽车非车载传导式充电机与电池管理系统之间的通信协议一致性测试》。

4.1.1.1 充电接口及通信协议

电动汽车传导充电用接口及通信协议是实现电动汽车传导充电的基本要素，其技术内容的统一和协调，是保证电动汽车与充电基础设施互联互通的基础。充电接口国家标准包括以下5项，《电动汽车传导充电系统 第1部分：通用要求》（GB/T 18487.1—2015），规定了电动汽车传导充电系统的基础性、通用性、安全性要求；《电动汽车传导充电用连接装置》系列标准（GB/T 20234.1—2015、GB/T 20234.2—2015 和 GB/T 20234.3—2015），规定了连接装置的定义、要求、试验方法和检验规则，明确了交流、直流充电接口的物理尺寸和电气性能；《电动汽车非车载传导式充电机与电池管理系统之间的通信协议》（GB/T 27930—2015），规定了直流充电机与电动汽车的充电控制通信协议。

1. 传导充电系统

GB/T 18478.1—2015《电动汽车传导充电系统 第1部分：通用要求》规定了电动汽车传导充电系统分类、通用要求、通信、电击防护、电动汽车和供电设备之间的连接、车辆接口和供电接口的特殊要求、供电设备结构要求、性能要求、过载保护和短路保护、急停、使用条件、维修和标识及说明。

该标准适用于为电动汽车非车载传导充电的电动汽车供电设备，包括交流充电桩、非车载充电机、电动汽车充电用连接装置等，其供电电源额定电压最大值为 AC 1000V 或 DC 1500V，额定输出电压最大值为 AC 1000V 或 DC 1500V。

传导充电系统通用要求见表4-1。

表4-1 传导充电系统通用要求

序号	项目	内容
1	充电	将交流或直流电网（电源）调整为校准的电压/电流，为电动汽车动力电池提供电能，额外地为车载电器设备供电
2	充电模式	连接电动汽车到电网（电源）给电动汽车供电的方法
3	模式1	将电动汽车连接到交流电网（电源）时，在电源侧使用了符合 GB 2099.1 和 GB 1002 要求的插头插座，在电源侧使用了相线、中性线和接地保护的导体
4	模式2	将电动汽车连接到交流电网（电源）时，在电源侧使用了符合 GB 2099.1 和 GB 1002 要求的插头插座，在电源侧使用了相线、中性线和接地保护的导体，并且在充电连接时使用了缆上控制与保护装置（IC-CPD）
5	模式3	将电动汽车连接到交流电网（电源）时，使用了专用供电设备，将电动汽车与交流电网直接连接，并且在专用供电设备上安装了控制导引装置
6	模式4	将电动汽车连接到交流电网或直流电网时，使用了带控制导引功能的直流供电设备
7	连接方式	使用电缆和连接器将电动汽车接入电网（电源）的方法

（续）

序号	项目	内容
8	连接方式A	将电动汽车和交流电网连接时,使用和电动汽车永久连接在一起的充电电缆和供电插头
9	连接方式B	将电动汽车和交流电网连接时,使用带有车辆插头和供电插头的独立的活动电缆组件
10	连接方式C	将电动汽车和交流电网连接时,使用了和供电设备永久连接在一起的充电电缆和车辆插头
11	电动汽车充电设备	交流充电桩或非车载充电机,含连接方式C下的电缆组件
12	电动汽车供电设备	设备或组合式设备,以充电为目的提供专用功能将电能补充给电动汽车,满足 GB/T 18478.1—2015 规定的充电模式和连接方式: ——对于模式1/方式B,供电设备由电缆组件组成 ——对于模式2/方式B,供电设备由带有功能盒的电缆组件组成 ——对于模式3/方式C,供电设备由充电设备组成 ——对于模式3/方式B,供电设备由充电设备和电缆组件组成 ——对于模式4/方式C,供电设备由充电设备组成
13	电动汽车充电系统	包括电动汽车供电设备和满足车辆充电相关功能的系统
14	电动汽车直流充电系统	为电动汽车动力电池提供直流电源的充电系统
15	电动汽车交流充电系统	为电动汽车车载充电机提供交流电源的充电系统
16	控制导引电路	设计用于电动汽车和电动汽车供电设备之间信号传输或通信的电路
17	控制导引功能	用于监控电动汽车和电动汽车供电设备之间交互的功能
18	连接确认功能	通过电子或者机械的方式,反映车辆插头连接到车辆和/或供电插头连接到充电设备上的状态的功能
19	电缆组件	配有额外组件(标准接口或供电接口和/或车辆接口)的柔性电缆,用于连接电动汽车和充电设备(对于连接方式A是固定在车上,或对于连接方式B是连接在电动汽车和供电插座之间,或对于连接方式C是固定在充电设备上)
20	电缆加长组件	包括一柔性电缆或电线,其装配有非拆线插头和一个匹配的非拆线便携式插座的电缆组件
21	功能盒	包含在模式2电缆组件上实现控制功能和安全功能的装置

(续)

序号	项目	内容
22	缆上控制与保护装置	在充电模式2下连接电动汽车的一组部件或元件,包括功能盒、电缆、供电插头和车辆插头,执行控制功能和安全功能
23	标准插头/插座	符合GB 1002或GB 1003和GB 2099.1标准要求的插头/插座
24	供电接口	能将电缆连接到电源或电动汽车供电设备的器件,由供电插头和供电插座组成
25	供电插头	供电接口中和充电线缆连接且可以移动的部分
26	供电插座	供电接口中和电源供电线缆或供电设备连接在一起且固定安装的部分
27	车辆接口	能将电缆连接到电动汽车的器件,由车辆插头和车辆插座组成
28	车辆插头	车辆接口中和充电线缆连接且可以移动的部分
29	车辆插座	车辆接口中固定安装在电动汽车上,并通过电缆和车载充电机或车载动力电池相互连接的部分
30	连接点	电动车辆连接到供电设备的位置
31	按供电设备输入特性分类	电动汽车供电设备根据与其连接的供电系统分类: ——电动汽车供电设备连接交流电网(电源) ——电动汽车供电设备连接直流电网(电源)
32	按供电设备输出特性分类	电动汽车供电设备根据其输出的电流种类分类: ——交流供电设备 ——直流供电设备 ——交流/直流供电设备
33	按供电设备输出电压分类	电动汽车供电设备按照输出电压分类: ——交流:单相220V、三相380V ——直流:200~500V、350~700V、500~950V ——直流充电电流优选值:80A、100A、125A、160A、200A、250A
34	按安装方式分类	电动汽车供电设备按照安装方式分类: ——固定式(壁挂式:在墙上、立杆或其他等同位置安装;落地式:地面安装) ——移动式(如可移动的充电设备) ——便携式(如用于模式2的缆上控制与保护装置)
35	按电击防护分类	电动汽车供电设备根据电击防护分类: ——Ⅰ类供电设备:采用基本绝缘作为基本防护措施,采用保护联结作为故障防护措施 ——Ⅱ类供电设备:采用基本绝缘作为基本防护措施,采用附加绝缘作为故障防护措施,或采用能提供基本防护和故障防护功能的加强绝缘
36	按充电模式分类	电动汽车供电设备根据充电模式分类: ——充电模式1 ——充电模式2 ——充电模式3 ——充电模式4
37	充电模式1使用条件	模式1充电系统使用标准的插座和插头,能量传输过程中应采用单相交流供电,且不允许超过8A和250V。在电源侧应使用符合GB 2099.1和GB 1002要求的插头插座,在电源侧使用了相线、中性线和保护接地导体,并且在电源侧使用了剩余电流保护装置。从标准插座到电动汽车应提供保护接地导体 不应使用模式1对电动汽车进行充电
38	充电模式2使用条件	模式2充电系统使用标准插座,能量传输过程中应采用单相交流供电。电源侧使用符合GB 2099.1和GB 1002要求的16A插头插座时输出不能超过13A;电源侧使用符合GB 2099.1和GB 1002要求的10A插头插座时输出不能超过8A。在电源侧使用了相线、中性线和保护接地导体,并且采用缆上控制与保护装置(IC-CPD)连接电源与电动汽车 从标准插座到电动汽车应提供保护接地导体,且应具备剩余电流保护和过流保护功能
39	充电模式3使用条件	模式3应用于连接到交流电网的供电设备将电动汽车与交流电网连接起来的情况,并且在电动汽车供电设备上安装了专用保护装置 电动汽车供电设备具有一个及一个以上可同时使用的模式3连接点(供电插座)时,每一个连接点应具有专用保护装置,并确保控制导引功能可独立运行 模式3应具备剩余电流保护功能 连接方式A、连接方式B、连接方式C适用于模式3 采用单相供电时,电流不大于32A。采用三相供电且电流大于32A时,应采用连接方式C

（续）

序号	项目	内容
40	充电模式4使用条件	模式4用于电动汽车连接到直流供电设备的情况，应用于永久连接在电网（电源）的设备和通过电缆与电网（电源）连接为其供电的设备 模式4可直接连接至交流电网或直流电网 仅连接方式C适用于模式4
41	模式2、模式3和模式4供电设备的控制导引功能	电动汽车供电设备至少应提供以下控制导引功能： ——保护接地导体连续性的持续监测 ——电动汽车与供电设备正确连接的确认 ——供电控制功能 ——断电控制功能 ——充电电流的监测 当电动汽车供电设备能够同时为多辆车充电时，应确保上述控制导引功能在每个充电连接点都能独立地正常运行
42	模式2、模式3和模式4保护接地导体连续性的持续监测	在模式2、模式3和模式4下充电时，保护接地导体的电气连续性应由电动汽车供电设备持续监测 对于模式2，监测是在电动汽车和缆上控制与保护装置之间进行的 对于模式3和模式4，监测是在车辆和电动汽车供电设备之间进行的 在失去保护接地导体电气连续性的情况下，电动汽车供电设备应在100ms内切断电源
43	模式2、模式3和模式4电动汽车与供电设备正确连接的确认	供电设备应能够确定： ——车辆插头正确插入车辆插座（连接方式B和连接方式C）；且 ——供电插头正确插入供电插座（连接方式A和连接方式B）
44	模式2、模式3和模式4供电设备供电控制功能	仅当电动汽车供电设备和电动汽车之间的控制导引功能与允许通电状态信号建立正确关系时，电动汽车供电设备才可向电动汽车供电
45	模式2、模式3和模式4供电设备断电控制功能	当控制导引功能中断，或控制导引信号不允许充电，或充电设备门打开等活动造成带电部位露出时，应切断对电动汽车的供电，但控制导引电路可以保持通电
46	模式2、模式3和模式4充电电流的监测	供电设备通过PWM（模式2和模式3）或通过数字通信（模式4）告知电动汽车允许最大可用电流值，该值不应超过供电设备额定电流、连接点额定电流和电网（电源）额定电流中的最小值
47	电击防护一般要求	危险带电部分不应被触及 应实现在单一故障条件下的电击防护措施 模式4下，电动汽车应具备充电回路接触器粘连监测和告警功能，供电设备应具备供电回路接触器粘连监测和告警功能
48	直接接触防护	触及危险部分的防护等级应满足： ——所有充电模式，所有连接方式，外壳的防护等级应至少：IPXXC ——所有充电模式，连接方式B或连接方式C，车辆插头与车辆插座耦合时，车辆插头与车辆插座：IPXXD ——充电模式3，连接方式A或连接方式B，供电插头与供电插座耦合时，供电插头与供电插座：IPXXD ——充电模式1、充电模式2和充电模式3，连接方式B或连接方式C，车辆插头和车辆插座非耦合时，车辆插头与车辆插座：IPXXB ——充电模式3，连接方式A或连接方式B，供电插头和供电插座非耦合时，供电插头与供电插座：IPXXB ——充电模式4，连接方式C，车辆插头和车辆插座非耦合时，应采取有效措施防止人体接触直流充电针脚和套管的导体部分
49	标准插头的断开	标准插头从标准插座中断开后1s内，标准插头任何可触及的导电部分与保护接地导体之间的电压应小于或等于DC 60V，或等效存储电荷应小于50μC

（续）

序号	项目	内容
50	电动汽车供电设备供电电压消失	在充电模式 3 和充电模式 4 中，电动汽车供电设备断电后 1s 内，在其输出端子的电源线之间或电源线和保护接地导体之间测量的电压值，应小于或等于 DC 60V，或等效存储电能小于或等于 0.2J
51	故障保护	根据 GB/T 17045—2008，允许有以下的保护措施： ——供电的自动断开 ——双重或加强绝缘 ——电气隔离，仅限于通过一种带简单隔离的非接地电源给电动汽车供电 ——特低电压（安全特低电压系统 SELV 和保护特低电压系统 PELV） 在模式 3 和模式 4 下固定安装的电动汽车供电设备、保护接地导体和保护连接导体应固定连接
52	保护接地导体的尺寸	对于所有模式，在交流电网（电源）接地端子、直流电网（电源）接地端子和车辆插头的接地端子之间应提供保护接地导体 保护接地导体应符合 GB 16895.3—2004 的规定
53	补充措施	为防止由于基本保护和 / 或故障保护失效，或由用户大意引起的电击，应提供附加防护，如剩余电流保护装置、绝缘监测装置等
54	中性线	在连接方式 A 和连接方式 B 中，交流电网应具有中性线并连至标准插座 在连接方式 C 中，中性线应连接至车辆插头
55	接触顺序	连接或断开的接触顺序应符合 GB/T 20234.1—2015 的相关要求
56	模式 1 和模式 2 供电接口和车辆接口功能性说明	模式 1 和模式 2 供电接口应符合 GB 2099.1 的要求，车辆接口应符合 GB/T 20234.2—2015 的要求
57	模式 3 供电接口和车辆接口的功能性说明	模式 3 供电接口和车辆接口应符合 GB/T 20234.2—2015 的要求 采用单相供电时，交流电网（电源）导体应被连至相 1（L1）和中线（N）之间，L2 和 L3 可以被留空或不连接。采用三相供电时，交流电网（电源）导体应被连至相 1（L1）、相 2（L2）、相 3（L3）和中线（N）之间
58	模式 4 车辆接口的功能性说明	模式 4 车辆接口仅用于提供直流电，应符合 GB/T 20234.3—2015 的要求 GB/T 20234.3—2015 中所述的每个直流车辆接口参数应只用于 GB/T 18478.1—2015 附录 B 中指定的充电系统
59	通用要求	额定充电电流大于 16A 的应用场合，供电插座、车辆插座均应设置温度监控装置，供电设备和电动汽车应具备温度监测和过温保护功能
60	电缆加长组件	除了电缆组件，不应使用电缆加长组件或二次电缆组件连接电动汽车和电动汽车供电设备
61	分断能力	车辆接口、供电接口的分断能力应符合 GB/T 20234.1—2015 的要求 可对连接器或具有互锁功能的系统使用特定的方法来避免载断开。如有需要，该功能可被集成到自锁装置中 对充电模式 4，不能进行带载断开。当由于故障在直流负载下断开时，不应出现危险情况
62	IP 防护等级	充电连接装置的 IP 防护等级见 GB/T 20234.1—2015 相关规定
63	插拔力	连接和断开车辆插头、车辆插座所需求的力应该符合 GB/T 20234.1—2015 相关要求 连接和断开供电插头、供电插座所需求的力应符合 GB/T 20234.1—2015 相关要求
64	锁紧装置	交流充电电流大于 16A 时，供电接口和车辆接口应具有锁止功能，该锁止功能应符合 GB/T 20234.1—2015 的相关要求。供电插座和车辆插座应安装电子锁止装置，防止充电过程中的意外断开。当电子锁未可靠锁止时，供电设备或电动汽车应停止充电或不启动充电 直流充电时，车辆接口应具有锁止功能，该锁止功能应符合 GB/T 20234.1—2015 的相关要求。车辆插头端应安装机械锁止装置，供电设备应能判断机械锁是否可靠锁止。车辆插头应安装电子锁止装置，电子锁处于锁止位置时，机械锁无法操作，供电设备应能判断电子锁是否可靠锁止。当机械锁或电子锁未可靠锁止时，供电设备应停止充电或不起动充电。直流充电车辆接口锁止装置工作示例参见 GB/T 18478.1—2015 中附录 C 电子锁止装置应具备应急解锁功能，不应带电解锁且不应由人手直接操作解锁
65	冲击电流	在充电模式 4 下，供电设备接触器接通时发生的车辆到充电设备或者充电设备到车辆的冲击电流（峰值）应控制在 20A 以下

（续）

序号	项目	内容
66	概述	交流充电宜使用连接方式 B，直流充电应使用连接方式 C 供电设备结构设计须满足 GB/T 20234.2—2015 中附录 B 与 GB/T 20234.3—2015 中附录 B 规定的供电插头正常使用的要求，供电设备上所使用的附属配件须满足 GB/T 20234.2—2015 中附录 A 与 GB/T 20234.3—2015 中附录 A 的要求 电动汽车供电设备应符合正常使用条件下的要求，装配应符合 GB 7251.1—2013 和供电设备制造商的相关要求
67	机械开关设备的特性	开关和隔离开关应符合 GB 14048.3—2008 的相关要求，开关和隔离开关的额定电流应不小于工作电路额定电流的 1.25 倍，其使用类别应不低于 AC-22A 或 DC-21A 接触器应符合 GB/T 14048.4—2010 的相关要求，接触器的额定电流应不小于工作电路额定电流的 1.25 倍，其使用类别应不低于 AC-1A 或 DC-1A 断路器应符合 GB 10963.1—2005 或 GB 14048.2—2008 的相关要求，具备过载和短路保护功能 继电器应符合 GB/T 21711.1—2008 的相关要求 若电动汽车供电设备具备电能计量，应符合 GB/T 28569—2012 或 GB/T 29318—2012 的相关要求
68	剩余电流保护器	交流供电设备的剩余电流保护器宜采用 A 型或 B 型，符合 GB 14048.2—2008、GB 16916.1—2014 和 GB 22794—2008 的相关要求 当交流供电设备具有符合 GB/T 20234.2—2015 要求的供电插座或车辆插头时，应具备防故障电流的保护措施： ——B 型的剩余电流保护器，或 ——A 型的剩余电流保护器，或 ——满足符合 A 型剩余电流保护功能的相关装置
69	电气间隙和爬电距离	仅用于室内的供电设备应设计可在最大过压类型Ⅱ的环境中运行 用于室外的供电设备应设计可在最小过压类型Ⅲ的环境中运行 当电动汽车供电设备由制造商安装时，其电气间隙和爬电距离应至少满足 GB/T 16935.1—2008 规定的要求
70	IP 等级	在充电模式 3 和充电模式 4 下，电动汽车供电设备的防护等级应不低于 IP32（室内）或 IP54（室外） 供电接口的防护等级应满足 GB/T 20234.1—2015 的要求
71	电缆管理及储存方式	对于连接方式 C 的供电设备，应为未使用的车辆插头提供一种储存方式 对于连接方式 C，车辆插头应放在地面上方 0.5～1.5m 处 对于电缆长度超过 7.5m 的连接方式 C 供电设备，应采取相关管理和储存措施使自由电缆长度在未使用时不超过 7.5m

序号	项目	内容		
72	接触电流	试验电压应为额定电压的 1.1 倍 任一交流相线和彼此相连的可触及金属部分之间，以及和覆盖在绝缘外部材料上的金属箔之间的接触电流，应根据 IEC 62477-1：2011 的 5.2.3.7 测量且不应超出如下规定的值		

接触位置	Ⅰ类供电设备	Ⅱ类供电设备
任一交流相线和彼此相连的可触及金属部分之间，以及和覆盖在绝缘外部材料上的金属箔之间	3.5mA	0.25mA
任一交流相线和通常为非活性的金属不可触及部分之间（双重绝缘）	不适用	3.5mA
彼此相连的不可触及和可触及的部分和覆盖在绝缘外部材料上的金属箔之间（附加绝缘）	不适用	0.5mA

序号	项目	内容
73	绝缘电阻	在供电设备非电气连接的各带电回路之间、各独立带电回路与地（金属外壳）之间按如下规定施加直流电压，绝缘电阻应不小于 $10M\Omega$

额定绝缘电压 U_i/V	绝缘电阻测试仪器的电压 /V	介电强度试验电压 /V	冲击耐压试验电压 /kV
≤ 60	250	1000（1400）	1
60 < U_i ≤ 300	500	2000（2800）	±2.5
300 < U_i ≤ 700	1000	2400（3360）	±6
700 < U_i ≤ 950	1000	$2U_i + 1000$ （$2.8U_i + 1400$）	±6

注：1. 括号内数据为直流介电强度试验值
2. 出厂试验时，介电强度试验允许试验电压高于表中规定值的 10%，试验时间 1s

（续）

序号	项目	内容
74	介电强度	在供电设备非电气连接的各带电回路之间、各独立带电回路与地（金属外壳）之间按上述规定施加1min工频交流电压（也可采用直流电压，试验电压为交流电压有效值的1.4倍）。试验过程中，试验部位不应出现绝缘击穿或闪络现象
75	冲击耐压	在供电设备非电气连接的各带电回路之间、各独立带电回路与地（金属外壳）之间按上述规定施加标准雷电波的短时冲击电压。试验过程中，试验部位不应出现击穿放电
76	温度要求	当参考环境空气温度为25℃，并根据GB 7251.1—2013的相关要求进行验证时，供电设备及其电路应能在特定条件下（GB 7251.1—2013的5.3.1和5.3.2）持续承受最大额定电流。温升极限由GB 7251.1—2013的9.2规定，对于没有相关标准的组件，应满足极限温升规定 电动汽车供电设备在额定负载下长期连续运行，内部各发热元器件及各部位的温升应不超过NB/T 33001—2011中表2的相关规定 在额定电流和环境温度40℃条件下，手握可接触的表面最高允许温度为： ——50℃金属部分 ——60℃非金属部分 同样条件下，用户可能触及但是不能手握的表面最高允许温度为： ——60℃金属部分 ——85℃非金属部分 供电设备应设计为： ——接触部分不超过特定温度 ——组件、部分、绝缘体和塑料材料不超过在设施寿命周期内正常使用时可能降低电气、机械或其他性能的温度
77	雷电防护	电涌保护器的安装与选型应根据供电设备的安装场所并满足GB 50057—2010中6.4的要求，当充电设备必须采取避雷防护措施时，应在导电体和PE之间安装浪涌保护装置
78	过流保护装置	过流保护装置应符合GB 14048.2—2008、IEC 60947-6-2：2007和IEC 61009-1：2013的要求以及IEC 60898（所有部分）和IEC 60269（所有部分）相关部分的要求
79	充电电缆的过载保护	当电网（电源）未提供过载保护时，供电设备应为各连接方式下各种尺寸的电缆提供过载保护 过载保护可由断路器、熔断器或其他组合实现 若过载保护由断路器、熔断器或其他组合之外的方法实现，该方法应在充电电流超过电缆额定电流1.3倍时的1min内断开充电
80	充电电缆的短路保护	当电网（电源）未提供短路保护时，供电设备应为电缆提供短路电流保护 发生短路时，模式3（方式A、方式B）供电设备供电插座的I^2t值不应超过75000A²s 发生短路时，模式3（方式C）供电设备车辆插头的I^2t值不应超过80000A²s 直流供电设备短路保护要求应符合IEC 61851-23
81	急停	对于充电模式4，应安装急停装置来切断供电设备和电动汽车之间的联系，以防电击、起火或爆炸 急停装置应装备在电动汽车供电设备上，并具备防止误操作的措施
82	周围空气温度	电动汽车供电设备应在制造商允许的功率等级下，在规定的周围温度、最大温度和最小温度中进行试验
83	室内设施的周围空气温度	周围空气温度不超过50℃，24h平均温度不超过35℃ 周围空气温度的下限值为-5℃
84	室外设施的周围空气温度	周围空气温度不超过50℃，24h平均温度不超过35℃ 周围空气温度的下限值为-20℃
85	室内设备的湿度条件（非操作模式）	在最高温度为40℃时空气的相对湿度不超过50%。在较低温度下允许有更高的相对湿度，如20℃时为90%。由于温度的变化，应考虑偶尔出现的适度冷凝
86	室外设备的湿度条件	室外设备的相对湿度为5%～95%

（续）

序号	项目	内容
87	污染等级	污染等级指供电设备所处的宏观环境条件，其分类见 GB/T 18487.1—2015 中第 7 章的 IP 等级、10.4 的爬电距离和 4.3 的分类 ——室外使用：污染等级 3 ——室内使用：污染等级 2 ——室内暴露于污染的工业环境：污染等级 3 供电设备宏观环境下的污染度等级可受具备适当 IP 等级外壳的影响
88	海拔	GB/T 18487.1—2015 适用于安装海拔高度不高于 2000m 的供电设备 海拔超过 2000m 设施的电气间隙和爬电距离等应符合 GB/T 16935.1—2008 的要求
89	特殊使用条件	若存在客户规定的特殊使用条件，关于测试的特别协议应在充电设备制造商和客户间达成 特殊使用条件包括但不限于： ① 与正常使用条件规定的温度、相对湿度和 / 或海拔不同的数值 ② 温度和 / 或空气压力变化的速度致使供电设备内部异常压缩的应用场景 ③ 由灰尘、烟雾、腐蚀物或放射性微粒、蒸汽或烟雾引起的空气重污染 ④ 暴露于强电场或强磁场 ⑤ 暴露于极端气候条件 ⑥ 受真菌或微生物腐蚀 ⑦ 火灾或爆炸危险存在的区域 ⑧ 暴露于重度振动、冲击、地震 ⑨ 载电流容量或断开容量受影响的安装环境，如供电设备固定于机器中或嵌入墙体 ⑩ 暴露在不同于电磁的传导和辐射干扰中，和不同于 IEC 61851-21-1 和 IEC 61851-21-2 规定的电磁干扰中 ⑪ 异常过压环境或电压波动 ⑫ 供电电压或负荷电流的过度谐波
90	充电模式 2 连接方式 B 的控制导引电路原理图	
91	充电模式 3 连接方式 A 的控制导引电路原理图	

（续）

序号	项目	内容
92	充电模式3连接方式B的控制导引电路原理图	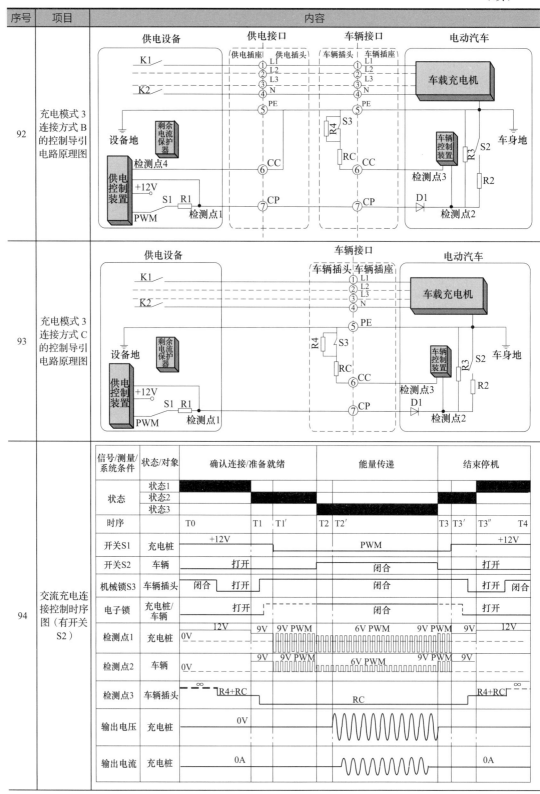
93	充电模式3连接方式C的控制导引电路原理图	
94	交流充电连接控制时序图（有开关S2）	

（续）

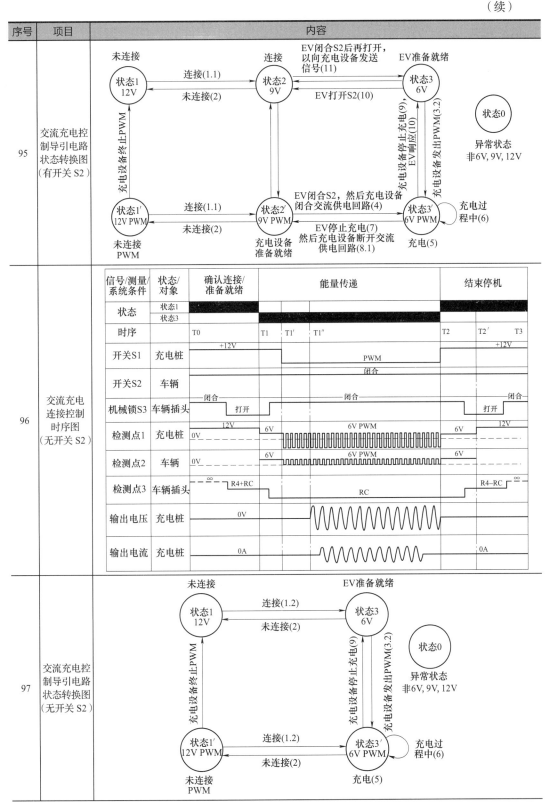

（续）

序号	项目	内容
98	直流充电控制导引电路原理图	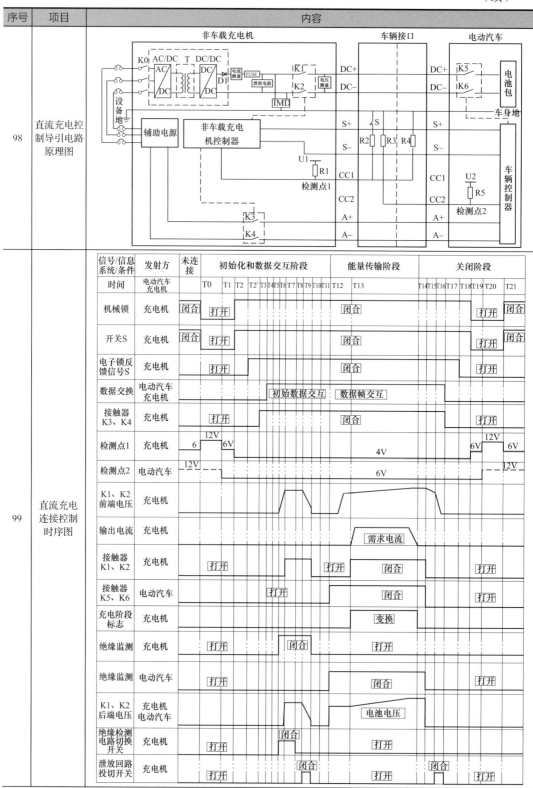
99	直流充电连接控制时序图	

（续）

序号	项目	内容
100	直流充电状态流程图	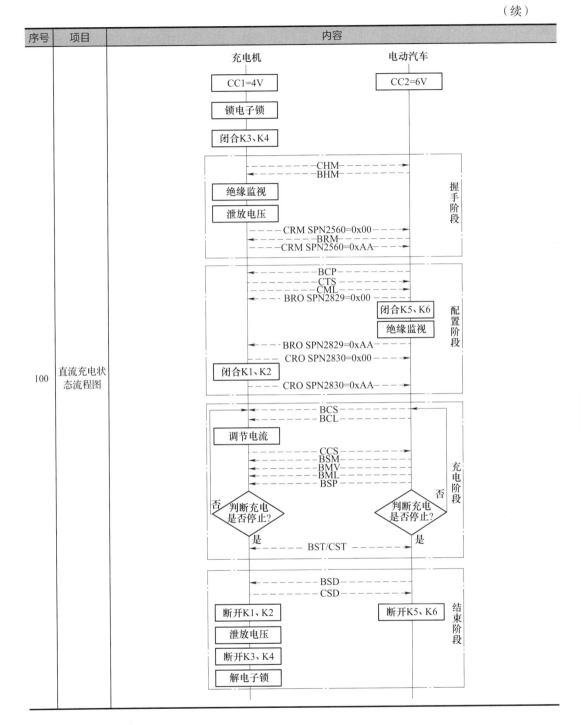

2. 充电连接装置

充电连接装置是进行传导充电的部件，其核心是传输电能的金属导体，该导体被绝缘材料包裹，再加上信号线、外壳等附件，形成充电连接装置。充电连接装置一般由充电接口、电缆及缆上控制与保护装置等组成。

电动汽车传导充电用连接装置示意图如图 4-1 所示。

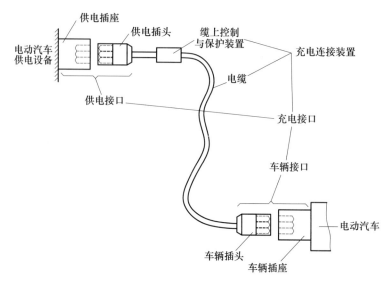

图 4-1 电动汽车传导充电用连接装置示意图

（1）GB/T 20234.1—2015《电动汽车传导充电用连接装置 第 1 部分：通用要求》该标准规定了电动汽车传导充电用连接装置的定义、要求、试验方法和检验规则。该标准适用于电动汽车传导充电用的充电连接装置，其中，交流额定电压不超过 690V，频率为 50Hz，额定电流不超过 250A；直流额定电压不超过 1000V，额定电流不超过 400A。如果充电连接装置的供电接口使用了符合 GB 2099.1 和 GB 1002 的标准化插头插座，则该标准不适用于这些插头插座。

电动汽车传导充电用连接装置通用要求见表 4-2。

表 4-2 电动汽车传导充电用连接装置通用要求

序号	项目	内容	试验方法
1	充电连接装置	电动汽车充电时，连接电动汽车和电动汽车供电设备的组件，除电缆外，还可能包括供电接口、车辆接口、缆上控制保护装置和帽盖等部件	—
2	充电接口	充电连接装置中，除电缆、缆上控制保护装置（如果有）之外的部件，包括供电接口和车辆接口	—
3	供电接口	能将电缆连接到电源或电动汽车供电设备的器件，由供电插头和供电插座组成。对应于 GB/T 11918.1—2014 中的插头和插座	—
4	供电插座	供电接口中和电源供电线缆或供电设备连接在一起且固定安装的部分。对应于 GB/T 11918.1—2014 中的插座	—
5	供电插头	供电接口中和充电线缆连接且可以移动的部分。对应于 GB/T 11918.1—2014 中的插头	—
6	车辆接口	能将电缆连接到电动汽车的器件，由车辆插头和车辆插座组成。对应于 GB/T 11918.1—2014 中的器具耦合器	—

（续）

序号	项目	内容	试验方法
7	车辆插座	车辆接口中固定安装在电动汽车上，并通过电缆和车载充电机或车载动力电池相互连接的部分。对应于GB/T 11918.1—2014中的器具输入插座	—
8	车辆插头	车辆接口中和充电线缆连接且可以移动的部分。对应于GB/T 11918.1—2014中的连接器	—
9	缆上控制保护装置	集成在充电模式2的线缆组件中，具备控制功能和安全功能的装置	
10	额定电压（优选值）	250V（AC），440V（AC），690V（AC），400V（DC），750V（DC），1000V（DC），0~30V（DC）(用于信号、控制或低压辅助电源)	
11	额定电流（优选值）	10A（AC），16A（AC），32A（AC），63A（AC），125A（AC），250A（AC），80A（DC），125A（DC），200A（DC），250A（DC），400A（DC），2A（DC）（只用于信号或控制），20A（DC)(只用于低压辅助电源)	
12	一般要求	① 充电连接装置在正常使用时应性能可靠，对使用者和周围环境没有危害 ② 充电连接装置的使用环境温度为-30~50℃ ③ 充电连接装置易触及的表面应无毛刺、飞边及类似尖锐边缘 ④ 供电插头、供电插座、车辆插头和车辆插座的外壳上应标有制造商的名称或商标、产品型号、额定电压和额定电流等信息 ⑤ 采用连接方式B时，供电接口和车辆接口应有清晰可见的不同标识以进行区分	通过观察和手动试验对充电连接装置的外观和结构进行检查
13	结构要求	① 供电插头、供电插座、车辆插头和车辆插座应有配属的防护装置，以确保插头和插座未插合时满足防护等级的要求。该防护装置可以为独立的保护盖，也可以和供电设备或电动汽车集成在一起 ② 供电插头、供电插座、车辆插头和车辆插座应包括接地端子和触头，且在连接和断开过程中，接地触头应最先接通和最后断开 ③ 供电插头和车辆插头的外壳应将端子和充电电缆的端部完全封闭 ④ 供电插头和车辆插头的部件（如端子、插销、壳体等）应可靠固定，正常使用时不应松脱，且不使用工具时不能从供电插头或车辆插头上拆卸 ⑤ 充电接口应保证使用者不能改变接地触头或者中性触头（如果有）的位置 ⑥ 供电插头和供电插座之间，车辆插头和车辆插座之间应按唯一的相对位置进行插合，从而避免由于误插入引起插头和插座中不同功能的插销和插套的导电部分接触 ⑦ 供电插头和车辆插头的电缆入口应便于电缆导管或电缆保护层进入，并给电缆提供完善的机械保护 ⑧ 绝缘衬垫、绝缘隔层及类似部件等应具有足够的机械强度，并应固定到外壳或本体中，且应做到： ——如果不将其严重损坏，则无法拆除，或 ——设计成无法将其置于不正确的位置	通过观察和手动试验对充电连接装置的外观和结构进行检查

（续）

序号	项目	内容	试验方法
14	锁止装置	① 充电接口应有锁止功能，用于防止充电过程中的意外断开 ② 在锁止状态下，施加 200N 的拔出外力时，连接不应断开，且锁止装置不得损坏 ③ 对于直流充电的车辆接口，应在车辆插头上安装电子锁止装置，防止车辆接口带载分断	插合供电插头和供电插座、车辆插头和车辆插座，并施加 200N 的拔出外力，检验锁止装置的功能
15	插拔力	供电插头插入和拔出供电插座、车辆插头插入和拔出车辆插座的全过程的力均应满足： ——对于交流充电接口，小于 100N ——对于直流充电接口，小于 140N 充电接口可以使用助力装置，如果使用助力装置，则进行插入和拔出操作时，助力装置的操作力应满足上述条件	通过仪器（如弹簧秤、砝码等）测试供电插头和供电插座、车辆插头和车辆插座之间的插拔力
16	防触电保护	① 供电插头、供电插座、车辆插头、车辆插座的防触电保护应满足 GB/T 11918.1—2014 中第 9 章的要求 ② 当插入供电插头或车辆插头时： ——接地端子应最先连接 ——控制导引端子应晚于相线端子及中性端子连接 ③ 当拔出供电插头或车辆插头时： ——接地端子应最后断开 ——控制导引端子应先于相线端子及中性端子断开	参照 GB/T 11918.1—2014 中第 9 章进行试验
17	接地措施	① 电动汽车充电连接装置的接地保护应满足 GB/T 11918.1—2014 中第 10 章的要求。 ② 电动汽车充电连接装置的接地保护在进行短时耐大电流测试后，接地电路中的部件不应熔化、断开或破损 ③ 和接地端子相连的导线用绿-黄双色予以标识。接地导线和中线（如果有）的横截面积至少应等于相线导线横截面积，或者满足端子条款的要求	按照 GB/T 11918.1—2014 中第 10 章进行试验 按照如下步骤进行短时耐大电流试验： ① 模拟实际使用状态，将供电插头、供电插座、车辆插头和车辆插座进行安装 ② 将长度不小于 0.6m 的满足如下尺寸的导线按照制造商规定的紧固条件连接到保护接地端子：供电插座和车辆插座连接所允许最小尺寸的铜导体电缆，供电插头和车辆插头连接和额定电流相匹配的电缆，允许直接使用已经连接好的组件 ③ 按照如下的电流和时间进行试验 ④ 试验结束后用欧姆表或类似设备检查接地导体间连接的连续性 | 充电接口额定电流 /A	接地导体（铜）的最小尺寸 /mm²	时间 /s	测试电流 /A
10	2.5	4	300
16、20	4	4	470
32	6	4	750
63	10	4	1180
80	10	4	1180
125	16	6	1530
200	16	6	1530
250	25	6	2450
400	35	6	3100	

（续）

序号	项目	内容	试验方法
18	端子	电动汽车充电接口的端子应满足 GB/T 11918.1—2014 中第 11 章的要求	按照 GB/T 11918.1—2014 中第 11 章进行试验，其中 GB/T 11918.1—2014 中的表 3 用以下代替（见下表）
19	橡胶和热塑性材料的耐老化性能	电动汽车充电接口中所采用的橡胶和热塑性材料的耐老化性能应满足 GB/T 11918.1—2014 中第 13 章的要求	按照 GB/T 11918.1—2014 中第 13 章进行试验
20	防护等级	① 在与配属的保护装置连接后，供电插头、供电插座、车辆插头和车辆插座的防护等级应分别达到 IP54 ② 供电插头和供电插座、车辆插头和车辆插座插合后，其防护等级应分别达到 IP55	按照 GB 4208 的规定进行防护等级试验
21	绝缘电阻和介电强度	电动汽车充电接口的绝缘电阻和介电强度应满足 GB/T 11918.1—2014 中第 19 章的要求	按照 GB/T 11918.1—2014 中第 19 章进行试验
22	分断能力	① 对于有控制导引且在其正常工作时能避免带载分断的充电接口，按照右栏要求进行试验期间，不得有引着火或触电的危险；试验结束后，不要求充电接口保持原有功能 ② 对于没有控制导引功能或者控制导引电路不能避免带载分断的充电连接装置，按照右栏要求进行试验，试验结束后，试样不应出现不利于继续使用的损坏	按照 GB/T 11918.1—2014 中第 20 章的规定进行分断能力试验。对于有控制导引电路的充电接口，应使其控制导引电路处于非工作状态，并按如下（代替 GB/T 11918.1—2014 中的表 9）的参数进行分断能力测试。直流接口用等值的交流电流进行试验（见下表）

序号 18 试验方法表：

触头电流额定值 /A	供电插头、车辆插头和车辆插座用电缆的横截面积 /mm²		供电插座用电缆的横截面积 /mm²	
	非接地导线	接地导线	非接地导线	接地导线
2	0.5	—	0.5	—
10	1.0 ~ 1.5	2.5	1.0 ~ 1.5	2.5
16、20	1.0 ~ 2.5	2.5	1.5 ~ 4	4
32	2.5 ~ 6	6	2.5 ~ 10	10
63	6 ~ 16	16	6 ~ 25	25
80	10 ~ 25	25	16 ~ 35	25
125	25 ~ 70	25	35 ~ 95	50
200	70 ~ 150	25	70 ~ 185	95
250	70 ~ 150	25	70 ~ 185	95
400	240	120	300	150

序号 22 试验方法表：

触头额定电流 /A	测试电流 / A (AC)	测试电压 / V (AC)	$\cos\varphi \pm 0.05$	分断循环次数
16、20	20	1.1× 额定值	0.8	3
32	40	1.1× 额定值	0.8	3
63	70	1.1× 额定值	0.8	1
>63（直流）	额定电流	1.1× 额定值	0.8	1

（续）

序号	项目	内容	试验方法
23	使用寿命（正常操作）	供电插头和供电插座、车辆插头和车辆插座按右栏要求进行插拔寿命试验。试验结束后，应满足： ——附件或锁止装置应能继续使用 ——无外壳或隔板的劣化 ——插销上的绝缘帽无松脱 ——无电气连接或机械连接松脱 ——无密封胶渗漏 ——保持触点之间信号传输的连续性 ——介电强度性能复试满足绝缘电阻和介电强度的相关要求	将固定部件（供电插座或车辆插座）固定，使活动部件（供电插头或车辆插头）往复运动，进行空载带电（额定电压、无电流）插拔循环10000次。试验结束后，进行介电强度试验，但对于额定电压超过50V的附件，试验电压在GB/T 11918.1—2014中表8的基础上应降低500V
24	表面温度和端子温升	充电连接装置按照右栏的试验方法进行试验，应满足如下要求： ① 供电插头和车辆插头的抓握部位，其允许的最高温度不应超过： ——金属部件 50℃ ——非金属部件 60℃ ② 供电插头和车辆插头可以接触的非抓握部位允许温度不应超过： ——金属部件 60℃ ——非金属部件 85℃ ③ 端子的温升不超过 50K	温升试验在（25±5）℃环境温度下进行，按GB/T 11918.1—2014中第22章规定的方法进行试验，测试电流使用交流电，具体电流值如下（代替GB/T 11918.1—2014中的表11）。试验时，推荐使用制造商提供的带有电缆的充电连接装置，若制造商未提供电缆，则使用如下规定的横截面积的电缆。测试时，应在达到温度稳定状态后，读取温升数值

触头额定电流/A	测试电流/A（AC）	导线横截面积/mm²	
		供电插头、车辆插头	供电插座、车辆插座
2	2	0.5	0.5
10	13	1.5	2.5
16、20	22	2.5	4
32	42	6	10
63	额定电流	16	25
80		25	35
125		50	70
200		150	150
250		150	185
400		240	300

序号	项目	内容	试验方法
25	电缆及其连接	充电连接装置的电缆及其连接应满足GB/T 11918.1—2014中第23章的要求，部分试验方法及线缆位移的要求见右栏	按GB/T 11918.1—2014中第23章规定的方法进行试验，部分内容用下述内容代替： ——对于不可拆线供电插头、供电插座、车辆插头和车辆插座，应配有制造商所要求的和额定工作值相适应的电缆，且作为电缆组件进行试验 ——经受的拉力和力矩值，以及试验后电缆的位移最大允许值如下（代替GB/T 11918.1—2014中的表14）。电缆经受拉力试验100次，拉力每次施加1s。随即使电缆经受力矩试验1min

触头额定电流/A	拉力/N	扭矩/N·m	最大位移/mm
10～20	160	0.6	2
32	200	0.7	2
63	240	1.2	2
80	240	1.2	2
125	240	1.5	2
200	250	2.3	2
250	500	11.0	5
400	500	11.0	5

第4章 界面与通信标准

（续）

序号	项目	内容	试验方法
26	机械强度	充电连接装置的机械强度应满足 GB/T 11918.1—2014 中第24章的要求	充电接口按 GB/T 11918.1—2014 中第24章规定的方法进行试验，其中冲击试验中摆球冲击能量、弯曲试验中重物施加的力等具体参数分别如下（分别代替 GB/T 11918.1—2014 中的表15和表16） | 充电接口额定 电流值 I/A	能量 /J	
---	---	---
	车辆插座	供电插座
$I \leqslant 32$	1	1
$32 < I \leqslant 100$	2	2
$100 < I \leqslant 150$	3	3
$150 < I \leqslant 400$	4	4 | | 额定电流 I/A	力 /N
---	---
$I \leqslant 20$	20
$20 < I \leqslant 32$	25
$32 < I \leqslant 70$	50
$70 < I \leqslant 250$	75
$250 < I \leqslant 400$	100	
27	螺钉、载流部件和连接	充电接口的螺钉、载流部件和连接应满足 GB/T 11918.1—2014 中第25章的要求	按 GB/T 11918.1—2014 中第25章规定的方法进行试验
28	爬电距离、电气间隙和穿透密封胶距离	充电接口的爬电距离、电气间隙和穿透密封胶距离应满足 GB/T 11918.1—2014 中第26章的要求	按 GB/T 11918.1—2014 中第26章规定的方法进行试验
29	耐热、耐燃和耐电痕化	充电接口的耐热、耐燃和耐电痕化应满足 GB/T 11918.1—2014 中第27章的要求	按 GB/T 11918.1—2014 中第27章规定的方法进行试验
30	耐腐蚀与防锈	充电接口的耐腐蚀和防锈应满足 GB/T 11918.1—2014 中第28章的要求	按 GB/T 11918.1—2014 中第28章规定的方法进行试验
31	限制短路电流耐受试验	充电接口的限制短路电流耐受试验应满足 GB/T 11918.1—2014 中第29章的要求	按 GB/T 11918.1—2014 中第29章规定的方法进行试验
32	车辆碾压	供电插头和车辆插头按照右栏的方法进行车辆碾压试验后，不应出现如下现象： ——防护等级不满足要求 ——爬电距离、电气间隙和穿透密封胶距离不满足要求 ——其他可能会增加着火或电击事件的可能性的损坏迹象 ——不能满足介电强度要求	将带有制造商推荐的电缆的供电插头和车辆插头随意地放在水泥地上。用规格为 P225/75R15 或同等负载的传统汽车轮胎以（5000±250）N 的压力、（8±2）km/h 的速度压过供电插头或车辆插头［轮胎充气压力为（220±10）kPa］。当车轮从试件压过之前，每一个试件均应随意地以正常方式放在地上。测试中的试件应无明显移动，被施加压力的试件不应放置在突出物上
33	检验规则	如果所有试样在全部试验中都合格，试样视作符合 GB/T 20234.1—2015 的要求。如果有一个试样在某一项试验中不合格，该项试验及其试验结果可能已发生影响的前项或前几项试验应在另一组3个试样上重复进行，复试时，所有这3个试样均应试验合格	

（2）GB/T 20234.2—2015《电动汽车传导充电用连接装置 第2部分：交流充电接口》 该标准规定了电动汽车传导充电用交流充电接口的通用要求、功能定义、型式结构、

365

参数和尺寸。该标准适用于电动汽车传导充电用的交流充电接口，其交流额定电压不超过440V，频率为50Hz，额定电流不超过63A。

电动汽车传导充电用连接装置交流充电接口要求见表4-3。

表4-3 电动汽车传导充电用连接装置交流充电接口要求

序号	项目	技术要求		
1	通用要求	交流充电接口的技术要求和试验方法应满足 GB/T 20234.1 的要求		
2	额定值	额定电压/V		额定电流/A
		250		10/16/32
		440		16/32/63
3	电气参数值及功能	触头编号/标识	额定电压和额定电流	功能定义
		1—（L1）	250V 10A/16A/32A	交流电源（单相）
			440V 16A/32A/63A	交流电源（三相）
		2—（L2）	440V 16A/32A/63A	交流电源（三相）
		3—（L3）	440V 16A/32A/63A	交流电源（三相）
		4—（N）	250V 10A/16A/32A	中线（单相）
			440V 16A/32A/63A	中线（三相）
		5—（⏚）	—	保护接地（PE），连接供电设备地线和车辆电平台
		6—（CC）	0～30V 2A	充电连接确认
		7—（CP）	0～30V 2A	控制导引
4	触头布置方式	车辆/供电插头触头布置图 车辆/供电插座触头布置图		

（续）

序号	项目	技术要求
5	充电连接界面	在充电连接过程中，首先接通保护接地触头，最后接通控制导引触头与充电连接确认触头。在脱开的过程中，首先断开控制导引触头与充电连接确认触头，最后断开保护接地触头。交流充电控制导引电路与控制原理见 GB/T 18487.1。 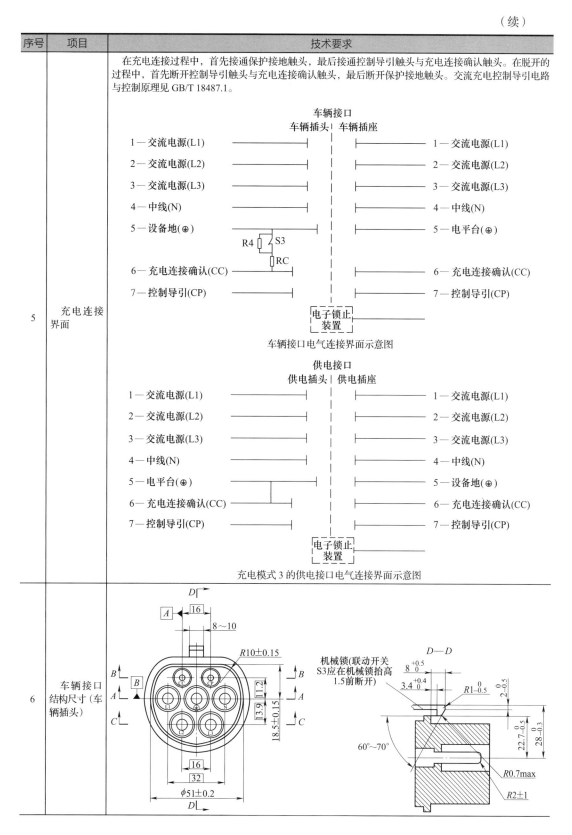
6	车辆接口结构尺寸（车辆插头）	

（续）

序号	项目	技术要求
6	车辆接口结构尺寸（车辆插头）	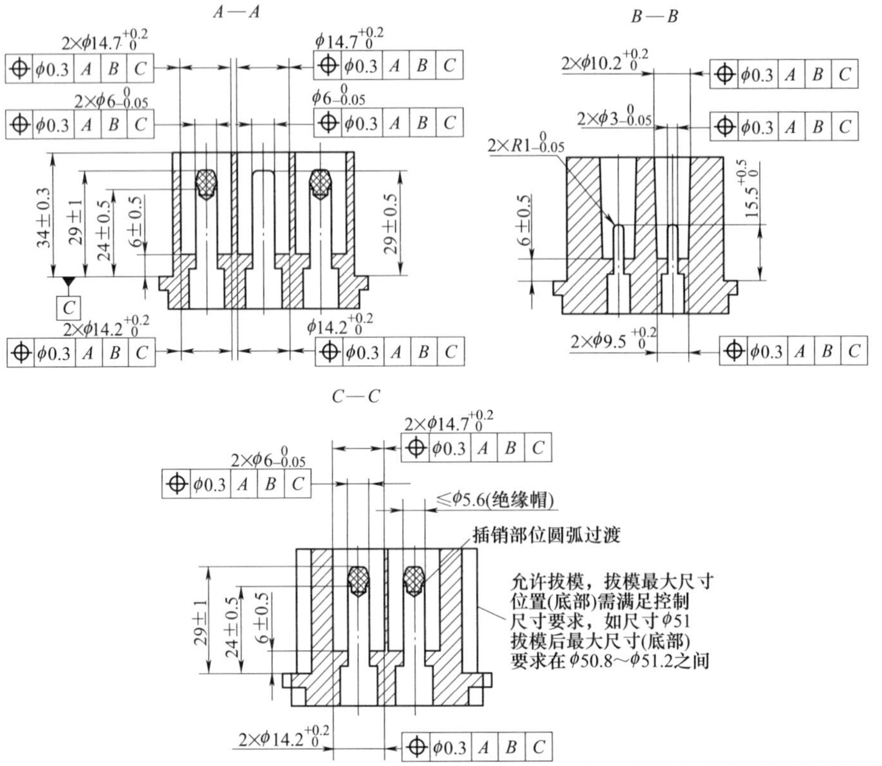
7	车辆接口结构尺寸（车辆插座）	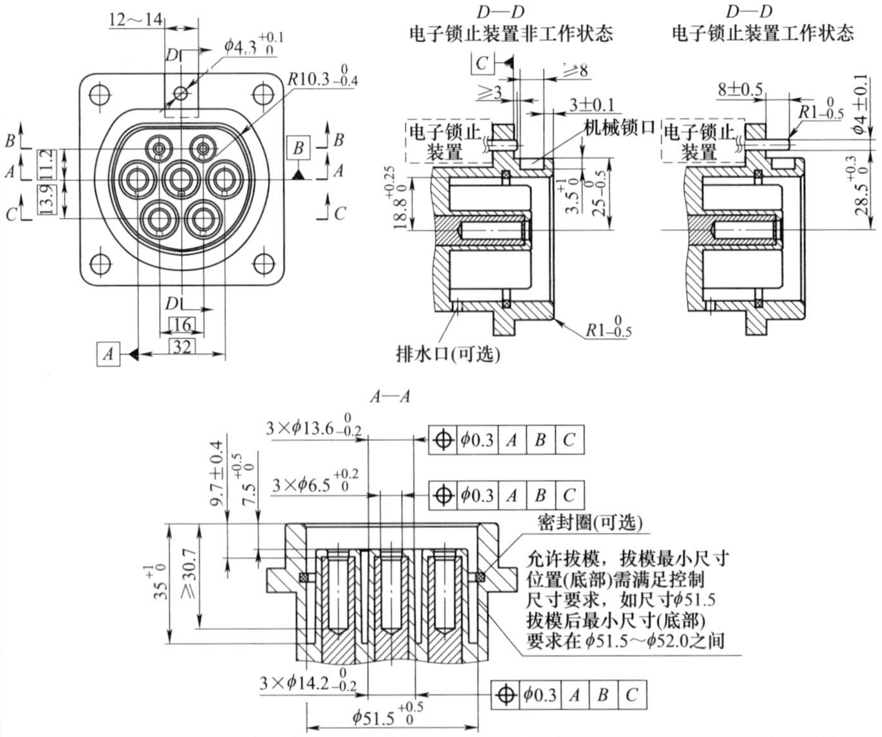

（续）

序号	项目	技术要求
7	车辆接口结构尺寸（车辆插座）	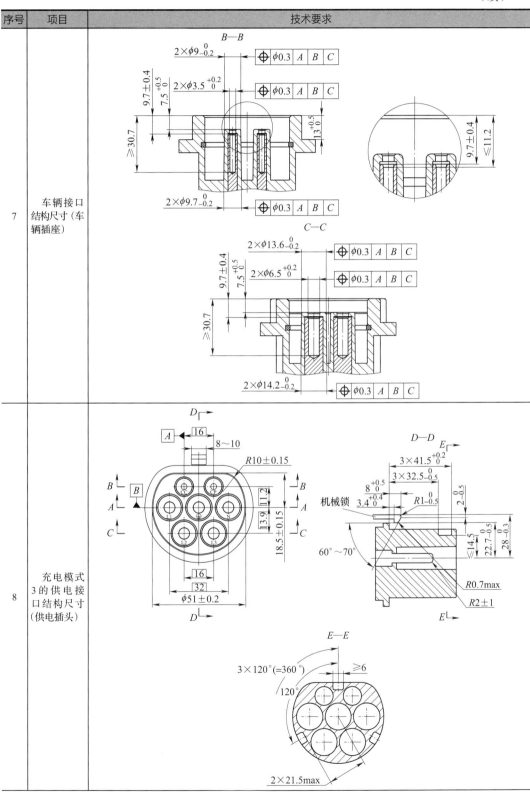
8	充电模式3的供电接口结构尺寸（供电插头）	

（续）

序号	项目	技术要求
8	充电模式3的供电接口结构尺寸（供电插头）	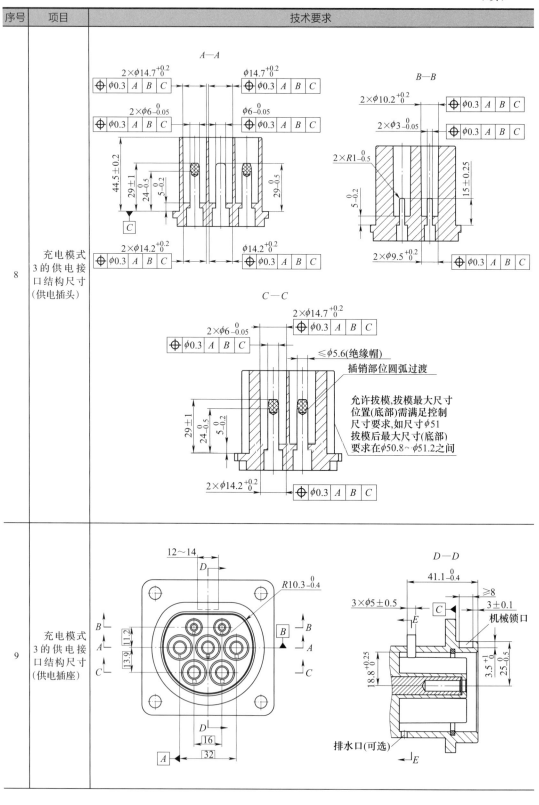
9	充电模式3的供电接口结构尺寸（供电插座）	

（续）

序号	项目	技术要求
9	充电模式3的供电接口结构尺寸（供电插座）	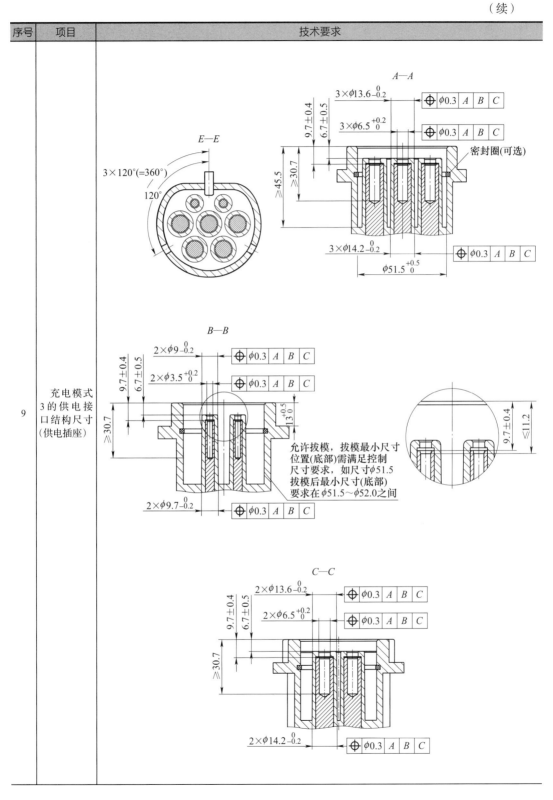

（续）

序号	项目	技术要求
10	车辆插头及充电模式3的供电插头空间尺寸要求	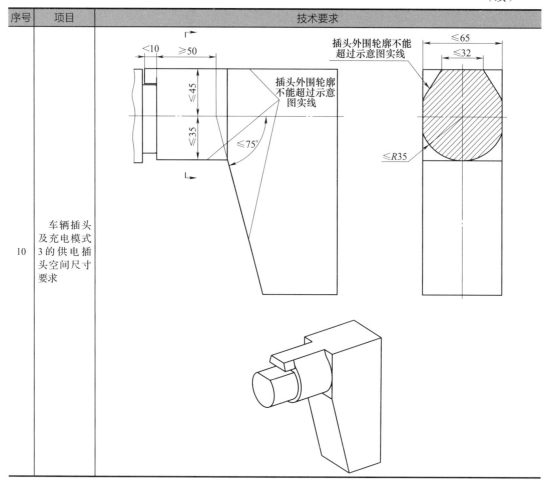

（3）GB/T 20234.3—2015《电动汽车传导充电用连接装置 第3部分：直流充电接口》 该标准规定了电动汽车传导充电用直流充电接口的通用要求、功能定义、型式结构、参数和尺寸。该标准适用于充电模式4及连接方式C的车辆接口，其直流额定电压不超过1000V、额定电流不超过250A。

电动汽车传导充电用连接装置直流充电接口要求见表4-4。

表4-4 电动汽车传导充电用连接装置直流充电接口要求

序号	项目	技术要求		
1	通用要求	直流充电接口的技术要求和试验方法应满足 GB/T 20234.1 的要求		
2	额定值	额定电压 /V	额定电流 /A	
		750/1000	80	
			125	
			200	
			250	

(续)

序号	项目	技术要求		
3	电气参数值及功能	触头编号/标识	额定电压和额定电流	功能定义
		1—(DC+)	750V/1000V 80A/125A/200A/250A	直流电源正,连接直流电源正与电池正极
		2—(DC-)	750V/1000V 80A/125A/200A/250A	直流电源负,连接直流电源负与电池负极
		3—(⏚)	—	保护接地(PE),连接供电设备地线和车辆电平台
		4—(S+)	0~30V 2A	充电通信CAN_H,连接非车载充电机与电动汽车的通信线
		5—(S-)	0~30V 2A	充电通信CAN_L,连接非车载充电机与电动汽车的通信线
		6—(CC1)	0~30V 2A	充电连接确认
		7—(CC2)	0~30V 2A	充电连接确认
		8—(A+)	0~30V 20A	低压辅助电源正,连接非车载充电机为电动汽车提供的低压辅助电源
		9—(A-)	0~30V 20A	低压辅助电源负,连接非车载充电机为电动汽车提供的低压辅助电源
4	触头布置方式	车辆插头触头布置图 车辆插座触头布置图		

（续）

序号	项目	技术要求
5	充电连接界面	车辆插头和车辆插座在连接过程中触头耦合的顺序为：保护接地，充电连接确认（CC2），直流电源正与直流电源负，低压辅助电源正与低压辅助电源负，充电通信，充电连接确认（CC1）；在脱开的过程中则顺序相反。直流充电控制导引电路与控制原理见 GB/T 18487.1 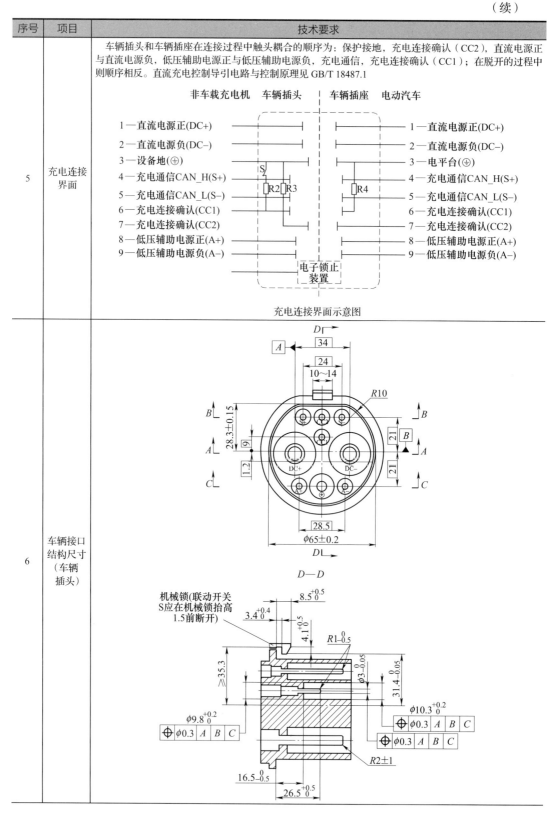 充电连接界面示意图
6	车辆接口结构尺寸（车辆插头）	

（续）

序号	项目	技术要求
6	车辆接口结构尺寸（车辆插头）	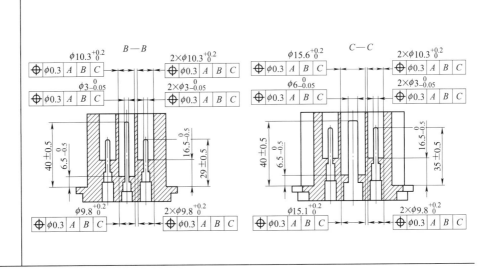

（续）

序号	项目	技术要求
7	车辆接口结构尺寸（车辆插座）	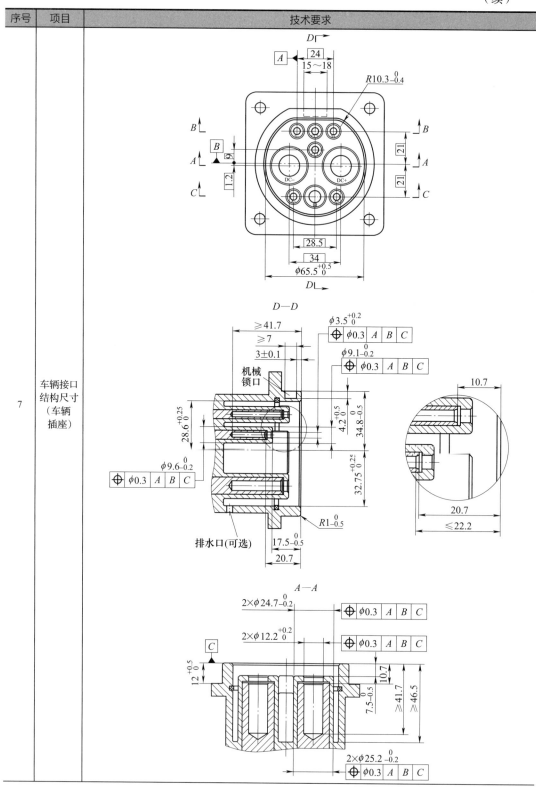

（续）

序号	项目	技术要求
7	车辆接口结构尺寸（车辆插座）	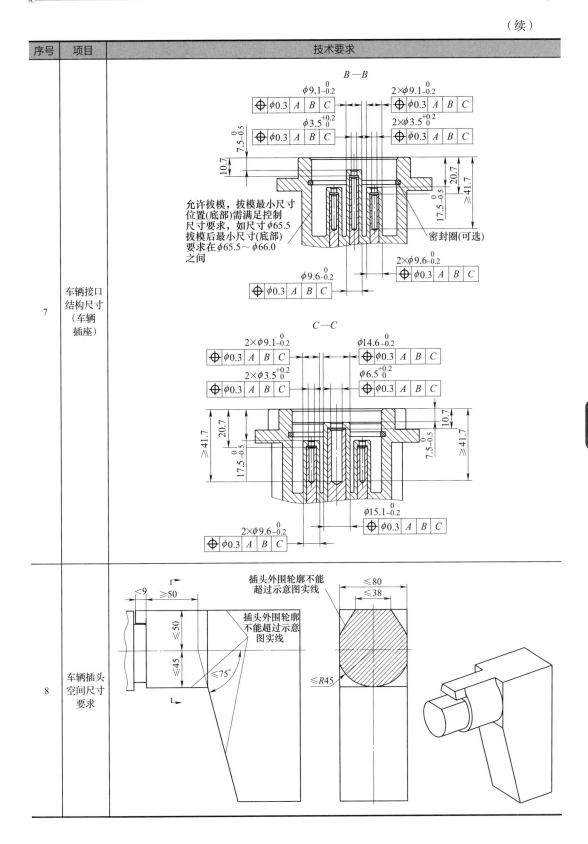
8	车辆插头空间尺寸要求	

3. 通信协议

在直流传导充电过程中，由于充电机位于车辆之外，再加上各型车辆动力电池的电压、可充电电流等参数的差异，车辆与充电机之间需要建立通信渠道，才能互通充电参数，保证充电过程可控。因此，制定了 GB/T 27930—2015《电动汽车非车载传导式充电机与电池管理系统之间的通信协议》。

该标准规定了电动汽车非车载传导式充电机（以下简称充电机）与电池管理系统（BMS）之间基于控制器局域网（Control Area Network，CAN）的通信物理层、数据链路层及应用层的定义。该标准适用于采用 GB/T 18487.1 规定的充电模式 4 的充电机与 BMS 之间的通信，也适用于充电机与具有充电控制功能的车辆控制单元之间的通信。

电动汽车非车载传导式充电机与电池管理系统之间的通信协议见表 4-5。

表 4-5 电动汽车非车载传导式充电机与电池管理系统之间的通信协议

序号	项目	技术要求
1	总则	① 充电机与 BMS 之间通信网络采用 CAN2.0B 通信协议。充电流程参见本标准中附录 A ② 在充电过程中，充电机和 BMS 监测电压、电流和温度等参数，同时 BMS 管理整个充电过程 ③ 充电机与 BMS 之间的 CAN 通信网络应由充电机和 BMS 两个节点组成 ④ 数据信息传输采用低字节先发送的格式 ⑤ 正的电流值代表放电，负的电流值代表充电 ⑥ 执行本标准的充电机和 BMS 宜具备向前兼容性
2	物理层	采用本标准的物理层应符合 ISO 11898-1：2003、SAE J1939-11：2006 中关于物理层的规定。充电机与 BMS 的通信应使用独立于动力总成控制系统之外的 CAN 接口。充电机与 BMS 之间的通信速率采用 250kbit/s
3	帧格式	采用本标准的设备应使用 CAN 扩展帧的 29 位标识符，具体每个位分配的相应定义应符合 SAE J1939-21：2006 中的相关规定
4	协议数据单元（PDU）	<table><tr><td>P</td><td>R</td><td>DP</td><td>PF</td><td>PS</td><td>SA</td><td>… DATA</td></tr><tr><td>3</td><td>1</td><td>1</td><td>8</td><td>8</td><td>8</td><td>0~64</td></tr></table> 数据格式要求： ① P 为优先权：从最高 0 设置到最低 7 ② R 为保留位：备今后开发使用，本标准中设为 0 ③ DP 为数据页：用来选择参数组描述的辅助页，本标准中设为 0 ④ PF 为 PDU 格式：用来确定 PDU 的格式，以及数据域对应的参数组编号 ⑤ PS 为 PDU 特定格式：PS 值取决于 PDU 格式。在本标准中采用 PDU1 格式，PS 值为目标地址 ⑥ SA 为源地址：发送此报文的源地址 ⑦ DATA 为数据域：若给定参数组数据长度≤8 字节，按照本标准中第 9 章规定的报文长度进行传输。若给定参数组数据长度为 9～1785 字节时，数据传输需多个 CAN 数据帧，通过传输协议功能的连接管理能力来建立和关闭多包参数组的通信，详见本标准中 6.5 的规定 ⑧ 上图中第三行表示位数
5	协议数据单元（PDU）格式	选用 SAE J1939-21：2006 中定义的 PDU1 格式
6	参数组编号（PGN）	PGN 的第二个字节为 PDU 格式（PF）值，高字节和低字节位均为 00H
7	传输协议功能	BMS 与充电机之间传输 9～1785 字节的数据使用传输协议功能。连接初始化、数据传输、连接关闭应遵循 SAE J1939-21：2006 中 5.4.7 和 5.10 消息传输的规定。对于多帧报文，报文周期为整个数据包的发送周期

（续）

序号	项目	技术要求
8	地址的分配	网络地址用于保证信息标识符的唯一性以及表明信息的来源。充电机和BMS定义为不可配置地址，即该地址固定在ECU的程序代码中，包括服务工具在内的任何手段都不能改变其源地址。充电机和BMS分配的地址如下： <table><tr><th>装置</th><th>首选地址</th></tr><tr><td>充电机</td><td>86（56H）</td></tr><tr><td>BMS</td><td>244（F4H）</td></tr></table>
9	信息类型	CAN总线技术规范支持五种类型的信息，分别为命令、请求、广播/响应、确认和组功能。具体定义应遵循SAE J1939-21：2006中5.4信息类型的规定
10	应用层	① 应用层采用参数和参数组定义的形式 ② 采用PGN对参数组进行编号，各个节点根据PGN来识别数据包的内容 ③ 使用"请求PGN"来主动获取其他节点的参数组 ④ 采用周期发送和事件驱动的方式来发送数据 ⑤ 如果需发送多个PGN数据来实现一个功能的，需同时收到该定义的多个PGN报文才判断此功能发送成功 ⑥ 定义新的参数组时，尽量将相同功能的参数、相同或相近刷新频率的参数和属于同一个子系统内的参数放在同一个参数中；同时，新的参数组既要充分利用8个字节的数据宽度，尽量将相关的参数放在同一个组内，又要考虑扩展性，预留一部分字节或位，以便将来进行修改 ⑦ 修改本标准中第9章已定义的参数组时，不应对已定义的字节或位的定义进行修改；新增加的参数要与参数组中原有的参数相关，不应为节省PGN的数量而将不相关的参数加入到已定义的PGN中 ⑧ 充电过程中充电机和BMS各种故障诊断定义应遵循SAE J1939-73：2006的5.1中CAN总线诊断系统的要求，本标准中附录B给出了故障诊断报文定义规范 ⑨ 报文选项分为必须项和可选项，对于同一帧报文中全部内容为可选项的，该报文可以选择不发送，对于同一帧报文中部分内容为可选项的，可选项所有位按照本标准规定格式发送或填充1，本标准未规定的无效位或字段填充1，本标准未规定的位或预留位填充1。 ⑩ 报文的长度和必须项内容及格式需按照本标准中第10章的规定发送
11	充电总体流程	整个充电过程包括六个阶段：物理连接完成、低压辅助上电、充电握手阶段、充电参数配置阶段、充电阶段和充电结束阶段。在各个阶段，充电机和BMS如果在规定的时间内没有收到对方报文或没有收到正确报文，即判定为超时（超时指在规定时间内没有收到对方的完整数据包或正确数据包），超时时间除特殊规定外，均为5s。当出现超时后，BMS或充电机发送本标准中9.5规定的错误报文，并进入错误处理状态。在对故障处理的过程中，根据故障的类别，分别进行不同的处理。在充电结束阶段中，如果出现了故障，直接结束充电流程 物理连接完成 → 低压辅助上电 → 充电握手阶段 → 充电参数配置阶段 → 充电阶段 → 充电结束阶段 → 结束充电

（续）

序号	项目	技术要求
12	低压辅助上电及充电握手阶段	充电握手阶段分为握手启动阶段和握手辨识阶段，当充电机和 BMS 物理连接完成并上电后，开启低压辅助电源，进入握手启动阶段发送握手报文，再进行绝缘监测。绝缘监测结束后进入握手辨识阶段，双方发送辨识报文，确定电池和充电机的必要信息。CHM 报文和 BHM 报文是为产品兼容的新增报文，用于在握手启动阶段充电机和 BMS 判断双方使用的标准版本。充电握手阶段报文如下：

报文代号	报文描述	PGN(Dec)	PGN(Hex)	优先权	数据长度/byte	报文周期/ms	源地址-目的地址
CHM	充电机握手	9728	002600H	6	3	250	充电机-BMS
BHM	车辆握手	9984	002700H	6	2	250	BMS-充电机
CRM	充电机辨识	256	000100H	6	8	250	充电机-BMS
BRM	BMS 和车辆辨识报文	512	000200H	7	41	250	BMS-充电机

序号	项目	技术要求
13	充电参数配置阶段	充电握手阶段完成后，充电机和 BMS 进入充电参数配置阶段。在此阶段，充电机向 BMS 发送充电机最大输出能力的报文，BMS 根据充电机最大输出能力判断是否能够进行充电。充电参数配置阶段报文如下：

报文代号	报文描述	PGN(Dec)	PGN(Hex)	优先权	数据长度/byte	报文周期/ms	源地址-目的地址
BCP	动力电池充电参数	1536	000600H	7	13	500	BMS-充电机
CTS	充电机发送时间同步信息	1792	000700H	6	7	500	充电机-BMS
CML	充电机最大输出能力	2048	000800H	6	8	250	充电机-BMS
BRO	电池充电准备就绪状态	2304	000900H	4	1	250	BMS-充电机
CRO	充电机输出准备就绪状态	2560	000A00H	4	1	250	充电机-BMS

序号	项目	技术要求
14	充电阶段	充电配置阶段完成后，充电机和 BMS 进入充电阶段。在整个充电阶段，BMS 实时向充电机发送电池充电需求，充电机根据电池充电需求来调整充电电压和充电电流以保证充电过程正常进行。在充电过程中，充电机和 BMS 相互发送各自的充电状态。除此之外，BMS 根据要求向充电机发送动力电池具体状态信息及电压、温度等信息。BMV、BMT、BSP 为可选报文，充电机不对其进行报文超时判定。 BMS 根据充电过程是否正常、电池状态是否达到 BMS 自身设定的充电结束条件以及是否收到充电机中止充电报文（包括具体中止原因、报文参数值全为 0 和不可信状态）来判断是否结束充电；充电机根据是否收到停止充电指令、充电过程是否正常、是否达到人为设定的充电参数值，或者是否收到 BMS 中止充电报文（包括具体中止原因、报文参数值全为 0 和不可信状态）来判断是否结束充电。充电阶段报文如下：

报文代号	报文描述	PGN(Dec)	PGN(Hex)	优先权	数据长度/byte	报文周期	源地址-目的地址
BCL	电池充电需求	4096	001000H	6	5	50ms	BMS-充电机
BCS	电池充电总状态	4352	001100H	7	9	250ms	BMS-充电机
CCS	充电机充电状态	4608	001200H	6	8	50ms	充电机-BMS
BSM	动力电池状态信息	4864	001300H	6	7	250ms	BMS-充电机
BMV	单体动力电池电压	5376	001500H	7	不定	10s	BMS-充电机
BMT	动力电池温度	5632	001600H	7	不定	10s	BMS-充电机
BSP	动力电池预留报文	5888	001700H	7	不定	10s	BMS-充电机
BST	BMS 中止充电	6400	001900H	4	4	10ms	BMS-充电机
CST	充电机中止充电	6656	001A00H	4	4	10ms	充电机-BMS

第 4 章 界面与通信标准

（续）

序号	项目	技术要求							
15	充电结束阶段	当充电机和BMS停止充电后，双方进入充电结束阶段。在此阶段，BMS向充电机发送整个充电过程中的充电统计数据，包括初始SOC、终了SOC、电池最低电压和最高电压；充电机收到BMS的充电统计数据后，向BMS发送整个充电过程中的输出电量、累计充电时间等信息，最后停止低压辅助电源的输出。充电结束阶段报文如下：							
		报文代号	报文描述	PGN(Dec)	PGN(Hex)	优先权	数据长度/byte	报文周期/ms	源地址-目的地址
		BSD	BMS统计数据	7168	001C00H	6	7	250	BMS-充电机
		CSD	充电机统计数据	7424	001D00H	6	8	250	充电机-BMS
16	错误报文	在整个充电阶段，当BMS或充电机检测到存在错误时，发送错误报文。错误报文如下：							
		报文代号	报文描述	PGN(Dec)	PGN(Hex)	优先权	数据长度/byte	报文周期/ms	源地址-目的地址
		BEM	BMS错误报文	7680	001E00H	2	4	250	BMS-充电机
		CEM	充电机错误报文	7936	001F00H	2	4	250	充电机-BMS
17	PGN9728 充电机握手报文（CHM）	报文功能：当充电机和电动汽车物理连接并完成上电，且电压检测正常后，由充电机向BMS每隔250ms发送一次充电机握手报文，用于确定双方是否握手正常。PGN928报文格式如下：							
		起始字节或位	长度	SPN	SPN定义			发送选项	
		1	3字节	2600	充电机通信协议版本号，GB/T 27930—2015规定当前版本为V1.1，表示为：byte3、byte2—0001H；byte1—01H			必须项	
18	PGN9984 BMS握手报文（BHM）	报文功能：当BMS收到PGN9728充电机握手报文后，向充电机每隔250ms返回BMS握手报文，提供BMS最高允许充电总电压。PGN9984报文格式如下：							
		起始字节或位	长度	SPN	SPN定义			发送选项	
		1	2字节	2601	最高允许充电总电压			必须项	
19	PGN256 充电机辨识报文（CRM）	报文功能：当充电机通过握手确认，并确定绝缘检测正常后，向BMS每隔250ms发送一次充电机辨识报文，用于确认充电机和BMS之间通信链路正确。在收到BMS辨识报文前，确认码=0x00；在收到BMS辨识报文后，确认码=0xAA。PGN256报文格式如下：							
		起始字节或位	长度	SPN	SPN定义			发送选项	
		1	1字节	2560	辨识结果，(<0x00>：=BMS不能辨识；<0xAA>：=BMS能辨识)			必须项	
		2	4字节	2561	充电机编号，1/位，0偏移量，数据范围：0～0xFFFFFFFF			必须项	
		6	3字节	2562	充电机/充电站所在区域编码，标准ASCII码			可选项	

（续）

序号	项目	技术要求				
20	PGN512 BMS 和车辆辨识报文 （BRM）	报文功能：充电握手阶段向充电机提供 BMS 和车辆辨识信息。当 BMS 收到 SPN2560=0x00 的充电机辨识报文后向充电机每隔 250ms 发送一次，数据域长度超出 8 字节时，需使用传输协议功能传输，格式详见本标准中 6.5 的规定，帧与帧间发送间隔为 10ms，直到在 5s 内收到 SPN2560=0xAA 的充电机辨识报文为止。PGN512 报文格式如下：				
		起始字节或位	长度	SPN	SPN 定义	发送选项
		1	3 字节	2565	BMS 通信协议版本号，本标准规定当前版本为 V1.1，表示为：byte3、byte2—0001H；byte1—01H	必须项
		4	1 字节	2566	电池类型，01H：铅酸电池；02H：镍氢电池；03H：磷酸铁锂电池；04H：锰酸锂电池；05H：钴酸锂电池；06H：三元材料电池；07H：聚合物锂离子电池；08H：钛酸锂电池；FFH：其他电池	必须项
		5	2 字节	2567	整车动力电池系统额定容量 /Ah，0.1Ah/ 位，0Ah 偏移量	必须项
		7	2 字节	2568	整车动力电池系统额定总电压 /V，0.1V/ 位，0V 偏移量	必须项
		9	4 字节	2569	电池生产厂商名称，标准 ASCII 码	可选项
		13	4 字节	2570	电池组序号，预留，由厂商自行定义	可选项
		17	1 字节	2571	电池组生产日期：年，1 年 / 位，1985 年偏移量，数据范围：1985～2235 年	可选项
		18	1 字节	2571	电池组生产日期：月，1 月 / 位，0 月偏移量，数据范围：1～12 月	可选项
		19	1 字节	2571	电池组生产日期：日，1 日 / 位，0 日偏移量，数据范围：1～31 日	可选项
		20	3 字节	2572	电池组充电次数，1 次 / 位，0 次偏移量，以 BMS 统计为准	可选项
		23	1 字节	2573	电池组产权标识（<0>：= 租赁；<1>：= 车自有）	可选项
		24	1 字节	2574	预留	可选项
		25	17 字节	2575	车辆识别码（VIN）	可选项
		42	8 字节	2576	BMS 软件版本号 8 字节表示当前 BMS 版本信息，按照十六进制编码确定。其中： byte8、byte7、byte6—000001H～FFFFFEH，预留，填 FFFFFFH byte5～byte2 作为 BMS 软件版本编译时间信息标记 byte5、byte4—0001H～FFFEH 表示"年"（例如 2015 年：填写 byte5—DFH，byte4—07H） byte3—01H～0CH 表示"月"（例如 11 月：填写 byte3—0BH） byte2—01H～1FH 表示"日"（例如 10 日：填写 byte2—0AH） byte1—01H～FEH 表示版本流水号（例如 16：填写 byte1—10H） （如上数值表示：BMS 当前使用 2015 年 11 月 10 日第 16 次编译版本，未填写认证授权码）	可选项

（续）

序号	项目	技术要求
21	PGN1536 动力电池充电参数报文（BCP）	报文功能：充电参数配置阶段BMS发送给充电机的动力电池充电参数。如果充电机在5s内没有收到该报文，即为超时错误，充电机应立即结束充电。PGN1536报文格式如下： | 起始字节或位	长度	SPN	SPN定义	发送选项
---	---	---	---	---
1	2字节	2816	单体动力电池最高允许充电电压	必须项
3	2字节	2817	最高允许充电电流	必须项
5	2字节	2818	动力电池标称总能量	必须项
7	2字节	2819	最高允许充电总电压	必须项
9	1字节	2820	最高允许温度	必须项
10	2字节	2821	整车动力电池荷电状态	必须项
12	2字节	2822	整车动力电池当前电池电压	必须项	
22	PGN1792 充电机发送时间同步信息报文（CTS）	报文功能：充电参数配置阶段充电机发送给BMS的时间同步信息。PGN1792报文格式如下： | 起始字节或位	长度	SPN	SPN定义	发送选项
---	---	---	---	---
1	7字节	2823	年/月/日/时/分/秒	可选项	
23	PGN2048 充电机最大输出能力报文（CML）	报文功能：充电机发送给BMS充电机最大输出能力，以便估算剩余充电时间。PGN2048报文格式如下： | 起始字节或位	长度	SPN	SPN定义	发送选项
---	---	---	---	---
1	2字节	2824	最高输出电压/V	必须项
3	2字节	2825	最低输出电压/V	必须项
5	2字节	2826	最大输出电流/A	必须项
7	2字节	2827	最小输出电流/A	必须项	
24	PGN2304 BMS充电准备就绪报文（BRO）	报文功能：BMS发送给充电机电池充电准备就绪报文，使充电机确认BMS已经准备充电。PGN2304报文格式如下： | 起始字节或位	长度	SPN	SPN定义	发送选项
---	---	---	---	---
1	1字节	2829	BMS是否做好充电准备（<0x00>：=BMS未做好充电准备）；<0xAA>：=BMS完成充电准备；<0xFF>：=无效）	必须项	
25	PGN2560 充电机输出准备就绪报文（CRO）	报文功能：充电机发送给BMS充电机输出准备就绪报文，使BMS确认充电机已经准备输出。PGN2560报文格式如下： | 起始字节或位	长度	SPN	SPN定义	发送选项
---	---	---	---	---
1	1字节	2830	充电机是否做好充电准备（<0x00>：=充电机未做好充电准备；<0xAA>：=充电机完成充电准备；<0xFF>：=无效）	必须项	
26	PGN4096 电池充电需求报文（BCL）	报文功能：使充电机根据电池充电需求来调整充电电压和充电电流，确保充电过程正常进行。如果充电机在1s内没有收到该报文，即为超时错误，充电机应立即结束充电 在恒压充电模式下，充电机输出的电压应满足电压需求值，输出的电流不能超过电流需求值；在恒流充电模式下，充电机输出的电流应满足电流需求值，输出的电压不能超过电压需求值。当BCL报文中充电电流请求大于CML报文中最大输出电流时，充电机按最大输出能力输出；当BCL报文中充电电流请求小于或等于CML报文中最大输出电流时，充电机按请求电流输出；当电压需求或电流需求为0时，充电机按最小输出能力输出。PGN4096报文格式如下： | 起始字节或位	长度	SPN	SPN定义	发送选项
---	---	---	---	---
1	2字节	3072	电压需求/V	必须项
3	2字节	3073	电流需求/A	必须项
5	1字节	3074	充电模式（0x01：恒压充电；0x02：恒流充电）	必须项	

（续）

序号	项目	技术要求				
27	PGN4352 电池充电总状态报文（BCS）	报文功能：让充电机监视充电过程中电池组充电电压、充电电流等充电状态。如果充电机在 5s 内没有收到该报文，即为超时错误，充电机应立即结束充电。PGN4352 报文格式如下：				
		起始字节或位	长度	SPN	SPN 定义	发送选项
		1	2 字节	3075	充电电压测量值 /V	必须项
		3	2 字节	3076	充电电流测量值 /A	必须项
		5	2 字节	3077	最高单体动力电池电压及其组号	必须项
		7	1 字节	3078	当前荷电状态 SOC（%）	必须项
		8	2 字节	3079	估算剩余充电时间 /min	必须项
28	PGN4608 充电机充电状态报文（CCS）	报文功能：让 BMS 监视充电机当前输出的充电电流、电压值等信息。如果 BMS 在 1s 内没有收到该报文，即为超时错误，BMS 应立即结束充电。PGN4608 报文格式如下：				
		起始字节或位	长度	SPN	SPN 定义	发送选项
		1	2 字节	3081	电压输出值 /V	必须项
		3	2 字节	3082	电流输出值 /A	必须项
		5	2 字节	3083	累计充电时间 /min	必须项
		7.1	2 位	3929	充电允许（<00>：= 暂停；<01>：= 允许）	必须项
29	PGN4864 BMS 发送动力电池状态信息报文（BSM）	报文功能：充电阶段 BMS 发送给充电机的动力电池状态信息。PGN4864 报文格式如下：				
		起始字节或位	长度	SPN	SPN 定义	发送选项
		1	1 字节	3085	最高单体动力电池电压所在编号	必须项
		2	1 字节	3086	最高动力电池温度	必须项
		3	1 字节	3087	最高温度检测点编号	必须项
		4	1 字节	3088	最低动力电池温度	必须项
		5	1 字节	3089	最低动力电池温度检测点编号	必须项
		6.1	2 位	3090	单体动力电池电压过高 / 过低（<00>：= 正常；<01>：= 过高；<10>：= 过低）	必须项
		6.3	2 位	3091	整车动力电池荷电状态 SOC 过高 / 过低（<00>：= 正常；<01>：= 过高；<10>：= 过低）	必须项
		6.5	2 位	3092	动力电池充电过电流（<00>：= 正常；<01>：= 过流；<10>：= 不可信状态）	必须项
		6.7	2 位	3093	动力电池温度过高（<00>：= 正常；<01>：= 过高；<10>：= 不可信状态）	必须项
		7.1	2 位	3094	动力电池绝缘状态（<00>：= 正常；<01>：= 不正常；<10>：= 不可信状态）	必须项
		7.3	2 位	3095	动力电池组输出连接器连接状态（<00>：= 正常；<01>：= 不正常；<10>：= 不可信状态）	必须项
		7.5	2 位	3096	充电允许（<00>：= 禁止；<01>：= 允许）	必须项

（续）

序号	项目	技术要求
30	PGN5376 单体动力电池电压报文（BMV）	报文功能：各个单体动力电池电压值。由于PGN5376的数据域的最大长度超出8字节，需使用传输协议功能传输，详见传输协议功能（即本表第7项）的规定。PGN5376报文格式如下： | 起始字节或位	长度	SPN	SPN定义	发送选项
---	---	---	---	---
1	2字节	3101	#1 单体动力电池电压	可选项
3	2字节	3102	#2 单体动力电池电压	可选项
5	2字节	3103	#3 单体动力电池电压	可选项
7	2字节	3104	#4 单体动力电池电压	可选项
9	2字节	3105	#5 单体动力电池电压	可选项
11	2字节	3106	#6 单体动力电池电压	可选项
⋮				可选项
509	2字节	3355	#255 单体动力电池电压	可选项
511	2字节	3356	#256 单体动力电池电压	可选项	
31	PGN5632 动力电池温度报文（BMT）	报文功能：动力电池温度。数据长度超出8字节时，需使用传输协议功能传输，详见传输协议功能（即本表第7项）的规定。PGN5632报文格式如下： | 起始字节或位	长度	SPN	SPN定义	发送选项
---	---	---	---	---
1	1字节	3361	动力电池温度1	可选项
2	1字节	3362	动力电池温度2	可选项
3	1字节	3363	动力电池温度3	可选项
4	1字节	3364	动力电池温度4	可选项
5	1字节	3365	动力电池温度5	可选项
6	1字节	3366	动力电池温度6	可选项
⋮				可选项
127	1字节	3487	动力电池温度127	可选项
128	1字节	3488	动力电池温度128	可选项	
32	PGN5888 动力电池预留报文（BSP）	报文功能：动力电池预留报文。数据域长度超出8字节时，需使用传输协议功能传输，格式详见传输协议功能（即本表第7项）的规定。PGN5888报文格式如下： | 起始字节或位	长度	SPN	SPN定义	发送选项
---	---	---	---	---
1	1字节	3491	动力电池预留字段1	可选项
2	1字节	3492	动力电池预留字段2	可选项
3	1字节	3493	动力电池预留字段3	可选项
4	1字节	3494	动力电池预留字段4	可选项
⋮				可选项
16	1字节	3506	动力电池预留字段16	可选项	
33	PGN6400 BMS中止充电报文（BST）	报文功能：使充电机确认BMS将发送中止充电报文以令充电机结束充电过程及结束充电原因。PGN6400报文格式如下： | 起始字节或位	长度	SPN	SPN定义	发送选项
---	---	---	---	---
1	1字节	3511	BMS中止充电原因	必须项
2	2字节	3512	BMS中止充电故障原因	必须项
4	1字节	3513	BMS中止充电错误原因	必须项	

(续)

序号	项目	技术要求
34	PGN6656 充电机中止充电报文（CST）	报文功能：使 BMS 确认充电机即将结束充电及结束充电原因。PGN6656 报文格式如下： | 起始字节或位	长度	SPN	SPN 定义	发送选项
---	---	---	---	---
1	1 字节	3521	充电机中止充电原因	必须项
2	2 字节	3522	充电机中止充电故障原因	必须项
4	1 字节	3523	充电机中止充电错误原因	必须项	
35	PGN7168 BMS 统计数据报文（BSD）	报文功能：让充电机确认 BMS 对于本次充电过程的充电统计数据。PGN7168 报文格式如下： | 起始字节或位	长度	SPN	SPN 定义	发送选项
---	---	---	---	---
1	1 字节	3601	中止荷电状态 SOC（%）	必须项
2	2 字节	3602	动力电池单体最低电压 /V	必须项
4	2 字节	3603	动力电池单体最高电压 /V	必须项
6	1 字节	3604	动力电池最低温度 /℃	必须项
7	1 字节	3605	动力电池最高温度 /℃	必须项	
36	PGN7424 充电机统计数据报文（CSD）	报文功能：确认充电机本次充电过程的充电统计数据。PGN7424 报文格式如下： | 起始字节或位	长度	SPN	SPN 定义	发送选项
---	---	---	---	---
1	2 字节	3611	累计充电时间 /min	必须项
3	2 字节	3612	输出能量 /kW·h	必须项
5	4 字节	3613	充电机编号，1/位，1 偏移量，数据范围：0 ~ 0xFFFFFFFF	必须项	
37	PGN7680 BMS 错误报文（BEM）	报文功能：当 BMS 检测到错误时，发送给充电机充电错误报文，直到 BMS 收到充电机发送的充电机辨识报文（CRM）或拔掉充电插头为止。PGN7680 报文格式如下： | 起始字节或位	长度	SPN	SPN 定义	发送选项
---	---	---	---	---
1.1	2 位	3901	接收 SPN2560=0x00 的充电机辨识报文超时（<00>：= 正常；<01>：= 超时；<10>：= 不可信状态）	必须项
1.3	2 位	3902	接收 SPN2560=0xAA 的充电机辨识报文超时（<00>：= 正常；<01>：= 超时；<10>：= 不可信状态）	必须项
2.1	2 位	3903	接收充电机的时间同步和充电机最大输出能力报文超时（<00>：= 正常；<01>：= 超时；<10>：= 不可信状态）	必须项
2.3	2 位	3904	接收充电机完成充电准备报文超时（<00>：= 正常；<01>：= 超时；<10>：= 不可信状态）	必须项
3.1	2 位	3905	接收充电机充电状态报文超时（<00>：= 正常；<01>：= 超时；<10>：= 不可信状态）	必须项
3.3	2 位	3906	接收充电机中止充电报文超时（<00>：= 正常；<01>：= 超时；<10>：= 不可信状态）	必须项
4.1	2 位	3907	接收充电机充电统计报文超时（<00>：= 正常；<01>：= 超时；<10>：= 不可信状态）	必须项
4.3	6 位		其他	可选项	

（续）

序号	项目	技术要求				
38	PGN7936 充电机 错误报文 （CEM）	报文功能：当充电机检测到错误时，发送给 BMS 充电错误报文，直到充电机接收到 BMS 发送的 BRM 报文或拔掉充电插头为止。PGN 7936 报文格式如下：				
		起始字节或位	长度	SPN	SPN 定义	发送选项
		1.1	2 位	3921	接收 BMS 和车辆的辨识报文超时（<00>：= 正常；<01>：= 超时；<10>：= 不可信状态）	必须项
		2.1	2 位	3922	接收电池充电参数报文超时（<00>：= 正常；<01>：= 超时；<10>：= 不可信状态）	必须项
		2.3	2 位	3923	接收 BMS 完成充电准备报文超时（<00>：= 正常；<01>：= 超时；<10>：= 不可信状态）	必须项
		3.1	2 位	3924	接收电池充电总状态报文超时（<00>：= 正常；<01>：= 超时；<10>：= 不可信状态）	必须项
		3.3	2 位	3925	接收电池充电要求报文超时（<00>：= 正常；<01>：= 超时；<10>：= 不可信状态）	必须项
		3.5	2 位	3926	接收 BMS 中止充电报文超时（<00>：= 正常；<01>：= 超时；<10>：= 不可信状态）	必须项
		4.1	2 位	3927	接收 BMS 充电统计报文超时（<00>：= 正常；<01>：= 超时；<10>：= 不可信状态）	必须项
		4.3	6 位		其他	可选项
39	充电握手启动流程图	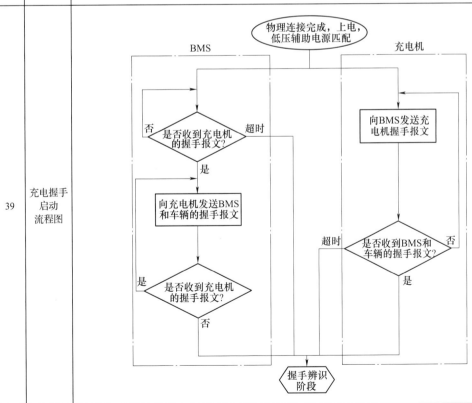				

（续）

序号	项目	技术要求
40	充电握手辨识流程图	
41	充电参数配置阶段流程图	

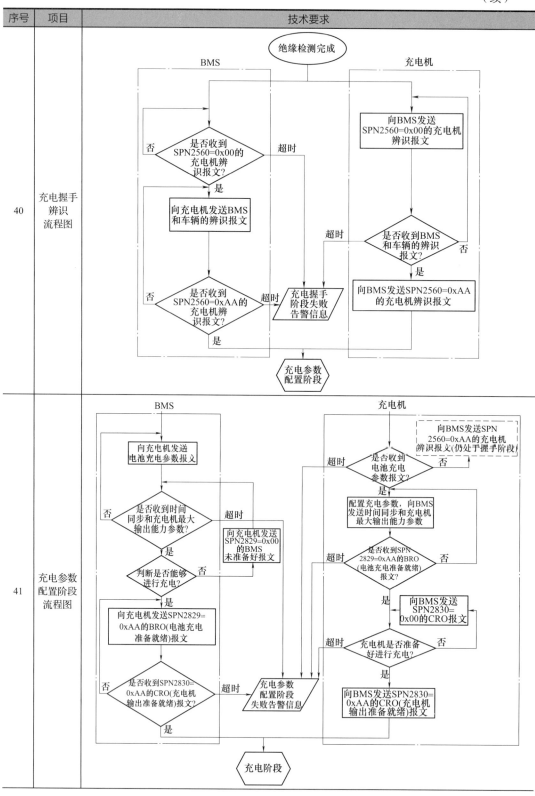

第4章 界面与通信标准

（续）

序号	项目	技术要求
42	充电阶段流程图	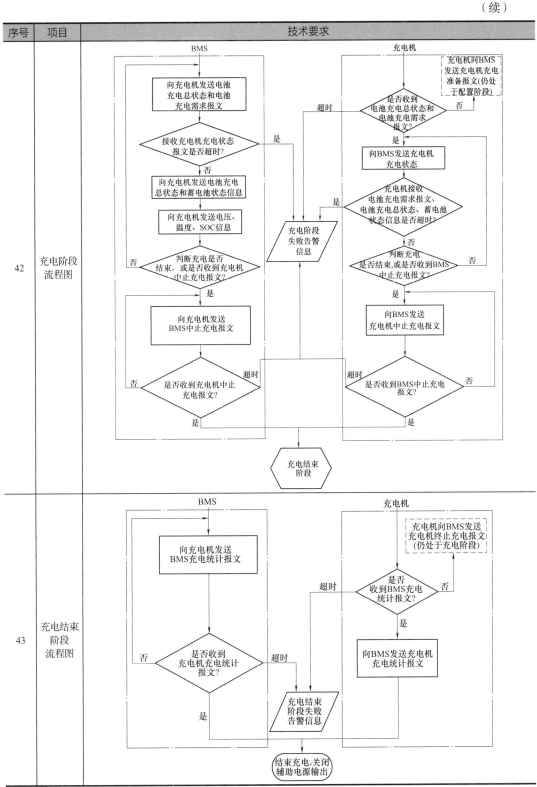
43	充电结束阶段流程图	

注：表中的"本标准"是指代 GB/T 27930—2015。

4.1.1.2 互联互通测试

有了统一的充电接口，以及规定详细的充电导引电路和通信协议，电动汽车和充电设施就可以实施充电。但这些要求是针对具体部件产品对象的，是设计开发的技术要求，没有把整机作为标准化对象进行规范，在面对不同企业、不同品牌、不同型号的电动汽车或充电设施时，还存在因理解标准不到位而产生无法充电的情况。因此，需要在电动汽车和充电设施整机层面，提供评价充电兼容性的测试方法，即充电互联互通测试。

传导充电互联互通测试标准由互操作性测试方法和协议一致性测试方法组成，互操作性测试分为设施侧和车辆侧两个部分，标准通过规定标准的测试设备，考察被测对象在充电操作各阶段的兼容性，通过所有测试则可认为该产品具备了互联互通的能力。

1. 设施侧互操作性测试

GB/T 34657.1—2017《电动汽车传导充电互操作性测试规范 第 1 部分：供电设备》规定了电动汽车传导充电互操作性测试对供电设备的检验规则、测试条件、测试项目、测试方法及合格评判。该标准适用于符合 GB/T 18487.1—2015 规定的电动汽车供电设备，包括缆上控制与保护装置、交流充电桩、非车载充电机等。

电动汽车传导充电互操作性测试规范供电设备见表 4-6。

表 4-6 电动汽车传导充电互操作性测试规范供电设备

序号	项目	测试目的	测试方法及步骤	合格判定
1	插座空间尺寸复核	检查交流充电供电插座的正常操作空间是否符合要求	使用符合 GB/T 20234.2—2015 附录 C 规定的最大外围轮廓尺寸的标准插头对交流充电供电插座进行检查	交流充电供电插座与交流充电供电插头应能正常连接，不产生干涉
2	供电设备（直流充电）互操作性测试系统结构			

（续）

序号	项目	测试目的	测试方法及步骤								合格判定
3	供电设备（直流充电）检测点及相关状态测试要求		状态	充电接口状态	开关S状态	可否充电	检测点1的电压/V			检测点2的电压/V		
							标称值	最大值	最小值	标称值	最大值	最小值
			状态0（初始状态）	断开	闭合	否	6	6.8	5.2	12	12.8	11.2
			状态1	断开	断开	否	12	12.8	11.2	12	12.8	11.2
			状态2	连接中	断开	否	6	6.8	5.2	6	6.8	5.2
			状态3	完全连接	闭合	可	4	4.8	3.2	6	6.8	5.2
4	连接确认测试	检查充电机是否能通过测量检测点1的电压值判断车辆插头与车辆插座的连接状态，并进入对应的充电状态；通过测量检测点2的电压值，判断车辆插头内等效电阻R3是否正常	① 状态0：车辆插头未插入车辆插座时，检查检测点1的电压值和充电状态 ② 状态1/状态2：将车辆插头插入车辆插座中，检查检测点1的电压值和充电状态 ③ 状态3：车辆插头与车辆插座完全连接后，检查检测点1的电压值、检测点2的电压值、充电状态 ④ 检查该阶段车辆接口锁止状态									① 车辆接口连接确认应符合GB/T 18487.1—2015中B.3.2的规定 ② 在车辆接口连接过程中，检测点1的电压值及充电状态应符合上栏的规定 ③ 在车辆接口完全连接后，检测点2的电压值应符合上栏的规定 ④ 在车辆接口完全连接后绝缘检测输出电压前，车辆插头电子锁应可靠锁止
5	自检阶段测试	检查充电机的自检阶段是否正常	① 绝缘检测开始前，分别模拟正常的电池端电压（K1和K2外侧电压<10V）、不正常的电池端电压（K1和K2外侧电压≥10V），进行步骤②至步骤⑦ ② 分别模拟车辆通信握手报文内的最高允许充电总电压在充电机输出电压范围内、超过充电机输出电压范围上限值、低于充电机输出电压范围下限值 ③ 检查该阶段K3和K4状态、K1和K2状态，测量车辆接口的低压辅助供电回路的电压值和电流值 ④ 测量绝缘检测时稳定输出后充电直流回路的电压值 ⑤ 绝缘检测完成后，检查泄放过程中充电接口电压降到DC 60V以下的时间、K1和K2状态 ⑥ 检查该阶段通信状态 ⑦ 检查该阶段车辆接口锁止状态									① 绝缘检测开始前，当检测到不正常的电池端电压时，充电机应不允许充电 ② 当车辆通信握手报文内的最高允许充电总电压低于充电机输出电压范围下限值时，充电机应不允许充电 ③ 充电机自检阶段K1和K2、K3和K4状态变化应符合GB/T 18487.1—2015中B.3.3的规定 ④ 绝缘检测的输出电压应为车辆通信握手报文内的最高允许充电总电压和充电机额定电压两者中的较小值 ⑤ 充电机低压辅助供电回路的电压值和电流值应符合GB/T 18487.1—2015中B.1的规定 ⑥ 绝缘检测完成后，泄放过程应符合GB/T 18487.1—2015中B.4.2的规定 ⑦ 该阶段通信状态应符合GB/T 18487.1—2015中B.6和GB/T 27930—2015中对应阶段的规定 ⑧ 该阶段车辆插头电子锁应可靠锁止

（续）

序号	项目	测试目的	测试方法及步骤	合格判定
6	充电准备就绪测试	检查充电机的充电准备就绪是否正常	① 分别模拟正常的车辆端电池电压（接触器外端电压与通信报文电池电压误差范围 ≤ ±5% 且在充电机正常输出电压范围内）、非正常车辆端电池电压（接触器外端电压与通信报文电池电压误差范围 > ±5% 和/或不在充电机正常输出电压范围内），检查该阶段 K1 和 K2 状态、充电状态 ② 检查该阶段通信状态 ③ 检查该阶段车辆接口锁止状态	① 当检测到车辆端电池电压不正常时，充电机应不允许充电 ② 充电机充电准备就绪符合 GB/T 18487.1—2015 中 B.3.4 的规定 ③ 该阶段通信状态应符合 GB/T 18487.1—2015 中 B.6 和 GB/T 27930—2015 中对应阶段的规定 ④ 该阶段车辆插头电子锁应可靠锁止
7	充电阶段测试	在充电过程中，检查充电机是否能根据电池充电需求参数实时调整充电电压和充电电流	① 充电过程中，利用车辆 BMS 模拟软件发送"电池充电需求"报文，检查该阶段充电状态 ② 充电过程中，按照 GB/T 34657.1—2017 中 6.3.5.1、6.3.5.2、6.3.5.3（即本表第 17～19 项）的规定分别进行输出电压控制误差测试、输出电流控制误差测试、输出电流调整时间测试 ③ 检查该阶段通信状态 ④ 检查该阶段车辆接口锁止状态	① 充电机充电阶段应符合 GB/T 18487.1—2015 中 B.3.5 的规定 ② 充电过程中，输出电压控制误差、输出电流控制误差、输出电流调整时间分别符合 GB/T 34657.1—2017 中 6.3.5.1、6.3.5.2、6.3.5.3（即本表第 17～19 项）的规定 ③ 该阶段通信状态应符合 GB/T 18487.1—2015 中 B.6 和 GB/T 27930—2015 中对应阶段的规定 ④ 该阶段车辆插头电子锁应可靠锁止
8	正常充电结束测试	检查充电机在满足充电结束条件或收到充电中止报文时的充电结束是否正常	① 主动中止充电测试： a. 在正常充电过程中，对充电机实施停止充电指令，检查该阶段充电状态、K1 和 K2 状态、K3 和 K4 状态 b. 停止充电时，按照 GB/T 34657.1—2017 中 6.3.5.4（即本表第 20 项）的规定进行输出电流停止速率测试 c. 充电结束，检查泄放过程中充电接口电压降到 DC 60V 以下的时间 d. 检查该阶段通信状态 e. 检查该阶段车辆接口锁止状态 ② 被动中止充电测试： a. 在正常充电过程中，利用车辆 BMS 模拟软件发送"BMS 中止充电"报文和"BMS 统计数据"报文，检查该阶段充电状态、K1 和 K2 状态、K3 和 K4 状态 b. 停止充电时，按照 GB/T 34657.1—2017 中 6.3.5.4（即本表第 20 项）的规定进行输出电流停止速率测试 c. 充电结束，检查泄放过程中充电接口电压降到 DC 60V 以下的时间 d. 检查该阶段通信状态 e. 检查该阶段车辆接口锁止状态	① 充电机正常条件下充电结束应符合 GB/T 18487.1—2015 中 D.3.6 的规定 ② 停止充电时，输出电流停止速率应符合 GB/T 34657.1—2017 中 6.3.5.4（即本表第 20 项）的规定 ③ 充电结束后，泄放过程应符合 GB/T 18487.1—2015 中 B.4.2 的规定 ④ 该阶段通信状态应符合 GB/T 18487.1—2015 中 B.6 和 GB/T 27930—2015 中对应阶段的规定，中止充电报文中的结束充电原因应符合实际动作情况 ⑤ 充电结束后，达到解锁条件，车辆插头电子锁应能正确解锁
9	充电连接控制时序测试	检查充电机的充电连接控制过程和间隔时间是否满足要求	利用车辆 BMS 模拟软件与被测充电机进行通信，模拟车辆接口连接状态、K5 和 K6 状态、电池状态等，检查充电连接控制过程中检测点 1 的电压值、K1 和 K2 状态、K3 和 K4 状态、充电状态、通信状态、车辆接口锁止状态、充电状态转换的间隔时间	充电机充电连接控制时序和充电状态流程应符合 GB/T 18487.1—2015 中 B.5 的规定，通信状态应符合 GB/T 18487.1—2015 中 B.6 和 GB/T 27930—2015 中对应阶段的规定

第4章 界面与通信标准

（续）

序号	项目	测试目的	测试方法及步骤	合格判定
10	通信中断测试	在充电过程中，检查充电机在通信超时时是否能停止充电，是否能进行三次握手辨识阶段的连接，且在重新连接成功后是否能正常充电	① 保持通信故障测试： a. 在正常充电过程中，模拟通信超时（采用如通信线 S+ 断线、通信线 S- 断线、通信线 S+ 和 S- 之间短路、车辆 BMS 模拟软件停止发送报文等故障方式中的一种），检查该阶段通信状态、充电状态、K1 和 K2 状态、K3 和 K4 状态、车辆接口锁止状态 b. 保持通信故障状态，检查充电机是否能进行三次握手辨识阶段的连接、该阶段充电状态、K1 和 K2 状态、K3 和 K4 状态、车辆接口锁止状态 ② 重新连接响应测试： a. 在正常充电过程中，模拟通信超时，检查该阶段通信状态、充电状态、K1 和 K2 状态、K3 和 K4 状态、车辆接口锁止状态 b. 当检测到被测充电机进入握手辨识阶段时，利用车辆 BMS 模拟软件与其正常通信，检查重新连接后的通信状态、充电状态、K1 和 K2 状态、K3 和 K4 状态、车辆接口锁止状态 c. 通信中断重新连接发生三次通信超时）时，检查该阶段通信状态、充电状态、K1 和 K2 状态、K3 和 K4 状态、车辆接口锁止状态	① 充电中出现该故障，充电机中止充电过程应符合 GB/T 18487.1—2015 的 B.3.7.3 的规定 ② 充电机发送错误报文中的超时报文类型应符合实际动作情况，且有告警提示 ③ 当重新连接（握手辨识阶段）成功后，充电机应能正确进入充电阶段 ④ 通信中断后，当充电机再次充电时，必须重新插拔充电连接装置 ⑤ 充电结束后，达到解锁条件，车辆插头电子锁应能正确解锁
11	开关 S 断开测试	在充电过程中，检查充电机在开关 S 断开时是否能停止充电	① 使电子锁失效后进行测试 ② 在正常充电过程中，模拟开关 S 由闭合变为断开，检查该阶段通信状态、充电状态、K1 和 K2 状态、K3 和 K4 状态	① 充电中出现该故障，充电机中止充电过程应符合 GB/T 18487.1—2015 中 B.3.7.4 的规定 ② 充电机发送中止充电报文中的结束充电原因应符合实际动作情况，且有告警提示
12	车辆接口断开测	在充电过程中，检查充电机在车辆接口断开时是否能停止充电	在正常充电过程中，模拟车辆接口断开，即车辆接口 CC1 断线，检查该阶段通信状态、充电状态、K1 和 K2 状态、K3 和 K4 状态、车辆接口锁止状态	① 充电中出现该故障，充电机中止充电过程应符合 GB/T 18487.1—2015 中 B.3.7.5 的规定 ② 充电机发送中止充电报文中的结束充电原因应符合实际动作情况，且有告警提示 ③ 充电结束后，达到解锁条件，车辆插头电子锁应能正确解锁
13	输出电压超过车辆允许值测试	在充电过程中，检查充电机输出电压大于车辆最高允许充电总电压时是否能停止充电	在正常充电过程中，使充电直流回路电压高于车辆最高允许充电总电压，检查该阶段通信状态、充电状态、K1 和 K2 状态、K3 和 K4 状态、车辆接口锁止状态	① 充电中出现该故障，充电机中止充电过程应符合 GB/T 18487.1—2015 中 B.3.7.6 的规定 ② 充电机发送中止充电报文中的结束充电原因应符合实际动作情况，且有告警提示 ③ 充电结束后，达到解锁条件，车辆插头电子锁应能正确解锁

（续）

序号	项目	测试目的	测试方法及步骤	合格判定
14	绝缘故障测试	检查充电前充电机检测到绝缘水平下降至要求值以下时是否允许充电	① 在绝缘检测前，选择如下测试电阻 Rt（使用的测试电阻的精度至少为 ±3%），分别在充电直流回路 DC+ 与 PE 之间或 DC- 与 PE 之间进行非对称绝缘测试、DC+ 与 PE 之间和 DC- 与 PE 之间进行对称绝缘测试，测试电压为充电机的额定输出电压 —— 设置 100Ω/V < Rt ≤ 500Ω/V，检查该阶段是否有绝缘异常提示，是否允许充电 —— 设置 Rt ≤ 100Ω/V，检查该阶段是否有绝缘故障告警，是否允许充电 ② 绝缘检测完成后，检查泄放过程中充电接口电压降到 DC 60V 以下的时间、K1 和 K2 状态 ③ 检查该阶段车辆接口锁止状态	① 充电机绝缘检测应符合 GB/T 18487.1—2015 中 B.4.1 和 B.4.2 的规定 ② 绝缘检测完成后，泄放过程应符合 GB/T 18487.1—2015 中 B.4.2 的规定 ③ 当绝缘故障时，达到解锁条件，车辆插头电子锁应能正确解锁
15	保护接地导体连续性丢失测试	在充电过程中，检查充电机在失去保护接地导体电气连续性时是否能停止充电	在正常充电过程中，模拟充电机保护接地导体电气连续性丢失（不含车辆接口内 PE 断针），检查该阶段充电状态、K1 和 K2 状态、车辆接口锁止状态	① 充电中出现该故障，充电机中止充电过程应符合 GB/T 18487.1—2015 中 5.2.1.2 的规定 ② 充电机发送中止充电报文中的结束充电原因应符合实际动作情况，且有告警提示 ③ 充电结束后，达到解锁条件，车辆插头电子锁应能正确解锁
16	其他充电故障测试	在充电过程中，检查充电机在出现不能继续充电故障或交流电源停电时是否能停止充电	① 在正常充电过程中，分别模拟出现不能继续充电故障（根据制造商提供的故障声明类型，见 GD/T 34657.1—2017 中附录 C）和交流电源停电，检查该阶段通信状态、充电状态、K1 和 K2 状态、K3 和 K4 状态、车辆接口锁止状态 ② 交流电源停电测试结束后，保持充电用连接装置处于完全连接状态，恢复对被测充电机的交流供电，检查该阶段通信状态、充电状态、K1 和 K2 状态、K3 和 K4 状态、车辆接口锁止状态	① 充电中出现不能继续充电故障时，充电机应在 100ms 内发送中止充电报文并断开 K1 和 K2，K3 和 K4 应在充电机发完统计报文和收到车辆统计报文之后才可断开；充电机发送中止充电报文中的结束充电原因应符合实际动作情况，且有告警提示 ② 充电中发生交流电源停电时，充电机中止充电过程应符合 GB/T 18487.1—2015 中 B.4.3 的规定，恢复供电后充电机应不能继续本次充电且不能发送停电前的充电阶段报文 ③ 充电结束后，达到解锁条件，车辆插头电子锁应能正确解锁
17	输出电压控制误差测试	检查充电机输出电压是否满足车辆充电需求	① 充电机设置在恒压状态下运行，在正常充电过程中，利用车辆 BMS 模拟软件发送的"电池充电需求"，设置充电电压需求值 U_0 在充电机输出电压上限、下限范围内，稳定输出后利用测试仪器分别测量实际输出电压 U_M ② 测得的输出电压控制误差按下式计算 $$\Delta U = U_M - U_0$$ 式中，U_0 为 BMS 设定的充电电压需求值；U_M 为充电机实际输出电压测量值；ΔU 为充电机输出电压控制误差	输出电压控制误差应符合 NB/T 33001 中输出电压误差的规定

（续）

序号	项目	测试目的	测试方法及步骤	合格判定
18	输出电流控制误差测试	检查充电机输出电流是否满足车辆充电需求	① 充电机设置在恒流状态下运行，在正常充电过程中，利用车辆 BMS 模拟软件发送的"电池充电需求"，设置充电流需求值 I_0 在被测充电机输出电流上限、下限范围内，稳定输出后利用测试仪器分别测量实际输出电流 I_M ② 测得的输出电流控制误差按下式计算 $$\Delta I = I_M - I_0$$ 式中，I_0 为 BMS 设定的充电电流需求值；I_M 为充电机实际输出电流测量值；ΔI 为充电机输出电流控制误差	输出电流控制误差应符合 NB/T 33001 中输出电流误差的规定
19	输出电流调整时间测试	检查充电机是否能在规定时间内响应 BMS 充电电流需求	① 充电机设置在恒流状态下运行，在正常充电过程中，利用车辆 BMS 模拟软件发送的"电池充电需求"，设置充电电流需求值 I 在被测充电机输出电流上限、下限范围内，当 BMS 发送的充电电流需求值从 I_0 调整至目标值 I_N 时，利用测试仪器测量电流到达目标值的间隔时间 T_d 电流控制阶跃响应 ② 调整充电电压在被测充电机输出电压上限、下限范围内，重复以上步骤 ③ 输出电流调整时间应满足下式 $$T_d \leq \frac{|I_N - I_0|}{dI_{min}}$$ 式中，I_N 为 BMS 设定的充电电流需求目标值；I_0 为 BMS 设定的充电电流需求当前值；dI_{min} 为最小充电速率，20A/s；T_d 为充电机输出电流调整时间	① 输出电流调整时间不应超过如下要求 ② 输出电流目标值的控制误差应符合输出电流控制误差测试的规定 | 电流变化值 ΔI/A | 下降调整时间/s | |---|---| | ≤ 20 | 1 | | > 20 | $\Delta I/20$ | 注：电流变化值 ΔI 为 $\|I_N - I_0\|$。
20	输出电流停止速率测试	检查充电机在满足充电结束条件或收到充电中止报文时输出电流停止速率	① 主动中止充电测试： a. 在正常充电过程中，主动实施停止充电指令，记录充电机从稳定输出的电流开始下降的变化时刻 T_s，并利用测试仪器测量当前实际输出电流值 b. 充电结束过程，记录直流输出电流降至 5A 的时刻 T'_s，计算输出电流停止速率 ② 被动中止充电测试： a. 在正常充电过程中，利用车辆 BMS 模拟软件发送"BMS 中止充电"，记录当前时刻 T_s，并利用测试仪器测量实际输出电流值 b. 充电结束过程，记录直流输出电流降至 5A 的时刻 T'_s，计算输出电流停止速率	输出电流停止速率应不小于 100A/s

（续）

序号	项目	测试目的	测试方法及步骤	合格判定
21	冲击电流测试	在充电准备就绪阶段，检查充电机在闭合接触器K1和K2时，从车辆到充电机或者充电机到车辆的冲击电流是否满足要求	在充电准备就绪阶段时，利用车辆BMS模拟软件与其正常通信，模拟正常的车辆端电池电压并闭合K5和K6，利用测量仪器测量被测充电机在闭合接触器K1和K2时，从车辆到充电机或者充电机到车辆产生的冲击电流	冲击电流应符合GB/T 18487.1—2015中9.7的规定
22	充电控制导引电压限值测试	检查充电机对检测点1的电压值的判断和响应是否正确	① 限值内测试： a. 车辆接口完全连接后，通过调整车辆控制器模拟盒内等效电阻R4，使检测点1的电压值在正常充电范围内，启动充电，检查该阶段通信状态、充电状态、K1和K2状态 b. 在正常充电过程中，通过调整车辆控制器模拟盒内等效电阻R4，使检测点1的电压值在正常充电范围内，检查该阶段通信状态、充电状态、K1和K2状态 ② 超限值测试： a. 车辆接口完全连接后，通过调整车辆控制器模拟盒内等效电阻R4，使检测点1的电压值在标称值误差范围外，启动充电，检查该阶段通信状态、充电状态、K1和K2状态 b. 在正常充电过程中，通过调整车辆控制器模拟盒内等效电阻R4，使检测点1的电压值在标称值误差范围外，检查该阶段通信状态、充电状态、K1和K2状态 ③ 车端电阻最值测试：车辆接口完全连接后，将车辆控制器模拟盒内等效电阻$R4$分别设置在GB/T 18487.1—2015中表B.1规定的最大值和最小值，启动充电，检查该阶段通信状态、充电状态、K1和K2状态	① 在充电前或充电过程中，当检测点1的电压值在正常充电范围内时，充电机应允许充电或正常充电 ② 在充电前或充电过程中，当检测点1的电压值超出标称值误差范围时，充电机应不允许充电或停止充电 ③ 充电机发送中止充电报文中的结束充电原因应符合实际动作情况，且有告警提示
23	供电设备（交流充电）互操作性测试系统结构			

（续）

序号	项目	测试目的	测试方法及步骤						合格判定
24	供电设备（交流充电）检测点及相关状态测试要求	状态	检测点 1 的电压值 /V			检测点 4 的电压值 /V	PWM 信号频率 /Hz		
			标称值	最大值	最小值		标称值	最大值	最小值
		状态 1	+12	+12.8	+11.2	≠0	—	—	—
		状态 1'	+12	+12.8	+11.2	≠0	1000	1030	970
			-12	-11.4	-12.6	≠0			
		状态 2	+9	+9.8	+8.2	0	—	—	—
		状态 2'	+9	+9.8	+8.2	0	1000	1030	970
			-12	-11.4	-12.6	0			
		状态 3	+6	+6.8	+5.2	0	—	—	—
		状态 3'	+6	+6.8	+5.2	0	1000	1030	970
			-12	-11.4	-12.6	0			
25	连接确认测试	检查充电桩是否能通过测量检测点 1 或检测点 4 的电压值来判断供电插头与供电插座的连接状态，并进入对应的充电状态	① 检测点 1 测试： 模拟具备开关 S2 的车辆，进行如下测试： a. 状态 1：充电连接装置未连接，将充电桩上电，检查检测点 1 的电压值、连接状态、充电状态 b. 状态 2：充电连接装置连接，检查检测点 1 的电压值、连接状态、充电状态 c. 状态 2'：充电连接装置完全连接，启动充电，检查检测点 1 的电压值、PWM 信号、连接状态、充电状态 d. 对于充电电流大于 16A 且采用连接方式 A 或连接方式 B 的充电桩，检查该阶段供电接口锁止状态 模拟不配置开关 S2（或开关 S2 为常闭状态）的车辆，进行如下测试： a. 状态 1：充电连接装置未连接，将充电桩上电后，检查检测点 1 的电压值、连接状态、充电状态 b. 状态 3：充电连接装置连接，检查检测点 1 的电压值、连接状态、充电状态 c. 对于充电电流大于 16A 且采用连接方式 A 或连接方式 B 的充电桩，检查该阶段供电接口锁止状态 ② 检测点 4 测试：只对充电连接方式 B 进行： a. 状态 1：充电连接装置未连接，将充电桩上电，检查检测点 4 的电压值、连接状态、充电状态 b. 状态 2：充电连接装置连接，检查检测点 4 的电压值、连接状态、充电状态 c. 状态 2'：充电连接装置完全连接，启动充电，检查检测点 4 的电压值、连接状态、充电状态 d. 对于充电电流大于 16A 的充电桩，检查该阶段供电接口锁止状态							① 充电连接确认应符合 GB/T 18487.1—2015 中 A.3.2 和 A.3.4 的规定 ② 在充电接口连接过程中，检测点 1 的电压值、PWM 信号、检测点 4 的电压值、连接状态及充电状态应符合上栏的规定 ③ 对于充电电流大于 16A 且采用连接方式 A 或连接方式 B 的充电桩，在充电连接装置完全连接后交流供电回路导通前，供电接口电子锁应可靠锁止

（续）

序号	项目	测试目的	测试方法及步骤	合格判定
26	充电准备就绪测试	检查充电桩在检测到车辆准备就绪时是否能启动充电	① 模拟具备开关 S2 的车辆，进行如下测试： a. 状态 2′ 转状态 3′；模拟闭合开关 S2，检查该阶段检测点 1 的电压值、PWM 信号、充电状态 b. 对于充电电流大于 16A 且采用连接方式 A 或连接方式 B 的充电桩，检查该阶段供电接口锁止状态 ② 模拟不配置开关 S2（或开关 S2 为常闭状态）的车辆，进行如下测试： a. 状态 3 转状态 3′：充电连接装置完全连接，启动充电，检查该阶段检测点 1 的电压值、PWM 信号、连接状态、充电状态 b. 对于充电电流大于 16A 且采用连接方式 A 或连接方式 B 的充电桩，检查该阶段供电接口锁止状态	① 充电准备就绪应符合 GB/T 18487.1—2015 中 A.3.6 的规定 ② 对于充电电流大于 16A 且采用连接方式 A 或连接方式 B 的充电桩，交流供电回路导通前，供电接口电子锁应可靠锁止
27	启动和充电阶段测试	在充电过程中，检查充电桩是否能通过 PWM 信号占空比告知其最大可供电能力	① 状态 3′：在正常充电过程中，检查检测点 1 的 PWM 信号、充电状态 ② 调整负载，对于具备可调节占空比功能的充电桩，分别设置输出占空比在 5%、10%、其最大供电电流对应的占空比，检查该阶段充电状态；对于不可调占空比功能的充电桩，设置输出占空比在最大供电电流对应的占空比，检查该阶段充电状态 ③ 对于充电电流大于 16A 且采用连接方式 A 或连接方式 B 的充电桩，检查该阶段供电接口锁止状态	① 启动和充电阶段应符合 GB/T 18487.1—2015 中 A.3.7 和 A.3.8 的规定 ② 在充电阶段，检测点 1 的电压值、PWM 信号、充电状态应符合 GB/T 34657.1—2017 中表 4（即本表中第 24 项）的规定 ③ 充电桩产生的占空比与充电电流限值关系应符合 GB/T 18487.1—2015 中表 A.1 的规定 ④ 对于不同充电模式的充电桩，其最大充电电流应符合 GB/T 18487.1—2015 中 5.1 的相应规定 ⑤ 充电桩输出占空比不应超过其最大可供电能力 ⑥ 对于充电电流大于 16A 且采用连接方式 A 或连接方式 B 的充电桩，该阶段供电接口电子锁应可靠锁止
28	正常充电结束测试	检查充电桩在满足充电结束条件或收到车辆停止充电指令时是否正常充电结束	① 主动中止充电： a. 状态 3′：在正常充电过程中，模拟充电桩达到设定的充电终止条件，并分别模拟在 3s 内（含）和超过 3s 断开开关 S2，检查该阶段检测点 1 的电压值、PWM 信号、充电状态 b. 对于充电电流大于 16A 且采用连接方式 A 或连接方式 B 的充电桩，检查该阶段供电接口锁止状态 ② 被动中止充电： a. 状态 3′：在正常充电过程中，模拟将充电电流减小至最低（<1A），然后断开开关 S2，检查该阶段检测点 1 的电压值、PWM 信号、充电状态 b. 对于充电电流大于 16A 且采用连接方式 A 或连接方式 B 的充电桩，检查该阶段供电接口锁止状态	① 充电桩正常充电结束过程应符合 GB/T 18487.1—2015 中 A.3.9.2 的规定 ② 充电结束后，对于充电电流大于 16A 且采用连接方式 A 或连接方式 B 的充电桩，达到解锁条件，供电接口电子锁应能正确解锁

（续）

序号	项目	测试目的	测试方法及步骤	合格判定
29	充电连接控制时序测试	检查充电桩充电连接控制过程和间隔时间是否满足要求	利用车辆控制器模拟盒与被测充电桩进行通信，模拟充电接口连接状态、电池等，检查充电连接控制过程中检测点1的电压值、PWM信号、充电状态、供电接口锁止状态（对于充电电流大于16A且采用连接方式A或连接方式B）、充电状态转换的间隔时间	充电桩充电连接控制时序应符合 GB/T 18487.1—2015 中 A.4 和 A.5 的规定
30	CC断线测试	在充电前和充电中，分别检查充电桩在供电接口CC断线时是否能停止充电	只对连接方式A和连接方式B进行测试： ① 状态2'：模拟断开供电接口CC线，检查该阶段检测点1的电压值、PWM信号、充电状态；对于充电电流大于16A的充电桩，检查该阶段供电接口锁止状态 ② 状态3'：在正常充电过程中，模拟断开供电接口CC线，检查该阶段检测点1的电压值、PWM信号、充电状态；对于充电电流大于16A的充电桩，检查该阶段供电接口锁止状态	① 充电前出现该故障，充电桩中止充电过程应符合 GB/T 18487.1—2015 中 A.3.10.9 的规定；充电结束后，对于充电电流大于16A的充电桩，达到解锁条件，供电接口电子锁应能正确解锁 ② 充电中出现该故障，充电桩中止充电过程应符合 GB/T 18487.1—2015 中 A.3.10.5 的规定；充电结束后，对于充电电流大于16A的充电桩，达到解锁条件，供电接口电子锁应能正确解锁
31	CP断线测试	在充电前和充电中，分别检查充电桩在CP断线时是否能停止充电	① 状态2'：模拟断开供电接口（连接方式A）或车辆接口（连接方式B或连接方式C）CP线，检查该阶段检测点1的电压值、PWM信号、充电状态；对于充电电流大于16A且采用连接方式A或连接方式B的充电桩，检查该阶段供电接口锁止状态 ② 状态3'：在正常充电过程中，模拟断开供电接口（连接方式A）或车辆接口（连接方式B或连接方式C）CP线，检查该阶段检测点1的电压值、PWM信号、充电状态；对于充电电流大于16A且采用连接方式A或连接方式B的充电桩，检查该阶段供电接口锁止状态	① 充电前出现该故障，充电桩中止充电过程应符合 GB/T 18487.1—2015 中 A.3.10.9 的规定；充电结束后，对于充电电流大于16A且采用连接方式A或连接方式B的充电桩，达到解锁条件，供电接口电子锁应能正确解锁 ② 充电中出现该故障，充电桩中止充电过程应符合 GB/T 18487.1—2015 中 A.3.10.4 的规定；充电结束后，对于充电电流大于16A且采用连接方式A或连接方式B的充电桩，达到解锁条件，供电接口电子锁应能正确解锁
32	CP接地测试	在充电前和充电中，分别检查充电桩在CP接地时是否能停止充电	① 状态2'：利用120Ω电阻将供电接口（连接方式A）或车辆接口（连接方式B或连接方式C）CP线接地，检查该阶段检测点1的电压值、PWM信号、K1和K2状态、充电状态；对于充电电流大于16A且采用连接方式A或连接方式B的充电桩，检查该阶段供电接口锁止状态 ② 状态3'：在正常充电过程中，利用120Ω电阻将供电接口（连接方式A）或车辆接口（连接方式B或连接方式C）CP线接地，检查该阶段检测点1的电压值、PWM信号、K1和K2状态、充电状态；对于充电电流大于16A且采用连接方式A或连接方式B的充电桩，检查该阶段供电接口锁止状态	① 充电前出现该故障，充电桩中止充电过程应符合 GB/T 18487.1—2015 中 A.3.10.9 的规定；充电结束后，对于充电电流大于16A且采用连接方式A或连接方式B的充电桩，达到解锁条件，供电接口电子锁应能正确解锁 ② 充电中出现该故障，充电桩中止充电过程应符合 GB/T 18487.1—2015 中 A.3.10.4 的规定；充电结束后，对于充电电流大于16A且采用连接方式A或连接方式B的充电桩，达到解锁条件，供电接口电子锁应能正确解锁
33	保护接地导体连续性丢失测试	在充电过程中，检查充电桩在失去保护接地导体电气连续性时是否能停止充电	① 状态3'：在正常充电过程中，模拟保护接地导体电气连续性丢失，检查该阶段检测点1的电压值、PWM信号、充电状态 ② 对于充电电流大于16A且采用连接方式A或连接方式B的充电桩，检查该阶段供电接口锁止状态	① 充电中出现该故障，充电桩中止充电过程应符合 GB/T 18487.1—2015 中 5.2.1.2 的规定 ② 充电结束后，对于充电电流大于16A且采用连接方式A或连接方式B的充电桩，达到解锁条件，供电接口电子锁应能正确解锁

（续）

序号	项目	测试目的	测试方法及步骤	合格判定
34	输出过流测试	在充电过程中，检查充电桩在输出过流时是否能停止充电	状态3'：在正常充电过程中，根据充电桩提供的最大供电电流能力，选择进行如下测试： ① 当充电桩输出的 PWM 信号对应的最大供电电流≤20A 时，模拟充电电流超过充电桩最大供电电流+2A，并保持5s，检查该阶段检测点1的 PWM 信号、充电状态 ② 当充电桩输出的 PWM 信号对应的最大供电电流>20A 时，模拟充电电流超过充电桩最大供电电流的1.1倍，并保持5s，检查该阶段检测点1的 PWM 信号、充电状态、供电接口锁止状态	① 充电中出现该故障，充电桩中止充电过程应符合 GB/T 18487.1—2015 中 A.3.10.7 的规定 ② 充电结束后，对于充电电流大于16A 且采用连接方式 A 或连接方式 B 的充电桩，达到解锁条件，供电接口电子锁应能正确解锁
35	断开开关 S2 测试	在充电过程中，检查充电桩在开关 S2 断开时是否能停止充电	① 状态3'：在正常充电过程中，模拟断开开关 S2（状态2'），检查该阶段检测点1的 PWM 信号、充电状态；对于充电电流大于16A 且采用连接方式 A 或连接方式 B 的充电桩，检查该阶段供电接口锁止状态 ② 对可设定 PWM 保持时间的充电桩继续测试，保持充电连接装置完全连接（状态2'），在其设定时间内重新闭合开关 S2，检查该阶段充电状态；对于充电电流大于16A 且采用连接方式 A 或连接方式 B 的充电桩，检查该阶段供电接口锁止状态	① 充电中出现该故障，充电桩中止充电过程应符合 GB/T 18487.1—2015 中 A.3.10.8 的规定；充电结束后，对于充电电流大于16A 且采用连接方式 A 或连接方式 B 的充电桩，达到解锁条件，供电接口电子锁应能正确解锁 ② 对可设定 PWM 保持时间的充电桩，在其设定时间内重新闭合开关 S2 时，充电桩应能导通交流供电回路；重新充电时，对于充电电流大于16A 且采用连接方式 A 或连接方式 B 的充电桩，供电接口电子锁应能可靠锁止
36	CP 回路电压限值测试	检查充电桩对检测点1的电压值的判断和响应是否正确	① 限值内测试： a 状态2'：通过调整车辆控制器模拟盒内等效电阻 R3，使检测点1的正电压值在正常充电范围内，启动充电，检查该阶段检测点1的 PWM 信号、连接状态、充电状态 b. 状态3'：在正常充电过程中，通过调整车辆控制器模拟盒内等效电阻 R2 和 R3，使检测点1的正电压值在正常充电范围内，检查该阶段检测点1的 PWM 信号、充电状态 ② 超限值测试： a. 状态2'：通过调整车辆控制器模拟盒内等效电阻 R3，使检测点1的正电压值在标称值误差范围外，启动充电，检查该阶段检测点1的 PWM 信号、连接状态、充电状态 b. 状态3'：在正常充电过程中，通过调整车辆控制器模拟盒内等效电阻 R2 和 R3，使检测点1的正电压值在标称值误差范围外，检查该阶段检测点1的 PWM 信号、充电状态 ③ 车端电阻最值测试：状态1：将车辆控制器模拟盒内等效电阻 R2 和 R3 分别设置在 GB/T 18487.1—2015 中表 A.5 规定的最大值和最小值，连接被测充电桩，启动充电，检查该阶段检测点1的 PWM 信号、连接状态、充电状态；被测充电桩准备就绪后，模拟闭合开关 S2，检查该阶段检测点1的 PWM 信号、连接状态、充电状态	① 在充电前或充电过程中，当检测点1的正电压值在对应状态下正常充电范围内时，充电桩应允许充电或正常充电 ② 在充电前或充电过程中，当检测点1的正电压值超过对应状态下标称值误差范围时，充电桩不允许充电或停止充电

2. 车辆侧互操作性测试

GB/T 34657.2—2017《电动汽车传导充电互操作性测试规范 第2部分：车辆》规定了电动汽车传导充电互操作性测试对车辆的检验规则、测试条件、测试项目、测试方法及合格评判。该标准适用于采用 GB/T 20234.2—2015 和/或 GB/T 20234.3—2015 传导充电接口的电动汽车。

电动汽车传导充电互操作性测试规范车辆见表 4-7。

表 4-7 电动汽车传导充电互操作性测试规范车辆

序号	项目	测试目的	测试方法及步骤	合格评判
1	插座空间尺寸检查	检查车辆插座的正常操作空间	使用符合 GB/T 20234.2—2015 中附录 C 和/或 GB/T 20234.3—2015 中附录 C 规定的最大外廓尺寸的标准插头进行插拔操作	车辆插座与车辆插头应能正常连接，不产生干涉
2	电动汽车直流充电互操作性测试系统结构			
3	车辆充电与行驶互锁测试	判断车辆插头与车辆插座插合后，车辆的不可行驶状态	① 车辆处于驱动系统电源切断状态下，将车辆插头与车辆插座完全插合 ② 检查车辆能否通过其自身的驱动系统移动 ③ 车辆处于可行驶模式下，将车辆插头与车辆插座完全插合 ④ 重复步骤②	车辆不能通过其自身的驱动系统移动
4	连接确认测试	判断车辆接口能否完全连接	① 将车辆插头与车辆插座完全插合后，检查检测点 2 的电压值（如果车辆控制导引电路上拉电压 U2 不使用测试系统提供的低压辅助电源） ② 将车辆插头与车辆插座完全插合后，检查检测点 1 的电压值	① 检测点 2 的电压值应符合 GB/T 18487.1—2015 中表 B.1 的 U2b 要求 ② 检测点 1 的电压值应符合 GB/T 18487.1—2015 中表 B.1 的 U1c 要求
5	自检阶段测试	检查车辆完全连接后，能否进入正确的充电流程	① 检查检测点 2 的电压值，如果车辆控制导引电路上拉电压 U2 使用测试系统提供的低压辅助电源，K3 和 K4 应处于闭合状态 ② 检查车辆的通信状态	① 检测点 2 的电压值应符合 GB/T 18487.1—2015 中表 B.1 的 U2b 要求 ② 测试系统发送充电机握手报文后，车辆应发送车辆握手报文 ③ 测试系统发送充电机辨识报文（0x00）后，车辆应发送 BMS 和车辆辨识报文

（续）

序号	项目	测试目的	测试方法及步骤	合格评判
6	充电准备就绪测试	检查车辆的充电准备就绪状态	① 车辆和测试系统充电握手后，检查车辆的通信状态 ② 测试系统发送充电机最大输出能力报文后，检查接触器 K5 和 K6 状态，检查车辆的通信状态	① 测试系统发送充电机辨识报文（0xAA）后，车辆应发送动力电池参数报文 ② K5 和 K6 闭合前，车辆应发送 BMS 充电准备就绪报文（0x00） ③ K5 和 K6 闭合后，车辆应发送 BMS 充电准备就绪报文（0xAA）
7	充电阶段测试	检查充电启动阶段及充电过程中车辆的通信状态	① 充电参数配置完成后，检查车辆的通信状态、充电状态 ② 充电过程中，检查车辆发送电池充电需求参数和状态信息的情况	① 测试系统发送充电机输出准备就绪报文（0xAA）后，车辆应发送电池充电需求报文和电池充电总状态报文 ② 测试系统发送充电机充电状态报文后，车辆应启动充电 ③ 充电过程中，车辆应实时发送动力电池状态信息报文
8	正常充电结束测试	检查车辆在正常充电结束条件下的响应	① 充电过程中，车辆达到充电结束条件后，检查车辆的通信状态 ② 检查车辆的充电状态、K5 和 K6 状态 ③ 充电过程中，测试系统发送中止充电报文后，检查车辆的通信状态 ④ 重复步骤②	① 车辆满足充电结束条件后，车辆应发送 BMS 中止充电报文 ② 测试系统发送充电机中止充电报文后，车辆应发送 BMS 统计数据报文 ③ 充电电流小于 5A 后，车辆应断开 K5 和 K6
9	充电连接控制时序测试	检查车辆充电连接控制时序是否正常	正常充电流程中，检查检测点 1 的电压值、检测点 2 的电压值、K5 和 K6 状态、充电状态、通信状态	车辆充电连接的状态转换和间隔时间应符合 GB/T 18487.1—2015 中 B.5 和 B.6 的规定
10	绝缘故障测试	检查车辆的绝缘故障监测功能	① 正常充电过程中，设置充电电流小于 5A ② 使用测试电阻在车辆充电直流回路 DC+ 与 PE、DC- 与 PE 之间进行绝缘测试，选择的测试电阻 Rt 分别满足：100Ω/V < Rt ≤ 500Ω/V 和 Rt ≤ 100Ω/V ③ 检查车辆的通信状态、K5 和 K6 状态	① 车辆绝缘故障监测功能应在 100s 内响应，符合 GB/T 18487.1—2015 中 B.4.1 的规定 ② Rt ≤ 100Ω/V 时，车辆应符合 GB/T 18487.1—2015 中 B.3.7.2 的规定
11	通信中断测试	检查车辆在通信中断时的响应	① 正常充电过程中，设置充电电流小于 5A ② 通过设置测试系统的通信故障（如 S+ 断线故障、S- 断线故障、S+ 和 S- 之间短路故障等）模拟非车载充电机通信超时 ③ 检查车辆的充电状态、K5 和 K6 状态 ④ 恢复通信，重复步骤③ ⑤ 通过重复三次步骤② 模拟非车载充电机通信中断，重复步骤④	① 通信超时：车辆应在 10s 内断开 K5 和 K6；通信恢复后，车辆宜重新建立握手连接 ② 通信中断：通信恢复后，车辆应不能充电
12	其他充电故障测试	检查车辆在出现不能继续充电故障时的响应	① 正常充电过程中，设置充电电流小于 5A ② 模拟不能继续充电的车辆故障（由车辆制造厂提供故障类型） ③ 检查车辆的通信状态、K5 和 K6 状态	车辆应发送 BMS 中止充电报文，K5 和 K6 状态应符合 GB/T 18487.1—2015 中 B.3.7.2 的规定
13	检测点 2 边界电压值测试	检查车辆在检测点 2 边界电压值时是否正常充电	① 调整测试系统 R3 电阻值，使检测点 2 的电压值为 GB/T 18487.1—2015 中表 B.1 规定的边界值，启动充电 ② 检查车辆的通信状态、充电状态	车辆应正常启动充电

（续）

序号	项目	测试目的	测试方法及步骤	合格评判
14	辅助电源边界电压值测试	检查车辆在辅助电源边界电压值时是否正常充电	① 调整测试系统辅助电源电压值为GB/T 34657.2—2017 中 6.2.1 规定的边界值，启动充电 ② 检查车辆的通信状态、充电状态	车辆应正常启动充电
15	电动汽车交流充电互操作性测试系统结构			
16	车辆充电与行驶互锁测试	判断车辆插头与车辆插座插合后，车辆的不可行驶状态	① 车辆处于驱动系统电源切断状态下，将车辆插头与车辆插座完全插合 ② 检查车辆能否通过其自身的驱动系统移动 ③ 车辆处于可行驶模式下，将车辆插头与车辆插座完全插合 ④ 重复步骤②	车辆不能通过其自身的驱动系统移动
17	连接确认测试	判断车辆接口能否完全连接	① 将车辆插头与车辆插座完全插合后，检查检测点3的电压值 ② 车辆额定充电电流大于16A时，重复步骤①，操作车辆插头机械锁，检查电子锁止装置状态	① 检测点3的电压值能判定车辆接口已完全插合 ② 电子锁止装置应在开始供电（K1和K2闭合）前锁定车辆插头
18	充电准备就绪测试	检查车辆的充电准备就绪状态	车辆接口完全连接后，测试系统发送PWM信号，检查检测点1的电压值、充电状态	开关S2（若车辆配置S2）应闭合，车辆处于可充电状态
19	启动及充电阶段测试	检查车辆的充电控制功能	① 被测车辆按GB/T 34657.2—2017 中 5.4.2 进行设置 ② 调整测试系统PWM信号占空比，使测试系统供电电流值大于车辆额定充电电流及电缆额定容量 ③ 开关S2闭合后，测试系统启动充电，检查车辆的充电状态 ④ 车辆额定充电电流大于16A时，操作车辆插头机械锁，检查电子锁止装置状态	① 车辆启动充电，实际充电电流值应符合GB/T 18487.1—2015 中 A.3.7 的规定 ② 充电过程中，电子锁止装置应保持锁止
20	正常充电结束测试	检查车辆在正常充电结束条件下的响应	① 正常充电过程中，模拟达到车辆设置的充电结束条件或者对车辆实施停止充电的指令 ② 检查检测点1的电压值、充电状态 ③ 正常充电过程中，调整测试系统，停止PWM输出，切换到+12V连接状态，重复步骤②	车辆停止充电，开关S2（若车辆配置S2）断开

（续）

序号	项目	测试目的	测试方法及步骤	合格评判
21	充电连接控制时序测试	检查车辆充电连接控制时序是否正常	正常充电流程中，检查检测点1的电压值、PWM信号参数、检测点3的电压值、充电状态、电子锁止装置状态	车辆充电连接的状态转换和间隔时间应符合GB/T 18487.1—2015中A.4和A.5的规定
22	开关S3断开测试	检查车辆在开关S3断开时的响应	正常充电过程中，模拟开关S3由闭合变为断开，检查车辆的充电状态、检测点1的电压值	车辆应在1s内将充电电流减小至最低（<1A），然后断开开关S2（若车辆配置S2）
23	CC断路测试	检查车辆在CC断路时的响应	分别在充电准备阶段和正常充电过程中，模拟断开车辆接口CC连接，检查检测点1的电压值、充电状态	① 在充电准备阶段，CC断路后，车辆应不能闭合开关S2（若车辆配置S2），不能进入充电状态 ② 在正常充电过程中，CC断路后，车辆应在3s内停止充电，然后断开开关S2（若车辆配置S2）
24	CP中断测试	检查车辆在CP信号中断时的响应	正常充电过程中，模拟断开CP信号，检查检测点1的电压值、充电状态	车辆应在3s内停止充电，然后断开开关S2（若车辆配置S2）
25	PWM占空比变化测试	检查车辆在PWM占空比变化时的响应	① 被测车辆按GB/T 34657.2—2017中5.4.2进行设置 ② 正常充电过程中，以10%/30s的速率调整测试系统的PWM占空比，从10%调整至90%，然后保持时间不小于5s ③ 检查检测点1的电压值、充电状态 ④ 正常充电过程中，以10%/30s的速率调整测试系统的PWM占空比，从90%调整至10%，然后保持时间不小于5s ⑤ 重复步骤③	① PWM占空比为10%时，开关S2（若车辆配置S2）保持闭合，车辆应能正常充电，充电电流不大于6A ② PWM占空比为90%时，开关S2（若车辆配置S2）保持闭合，车辆应能正常充电，充电电流不大于GB/T 18487.1—2015中A.3.7.1的要求 ③ PWM占空比正常范围内变化时，开关S2（若车辆配置S2）保持闭合，车辆应能正常充电，车辆应在检测到PWM占空比变化后的5s内调整充电电流，充电电流低于PWM占空比所对应的最大电流
26	PWM占空比超限测试	检查车辆在PWM占空比超限时的响应	① 被测车辆按GB/T 34657.2—2017中5.4.2进行设置 ② 设置PWM占空比为车辆最大允许充电电流，启动充电并保持2min ③ 调整PWM占空比分别为6.5%和98.5% ④ 检查检测点1的电压值、充电状态	车辆应能在8s内将充电电流减小至最低（<1A）
27	PWM频率边界值测试	检查车辆在PWM频率边界值时是否正常充电	① 设置PWM频率为标称值1000Hz，启动充电并保持2min ② 检查检测点1的电压值、充电状态 ③ 以10Hz/3s的速率将PWM频率从1000Hz调整至1030Hz，并保持5s，重复步骤② ④ 重复步骤①和②，以10Hz/3s的速率将PWM频率从1000Hz调整至970Hz，并保持5s，重复步骤②	开关S2（若车辆配置S2）保持闭合，车辆应能正常充电
28	CP回路边界电压值测试	检查车辆在CP回路边界电压值时是否正常充电	调整测试系统的CP电压输出，使充电过程中检测点1的正电压值U1b和U1c分别为GB/T 18487.1—2015中表A.5规定的边界值，检查充电状态	当U1b和U1c在边界值范围内时，车辆均应能正常充电

（续）

序号	项目	测试目的	测试方法及步骤	合格评判
29	CC回路边界电阻值测试	检查车辆在CC回路边界电阻值时是否正常充电	① 被测车辆按GB/T 34657.2—2017中5.4.2进行设置 ② 调整测试系统输出PWM占空比，模拟最大供电电流（三相63A、单相32A） ③ 调整测试系统CC回路电阻为GB/T 18487.1—2015中表A.3的规定值，分别模拟10A、16A、32A和63A的充电电缆容量 ④ 在不同充电电缆容量下，调整CC回路中RC电阻为GB/T 18487.1—2015中表A.3的边界值，启动充电流程 ⑤ 检查检测点1的电压值、充电状态	① 开关S2（若车辆配置S2）应闭合，车辆应能正常充电 ② 充电电流不超过充电电缆容量和车辆额定充电电流值

3. 协议一致性测试

协议一致性测试是一种功能性测试，它是在一定的网络环境下，利用一组测试序列，对被测协议实现进行测试，通过比较实际输出与预期输出的异同，判定被测实现在多大程度上与描述标准一致。通过协议一致性测试可以减少产品在现场运行时发生错误的风险。

协议在实现过程中，由于① 协议标准描述含糊，理解存在二义性；② 协议实现的编程方式、实现方式不同；③ 协议实现的设备选择和配置不同等，不同协议实现存在一定差异性，因此进行协议一致性测试非常必要。

协议一致性测试是为了检测错误的存在而不是验证无错，单独依靠一致性测试并不能绝对保证应用的互联互通，应在此基础上开展相应的互操作性测试。协议一致性测试是互操作性测试的基础，只有通过协议一致性测试的产品，表明其符合相关协议标准要求，才有意义进行互操作性测试。协议一致性测试不包括对协议标准本身的设计评价，也不包括对具体协议实现主体的性能、冗余度、健壮性和可靠性评估内容。

GB/T 34658—2017《电动汽车非车载传导式充电机与电池管理系统之间的通信协议一致性测试》规定了电动汽车非车载传导式充电机（以下简称充电机）与电池管理系统（BMS）之间的通信协议一致性测试要求、一致性测试系统以及一致性测试内容。该标准适用于对声明符合GB/T 27930—2015的产品进行协议一致性测试。

（1）BMS测试例（表4-8～表4-11）

表4-8 电动汽车非车载传导式充电机与电池管理系统之间的通信协议一致性BMS测试1
（低压辅助上电及充电握手阶段）

测试例编号	前置条件	测试步骤	预期结果
BP.1001	① 测试系统和BMS的CAN通信速率设置为250kbit/s ② 测试系统和BMS物理连接完成并保证锁止 ③ 测试系统低压辅助供电回路接触器K3、K4闭合	测试系统按250ms的周期发送CHM报文，报文格式、内容和周期符合GB/T 27930—2015中9.1和10.1.1的要求	BMS接收到CHM报文后，按250ms的周期发送BHM报文，SPN2601为BMS最高允许充电总电压，报文格式、内容和周期符合GB/T 27930—2015中9.1和10.1.2的要求，报文长度为2个字节
BP.1002	① 测试系统和BMS完成握手确认 ② 测试系统完成绝缘监测	测试系统停止发送CHM报文，按250ms的周期发送CRM报文，SPN2560=0x00，报文格式、内容和周期符合GB/T 27930—2015中9.1和10.1.3的要求	① BMS接收到SPN2560=0x00的CRM报文后，停止发送BHM报文 ② BMS使用传输协议功能发送BRM报文，报文格式、内容和周期符合GB/T 27930—2015中9.1和10.1.4的要求，报文长度为49个字节

（续）

测试例编号	前置条件	测试步骤	预期结果
BP.1003	测试系统接收完成 BRM 报文	测试系统按 250ms 的周期发送 SPN2560=0xAA 的 CRM 报文，报文格式、内容和周期符合 GB/T 27930—2015 中 9.1 和 10.1.3 的要求	① BMS 接收到 SPN2560=0xAA 的 CRM 报文后，停止发送 BRM 报文 ② 进入配置阶段通信流程
BN.1001	① 测试系统和 BMS 的 CAN 通信速率设置为 250kbit/s ② 测试系统和 BMS 物理连接完成并保证锁止 ③ 测试系统低压辅助供电回路接触器 K3、K4 闭合	测试系统不发送报文，且不起动绝缘监测	① 自 BMS 系统起动 60s 内，BMS 不发送任何报文 ② 超过 60s，BMS 发送 SPN3901=01 的 BEM 报文，报文格式、内容和周期符合 GB/T 27930—2015 中 9.5 和 10.5.1 的要求
BN.1002	① 测试系统和 BMS 的 CAN 通信速率设置为 250kbit/s ② 测试系统和 BMS 物理连接完成并保证锁止 ③ 测试系统低压辅助供电回路接触器 K3、K4 闭合	测试系统发送与 CHM 报文类型定义不符的报文，且不起动绝缘监测	① 自 BMS 系统起动 60s 内，BMS 不发送任何报文 ② 超过 60s，BMS 发送 SPN3901=01 的 BEM 报文，报文格式、内容和周期符合 GB/T 27930—2015 中 9.5 和 10.5.1 的要求
BN.1003	① 测试系统和 BMS 完成握手确认 ② 测试系统完成绝缘监测	测试系统停止发送报文	① 自首次接收到 CHM 报文起 30s 内，BMS 按 250ms 的周期发送 BHM 报文 ② 超过 30s，BMS 发送 SPN3901=01 的 BEM 报文，报文格式、内容和周期符合 GB/T 27930—2015 中 9.5 和 10.5.1 的要求
BN.1004	① 测试系统和 BMS 完成握手确认 ② 测试系统完成绝缘监测	测试系统按 250ms 的周期发送与 CRM 报文类型定义不符的报文	① 自首次接收到 CHM 报文起 30s 内，BMS 按 250ms 的周期发送 BHM 报文 ② 超过 30s，BMS 发送 SPN3901=01 的 BEM 报文，报文格式、内容和周期符合 GB/T 27930—2015 中 9.5 和 10.5.1 的要求
BN.1005	① 测试系统和 BMS 完成握手确认 ② 测试系统完成绝缘监测	测试系统按 250ms 的周期发送 CRM 报文，SPN2560 ≠ 0x00	① 自首次接收到 CHM 报文起 30s 内，BMS 按 250ms 的周期发送 BHM 报文 ② 超过 30s，BMS 发送 SPN3901=01 的 BEM 报文，报文格式、内容和周期符合 GB/T 27930—2015 中 9.5 和 10.5.1 的要求
BN.1006	① 测试系统和 BMS 完成握手确认 ② 测试系统完成绝缘监测	测试系统继续按 250ms 的周期发送 CHM 报文，报文格式、内容和周期符合 GB/T 27930—2015 中 9.1 和 10.1.1 的要求	① 自首次接收到 CHM 报文起 30s 内，BMS 按 250ms 的周期发送 BHM 报文 ② 超过 30s，BMS 发送 SPN3901=01 的 BEM 报文，报文格式、内容和周期符合 GB/T 27930—2015 中 9.5 和 10.5.1 的要求
BN.1007	测试系统接收完成 BRM 报文	测试系统停止发送报文	① 自首次发送 BRM 报文起 5s 内，BMS 按 250ms 的周期发送 BRM 报文 ② 超过 5s，BMS 发送 SPN3902=01 的 BEM 报文，报文格式、内容和周期符合 GB/T 27930—2015 中 9.5 和 10.5.1 的要求
BN.1008	测试系统接收完成 BRM 报文	测试系统按 250ms 的周期发送与 CRM 报文类型定义不符的报文	① 自首次发送 BRM 报文起 5s 内，BMS 按 250ms 的周期发送 BRM 报文 ② 超过 5s，BMS 发送 SPN3902=01 的 BEM 报文，报文格式、内容和周期符合 GB/T 27930—2015 中 9.5 和 10.5.1 的要求
BN.1009	测试系统接收完成 BRM 报文	测试系统按 250ms 的周期发送 CRM 报文，SPN2560 ≠ 0xAA 且 SPN2560 ≠ 0x00	① 自首次发送 BRM 报文起 5s 内，BMS 按 250ms 的周期发送 BRM 报文 ② 超过 5s，BMS 发送 SPN3902=01 的 BEM 报文，报文格式、内容和周期符合 GB/T 27930—2015 中 9.5 和 10.5.1 的要求
BN.1010	测试系统接收完成 BRM 报文	测试系统继续按 250ms 的周期发送 SPN2560=0x00 的 CRM 报文	① 自首次发送 BRM 报文起 5s 内，BMS 按 250ms 的周期发送 BRM 报文 ② 超过 5s，BMS 发送 SPN3902=01 的 BEM 报文，报文格式、内容和周期符合 GB/T 27930—2015 中 9.5 和 10.5.1 的要求

表4-9 电动汽车非车载传导式充电机与电池管理系统之间的通信协议一致性 BMS 测试 2（充电参数配置阶段）

测试例编号	前置条件	测试步骤	预期结果
BP.2001	充电握手阶段完成，测试系统和 BMS 进入充电参数配置阶段	测试系统按 250ms 的周期发送 SPN2560=0xAA 的 CRM 报文	① BMS 接收到 SPN2560=0xAA 的 CRM 报文，停止发送 BRM 报文 ② BMS 使用传输协议功能发送 BCP 报文，报文格式、内容和周期符合 GB/T 27930—2015 中 9.2 和 10.2.1 的要求，报文长度为 13 个字节
BP.2002	测试系统接收完成 BCP 报文	测试系统按 250ms 的周期发送 CML 报文，按 500ms 的周期发送 CTS 报文（可选），报文格式、内容和周期符合 GB/T 27930—2015 中 9.2 和 10.2.2、10.2.3 的要求	① BMS 停止发送 BCP 报文 ② BMS 按 250ms 的周期发送 BRO 报文，K5、K6 闭合前，SPN2829=0x00；K5、K6 闭合后，SPN2829=0xAA，且在停止发送 BRO 报文前 SPN2829=0xAA 保持不变，报文格式、内容和周期符合 GB/T 27930—2015 中 9.2 和 10.2.4 的要求，报文长度为 1 个字节
BP.2003	测试系统接收到 SPN2829=0xAA 的 BRO 报文	测试系统闭合 K1、K2，按 250ms 的周期发送 SPN2830=0xAA 的 CRO 报文，报文格式、内容和周期符合 GB/T 27930—2015 中 9.2 和 10.2.5 的要求	① BMS 停止发送 BRO 报文 ② 进入充电阶段通信流程
BN.2001	测试系统接收完成 BCP 报文	测试系统停止发送报文	① 自首次发送 BCP 报文起 5s 内，BMS 按 500ms 的周期发送 BCP 报文 ② 超过 5s，BMS 发送 SPN3903=01 的 BEM 报文，报文格式、内容和周期符合 GB/T 27930—2015 中 9.5 和 10.5.1 的要求
BN.2002	测试系统接收完成 BCP 报文	测试系统按 250ms 的周期发送与 CML 报文类型定义不符的报文	① 自首次发送 BCP 报文起 5s 内，BMS 按 500ms 的周期发送 BCP 报文 ② 超过 5s，BMS 发送 SPN3903=01 的 BEM 报文，报文格式、内容和周期符合 GB/T 27930—2015 中 9.5 和 10.5.1 的要求
BN.2003	测试系统接收完成 BCP 报文	测试系统继续按 250ms 的周期发送 SPN2560=0xAA 的 CRM 报文	① 自首次发送 BCP 报文起 5s 内，BMS 按 500ms 的周期发送 BCP 报文 ② 超过 5s，BMS 发送 SPN3903=01 的 BEM 报文，报文格式、内容和周期符合 GB/T 27930—2015 中 9.5 和 10.5.1 的要求
BN.2004	测试系统接收到 SPN2829=0xAA 的 BRO 报文	测试系统停止发送报文	① 自首次发送 SPN2829=0xAA 的 BRO 报文起 5s 内，BMS 按 250ms 的周期发送该报文，报文格式、内容和周期符合 GB/T 27930—2015 中 9.2 和 10.2.4 的要求 ② 超过 5s，BMS 发送 SPN3904=01 的 BEM 报文，报文格式、内容和周期符合 GB/T 27930—2015 中 9.5 和 10.5.1 的要求
BN.2005	测试系统接收到 SPN2829=0xAA 的 BRO 报文	测试系统按 250ms 的周期发送与 CRO 报文类型定义不符的报文	① 自首次发送 SPN2829=0xAA 的 BRO 报文起 5s 内，BMS 按 250ms 的周期发送该报文，报文格式、内容和周期符合 GB/T 27930—2015 中 9.2 和 10.2.4 的要求 ② 超过 5s，BMS 发送 SPN3904=01 的 BEM 报文，报文格式、内容和周期符合 GB/T 27930—2015 中 9.5 和 10.5.1 的要求
BN.2006	测试系统接收到 SPN2829=0xAA 的 BRO 报文	测试系统按 250ms 的周期发送 CRO 报文，SPN2830 ≠ 0xAA	① 自首次发送 SPN2829=0xAA 的 BRO 报文起 60s 内，BMS 按 250ms 的周期发送该报文，报文格式、内容和周期符合 GB/T 27930—2015 中 9.2 和 10.2.4 的要求 ② 超过 60s，BMS 发送 SPN3904=01 的 BEM 报文，报文格式、内容和周期符合 GB/T 27930—2015 中 9.5 和 10.5.1 的要求

（续）

测试例编号	前置条件	测试步骤	预期结果
BN.2007	测试系统接收到SPN2829=0xAA的BRO报文	测试系统继续按250ms的周期发送CML报文，按500ms的周期发送CTS报文（可选），报文格式、内容和周期符合GB/T 27930—2015中9.2和10.2.2、10.2.3的要求	① 自首次发送SPN2829=0xAA的BRO报文起5s内，BMS按250ms的周期发送该报文，报文格式、内容和周期符合GB/T 27930—2015中9.2和10.2.4的要求 ② 超过5s，BMS发送SPN3904=01的BEM报文，报文格式、内容和周期符合GB/T 27930—2015中9.5和10.5.1的要求

表4-10 电动汽车非车载传导式充电机与电池管理系统之间的通信协议一致性BMS测试3（充电阶段）

测试例编号	前置条件	测试步骤	预期结果
BP.3001	测试系统收到SPN2830=0xAA的BRO报文	测试系统按250ms的周期发送CRO报文，闭合K1、K2前SPN2830=0x00，闭合K1、K2后SPN2830=0xAA	① BMS接收到SPN2830=0xAA的CRO报文后，停止发送BRO报文 ② BMS按50ms的周期发送BCL报文，报文格式、内容和周期符合GB/T 27930—2015中9.3和10.3.1的要求，报文长度为5个字节 ③ BMS使用传输协议功能发送BCS报文，报文格式、内容和周期符合GB/T 27930—2015中9.3和10.3.2的要求，报文长度为9个字节
BP.3002	① 测试系统和BMS进入充电阶段 ② 测试系统首次接收到BCL报文、BCS报文	测试系统按50ms的周期发送CCS报文，报文格式、内容和周期符合GB/T 27930—2015中9.3和10.3.3的要求	① BMS继续按50ms的周期发送BCL报文，报文格式、内容和周期符合GB/T 27930—2015中9.3和10.3.1的要求，报文长度为5个字节 ② BMS使用传输协议功能发送BCS报文，报文格式、内容和周期符合GB/T 27930—2015中9.3和10.3.2的要求，报文长度为9个字节 ③ BMS按250ms的周期发送BSM报文，报文格式、内容和周期符合GB/T 27930—2015中9.3和10.3.4的要求，报文长度为7个字节 ④ BMS按10s的周期发送BMV报文、BMT报文、BSP报文，报文格式、内容和周期符合GB/T 27930—2015中9.3和10.3.5、10.3.6、10.3.7的要求（可选）
BP.3003	测试系统主动中止充电	测试系统按10ms的周期发送CST报文，报文格式、内容和周期符合GB/T 27930—2015中9.3和10.3.9的要求，中止原因可能为： ① 达到充电机设定的条件 ② 人工中止 ③ 故障中止：充电机过温故障；充电连接器故障；充电机内部过温故障；所需电量不能传送；充电机急停故障；电流不匹配；电压异常；其他故障 注："人工中止"的方式包括刷卡中止、按下停止按钮等	① BMS停止发送BCL报文、BCS报文、BSM报文、BMV报文（可选）、BMT报文（可选）、BSP报文（可选） ② BMS按10ms的周期发送BST报文，报文格式、内容和周期符合GB/T 27930—2015中9.3和10.3.8的要求，报文长度为4个字节 ③ 进入充电结束通信流程
BP.3004	BMS主动中止充电	BMS按照可模拟的方式停止充电	BMS中止充电，按10ms的周期发送BST报文，报文格式、内容和周期符合GB/T 27930—2015中9.3和10.3.8的要求，报文长度为4个字节

（续）

测试例编号	前置条件	测试步骤	预期结果
BP.3005	① BMS 主动中止充电 ② 测试系统接收到 BST 报文	测试系统按 10ms 的周期发送 CST 报文，报文格式、内容和周期符合 GB/T 27930—2015 中 9.3 和 10.3.9 的要求	① BMS 停止发送 BST 报文 ② 进入充电结束通信流程
BN.3001	① 测试系统和 BMS 进入充电阶段 ② 测试系统首次接收到 BCL 报文、BCS 报文	测试系统停止发送报文	① 自首次接收到 SPN2830=0xAA 的 CRO 报文起 1s 内，BMS 按 50ms 的周期发送 BCL 报文，按 250ms 的周期发送 BCS 报文，报文格式、内容和周期符合 GB/T 27930—2015 中 9.3 和 10.3.1、10.3.2 的要求 ② 超过 1s，BMS 发送 SPN3905=01 的 BEM 报文，报文格式、内容和周期符合 GB/T 27930—2015 中 9.5 和 10.5.1 的要求
BN.3002	① 测试系统和 BMS 进入充电阶段 ② 测试系统首次接收到 BCL 报文、BCS 报文	测试系统按 50ms 的周期发送与 CCS 报文类型定义不符的报文	① 自首次接收到 SPN2830=0xAA 的 CRO 报文起 1s 内，BMS 按 50ms 的周期发送 BCL 报文，按 250ms 的周期发送 BCS 报文，报文格式、内容和周期符合 GB/T 27930—2015 中 9.3 和 10.3.1、10.3.2 的要求 ② 超过 1s，BMS 发送 SPN3905=01 的 BEM 报文，报文格式、内容和周期符合 GB/T 27930—2015 中 9.5 和 10.5.1 的要求
BN.3003	① 测试系统和 BMS 进入充电阶段 ② 测试系统首次接收到 BCL 报文、BCS 报文	测试系统继续按 250ms 的周期发送 SPN2830=0xAA 的 CRO 报文，报文格式、内容和周期符合 GB/T 27930—2015 中 9.2 和 10.2.5 的要求	① 自首次接收到 SPN2830=0xAA 的 CRO 报文起 1s 内，BMS 按 50ms 的周期发送 BCL 报文，按 250ms 的周期发送 BCS 报文，报文格式、内容和周期符合 GB/T 27930—2015 中 9.3 和 10.3.1、10.3.2 的要求 ② 超过 1s，BMS 发送 SPN3905=01 的 BEM 报文，报文格式、内容和周期符合 GB/T 27930—2015 中 9.5 和 10.5.1 的要求
BN.3004	测试系统和 BMS 正常充电中	测试系统在充电过程中停止发送 CCS 报文	① 自接收到上一个 CCS 报文起 1s 内，BMS 按 50ms 的周期发送 BCL 报文，按 250ms 的周期发送 BCS 报文、BSM 报文，按 10s 的周期发送 BMV 报文（可选）、BMT 报文（可选）、BSP 报文（可选） ② 超过 1s，BMS 发送 SPN3905=01 的 BEM 报文，报文格式、内容和周期符合 GB/T 27930—2015 中 9.5 和 10.5.1 的要求
BN.3005	测试系统和 BMS 正常充电中	测试系统按 50ms 的周期发送与 CCS 报文类型定义不符的报文	① 自接收到上一个 CCS 报文起 1s 内，BMS 按 50ms 的周期发送 BCL 报文，按 250ms 的周期发送 BCS 报文，按 10s 的周期发送 BSM 报文、BMV 报文（可选）、BMT 报文（可选）、BSP 报文（可选） ② 超过 1s，BMS 发送 SPN3905=01 的 BEM 报文，报文格式、内容和周期符合 GB/T 27930—2015 中 9.5 和 10.5.1 的要求
BN.3006	BMS 主动中止充电，按 10ms 的周期发送 BST 报文	测试系统停止发送报文	① 自首次发送 BST 报文起 5s 内，BMS 按 10ms 的周期发送 BST 报文，报文格式、内容和周期符合 GB/T 27930—2015 中 9.3 和 10.3.8 的要求 ② 超过 5s，BMS 发送 SPN3906=01 的 BEM 报文，报文格式、内容和周期符合 GB/T 27930—2015 中 9.5 和 10.5.1 的要求

（续）

测试例编号	前置条件	测试步骤	预期结果
BN.3007	BMS 主动中止充电，按 10ms 的周期发送 BST 报文	测试系统按 10ms 的周期发送与 CST 报文类型定义不符的报文	① 自首次发送 BST 报文起 5s 内，BMS 按 10ms 的周期发送 BST 报文，报文格式、内容和周期符合 GB/T 27930—2015 中 9.3 和 10.3.8 的要求 ② 超过 5s，BMS 发送 SPN3906=01 的 BEM 报文，报文格式、内容和周期符合 GB/T 27930—2015 中 9.5 和 10.5.1 的要求
BN.3008	BMS 主动中止充电，按 10ms 的周期发送 BST 报文	测试系统继续按 50ms 的周期发送 CCS 报文，报文格式、内容和周期符合 GB/T 27930—2015 中 9.3 和 10.3.3 的要求	① 自首次发送 BST 报文起 5s 内，BMS 按 10ms 的周期发送 BST 报文，报文格式、内容和周期符合 GB/T 27930—2015 中 9.3 和 10.3.8 的要求 ② 超过 5s，BMS 发送 SPN3906=01 的 BEM 报文，报文格式、内容和周期符合 GB/T 27930—2015 中 9.5 和 10.5.1 的要求

表 4-11　电动汽车非车载传导式充电机与电池管理系统之间的通信协议一致性 BMS 测试 4（充电结束阶段）

测试例编号	前置条件	测试步骤	预期结果
BP.4001	测试系统和 BMS 进入充电结束阶段（BMS 主动中止充电）	测试系统按 10ms 的周期发送 CST 报文，停止电力输出	① BMS 停止发送 BST 报文 ② BMS 按 250ms 的周期发送 BSD 报文，报文格式、内容和周期符合 GB/T 27930—2015 中 9.4 和 10.4.1 的要求，报文长度为 7 个字节
BP.4002	测试系统和 BMS 进入充电结束阶段（测试系统主动中止充电）	测试系统按 10ms 的周期发送 CST 报文，停止电力输出	① BMS 按 10ms 的周期发送 BST 报文，报文格式、内容和周期符合 GB/T 27930—2015 中 9.3 和 10.3.8 的要求 ② t（$50 \leq t < 100$）ms 后，BMS 停止发送 BST 报文，并按 250ms 的周期发送 BSD 报文，报文格式、内容和周期符合 GB/T 27930—2015 中 9.4 和 10.4.1 的要求，报文长度为 7 个字节
BP.4003	测试系统首次接收到 BSD 报文	① 测试系统停止发送 CST 报文，按 250ms 的周期发送 CSD 报文，报文格式、内容和周期符合 GB/T 27930—2015 中 9.4 和 10.4.2 的要求 ② 测试系统断开 K1、K2、K3、K4	BMS 继续按 250ms 的周期发送 BSD 报文，直到检测不到辅助电源输出，停止发送 BSD 报文，充电结束
BN.4001	测试系统首次接收到 BSD 报文	测试系统停止发送报文	① 自首次发送 BST 报文起 10s 内，BMS 按 250ms 的周期发送 BSD 报文，报文格式、内容和周期符合 GB/T 27930—2015 中 9.4 和 10.4.1 的要求 ② 超过 10s，BMS 发送 SPN3907=01 的 BEM 报文，报文格式、内容和周期符合 GB/T 27930—2015 中 9.5 和 10.5.1 的要求
BN.4002	测试系统首次接收到 BSD 报文	测试系统按 250ms 的周期发送与 CSD 报文类型定义不符的报文	① 自首次发送 BST 报文起 10s 内，BMS 按 250ms 的周期发送 BSD 报文，报文格式、内容和周期符合 GB/T 27930—2015 中 9.4 和 10.4.1 的要求 ② 超过 10s，BMS 发送 SPN3907=01 的 BEM 报文，报文格式、内容和周期符合 GB/T 27930—2015 中 9.5 和 10.5.1 的要求

（续）

测试例编号	前置条件	测试步骤	预期结果
BN.4003	测试系统接收到 BSD 报文	测试系统继续按 10ms 的周期发送 CST 报文，报文格式、内容和周期符合 GB/T 27930—2015 中 9.3 和 10.3.9 的要求	① 自首次发送 BST 报文起 10s 内，BMS 按 250ms 的周期发送 BSD 报文，报文格式、内容和周期符合 GB/T 27930—2015 中 9.4 和 10.4.1 的要求 ② 超过 10s，BMS 发送 SPN3907=01 的 BEM 报文，报文格式、内容和周期符合 GB/T 27930—2015 中 9.5 和 10.5.1 的要求

（2）充电机测试例（表 4-12～表 4-15）

表 4-12　电动汽车非车载传导式充电机与电池管理系统之间的通信协议一致性充电机测试 1
（低压辅助上电及充电握手阶段）

测试例编号	前置条件	测试步骤	预期结果
DP.1001	① 充电机和测试系统的 CAN 通信速率设置为 250kbit/s ② 充电机和测试系统物理连接完成并保证锁止 ③ 低压辅助供电回路接触器 K3、K4 闭合	测试系统起动	充电机按 250ms 的周期发送 CHM 报文，SPN2601 为充电机通信协议版本号，报文格式、内容和周期符合 GB/T 27930—2015 中 9.1 和 10.1.1 的要求，报文长度为 3 个字节
DP.1002	测试系统接收到 CHM 报文	测试系统按 250ms 的周期发送 BHM 报文，报文格式、内容和周期符合 GB/T 27930—2015 中 9.1 和 10.1.2 的要求	① 充电机检测 K1、K2 外侧电压正常后，按 GB/T 18487.1—2015 中 B.3.3 的要求进行绝缘监测 ② 在绝缘监测过程中，充电机按 250ms 的周期发送 CHM 报文，报文格式、内容和周期符合 GB/T 27930—2015 中 9.1 和 10.1.1 的要求，报文长度为 3 个字节 ③ 绝缘监测结束后，充电机停止发送 CHM 报文，充电机按 250ms 的周期发送 SPN2560=0x00 的 CRM 报文，报文格式、内容和周期符合 GB/T 27930—2015 中 9.1 和 10.1.3 的要求，报文长度为 8 个字节
DP.1003	① 充电机和测试系统进入握手辨识阶段 ② 测试系统接收到 SPN2560=0x00 的 CRM 报文	测试系统使用传输协议功能，按 250ms 的周期发送 BRM 报文，报文格式、内容和周期符合 GB/T 27930—2015 中 9.1 和 10.1.4 的要求	① 充电机使用传输协议功能接收完成 BRM 报文 ② 充电机停止发送 SPN2560=0x00 的 CRM 报文 ③ 充电机按 250ms 的周期发送 SPN2560=0xAA 的 CRM 报文，报文格式、内容和周期符合 GB/T 27930—2015 中 9.1 和 10.1.3 的要求，报文长度为 8 个字节
DN.1001	① 充电机和测试系统进入握手辨识阶段 ② 测试系统接收到 SPN2560=0x00 的 CRM 报文	测试系统停止发送报文	① 自首次发送 CRM 报文起 5s 内，充电机按 250ms 的周期发送 SPN2560=0x00 的 CRM 报文 ② 超过 5s，充电机发送 SPN3921=01 的 CEM 报文，报文格式、内容和周期符合 GB/T 27930—2015 中 9.5 和 10.5.2 的要求
DN.1002	① 充电机和测试系统进入辨识阶段 ② 测试系统接收到 SPN2560=0x00 的 CRM 报文	测试系统不使用传输协议功能发送 BRM 报文	① 自首次发送 CRM 报文起 5s 内，充电机按 250ms 的周期发送 SPN2560=0x00 的 CRM 报文 ② 超过 5s，充电机发送 SPN3921=01 的 CEM 报文，报文格式、内容和周期符合 GB/T 27930—2015 中 9.5 和 10.5.2 的要求

（续）

测试例编号	前置条件	测试步骤	预期结果
DN.1003	① 充电机和测试系统进入握手辨识阶段 ② 测试系统接收到 SPN2560=0x00 的 CRM 报文	测试系统继续按 250ms 的周期发送 BHM 报文，报文格式、内容和周期符合 GB/T 27930—2015 中 9.1 和 10.1.2 的要求	① 自首次发送 CRM 报文起 5s 内，充电机按 250ms 的周期发送 SPN2560=0x00 的 CRM 报文 ② 超过 5s，充电机发送 SPN3921=01 的 CEM 报文，报文格式、内容和周期符合 GB/T 27930—2015 中 9.5 和 10.5.2 的要求
DN.1004	① 充电机和测试系统进入辨识阶段 ② 测试系统接收到 SPN2560=0xAA 的 CRM 报文	测试系统继续使用传输协议功能，按 250ms 的周期发送 BRM 报文，报文格式、内容和周期符合 GB/T 27930—2015 中 9.1 和 10.1.4 的要求	① 自发送 SPN2560=0xAA 的 CRM 报文起 5s 内，充电机使用传输协议功能接收 BRM 报文，并按 250ms 的周期发送 SPN2560=0xAA 的 CRM 报文，报文格式、内容和周期符合 GB/T 27930—2015 中 9.1 和 10.1.3 的要求 ② 超过 5s，充电机发送 SPN3922=01 的 CEM 报文，报文格式、内容和周期符合 GB/T 27930—2015 中 9.5 和 10.5.2 的要求

表 4-13 电动汽车非车载传导式充电机与电池管理系统之间的通信协议一致性充电机测试 2
（充电参数配置阶段）

测试例编号	前置条件	测试步骤	预期结果
DP.2001	充电机和测试系统进入充电参数配置阶段	测试系统使用传输协议功能，按 500ms 的周期发送 BCP 报文，报文格式、内容和周期符合 GB/T 27930—2015 中 9.2 和 10.2.1 的要求。	① 充电机使用传输协议功能接收完成 BCP 报文 ② 充电机停止发送 SPN2560=0xAA 的 CRM 报文 ③ 充电机按 250ms 的周期发送 CML 报文，按 500ms 的周期发送 CTS 报文（可选），报文格式、内容和周期符合 GB/T 27930—2015 中 9.2 和 10.2.2、10.2.3 的要求，CML 报文长度为 8 个字节，CTS 报文长度为 7 个字节
DP.2002	测试系统接收到 CML 报文和 CTS 报文（可选），准备未就绪	测试系统按 250ms 的周期发送 SPN2829=0x00 的 BRO 报文，报文格式、内容和周期符合 GB/T 27930—2015 中 9.2 和 10.2.4 的要求	充电机按 250ms 的周期发送 CML 报文，按 500ms 的周期发送 CTS 报文（可选），报文格式、内容和周期符合 GB/T 27930—2015 中 9.2 和 10.2.2、10.2.3 的要求，CML 报文长度为 8 个字节，CTS 报文长度为 7 个字节
DP.2003	测试系统接收到 CML 报文和 CTS 报文（可选），准备就绪	测试系统按 250ms 的周期发送 SPN2829=0xAA 的 BRO 报文，报文格式、内容和周期符合 GB/T 27930—2015 中 9.2 和 10.2.4 的要求	① 充电机接收到 SPN2829=0xAA 的 BRO 报文后，停止发送 CML 报文和 CTS 报文（可选） ② 充电机按 250ms 的周期发送 SPN2830=0x00 的 CRO 报文，判断 DC 继电器外侧电压正常、预充完成，闭合 K1、K2 后按 250ms 的周期发送 SPN2830=0xAA 的 CRO 报文，报文格式、内容和周期符合 GB/T 27930—2015 中 9.2 和 10.2.5 的要求，报文长度为 1 个字节
DN.2001	充电机和测试系统进入充电参数配置阶段	测试系统停止发送报文	① 自首次发送 SPN2560=0xAA 的 CRM 报文起 5s 内，充电机按 250ms 的周期发送 SPN2560=0xAA 的 CRM 报文 ② 超过 5s，充电机发送 SPN3922=01 的 CEM 报文，报文格式、内容和周期符合 GB/T 27930—2015 中 9.5 和 10.5.2 的要求

（续）

测试例编号	前置条件	测试步骤	预期结果
DN.2002	充电机和测试系统进入充电参数配置阶段	测试系统不使用传输协议功能发送 BCP 报文	① 自首次发送 SPN2560=0xAA 的 CRM 报文起 5s 内，充电机按 250ms 的周期发送 SPN2560=0xAA 的 CRM 报文 ② 超过 5s，充电机发送 SPN3922=01 的 CEM 报文，报文格式、内容和周期符合 GB/T 27930—2015 中 9.5 和 10.5.2 的要求
DN.2003	测试系统接收到 CML 报文和 CTS 报文（可选）	测试系统停止发送报文	① 自首次发送 CML 报文、CTS 报文（可选）起 5s 内，充电机按 250ms 的周期发送 CML 报文，按 500ms 的周期发送 CTS 报文（可选） ② 超过 5s，充电机发送 SPN3923=01 的 CEM 报文，报文格式、内容和周期符合 GB/T 27930—2015 中 9.5 和 10.5.2 的要求
DN.2004	测试系统接收到 CML 报文和 CTS 报文（可选）	测试系统发送与 BRO 报文类型定义不符的报文	① 自首次发送 CML 报文、CTS 报文（可选）起 5s 内，充电机按 250ms 的周期发送 CML 报文，按 500ms 的周期发送 CTS 报文（可选） ② 超过 5s，充电机发送 SPN3923=01 的 CEM 报文，报文格式、内容和周期符合 GB/T 27930—2015 中 9.5 和 10.5.2 的要求
DN.2005	测试系统接收到 CML 报文和 CTS 报文（可选）	测试系统按 250ms 的周期发送 BRO 报文，SPN2829 ≠ 0xAA	① 自首次发送 CML 报文、CTS 报文（可选）起 60s 内，充电机按 250ms 的周期发送 CML 报文，按 500ms 的周期发送 CTS 报文（可选） ② 超过 60s，充电机发送 SPN3923=01 的 CEM 报文，报文格式、内容和周期符合 GB/T 27930—2015 中 9.5 和 10.5.2 的要求
DN.2006	测试系统接收到 CML 报文和 CTS 报文（可选）	测试系统继续使用传输协议功能，按 500ms 的周期发送 BCP 报文，报文格式、内容和周期符合 GB/T 27930—2015 中 9.2 和 10.2.1 的要求	① 自首次发送 CML 报文、CTS 报文（可选）起 5s 内，充电机使用传输协议功能接收 BCP 报文，按 250ms 的周期发送 CML 报文，按 500ms 的周期发送 CTS 报文（可选） ② 超过 5s，充电机停止发送 CML 报文和 CTS 报文（可选），按 250ms 的周期发送 SPN3923=01 的 CEM 报文，报文格式、内容和周期符合 GB/T 27930—2015 中 9.5 和 10.5.2 的要求
DN.2007	测试系统接收到 SPN2830=0x00 的 CRO 报文	测试系统停止发送报文	① 自上一次接收到 SPN2829=0xAA 的 BRO 报文起 5s 内，充电机按 250ms 的周期发送 SPN2830=0x00 的 CRO 报文 ② 超过 5s 若充电机未准备就绪，则停止发送 CRO 报文，按 250ms 的周期发送 SPN3923=01 的 CEM 报文，报文格式、内容和周期符合 GB/T 27930—2015 中 9.5 和 10.5.2 的要求
DN.2008	测试系统接收到 SPN2830=0x00 的 CRO 报文	测试系统停止发送 SPN2829=0xAA 的 BRO 报文，发送与 BRO 报文类型定义不符的报文	① 自上一次接收到 SPN2829=0xAA 的 BRO 报文起 5s 内，充电机按 250ms 的周期发送 SPN2830=0x00 的 CRO 报文 ② 超过 5s 若充电机未准备就绪，则停止发送 CRO 报文，按 250ms 的周期发送 SPN3923=01 的 CEM 报文，报文格式、内容和周期符合 GB/T 27930—2015 中 9.5 和 10.5.2 的要求

（续）

测试例编号	前置条件	测试步骤	预期结果
DN.2009	测试系统接收到SPN2830=0x00的CRO报文	测试系统按250ms的周期发送SPN2829=0x00的BRO报文，报文格式、内容和周期符合GB/T 27930—2015中9.2和10.2.4的要求	充电机判断出错，1s内停止通信，断开K3、K4，电子锁解锁
DN.2010	测试系统接收到SPN2830=0xAA的CRO报文	测试系统继续按250ms的周期发送SPN2829=0xAA的BRO报文，报文格式、内容和周期符合GB/T 27930—2015中9.2和10.2.4的要求	① 自首次发送SPN2830=0xAA的CRO报文起1s内，充电机按250ms的周期发送该报文，报文格式、内容和周期符合GB/T 27930—2015中9.2和10.2.5的要求 ② 超过1s充电机停止发送CRO报文，按250ms的周期发送SPN3925=01的CEM报文，报文格式、内容和周期符合GB/T 27930—2015中9.5和10.5.2的要求

表 4-14　电动汽车非车载传导式充电机与电池管理系统之间的通信协议一致性充电机测试 3（充电阶段）

测试例编号	前置条件	测试步骤	预期结果
DP.3001	测试系统接收到SPN2830=0xAA的CRO报文	测试系统使用传输协议功能，按250ms的周期发送BCS报文，按50ms的周期发送BCL报文，报文格式、内容和周期符合GB/T 27930—2015中9.3和10.3.1、10.3.2的要求	① 充电机使用传输协议功能接收BCS报文 ② 充电机停止发送SPN2830=0xAA的CRO报文 ③ 充电机按50ms的周期发送CCS报文，报文格式、内容和周期符合GB/T 27930—2015中9.3和10.3.3的要求，报文长度为7个字节
DP.3002	① 充电机和测试系统充电阶段中 ② 充电机和测试系统正常充电	测试系统按10s的周期发送BMV报文、BMT报文、BSP报文，报文格式、内容和周期符合GB/T 27930—2015中9.3和10.3.5、10.3.6、10.3.7的要求	充电机使用传输协议功能接收BMV报文、BMT报文、BSP报文或放弃连接
DP.3003	① 充电机和测试系统充电阶段中 ② 测试系统模拟动力电池出现异常，发送相应报文	测试系统根据异常原因，发送BSM报文，报文格式、内容和周期符合GB/T 27930—2015中9.3和10.3.4的要求，可能情况及报文定义包括： ① 单体动力电池电压异常：SPN3090=01 或 SPN3090=10 ② 整车动力电池荷电状态SOC异常：SPN3091=01 或 SPN3091=10 ③ 动力电池充电电流异常：SPN3092=01 ④ 动力电池温度异常：SPN3093=01 ⑤ 动力电池绝缘状态异常：SPN3094=01 ⑥ 动力电池输出连接器连接状态异常：SPN3095=01	充电机停止发送CCS报文，同时停止电力输出，并按10ms的周期发送CST报文，报文格式、内容和周期符合GB/T 27930—2015中9.3和10.3.9的要求，报文长度为4个字节

（续）

测试例编号	前置条件	测试步骤	预期结果
DP.3004	① 充电机和测试系统充电阶段中 ② 测试系统模拟动力电池不可信状态	测试系统发送BSM报文，报文格式、内容和周期符合GB/T 27930—2015中9.3和10.3.4的要求，可能情况及报文定义包括： ① 动力电池充电电流不可信状态：SPN3092=10 ② 动力电池温度不可信状态：SPN3093=10 ③ 动力电池绝缘状态不可信状态：SPN3094=10 ④ 动力电池输出连接器连接状态不可信状态：SPN3095=10	充电机保持上一状态，对不可信状态数据包不做处理，按BMS需求输出，同时按50ms的周期发送CCS报文，报文格式、内容和周期符合GB/T 27930—2015中9.3和10.3.3的要求，报文长度为7个字节
DP.3005	① 充电机和测试系统充电过程中 ② 测试系统模拟检测到故障，在BSM报文中提供异常信息	测试系统发送BSM报文，报文格式、内容和周期符合GB/T 27930—2015中9.3和10.3.4的要求，其中SPN3090～SPN3095均置为00（电池状态正常），且SPN3096置为00（禁止充电）	① 充电机暂停输出电流，测试系统和充电机按充电流程正常通信 ② 等待时间10min内，接收到测试系统中报文SPN3090～SPN3095均为00（电池状态正常），且SPN3096为01（允许充电）时，充电机恢复充电且冲击电流应满足GB/T 18487.1—2015中9.7的要求 ③ 等待时间超过10min，充电机中止充电，按10ms的周期发送CST报文，报文格式、内容和周期符合GB/T 27930—2015中9.3和10.3.9的要求，报文长度为4个字节，同时停止电力输出
DP.3006	① 充电机和测试系统充电过程中 ② 测试系统主动中止充电	测试系统中止充电，按10ms的周期发送BST报文，报文格式、内容和周期符合GB/T 27930—2015中9.3和10.3.8的要求，中止原因可能为： ① 达到所需要的SOC目标值，达到总电压的设定值，达到单体电压设定值 ② 故障中止：绝缘故障，输出连接器过温故障，BMS元件输出连接器过温，充电连接器故障，电池组温度过高故障，电流过大，电压异常，其他	充电机接收到BST报文，停止发送CCS报文，按10ms的周期发送CST报文，报文格式、内容和周期符合GB/T 27930—2015中9.3和10.3.9的要求，报文长度为4个字节，同时停止电力输出
DP.3007	① 充电机和测试系统充电过程中 ② 充电机主动中止充电	充电机按照可模拟的方式停止充电	充电机按10ms的周期发送CST报文，报文格式、内容和周期符合GB/T 27930—2015中9.3和10.3.9的要求，报文长度为4个字节，同时停止电力输出
DN.3001	测试系统接收到SPN2830=0xAA的CRO报文	测试系统停止发送BRO报文，按50ms的周期发送BCL报文，不发送BCS报文	① 自首次发送SPN2830=0xAA的CRO报文起5s内，充电机按250ms的周期发送该报文，报文格式、内容和周期符合GB/T 27930—2015中9.2和10.2.5的要求 ② 超过5s，充电机发送SPN3924=01的CEM报文，报文格式、内容和周期符合GB/T 27930—2015中9.5和10.5.2的要求

（续）

测试例编号	前置条件	测试步骤	预期结果
DN.3002	测试系统接收到SPN2830=0xAA的CRO报文	测试系统停止发送BRO报文，使用传输协议功能，按250ms的周期发送BCS报文，不发送BCL报文	① 充电机使用传输协议功能接收BCS报文 ② 自首次发送SPN2830=0xAA的CRO报文起1s内，充电机按250ms的周期发送该报文，报文格式、内容和周期符合GB/T 27930—2015中9.2和10.2.5的要求 ③ 超过1s，充电机发送SPN3925=01的CEM报文，报文格式、内容和周期符合GB/T 27930—2015中9.5和10.5.2的要求
DN.3003	测试系统接收到SPN2830=0xAA的CRO报文	测试系统停止发送BRO报文，按50ms的周期发送BCL报文，报文格式、内容和周期符合GB/T 27930—2015中9.3和10.3.1、10.3.2的要求，同时不使用传输协议功能发送BCS报文	① 充电机使用传输协议功能接收BCS报文 ② 自首次发送SPN2830=0xAA的CRO报文起5s内，充电机按250ms的周期发送该报文，报文格式、内容和周期符合GB/T 27930—2015中9.2和10.2.5的要求 ③ 超过5s，充电机发送SPN3924=01的CEM报文，报文格式、内容和周期符合GB/T 27930—2015中9.5和10.5.2的要求
DN.3004	测试系统接收到SPN2830=0xAA的CRO报文	测试系统停止发送BRO报文，使用传输协议功能，按250ms的周期发送BCS报文，报文格式、内容和周期符合GB/T 27930—2015中9.3和10.3.2的要求；同时发送与BCL报文类型定义不符的报文	① 充电机使用传输协议功能接收BCS报文 ② 自首次发送SPN2830=0xAA的CRO报文起1s内，充电机按250ms的周期发送该报文，报文格式、内容和周期符合GB/T 27930—2015中9.2和10.2.5的要求 ③ 超过1s，充电机发送SPN3925=01的CEM报文，报文格式、内容和周期符合GB/T 27930—2015中9.5和10.5.2的要求
DN.3005	充电机与测试系统正常充电状态中	测试系统按50ms的周期发送BCL报文，不发送BCS报文	① 自上一次接收到BCS报文起5s内，充电机发送CCS报文，报文格式、内容和周期符合GB/T 27930—2015中9.3和10.3.3的要求 ② 超过5s，充电机发送SPN3924=01的CEM报文，报文格式、内容和周期符合GB/T 27930—2015中9.5和10.5.2的要求
DN.3006	充电机与测试系统正常充电状态中	测试系统使用传输协议功能，按250ms的周期发送BCS报文，不发送BCL报文	① 充电机使用传输协议功能接收BCS报文 ② 自上一次接收到BCL报文起1s内，充电机发送CCS报文，报文格式、内容和周期符合GB/T 27930—2015中9.3和10.3.3的要求 ③ 超过1s，充电机发送SPN3925=01的CEM报文，报文格式、内容和周期符合GB/T 27930—2015中9.5和10.5.2的要求
DN.3007	充电机与测试系统正常充电状态中	测试系统按50ms的周期发送BCL报文，报文格式、内容和周期符合GB/T 27930—2015中9.3和10.3.1的要求，不使用传输协议功能发送BCS报文	① 自上一次接收到BCS报文起5s内，充电机发送CCS报文，报文格式、内容和周期符合GB/T 27930—2015中9.3和10.3.3的要求 ② 超过5s，充电机发送SPN3924=01的CEM报文，报文格式、内容和周期符合GB/T 27930—2015中9.5和10.5.2的要求

（续）

测试例编号	前置条件	测试步骤	预期结果
DN.3008	充电机与测试系统正常充电状态中	测试系统使用传输协议功能，按250ms的周期发送BCS报文，报文格式、内容和周期符合GB/T 27930—2015中9.3和10.3.2的要求；发送与BCL报文类型定义不符的报文	① 充电机使用传输协议功能接收BCS报文 ② 自上一次接收到BCL报文起1s内，充电机发送CCS报文，报文格式、内容和周期符合GB/T 27930—2015中9.3和10.3.3的要求 ③ 超过1s，充电机发送SPN3925=01的CEM报文，报文格式、内容和周期符合GB/T 27930—2015中9.5和10.5.2的要求
DN.3009	充电机主动中止充电，按10ms的周期发送CST报文	测试系统停止发送报文	① 自首次发送CST报文起5s内，充电机按10ms的周期发送CST报文，报文格式、内容和周期符合GB/T 27930—2015中9.3和10.3.9的要求 ② 超过5s，充电机发送SPN3926=01的CEM报文，报文格式、内容和周期符合GB/T 27930—2015中9.5和10.5.2的要求
DN.3010	充电机主动中止充电，按10ms的周期发送CST报文	测试系统按10ms的周期发送与BST报文类型定义不符的报文	① 自首次发送CST报文起5s内，充电机按10ms的周期发送CST报文，报文格式、内容和周期符合GB/T 27930—2015中9.3和10.3.9的要求 ② 超过5s，充电机发送SPN3926=01的CEM报文，报文格式、内容和周期符合GB/T 27930—2015中9.5和10.5.2的要求

表4-15 电动汽车非车载传导式充电机与电池管理系统之间的通信协议一致性充电机测试4（充电结束阶段）

测试例编号	前置条件	测试步骤	预期结果
DP.4001	测试系统主动中止充电，发送BST报文且接收到CST报文	测试系统停止发送BST报文，并以250ms的周期发送BSD报文，报文格式、内容和周期符合GB/T 27930—2015中9.4和10.4.1的要求	① 充电机以250ms的周期发送CSD报文，报文格式、内容和周期符合GB/T 27930—2015中9.4和10.4.2的要求，报文长度为8个字节 ② 充电机停止发送CSD报文，关闭辅助电源，充电结束
DP.4002	充电机因故障中止充电，已结束当前充电流程	使用刷卡、APP等方式重新开始充电	充电机无法响应充电，需重新插拔充电连接装置后才能继续充电
DN.4001	测试系统主动中止充电，发送BST报文且接收到CST报文	测试系统停止发送报文	① 自首次发送CST报文起10s内，充电机按10ms的周期发送CST报文，报文格式、内容和周期符合GB/T 27930—2015中9.3和10.3.9的要求 ② 超过10s，充电机发送SPN3927=01的CEM报文，报文格式、内容和周期符合GB/T 27930—2015中9.5和10.5.2的要求
DN.4002	测试系统主动中止充电，发送BST报文且接收到CST报文	测试系统按250ms的周期发送与BSD报文类型定义不符的报文	① 自首次发送CST报文起5s内，充电机按10ms的周期发送CST报文，报文格式、内容和周期符合GB/T 27930—2015中9.3和10.3.9的要求 ② 超过10s，充电机发送SPN3927=01的CEM报文，报文格式、内容和周期符合GB/T 27930—2015中9.5和10.5.2的要求

（续）

测试例编号	前置条件	测试步骤	预期结果
DN.4003	充电机主动中止充电，发送 CST 报文且接收到 BST 报文	测试系统停止发送报文	① 自首次发送 CST 报文起 10s 内，充电机按 10ms 的周期发送 CST 报文，报文格式、内容和周期符合 GB/T 27930—2015 中 9.3 和 10.3.9 的要求 ② 超过 10s，充电机发送 SPN3927=01 的 CEM 报文，报文格式、内容和周期符合 GB/T 27930—2015 中 9.5 和 10.5.2 的要求
DN.4004	充电机主动中止充电，发送 CST 报文且接收到 BST 报文	测试系统按 250ms 的周期发送与 BSD 报文类型定义不符的报文	① 自首次发送 CST 报文起 10s 内，充电机按 10ms 的周期发送 CST 报文，报文格式、内容和周期符合 GB/T 27930—2015 中 9.3 和 10.3.9 的要求 ② 超过 10s，充电机发送 SPN3927=01 的 CEM 报文，报文格式、内容和周期符合 GB/T 27930—2015 中 9.5 和 10.5.2 的要求

4.1.2 无线充电

无线充电应用具有特殊优势，标准化是其推广发展的前提条件。无线充电系统可用于电动汽车在车库、停车场、充电站等场所的无人值守自动充电，大幅提升土地使用效率，构建电动汽车充电公共服务设施建设和运营的新模式，加速实施我国新能源汽车发展战略。

电动汽车无线充电示意图如图 4-2 所示。

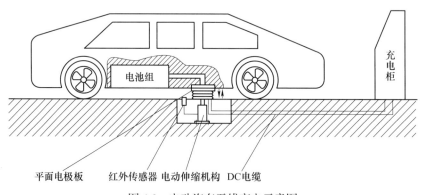

图 4-2　电动汽车无线充电示意图

电动汽车无线充电技术已经得到了广泛的关注，能够解决有线充电存在的诸多瓶颈问题，如充电智能化、防盗、环境适应性等，在电动汽车智能/自动化发展的技术路线下，无线充电更加适合电动汽车的能量供给。例如，对于有自动泊车功能的电动汽车/全自动无人驾驶汽车，在泊车后最适用的是以无线充电的方式达到"无人参与"的效果。无线充电在电动大巴车/公交领域的应用如图 4-3 所示。

图 4-3　无线充电在电动大巴车 / 公交领域的应用

以下四个标准是电动汽车无线充电技术的关键技术类标准，能够加速产业的快速发展，同时提高了民众对无线充电的认知度，为无线充电相关企业提供良好的依据和保障，具有良好的社会效益。

4.1.2.1　电动汽车无线充电系统通用要求

无线充电系统实际应用中，原边设备基本上均采用地埋安装或地上安装的方式，GB/T ×××××—××××《电动汽车无线充电系统　通用要求》中仅考虑这两种情况。

1. 保护区域

保护区域 1～4 的定义见该标准的相关章节，保护区域 3 分为 3a 和 3b 两个部分。

保护区域 3 是按照 SAE J2954：2016《轻型插电式和纯电动汽车无线传能技术要求》划分的，针对有源植入式医疗器械，保护区域 3a 和 3b 的磁场限值不同。SAE J2954：2017 中删除了此划分，将限值统一为区域 3b 的磁场限值。但实际上，只有线圈安装在车辆底盘中部，小功率的圆形线圈才可以满足 2017 版限值，大功率的圆形线圈和双 D 等其他线圈类型不能满足限值，而且 2017 版限值也限制了线圈的安装位置。考虑到无线充电产业的发展，目前仍然保留 70cm 的划分。

2. 限值符合性要求

对于不同的保护区域和非车载功率组件，要求符合对应的限值规定。

（1）电磁场限值　电动汽车无线充电工作频率不超过 100kHz，且考虑到应用场合，覆盖 4 倍频，电场和磁场限值对应的频率范围选取为 50Hz～400kHz，频率分段按照 ICNIRP 导则（2010）进行相应的划分。

电动汽车无线充电系统对人体的电磁场限值应满足 ICNIRP 导则（2010）中相应频率下的限值，对有源植入式医疗器械的磁场曝露限值应满足 ISO 14117 国际标准的要求。

电动汽车无线充电系统对人体的电磁场限值包括基本限值和参考水平。符合参考水平，可确保符合基本限值。

图 4-4 和图 4-5 所示分别是 GB 8702 与 ICNIRP 导则（2010）公众曝露电场强度和磁感应强度限值比较。可见，特别是在高频情况下，GB 8702 中的电磁场限值较 ICNIRP 导则（2010）严格得多。

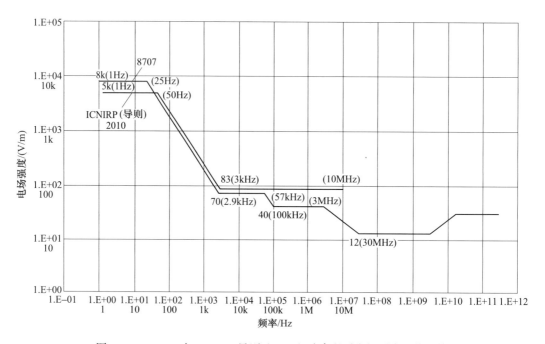

图 4-4　GB 8702 与 ICNIRP 导则（2010）公众曝露电场强度限值比较

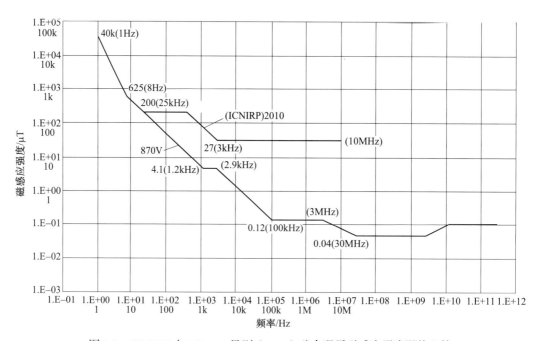

图 4-5　GB 8702 与 ICNIRP 导则（2010）公众曝露磁感应强度限值比较

目前的电动汽车无线充电系统的电磁场水平满足 ICNIRP 导则（2010），但超出 GB 8702 限值规定。

图 4-6 所示为一组车外测试得到的磁感应强度频谱特性曲线，频率范围选取 9kHz～1MHz，远小于相应频率范围内的 ICNIRP 导则（2010）限值 27μT。可见，该磁场水平超过 GB 8702 和 ICNIRP 导则（1998）限值，但满足 ICNIRP 导则（2010）限值。

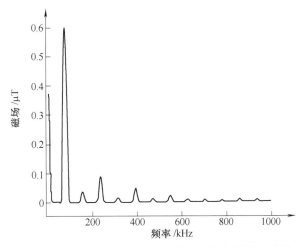

图 4-6　一组车外测试得到的磁感应强度频谱特性曲线

实际上，该要求属于产生电场、磁场、电磁场设施（设备）的产品质量要求，不在 GB 8702—2014《电磁环境控制限值》的适用范围内。

表 4-16 给出了测量四个区域中车内座椅上的电场和磁场最大值。测量结果表明，单个座椅的 A、B、C、D 四个区域内的电磁场水平差别不大。从表 4-16 中可以看出车内的电磁水平非常低，基本接近于背景水平。

表 4-16　车内电磁场测量结果

位置	磁场 /μT	电场 /（V/m）
后座左（A）	0.08	1.15
后座右（B）	0.08	1.09
前座左（C）	0.075	0.96
前座右（D）	0.076	0.96

（2）接触电流限值　电动汽车无线充电系统对人体的接触电流限值应满足 ICNIRP 导则（2010）中相应频率下的限值。对于 85kHz 而言，接触电流的公众曝露和职业曝露限值分别为 17mA 和 34mA。

如图 4-7 所示，从频谱特性可以看出电压存在直流分量幅值小于 40mV，则该直流分量电压对应的感知电流小于 0.08mA；其他频率成分的感应电压均小于 15mV，则对应的感知电流均小于 0.03mA，满足标准中的限值要求。

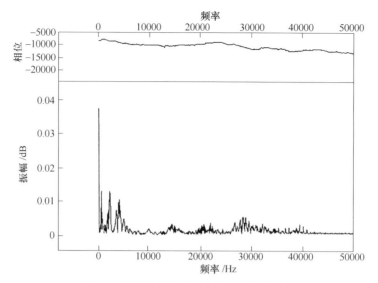

图 4-7 感应接触电流对应的电压频谱分析

4.1.2.2 电动汽车无线充电系统特殊要求

GB/T ××××—××××《电动汽车无线充电系统 特殊要求》中绝大部分内容引用了 GB/T ××××—××××《电动汽车无线充电系统 通用要求》的内容，主要区别在于特殊要求对于测量参数进行了具体的规定，同时在特殊要求中规定了电动汽车无线充电系统效率的测量方法。

效率测试点分布图如图 4-8 所示。

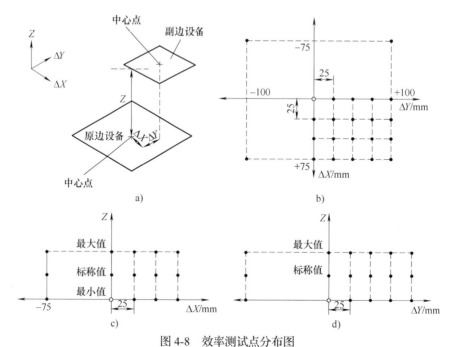

图 4-8 效率测试点分布图
a）坐标系 b）Z 轴视图 c）Y 轴视图 d）X 轴视图

需说明的是，效率测试点测试象限为随机性选择某一个象限。首先，目前常用的几种线圈类型均为对称型线圈，四个象限的相应点的效率理论上为相似值；其次，为保证效率测试的可实现性，所有点测试的时间较长。综合以上两个因素，为避免造成不必要的资源浪费，随机性选择某一象限的点作为测试内容是合理的

4.1.2.3 电动汽车和无线充电系统设备之间的通信协议

1. 主要技术要点解读

GB/T ×××××—××××《电动汽车和无线充电系统设备之间的通信协议》（以下简称"该标准"）规定了电动汽车无线充电系统设备与电动车辆之间的通信协议。该标准的框架主要参考 IEC 15118 的部分，充分结合我国电动汽车发展实际情况，如无线充电系统的输入部分（即电网状况）、输出部分（即电动汽车状况）、市场应用等，在部分条款上做出了相应的、符合我国现状、应用和未来发展的差异化处理。特别地，该标准具体规定了网络端的管理系统参与充电管理的相关充电流程。

2. 关于标准的适用范围

该标准规定了电动汽车静态无线充电系统地面通信控制单元（CSU）与车载通信控制单元（IVU）之间实现无线充电控制的通信协议。

该标准也规定了无线充电控制管理系统（WCCMS）参与无线充电控制的通信协议。

该标准适用于地面通信控制单元与控制管理系统之间，以及车载通信控制单元与地面通信控制单元之间的管理和控制。

需说明的是，该标准规定的通信协议包括了无线充电系统地面设备和车载设备之间的通信协议、无线充电系统与网络端充电管理系统之间的通信协议。故适用范围也包含两个方面，其一为地面通信控制单元（CSU）与车载通信控制单元（IVU）之间的通信协议，其二为网络端的控制管理系统参与充电管理的通信协议。

3. 无线充电系统

该部分对无线充电系统的通信系统框架进行了定义，包括概述、通信单元功能、物理层协议、通信接口、CSU/PTC 和原边线圈之间的关系共五个部分。

无线充电通信子系统存在两种通信模式，该标准中以模式 A 和模式 B 作为区分，其中通信模式 A 是指地面通信控制单元（CSU）与车载通信控制单元（IVU）之间进行通信并进行数据交换；通信模式 B 是指地面通信控制单元（CSU）、车载通信控制单元（IVU）及无线充电控制管理系统（WCCMS）之间进行通信并进行数据交换。一般情况下，通信模式 A 用于私人充电的应用场景，为无线充电系统的最小通信子系统，通信模式 B 一般用于公共充电的应用场景，具有远程充电控制与监测等功能。

（1）概述　对无线充电系统及通信子系统的框架进行了规定，如图 4-9 所示。

需说明的是，无线充电系统分为功率子系统和通信子系统两部分，也可分为地面系统和车辆系统两部分。其中功率子系统主要包括 PTC、PPC、PrC 及 PuC，通信子系统应包括 CSU 和 IVU 两部分，在公共应用场合应额外包括 WCCMS。

通信模式 A 时，CSU 应与 IVU 建立通信链路；通信模式 B 时，在通信模式 A 的基础上，CSU 还应与 WCCMS 建立通信链路，IVU 宜与 WCCMS 建立通信链路。

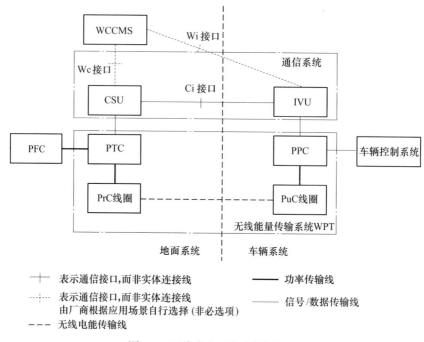

图 4-9　无线充电系统功能架构图

（2）通信单元功能　对各个通信单元的功能进行了规定，需说明的是 WCCMS 具备的四项功能为在充电控制管理流程中应具备的功能，在商业运营中，WCCMS 还应具备其他的基本功能，如计费处理、数据互通等。

（3）物理层协议　该部分规定了无线充电系统的通信物理层，采用 IEEE 802.11 规定的物理层（即常用的 WIFI 模式）作为无线充电系统通信了系统的物理层基础。需说明的是，在无线充电系统中存在 WIFI、Bluetooth、PLC、短距离通信等多种技术路线，根据已有的测试数据，暂定采用 WIFI 作为无线通信的物理层，相关测试结果如图 4-10 所示。

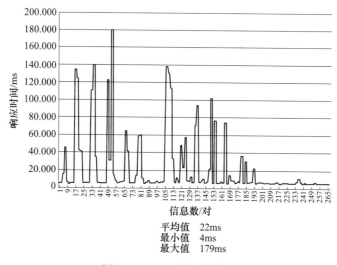

图 4-10　WIFI 的测试结果

由图 4-10 可知，无线通信距离为 20cm 时，WIFI 的平均往返时间为 22ms，最大往返时间为 179ms，最小往返时间为 4ms。图 4-11 所示为 Bluetooth 的测试结果。

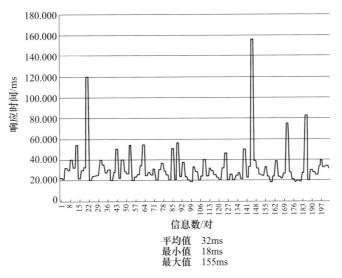

平均值　32ms
最小值　18ms
最大值　155ms

图 4-11　Bluetooth 的测试结果

Bluetooth 的平均往返时间为 32ms，最大往返时间为 155ms，最小往返时间为 18ms。在短距离内通信，从往返时间的维度对比，两者的性能相差不大，且两者的稳定性较好。当测试距离增大至 5m 时，WIFI 的测试结果如图 4-12 所示。

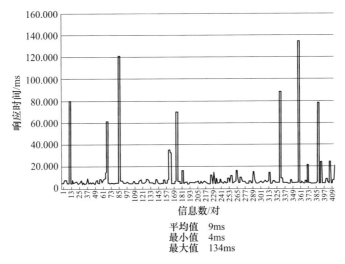

平均值　9ms
最小值　4ms
最大值　134ms

图 4-12　距离增大后 WIFI 的测试结果

由图 4-12 可知，在 5m 的无线通信，WIFI 的平均往返时间相对短距离来说有明显降低，平均往返时间为 9ms，最大往返时间为 134ms，最小往返时间为 4ms。图 4-13 所示为距离增大后 Bluetooth 的测试结果。

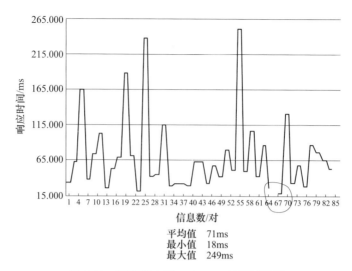

图 4-13 距离增大后 Buletooth 的测试结果

由图 4-13 可知,在 5m 的无线通信,Bluetooth 的平均往返时间相对短距离来说有明显增加,平均往返时间为 71ms,最大往返时间为 249ms,最小往返时间为 18ms。此外,当距离较大时,Bluetooth 将出现数据丢包的现象,如图 4-13 中圈出位置,该测试中数据丢包率约为 4%。

综上所述,由于通信模式 B 时,存在 CSU 与 WCCMS 的远程通信,故采用 IEEE 802.11 规定的物理层作为无线充电系统通信子系统的物理层。

(4)通信接口　对通信接口的定义进行了规定,需说明的是,通信接口是指各个通信单元能够建立相互通信链路的能力。

Wi 接口为可选的接口,即可理解为 IVU 是否预留与 WCCMS 的通信接口为可选项,由车厂及设备供应商共同决定。而 Wc 接口为必须具备的接口,可理解为根据应用场景以及通信模式,CSU 不一定需要与 WCCMS 建立通信链路,但是 CSU 需要保留与 WCCMS 通信的接口。

(5)CSU、PTC 和原边线圈之间的关系　该部分规定了一个 CSU 控制多个 PTC 的工作框图,如图 4-14 所示。

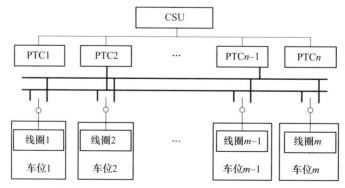

图 4-14　CSU、PTC 和原边线圈之间的关系

该类情况适用于一定规模的场站的应用场景，可在一定程度上节约无线充电系统设备的建设成本。该框图可实现地面侧的一个电能变换装置同时控制多个充电车位工作，每个车位上建设的设备为线圈，PTC 和 CSU 安装于地面侧的设备状态中。

线圈的开关状态由设定好的 PTC 控制，若某个 PTC 故障，可设置其他 PTC 同时控制多个车位线圈，即其他的 PTC 也可完成线圈的开关控制，这样较大程度上增加了系统的稳定性。

4. 无线充电管理通信流程

该部分规定了无线充电系统的充电过程的通信步骤，包括两类应用场景和相应的两类通信模式。其中，通信模式 A 为基础通信模式，可实现无线充电的功能，适用于单个无线充电设备无须监控管理的充电场景；通信模式 B 可用于大于一个无线充电设备工作的应用场景，同时也适用于需要监控管理的单个无线充电设备工作的应用场景。通信模式 A 和通信模式 B 的最大区别在于 WCCMS 是否参与充电管理流程。

无线充电总体流程图如图 4-15 所示。

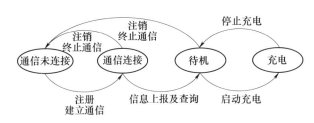

图 4-15　无线充电总体流程图

需说明的是，充电管理通信从设备端可分为地面设备和车载设备两部分，两部分的通信子系统有四个基本状态，分别为准备、服务初始化、空载待机及能量传输四个状态。其中服务初始化、空载待机状态需要地面设备和车载设备保持同步。每个状态下，设备将执行的动作在该标准文本中已经详细规定。

图 4-15 中的四个状态为基础状态，实际充电过程中还涉及故障状态，未在该流程图中体现，但在后续的内容中体现。

该部分还规定了通信模式 A 充电的具体流程，共四个基本流程，分别为 IVU 初始化、IVU 发起充电、充电正常停止以及充电异常停止。

5. 编制框架

该标准技术内容的编制思路及框架如图 4-16 所示。

如图 4-16 所示，整个标准的技术框架内容共包括 4 个层次，第一层为流程、第二层为过程、第三层为接口消息、第四层为参数定义。其中默认了充电步骤的层次，这是由于充电步骤在某些情况下可与接口消息等效。一个或者若干个接口消息组成一个充电步骤，若干个充电步骤形成一个充电过程。

（1）通信模式 A 的充电流程及充电过程　在该标准中，每个方框中的文字表示 1 个过程，每个箭头上的文字表示 1 个步骤。

首先第一层为充电流程，如图 4-17 所示。

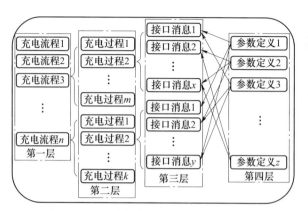

图 4-16 该标准技术内容的编制思路及框架

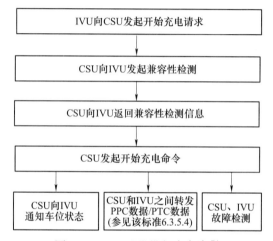

图 4-17 IVU 正常发起充电流程

该流程中共包括 7 个充电过程，每个图框中对应 1 个充电过程，分别为：IVU 向 CSU 发起开始充电请求、CSU 向 IVU 发起兼容性检测、CSU 向 IVU 返回兼容性检测信息、CSU 发起开始充电命令、CSU 向 IVU 通知车位状态、CSU 和 IVU 之间转发 PPC 数据 /PTC 数据、CSU/IVU 故障检测。

以第 1 个流程为例，即 IVU 向 CSU 发起开始充电请求，则可细分为第二层，包括若干个过程，如图 4-18 所示。

该过程共包含了 3 个充电步骤，即 IVU 开始充电请求、CSU 返回开始充电请求响应、CSU 执行开始充电过程。

进一步地进入第三层，IVU 开始充电请求的步骤在该标准文档内容中对应的接口消息定义如下：

1）报文目的：用于 WCCMS 向 CSU 发起开始充电命令。

2）触发条件：WCCMS 向 CSU 发起

图 4-18 IVU 发起充电过程

开始充电命令。

3) 方向：WCCMS=>CSU。

4) 通信模式 A 时，可由 IVU 向 CSU 发起开始充电命令，"记录流水号"消息参数可为空。

开始充电命令见表 4-17。

表 4-17　开始充电命令

消息参数	属性	备注
车位标识	M	该参数指示开始充电的车位标识
启动类型	M	该参数指示开始充电的命令来源
记录流水号	M	该参数指示本次充电记录的流水识别号
私人扩展	O	私人扩展参数

进一步地进入第四层，开始充电命令共包含 4 个参数定义，分别为车位标识、启动类型、记录流水号以及私人扩展。每个参数在该标准中的具体定义如下：

1) 车位标识：该参数指示地面系统中充电位的唯一标识，其编码类型为 OctetString。

2) 启动类型：该参数指示发起充电的参考来源，具体见表 4-18。

表 4-18　启动类型

值	备注
0x01	手动启动
0x02	远程启动
0x03	保留

注：1. 手动启动方式为通过与 IVU 连接的按钮启动，不需要 WCCMS 参与。
　　2. 远程启动方式为通过 APP 或者网络端操作实现启动，需要 WCCMS 参与。

3) 记录流水号：该参数为充电状态记录的唯一标识，其编码类型为 OctetString。

4) 私人扩展：该参数为私人扩展参数，其编码类型为 OctetString。

以上即为每个通信协议的编制框架，编制思路为分层编制，该标准内容为从上层至下层逐渐扩展，相关技术人员可根据技术框架进行相应的解读。

（2）保活过程　该标准中除了对基础充电流程给出详细的过程之外，还额外规定了安全、稳定充电的其他过程。图 4-19 所示为保活过程。

图 4-19　保活过程

保活的作用为 CSU 和 IVU 之间彼此确认是否正常在线，CSU 和 IVU 之间的保活按如下方式处理，定时器超时限值时间宜设置为 1min。

1) 如果 CSU 没有在定时器超时之前收到 IVU 发送保活，则 CSU 停止充电，并向

IVU 通知充电状态。

2）如果 IVU 在定时器超时之前没有收到 CSU 响应，则 IVU 发起停止充电过程。

此外，保活异常时，该标准中也规定按照以下方式处理：

1）保活发起方在双方设备登录鉴权通过以后，即应当开始发起保活过程，并应按照保活时间定时发起保活。

2）保活发起方发起保活后，直到按照保活时间下一次发起保活时仍没有收到保活接收方的响应时应当记录保活失效次数，当保活失效次数达到失效上限时应停止继续发送保活消息，并主动断开通信链路，尝试重新连接。

3）保活接收方接收到保活消息后，直到按照保活时间计时仍未收到保活发起方的下一次保活时应当记录保活失效次数，当保活失效次数达到失效上限时应停止继续等待保活消息，并主动断开通信链路，等待重新连接。

（3）通信模式 B 的充电流程及充电过程　该标准还规定了通信模式 B 的充电控制管理流程，需说明的是，通信模式 B 可兼容通信模式 A，即通信模式 A 加上相应的硬件模块及软件模块可实现通信模式 B。同样以 IVU 发起充电过程为例，说明通信模式 A 和通信模式 B 之间的关系。两种模式下 IVU 发起充电流程如图 4-20 所示。

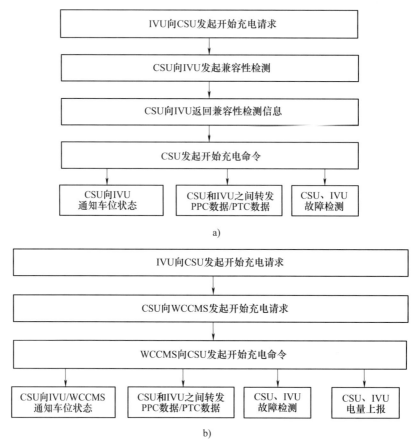

图 4-20　两种模式下 IVU 发起充电流程

a）通信模式 A　b）通信模式 B

通信模式 B 时，需要通过 WCCMS 向 CSU 发起开始充电命令，即 IVU 将开始充电请求发送给 CSU，CSU 再将请求发送给 WCCMS。对于通信模式 A，因为 CSU 保留了与 WCCMS 的通信接口，故若要切换为通信模式 B，仅需要将预留的通信接口开启，并增加相应的软件模块，即可实现通信模式 B 的开始充电请求。

通信模式 B 的流程图中省略了兼容性检测过程，这是由于兼容性检测由 WCCMS 完成，且无须返回检测结果。

通信模式 B 时，需要增加电量计量的功能，因此增加了 CSU、IVU 的电量上报过程。

以上为通信模式 A、通信模式 B 的第一层/流程对比，通信模式 A 在增加软件模块后，可实现通信模式 B 的切换，也可理解为通信模式 A 为通信模式 B 的基础流程。

两种模式下 IVU 发起充电过程如图 4-21 所示。

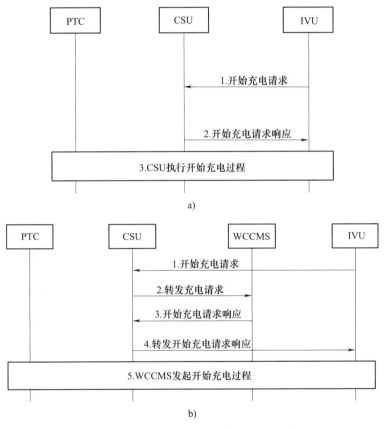

图 4-21　两种模式下 IVU 发起充电过程
a）通信模式 A　b）通信模式 B

通信模式 B 时，IVU 发起充电过程相对复杂，因该模式下，充电状态控制命令均由 WCCMS 完成初始状态发送，且 IVU 与 WCCMS 之间的通信接口 Wi 为可选项，即 IVU 和 WCCMS 之间不存在之间通信的链路。故而，IVU 需将开始充电请求指令发送给 CSU，再通过 CSU 将请求指令转发给 WCCMS，由 WCCMS 发起开始充电过程。WCCMS 发起开始充电过程如图 4-22 所示。

图 4-22　WCCMS 发起开始充电过程

开始充电指令及执行可直接由 WCCMS 和 CSU 之间完成，结合 IVU 开始充电过程，完成整个过程。

通信模式 B 时，该过程中，WCCMS 替代了通信模式 A 的功能。即在通信模式 B 时，IVU 无法直接命令 CSU 开始充电，而是通过 CSU 转发开始充电请求，由 WCCMS 下发开始充电过程。若通信模式 A 要实现该过程，则需将 Wc 通信接口启动，以 CSU 作为中继通信单元，实现通信模式 B 的 IVU 发起开始充电过程。

可进一步理解为，通信模式 B 时，WCCMS 的功能可完全替代 IVU 在通信模式 A 的功能，且具备其他的额外功能，该模式下，大部分充电控制管理流程均由 WCCMS 完成最终决策。

4.1.2.4　电动汽车无线充电系统电磁环境限值与测试方法

1. 相关标准现状

电动汽车无线充电系统电磁环境限值与测试方法的相关标准见表 4-19。

表 4-19　电动汽车无线充电系统电磁环境限值与测试方法的相关标准

序号	标准号	标准名称
1	ISO 14117：2012	有源植入式医疗器械　电磁兼容　植入式心脏起搏器、植入式心律转复除颤器和心脏再同步装置的 EMC 试验方法
2	ISO CD 19363：2017	电动道路车辆　磁场无线充电单元　安全和互操作性要求
3	IEC 60990：2016	接触电流和保护导体电流的测量方法
4	IEC 61980-1：2015	电动汽车无线充电（WPT）系统　第 1 部分：一般要求
5	IEC 62233：2005	关于人体暴露在家用和类似用途电器电磁场的测量方法
6	ICNIRP 导则：2010	限制时变电场和磁场（1Hz 至 100kHz）曝露的导则
7	SAE J2954：2017	纯电动/插电式混合动力及相关电动汽车无线充电技术规范

2. 主要技术要点解读

根据目前电动汽车无线充电系统产业发展现状，动态无线充电技术发展尚未形成产业化，GB/T ×××××—××××《电动汽车无线充电系统电磁环境限值与测试方法》（以下简称"该标准"）仅考虑静态磁耦合无线充电系统。对于无线充电系统的描述，与 GB/T ×××××—××××《电动汽车无线充电系统　通用要求》的范围保持一致，标准范围中无线充电系统的工作频率限定为不高于 100kHz。

（1）保护区域　保护区域 1～4 的定义参考 GB/T ××××—××××《电动汽车无线充电系统　通用要求》相关章节，保护区域 3 分为 3a 和 3b 两个部分，对于不同的保护区域和非车载功率组件，要求符合对应的限值规定。

（2）测试方法

1）测试条件。温度、湿度和大气压等环境条件分为实验室和户外环境要求。其中，实验室环境要求与 GB/T ××××—××××《电动汽车无线充电系统　特殊要求》相关规定一致，户外环境要求与 GB/T ××××—××××《电动汽车无线充电系统　通用要求》相关规定一致。

2）测试场地。为了不影响测试结果，测试点周围 1.5m 范围内应不存在影响测试的物体。原边设备下方 35cm 内应不存在金属。

3）电磁场测试方法。保护区域 3 的电磁场测试方法，参考 IEC 61980-1 国际标准，并结合实际测试经验进行规定。针对车前、车后、车左和车右四个测试区域均应进行电磁场测试。给出了车外电磁场测试点示例的正视图和俯视图，以便用户理解。必须测试的点位，采取扫描测量方法，以寻找测试最大值。

SAE J2954 中的测试距离是从保护区域 1 边线开始，但是也指出，探头与保护区域 1 之间应设置最小距离，正在研究中。该标准是与 IEC 61980-1 的 20cm 处限值符合性的考虑一致，更具有可操作性。

参考 SAE 的测试报告，除了原副边设备周围，非车载功率组件也会产生可能会有影响的电磁场。该标准中规定，仅选取人可能接触到的非车载功率组件表面进行电磁场测试。测试点位置为组件表面上方垂直距离 20cm、平行于组件表面移动测试设备最大读数处。根据相关企业的测试结果，组件表面上方垂直距离 20cm 处，足够保证满足电磁场限值要求。

保护区域 4 的电磁场测试方法，参考 SAE J2954 和 IEC 61980-1 国际标准，并结合实际测试经验进行规定。测试前，应打开车门，将车座座椅调整至中间位置。测试点应位于座椅头部、胸部、坐垫处、脚部四个位置表面上方垂直距离 10cm 最大读数处。7 座以上车辆的车内测试点，应覆盖副边设备正上方区域，包括距离副边设备最近的 4 个座椅（如有）。若测试数据高于限值的 50%，应增加偏移量和机械气隙变化量的组合，获得最大场强值。

SAE J2954 和 ISO 19363 中的偏斜要求主要是针对测试效率的。在 SAE J2954 中提到，在电磁场最大位置偏移点上，旋转和偏斜以验证电磁场最大值处。由于旋转和偏斜的影响不大，且测试台架由金属制成，影响电磁场测试结果，所以目前该标准不考虑旋转和偏斜情况。

4）接触电流测试方法。参考 GB/T 12113—2003 和 IEC 60990：2016 标准，规定接触电流测试方法。针对电动汽车无线充电系统的特点，适用感知或反应接触电流的限值、测试及结果评定。

（3）结果评定

1）电磁场结果评定。电磁场结果评定一般参考 ICNIRP 导则（2010）和 SAE J2954 国际标准。基本限值是基于与已确定健康影响直接相关的物理量的曝露限制。用于规定电磁场曝露基本限值的物理量是内部电场强度。然而，内部电场强度难以评估，为了实践曝露评估，才提出参考水平。大部分参考水平是从相关基本限值通过测量和/或数值建模计算等方法得到的。符合参考水平，可确保符合相应的基本限值。如果测量或计算值超过参考水平，并不意味着其超过基本限值。然而，如果超过参考水平，必须检验是否符合相应的基本限值，并确定是否需要采取附加的保护措施。

对于电动汽车无线充电系统，一般都运行在工作主频率上，距离其他频率的电磁场源较远，没有必要采用多频率加权的评定方法。

2）接触电流结果评定。感知或反应接触电流的结果评定，参考 GB/T 12113—2003《接触电流和保护导体电流的测量方法》。

（4）测试记录表格　坐标系、偏移量、机械气隙的规定与 GB/T ××××—××××《电动汽车无线充电系统　通用要求》保持一致。

4.2　电动汽车换电

在目前充电基础设施建设滞后与充电需求之间的差距日益扩大的背景下，换电模式在电动汽车能源补给途径上也占据了一定的比例。换电模式除了时间短较为符合消费者的使用习惯以外，还具备几大优势：延长电池使用寿命，集中换电，由换电站慢充，有效提升电池使用效率；集中式充电比分布式充电更可靠、更安全；运用城市的波峰和波谷电量，更好地利用能源；充电设备建设极大地节约土地资源；统一电池所有权的归属，更有利于废旧电池的回收利用，可使资源效率大大提高。

换电模式真正的市场化还有待时间的考验，在发展进程中，电池技术的进步、充电基础设施的完善以及换电模式推广的市场覆盖率是其中的关键要素，还需要随着技术进步继续跟踪。

电动汽车电池快换的过程中，为确保换电过程的快速、安全、准确，需要完成电池箱与换电设备、动力电池仓与车辆之间的通信，对相关的通信过程应建立统一的各层级的定义标准，并规定相关字段的含义等内容。

4.2.1　电动汽车换电国内外整体情况

我国已发布两项换电通信协议标准，并成功完成标准输出，牵头起草了两项 IEC 标准，为推动换电标准国际化做出了重要贡献，相关标准见表 4-20。

表 4-20　国内外电动汽车换电标准

序号	标准号	标准名称
1	GB/T 32895—2016	电动汽车快换电池箱通信协议
2	GB/T 32896—2016	电动汽车动力仓总成通信协议
3	IEC TS[①] 62840-1：2016	电动车辆电池快换系统—第 1 部分：通用和指导
4	IEC TS 62840-2：2016	电动车辆电池快换系统—第 2 部分：安全要求

① TS 是 Technical Specification 的缩写，即技术规范。

4.2.2 电动汽车换电标准介绍

国内外电动汽车换电标准的适用范围和内容概览分别见表4-21和表4-22。

表4-21 国内外电动汽车换电标准的适用范围

标准号	适用范围
GB/T 32895	该标准规定了电动汽车快换电池箱基于控制器局域网（CAN）的通信物理层、数据链路层、应用层的定义，该标准适用于电池箱与其相连接的设备之间的通信
GB/T 32896	该标准规定了电动汽车动力仓总成基于控制器局域网（CAN）的通信物理层、数据链路层、应用层的定义，该标准适用于电池快换模式下电动汽车动力仓总成与车辆设备之间的通信 注：动力仓是电动汽车上的一个装置，主要是实现承载和锁紧一定数量快速更换电池箱，与快速更换电池箱和车辆进行电气和机械连接，并实现对快速更换电池箱的管理
IEC TS 62840-1	该标准对电池换电系统的定义、功能、存储、充电与冷却以及测试、维护与安全管理进行了规定，其中有部分内容对换电监控系统进行了原则性规定
IEC TS 62840-2	该标准规定了电动车辆电池快换系统的安全要求，该快换系统与供电网络进行连接，供电电压最大为AC 1000V 或 DC 1500V，符合 IEC 60038 的要求 该标准也适用于现场储能系统

表4-22 国内外电动汽车换电标准的内容概览

标准号	内容概览
GB/T 32895	1）总则 ①电池箱通信接口采用 CAN 总线，与道路车辆控制系统的通信网络兼容 ②数据传输采用低位先发送的格式，正的电流值代表放电，负的电流值代表充电 ③电池箱可以由一箱或者多箱组合使用，网络拓扑结构图参见该标准中附录A 2）物理层：在电动汽车上应使用独立于动力总成控制系统之外的 CAN 接口，推荐物理层的通信速率为 250kbit/s 3）数据链路层：该标准规定了换电通信时的数据帧格式应符合 SAE J1939-21：2006 的规定。每个 CAN 数据帧包含一个单一的协议数据单元（PDU），协议数据单元由七部分组成（见下表），并且协议数据单元的格式和传输协议的连接初始化、数据传输及连接关闭应符合 SAE J1939-21：2006 的要求。对网络地址分配和管理协议进行了原则性规定，电池箱地址按照 SAE J1939-81：2006 规范可以是服务可配置地址、命令可配置地址、自配置地址下的单地址模式，或者可仲裁地址模式，都应遵循 SAE J1939-81：2006 规范的网络管理协议配置地址 | 位 -> | P | R | DP | PF | PS | SA | DATA | | --- | --- | --- | --- | --- | --- | --- | --- | | | 3 | 1 | 1 | 8 | 8 | 8 | 0～64 | 注：1. P 为优先权：从最高0设置到最低7。该标准告警信息优先权设为5，其他信息的缺省优先权设为6 2. R 为保留位：备今后开发使用，该标准设为0 3. DP 为数据页：用来选择参数组描述的辅助页，该标准设为0 4. PF 为 PDU 格式：用来确定 PDU 的格式，以及数据域对应的参数组编号 5. PS 为特定 PDU 格式：PS 值取决于 PDU 格式 6. SA 为源地址：发送此报文的源地址 7. DATA 为数据域：若给定参数组数据长度≤8字节，可使用数据域全部的8个字节。若给定参数组数据长度为9～1785字节时，数据传输需要多个 CAN 数据帧，通过传输协议功能的连接管理能力来建立和关闭报参数组的通信，详见该标准中6.4的规定 4）应用层：该标准规定了换电通信的应用层采用参数和参数组定义的形式，采用 PGN 对参数进行编号，规定发送数据的方式和判定数据发送成功的方法，对参数定义进行了原则性建议，主要是考虑充分利用字节和将来的可扩展性，并对该标准已定义的参数组的修改方式提出了规定

（续）

标准号	内容概览
GB/T 32895	5）通信总体流程：电池箱通信工作过程包括两个阶段：地址配置阶段和正常工作阶段。其总体流程如下图所示 物理连接完成和上电 → 地址配置阶段 → 正常工作阶段 → 结束 6）电池箱通信报文：按报文属性和功能分基本信息报文、运行数据报文和维护报文三部分，该标准通过列表的方式列举了三部分的报文描述、PGN、优先权、数据长度、报文周期、源地址及目标地址，并对报文的格式和内容进行了规定，限于篇幅，本书不一一列举 7）附录：该标准的最后给出了资料性附录，针对电池箱网络拓扑结构、电池箱地址配置和电池箱故障诊断报文给出了参考性资料
GB/T 32896	为保证换电过程通信协议的一致性，动力仓总成通信协议与快换电池箱通信协议基本一致，该标准内容可参见 GB/T 32895 的内容，主要的区别是资料性附录部分
IEC TS 62840-1	该标准对换电监控系统进行了原则性规定，主要是结构组成，包括通信单元、数据处理模块、数据采集和存储单元、远程监控模块以及人机交互界面 该换电监控系统对换电全过程进行监控，也可能与电网具有通信功能
IEC TS 62840-2	该标准有专门的信息通信章节，规定了通信数据安全和安全相关数据的传输要求，其中： 1）为确保数据安全，数据传输通信应通过授权并保证数据的完整性 2）换电系统关于车辆系统的通信应满足 IEC-61784-3 的要求，以保证换电过程的功能安全

4.3 燃料电池电动汽车加氢接口与通信协议

燃料电池电动汽车运行中，需要加注氢气，各厂商对于加氢口、加氢枪以及在更高加注压力下的加氢通信协议存在不同，不利于燃料电池电动汽车产业的发展，因此有必要对加氢口、加氢枪以及通信协议进行规定。国内外燃料电池电动汽车加氢接口与通信协议的相关标准见表 4-23。

表 4-23 国内外燃料电池电动汽车加氢接口与通信协议的相关标准

序号	标准号	标准名称
1	SAE J2600	压缩氢气车辆燃料加注连接装置
2	SAE J2601	压缩氢气车辆燃料加注通信装置
3	GB/T 26779—2011	燃料电池电动汽车　加氢口
4	GB/T 34425—2017	燃料电池电动汽车　加氢枪
5	GB/T ××××—××××	燃料电池电动汽车　加氢通信协议

4.3.1 燃料电池电动汽车加氢口

GB/T 26779—2011《燃料电池电动汽车 加氢口》规定了燃料电池电动汽车加氢口的定义、型式、要求、试验方法、检验规则。该标准适用于使用压缩氢气为工作介质，工作压力不超过35MPa，工作环境温度为 $-40 \sim 60℃$ 的燃料电池电动汽车。

加氢口的一般要求如下：

1）加氢口应有防止水和灰尘进入接口并能防止接口损伤的防尘盖，应有防止防尘盖丢失的装置。

2）加氢口应有接地连接装置，除非车辆上有其他能消除静电的措施。

3）加氢口应有防止压力超过标称压力的压缩氢气通过加氢口的功能。

4）加氢口与氢接触的材料应与氢兼容，在设计的使用寿命期限内，不会发生氢脆现象。

GB/T 26779—2011《燃料电池电动汽车 加氢口》于2011年发布，对于推动燃料电池电动汽车工业的可持续发展、创造清洁环境、保障能源安全等起到了积极的促进作用。同时，随着时间的推移、技术的进步，燃料电池电动汽车对于加氢速度的需求也在发生着变化。

GB/T 26779—2011对加氢口的结构型式只设定了两种。这两种加氢口的尺寸较小，流通能力不大，在重点考虑加注时间的情况下，更适用于储氢量有限的燃料电池车辆，如燃料电池轿车等，但是对于耗氢量大，储氢量要求多的城市公交车、物流车等燃料电池商用车而言，其流通能力明显不足，加注时间显著增加，这对于燃料电池车辆的推广是个不可忽视的障碍。因此，在现有标准中增加主要用于燃料电池商用车的大口径加氢口的相关内容，推出了GB/T 26779—2011《燃料电池电动汽车 加氢口》第1号修改单。其主要修改两部分内容：

1）修改加氢口型号命名规则，体现出压力等级和关键配合尺寸的相关信息。

2）增加一款35MPa大口径加氢口标准图样。

4.3.2 燃料电池电动汽车加氢枪

GB/T 34425—2017《燃料电池电动汽车 加氢枪》规定了燃料电池电动汽车加氢枪的定义、要求和试验方法。

该标准适用于使用压缩氢气为工作介质、工作压力不超过35MPa、工作环境温度为 $-40 \sim 60℃$ 的燃料电池电动汽车加氢枪。

1. 一般要求

1）加氢枪接口型式及尺寸应具有与满足GB/T 26779—2011中5.1.1尺寸要求的加氢口的匹配性，加氢枪的设计应确保其只能与工作压力等级相同或更高的加氢口连接使用，避免与更低工作压力等级的加氢口相连。

2）加氢枪应符合GB/T 24549—2009中4.2.2的有关规定。

3）加氢枪与氢接触的材料应与氢兼容，在设计的使用寿命期限内，不会发生氢脆现象。加氢枪应采用不发火材料。

4）加氢枪按照不同的类型要求如下：

①A型：该型加氢枪适用于加氢机关闭之后加注软管处于高压状态的装置。只有当加氢枪与加氢口正确连接时，才能进行加氢。该型加氢枪配备一个或多个集成阀门，通过关闭该阀门能够首先停止加氢，然后在卸枪之前安全地放空枪头中的气体。其操作机制应确保在排空动作之前排空管路已打开，并且在卸下加氢枪之前加氢枪截止阀和加氢口针阀之间的气体已安全地排放出去。

②B型：该型加氢枪适用于加氢机关闭之后加注软管处于高压状态的装置。该型加氢枪进气口之前直接或间接地安装一个独立的三通阀门，并且通过该阀门实现在卸下加氢枪之前安全地排空枪头内残留气体。只有当加氢枪与加氢口正确连接时，才能进行加氢。在卸下加氢枪之前应先放气。外部的三通阀应有标记指示开、关及放气的位置。

③C型：该型加氢枪适用于加氢机关闭之后加注软管被泄压（小于或等于0.5MPa）的装置。只有当加氢枪与加氢口正确连接时，才能进行加氢。通过接收来自加氢枪的正确连接信号，加氢机可控制相关功能。

5）加氢枪与加氢机软管的连接不应只依靠螺纹密封。

6）A型加氢枪应有一体式或永久标识，标示起动时"开""关"操作的方向。

7）加氢枪应有过滤器等防护措施，以防止上游固体物质的进入。

8）加氢枪在大气环境温度范围为 -40～60℃ 和氢气温度范围为 -40～85℃ 下应能正常工作。

9）加氢枪不应通过机械方法打开加氢口单向阀。

2. 性能要求

加氢枪的试验项目及性能要求见表4-24。

表4-24 加氢枪的试验项目及性能要求

项目	性能要求
气密性	未连接的加氢枪的泄漏速度在20℃、101MPa环境下应小于20cm^3/h。连接装置在20℃、101MPa环境下的泄漏速度应小于20cm^3/h。连接到加氢口后，其氢气泄漏速度在20℃、101MPa环境下小于20cm^3/h
阀门操作手柄	如果加氢枪配备了阀门操作手柄，距离旋转轴的最远点应能承受200N的力，并且不会造成操作手柄损坏或卡口损坏
异常负载	加氢枪和加氢口连接部件在工作中应能承受任意方向施加670N的力，不出现扭曲、损坏和泄漏
摆动/扭曲	加氢口及其连接部件不应发生松弛或损坏
连接组件扭矩	加氢口和连接组件应能承受1.5倍安装扭矩的扭转力而无损坏迹象
循环寿命	1）加氢枪：加氢枪应能承受100000次循环。加氢枪锁定装置应在正常拆卸压力下进行检查，以确保它正确地应用于加氢枪上 2）连接装置：加氢枪和加氢口的连接装置应能承受最高气流工况
耐氧老化试验	对密封材料进行耐氧老化试验，不应出现破裂或可见的坏损
非金属材料浸渍	对加氢枪中与氢直接接触的非金属材料进行浸渍试验，样品膨胀不能超过25%，收缩不能超过10%，重量损失不能超过10%
和加氢口连接件的电阻	在承压或非承压状态下，加氢口和加氢枪连接件的电阻不应大于1000Ω。在寿命循环试验前后均应进行电阻试验
液静压强度	未连接的加氢枪、加氢口及已连接的加氢枪、加氢口在进行试验时不能出现泄漏
抗腐蚀性	加氢枪应不发生腐蚀或保护涂层缺失，并显示良好的安全性

(续)

项目	性能要求
变形	现场连接/组装部件应能够承受 1.5 倍安装扭矩的扭矩，而不出现变形、损坏或泄漏
污染试验	加氢枪和加氢口应能承受污染。加氢枪和加氢口应通过 10 次循环连续的污染试验
热循环试验	加氢枪和加氢口应能承受热循环。该循环应重复 100 次

4.3.3 燃料电池电动汽车加氢通信协议

燃料电池电动汽车加氢时，加氢站氢气储气设施的工作压力越高或该工作压力与氢能汽车充氢压力的压力差越大，则氢能汽车充氢时间越短或容易进行充氢过程的控制、调节以携带更多的氢气。因而，高压（70MPa）加氢成为主流。对于 70MPa 加氢，温度可能会提升至 120℃，而车载气瓶的允许工作温度一般为 -40 ~ 80℃，由此进行实时数据通信从而进行实时监控成为一项关键技术。

该通信协议适用于燃料电池汽车，特别对于加氢的通信进行要求，将其划分为"物理层""数据链路层""表示层"三个功能层。

——"物理层"作为数据传输介质，由连接不同节点的相关设备构成；其主要功能是利用介质为数据链路层提供物理连接，负责处理数据传输并监控数据出错率，以便数据流的透明传输。

"物理层"的协议主要对接口规范：红外物理层连接规范（IrPHY$^{\ominus}$）；数据流的调制方案：反向归零（RZI）调制方案；光脉冲持续时间和容差：最大脉冲持续时间为周期的 3/16，容差为 0.6μs；对物理帧字节格式进行定义。

——"数据链路层"的目的是在物理层提供的服务基础之上，在通信的实体间建立数据链路连接，传输以"帧"为单位的数据包，并采用差错控制与流量控制方法，确保有效数据由发送端至接收端的传递。

这里，主要加入帧头和帧尾，即帧起始字符（XBOF、BOF）和帧结束字符（EOF），帧转义字符（CE）等控制字符；另外对帧校验序列（FCS）区域和采用的 16 位 CRC 循环冗余校验码给出要求和描述，主要还是基于 IrDA 的红外连接访问协议 IrLAP 中低速异步数据连接规范。

——"表示层"处理在两个通信系统中交换信息的表示方式，如数据格式变换、数据加密解密、数据压缩与恢复等，在接收到所有的数据后进行完整性检查。

加氢过程的"表示层"协议，需要对数据进行完整性检查，包括数据类型、定界检验、标签检查、所涉及字符或数字相应的定义值检查、数据间隔检查等。

综上所述，在通信过程中，将具体为通信描述项给予车辆和加氢站均可读懂的"语法和定义"，如标签、单位、格式、范围、数据传递时间间隔、数据分隔符等，并根据传递方向进行双方的实时通信，从而保障快速、安全的加氢过程。

$\ominus$ IrDA 是红外数据组织（Infrared Data Association）的简称，目前广泛采用的 IrDA 红外连接技术由该组织提出。目前 IrDA 已经制定出了物理介质和协议层规格：红外物理层连接规范 IrPHY（Infrared Physical Layer Link Specification）、红外连接访问协议 IrLAP（Infrared Link Access Protocol）和红外连接管理协议 IrLMP（Infrared Link Management Protocol）。其中 IrPHY 规范制定了红外通信硬件设计上的目标和要求。

4.3.4 加氢车

QC/T 816—2009《加氢车技术条件》规定了用于装运和加注高压氢气的车辆的术语和定义、要求、标志和运输、停放及随车文件。该标准适用于用定型汽车底盘改装的装运和加注高压氢气的加氢车。加氢车的项目及要求见表 4-25。

表 4-25 加氢车的项目及要求

项目	要求
整车基本要求	1）加氢车应符合相关强制性国家标准的要求，且符合 QC/T 816—2009 的要求 2）外购件、外协件应符合有关零部件标准的规定，并有制造厂的合格证。经加氢车生产厂检验合格后，方能使用。所有自制零部件经检验合格方可装配 3）加氢车外廓尺寸、轴荷、质量应符合 GB 1589 的规定。且厂定最大总质量不得超过底盘最大允许总质量，转向轴（轮）载质量和侧倾稳定角应符合 GB 7258 的规定 4）加氢车应安装侧面及后下部防护装置，防护装置应符合 GB 11567.1 和 GB 11567.2 的规定 5）加氢车的运行安全要求应符合 GB 7258 的规定
电气及导静电装置	1）电器元件和导线必须连接可靠、屏蔽良好、有防爆措施 2）加氢车底部应设置符合 JT 230 规定的导静电拖地胶带 3）加氢车应另外设置导静电接地装置，用于加注时将加氢车与地面、加注对象形成导静电通路 4）金属氢气管路的任意两点间或任意一点到接地线末端的电阻应不大于 10Ω。加氢软管两端金属件之间的电阻应不大于 10Ω
防泄漏及消防装置	1）加氢车应有明确的信号装置，用于提示驾驶人车辆各系统运行状态，并在发生故障的情况下提示有关人员，如氢气泄漏报警 2）加氢车的上部空间应通风良好。顶棚内表面应平整，避免死角，并设通风气窗，保证车内不留氢气积聚的空间 3）加氢车上易于积聚氢气的地方应设置空气中氢气浓度超限报警装置，当空气中氢气含量达到 0.5% 时报警，达到 1% 时起动相应的事故排风风机。排风风机应安装于加氢车的顶部，其排风方向应向上方 4）加氢车上宜设置火焰报警传感器 5）加氢车应配带灭火器，且便于存取、固定可靠
储氢装置	1）加氢车内选用的氢气储气瓶应符合国家相关标准和法规 2）加氢车内的储氢瓶组应设置以下安全装置： ① 安全泄压装置，当选用复合材料瓶时，应有热熔栓 ② 压力指示仪表、压力传感器 ③ 氮气吹扫置换接口 3）加氢车内的储氢瓶组固定在独立支架上，宜卧式存放，应采取有效的减振及热应力保护措施
增压装置	1）氢气压缩机（或增压机）的安全保护装置的设置应满足下列规定： ① 压缩机（或增压机）进、出口与第 1 个切断阀之间设置有安全阀 ② 压缩机（或增压机）进、出口设置有高压、低压报警和超限停机装置 ③ 压缩机（或增压机）进、出口管路设置有氮气吹扫置换接口 2）氢气压缩机（或增压机）应固定在独立支架上，安装压缩机（或增压机）的吸气、排气和泄气管道时，应采取有效的减振措施
加注装置	1）氢气加注装置应具有充装、计量和控制功能，并符合下列规定： ① 氢气加注速率应考虑相关安全要求 ② 应设置安全限压装置 ③ 宜选用质量流量计计量 ④ 进气管道上应设置手动和自动切断阀 ⑤ 工作仪表和操作装置应设在便于观察和操作处 2）加气软管上应设置拉断阀 3）加气软管上的拉断阀、加气软管及软管接头等应符合下列规定： ① 拉断阀的分离拉力范围为 220~660N ② 加气软管及软管接头应选用具有抗腐蚀性能的材料 ③ 加气软管应能导电 4）氢气加注装置上应设置紧急关机按钮，在紧急情况下按下此按钮后能同时关闭气源和电源

(续)

项目	要求
氢气管道及附件	1）氢气管道应采用适于氢气传输、防氢渗、防氢脆的材质 2）加氢车内的所有氢气管道、阀门、管件的设计压力应比最大工作压力高10%以上，并不得低于安全阀的泄放压力 3）氢气放空管的设置应符合下列规定： ① 将氢气引至车身外集中安全排放，排放方向应向上 ② 放空管管口应有防雨水侵入和杂物堵塞的措施 ③ 放空管上设置阻火器 4）氢气管道上的法兰、阀门、胶管两端等连接处，均应采用金属线跨接 5）氢气管道系统安装完成后，应进行压力试验和气密性试验，试验时要有安全保护措施。其中，压力试验可参照相关安全要求进行；气密性试验以氦气或氦氮混合气（氦气浓度不低于5%）作为试验气体，试验压力应为设计压力的1.05倍，达到试验压力后，保压10min，然后降至设计压力，对管道连接部位进行泄漏检查，以无泄漏为合格
标志	1）加氢车两侧应有明显的"严禁烟火"字样，加氢车顶部应有危险货物车辆标志灯，加氢车后部应有易燃气体标志牌，且符合GB 13392的规定 2）加氢车应在明显部位固定产品标牌，标牌应符合GB/T 18411—2001的规定，标牌上至少包括以下内容：产品名称与型号；产品外形尺寸（长×宽×高），单位为mm；加氢装置额定工作压力；储氢瓶额定容量、额定工作压力；出厂编号及出厂日期
随车文件	加氢车应配备使用说明书。使用说明书的编写应包括以下内容： 1）产品名称与型号 2）生产企业名称、详细地址 3）加氢车技术特点及参数 4）安全操作要求 5）应急措施与防险对策 6）行驶速度要求 7）停车熄火要求 8）加氢车维修保养停放的特殊规定

4.4 电动汽车对外放电

电动汽车尤其是纯电动汽车，搭载了高能量的动力电池，具有较高的续驶里程。在某些情况下，这些电能可以从车辆向外输出，用于如电力中断后的照明等生活用电，电动汽车低电量下的紧急补电，也可以连接至家庭和建筑物，甚至可以作为储能电池连接电网，大量的电动汽车与电网连接后，可承担电网的削峰填谷功能，实现与电网间的智能互动。

车辆对外放电（Vehicle to X，V2X）可分为很多种类型，如车辆对负载放电（Vehicle to Load，V2L）、车辆对车辆放电（Vehicle to Vehicle，V2V）、车辆对住宅放电（Vehicle to Home，V2H）、车辆对建筑放电（Vehicle to Building，V2B）、车辆对电网放电（Vehicle to Grid，V2G）等。这些放电应用可以依据是否与电网连接分为离网放电和并网放电，V2G是并网放电，V2H和V2B可以是并网放电，也可以是离网放电，取决于住宅或建筑物是否断开与电网的连接，V2L和V2V是离网放电。

目前，尚无专门标准规定车辆对外放电，仅有部件级汽车行业标准QC/T 1088—2017《电动汽车用充放电式电机控制器技术条件》，该标准规定的电机控制器具备电机驱动逆变器、充电机和车外放电逆变器三种功能。电动汽车对外放电功能的技术要求见表4-26。

表 4-26　电动汽车对外放电功能的技术要求

序号	项目	技术要求
1	V2L控制导引电路和控制原理	电动汽车为V2L模式时（该车辆为"放电车辆"），应使用下图所示的控制导引电路进行放电连接装置的连接确认及额定电流参数的判断。该电路由放电控制装置、控制器、R4、RC和S3等组成，其中，放电控制装置可以集成在控制器或其他车载控制单元中，车辆接口应符合GB/T 20234.2 的规定。放电连接设备的 RC 阻值应符合下表的要求 放电车辆输出电压的条件为： ——车辆接口完全连接 ——配置了电子锁的接口完全锁止 ——控制器自检测完成后无故障 ——电池组处于可放电状态 放电车辆应具备人为终止放电流程的设置或者操作措施 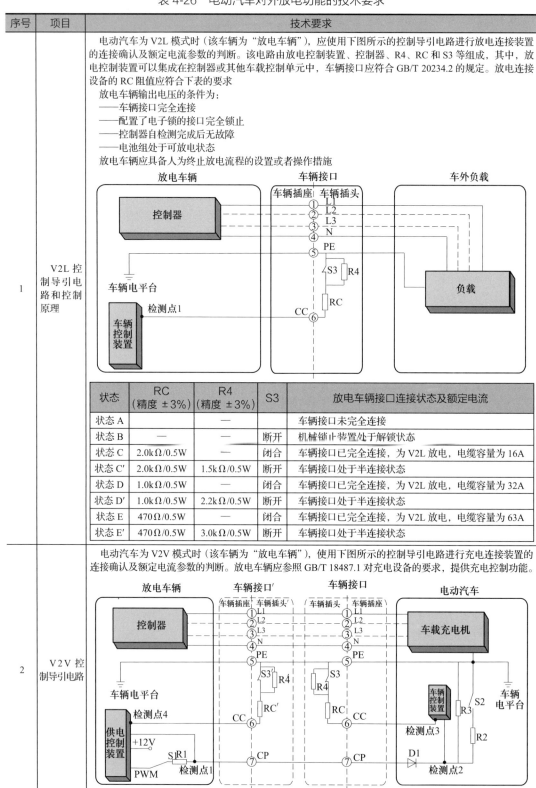
2	V2V控制导引电路	电动汽车为V2V模式时（该车辆为"放电车辆"），使用下图所示的控制导引电路进行充电连接装置的连接确认及额定电流参数的判断。放电车辆应参照GB/T 18487.1 对充电设备的要求，提供充电控制功能。

状态	RC（精度±3%）	R4（精度±3%）	S3	放电车辆接口连接状态及额定电流
状态 A	—	—		车辆接口未完全连接
状态 B	—		断开	机械锁止装置处于解锁状态
状态 C	2.0kΩ/0.5W	—	闭合	车辆接口已完全连接，为V2L放电，电缆容量为16A
状态 C'	2.0kΩ/0.5W	1.5kΩ/0.5W	断开	车辆接口处于半连接状态
状态 D	1.0kΩ/0.5W	—	闭合	车辆接口已完全连接，为V2L放电，电缆容量为32A
状态 D'	1.0kΩ/0.5W	2.2kΩ/0.5W	断开	车辆接口处于半连接状态
状态 E	470Ω/0.5W	—	闭合	车辆接口已完全连接，为V2L放电，电缆容量为63A
状态 E'	470Ω/0.5W	3.0kΩ/0.5W	断开	车辆接口处于半连接状态

（续）

序号	项目	技术要求
3	V2V 模式放电车辆设置及连接	V2V 放电前，应在车辆上进行放电设置，然后连接充放电连接装置，如果 RC' 不在放电连接装置等级要求内，则停止放电流程。RC' 阻值应满足下表的要求 | 状态	RC'（精度 ±3%）	R4'（精度 ±3%）	S3	放电车辆接口连接状态及额定电流
---	---	---	---	---
状态 A	—	—	—	车辆接口未完全连接
状态 B			断开	机械锁止装置处于解锁状态
状态 C	680Ω/0.5W	—	闭合	车辆接口'已完全连接，为 V2V 放电，电缆容量为 16A
状态 C'	680Ω/0.5W	2.7kΩ/0.5W	断开	车辆接口处于半连接状态
状态 D	220Ω/0.5W	—	闭合	车辆接口'已完全连接，为 V2V 放电，电缆容量为 32A
状态 D'	220Ω/0.5W	3.3kΩ/0.5W	断开	车辆接口处于半连接状态
状态 E	100Ω/0.5W	—	闭合	车辆接口'已完全连接，为 V2V 放电，电缆容量为 63A
状态 E'	100Ω/0.5W	3.3kΩ/0.5W	断开	车辆接口处于半连接状态	 车辆插头'连接或半连接车辆时，车辆应处于不可行驶状态 供电控制装置通过测量检测点 1 与 PE 之间的电阻值来判断车辆插头'与车辆插座'是否完全连接。完全连接后，如放电车辆插座内配备有电子锁，电子锁应在开始放电前锁定车辆插头'并在整个放电流程中保持；如不能锁定，由放电车辆决定下一步操作：终止放电流程，或通知操作人员并等待进一步指令
4	V2V 模式确认放电连接装置是否已完全连接	放电车辆的供电控制装置把 CP 置于 +12V 或者输出 100% 的 PWM 占空比，模拟 GB/T 18487.1 中供电设备模式 如放电车辆无故障，并且供电接口已完全连接，则从 +12V 状态切换至 PWM 连接状态，供电控制装置发出 PWM 信号。供电控制装置通过测量检测点 1 的电压值或检测点 4 来判断放电连接装置是否完全连接
5	V2V 模式供电设备准备就绪	供电控制装置通过测量检测点 1 的电压值判断充电车辆是否准备就绪。当检测点 1 的峰值电压为下图中状态 3 对应的电压值时，则放电车辆开始放电 （图：V2V 模式状态转换图）
6	V2V 模式终止放电流程	除故障等车辆或连接装置原因导致的被动终止放电流程之外，放电车辆应具备人为终止放电流程的设置或者操作措施

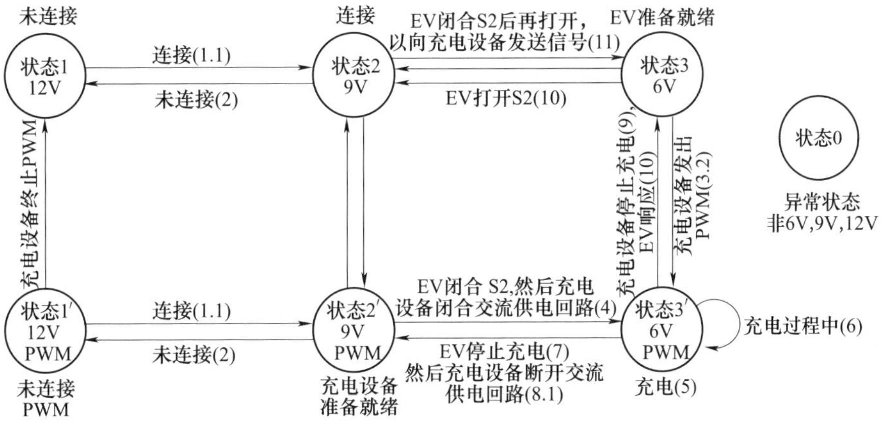

(续)

序号	项目	技术要求
7	V2V 放电连接装置要求	车辆插头 1 与车辆插头 2 可互换，其结构尺寸应符合 GB/T 20234.2 电缆组件应满足 GB/T 20234.1 的相关规定 供电车辆　车辆插座　　车辆插座　充电车辆 车辆插头1　电缆组件　车辆插头2
8	V2G 控制导引电路和控制原理	V2G 的引导电路及与电网端供电设备的交互需满足 GB/T 18487.1 中的规定 V2G 并网放电前，需在放电车辆上进行设置，车辆需具备设置终止放电流程的功能

4.5 电动汽车信息安全

4.5.1 电动汽车信息安全国内外整体情况

电动汽车信息安全面临的网络环境复杂多变、威胁面宽，可能遭受的攻击路径和手段多样，这些都给黑客提供了更大的施展空间。据统计，搭载了先进电子系统的电动汽车拥有数百个电子部件，几十个 ECU，数百万行代码，不可避免地存在很多信息安全漏洞，黑客一旦采用非法手段对电动汽车进行攻击，将会给用户带来巨大的人身、财产安全危害。目前已经发现的汽车信息安全漏洞涉及 TSP 平台、APP 应用、Telematics Box（T-BOX）上网系统、车机 IVI 系统、CAN-BUS 车内总线等。此外，电动汽车还因具有充电系统而产生了有别于传统汽车的其他信息安全防护需求，但总体来看其与传统动力汽车在信息安全防护方面没有本质性区别。

如何对汽车信息安全进行测试评价、制定标准和实现有效管理成为各国政府主管部门及产业界的关注热点。国内外各机构、企业、高校等已经开展了大量汽车信息安全研究。

国际汽车信息安全标准的制定以原有国际标准化工作分工框架为基础，国际标准化组织（ISO）、美国汽车工程师协会（SAE）、国际电信联盟（ITU）、联合国 WP.29 等均围绕汽车信息安全开展了相关工作，呈现多组织协同合作的局面。国内与智能网联汽车相关的众多标准化组织和协会团体均已争相开展信息安全标准的研究制定工作，如全国汽车标准化技术委员会、全国信息安全标准化技术委员会、全国智能运输系统标准化技术委员会、中国通信标准化协会等。

总体来看，国内外相关行业组织和企业均意识到汽车信息安全标准的核心地位，但目前尚未形成系统的体系，已制定的标准也没有与管理体制形成有效配合。未来，谁率先提出科学合理、广泛认可的标准体系，制定出适用于产业发展和行业管理的系统性标准，谁就将牢牢占据汽车信息安全产业发展的制高点。

国内外电动汽车信息安全标准情况见表 4-27。

表 4-27　国内外电动汽车信息安全标准情况

序号	标准号	标准名称
1	GB/T ×××××	汽车信息安全通用技术要求
2	GB/T ×××××	汽车网关信息安全技术要求
3	GB/T ×××××	车载信息交互系统信息安全技术要求
4	GB/T ×××××	电动汽车远程信息服务与管理系统信息安全技术要求
5	GB/T ×××××	电动汽车充电系统信息安全技术要求
6	GB/T ×××××	信息安全技术　汽车电子系统网络安全指南
7	SAE J3061	信息物理融合系统网络安全指南
8	SAE J3101	地面车辆应用的硬件保护安全性要求
9	ISO 21434（正在制定）	道路车辆—信息安全工程
10	ITU-X.1373	智能交通系统通信设备的安全软件更新能力

4.5.2　电动汽车信息安全标准介绍

国内外电动汽车信息安全标准的适用范围和内容概览分别见表 4-28 和表 4-29。

表 4-28　国内外电动汽车信息安全标准的适用范围

标准名称	适用范围
汽车信息安全通用技术要求	适用于智能网联汽车整车、通信接口及其电子电气零部件产品，但不涉及产品的具体业务和功能环境。此外，该标准不规定车外系统的信息安全要求，也不涉及安全管理和隐私保护的相关要求
汽车网关信息安全技术要求	适用于指导汽车网关信息安全功能的设计和生产
车载信息交互系统信息安全技术要求	适用于整车厂、零部件供应商、软件供应商和芯片供应商等汽车电子产业链信息安全技术的设计开发与验证
电动汽车远程信息服务与管理系统信息安全技术要求	适用于纯电动汽车、插电式混合动力电动汽车和燃料电池电动汽车的车载终端、车辆企业平台和公共平台之间的数据通信。该标准是对 GB/T 32960 中关于电动汽车远程服务与管理系统信息安全技术要求的补充。同时，该标准内容对于其他采用远程信息服务的业务模型开发具有参考作用
电动汽车充电系统信息安全技术要求	适用于电动汽车充电系统车内系统信息安全的防护设计、开发、测试和评估。同时，该标准内容对于其他采用远程信息服务的业务模型开发具有参考作用
信息安全技术　汽车电子系统网络安全指南	转化自 SAE J3061，适用范围与 SAE J3061 一致
信息物理融合系统网络安全指南	适用于车辆系统集成软硬件信息安全要求，包括测试方法和测试工具
地面车辆应用的硬件保护安全性要求	适用于车辆硬件信息安全防护
道路车辆—信息安全工程	适用于车辆开发过程中有关信息安全防护设计的整体流程描述
智能交通系统通信设备的安全软件更新能力	适用于车辆软件远程升级的服务器车辆通信

表 4-29 国内外电动汽车信息安全标准的内容概览

标准名称	内容概览
汽车信息安全通用技术要求	定义了一个汽车信息安全参考框架,指导智能网联汽车整车及其电子电气子系统开展信息安全的技术分析工作。以概念性的网联汽车模型为研究对象,定义了汽车信息安全实施的基本原则和共性的技术要求
汽车网关信息安全技术要求	规定了汽车网关的信息安全功能要求、硬件安全要求和操作系统安全要求等部分
车载信息交互系统信息安全技术要求	提出了车载信息交互系统的信息安全目标,并对应用软件/硬件、操作系统、通信协议与接口、数据的安全技术也提出了要求,旨在指导车载信息交互系统设计开发与验证环节
电动汽车远程信息服务与管理系统信息安全技术要求	规定了电动汽车远程服务与管理系统的信息安全要求,包括车载端信息安全、平台端信息安全、通信协议信息安全等部分
电动汽车充电系统信息安全技术要求	规定了电动汽车充电系统车内系统信息安全技术要求和测试评价方法,包括了对硬件安全、软件安全、数据安全以及网络安全等方面的技术要求,以保证电动汽车充电系统相关数据的保密性、可用性和完整性
信息安全技术 汽车电子系统网络安全指南	该标准转化自 SAE J3061
信息物理融合系统网络安全指南	SAE J3061 阐述了汽车产品安全生命周期范围内信息安全设计和防护,为企业提供了可操作的汽车信息安全解决方案,是指导企业开展汽车信息安全研发、测试验证及管理的系统性参考文件。主要作用如下: 1)定义了概念、设计、开发、生产、运行、维护和报废各阶段完整的安全生命周期,并在各阶段提出了信息安全技术要求和流程管控要求 2)提供了汽车信息安全防护的指导性原则 3)提供了现有安全防护工具与防护措施方面的相关参考信息 4)为下一步的标准研究与制定奠定了基础
地面车辆应用的硬件保护安全性要求	为地面车辆的硬件定义一套通用的安全要求,以促进安全性增强的应用程序,提出对实现地面车辆应用硬件保护理想系统所需功能的期望,包括示例,但未明确说明实施要求
道路车辆—信息安全工程	基于 SAE J3061,参考 V 字模型开发流程:信息安全相关的术语和定义;信息安全管理:包括企业组织层面和具体项目层面;威胁分析和风险评估(TARA);信息安全概念阶段开发;架构层面和系统层面的威胁减轻措施和安全设计;软硬件层面的信息安全开发,包括信息安全的设计、集成、验证和确认;信息安全系统性的测试及其确认方法;信息安全开发过程中的支持流程,包括需求管理、可追溯性管理、变更管理和配置管理、监控和事件管理;信息安全事件在生产、运行、维护和报废阶段的预测、防止、探测、响应和恢复等
智能交通系统通信设备的安全软件更新能力	通过适当的安全控制措施,为远程更新服务器和车辆之间的通信提供安全的软件更新方案,并且定义了安全更新的流程和内容建议

4.6 电动汽车远程监控

4.6.1 标准制定的背景

在我国一系列鼓励政策的支持下,电动汽车技术迅速发展,产业规模快速扩大。各大企业和部分示范运营城市建立了电动汽车运行监控平台,在本系列国家标准制定之前,各平台自成体系,兼容性差,影响了电动汽车行驶数据统计和电动汽车运行的有效监管。有必要制定全国统一的电动汽车远程监控系统及通信协议标准,提高电动汽车远程监控系统及通信协议技术水平,增强电动汽车远程监控系统的通用性和兼容性,降低生产和运营成本,推动电动汽车的技术进步和推广应用。国际层面上没有远程监控相关的标准法规,制定和实施电动汽车的远程监控标准,是依据我国的实际情况而确定的。

GB/T 32960—2016《电动汽车远程服务与管理系统技术规范》系列标准在 2016 年 8 月发布,于 2016 年 10 月实施,包括第 1 部分:总则、第 2 部分:车载终端以及第 3 部分：通信协议及数据格式。

该系列标准发布实施之后，相关部门或指定机构建立的公共平台，接收从企业平台上传标准规定的数据，从客观的角度对所有车辆的质量状况进行记录和分析，为质量监督部门执行车辆"三包"和召回制度提供数据支撑，为电动汽车行业的健康发展提供帮助。另外，公共平台通过对车辆备案信息和车辆实际运行里程等进行统计分析，为政府准确地发放电动汽车补贴提供数据支撑。

GB/T 32960—2016《电动汽车远程服务与管理系统技术规范》系列标准作为国内电动汽车远程监控行业的主要标准，可以为各个地方政府建立公共平台及整车企业建立远程监控企业平台提供指导性依据，规范行业秩序，避免各个地方及企业各自发展，排除政策和技术壁垒，降低社会成本，提高行业发展效率。

4.6.2 标准主要内容介绍

电动汽车远程监控标准的适用范围见表 4-30。

表 4-30 电动汽车远程监控标准的适用范围

标准号	适用范围
GB/T 32960.1	该标准规定了电动汽车远程服务与管理系统的总体结构和功能，对公共平台、企业平台和车载终端进行了定义，并说明了它们之间的关系 该标准适用于纯电动汽车、插电式混合动力电动汽车和燃料电池电动汽车的车载终端、车辆企业平台和公共平台之间的数据通信
GB/T 32960.2	该标准规定了电动汽车远程服务与管理系统车载终端的技术要求和试验方法 该标准适用于安装应用在电动汽车上用于采集、存储和传输车辆相关信息的设备装置，其他类似设备可参考使用
GB/T 32960.3	该标准规定了电动汽车远程服务与管理系统中通信协议及数据格式相关的协议结构、通信连接、数据包结构与定义、数据单元格式与定义 该标准适用于电动汽车远程服务与管理系统中平台间的通信，车载终端至平台的传输可参照执行

电动汽车远程监控标准的主要内容见表 4-31。

表 4-31 电动汽车远程监控标准的主要内容

标准号	主要内容
GB/T 32960.1	该标准的主要技术内容如下： 1）系统总体结构：电动汽车远程服务与管理系统由公共平台、企业平台和车载终端组成，数据由车载终端传输到企业平台，企业平台再按照平台交换通信协议将数据传输到公共平台，电动汽车远程服务与管理系统总体结构如下图所示 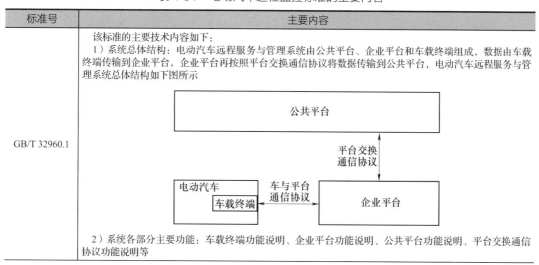 2）系统各部分主要功能：车载终端功能说明、企业平台功能说明、公共平台功能说明、平台交换通信协议功能说明等

（续）

标准号	主要内容
GB/T 32960.2	该标准对远程监控终端的一般要求、功能要求、性能要求及试验方法进行了规定 1）一般要求。主要是要求存储在车载终端内的数据及车载终端与企业平台传输过程中的数据是可加密的，加密数据应具有完整性、准确性和不可否认性 2）功能要求。主要是对时间和日期、数据采集、数据存储、数据传输、数据补发、注册和激活、独立运行及远程控制进行规定 3）对远程监控的性能要求及试验方法进行规定，包括电气适应性能、环境适应性能、电磁兼容性能及可靠性能
GB/T 32960.3	该标准规定了平台间通信连接方式及技术要点，平台间通信连接要求主要包括连接建立、信息传输、统计信息上报、连接断开、补发机制；该标准还提供了资料性附录作为终端通信连接数据包格式与定义的参考 因车辆数据的传输及平台间的通信共用一套数据编码格式，且都应传输唯一识别码作为身份认证标识。当传输车辆数据时，应使用车辆 VIN（车架号）作为唯一身份认证标识；当平台间进行通信时，应使用国家监管平台分发的统一识别码；当作为其他数据传输格式时，应使用双方约定的唯一识别码。该标准还规定了不同类型信息标志定义和发送要求以及报警标志位定义和说明 1）信息类型标志定义如下： 	类型编码	说明	备注
---	---	---
0x01	整车数据	详见该标准中 7.2.3.1
0x02	驱动电机数据	详见该标准中 7.2.3.2，停车充电过程无须传输该数据
0x03	燃料电池数据	详见该标准中 7.2.3.3
0x04	发动机数据	详见该标准中 7.2.3.4，停车充电过程无须传输该数据
0x05	车辆位置数据	详见该标准中 7.2.3.5
0x06	极值数据	详见该标准中 7.2.3.6
0x07	报警数据	详见该标准中 7.2.3.7
0x08～0x09	终端数据预留	—
0x0A～0x2F	平台交换协议自定义数据	—
0x30～0x7F	预留	—
0x80～0xFE	用户自定义	详见该标准中 7.2.3.8 | 2）车辆在监控前应到服务端平台上注册，并传输以下规定的车辆信息 | 序号	车辆信息	备注
---	---	---
1	SIM 卡 ICCID 号	车载终端所使用 SIM 卡 ICCID 编号
2	VIN	符合 GB 16735 要求
3	型号	车辆备案时所用车辆型号
4	驱动电机布置型式/位置	驱动电机在整车中的布置型式及位置，如轮边电机、轮毂电机、前后双电机等
5	最高车速	整车最高车速
6	纯电续驶里程	在纯电行驶状态下的续驶里程（工况法）
7	各档位传动比	各档位下的传动比，CVT 无此项
8	电池个数及各个电池相关参数	参见 GB/T 32960.3—2016 附录 A 中表 A.4
9	驱动电机个数及各个驱动电机相关参数	参见 GB/T 32960.3—2016 附录 A 中表 A.4
10	通用报警预值	参见 GB/T 32960.3—2016 中表 18	

（续）

标准号	主要内容
GB/T 32960.3	3）对可充电储能装置和驱动电机信息的规定如下： 	序号	可充电储能装置和驱动电机部分信息
1	可充电储能系统编码
2	车载储能装置类型（见 GB/T 32960.3—2016 附录 A 中表 A.5）
3	车载储能装置类型总能量
4	车载储能装置类型冷却方式
5	驱动电机冷却方式
6	额定电压
7	驱动电机最大工作电流
8	驱动电机序号
9	驱动电机型号
10	驱动电机峰值功率
11	驱动电机最高转速
12	驱动电机峰值转矩
13	驱动电机最大输出转矩 | 4）对整车数据格式和定义的规定如下，并作为必选数据进行发送 | 数据表示内容	长度（字节）	数据类型	描述及要求
---	---	---	---
车辆状态	1	BYTE	0x01 车辆起动状态；0x02：熄火；0x03：其他；"0xFE"表示异常，"0xFF"表示无效
充电状态	1	BYTE	0x01：停车充电；0x02：行驶充电；0x03：未充电状态；0x04：充电完成；"0xFE"表示异常，"0xFF"表示无效
运行模式	1	BYTE	0x01：纯电；0x02：混动；0x03：燃油；"0xFE"表示异常；"0xFF"表示无效
车速	2	WORD	有效值范围：0～2200（表示 0～220km/h），最小计量单元：0.1km/h，"0xFF, 0xFE"表示异常，"0xFF, 0xFF"表示无效
累计里程	4	DWORD	有效值范围：0～9999999（表示 0～999999.9km），最小计量单元：0.1km "0xFF, 0xFF, 0xFF, 0xFE"表示异常，"0xFF, 0xFF, 0xFF, 0xFF"表示无效
总电压	2	WORD	有效值范围：0～10000（表示 0～1000V），最小计量单元：0.1V，"0xFF, 0xFE"表示异常，"0xFF, 0xFF"表示无效
总电流	2	WORD	有效值范围：0～20000（偏移量 1000A，表示 -1000～+1000A），最小计量单元：0.1A，"0xFF, 0xFE"表示异常，"0xFF, 0xFF"表示无效
SOC	1	BYTE	有效值范围：0～100（表示 0%～100%），最小计量单元：1%，"0xFE"表示异常，"0xFF"表示无效
DC/DC 状态	1	BYTE	0x01：工作；0x02：断开，"0xFE"表示异常，"0xFF"表示无效
档位	1	BYTE	档位定义见 GB/T 32960.3—2016 附录 A 中表 A.1
绝缘电阻	2	WORD	有效范围 0～60000（表示 0～60000kΩ），最小计量单元：1kΩ
预留	2	WORD	预留位	

（续）

标准号	主要内容
GB/T 32960.3	5）通用报警标志位的定义和说明如下： <table><tr><th>位</th><th>定义</th><th>说明</th></tr><tr><td>0</td><td>1：温度差异报警；0：正常</td><td>电池子系统内电池温度差异达到或超过厂商自定义预值</td></tr><tr><td>1</td><td>1：电池高温报警；0：正常</td><td>电池子系统内探针温度达到或超过厂商自定义预值</td></tr><tr><td>2</td><td>1：动力电池包过压报警；0：正常</td><td>电池子系统内动力电池包整体电压达到或超过厂商自定义预值</td></tr><tr><td>3</td><td>1：动力电池包欠压报警；0：正常</td><td>电池子系统内动力电池包整体电压达到或低于厂商自定义预值</td></tr><tr><td>4</td><td>1：SOC 低报警；0：正常</td><td>整车 SOC 过低以致车辆进入限制行驶状态</td></tr><tr><td>5</td><td>1：单体电池过压报警；0：正常</td><td>电池子系统内动力电池单体电压达到或超过厂商自定义预值</td></tr><tr><td>6</td><td>1：单体电池欠压报警；0：正常</td><td>电池子系统内动力电池单体电压达到或低于厂商自定义预值</td></tr><tr><td>7</td><td>1：SOC 过高报警；0：正常</td><td>车辆 SOC 值超过 100%</td></tr><tr><td>8</td><td>1：SOC 跳变报警；0：正常</td><td>车辆在充电行驶过程中，SOC 值出现了达到或超过厂商自定义预值的跳变</td></tr><tr><td>9</td><td>1：动力电池包不匹配报警；0：正常</td><td>针对快换的车辆，多个电池包未成批更换时发送此报警</td></tr><tr><td>10</td><td>1：动力电池单体一致性差报警；0：正常</td><td>电池子系统内动力电池单体电压差异达到或超过厂商自定义预值</td></tr><tr><td>11</td><td>1：绝缘报警；0：正常</td><td>整车正极对地电阻达到或超过厂商自定义预值</td></tr><tr><td>12</td><td>1：DC/DC 温度报警；0：正常</td><td>DC/DC 温度达到或超过厂商自定义预值</td></tr><tr><td>13</td><td>1：制动系统报警；0：正常</td><td>制动系统故障</td></tr><tr><td>14</td><td>1：DC/DC 状态报警；0：正常</td><td>DC/DC 系统故障</td></tr><tr><td>15</td><td>1：驱动电机控制器温度报警；0：正常</td><td>驱动电机控制器温度达到或超过厂商自定义预值</td></tr><tr><td>16</td><td>1：高压互锁状态报警；0：正常</td><td>高压互锁状态异常</td></tr><tr><td>17</td><td>1：驱动电机温度报警；0：正常</td><td>驱动电机温度达到或超过厂商自定义预值</td></tr><tr><td>18</td><td>1：动力电池过充；0：正常</td><td>动力电池被判定为过充时，发送此报警</td></tr><tr><td>19～31</td><td>预留</td><td>为可能发生的其他通用报警预留</td></tr></table>

参考文献

[1] 中国电力企业联合会. 电动汽车传导充电系统 第1部分：通用要求：GB/T 18487.1—2015[S]. 北京：中国标准出版社，2015.

[2] 全国汽车标准化技术委员会. 电动汽车传导充电用连接装置 第1部分：通用要求：GB/T 20234.1—2015[S]. 北京：中国标准出版社，2015.

[3] 全国汽车标准化技术委员会. 电动汽车传导充电用连接装置 第2部分：交流充电接口：GB/T 20234.2—2015[S]. 北京：中国标准出版社，2015.

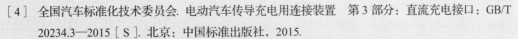

[4] 全国汽车标准化技术委员会. 电动汽车传导充电用连接装置 第3部分：直流充电接口：GB/T 20234.3—2015 [S]. 北京：中国标准出版社，2015.

[5] 中国电力企业联合会. 电动汽车非车载传导式充电机与电池管理系统之间的通信协议：GB/T 27930—2015 [S]. 北京：中国标准出版社，2015.

[6] 中国电力企业联合会. 电动汽车传导充电互操作性测试规范 第1部分：供电设备：GB/T 34657.1—2017 [S]. 北京：中国标准出版社，2017.

[7] 全国汽车标准化技术委员会. 电动汽车传导充电互操作性测试规范 第2部分：车辆：GB/T 34657.2—2017 [S]. 北京：中国标准出版社，2017.

[8] 中国电力企业联合会. 电动汽车非车载传导式充电机与电池管理系统之间的通信协议一致性测试：GB/T 34658—2017 [S]. 北京：中国标准出版社，2017.

[9] 中国电力企业联合会. 电动汽车快换电池箱通信协议：GB/T 32895—2016 [S]. 北京：中国标准出版社，2016.

[10] 中国电力企业联合会. 电动汽车动力仓总成通信协议：GB/T 32896—2016 [S]. 北京：中国标准出版社，2016.

[11] 全国汽车标准化技术委员会. 燃料电池电动汽车 加氢口：GB/T 26779—2011 [S]. 北京：中国标准出版社，2011.

[12] 全国汽车标准化技术委员会. 燃料电池电动汽车 加氢枪：GB/T 34425—2017 [S]. 北京：中国标准出版社，2017.

[13] 全国汽车标准化技术委员会. 加氢车技术条件：QC/T 816—2009 [S]. 北京：中国计划出版社，2010.

[14] 全国汽车标准化技术委员会. 电动汽车远程服务与管理系统技术规范 第1部分：总则：GB/T 32960.1—2016 [S]. 北京：中国标准出版社，2016.

[15] 全国汽车标准化技术委员会. 电动汽车远程服务与管理系统技术规范 第2部分：车载终端：GB/T 32960.2—2016 [S]. 北京：中国标准出版社，2016.

[16] 全国汽车标准化技术委员会. 电动汽车远程服务与管理系统技术规范 第3部分：通信协议及数据格式：GB/T 32960.3—2016 [S]. 北京：中国标准出版社，2016.

第5章 回收利用及其他相关标准

本章汇编了我国电动汽车和动力电池包装、储存、运输、维护、维修、保养、回收利用等方面的政策法规和标准，部分内容还处于缺失阶段，应综合考虑、合理规划，形成完整的标准体系，使电动汽车销售及售后服务阶段有据可依；汽车的销售及售后服务方面的政策不具体，没有考虑到电动汽车的特殊性，应及时修订或重新发布相应政策，将电动汽车与传统燃料汽车区分开来，着重考虑电动汽车的安全要求和环保要求，减小电动汽车的安全、环保隐患。

国外针对汽车维修、回收利用和再生利用均有相应的标准和规定，尚缺乏专门针对电动汽车的相关标准政策；要求锂电池和镍氢电池按危险货物进行包装和运输，在储存、维护、维修、保养、回收利用等方面还缺乏相应规定。

5.1 包装、储存与运输

动力电池的包装、储存与运输应按照危险货物的要求进行，报废后的动力电池应根据其危险性对其进行包装、存储、运输、梯次利用和再生利用，但是由于缺乏明确的条文规定和严格的监管措施，导致新入行企业认识不足，因此应尽早出台标准政策，明确废旧动力电池的危险特性和采取的相应措施，规范市场行为，引导行业健康发展。

电动汽车整车运输要求见表 5-1，动力电池运输要求见表 5-2。

表 5-1 电动汽车整车运输要求

序号	标准名称	标准号	范围	内容	备注
1	纯电动城市客车通用技术条件	JT/T 1026—2016	M_2 类和 M_3 类中 A 级、I 级和 II 级纯电动城市客车	① 采用自行行驶时，应遵守说明书中新车行驶的各项规定 ② 采用铁路、公路或水路运输时，应用专门吊具或升降台装运，防止车身和零部件变形损坏；装运时，纯电动城市客车之间应保留足够的间隔，用楔形块塞好车轮，并用绳索将纯电动城市客车拉紧，防止纯电动城市客车滑移；纯电动城市客车装车或装船后，实施驻车制动，断开高低压电路，关窗锁门，按需加以覆盖 ③ 运输纯电动城市客车时，纯电动城市客车的停放位置应远离火源、热源、高压线、易燃易爆等危险物品，并应设置高压警示标志 ④ 长期停放时应有专业人员对整车及关键零部件和车载储能装置进行定期检查、维护，检查结果应有详细的记录并存档	运输与储存不是该标准的主要内容
2	汽车整车物流质损风险监控要求	GB/T 31151—2014	汽车整车	根据发生质损的风险，将汽车整车物流过程分为 3 级监控，每级监控采用两种抽查方式；对质量信息、事件、仓储场地、物流运输作业过程、运输车和专用铁公集装箱的监控内容、监控方法、监控级别和抽查方式进行了规定	电动汽车的质损风险监控可参照该标准要求，并根据实际情况增加相关规定
3	商用车运输服务规范	WB/T 1032—2006	商用车	在公路、铁路运输中，对操作人员、运输过程中自驾、背载、专用车辆、铁路运输提出了要求，对交车与接车、装载与卸载、在途控制、信息联络保证、异常事件处理和运输服务评价等内容进行了规定	电动汽车的乘用车和商用车的公路、水路和铁路运输可参照乘用车、商用车运输规范标准，并根据实际情况增加相关规定
4	乘用车水路运输服务规范	WB/T 1033—2006	乘用车	对水路运输的滚装船、滚装码头、堆场、固定器具提出了要求，对水路运输操作人员、运输作业、运输组织方式、信息联络保证、异常事件处理、运输服务评价等内容进行了规定	
5	乘用车运输服务规范	WB/T 1021—2004	乘用车	对乘用车的运输工具、固定器具、交车与接车信息、装载与卸载、在途控制、信息联络保证、异常事件处理、运输服务指标等内容进行了规定	

表 5-2 动力电池运输要求

序号	标准名称	标准号	范围	内容	备注
1	危险货物道路运输规则	JT/T 617—2018	锂电池组	JT/T 617.3—2018 中规定锂离子电池属于第 9 类危险品，应遵守的特殊规定包括 188、230、310、348、376、377 和 636 条（见 JT/T 617.3—2018）；应遵守的包装指南包括 P903、P908、P909、LP903 和 LP904（见 JT/T 617.4—2018）；禁止通过 E 类隧道（见 JT/T 617.7—2018 附录 B） JT/T 617.4—2018 中规定： （1）包装指南 P903　该指南适用于 UN3090、UN3091、UN3480 和 UN3481，可以使用符合 4.1 和 4.4 及下列要求的包装： 1）电池和电池组： 桶（1A2、1B2、1N2、1H2、1D、1G） 箱（4A、4B、4N、4C1、4C2、4D、4F、4G、4H1、4H2） 罐（3A2、3B2、3H2） 包装中的电池或电池组应采取保护措施，防止电池或电池组因在包装中的晃动或位置变化而造成的损坏 包装应符合包装类别 II 的性能水平	UN3171 电池驱动的车辆或电池驱动的设备、UN3496 镍/金属氢化物蓄电池组（镍氢电池组）：不受 JT/T 617.1—2018 ~ JT/T 617.7—2018 的限制 说明：左栏中涉及的 4.1、4.4、4.1.3 等均为 JT/T 617.4—2018 中的相应内容

（续）

序号	标准名称	标准号	范围	内容	备注
1	危险货物道路运输规则	JT/T 617—2018	锂电池组	2）对于总质量在12kg及以上或者采用坚固、耐碰撞外壳的电池（电池组），或者这类电池（电池组）的集合，还需满足下列要求： ① 坚固的外包装 ② 保护外罩（如完全封闭的或木制的板条箱） ③ 放在托盘上或其他搬运装置中 电池或电池组应加以固定，防止意外移动，电极不应承受支承其他叠放物品的质量 包装无须满足4.1.3的要求 3）与设备包装在一起的电池和电池组： ① 包装符合1）的要求，并与设备一起放在外包装中 ② 包装将电池和电池组完全包裹，并与设备一起放在符合1）要求的包装中 ③ 设备应固定，不应在外包装中移动 ④ 在该包装指南中，"设备"是指需要与锂金属电池或电池组，或锂离子电池或电池组包装在一起供其运转的仪器 4）装在设备中的电池和电池组： 以适当材料制造的坚固外包装，对于包装的容量和用途而言，要有足够的强度和相应的设计。设备的制造应能防止电池和电池组在运输过程中意外启动。包装无须满足4.1.3的要求 大型设备，如其中的电池或电池组已得到设备同等程度的保护，可在无包装的条件下或放在货板上运输 无线电射频识别标签、手表和温度记录器等不可能造成危险热生成的装置，在有意开启的情况下，可放在坚固的外包装中运输 附加要求：应防止电池或电池组短路 （2）包装指南P908 该指南适用于运输UN3090、UN3091、UN3480和UN3481的损坏/残次品锂离子电池、电池组和损坏/残次品锂金属电池、电池组，包括装在设备上的电池和电池组 可以使用符合4.1和4.4及下列要求的包装： 桶（1A2、1B2、1N2、1H2、1D、1G） 箱（4A、4B、4N、4C1、4C2、4D、4F、4G、4H1、4H2） 罐（3A2、3B2、3H2） 包装应符合包装类别Ⅱ的性能水平 1）每个损坏/残次品电池或电池组，或装有这种电池或电池组的设备，应单独包装在内包装中，然后放在一个外包装内。内包装或外包装应防漏，防止可以发生的电解液泄漏 2）每个内包装的四周应放置足够的不可燃和不导热的绝缘材料，防止产生热而造成危险 3）密封包装应根据情况安装通风装置 4）应采取适当措施，尽量减小振动和撞击的影响，防止电池或电池组在包件内晃动，在运输过程中造成进一步损坏或形成危险状况。为满足这一要求，可使用不可燃和不导热的衬垫材料 5）应根据国家相关标准评估可燃性 对于泄漏的电池或电池组，应在内包装或外包装中添加足够的惰性吸收材料，能够吸收所有漏出的电解液。净质量超过30kg的电池或电池组，每个外包装只能装一个电池或电池组 附加要求：应防止电池或电池组短路	UN3171电池驱动的车辆或电池驱动的设备、UN3496镍/金属氢化物蓄电池组（镍氢电池组）：不受JT/T 617.1—2018～JT/T 617.7—2018的限制 说明：左栏中涉及的4.1、4.4、4.1.3等均为JT/T 617.4—2018中的相应内容

（续）

序号	标准名称	标准号	范围	内容	备注
1	危险货物道路运输规则	JT/T 617—2018	锂电池组	（3）包装指南 P909　该指南适用于运输待处理或回收的 UN3090、UN3091、UN3480 和 UN3481 物品，包括与不含锂的电池组包装在一起或单独包装的情况 1）电池和电池组应按以下要求包装： ① 可以使用符合 4.1 和 4.4 及下列要求的包装： 桶（1A2、1B2、1N2、1H2、1D、1G） 箱（4A、4B、4N、4C1、4C2、4D、4F、4G、4H2） 罐（3A2、3B2、3H2） ② 包装应符合包装类别Ⅱ的性能水平 ③ 金属包装应安装不导电的衬里材料（如塑料），并有足够的强度 2）额定瓦特小时不超过 20W·h 的锂离子电池、额定瓦特小时不超过 100W·h 的锂离子电池组、锂含量不超过 1g 的锂金属电池和总计锂含量不超过 2g 的锂金属电池组，可按以下要求包装： ① 符合 4.1 和 4.4 的要求（4.1.3 除外），总质量最大 30kg 的坚固外包装 ② 金属包装应安装不导电的衬里材料（如塑料），并有足够的强度 ③ 装在设备中的电池和电池组，可使用以适当材料制造的坚固外包装，并有足够的强度和相应的设计。包装无须满足 4.1.3 的要求。大型设备，如其中的电池或电池组已得到设备同等程度的保护，可在无包装的条件下或放在托盘上运输 ④ 对于总质量在 12kg 及以上，或采用坚固、耐碰撞外壳的电池（电池组），可使用坚固外包装，并有足够的强度和相应的设计。包装无须满足 4.1.3 的要求 附加要求： 1）电池和电池组的设计和包装应能防止短路，防止发热造成危险 2）防止短路和危险发热的保护措施至少包括： ① 对电池组电极的单独保护 ② 防止电池和电池组互相接触的内包装 ③ 电池组的设计使用凹陷电极，以防发生短路 ④ 使用不导电和不燃烧的衬垫材料，填满包装中电池或电池组之间的空隙 3）电池和电池组应在外包装中固定，防止运输过程中过分晃动（例如使用不燃烧和不导电的衬垫材料，或使用紧密封口的塑料袋） （4）包装指南 LP903　该指南适用于 UN3090、UN3091、UN3480 和 UN3481 单个的电池组，包括装在设备上的电池组，可以使用符合 4.1 和 4.4 及以下要求的大型包装： 1）刚性大型包装由以下材料制成： 钢（50A） 铝（50B） 钢或铝以外的金属（50N） 刚性塑料（50H） 天然木（50C） 胶合板（50D） 再生木（50F） 刚性纤维板（50G） 2）电池组应进行包装，并加以保护，防止因电池组在大型容器中晃动或位置变化而造成损坏 3）包装应符合包装类别Ⅱ的性能水平 附加要求：应防止电池或电池组短路 （5）包装指南 LP904　该指南适用于运输 UN3090、UN3091、UN3480 和 UN3481 的单个的损坏或残次品电池组，包括装在设备上的电池组	UN3171 电池驱动的车辆或电池驱动的设备、UN3496 镍/金属氢化物蓄电池组（镍氢电池组）：不受 JT/T 617.1—2018 ～ JT/T 617.7—2018 的限制 说明：左栏中涉及的 4.1、4.4、4.1.3 等均为 JT/T 617.4—2018 中的相应内容

（续）

序号	标准名称	标准号	范围	内容	备注
1	危险货物道路运输规则	JT/T 617—2018	锂电池组	单个的损坏或残次品电池组和装在设备上的单个的损坏或残次品电池组，可以使用符合4.1和4.4及以下要求的大型包装： 1）对于电池组和装在设备上的电池组，大型包装由以下材料制成： 钢（50A） 铝（50B） 钢或铝以外的金属（50N） 刚性塑料（50H） 胶合板（50D） 2）包装应符合包装类别Ⅱ的性能水平： ① 每个损坏或残次品电池组或装有这类电池组的设备，应单独包装在一个内包装中，然后放在一个外包装内。内包装或外包装应防漏，防止可以发生的电解液泄漏 ② 每个内包装的四周应放置足够的不可燃和不导热的绝缘材料，防止产生热而造成危险 ③ 密封包装应根据情况安装通风装置 ④ 应采取适当措施，尽量减小振动和撞击的影响，防止电池组在包件内晃动，在运输过程中造成进一步损坏和形成危险状况。为满足这一要求，可使用不可燃和不导热的衬垫材料 ⑤ 应根据国家相关标准评估可燃性 对于泄漏的电池组，应在内包装或外包装中添加足够的惰性吸收材料，足以吸收所有漏出的电解液 附加要求：应防止电池或电池组短路	UN3171 电池驱动的车辆或电池驱动的设备、UN3496 镍/金属氢化物蓄电池组（镍氢电池组）：不受JT/T 617.1—2018～JT/T 617.7—2018的限制 说明：左栏中涉及的4.1、4.4、4.1.3等均为JT/T 617.4—2018中的相应内容
2	危险货物品名表	GB 12268—2012	锂离子电池	锂离子电池组（包括聚合锂离子电池组），联合国编号（UN）为3480，属于第9类危险货物，须用Ⅱ类包装 装在设备中的锂离子电池组或同设备包装在一起的锂离子电池组（包括聚合锂离子电池组），联合国编号（UN）为3481，属于第9类危险货物，须用Ⅱ类包装 电池供电车辆或电池供电设备，联合国编号（UN）为3171，属于第9类危险货物，只有在采用空运时才是危险货物	
3	锂原电池和蓄电池在运输中的安全要求	GB 21966—2008	锂原电池和蓄电池（非回收或处理中）	该标准规定了锂原电池和蓄电池的检验方法和要求，以确保电池在运输中（而非回收或处理中）的安全，规定了锂电池的包装、运输检验等内容。锂电池国际运输：空运可参考国际民航组织（ICAO）发布的《危险物品安全航空运输技术细则》和由国际航空运输协会（IATA）发布的《危险品条例》；海运可参考由国际海事组织（IMO）发布的《国际海运危险货物规则》；陆运可采用联合国的《关于危险货物运输的建议书规章范本》，在货运之前应查阅当地国家详细的运输规则	等同采用IEC 62281：2004
4	危险货物运输包装通用技术条件	GB 12463—2009	盛装危险货物的运输包装（净质量超过400kg或容积超过450L的运输包装除外）	根据盛装内装物的危险程度，将运输包装分为三个类别： Ⅰ类包装：适用内装危险性较大的货物 Ⅱ类包装：适用内装危险性中等的货物 Ⅲ类包装：适用内装危险性较小的货物 该标准规定了危险货物运输包装的分类、基本要求、性能试验和检验方法、技术要求、类型和标记代号	
5	锂电池航空运输规范	MH/T 1020—2018	锂电池	该标准规定了锂电池作为货物运输、行李运输的要求，不适用于锂电池的航空邮寄运输	

国际组织或有关国家对锂电池包装运输方面规定的相关政策见表5-3。

表 5-3　国际组织或有关国家对锂电池包装运输方面规定的相关政策

序号	国际组织或有关国家	文件名称	文件号（英文简称）	内容
1	联合国	关于危险货物运输的建议书规章范本	TDG	UN3480 锂离子电池组（包括聚合物锂离子电池） UN3481 装在设备中的锂离子电池组或同设备包装在一起的锂离子电池组（包括聚合物锂离子电池组） UN3090 锂金属电池组（包括锂合金电池组） UN3091 装在设备中的锂金属电池组或同设备包装在一起的锂金属电池组（包括锂合金电池组） 以上均属于第 9 类危险货物，须用 Ⅱ 类包装 该文件第二十版中特殊规定 388 中对含锂电池、钠电池等各类动力车辆和设备的 UN 编号做了明确规定
2	国际民航组织	危险物品安全航空运输技术细则	Doc 9284	作为危险品或非限制性货物运输锂电池时，包装应符合 965～970 相关的规定
3	国际航空运输协会	危险物品条例		符合规定的锂电芯和电池不得与其他危险品装入同一个外包装中。回收锂电池的外包装警示标记的文字高度不小于 12mm。 将回收锂电池包装做了两种分类： 1）损坏或有缺陷的锂电池（UN3480、UN3481、UN3090、UN3091），不满足《试验和标准手册》检验标准的，按照 P908 或《危险物品条例》中 4.1.4.1、LP904 或《危险物品条例》中 4.1.4.3 包装导则进行包装；外包装张贴"损坏 / 有缺陷的锂离子电池"标记或"损坏 / 有缺陷的锂金属电池"标记 2）处置或资源回收锂离子和锂金属的电芯和电池，应按照 P909 或《危险物品条例》中 4.1.4.1 包装导则进行包装；外包装张贴"处置的锂电池"标记或"回收的锂电池"标记
4	国际海事组织	国际海运危险货物规则	IMDG CODE	第 38-16 修订版于 2018 年 1 月开始强制执行，内容覆盖国际海洋危险品运输，并含有针对各种废旧锂电池的相应规定和对应包装要求 装在设备中的锂离子电池组或同设备包装在一起的锂离子电池组（包括聚合锂离子电池组），联合国编号（UN）为 3481，属于第 9 类危险货物，须用 Ⅱ 类包装，包装要求满足 P903 的规定 （1）特殊规定 SP376　损坏或有缺陷的，不满足《试验和标准手册》中适用的类型测试标准的锂离子电池和电池组以及锂金属电池和电池组，须满足本特殊规定的要求。本特殊规定所指电池或电池组包括但不限于：因安全原因被认为有缺陷的电池或电池组；泄漏的电池或电池组；在运输前无法判定的电池或电池组；或遭受物理或机械损害的电池或电池组（评估电池是否损坏或存在缺陷时，须考虑电池类型、使用及不当使用的情况） 电池和电池组须按照 UN3480、UN3481、UN3090 和 UN3091 适用的规定运输，特殊规定 230 和本特殊规定另有说明的除外 包装件须标记"损坏的 / 有缺陷的锂离子电池组"或"损坏的 / 有缺陷的锂金属电池组"的电池和电池组须按照 P908 或 LP904 进行包装（对大型锂电池组或电池系统） 在通常运输条件下，容易快速解体、发生危险的化学反应、产生火焰或过热，或存在有毒性、腐蚀性、易燃性气体或蒸气，释放危险物质的电池和电池组不得运输，除非满足有关部门指定的条件 （2）包装规则 P908　该规则适用于 UN3480、UN3481、UN3090 和 UN3091 中损坏的或有缺陷的锂离子或锂金属电池和电池组，包括装在设备中的电池和电池组 若符合《国际海运危险货物规则》中 4.1.1 和 4.1.3 的规定，可使用下列包装： 1）对于电池和电池组以及含有电池和电池组的设备，可使用桶（1A2、1B2、1N2、1H2、1D 及 1G）；箱（4A、4B、4N、4C1、4C2、4D、4F、4G、4H1 及 4H2）；罐（3A2、3B2 及 3H2）

（续）

序号	国际组织或有关国家	文件名称	文件号（英文简称）	内容
4	国际海事组织	国际海运危险货物规则	IMDG CODE	2）包装须符合Ⅱ类包装的性能指标：① 每个损坏的或有缺陷的电池或电池组，或含有电池或电池组的设备，应单独包装于内包装后再放置外包装，内包装或外包装必须是防泄漏的，以防止可能的电解质泄漏；② 每个内包装应有足够的不燃和非导电、隔热绝缘材料包裹，以避免危险的热量传导和升高；③ 需要时，密封的包装应配备通风装置；④ 须采取适当的措施，以减小对包装件内电池或电池组产生的振动和冲击，并防止在包装件内移动，以避免在运输过程中进一步损坏或导致危险状态，可使用阻燃和绝缘的衬垫材料，以满足要求；⑤ 必须根据包装设计国或制造国认可的标准，来评估阻燃性；⑥ 对于渗漏的电池或电池组，在内包装或外包装中须加入足够的惰性吸附材料，以吸收任何泄漏的电解质 3）对于净质量超过30kg的单个电池组，每个外包装中限定只能放置1个电池组 补充要求：电池或电池组须防止短路 （3）包装规则LP904　该规则适用于UN3480、UN3481、UN3090和UN3091中单个损坏的或有缺陷的电池组，包括设备中的电池组 若符合《国际海运危险货物规则》中4.1.1和4.1.3的一般规定，下列大宗包装可用于运输单个损坏的、有缺陷的电池组，以及装配在设备中的单个损坏的、有缺陷的电池组 对电池组和含有电池组的设备，大宗包装由下列材料制成：钢（50A）、铝（50B）、金属（钢或铝除外）（50N）、硬质塑料（50H）和胶合板（50D）等。包装须符合Ⅱ类包装的性能指标：① 每个损坏的、有缺陷的电池组或含有此类电池组的设备，应单独包装于内包装后再放置外包装，内包装或外包装必须是防泄漏的，以防止可能的电解质泄漏；其余②～⑥及补充要求的内容与包装规则P908内容相同 （4）特殊规定SP377　作为处置和回收目的所运输的锂离子及锂金属电池或电池组，以及含有此类电池或电池组的设备，无论是否与非锂电池一同包装，均可按包装规则P909来包装；电池和电池组不需要满足《国际海运危险货物规则》中2.9.4的要求；包装件须标记"处置的锂电池组"或"回收的锂电池组" （5）包装规则P909　无论是否与非锂电池组一起包装，为处理或回收而运输的UN3480、UN3481、UN3090和UN3091适用该规则 电池和电池组须按下述要求包装： 1）若符合《国际海运危险货物规则》中4.1.1和4.1.3的一般规定，可使用下列包装：桶（1A2、1B2、1N2、1H2、ID及IG）；箱（4A、4B、4N、4C1、4C2、4D、4F、4G、4H1及4H2）；罐（3A2、3B2及3H2） 2）包装须符合Ⅱ类包装的性能指标 3）金属包装须配有非导电的内衬材料（如塑料），材料的强度与用途相适应 4）不超过20W·h的锂离子电芯、不超过100W·h的锂离子电池组、锂含量不超过1g的锂金属电芯及锂含量不超过2g的锂金属电池组，可按下述要求包装：装于满足《国际海运危险货物规则》中4.1.1（4.1.3除外）和4.1.3一般规定的坚固外包装内，总质量不超过30kg；金属包装须配有非导电材料的内衬（如塑料），材料的强度与用途相适应 5）设备中的电池或电池组，可使用坚固的外包装。外包装应使用合适的材料，并具有足够的强度，按包装的容量及用途进行设计。包装无须符合《国际海运危险货物规则》中4.1.1.3的要求。设备可对所含电池或电池组提供等效保护时，可不包装或放置于托盘上进行运输 6）对具有坚固、耐碰撞外壳的总质量12kg及以上的电池或电池组，可使用由适当材料制造的坚固外包装，并具有与容量及用途相匹配的足够强度和设计要求，包装无须满足《国际海运危险货物规则》中4.1.1.3的要求 补充要求：① 电池和电池组的设计或包装，须能防止短路和发热造成的危险；② 防短路和防发热，包括但不限于电池两极的单独保护、防止电池组之间接触的内包装、电池组设计成凹形电极以防短路，或使用不导电和不燃烧的衬垫材料，填满容器中电池或电池组的空隙；③ 电池和电池组应固定在外包装中，以防止在运输中过度移动，如使用不导电和不燃烧的衬垫材料，或使用扎紧的塑料袋

（续）

序号	国际组织或有关国家	文件名称	文件号（英文简称）	内容
5	欧洲经济委员会	欧洲危险货物国际公路运输公约	ADR	2017版对应的规则中大部分内容与IMDG CODE第38-16修订版一致，但对部分内容进行了补充和修改，对损坏或有缺陷的锂电池的特点和批准运输单位进行了要求，并增加了对回收或处理的电池的特殊规定 （1）损坏或有缺陷的锂电池　特殊规定SP376中补充和进一步明确了有关操作性较强的要求，内容有：在通常运输条件下，容易快速解体、发生危险的化学反应、产生火焰或过热，或存在有毒性、腐蚀性、易燃性气体或蒸气，释放危险物质的电池和电池组不得运输，除非获得ADR缔约国政府的批准，也接受非缔约国按照国际危险货物铁路运输欧洲协定（RID）、ADR、欧洲危险货物内陆水运航道运输协定（ADN）、IMDG CODE或国际民航组织的《危险物品安全航空运输技术细则》（ICAO TI）指示所做的批准。通常情况下，电池和电池组被归为0类运输条件 （2）处置或回收的锂电池　增加了对处置或回收的锂电池的特殊规定SP636（b）：每次总质量不超过500g的锂离子电池和电池组，满足不超过20W·h锂离子电池芯，或不超过100W·h锂离子电池组，或锂含量不超过1g的锂金属电芯，或锂含量不超过2g的锂金属电池组，并且不安装在设备中，为收集和转移处置或回收的锂电池进行的运输、分类、储存；私人家庭使用的安装在设备中的锂电池和电池组收集和转移运输，以防止污染、分解、做循环利用或处置，若符合以下条件，则不受ADR的其他规定限制，包括特殊规定SP 376和《欧洲危险货物国际公路运输公约》中2.2.9.1.7的内容，符合下列条件：① 适用《欧洲危险货物国际公路运输公约》中4.1.4.1包装规则P909，但其中的要求①和②除外；② 建立质量保证体系，以确保锂电池或电池组的运输单元总质量不超过333kg（混合了锂电池和电池组的单元，总质量可通过包括在质量保证系统中的统计方法进行评估，质保记录的副本应根据要求提供给主管部门）；③ 包装件外须标记"处置的锂电池"或"回收的锂电池"。若装有锂电池或电池组的设备未经包装或放置在托盘上的运输，则按照《欧洲危险货物国际公路运输公约》中4.1.4.1包装规则P909执行，该标记可用其他方式张贴在车辆或容器的外部表面
6	美国	联邦行政法规	CFR	第49篇交通对美国境内包括废旧锂电池的危险品运输进行特别管理，其中第173部分的173.185小节对回收的锂电池的包装进行了规定 1）173.185（d）被运往处理或回收的锂电池或电池组。由机动车辆运输到允许储存的设施或处置地点，或进行回收利用的锂电池或电池组，包括安装在设备中的锂电池或电池组，当其包装符合173.24小节和173.24（a）的要求时，可不遵守该小节（a）段的测试和记录保存要求，以及该小节（b）段（3）规定的包装要求。符合该小节（c）（1）～（3）中的尺寸、包装和危险通信条件的锂电池或电池组可不遵守第172部分的C～H子部分要求 2）173.185（f）损坏/有缺陷或召回电池或电池组。由于安全原因，被制造商认定已经损坏或有缺陷的锂电池或电池组，可能会产生危险的过热、燃烧或短路的情况，（如出于安全原因而退回厂商）只能由高速公路、铁路或船只运输，包装必须符合如下条件： ① 每个电池或电池组必须放在单独的、内包装为非金属材料的包装中，电池或电池组要完全封闭 ② 内包装必须被不可燃、不导电且具有吸收性能的缓冲材料围裹 ③ 每个内包装必须单独放置在符合分类第178部分第L、M、P和Q部分，满足PG I性能指标的包装材料：金属（4A、4B和4N）、木制（4C1、4C2、4D和4F）或固体塑料（4H2）；金属（1A2、1B2和1N2）、胶合板（1D）或塑料（1H2）桶；对于单个电池或设备中包含的单个电池使用刚性大宗容器，授权使用材质为金属（50A、50B和50N）、刚性塑料（50H）或胶合板（50D） ④ 外包装上必须标明"损坏/有缺陷的锂离子电池"和/或"损坏/有缺陷的锂金属电池"，要求标记的字符高度必须不小于12mm（0.47in）

（续）

序号	国际组织或有关国家	文件名称	文件号（英文简称）	内容
7	加拿大	危险货物运输规则	TDGR	对损坏或有缺陷、处置或回收的锂电池的包装运输进行了规定 （1）特殊规定 SP137 损坏或有缺陷的锂电池 1）装运名称适用于损坏或有缺陷的锂离子电池或电池组，以及锂金属电池或电池组，不符合第 2 部分（分类）第 2.43.1（2）的内容：① 电池或电池组类产品通过《试验和标准手册》第Ⅲ部分第 38.3 条的测试；② 每个电池或电池组均有安全排气装置，或设计有防止正常运输情况下发生剧烈爆炸的装置；③ 每个电池或电池组均装备防止外部短路的装置；④ 每个电池包的电芯串 / 并联控制系统配备二极管、熔丝或其他防止危险反向电流的装置 2）锂离子或锂金属的电池或电池组发生损坏或有缺陷的，包括但不限于已泄漏或破裂、持续的物理或机械损伤，并无法在运输前进行判定的，或因安全原因被确定为有缺陷的 3）有损坏或有缺陷的锂离子或锂金属的电池或电池组，须按照适用的联合国建议书 P908、LP904 包装规则进行包装（与 IMDG CODE 内容相同） 4）在规定情况下，外壳或外包装须在外部背景下能够清晰可见地标注（使用英文或法文）"损坏 / 有缺陷的锂离子电池"或"损坏 / 有缺陷的锂金属电池" 5）在正常运输条件下，容易迅速解体、发生危险反应、产生火焰或危险的热演化，或产生有毒性、腐蚀性或易燃气体或蒸气的危险排放的损坏或有缺陷的锂离子或锂金属的电池或电池组，禁止运输 6）禁止用航空器运输有损坏或有缺陷的锂离子电池或电池组，以及锂金属电池或电池组 （2）特殊规定 SP138 处置或回收的锂电池 运输用于处置或回收锂离子或锂金属的电池或电池组，或设备中含有这些电池或电池组时：① 不受第 2 部分（分类）第 2.43.1（2）内容限制；② 无论是否装有非锂电池或电池组，或者装有这些电池或电池组的设备，须按照所适用的联合国建议书 P909 或 LP904 的包装规则进行包装（与 IMDG CODE 的内容相同）；③ 在规定情况下，外壳或外包装须在外部背景下能够清晰可见地标注（使用英文或法文）"处置的锂电池"或"回收的锂电池"；④ 禁止用航空器运输

5.2 运营维护、维修与保养

动力电池维护、维修与保养的政策标准仍然处于缺失状态，应提前布局、规划相应的标准体系并出台相应的政策，规范动力电池维护、维修与保养的市场行为。电动汽车维修检查标准要求见表 5-4。

表 5-4 电动汽车维修检查标准要求

序号	标准名称	标准号	范围	内容
1	混合动力电动汽车维护技术规范	JT/T 1029—2016	混合动力电动汽车（总质量不小于 3500kg）	该标准规定了混合动力电动汽车维护的作业安全，电动系统专用装置日常维护、一级维护和二级维护，混合动力电动汽车二级维护竣工检验要求，其常规车辆维护作业按 GB/T 18344—2016《汽车维护、检测、诊断技术规范》的规定进行
2	纯电动汽车日常检查方法	JT/T 1011—2015	纯电动汽车	该标准规定了纯电动汽车日常检查的作业安全，出车前、行车中和收车后的电动系统专用装置的日常检查，其常规车辆日常维护按 GB/T 18344—2016《汽车维护、检测、诊断技术规范》的规定进行
3	汽车维护、检测、诊断技术规范	GB/T 18344—2016	在用汽油或柴油汽车	汽车维护分为日常维护、一级维护和二级维护，该标准对日常维护、一级维护和二级维护作业项目、技术内容进行了规定，一级维护质量保证期为车辆行驶不低于 2000km 或 10 日，二级维护质量保证期为车辆行驶不低于 5000km 或 30 日，以先达到者为准

5.3 回收利用与再制造

为应对动力电池"报废潮"的来临，应加快出台相应标准，使相关企业有据可依，规范动力电池回收利用行为。目前，动力电池回收利用的标准框架已经初步确立。报废电动汽车回收利用标准政策要求见表 5-5。报废电动汽车与废旧动力电池回收利用标准政策要求见表 5-6。

表 5-5 报废电动汽车回收利用标准政策要求

序号	标准/文件名称	标准号/文件号	范围	内容	备注
1	报废汽车拆解指导手册编制规范	GB/T 33460—2016	M_1、N_1 类汽车	汽车拆解流程及说明部分包括预处理和拆卸两个阶段内容。企业可根据车型的实际结构和配置情况，结合拆解行业的实际情况，对该标准涉及的零部件范围依次进行补充或删减 1)《报废汽车拆解指导手册》应详细说明每部分所涉及的零部件相关信息，具体涉及内容及要求如下： ① 图示信息。图示应能体现零部件在车辆中的位置和形状，必要时配以文字说明 ② 部件名称、位置、数量、质量和主要材料信息。包括零部件名称、安装位置、数量、质量（参考值）以及主要材料等信息，并配以必要的文字说明，以引导拆解人员对零部件和材料进行有效分类和回收 ③ 紧固方式、拆解工具、拆解方法和回收利用说明信息。包括零部件所使用的紧固方式、拆解工具和拆解方法等信息 ④ 存储要求。对存放有特殊要求的拆解零部件和材料，应包括存储说明 ⑤ 注意事项。包括易燃、易爆、腐蚀性等危险提示，明确拆解过程中应禁止的行为和正确的自我保护行为，以有效保证拆解人员的人身安全和减少对环境的破坏 2) 预处理过程所涉及的零部件，其表述和说明应符合 GB 4094 的规定，以便于拆解人员查询。拆解作业中，需要特别注意的安全、环保事项和作业要求，还应配以必要的文字予以说明，以确保《报废汽车拆解指导手册》注意事项简洁醒目。预处理部分根据1)的要求，对以下内容予以说明： ① 电池 ② 安全有关部件（如安全气囊及其附属装饰件、安全带预紧器等） ③ 废液（燃料、发动机机油、变速器机油、传动机构机油、动力转向油、冷却液、防冻液、制动液、风窗玻璃洗涤液等各种液体） ④ 催化转化器 ⑤ 机油滤清器 ⑥ 燃油滤清器 ⑦ 轮胎 ⑧ 液化石油气（LPG）罐、压缩天然气（CNG）罐等燃料存储装置 ⑨ 其他含有有毒有害物质 [铅、汞、镉、六价铬、多溴联苯、多溴联苯醚（十溴联苯醚除外）等]的零部件 3) 根据零部件的可拆解性和可再利用性，在以下区域或系统，确立拆卸零部件的范围。拆卸部分应据1)的要求予以说明 [其中，1) 中的③项要求可根据实际情况选填]： ① 玻璃 ② 车身外饰件 ③ 仪表板 ④ 座椅 ⑤ 其他内饰件 ⑥ 发动机舱区域 ⑦ 行李舱区域 ⑧ 车身底部	

第 5 章 回收利用及其他相关标准

（续）

序号	标准/文件名称	标准号/文件号	范围	内容	备注
2	报废汽车回收拆解企业技术规范	GB 22128—2008	报废汽车	报废汽车回收拆解作业程序如下： ① 检查和登记 ② 拆解预处理 ③ 报废汽车存储 ④ 拆解 ⑤ 存储和管理	该标准正处于修订阶段，新版标准主要增加了对回收拆解电动汽车企业的要求。包括对企业拆解产能、场地建设、设施设备、人员、信息管理、安全环保的要求，对回收、存储和拆解的技术要求
3	报废机动车回收管理办法	国务院令第715号	报废机动车回收企业	国家对报废机动车回收企业实行资质认定制度。未经资质认定，任何单位或者个人不得从事报废机动车回收活动 取得报废机动车回收资质认定的企业，应当具备下列条件： 1）具有企业法人资格 2）具有符合环境保护等有关法律、法规和强制性标准要求的存储、拆解场地，拆解设备、设施以及拆解操作规范 3）具有与报废机动车拆解活动相适应的专业技术人员 回收的报废机动车必须按照有关规定予以拆解。其中，回收的报废大型客车、货车等营运车辆和校车，应当在公安机关的监督下解体。拆解的报废机动车"五大总成"具备再制造条件的，可以按照国家有关规定出售给具有再制造能力的企业经过再制造予以循环利用；不具备再制造条件的，应当作为废金属，交售给钢铁企业作为冶炼原料 拆解的报废机动车"五大总成"以外的零部件，符合保障人身和财产安全等强制性国家标准、能够继续使用的，可以出售，但应当标明"报废机动车回用件"	
4	国务院办公厅关于印发生产者责任延伸制度推行方案的通知	国办发〔2016〕99号	汽车生产企业	要求制定汽车产品生产者责任延伸政策指引，明确汽车生产企业的责任延伸评价标准，产品设计要考虑可回收性、可拆解性，优先使用再生原料、安全环保材料，将用于维修保养的技术信息、诊断设备向独立维修商（包括再制造企业）开放。鼓励生产企业利用售后服务网络与符合条件的拆解企业、再制造企业合作建立逆向回收利用体系，支持回收报废汽车，推广再制造产品。探索整合汽车生产、交易、维修、保险、报废等环节基础信息，逐步建立全国统一的汽车全生命周期信息管理体系，加强报废汽车产品回收利用管理	
5	关于报废车辆的欧洲议会和理事会指令	欧盟2000-53-EC	所有车辆和报废车辆	应加强报废车辆的所有塑料制品的再生利用，报废车辆及其部件的拆卸、再生利用和循环利用的要求应涵盖新车设计和生产过程，应促进车辆的可循环使用和再生利用性	
6	废旧车辆处理法规（德国）		废旧车辆	车主可以通过德国旧车回收总会网站或电话获知最近的接收点和回收站地址和联系方式，接收点和回收站有义务将其接收的报废车辆转给官方认可的拆解厂。汽车制造商和进口商有义务免费将其生产和经销的车辆从最后一任车主手中回收，免费回收的前提是报废车辆必须含有发动机、车身、底盘、尾气催化净化器以及电子控制装置等主要零部件。从2006年起，制造商、进口商、销售商和处理商必须共同保证，平均至少每辆车重量85%的部分要被利用起来，80%要作为材料利用起来或作为汽车零部件再利用，自2015年起旧车利用部分的比例要达到95%，作为材料利用或作为汽车零部件再利用的比例要达到85%	

表 5-6 报废电动汽车与废旧动力电池回收利用标准政策要求

序号	标准/文件名称	标准号/文件号	范围	内容
1	车用动力电池回收利用 拆解规范	GB/T 33598—2017	废旧锂离子动力电池和金属氢化物镍动力电池	废旧动力电池拆解作业程序如下： ① 拆解预处理 ② 动力电池包（组）拆解 ③ 动力电池模块拆解 该标准还对由废旧动力电池包（组）、模块拆解至单体的总体要求、安全要求、存储和管理要求进行了规定
2	车用动力电池回收利用 余能检测	GB/T 34015—2017	废旧锂离子动力电池和金属氢化物镍动力电池单体、模块	余能检测作业流程如下： ① 外观检查 ② 信息采集 ③ 电压判别 ④ 首次充放电电流确定 ⑤ I_5（5h 率放电电流）确定与材料判别 ⑥ 余能检测
3	锂离子电池材料废弃物回收利用的处理方法	GB/T 33059—2016	锂离子电池材料废弃物	湿法回收处理工艺流程图如下： 锂离子电池材料废弃物 → 负极材料废弃物粗破 → 机械分离 → 铜、废渣 锂离子电池材料废弃物 → 正极材料废弃物粗破 → 热处理（废气、粉尘）→ 机械分离（铝）→ 酸溶（浸出溶剂，滤渣）→ 净化（碱溶液）→ 萃取（碱、萃取剂，洗涤水）→ 反萃（酸，废液）→ 镍、钴、锰盐纯化液 利用湿法工艺处理锂离子电池材料废弃物，其中镍、钴元素的回收率均应不低于 98%，锰元素的回收率应不低于 95%。该标准还对回收利用的原辅料和设备、处理条件及工艺控制要求、环境保护和安全要求进行规定

（续）

序号	标准/文件名称	标准号/文件号	范围	内容
4	废电池处理中废液的处理处置方法	GB/T 33060—2016	废电池（仅指废锂离子电池和废镍氢电池）回收利用中的废液	1）电解液的处理处置工艺流程图如下： 电解液（包括废电池）→一次燃烧→废电池渣回收处理 ↓废气 二次燃烧→冷却→分离→收集粉尘 碱溶液→喷淋吸收→CaF_2、$Ca_3(PO_4)_2$、$CaCa_3$ 等废渣 ↓废气达标排放 2）金属离子再利用过程中产生的废液的处理处置工艺流程图如下： 金属离子再利用过程中产生的废液→调节pH值→精馏蒸氨→氨水 含COD、氟化物、镍、钴、锰、铜等离子废液→絮凝-沉降和过滤 滤液→污水处理站→达标排放 不溶物→浓缩→压滤→收集干污泥／滤液

(续)

序号	标准/文件名称	标准号/文件号	范围	内容
5	镍氢电池材料废弃物回收利用的处理方法	GB/T 33062—2016	镍氢电池材料废弃物	1）镍氢电池材料废弃物的湿法回收处理工艺流程图如下： 镍氢电池材料废弃物 → 破碎 → 热处理 →（废弃、粉尘）→ 机械分离 →（铜、泡沫镍） 浸出溶剂 → 酸溶 →（残渣） 碱性硫酸盐 → 沉淀 →（稀土复盐） 碱、铁粉、氯酸钠 → 调节pH值 →（含铜、铁、铝等滤渣） 萃取剂、碱 → 萃取 →（洗涤水） 酸 → 反萃 →（废水） → 镍纯化液 2）工艺控制要求如下： ① 通过热处理去除镍氢电池材料废弃物中的隔膜、黏结剂等，去除率应不低于99% ② 通过机械分离获得铜，回收率应不低于90% ③ 控制浸出工艺条件，镍氢电池材料废弃物中镍元素的浸出率应不低于99%，稀土元素的浸出率应不低于95% ④ 采用碱性硫酸盐法沉淀浸出液中的稀土元素，各稀土元素的回收率应不低于95% ⑤ 采用调节pH值和萃取除杂工艺，铜、铁、铝、钙、镁等的去除率应不低于99% ⑥ 采用萃取法分离提纯镍元素，镍元素的损失率应不高于1%，回收率应不低于98%
6	废旧电池破碎分选回收技术规范	YS/T 1174—2017	废旧锂离子电池和镍氢电池	废旧电池的破碎分选作业程序：放电、热解、破碎、分选出铜粉、铝粉、铁粉和电极材料粉，其中电极材料粉粒度应小于1mm，铜、铝、铁元素的破碎分选回收率应不低于90%，镍、钴、锰元素的破碎分选回收率应不低于98.5%

（续）

序号	标准/ 文件名称	标准号/ 文件号	范围	内容
7	废电池中镍钴回收方法	HG/T 5019—2016	仅指含镍元素或钴元素的锂离子电池、镍氢电池及电芯	1）湿法回收工艺流程图如下： 废电池 → 鉴别 → 含镍元素或钴元素的废电池 → 放电 → 热处理 → 废气、粉尘 → 破碎 → 分选 → 铜、铝、外壳等 浸出溶剂 → 浸出 → 浸出滤渣 碱、铁粉、氯酸钠、氟化钠 → 沉淀除杂 → 铜、铁、铝、钙、镁等的滤渣 酸、碱、萃取剂 → 萃取提纯 → 洗涤水、废液 → 镍、钴盐纯化液 2）工艺控制要求如下： ①通过热处理除去废电池中的隔膜、电解液、黏结剂等，去除率应不低于99% ②破碎、分选后电极材料粉粒度应小于1mm ③破碎、分选获得铜、铁、铝元素的回收率均应不低于90% ④镍、钴元素的浸出率均应不低于99% ⑤沉淀除杂工艺中，滤渣中镍、钴元素含量均应不高于0.5%，铜、铁、铝元素的去除率均应不低于99%，钙、镁元素去除率均应不低于95% ⑥利用湿法回收工艺处理废电池回收镍、钴元素，其中镍元素的回收率应不低于95%，钴元素的回收率应不低于90%
8	锂离子电池综合标准化技术体系	工信厅科〔2016〕155号	锂离子电池	1-1-5 回收利用部分，除上述已发布的标准外，还包括： ①锂离子电池回收处理要求 ②锂离子电池梯级利用 ③锂离子动力电池梯次利用 ④车用动力电池回收利用材料回收技术要求（20150677-T-339） ⑤车用动力电池回收利用包装运输规范（20150678-T-339） ⑥车用动力电池回收利用拆卸要求（20150670-T-339） ⑦车用动力电池回收利用梯次利用技术要求（20150671-T-339） ⑧车用动力电池回收利用企业生产条件 ⑨车用动力电池回收利用梯次利用标识 ⑩车用动力电池回收利用放电规范（20191067-T-339，已立项） ⑪车用动力电池回收利用分类规范 ⑫车用动力电池回收利用存储规范 ⑬车用动力电池回收利用预处理 ⑭车用动力电池回收利用余能再生利用 ⑮车用动力电池回收利用梯次利用梯度设计 ⑯车用动力电池回收利用可拆解性设计准则 ⑰车用动力电池回收利用可回收性设计准则

（续）

序号	标准/文件名称	标准号/文件号	范围	内容
9	新能源汽车动力蓄电池回收利用管理暂行办法	工信部联节〔2018〕43号	废旧动力电池	规定了电池生产企业、汽车生产企业、消费者、报废汽车回收拆解企业、综合利用企业等相关主体的责任、义务，从主体资格、生产条件、技术能力、产品、质量保证能力、售后服务能力、规范管理等角度对各相关方提出了全面的要求 1）规定了汽车生产企业承担动力电池回收的主体责任，相关企业在动力电池回收利用各环节履行相应责任，保障动力电池的有效利用和环保处置。坚持产品全生命周期理念，遵循环境效益、社会效益和经济效益有机统一的原则，充分发挥市场作用 2）动力电池生产企业应采用标准化、通用性及易拆解的产品结构设计，协商开放动力电池控制系统接口和通信协议等利于回收利用的相关信息，对动力电池固定部件进行可拆卸、易回收利用设计。材料有害物质应符合国家相关标准要求，尽可能使用再生材料。新能源汽车设计开发应遵循易拆卸原则，以利于动力电池安全、环保拆卸 3）电池生产企业应及时向汽车生产企业等提供动力电池拆解及储存技术信息，必要时提供技术培训。汽车生产企业应符合国家新能源汽车生产企业及产品准入管理、强制性产品认证的相关规定，主动公开动力电池拆卸、拆解及储存技术信息说明以及动力电池的种类、有毒有害成分含量、回收措施等信息 4）电池生产企业应与汽车生产企业协同，按照国家标准要求对所生产动力电池进行编码，汽车生产企业应记录新能源汽车及其动力电池编码对应信息。电池生产企业、汽车生产企业应及时通过溯源信息系统上传动力电池编码及新能源汽车相关信息。电池生产企业及汽车生产企业在生产过程中报废的动力电池应移交至回收服务网点或综合利用企业 5）汽车生产企业应委托新能源汽车销售商等通过溯源信息系统记录新能源汽车及所有人溯源信息，并在汽车用户手册中明确动力电池回收要求与程序等相关信息 6）汽车生产企业应建立维修服务网络，满足新能源汽车所有人的维修需求，并依法向社会公开动力电池维修、更换等技术信息。新能源汽车售后服务机构、电池租赁等运营企业应在动力电池维修、拆卸和更换时核实新能源汽车所有人信息，按照维修手册及储存等技术信息要求对动力电池进行维修、拆卸和更换，规范储存，将废旧动力电池移交至回收服务网点，不得移交其他单位或个人。新能源汽车售后服务机构、电池租赁等运营企业应在溯源信息系统中建立动力电池编码与新能源汽车的动态联系 7）汽车生产企业应建立动力电池回收渠道，负责回收新能源汽车使用及报废后产生的废旧动力电池 ①汽车生产企业应建立回收服务网点，负责收集废旧动力电池，集中储存并移交至与其协议合作的相关企业。回收服务网点应遵循便于移交、收集、储存、运输的原则，符合当地城市规划及消防、环保、安全部门的有关规定，在营业场所显著位置标注提示性信息 ②鼓励汽车生产企业、电池生产企业、报废汽车回收拆解企业与综合利用企业等通过多种形式，合作共建、共用废旧动力电池回收渠道 ③鼓励汽车生产企业采取多种方式为新能源汽车所有人提供方便、快捷的回收服务，通过回购、以旧换新、给予补贴等措施，提高其移交废旧动力电池的积极性 8）汽车生产企业与报废汽车回收拆解企业等合作，共享动力电池拆卸和储存技术、回收服务网点以及报废新能源汽车回收等信息。回收服务网点应跟踪本区域内新能源汽车报废回收情况，可通过回收或回购等方式收集报废新能源汽车上拆卸下来的动力电池。报废新能源汽车回收拆解，应当符合国家有关报废汽车回收拆解法规、规章和标准的要求

（续）

序号	标准/文件名称	标准号/文件号	范围	内容
9	新能源汽车动力蓄电池回收利用管理暂行办法	工信部联节〔2018〕43号	废旧动力电池	9）新能源汽车所有人在动力电池需维修更换时，应将新能源汽车送至具备相应能力的售后服务机构进行动力电池维修更换；在新能源汽车达到报废要求时，应将其送至报废汽车回收拆解企业拆卸动力电池。动力电池所有人（电池租赁等运营企业）应将废旧动力电池移交至回收服务网点。将废旧动力电池移交给其他单位或个人，私自拆卸、拆解动力电池，由此导致环境污染或安全事故的，应承担相应责任 10）废旧动力电池的收集可参照《废蓄电池回收管理规范》（WB/T 1061—2016）等有关标准要求，按照材料类别和危险程度，对废旧动力电池进行分类收集和标识，应使用安全可靠的器具包装，以防有害物质渗漏和扩散 11）废旧动力电池的储存可参照《废电池污染防治技术政策》（环保部公告2016年第82号）、《一般工业固体废物贮存、处置场污染控制标准》（GB 18599—2001）等相关法规、政策及标准要求 12）动力电池及废旧动力电池包装运输应尽量保证其结构完整，属于危险货物的，应当遵守国家有关危险货物运输规定进行包装运输，可参照《废电池污染防治技术政策》（环保部公告2016年第82号）、《废蓄电池回收管理规范》（WB/T 1061—2016）等国家相关法规、政策及标准要求 13）鼓励电池生产企业与综合利用企业合作，在保证安全可控的前提下，按照先梯次利用后再生利用的原则，对废旧动力电池开展多层次、多用途的合理利用，降低综合能耗，提高能源利用效率，提升综合利用水平与经济效益，并保障不可利用残余物的环保处置 14）综合利用企业应符合《新能源汽车废旧动力蓄电池综合利用行业规范条件》（工信部公告〔2016〕6号）的规模、装备和工艺等要求，鼓励采用先进适用的技术工艺及装备，开展梯次利用和再生利用 15）梯次利用企业应遵循国家有关政策及标准等要求，按照汽车生产企业提供的拆解技术信息，对废旧动力电池进行分类重组利用，并对梯次利用电池产品进行编码。梯次利用企业应回收梯次利用电池产品生产、检测、使用等过程中产生的废旧动力电池，集中储存并移交至再生利用企业 16）梯次利用电池产品应符合国家有关政策及标准要求，对不符合该要求的梯次利用电池产品不得生产、销售 17）再生利用企业应遵循国家有关政策及标准等要求，按照汽车生产企业提供的拆解技术信息规范拆解，开展再生利用；对废旧动力电池再生利用后的其他不可利用残余物，依据国家环保法规、政策及标准等有关规定进行环保无害化处置
10	废电池污染防治技术政策	环保部公告2016年第82号	废电池	该技术政策适用于各种电池在生产、运输、销售、储存、使用、维修、利用、再制造等过程中产生的混合废料、不合格产品、报废产品和过期产品的污染防治。重点控制的废电池包括废的铅蓄电池、锂离子电池、氢镍电池、镉镍电池和含汞扣式电池，为废电池的环境管理与污染防治提供技术指导 1）收集。在具备资源化利用条件的地区，鼓励分类收集废电池。鼓励电池生产企业、废电池收集企业及利用企业等建设废电池收集体系。鼓励电池生产企业履行生产者延伸责任。鼓励废电池收集企业应用"物联网＋"等信息化技术建立废电池收集体系，并通过信息公开等手段促进废电池的高效回收。废电池收集企业应设立具有显著标识的废电池分类收集设施。鼓励消费者将废电池送到相应的废电池收集网点装置中。收集过程中应保持废电池的结构和外形完整，严禁私自破损废电池，已破损的废电池应单独存放 2）运输。废电池应采取有效的包装措施，防止运输过程中有毒有害物质泄漏造成污染。废锂离子电池运输前应采取预放电、独立包装等措施，防止因撞击或短路发生爆炸等引起的环境风险。禁止在运输过程中擅自倾倒和丢弃废电池

（续）

序号	标准/文件名称	标准号/文件号	范围	内容
10	废电池污染防治技术政策	环保部公告2016年第82号	废电池	3）储存。废电池应分类储存，禁止露天堆放。破损的废电池应单独储存。储存场所应定期清理、清运。废锂离子电池储存前应进行安全性检测，避光储存，应控制储存场所的环境温度，避免因高温自燃等引起的环境风险 4）利用。禁止人工、露天拆解和破碎废电池。应根据废电池特性选择干法冶炼、湿法冶金等技术利用废电池。干法冶炼应在负压设施中进行，应严格控制处理工序中的废气无组织排放。废锂离子电池利用前应进行放电处理，宜在低温条件下拆解以防止电解液挥发。鼓励采用酸碱溶解-沉淀、高效萃取、分步沉淀等技术回收有价金属。对利用过程中产生的高浓度氨氮废水，鼓励采用精馏、膜处理等技术处理并回用 5）处置。应避免废电池进入生活垃圾焚烧装置或堆肥发酵装置。对于已经收集的、目前还没有经济有效手段进行利用的废电池，宜分区分类填埋，以便于将来利用。在对废电池进行填埋处置前和处置过程中，不应将废电池进行拆解、碾压及其他破碎操作，保证废电池的外壳完整，减少和防止有害物质渗出
11	新能源汽车废旧动力蓄电池综合利用行业规范条件	工信部公告〔2016〕6号	综合利用企业	旨在为加强新能源汽车废旧动力电池综合利用行业管理，规范行业发展，推动废旧动力电池资源化、规模化、高值化利用，提高资源综合利用水平，规定了动力电池回收利用企业的门槛条件
12	电动汽车动力蓄电池回收利用技术政策（2015年版）	发展改革委等五部委公告2016年第2号	废旧动力电池	1）绿色设计。电动汽车设计应遵循动力电池易拆卸原则，确保动力电池能从整车上安全、环保的拆卸。动力电池设计应符合《汽车禁用物质要求》(GB/T 30512)的规定，采取无毒无害化设计，并尽量使用再生材料。国家鼓励动力电池结构设计标准化，提高通用性，以便于梯级利用 2）拆卸、拆解信息。电动汽车生产企业应提供其销售的电动汽车动力电池拆卸技术信息，动力电池生产企业应提供其销售的动力电池的拆解技术信息，并及时更新，必要时应提供技术培训 3）电池产品编码和追溯。国家推动建立动力电池产品编码制度。动力电池生产企业应对所生产（或进口）的所有动力电池产品进行编码，并确保编码与电池产品具有唯一对应性，电动汽车生产企业应将装配在整车上的动力电池产品编码与整车建立对应关系，确保动力电池的流向可追溯。从事动力电池更换业务的售后服务企业、电池租赁企业等应建立信息登记制度，确保新更换到车上的电池流向可追溯 4）回收网络建设。电动汽车及动力电池生产企业（含进口商，下同）应在具有电动汽车售后服务网点的地级行政区域至少指定一家服务网点（或委托其他具备回收条件的机构）负责废旧动力电池的收集。鼓励多家企业通过委托代理或与回收企业、再生利用企业合作等形式，共建、共用废旧动力电池回收网络，降低回收成本，提高回收网络运行效率。电动汽车及动力电池生产企业应当向社会公告其废旧动力电池回收网点的地址、联系方式等信息并及时更新 5）回收信息统计和上报。电动汽车及动力电池生产企业、梯级利用企业负责统计本企业回收（或委托回收）的废旧动力电池类型、型式（蓄电池包、蓄电池模块或单体蓄电池）、数量、重量、去向等信息，并在每年第一季度向工业和信息化主管部门报告上一年度的相关信息。报废汽车回收拆解企业应当及时在"全国老旧汽车报废更新信息管理系统"中准确填报其拆卸回收的废旧动力电池类型、数量、重量、去向等信息 6）电池交售。电动汽车用户更换动力电池时，应当到符合该政策规定的回收企业处拆卸动力电池，并将废旧动力电池交售给回收企业。电动汽车租赁公司、公交车公司、出租车公司等集团用户可按有关要求回收本企业内产生的废旧动力电池，并及时将废旧动力电池交售给回收企业。回收企业应向符合国家法规要求的梯级利用企业或再生利用企业交售废旧动力电池

（续）

序号	标准/文件名称	标准号/文件号	范围	内容
12	电动汽车动力蓄电池回收利用技术政策（2015年版）	发展改革委等五部委公告2016年第2号	废旧动力电池	7）拆卸要求。回收企业从电动汽车上拆卸动力电池时，应遵循安全性和完整性原则，并严格按照电动汽车生产企业所提供的拆卸技术信息进行合理拆卸 8）储存要求。废旧动力电池储存应有专门的场所，储存场所应符合法律法规要求及当地消防、环保、安全部门的有关规定，并设有警示标志，且应设在易燃、易爆等危险品仓库及高压输电线路防护区域以外。废旧动力电池储存应避免高温、潮湿，保证通风良好，正负极触头应采取绝缘防护。废旧动力电池多层储存宜采取框架结构并确保承重安全，且能够合理装卸 9）运输要求。废旧动力电池运输应遵守国家有关电池包装运输法规和标准要求，采用恰当的包装方式，尽量保证其结构完整，采取防火、防水、防爆、绝缘、隔热、防腐蚀等安全防护措施，并制定应急预案。出现电解液泄漏、经诊断有过充电经历、电压或电阻不在正常范围及经滥用试验的电池宜先进行放电处理后再运输 10）放电要求。废旧动力电池放电可采取物理和化学两种放电方式。对外壳完好的动力电池宜采取物理放电，物理放电应采用专业放电器或自动放电系统，应对热能散发环境做好隔热、导热或热转换措施。对受损严重、无法连接放电器的废旧动力电池采取化学放电，化学放电应采用吊装设备将废旧动力电池搬运入放电液中，同时应收集放电液进行环保无害化处理或交由相关环保处理企业处理

5.4 抢险与救援

5.4.1 电动汽车抢险与救援国内外整体情况

电动汽车在出现紧急状况时需要完成对电动汽车车辆识别、车辆高压电源的紧急切断，以及火灾事故的处置方案、救援人员的个人防护等，需要相关的作业标准或指导书。电动汽车中的高压电线布置通常难以标准化，需在车辆手册及应急处置指南中说明。需要有明确的电动汽车应急救援指示标志，并在应急处置指南中指明电池及其断开装置的位置、关断电源的操作流程。国内外电动汽车相关救援标准见表5-7。

表5-7 国内外电动汽车相关救援标准

序号	标准号	标准名称
1	GB/T ××××—××××	电动汽车灾害事故应急救援指南（报批稿）
2	GB/T ××××—××××	电动汽车产品使用说明：应急救援（报批稿）
3	SAE J2990：2012	混合动力及电动汽车紧急救援人员推荐操作规程
4	SAE J2990-2：2015	电动汽车安全系统信息报告
5	SAE J3108：2017	道路车辆推荐操作规程
6	ISO 17840-1：2015	道路车辆首次及二次响应信息 第1部分：乘用车和轻型商用车救援表
7	美国消防协会（NFPA）①	电动汽车应急救援指南

① 本指南为技术性指导文件而非标准，但对于了解电动汽车救援方法有积极意义。

5.4.2 电动汽车抢险与救援标准内容介绍

国内外电动汽车救援标准的适用范围见表5-8。

表5-8 国内外电动汽车救援标准的适用范围

标准号或文件名称	适用范围
GB/T ×××××—×××× 《电动汽车灾害事故应急救援指南》	该标准规定了电动汽车火灾、碰撞、泡水等灾害事故的灭火和应急救援指南。该标准适用于纯电动汽车和混合动力电动汽车,不适用于燃料电池电动汽车。该标准适用于消防部队的灭火和应急救援作业,其他消防队和紧急道路救援人员可参照执行
GB/T ×××××—×××× 《电动汽车产品使用说明:应急救援》	该标准规定了电动汽车产品使用说明中应急救援部分的内容和编制要求
SAE J2990	该标准于2012年11月发布,该标准提供了用于车辆和电池相关评估的流程表。该标准同时也提供了车辆识别、关断高压以及由车辆制造商提供的应急处置指南中针对危险情况的推荐操作方法
SAE J2990-2	该信息报告提供了典型的电动汽车和OEM相关的车载安全系统的概述,该报告旨在提高公众对电动汽车安全系统的信心。该报告选取用于电动汽车的高压系统,并描述用于防止高压系统暴露的安全系统
SAE J3108	该推荐操作规程制定的目的是保证救援人员安全谨慎地区分高压系统部件及断开位置。由救援委员会起草,规定了电动汽车高压安全信息清晰一致的标识方法,包括高压系统部件位置信息和断开信息
ISO 17840-1	该标准规定了车辆在发生事故时,救援信息表应包括的信息及编写方式,以便救援人员尽可能快地安全救出被困人员。救援信息表应能在全球范围内供救援人员便捷使用,可以为纸质版或电子版 该标准适用的车辆包括乘用车与轻型商用车,该标准不对车辆识别标识、救援信息表的操作流程以及与救援培训相关的信息进行规定
电动汽车应急救援指南	该文件给出了电动汽车在交通事故、火灾和浸水等事故的应急救援指南

国内外电动汽车救援标准的内容概览见表5-9。

表5-9 国内外电动汽车救援标准的内容概览

标准号或文件名称	内容概览
GB/T ×××××—×××× 《电动汽车灾害事故应急救援指南》	救援原则:为确保消防人员的人身安全,在某种条件下,消防员可以采取以保护自身安全为主的防护式灭火,火场指挥员应根据现场的情况来综合判定采取哪种灭火战术。开展救援前先对事故现场进行如下工作: 1)评估。对电池受损情况的评估,可通过外部观察是否有漏液、冒烟、发出"嘶嘶"声或爆裂声等情况,同时配合仪器监测温度、可燃气体等来评估电池的受损情况,一旦电池受损,应做好事故的救援准备工作 2)警戒。由于动力电池在受到外界刺激发生热失效后,会有爆炸及燃烧的危险。一旦发生燃烧或爆炸,会有飞溅物溢出,并伴随大量易燃有毒有害气体,为保护周边环境和人员的安全,应做好警戒 3)识别。随着电动汽车的发展,出台了大量国家和地方政策,如部分地区对新能源汽车的号牌进行了规定,要求使用绿色号牌,与传统车的号牌有明显区别,这是最容易区分传统车和新能源车的特征,因此救援人员应了解相关政策,这有助于快速识别新能源车并采取正确的处置策略 救援人员可通过查看车辆号牌及外部标识等相关信息确定事故车辆是否为电动汽车 在进行救援工作时,应按照如下顺序操作: 1)车辆固定。大部分汽车即使看起来像是熄火了,但是由于电动汽车没有发动机的噪声,一旦操作过程中发生移动,会带来二次危害。因此,任何电动汽车在操作之前都要进行固定 2)切断电源。大部分车辆均设计了在碰撞事故中自动断电的安全系统。如果自动断电失效,为确保车辆处于断电状态,应切断手动断电开关。在大部分碰撞事故中,车辆处应处于熄火状态。事故处置过程中应核实车辆状态,以免无意中将已经自动熄火的车辆重启,避免对被困人员或救援人员造成二次伤害

（续）

标准号或文件名称	内容概览
GB/T ×××××—××××《电动汽车灾害事故应急救援指南》	针对不同类型的事故，该标准给出了相应的救援指南： 1）碰撞事故救援。在电动汽车碰撞事故中，如有人员被困，需要对车辆进行切割、破拆等操作，然而高压电池及线路的存在，对于救援人员来说是一种全新的挑战。该部分对人员搜救过程中的基本程序和注意事项进行了规定 在条件允许的条件下，救援人员可以查阅电动汽车救援信息或联系厂家，获得电动汽车高压线路分布情况，以进行正确的处置 电动汽车事故后处置应重点注意转运方式，因为自动档的车挂在 P 档时，变速器内部会被锁止，如果强行拖行驱动轮，则前轮带动电动机旋转会造成变速器的严重损坏，轮子在地面上被拖动时，高压电池系统存在火灾危险。因此，电动汽车的转运应根据厂商技术人员提供的要求进行 2）水域事故救援。根据电动汽车的安全要求，其均有水中安全的设计，该设计要求即使全部淹没： ① 高压系统和底盘是绝缘的，而且触碰车身也不会有电击危险 ② 该系统不会使周围的水带电 ③ 该系统装配了短路故障探测器，目的是在短路事故时切断高压系统 但由于高压电的存在，在处置过程中仍要避免接触淹没车辆的高压部件、电缆或断电装置 3）火灾事故扑救。如果电池着火，扑灭电动汽车火灾比传统火灾需要更多的水，一辆乘用车大约需要 2600USgal（约 10t）的水，因此救援人员应确保有足够的物资保障 相比传统汽车，电动汽车灭火时间可能要 1h 或更长时间，而如果不灭火，电池自我熄灭需要 90min 时间，不加干预的电池燃烧完全并自我熄灭后，一般不存在复燃的危险 电池包的复燃可能发生在灭火之后几个小时、几天甚至更长时间，因此需要灭火后做好电池监控工作
GB/T ×××××—××××《电动汽车产品使用说明：应急救援》	原则上应独立成册，应包括电动汽车的产品信息、警示标志信息、紧急救援处置程序信息和主机商认为必要的其他信息等内容。具体如下： 1）整车制造商信息。为提高电动汽车事故救援效率，便于消防部队及时掌握事故车辆信息，整车制造商信息中应提供制造商的厂名、地址、产品标志和应急联系方式 2）车型信息。车型信息中应提供车辆类型、型号、车辆载客数、总重量和外形尺寸等信息，以便消防部队及时准确配备救援装备及制定救援技战术 3）外观识别信息。应以图示方式给出电动汽车的外观识别标识，当车辆有一种以上的外观识别标识时，应给出所有的外观识别标志信息；并应以图示的方式给出所有外观识别标志在车身上的位置，以便于消防部队迅速识别事故车辆类型 4）动力系统信息。车载动力电池在碰撞、涉水等条件下易发生漏液、冒烟、甚至起火和爆炸，具有较大的火灾风险。且不同类型、尺寸或容量的动力电池具有不同的火灾风险及灾害表现形式，这对消防部队采取的处置策略具有重要影响。应给出电动汽车动力电池单体类型、电压和容量，电池包的数量、尺寸、电压、容量和重量等信息，以便消防部队制定救援策略 电动汽车配置的电池包、高压线缆等部件，严重影响事故车辆的破拆方式和破拆位置，应以车型俯视透视图和侧视透视图的方式给出电动汽车电池包、高压线缆、电机等的位置，并以不同的颜色予以区分 5）应急装置信息。应给出电动汽车产品中所有应急装置和逃生装置的名称、功能、位置和使用方法，应以车型俯视透视图和侧视透视图的方式说明其位置，应以实物照片的形式说明其形貌，以供消防部队选择使用，如紧急断电，从而最大限度地提高救援效率 6）警示标志信息。电动汽车携带大量高压线缆，为避免次生灾害的发生，应给出车辆中所有警示标志 7）紧急救援处置程序信息。应给出高压电切断的程序，给出所有用于高压电切断的部件和操作方法，宜使用图示表明其形貌、位置和操作步骤，以防出现次生灾害 电动汽车携带的动力电池、高压电缆和氢燃料电池汽车中的车载供氢系统不可破拆或切割，否则极易引起火灾，造成次生灾害，因此应给出应急救援人员不易切割、扩张的部位和不能切割、扩张、刺穿的部位，并以图示加以说明 该标准给出了资料性附录，对电动乘用车和电动商用车应急救援手册给出示例，将要求的内容具体化，企业在此基础上结合自身产品特性形成对应于特定车型的应急救援使用说明
SAE J2990	该标准的内容包括混合动力和电动汽车碰撞事件的应急救援、混合动力和电动汽车火灾事件的应急救援、混合动力和电动车辆水浸泡事件的应急救援、混合动力和电动车辆识别的示例等 1）车辆识别。电动汽车识别需向救援人员提供清楚、准确和可靠的信息来确定事故车辆包括高压系统。此外，识别应当在乘客车辆的外部和/或内部位置上实现标准化、一致性和可靠性，可以从视觉上直观地看出车辆为电动汽车 最后，救援人员应可以从 15m 的距离清楚地识别电动汽车标识，对于响应车辆火灾的消防员，标准长度的消防水管是 15m，这是燃烧车辆与消防装置的一般距离

（续）

标准号或文件名称	内容概览
SAE J2990	2）电动汽车高压系统的断开。该部分描述了电动汽车在车辆撞击或其他车辆事故之后自动或手动断开高压系统的多种方法。由于在碰撞条件下可能导致一些电路损坏，因此建议设计者将两种或更多种方法结合到电动汽车的设计中，通过一定的设计冗余保证安全性。应当注意，这些方法通常不会从车辆上完全去除高电压，因为储存在动力电池系统的高压能量依然存在，执行这些高压关闭程序的目的不是消除高压，而是限制其在车辆上的传导 3）高电压车辆的检查过程。电动汽车高压系统被损坏之后可能在运输或存储期间造成危险，这些危险包括电气绝缘的失效、潜在有毒物质和/或气体的泄漏以及潜在的车/电池火灾，由于这些潜在危险，车辆应保持隔离 高压系统可能被损坏的电动汽车不应存储在室内，在隔离期间，车窗和/或车门应当充分打开以允许车辆通风，防止从损坏的电池系统中泄漏的易燃气体积聚。对于电池系统破裂的电动汽车，应避免车辆暴露在可能淋雨的环境下。允许用以下方法隔离损坏的电动汽车： ① 开放边界隔离：车辆与所有可燃物和结构分离的距离不小于车辆/电池系统 50ft（约 15m）的区域 ② 隔离屏障：通过由土、钢、混凝土或实心砖石构成的屏障将车辆与所有可燃物和结构分离，其设计在阻挡存储车辆可能产生的火焰蔓延到相邻车辆。障碍物应具有足够的高度以将任何火焰或热量与相邻车辆隔离
SAE J2990-2	该部分内容主要包含外壳、标签和标识、用户和服务说明、自动断开、高压互锁回路、碰撞检测和自动关闭以及手动断开关键程序七部分内容，既有对 OEM 设计时的要求，也有对事故现场应急救援者操作规程的规范 1）外壳。高电压部件通常包含在可提供以下功能中的一个或多个的壳体或外壳内：环境保护、碰撞保护、触电保护、机械功能 高压部件的外壳通常具有基于外壳在车辆内的安装位置的环境特性确定的防护等级。例如，安装在车辆下方或发动机舱中的高压电池组将需要更好的密封以防止水分和盐雾侵入包的内部，而安装在行李舱中的电池可能需要较少的密封，因为车辆本身提供了大部分的环境保护 在车辆发生撞击的情况下，外壳可以帮助保护高压部件免受物理损坏。外壳还可以提供一些保护以防止与高电压碰撞后直接接触，然而只有经过适当训练的人员才能在可能具有冲击损坏的高电压部件上或附近工作 2）标签和标识。在电动汽车上经常使用标签和标识来向车辆乘客和救援人员传达重要的信息和指令。车辆标签被放置在整个车辆的高压部件上，以警告高压危险。为了帮助第一救援人员，有些整车企业已经标识 12V 和高压电池在车辆中的位置并且标识第一救援人员切断 12V 电池电缆以停用车辆。最新使用的新标签概念利用二维码，其允许救援人员使用智能手机或设备扫描，并且以扫描标签的设备的母语在车辆上显示救援工作表信息 3）用户和服务说明。OEM 提供电动汽车的用户手册和维修手册。用户手册通常针对碰撞事件和道路紧急情况，向授权服务经销商提供特定联系信息。用户手册通常提供电动汽车的拖运指令，以防止在运输过程中车辆电气系统的进一步损坏 4）自动断开。在高压 DC 应用中，当自动或手动断开电源时，经常使用自动断开（AD）来使车辆中用高电压供电的部件电量最小化。自动断开系统还可以包括熔断器或断路器，以适应极端高电流事件。接触器/继电器允许针对典型事件（包括切断）的可复位电流中断，而熔断器/断路器为极端高电流事件提供不可复位保护 5）高压互锁回路（HVIL）。高压互锁回路（HVIL）是一种低压电路，用于检测高压连接器是否配对，或在某些情况下是否安装了防止接入高压的盖子。通常，HVIL 由通过车辆中的每个高压连接器和主车辆接触器的控制电路或高压断开器的单个电路组成。如果 HVIL 中的任何连接中断，则接触器将断开或防止闭合。高电压仍然存在于电池组中，但所有车辆组件将在制造商指定的时间段内与高压断开 6）碰撞检测和自动关闭。通常的做法是将具有相应的自动高压系统停机特征的碰撞检测系统并入电动汽车中，以帮助确保车辆乘员和紧急救援人员在碰撞现场的安全。车辆及其高压电路的自动关闭通常被连接到用于激活车辆乘客保护系统的相同传感器并由其触发。因此，满足安全气囊或安全带预紧紧器触发的参数的碰撞也将导致高压电路的自动断开。假设断开电路没有损坏，高压系统的电压应降低至小于或等于 DC 60V 或 AC 30V（取决于总线类型），或在一定的时间范围内，高压系统能量应降低到 0.2J 及以下 另外，高电压系统的自动断开可以通过高电压绝缘的损失或接地故障的检测（在非电动模式中）来触发。类似地，在非电动模式下的危险高压互锁回路（HVIL）中的任何中断，如访问或断开高压组件，将导致系统关闭。检测系统中的电流过载也将导致关机 7）手动断开关键程序。该文件特别指出了向 OEM 推荐的高压系统断开的四种方法，其包括自动关闭功能以及三个手动选项。OEM 建议必须向救援人员清楚地说明手动断开装置的操作特性和任何触电的潜在危险，以允许救援人员进行适当的风险管理评估

（续）

标准号或文件名称	内容概览
SAE J3108	该标准主要包括： ① 对救援标识的特征进行了规定，救援人员信息标志——红色头盔状图表的目的、关键特征、标识的色码、使用寿命、尺寸大小等 ② 推荐了高压系统标识的关键要求、位置等，着重说明了断开标识，如下图所示，并要求切断标识的位置应预留足够的切断操作空间  该标准还对二维码的使用进行了举例说明 
ISO 17840-1	该标准救援的对象包括所有的车型，针对电动汽车的特殊性也有专门的说明。主要包括三个部分，即救援相关的术语、各种车辆结构部件的图示符号以及救援信息表的文本布局与内容 1) 车辆结构部件的图示符号。定义了不同颜色以应对不同的使用场合，按照部件、图形以及功能说明，对22个典型部件进行了定义，例如： 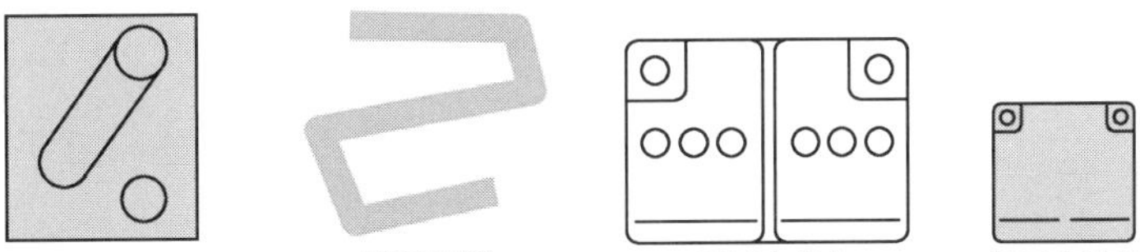 高压手动断开装置　高压线缆　低压电池包　高压电池包 2) 救援信息表的文本布局与内容。与救援相关的关键部件都应在救援信息表中体现，其规定了首页、页眉、页脚、车辆侧视图图例方式，并对纸质版和电子版的形式提出了特殊的要求
电动汽车应急救援指南	美国消防协会（NFPA）的《电动汽车应急救援指南》是一本实用的、综合的现场快速参考作业手册，供现场急救员在现场使用，或者作为一本学习指南，提供电动或混合动力车事件处理的基本信息。作为一本直观、易于使用、快速参考的指南，其涵盖所有目前生产的混合动力和电动客车与模型。它包含来自制造商应急指南的特种车辆信息，以及关于最初反应过程和诸如车辆火灾、涉水和漏液事故的通用指南。指南中所有的特种车辆条目已被审查，并由合适的制造商对技术的准确性进行了复审。NFPA在其网站上还发布了关于电动汽车安全的免费视频课程，包括电动汽车应急救援者的安全在线课程和电动/混合动力/燃料电池货车、公共汽车和商用车辆安全在线课程，课程涵盖了高压车辆和安全系统、基本的电学概念、电动和混合动力汽车的识别技术、制动和切断电源程序、解救程序、推荐的处理电动汽车和电池火灾练习、包含充电站的事故等

参考文献

[1] 全国汽车标准化技术委员会. 纯电动城市客车通用技术条件：JT/T 1026—2016 [S]. 北京：人民交通出版社，2016.

[2] 全国物流标准化技术委员会. 汽车整车物流质损风险监控要求：GB/T 31151—2014 [S]. 北

京:中国标准出版社,2015.

[3] 中国物流与采购联合会. 商用车运输服务规范:WB/T 1032—2006[S]. 北京:中国标准出版社,2007.

[4] 中国物流与采购联合会. 乘用车水路运输服务规范:WB/T 1033—2006[S]. 北京:中国标准出版社,2007.

[5] 中国物流与采购联合会. 乘用车运输服务规范:WB/T 1021—2004[S]. 北京:中国标准出版社,2005.

[6] 全国危险化学品管理标准化技术委员会. 危险货物品名表:GB 12268—2012[S]. 北京:中国标准出版社,2012.

[7] 全国原电池标准化技术委员会. 锂原电池和蓄电池在运输中的安全要求:GB 21966—2008[S]. 北京:中国标准出版社,2008.

[8] 全国危险化学品管理标准化技术委员会. 危险货物运输包装通用技术条件:GB 12463—2009[S]. 北京:中国标准出版社,2009.

[9] 中国民航科学技术研究院. 锂电池航空运输规范:MH/T 1020—2018[S]. 北京:中国民航出版社,2018.

[10] 全国汽车维修标准化技术委员会. 混合动力电动汽车维护技术规范:JT/T 1029—2016[S]. 北京:人民交通出版社,2016.

[11] 全国汽车维修标准化技术委员会. 纯电动汽车日常检查方法:JT/T 1011—2015[S]. 北京:人民交通出版社,2015.

[12] 全国汽车维修标准化技术委员会. 汽车维护、检测、诊断技术规范:GB/T 18344—2016[S]. 北京:中国标准出版社,2017.

[13] 中华人民共和国商务部. 报废汽车拆解指导手册编制规范:GB/T 33460—2016[S]. 北京:中国标准出版社,2016.

[14] 中华人民共和国商务部. 报废汽车回收拆解企业技术规范:GB 22128—2008[S]. 北京:中国标准出版社,2008.

[15] 全国汽车标准化技术委员会. 车用动力电池回收利用 拆解规范:GB/T 33598—2017[S]. 北京:中国标准出版社,2017.

[16] 全国废弃化学品处置标准化技术委员会. 锂离子电池材料废弃物回收利用的处理方法:GB/T 33059—2016[S]. 北京:中国标准出版社,2016.

[17] 全国废弃化学品处置标准化技术委员会. 废电池处理中废液的处理处置方法:GB/T 33060—2016[S]. 北京:中国标准出版社,2016.

[18] 全国废弃化学品处置标准化技术委员会. 镍氢电池材料废弃物回收利用的处理方法:GB/T 33062—2016[S]. 北京:中国标准出版社,2016.

[19] 全国有色金属标准化技术委员会. 废旧电池破碎分选回收技术规范:YS/T 1174—2017[S]. 北京:冶金工业出版社,2017.

[20] 全国废弃化学品处置标准化技术委员会. 废电池中镍钴回收方法:HG/T 5019—2016[S]. 北京:化学工业出版社,2016.

第6章 功能安全技术开发与流程管理

6.1 功能安全技术和标准体系概述

6.1.1 引言

安全是汽车发展的关键问题之一,对于传统燃油汽车、新能源汽车以及智能网联汽车,不但在驾驶辅助和动力驱动领域,而且在车辆动态控制和主被动安全系统领域,集成化、智能化、网联化所带来的新的功能越来越多地触及系统安全工程领域。这些功能的开发和集成将强化对安全相关系统技术开发和流程管控的需求,并且要求提供满足所有合理的系统安全目标的证明。

安全问题已成为制约新能源汽车、智能网联汽车产业发展的核心问题,真正解决安全问题从根本上要依靠技术进步和创新,从产品设计开发的源头规避因电控系统故障而造成的各种危害。对于具有自动驾驶功能的汽车而言,还要避免因系统预期功能局限或合理可预见的人员误用而导致的不合理风险,即传统意义上的功能安全和预期功能安全(SOTIF)。对汽车安全事故进行分析研究,应从机理上找到事故发生的原因,并在此基础上研究出防范措施,仅仅是事后预防,并不能从根本上解决安全隐患。因此,安全问题是一个系统性问题,不能只考虑产品本身,而要从整体出发,研究系统性的安全解决方案。

采用系统工程的原理和方法,识别、分析和评估汽车电控系统中的危害,并根据评估结果调整设计、开发、集成、测试、生产、运行和维护、管理和投资费用等因素,使系统中所存在的风险因素在整个生命周期能得到消除或控制,将事故的发生率减小到最低,达到最佳安全状态，从而避免风险，防止灾害，降低损失，保证人身、财产、环境的安全，降低车企经济损失。随着技术日益复杂、软件和机电一体化应用不断增加，来自系统性失效和随机硬件失效的风险逐渐增加，系统安全的确保是通过一系列安全措施实现的，而安全措施通过各种技术（如机械、液压、气压、电子、电气和可编程电子等）实现且应用于开发过程中的不同阶段。国家标准 GB/T 34590《道路车辆 功能安全》提供了适当的要求和流程来避免风险。

未来汽车依托电动动力系统技术的理念以应对气候变化、改善空气质量和减小对化石燃料的依赖，在降低排放和燃料消耗、改善车辆性能、提升驾驶乐趣之间做出合理的权衡。车辆主要依靠电子设备来控制和协调各个子系统或部件，分布在众多控制系统上的功能的数量和复杂性日趋增大，由电子电气系统的功能异常表现引起的危害而导致不合理的风险和因系统预期功能局限或合理可预见的人员误用而导致的不合理风险，成为现代传统汽车、新能源汽车、智能网联汽车安全健康发展的关键因素，即功能安全和预期功能安全。

安全问题的解决还需要建立配套的安全管理体系，安全问题仅依靠产品质量的提升来解决是有局限性的，且存在重要的安全管理问题。企业组织层面应创造、培育并保持一种安全文化，以支持并鼓励有效地实现功能安全。安全管理如果执行不到位或者不落实，容易引发安全事故，给人们的生命财产造成损失，而且在客观上也阻碍了社会生产力的发展。从汽车安全相关电控系统的概念阶段、系统开发、软硬件开发和集成、生产、运行、维护直至报废的全生命周期建立企业组织层面和技术开发层面的功能安全管理体系，并与企业内部质量管理体系建立统一协调机制是确保车辆电控产品安全品质的关键基础。

6.1.2 功能安全技术和标准起源

国际电工委员会（IEC）于 2000 年发布了功能安全基础标准 IEC 61508《电气、电子、可编程电子安全相关系统的功能安全》，为基于电气/电子/可编程电子技术的安全系统或装置的功能安全保障理论与实践问题提供了方法论。

功能安全技术涉及铁路、机械、核工业、流程工业、运输、医药、矿山等行业，以安全完整性等级（SIL）和全安全生命周期管理为主线的功能安全保障技术，从流程管理和技术要求角度规范安全控制和安全保护系统在设计、维护、运行等活动中企业组织管理和人员的技术和行为，以防止各类装置、机械、器械尤其是成套设备系统发生的不可接受风险。

基于 IEC 61508 的特色理念，不同应用领域依据自身特点发布了各自的功能安全标准，包括石化、化工、机械、铁路、核能、医疗、电力驱动、家电、流程工业、熔炉、电梯、飞机机载软件、汽车等领域。如 IEC 61511、IEC 61513、IEC 62061 等，安全系统的子系统、设备的功能安全标准也陆续发布，如 IEC 61784-3 等，IEC 功能安全标准体系已基本形成。

IEC 61508、IEC 61511 等标准发布后，欧美率先采用。我国分别于 2006 年和 2007 年将 IEC 61508 和 IEC 61511 等同转化为国家标准。功能安全技术受到铁路运输、核工业、石化工业、机械制造、汽车制造、煤炭开采等行业的高度重视，功能安全理念的推广普及呈现快速发展趋势。

6.1.3 电气/电子/可编程电子安全相关系统的功能安全

IEC 61508 是功能安全的基础标准，该标准提出了功能安全的基本原理、术语、数学方法、管理模式，针对以电子为基础的安全相关系统提出了一种技术方法论，同时还提出了一个技术框架，在这个框架内，基于其他技术的安全系统也可同时被考虑进去。因此，该标准可以促进各应用领域制定其各自的功能安全标准，可充分考虑与应用有关的所有因素，以满足应用领域的需要。同时，该标准也是一个可独立使用的标准，可以在没有应用领域标准的情况下，指导开发电子电气系统。

在各种应用领域里，存在着诸多潜在的危害和风险，复杂程度各不相同，需应用不同的电气、电子、可编程电子系统。对于每个特定的应用来确定安全要求，如针对流程工业的 IEC 61511，针对机械领域不同应用的 IEC 62061、EN 954-2、EN/IEC 60204-1，针对核工业领域的 IEC 61513，针对铁路领域的 EN 50126/7/8/9，针对熔炉领域的 prEN-51056 等。

国际上有两种安全的分类方法。一种是按安全保护的对象进行分类，分为矿山安全、金属冶炼安全、化工安全、铁路安全、机械安全、道路运输安全等，该分类方法与国家管理体系相同，易于管理控制。另一种是按导致危害的原因进行分类，分为电气危害、辐射危害、热危害、化学危害、功能危害等，该分类与防止危害的技术分类相一致，有利于组织行业力量集中研究防止各类危害发生的技术。

功能安全关注的对象是安全相关系统，其是执行所需的安全功能，使被保护对象实现或保持安全状态的系统。当危害事件发生时，安全相关系统将采取适当的安全措施，防止被保护对象进入危险状态，避免人身伤害、财产受损、环境灾难。安全相关系统包括安全相关的控制系统和保护系统，用以减小危害事件发生的概率或减轻危害事件的影响，最终实现要求的安全目标。随着技术的快速发展，电气、电子、可编程电子系统的应用日趋广泛，安全相关系统已经超出了原有的直接控制有潜在危害设备的概念。如果一个系统是基于电气、电子、可编程电子技术，而这个系统的功能失效可能导致人身伤害、财产损失、环境灾难，那么该系统就应纳入功能安全标准的管理范围。

在 IEC 61508 中，功能安全定义为：与受控设备和受控设备控制系统有关的整体安全的组成部分，它取决于电气/电子/可编程电子安全相关系统、其他技术安全相关系统和外部风险降低设施功能的正确行使。因此，功能安全是指安全依赖于控制系统执行正确的功能。当控制系统发生故障时，安全系统将采取适当的动作和措施，防止被保护对象进入危险状态，避免危及人身安全，保护财产不受损失。

深入分析历史上发生的严重工业灾难的原因，得出控制设备的故障是主因。例如，化学品生产过程中的控制系统的功能是当放热反应引起的压力达到设计值时应打开安全阀。如果该功能失效，放热反应持续进行，就会有发生爆炸的风险，人员有受到伤害的风险。

在这种情况下,安全依赖于控制系统执行的正确功能即为功能安全。

功能安全技术是集系统工程、控制理论、计算机技术、现代安全管理等学科为一体的理论方法。其具有以下基本特点:

1) 安全是相对的,没有绝对的安全。安全是指没有不合理的风险,将安全问题转化为风险问题,因为风险是可控的,所以安全也是可控的,即用系统功能失效导致伤害发生的概率来表示发生事故、造成人员伤亡或财产损失的危险性,基于当前的技术水平,使此概率在合理可接受的范围内。

2) 研究方法的全局化。从全局整体角度考虑安全系统,而非孤立的系统,并且考虑安全系统的全生命周期;从全局整体角度层级分析局部问题,并选择优化方案,综合评价系统安全功能的实施效果。

3) 安全管理的科学化。一个安全相关系统的正确运行存在两个并行的过程,一个是系统设计、开发、生产、运行、维护过程,另一个是企业组织层面对系统的计划、协调和记录的管理过程。功能安全标准从保障系统功能安全的角度出发,明确了两个过程中所有相关人员的职责范围和工作目标,对于建立安全相关系统的责任体系,提升安全性、促进新技术的使用有重要意义。

4) 各学科渗透和融合。安全是系统工程,安全相关系统属于多种技术实现的综合体,它跨越许多学科。为了适当解决这些交叉领域的问题,将定性分析和定量分析紧密结合,进行概念、系统、软硬件的分析、设计、验证和确认,需要从系统的安全目标出发,综合运用各学科技术,并使它们协调融合而达到系统在全局整体层面的安全性。

功能安全标准给出的方法具有以下特点:

1) 量化基于风险分析的安全性。用数学的方法量化安全相关系统的安全完整性,是功能安全控制技术的核心。SIL 用于衡量特定过程的安全性。这种量化的方法在 IEC 61508、IEC 61511 等标准中也得到应用。

2) 建立结构与功能的数学关系。系统的安全完整性表现在系统内部的硬件、软件、通信等诸要素之间及系统与外部环境之间的关系上。系统内部诸要素之间的联系为内部联系,表征内部联系的范畴称为结构。系统与外部环境之间的联系为外部联系,表征这种联系的范畴称为功能。要素、系统、环境三个环节,是通过结构和功能两个中介的沟通而有机联系起来的。

3) 全局整体性安全解决方案。从整体安全角度来看,不仅要考虑各独立系统中所有子系统、要素的问题,如传感器、控制器、执行器等,还要考虑由所有安全系统构成的组合安全系统的问题。

目前世界各国在安全领域都形成了由法律、法规、标准构成的完整的安全法规体系,所有安全的责任主体都明确各自的安全责任,并知道如果发生安全事故应承担的后果。例如:公司法人要对其企业所在场所的安全负责,因此有责任选择安全的设备,并负责维护;设备制造商要对所生产的设备安全负责,因此法律要求这些设备是安全的,即功能是安全的。但当涉及一项新技术,如电子、电气自动化这样的新技术并将其应用在安全领域时,技术失败可能导致的后果应由谁负责就需要用标准另行规定,功能安全标准就规定了这部分内容。

6.1.4 道路车辆功能安全

日益增长的复杂性和分布式功能趋势使得功能安全性成为未来汽车发展的关键问题之一。功能安全是指不存在由电子电气系统的功能异常表现引起的危害而导致不合理的风险，其成为现代车辆发展的关键因素，涉及纯电动汽车、混合动力电动汽车和自动驾驶汽车整车及关键电控系统。

因此，功能安全是一种车辆属性，它应用于通过任何电子电气组件实现的每一个功能。功能安全适用于汽车所有领域，不仅针对纯电动汽车和混合动力电动汽车，还远远超出汽车安全相关功能的范围，如 ABS、ESP 和安全气囊等，它还涵盖众多其他功能，如驾驶人辅助（ADAS）、车辆动力学、主被动安全系统、感知识别、逻辑决策、控制执行、灯光、节气门控制、主动阻尼和变速器驱动控制等。

车辆电控系统功能执行过程中安全相关问题的增加催生了汽车工业开发自身功能安全标准的需求。ISO 26262 是以 IEC 61508 为基础，为满足道路车辆上电子电气系统的特定需求而编写的。GB/T 34590 修改采用 ISO 26262，适用于道路车辆上由电子、电气和软件组件组成的安全相关系统在安全生命周期内的所有活动。IEC 61508 是独立的功能安全标准规范，它是众多领域功能安全标准的母标准。GB/T 34590 针对汽车领域的特定需求，而 IEC 61508 源于过程和自动化产业。功能安全考虑电子电气系统的功能异常表现而引起的所有危害，包括规范、实施、已知错误（运行期间的失效）、合理可预见的误用。因此，GB/T 34590 定义了覆盖典型汽车项目开发的安全生命周期，如图 6-1 所示。

国家标准 GB/T 34590《道路车辆　功能安全》：

1）提供了一个汽车安全生命周期（管理、开发、生产、运行、服务、报废），并支持在这些生命周期阶段内对必要活动的剪裁。

2）提供了一种汽车特定的基于风险的分析方法，以确定汽车安全完整性等级（ASIL）。

3）应用汽车安全完整性等级（ASIL）定义标准中适用的要求，以避免不合理的残余风险。

4）提供了对于确认和认可措施的要求，以确保达到一个充分、可接受的安全等级。

5）提供了与供应商相关的要求。

功能安全受开发过程（包括需求规范、设计、实现、集成、验证、确认和配置）、生产过程、服务过程和管理过程的影响。

安全问题与常规的以功能为导向和以质量为导向的开发活动及工作成果相互关联。GB/T 34590 涉及与安全相关的开发活动和工作成果。

由 GB/T 34590 定义的安全生命周期基于 V 模型，它涵盖了产品开发的不同阶段，如概念阶段、系统设计阶段、硬件和软件设计阶段、生产和运行阶段直到报废。在 GB/T 34590 中阐述了随机硬件失效和系统性失效，也定义了在功能安全 ASIL 等级、管理和支持过程中的安全措施，如变更管理、版本控制和文档化，这些为电动汽车整车和车辆上关键电控系统功能安全的开发提供了方法指导。

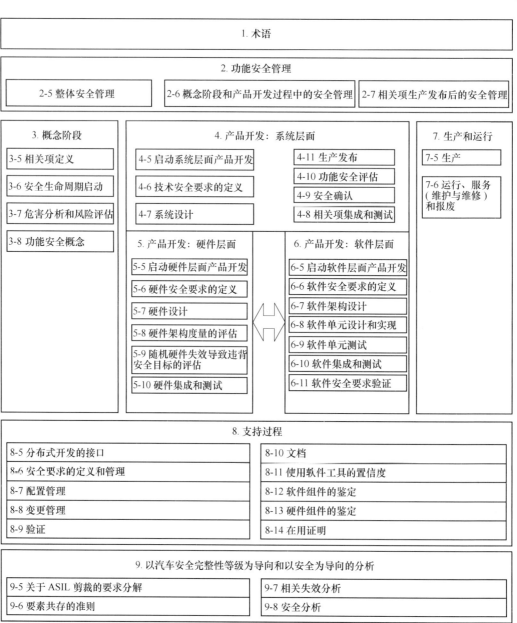

图 6-1 GB/T 34590 概览

1. 基于风险的分析方法

对于风险责任问题，GB/T 34590 与 IEC 61508 有相同的基于风险的分析方法。为了评估相关项（即实现车辆层面功能或部分功能的系统或系统组）的风险，定义该相关项必要的要求，从而避免不合理的风险。在相关项发生功能异常表现时，触发相关危害的运行场景和运行模式，应予以识别和分析，相关项可以是电动汽车整车，也可以是集成的系统或子系统，如 BMS、MCU。

危害和运行场景的组合被定义为危害事件。这些危害事件以及它们的潜在后果带来的严重程度是标准中规定的风险评估的必要输入。

GB/T 34590.3 为每个运行场景的暴露概率定义了五个等级，见表 6-1。

表 6-1 关于运行场景的暴露概率等级

等级	E0	E1	E2	E3	E4
描述	不可能	非常低的概率	低概率	中等概率	高概率

从一个等级到下一个等级的概率差异是一个数量级。重要的是要注意，暴露概率的确定是基于目标市场中有代表性的运行场景样本，并且在预估暴露概率时，不应考虑装备该相关项的车辆数量。这意味着虽然在公共道路上行驶的电动汽车数量比传统车辆低多个数量级，但运行场景的暴露概率是相同的。

在风险分析过程中要评估的第二个因素是可控性。可控性被定义为预估驾驶人或其他潜在处于风险的人员（如行人、骑自行车或任何其他涉险车辆的驾驶人）能够充分控制危害事件以避免特定伤害的概率。可控性等级见表 6-2。

表 6-2 可控性等级

等级	C0	C1	C2	C3
描述	可控	简单可控	一般可控	难以控制或不可控

最后一个要考虑的因素是潜在伤害的严重度。它关注的是潜在的处于风险中的每个人受到的伤害情况，即涉险人员受到的伤害。严重度等级见表 6-3。

表 6-3 严重度等级

等级	S0	S1	S2	S3
描述	无伤害	轻度和中度伤害	严重的和危及生命的伤害（有存活的可能）	危及生命的伤害（存活不确定），致命的伤害

2. ASIL 等级

通过分析得到的汽车安全完整性等级（ASIL）分为四个等级，从低到高依次为 A、B、C、D，以指定相关项所需的安全要求，达到可接受的残余风险。GB/T 34590 所有规范的部分都具有 ASIL 依赖性，实现 ASIL 的目的是引入足够避免系统性失效的措施，并实施充分的措施，减轻随机硬件失效带来的风险，以达到可接受的水平。

每一个危害事件的 ASIL 等级应使用"严重度""暴露概率"和"可控性"这三个参数根据表 6-4 来确定。

表 6-4 ASIL 等级确定

严重度等级	暴露概率等级	可控性等级		
		C1	C2	C3
S1	E1	QM	QM	QM
	E2	QM	QM	QM
	E3	QM	QM	A
	E4	QM	A	B

(续)

严重度等级	暴露概率等级	可控性等级		
		C1	C2	C3
S2	E1	QM	QM	QM
	E2	QM	QM	A
	E3	QM	A	B
	E4	A	B	C
S3	E1	QM	QM	A
	E2	QM	A	B
	E3	A	B	C
	E4	B	C	D

注：QM（质量管理）等级表示 GB/T 34590 中不做要求。

ASIL 等级是指导电控系统功能安全开发的核心要求，决定了功能安全开发中需要满足的一系列技术和流程要求。等级越高，风险越大，对应的安全要求就越高，降低风险的安全措施越复杂，系统结构越复杂，对系统中各子系统、器件、人员的要求越高，成本越高；等级越高，对设计方法、安全措施、测试方法、开发流程和工作成果的审核和确认也越严格。

这种风险评估的步骤需要专门的知识，以避免过度设计，在相同功能情况下保持同一标准化水平。

6.1.5 道路车辆电子电气系统 ASIL 等级确定方法指南

通过危害分析和风险评估（HARA）的方法来确定电子电气系统 ASIL（汽车安全完整性等级）是 GB/T 34590.3—2017 中所要求的。

危害分析和风险评估是一个分析过程，即识别潜在的危害，形成一组特定的危害事件，以及评估每个危害事件的风险，从而确定其 ASIL 等级和安全目标。通过安全目标导出功能安全要求。

1. 危害的识别

危害识别可通过不同的危害分析技术实现。这里推荐使用危害与可操作性分析（HAZOP）技术进行危害识别。HAZOP 是一种探索类型的分析，在该分析中，相关项的每个功能使用适当的引导词以假设出不同的功能异常表现。HAZOP 有助于结构化和系统地检查相关项在整车层面的运行情况。HAZOP 分析可用于识别和评估相关项的功能异常表现，该功能异常表现可导致伤害，而该危害可能对目标车辆的驾乘人员、其他车辆及其乘客或其他处于风险中的人员（如目标车辆附近的行人、骑自行车的人员或维修人员）造成潜在伤害。

一旦某项功能潜在的功能异常表现被识别出来，将继续开展危害分析活动，分析每个功能异常表现在整车层面上产生的危害。在此分析过程中，应考虑车辆的运行场景，包括相关项生命周期的各个阶段，如运行、服务和报废阶段。

同一个功能异常表现可能造成多个整车层面的危害，这取决于车辆在不同运行场景中的行为表现。例如，非预期或过大的制动可能引起车辆非预期的减速和非预期的侧向移动，这取决于驾驶场景。

另外，相关项的多个功能异常表现可能造成相同的整车层面危害。HARA 是一个迭代过程。考虑到不同的车辆运行场景和相关项生命周期阶段，相关项的功能异常表现和相应的整车层面危害也会在 HARA 分析的过程中不断更新。

2. 风险评估

在风险评估过程中，假设相关项的功能异常表现会引起某个危害。根据危害的定义，其作为伤害的潜在来源，极大地依赖于功能异常发生时所处的驾驶场景。因此，第一步为定义伤害，首先假设一种车辆驾驶或运行场景。基于该运行场景，确定该运行场景的暴露概率（E）。对于该危害事件，严重度（S）和可控性（C）分别给出了指导。对于一个给定的危害事件，基于合理和可预见的包含相关项的车辆的运行场景，重复该过程。

风险评估的结果依赖于相关项、车辆和数据的可用性。相关项的功能设计和车辆特征将影响导致伤害的场景的定义，以及 E、S、C 参数的等级和理由。分析人员应考虑这些因素并以对所开发系统的特性的分析理由为基础。

对于每个已分析过的危害事件，应将最高 ASIL 等级及其分配暴露概率（E）、严重度（S）和可控性（C）的理由记录在案，如记录在 HARA 模板中。

（1）步骤 1：确定暴露概率　根据 GB/T 34590.3—2017，车辆运行场景的暴露概率可以被指定为表 6-5 中的五个等级之一。表 6-5 总结了 GB/T 34590.3—2017 中表 2、表 B.2 和表 B.3 中的示例，得到基于运行场景频率和运行场景持续时间的各种暴露概率等级。风险分析的第一步是针对特定的车辆运行场景评估暴露概率，特定的车辆运行场景可以是几个工况同时出现。确定暴露概率的目的是理解真实场景，包括正常驾驶和危险驾驶工况。然而，需要注意的是不同的交通规则、环境条件等都会影响场景分析并导致一个不同的暴露概率。

表 6-5　GB/T 34590.3—2017 中的暴露概率等级描述

等级	描述	基于频率的暴露概率的判定信息	基于持续时间的暴露概率的判定信息
E0①	不可能	无定义	无定义
E1	非常低的概率	对于绝大多数驾驶人小于一年发生一次	无定义
E2	低概率	对于绝大多数驾驶人一年发生几次	<1% 平均运行时间
E3	中等概率	对于一般的驾驶人一个月发生一次或多次	1% ~ 10% 平均运行时间
E4	高概率	平均几乎发生在每次驾驶中	>10% 平均运行时间

① E0 不指定 ASIL。

1）基于频率的暴露概率。暴露概率等级不仅可以由功能异常表现直接引起危害事件（与场景的持续时间相关）的车辆运行场景确定，也可以由那些在某种场景或情况下，由于在更早的时间点出现并潜伏在系统中的故障所引起危害事件的场景确定。因此，这种场景的出现结合之前存在的故障会直接触发危害事件，而不需考虑其持续时间。

示例：打开倒车尾灯可以被选为暴露概率的频率。对于这个例子，车辆运行场景"车辆倒车"可以被认为是经常出现的,所以选为 E4。选用频率是因为无论何时灯出现故障,危害都只可能在车辆档位切换至倒车时被触发。

2）基于持续时间的暴露概率。对于失效行为直接导致危害事件的情况,可以选用基于车辆运行场景持续时间的暴露概率。

示例:考虑电动助力转向系统使用了一个错误的转向扭矩。当车辆静止时,这对于驾驶人的影响可能很小,但如果车辆在高速路上行驶,则驾驶人很有可能偏离既定的行驶路线。由于车辆在该运行场景下的持续时间大于平均运行时间的 10%,高速路行驶可以被定义为 E4。

注意:危害带来的伤害可能会随之增长,这取决于处于危险中的人的行为和事件所在的环境。

（2）步骤二:确定"严重度" 按照 GB/T 34590.3—2017,由于某个特定危害事件引起的潜在伤害的"严重度"等级,可被定义为表 6-3 所列四个级别中的一个。这些"严重度"等级是为某个给定危害事件分配 ASIL 级别提供指导的一般分类。

一般地,"严重度"等级很难确切的被定义。因为任何一次实际碰撞的"严重度"结果都与许多因素相关,而这其中的很多因素无法被提前确定。影响严重度的因素包括:

1）碰撞的类型,如平面碰撞（包括正面、后面、侧面碰撞）。
2）碰撞参与车辆间或单个车辆碰撞事故发生时（与被撞物体）的相对速度。
3）碰撞相关车辆的相对大小、高度以及结构完整度（即碰撞相容性）。
4）驾驶人的健康和年龄情况,以及乘客暴露于碰撞的力。
5）被动安全保护装置（如安全带、儿童安全座椅）的使用。
6）有资质、迅速的紧急救援（紧急救援队）的可用性及响应。

以上因素中,可能可以预测一些碰撞特性以及在某些情况下估计碰撞的相对速度。大多数会影响某一假定危害事件所引起的伤害"严重度"的其他因素,无法被很合理地提前预测。上述因素可作为用于风险评估中确定暴露度和可控性的因素的一部分。

除了可被忽略的碰撞,几乎所有碰撞产生伤害包括致命伤害的可能性永远不会为零。对于所有道路使用人员（如行人和骑自行车人员）来说,影响伤害可能性的特性是极为不同的。涉及交通事故的人员可能是可以容忍明显碰撞力而不会产生持续严重伤害的年轻健壮的人,也可能是即使发生较轻微、低速碰撞时也会产生较大伤害的年老体弱的人。因此,几乎针对任何碰撞类型所引起的"严重度"结果,可能是从"几乎无伤害"到"致命"的分布组合。

表 6-3 提供了 GB/T 34590.3—2017 中对于 S0 ~ S3 严重度等级的描述。

"严重度"等级会基于某个有代表性的危害事件场景被分配给某个给定的危害时间。对这个假定场景的开发要包含多个信息来源,包括但不局限于专家分析和判断,以及技术报告分析特别是相关事故或测试、仿真试验和历史事故数据的分析。GB/T 34590.3—2017 中附录 B 提供了一些可以用于对某个给定整车层面的运动控制危害分配恰当"严重度"等级的一般信息。

（3）步骤 3:可控性的确定 根据 GB/T 34590.3—2017,一个危害事件的可控性可被指定为表 6-6 所列的四个等级之一。

表 6-6　按照 GB/T 34590.3—2017 可控性等级描述

可控性等级	标题	描述
C0[①]	常规可控	如果针对特定危险存在专用法规，当它在考虑控制的充分性上与现有的经验保持一致时，可控性可以评为 C0。对于使用 C0 可以参考 GB/T 34590.3—2017 中 7.4.3.8
C1	简单可控	99% 或者更多的驾驶人或者交通参与者通常能够避免伤害
C2	一般可控	90% 或者更多的驾驶人或者交通参与者通常能够避免伤害
C3	难以控制或不可控	少于 90% 的驾驶人或者交通参与者通常能够或者勉强能够避免伤害

① C0 的情况下没有指定的 ASIL。

（4）步骤 4：ASIL 的确定　根据 GB/T 34590.3—2017 中 7.4.4.1，每一危害事件的 ASIL 确定，应使用 GB/T 34590.3—2017 中表 4（即表 6-4）所列的参数"严重度""暴露概率"和"可控性"。ASIL 的确定是基于相关的场景，且在该场景下 S、E 和 C 是一致的。

6.2　功能安全概念、系统、软硬件开发

6.2.1　概述

功能安全开发采用典型的系统性方法和流程来处理安全风险。在进行功能安全开发时，首先需要明确识别和定义研究对象，也即相关项定义。明确相关项后，结合其功能和场景，识别出危害事件并对其安全风险进行等级评估，应为具有 ASIL 等级的危害事件确定安全目标，从安全目标中进一步细化，导出功能安全要求，并分配到对应的功能架构的要素中。将功能安全概念继续细化到具体的技术实施层面，则会导出技术安全要求和技术安全概念。在硬件层面实现技术安全要求和技术安全概念，需要先导出硬件安全要求并实施在相应的硬件设计中。针对硬件设计，评估硬件的架构度量和随机硬件失效是否已经满足安全指标。在软件层面实现技术安全要求和技术安全概念，需要先导出软件安全要求并进行软件架构设计和软件单元设计。

6.2.2　功能安全概念开发

功能安全概念开发是功能安全开发的起始点，主要包括相关项定义、危害分析和风险评估以及功能安全概念。

6.2.2.1　相关项定义

相关项是指执行整车层面功能的一个或一组系统。整车层面功能是指满足车辆特定使用需求的行为表现，一般能被驾驶人或车辆乘员感知。

在定义相关项时，需基于整车架构，对包括相关项的功能、接口、环境条件、法规要

求和已知危害等进行逐一识别和定义，并可参考已有的类似相关项定义，最终生成相关项定义文件。

1. 相关项功能概念

相关项的功能概念涉及功能目的和功能描述。相关项功能概念还包括对相关项运行模式和状态的描述。

运行模式指预先设计的相关项运行标准样式，如生产模式、正常模式、诊断模式等；还可以根据相关项运行阶段分为上电自检模式、工作模式、下电模式等。

状态指相关项表现的形态，如工作状态、故障状态等。

2. 相关项运行条件和环境约束

在定义了相关项的功能概念后，进一步分析功能场景，对相关项运行条件和环境约束进行定义。这些条件和约束，主要来自相关项外部，以使相关项在特定条件和环境下，能提供预期的功能特性。常见的运行条件有供电、车速、电源模式等；而环境约束一般指温度、湿度、振动等。这些条件和约束表明了相关项与其环境间的依赖性，将影响对相关项的初步架构设计。

3. 法规和标准

相关项定义过程中，应识别出适用于相关项的法律法规、国家标准和国际标准。这些适用的法律条款及标准要求，将影响相关项的安全生命周期活动，有些将会成为功能安全的顶层要求。

4. 相关项边界和接口

相关项边界应定义相关项的范围，并明确属于相关项的系统和要素。为定义相关项边界，需依据功能概念、整车架构方案和已有相关项设计，对相关项所包含的系统或要素，以及与其存在交互关系的外部系统或要素进行识别。

在确定了相关项的范围后，进一步考虑相关项与外部接口的定义。这些接口，既为相关项的运行或维护提供支持，同时也有来自外部的需求。通过接口，相关项被集成到整车上。常见的相关项接口可分为供电接口、信号接口和其他技术接口。在识别出相关项接口后，还应定义接口的传输方向，分为对内输入、对外输出及与外部的双向交互。

6.2.2.2 危害分析和风险评估

危害分析和风险评估的目的是识别相关项中因故障而引发的危害并对危害进行归类，制定防止危害事件发生或减轻危害程度的安全目标，以避免不合理的风险。安全目标是该相关项的最高安全要求，安全目标不应使用具体的技术解决方案来表示，而应使用功能性描述进行表示。

1. 场景分析及危害识别

（1）场景分析　应对相关项的故障行为导致一个危害事件发生时所处的运行场景及运行模式进行描述，既要考虑正确使用车辆的情况，也要考虑可预见的不正确使用车辆的情况。

场景分析时，应考虑装备了该相关项的车辆的目标市场情况和表6-7中所列的因素。

表 6-7　场景分析考虑因素

编号	因素描述
1	道路因素，如高速路、山路等
2	环境因素，如能见度、温度、雨雪等
3	车辆运行工况，如制动、转向、加速、倒车等
4	特殊工况，如售后维修、自动洗车房等
5	交通文化，如变道频次、行人过马路等

进行风险评估时，在选取假定场景时应同时考虑驾驶行为，如变道、转向、制动、加速等。在确定场景时，过细的场景划分会降低该危害事件的暴露度，从而影响最终的 ASIL 等级，因此确定合适的场景对于导出恰当的 ASIL 是至关重要的。

（2）危害识别　危害识别可通过各种危害分析技术完成，诸如头脑风暴、检查列表、质量历史记录、FMEA 和现场研究等技术提取相关项层面的危害。在分析危害时，应假定相关项外部的所有系统都可以正常运行。危害与可操作性分析（Hazard and Operability Analysis，HAZOP）方法是一种应用广泛的以系统工程为基础的可用于定性分析或定量评价的危害评估方法。HAZOP 使用关键词结合相关项的功能进行危害识别，表 6-8 给出了 HAZOP 一般使用的四大类关键词。

表 6-8　HAZOP 关键词

编号	关键词	
1	功能丧失（在有需求时，不提供功能）	
2	在有需求时，提供错误的功能	多于预期
3		少于预期
4		方向相反
5	非预期的功能（在无需求时，提供功能）	
6	输出卡滞在固定值上（功能不能按照需求更新）	

表 6-8 中所列的关键词并不一定适用于所有的分析，因此可以根据具体的分析调整关键词。当识别出危害后，结合一定的运行场景可得到危害事件，对每一个危害事件进行编号索引，编号应具有唯一性。在分析过程中，应考虑相关项的全生命周期内（如正常驾驶、售后维修和车辆报废拆解时）的运行场景。危害识别是一个迭代过程，考虑到相关项的不同生命周期和使用场景，随着危害识别的进行，其他危害可能会被识别出来。

2. 危害事件分类

对于每一个危害事件，应基于确定的理由来评定对应的暴露概率（E）、严重度（S）和可控性（C）参数。一般可按照图 6-2 所示的顺序进行参数评定。

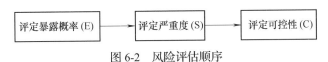

图 6-2　风险评估顺序

3. 确定 ASIL 等级和安全目标

（1）确定 ASIL 等级　对于每一个危害事件，当暴露概率（E）、严重度（S）和可控性（C）确定后，该危害事件的 ASIL 可按表 6-4 确定。

对于每一个危害事件，其对应的最高等级的 ASIL 和相应的暴露概率（E）、严重度（S）和可控性（C）参数及其选取理由应当记录在案。

（2）确定安全目标　安全目标是最高等级的安全要求，针对 ASIL 为 A、B、C、D 的每一个危害事件，应至少设定一个对应的安全目标，一个危害事件可对应多个安全目标，多个危害事件也可以对应同一个安全目标。安全目标的设定原则是避免该危害的发生或缓解该危害发生后造成的后果。

安全状态是相关项的运行模式，该运行模式下，相关项的风险水平是合理的。安全状态不一定实现该相关项的预期功能。因此，关闭模式或降级功能模式可以被视为安全状态。

故障容错时间表示在危害事件发生之前，相关项的故障所允许的最大持续时间。因此，当发生故障时，该相关项需要在故障容错时间间隔内转换到安全状态。故障容错时间用于后续定义为了防止危害事件的发生，安全机制的执行速率需要很快。故障容错时间的确定可基于经验值或者从危害事件的场景分析计算导出。

6.2.2.3　功能安全概念

为了满足安全目标，需要建立功能安全概念。功能安全概念的目的有两个：① 从安全目标中导出功能安全要求；② 将功能安全要求分配给相关项的初步架构要素或外部措施。功能安全概念是承接安全目标和具体功能安全要求的必要环节，是功能安全开发中的重要步骤。

1. 导出功能安全要求

功能安全要求应在初步架构设想的基础上由安全目标和安全状态导出，并考虑运行模式、故障容错时间间隔、安全状态、紧急运行时间间隔、功能冗余、报警和降级概念以及涉险人员行为假设。故障容错时间间隔是相关项内发生故障之后切换到安全状态的时间。如果在故障容错时间间隔内没有达到安全状态，则应规定紧急运行。

功能安全要求应该是功能性的并独立于具体的技术实施。功能安全要求仅规定功能目标，不涉及具体的技术实现细节。应为每一个安全目标定义至少一项功能安全要求，一项功能安全要求可对多个安全目标有效。

功能安全要求的特征见表 6-9。

表 6-9　功能安全要求的特征

编号	特征描述
1	清楚明确：各方对该要求的理解是一致的，无歧义的
2	原子化：该要求在所分析的层级不能再被分割为多个要求
3	内部一致：各要求之间不能相互抵触
4	可实行：在项目开发过程中，可在相关项的约束范围内实施该要求
5	可验证：可以验证功能安全要求是否符合安全目标

2. 分配功能安全要求

功能安全要求导出后，需要根据相关项的初步架构对功能安全要求进行分配。功能安全要求可分配给架构要素、其他技术要素或者外部措施，下面分别进行说明。

（1）架构要素　架构要素是指在相关项定义中明确的系统、组件（硬件、软件）、硬件元器件或软件单元。

在功能安全要求的分配过程中，导出的功能安全要求的 ASIL 等级应从相关的安全目标中继承得到；如果在导出功能安全要求的过程中应用了 ASIL 分解，可从上一级的功能安全要求中继承得到。

将几个功能安全要求分配给同一个架构要素，如果不能证明该要素中执行不同 ASIL 等级的功能安全要求的各子要素相互独立，则该架构要素及其子要素应按照所分配的功能安全要求中最高的 ASIL 等级开发；如果能证明该要素中的各子要素是相互免于干扰的，则各子要素可按照各自执行的功能安全要求的 ASIL 等级开发。

如果相关项包含多个系统，则应根据初步架构的设想定义各个系统以及系统之间接口的功能安全要求，这些功能安全要求应分配到各个系统中。

（2）其他技术要素　其他技术是指不同于功能安全标准适用范围内的电子电气技术，如机械和液压技术。

在导出基于其他技术的要素所实现的功能安全要求后，将其分配给架构中的相关要素；应定义与其他技术要素的接口相关的功能安全要求。无须对其他技术要素分配 ASIL 等级（即使分配了 ASIL 等级，对于其他技术要素来讲不具有可执行性），但需要确保该功能安全要求可以得到实行和满足。

（3）外部措施　外部措施指相关项外部的措施，在相关项定义里对其进行了规定，用于减少或减轻来自相关项的风险。外部措施不仅包括附加的车载装置（如动态稳定控制器或防爆轮胎），还包括车辆以外的装置（如防撞栏或隧道消防系统等）。

在导出由外部措施实现的功能安全要求后，应将该要求与相关外部措施的负责人进行沟通，以确认该外部措施是充足和可行的；应确保由外部措施实现的功能安全要求的执行。

ASIL 分解的目的是针对系统性失效，采用冗余设计以满足安全目标。ASIL 分解的前提条件是执行分解后要求的要素应相互冗余且充分独立。如果在功能安全要求分配期间进行 ASIL 等级分解，则应按照图 6-3 所示的 ASIL 分解方案进行 ASIL 等级分解。

ASIL 分解是降低系统性失效可能性的方法和途径。ASIL 分解不会改变对硬件架构度量的评估要求，也不会改变对随机硬件失效导致违背安全目标的评估要求。

6.2.3　功能安全系统开发

功能安全概念更偏重于功能层面，脱离于具体的技术实现，需要细化到技术安全要求。技术安全要求旨在将相关项的功能安全要求细化到技术实行层面。同理，功能安全概念也需要细化到技术安全概念，完成系统设计以启动产品开发。在细化技术安全要求和技术安全概念时，需要确保其与功能安全要求和功能安全概念是一致的。

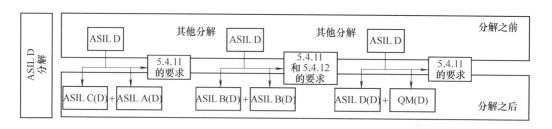

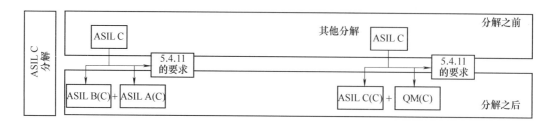

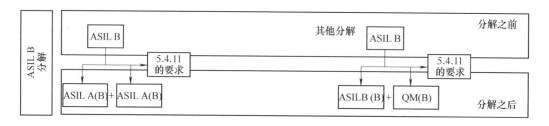

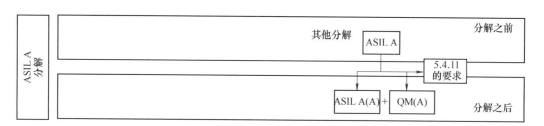

图 6-3　ASIL 分解方案

6.2.3.1　技术安全要求

技术安全要求应根据诸如外部接口（通信接口和用户接口）、限制条件（环境限制和功能限制）和系统配置要求进行定义。

技术安全要求应定义系统在故障发生并可能导致违反安全目标时的响应，也即安全机制，其内容见表 6-10。

表 6-10　安全机制内容

编号	描述
1	与系统自身故障相关的探测、指示和控制措施
2	涉及探测、指示和控制与系统有相互影响的外部设备中所发生故障的措施

(续)

编号	描述
3	使系统实现或者维持在安全状态下的措施
4	细化和执行报警及降级概念的措施
5	防止故障潜伏的措施（适用于多点故障）
6	向安全状态的过渡（如适用）
7	故障容错时间间隔（如适用）
8	如果不能立即进入安全状态时的紧急运行时间间隔（如适用）
9	维持安全状态的措施（如适用）

6.2.3.2　系统设计与技术安全概念

系统设计应以功能概念、初步架构设想和技术安全要求为基础进行。技术安全要求应直接或通过进一步的细化后，分别或同时分配到系统设计要素（如硬件和软件），以形成技术安全概念。在系统设计期间，可对安全要求应用 ASIL 分解。

系统架构要素应满足它们各自 ASIL 等级的技术安全要求，每个要素应继承来自其所执行的技术安全要求的最高 ASIL 等级。如果一个要素由指定为不同 ASIL 等级的子要素组成，或由非安全相关子要素和安全相关子要素组成，除非它们相互独立并免于干扰，否则它们中的每一个都应按照最高的 ASIL 等级来开发。

1. 避免系统性失效

为使系统架构设计达到模块性、适当的粒度水平和简单，模块化系统设计应遵循表 6-11 所列的设计原则。

表 6-11　模块化系统设计原则

编号	描述
1	分层设计
2	精确定义的接口
3	避免硬件组件和软件组件不必要的复杂性
4	避免接口不必要的复杂性
5	维护期间的可维护性
6	开发和运行期间的可测性

对系统设计进行安全分析以识别系统性失效的原因和系统性故障的影响，主要的分析手段有两大类，如演绎分析（典型的如故障树分析）和归纳分析（典型的如失效模式和影响分析），这两种分析手段也可以验证技术安全要求的完备性和正确性。

2. 控制运行过程中的随机硬件失效

系统设计应定义探测、控制或减轻随机硬件失效的措施。

对于 ASIL B 的要求，推荐使用下述方法控制随机硬件失效：

1）应为相关项层面的最终评估定义单点故障和潜伏故障度量的目标值。

2）应选择可替代流程中的一个，用于评估随机硬件失效导致的对安全目标的违背，并应定义目标值以用于相关项层面的最终评估。

3）宜在要素层面定义适当的失效率和诊断覆盖率的目标值。

4）对于分布式开发，推导出的目标值应通报给每个相关团队。

3. 软硬件接口（HSI）规范

软硬件接口规范用于定义硬件和软件的交互。软硬件接口规范包括组件中由软件控制的硬件装置和支持软件运行的硬件资源。软硬件接口规范应在系统设计过程中定义，并在硬件开发和软件开发过程中进行细化。软硬件接口规范的特性见表6-12。

表6-12 软硬件接口规范的特性

编号	特性描述
1	硬件装置的相关运行模式和相关配置参数
2	确保要素间独立性和支持软件分区的硬件特征
3	硬件资源的共用和专用
4	硬件装置的访问机制
5	为技术安全概念涉及的每一个服务定义的时序限制
6	硬件的诊断特性
7	需要在软件中实现的对硬件的诊断特性

6.2.4 功能安全硬件开发

硬件层面产品开发的目的是确定并计划硬件开发各子阶段过程中的功能安全活动。硬件层面产品开发的必要活动和流程包括：

1）技术安全概念的硬件实现。

2）分析潜在的硬件故障及其影响。

3）与软件开发的协调。

在整个开发过程中，应该遵循项目初期制定的安全计划，确定硬件层面产品开发活动的适当方法和措施，并与计划保持一致。应该识别出对硬件组件的复用，或对经过鉴定的硬件组件或者元器件的使用。

6.2.4.1 定义硬件安全要求

硬件的安全要求主要是由技术安全概念和系统设计规范导出的，并且在硬件设计阶段验证其与技术安全概念及系统设计规范的一致性。

硬件安全需求规范包括与安全相关的每一条硬件要求，包括：

1）为控制要素硬件内部失效的硬件安全要求和安全机制的相关属性，其包括用来覆盖相关瞬态故障（如由于所使用的技术而产生的瞬态故障）的内部安全机制。

2）为确保要素对外部失效容错的硬件安全要求和安全机制的相关属性。

3）为符合其他要素的安全要求的硬件安全要求和安全机制的相关属性。

4）为探测内外部失效和发送失效信息的硬件安全要求和安全机制的相关属性。

5）不定义安全机制的硬件安全要求。

硬件安全需求应该遵循相关项或者要素的硬件设计验证准则，包括环境条件（温度、振动、EMI等）、特定的运行环境以及特定的组件的要求：

1）对于中等复杂性的硬件组件或元器件进行鉴定验证，以证明其作为相关项、系统或要素的一部分来使用的合适性。

2）通过测试进行的验证，以确保所开发的硬件符合硬件安全要求。

对于硬件安全要求的验证，应提供证据证明：

1）与技术安全概念、系统设计规范以及硬件规范的一致性。

2）关于技术安全要求分配给硬件要素的完整性。

3）与相关软件安全要求的一致性、正确性与精确性。

对于最初定义的软硬件接口应该被充分细化，以允许硬件被软件正确控制和使用，并且应描述出硬件和软件之间的每一项安全相关的关联性。软硬件开发人员应共同负责验证细化后的软硬件接口规范的充分性。

6.2.4.2 硬件设计

硬件设计就是按照系统设计规范和硬件安全要求来设计硬件，并且验证该设计是否违背系统设计规范和硬件安全要求。

硬件设计包括硬件架构设计和硬件详细设计。硬件架构设计表示所有的硬件组件以及它们彼此的相互关系。硬件详细设计是在电气原理图级别上，表示构成硬件组件的元器件间的相互连接。无论是在硬件架构设计或者是在详细设计时，应考虑安全相关硬件组件失效的非功能性原因，如温度、振动、水、灰尘、电磁干扰、来自硬件架构的其他硬件组件或其所在环境的串扰。

对于硬件架构设计，为了避免高复杂性导致的失效，应使硬件架构设计具有下述特性：

1）模块化。

2）适当的颗粒度水平。

3）简单性。

模块化的硬件设计原则包括：

1）分层设计。

2）精确定义安全相关组件的接口。

3）避免不必要的接口复杂性。

4）避免不必要的硬件组件复杂性。

5）可维护性。

6）可测试性。

在硬件的详细设计中，除了避免常见的设计缺陷以及考虑安全相关硬件组件失效的非功能性原因，硬件元器件的运行条件还应符合它们的环境和运行限制规范，同时应考虑鲁棒性设计原则。

6.2.4.3 评估硬件架构度量

硬件安全度量是用来评估相关项的硬件架构的一种方法，主要用于评估相关项架构应对随机硬件失效的有效性。主要的度量目前有两种：

（1）单点故障度量　该度量反映了相关项通过安全机制覆盖或通过设计手段（主要为

安全故障)实现的对单点故障和残余故障的鲁棒性。高的单点故障度量值意味着相关项硬件的单点故障和残余故障所占的比例低。

(2)潜伏故障度量 该度量反映了相关项通过安全机制覆盖、通过驾驶人在安全目标违背之前识别或通过设计手段(主要为安全故障)实现的对潜伏故障的鲁棒性。高的潜伏故障度量值意味着硬件的潜伏故障所占的比例低。

这些度量所针对的随机硬件失效仅限于相关项中某些安全相关电子和电气硬件元器件,即那些能对安全目标的违背或实现有显著影响的元器件,并限于这些元器件的单点故障、残余故障和潜伏故障。对于机电硬件元器件,则仅考虑电气失效模式和失效率。

在该分析中用到的硬件元器件预估失效率的确定,应该使用下述方法:

1)使用业界公认的硬件元器件失效率数据,如 IEC/TR 62380、IEC 61709、MIL HDBK 217 F notice 2、RIAC HDBK 217 Plus、UTE C80-811、NPRD 95、EN 50129:2003 Annex C、IEC 62061:2005 Annex D、RIAC FMD97、MIL HDBK 338。

2)使用现场反馈或者测试的统计数据。

3)使用该工程方法形成的专家判断,该工程方法基于定量和定性的论证。应依据结构化准则进行专家判断,这些准则是判断的基础,应在失效率预估前进行设定。

对于每一个安全目标,"单点故障度量"的定量目标应该满足下列目标之一:

1)来自应用于值得信赖的相似设计原则中,对硬件架构度量的计算。

2)来自表 6-13。

表 6-13 单点故障度量定量目标

ASIL 等级	ASIL B	ASIL C	ASIL D
单点故障度量	≥ 90%	≥ 97%	≥ 99%

对于每一个安全目标,"潜伏故障度量"的定量目标应该满足下列目标之一:

1)来自应用于值得信赖的相似设计原则中,对硬件架构度量的计算。

2)来自表 6-14。

表 6-14 潜伏故障度量定量目标

ASIL 等级	ASIL B	ASIL C	ASIL D
潜伏故障度量	≥ 60%	≥ 80%	≥ 90%

6.2.4.4 评估随机硬件失效导致违背安全目标

通过制定可用的准则,确定相关项随机硬件失效导致违背安全目标的残余风险足够低是这项评估的主要目的。

主要推荐两种方法,两种方法都评估由单点故障、残余故障和可能的双点故障导致的违背安全目标的残余风险。如果显示为与安全概念相关,也可考虑多点故障。在分析中,对残余故障和双点故障,将考虑安全机制的覆盖率,并且,对双点故障也将考虑暴露持续时间。

(1)方法一 包括使用概率的度量,即"随机硬件失效概率度量"(PMHF),通过使用如定量故障树分析(FTA)及将此计算结果与目标值相比较的方法,评估是否违背所考虑的安全目标。

针对该方法，为随机硬件失效导致违背每个安全目标的最大可能性定义定量目标值，其来源可以是：

1）来自表6-15。

表6-15 随机硬件失效目标值

ASIL 等级	随机硬件失效目标值
ASIL D	$<10^{-8}h^{-1}$
ASIL C	$<10^{-7}h^{-1}$
ASIL B	$<10^{-7}h^{-1}$

2）来自值得信赖的相似设计原则的现场数据。

3）来自应用于值得信赖的相似设计原则中的定量分析技术。

该定量分析应该考虑：

1）相关项的架构。

2）每个可导致单点故障或残余故障的硬件元器件的失效模式的估计失效率。

3）每个可导致双点故障的硬件元器件的失效模式的估计失效率。

4）安全机制对安全相关的硬件要素的诊断覆盖率。

5）双点故障情况下的暴露持续时间。

（2）方法二 包括独立地评估每个残余故障和单点故障，及每个双点失效是否导致违背所考虑的安全目标。此分析方法也可被考虑为割集分析。

对随机硬件失效导致违背安全目标的每个原因进行评估的方法，在图6-4和图6-5所示的流程图中予以了阐明。使用故障发生准则对每个单点故障进行评估，使用综合了故障发生和安全机制有效性的准则对每个残余故障进行评估。

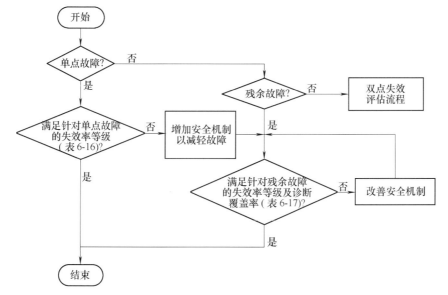

图6-4 对单点故障和残余故障的评估流程图

如图 6-5 所示，每个双点失效首先评估其可能性。如果两个故障同时导致的失效在足够短的时间内、以足够的覆盖率被探测或感知到，则认为这个双点失效不可能。如果双点失效是可能的，则将使用综合了故障发生和安全机制覆盖率的准则对导致其发生的故障进行评估。图 6-4 和图 6-5 中描述的评估流程适用于硬件元器件（晶体管等）层面。

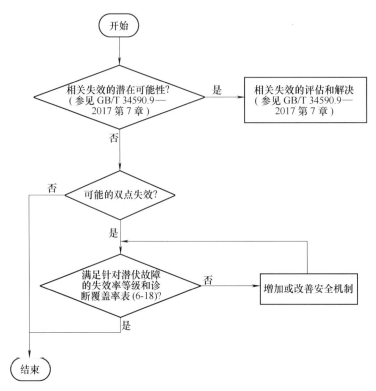

图 6-5 对双点失效的评估流程图

硬件元器件失效率的失效率等级评级应按如下确定：
1）失效率等级 1 对应的失效率应小于 ASIL D 的目标除以 100。
2）失效率等级 2 对应的失效率应小于或等于 10 倍的失效率等级 1 对应的失效。
3）失效率等级 3 对应的失效率应小于或等于 100 倍的失效率等级 1 对应的失效率。
4）失效率等级 i（$i > 3$）对应的失效率应小于或等于 $10^{(i-1)}$ 倍的失效率等级 1 对应的失效率。

针对单点故障的硬件元器件失效率等级目标，应满足表 6-16 的要求。

表 6-16 针对单点故障的硬件元器件失效率等级目标

ASIL 等级	失效率等级
ASIL D	失效率等级 1 + 专用措施
ASIL C	失效率等级 2 + 专用措施 或失效率等级 1
ASIL B	失效率等级 2 或失效率等级 1

对给定的硬件元器件-残余故障诊断覆盖率的最大失效率等级，应满足表6-17的要求。

表6-17 对给定的硬件元器件-残余故障诊断覆盖率的最大失效率等级

ASIL 等级	针对残余故障的诊断覆盖率			
	≥ 99.9%	≥ 99%	≥ 90%	< 90%
ASIL D	失效率等级 4	失效率等级 3	失效率等级 2	失效率等级 1+ 专用措施
ASIL C	失效率等级 5	失效率等级 4	失效率等级 3	失效率等级 2+ 专用措施
ASIL B	失效率等级 5	失效率等级 4	失效率等级 3	失效率等级 2

关于双点故障的硬件元器件失效率等级和覆盖率的目标，应满足表6-18的要求。

表6-18 关于双点故障的硬件元器件失效率等级和覆盖率的目标

ASIL 等级	针对潜伏故障的诊断覆盖率		
	≥ 99%	≥ 90%	<90%
ASIL D	失效率等级 4	失效率等级 3	失效率等级 2
ASIL C	失效率等级 5	失效率等级 4	失效率等级 3

6.2.5 功能安全软件开发

软件开发可分为新开发、修改后使用和复用三大类，对于新开发的或修改后使用的安全相关软件组件应按照 GB/T 34590 来开发，对未经修改而复用的安全相关软件组件应进行软件组件的鉴定。

软件开发质量主要取决于软件开发过程，为了开发既可实现软件安全要求又可实现非安全要求的软件架构设计和软件单元设计，应在同一开发过程中处理安全和非安全要求，从而减少开发过程中的软件质量问题。

6.2.5.1 定义软件安全要求

软件安全要求应针对每个基于软件的功能，这些功能的失效可能导致违背分配到软件的技术安全要求。软件安全要求可以进行 ASIL 分解。如果嵌入式软件执行了其他非安全相关的功能，则应对这些非安全相关功能进行定义，或参考其规范。软件安全要求的定义应由技术安全概念和系统设计得出，并应考虑表6-19中的内容。

表6-19 软件安全要求内容

编号	软件安全要求内容描述
1	安全要求的定义和管理（编号唯一性、可追溯性、一致性等）
2	已定义的系统和硬件的配置
3	软硬件接口规范
4	硬件设计规范的相关要求
5	时间约束
6	外部接口
7	对软件有影响的车辆、系统或者硬件的每个运行模式

软硬件接口规范应细化到可以正确控制和使用硬件的程度,并应描述硬件和软件间每个与安全相关的依赖性。

6.2.5.2 软件架构设计

软件架构设计描述全部软件组件及其在层次结构中的交互。软件架构设计应开发到能够识别出所有软件单元为止。

1. 软件架构设计的标记法及考虑因素

为确保软件架构设计获取必要信息以允许后续开发活动得到正确且有效的执行,应使用表6-20中列出的软件架构设计的标记法,对软件架构设计进行恰当抽象层级的描述。

表6-20 软件架构设计的标记法

编号	标记法
1	非形式记法
2	半形式记法
3	形式记法

在软件架构设计开发中应考虑表6-21中列出的因素。

表6-21 软件架构设计的考虑因素

编号	考虑因素
1	软件架构设计的可验证性
2	可配置软件的适用性
3	软件单元设计和实现的可行性
4	软件集成测试中,软件架构的可测性
5	软件架构设计的可维护性

2. 软件架构设计的原则和内容

为避免因高度复杂性导致的失效,使软件架构设计具有模块化、封装性和简单性的属性,应使用表6-22中列出的原则。

表6-22 软件架构设计的原则

编号	原则
1	软件组件的层次
2	限制软件组件的规模
3	限制接口规模
4	每个组件内高内聚
5	软件组件间低耦合
6	恰当调度的特性
7	限制中断的使用

软件架构设计的内容见表6-23。

表 6-23　软件架构设计的内容

编号	软件组件的静态设计方面	软件组件的动态设计方面
1	包括分级层次的软件结构	功能性和行为
2	数据处理的逻辑顺序	控制流和并发进程
3	数据类型和它们的特征参数	软件组件间的数据流
4	软件组件的外部接口	对外接口的数据流
5	软件的外部接口	时间的限制
6	包括架构的范围和外部依赖的约束	

3. 软件安全要求分配和软件错误探测及处理

应将软件安全要求分配给软件组件。因此，每个软件组件应按照分配给它的要求中最高的 ASIL 等级来进行开发。如果嵌入式软件不得不实现不同 ASIL 等级的软件组件，或实现安全相关及非安全相关的软件组件，除非软件组件充分独立且免于干扰，否则全部嵌入式软件必须按照最高 ASIL 等级来处理。软件分区是较好地实现软件组件间免于干扰的方法。

如果软件安全要求的执行依赖于软件组件间免于干扰或足够的独立性，那么应进行相关失效的分析。应在软件架构层面执行安全分析，以识别或确认软件的安全相关部分，并支持安全机制的定义和验证其有效性。当软件安全分析完成后，为了在软件架构层面定义必要的软件安全机制，应使用表 6-24 中列出的错误探测机制和错误处理机制。

表 6-24　软件架构层面的错误探测机制和错误处理机制

编号	错误探测机制	编号	错误处理机制
1	输入输出数据的范围检查	1	静态恢复机制
2	合理性检查	2	适度降级
3	数据错误探测	3	独立并行冗余
4	外部监控设备	4	数据纠错码
5	控制流监控		
6	多样化的软件设计		

6.2.5.3　软件单元设计和实现

软件单元的详细设计应基于软件架构设计进行开发。现在主流的软件开发可分为代码和模型两大类，因此软件单元的详细设计应分别按照建模或编码指南，以模型或直接以源代码的形式实现。为此，软件单元的定义应将功能表现和内部设计描述到必要的细节程度以支持其实现。为确保软件单元设计获得必要的信息以允许后续开发活动得到正确和有效的执行，应使用表 6-25 中列出的标记法描述软件单元设计。

表 6-25　软件单元设计的标记法

编号	标记法
1	自然语言
2	非形式记法
3	半形式记法
4	形式记法

软件单元设计的特性见表 6-26。

表 6-26 软件单元设计的特性

编号	特性描述
1	基于软件架构设计,软件单元内的子程序和函数执行的正确次序
2	软件单元间接口的一致性
3	软件单元内和软件单元间的数据流及控制流的正确性
4	简单性
5	可读性和可理解性
6	鲁棒性
7	软件修改的适宜性
8	可测性

为使软件单元具有表 6-26 中的特性,应遵从表 6-27 中列出的设计原则进行软件单元设计和实现。

表 6-27 软件单元设计和实现的设计原则

编号	软件单元设计和实现的设计原则
1	子程序和函数采用一个入口和一个出口
2	无动态对象或动态变量,否则需要在其产生过程中对其进行在线测试
3	变量初始化
4	不能重复使用变量名称
5	避免全局变量,否则需证明对全局变量的使用是合理的
6	限制使用指针
7	无隐式类型转换
8	无隐藏数据流或控制流
9	没有无条件跳转
10	无递归

读者可根据自己的开发方法选取表 6-27 中合适的设计原则用于软件单元设计和实现。如方法 1、2、4、5、6、7 和 9 可能不适用于模型开发中的图形模型标记法;方法 7 和 9 不适用于汇编语言编程。此外,也可将行业内广泛使用的编程规范或者建模规范用于软件开发中。

6.3 功能安全要求与测试评价

6.3.1 概述

功能安全开发遵循"V 模型"过程,模型的左侧,从相关项的定义出发,通过危害分析和风险评估,定义安全目标,然后将这些顶层安全要求分配给相关项的架构要素,形成功能安全概念,再逐步导出细化的功能安全要求及技术安全要求,进行软硬件实现;模型的右侧，通过验证，确保相关开发成果符合安全要求，然后通过确认，证明相关项满足安全目标，最后，通过功能安全评估，评价相关项是否实现了功能安全。

6.3.2 安全验证

6.3.2.1 概述

验证的目的是确保功能安全开发的工作成果符合相应的要求。验证适用于以下安全生命周期的阶段：

1）在概念阶段，验证确保了概念是正确的、完整的，并符合相关项的边界条件，同时确保了定义的边界条件本身是正确的、完整的和一致的，以使概念可以得到实现。

2）产品开发阶段的验证分为设计阶段的验证和测试阶段的验证。对于设计阶段（包含系统设计、软硬件设计等），验证是对工作成果（如需求规范、架构设计、模型或软件编码）的评估，从而确保它们与之前建立的要求在正确性、完整性和一致性方面相符合。评估可通过评审、模拟或分析技术开展，并以系统化方式计划、定义、执行和记录；对于测试阶段，验证是在测试环境下对工作成果的评估，以确保其满足要求。测试以系统化的方式进行计划、定义、执行、评估和记录。

3）在生产和运行阶段，验证确保了安全要求在生产流程、用户手册、维修和维护指导中得到了恰当发布；以及通过在生产流程中应用控制措施，确保了相关项的安全相关特性得到了满足。

验证过程包括验证计划的制定、验证规范的定义、验证的执行和结果的评估。

6.3.2.2 验证计划

对于安全生命周期内的每个阶段及子阶段，应制定验证计划，并应涵盖以下方面：

1）验证的对象，即功能安全工作成果内容。

2）验证的方法，包括评审、走查、检查、模型检查、模拟、工程分析、证明和测试，也包括这些方法和其他方法的组合。

3）验证的通过和不通过准则。

4）验证环境（如果适用），可以是测试或模拟环境。

5）用于验证的工具（如果适用）。

6）当探测出异常时需采取的行动。

7）回归策略，其定义了在相关项或要素变更后如何重复进行验证。验证可以被全部或部分重复，并可包含其他能影响验证结果的相关项或要素。

制定验证计划时，还应考虑以下方面：

1）所使用验证方法的充分性。

2）需验证的工作成果的复杂性。

3）与验证目标材料相关的前期经验，包括服务历史及在用证明达到的程度。

4）所使用技术的成熟度，或使用这些技术的风险。

6.3.2.3 验证规范

验证规范主要用于选择和定义验证方法，还可包含评审或分析的检查清单、模拟场景、测试案例、测试数据及测试目标等信息。

当选择测试方法用于验证时，每个测试案例的定义应包含：

1）测试案例的唯一识别码。

2）需验证的相关工作成果的版本信息。

3）前提条件和配置。如果对工作成果的可能配置（如系统变型）进行完整验证是不可行的，可选择一个合理的子集（如系统的最小或最大功能性配置）。

4）环境条件（如果适用）。环境条件关乎执行测试的周围物理属性（如温度）或作为测试的一部分进行模拟的物理属性。

5）输入数据及其时序、量值等。

6）期望的表现，包括输出数据、输出量值的可接受范围、时间表现和公差表现。当定义期望的表现时，对初始输出数据的定义可能是必要的，以探测其变化。为避免重复定义和存储不同测试案例用到的前提条件、配置及环境条件，推荐使用这些数据的无歧义参考。

对于测试，应按使用的测试方法对测试案例进行分组。对每种测试方法，作为测试案例的补充，应定义测试环境、逻辑和时间的依赖性、资源。

6.3.2.4 验证的执行和结果评估

应按照上述验证计划及验证规范，执行验证，并对验证结果进行评估。评估时，主要考察：

1）所验证工作成果的唯一识别。

2）验证计划和验证规范的参考。

3）评估中用到的验证环境配置、验证工具及标定数据（如果适用）。

4）验证结果与期望结果的一致性水平。

5）验证通过或不通过的无歧义陈述，如果验证不通过，陈述应包含不通过的理由和对所验证工作成果进行修改的建议。

6）验证步骤未执行（若有）的理由。

6.3.2.5 BMS 安全验证示例

从安全目标出发，各个层级的要求都需要结合不同层级的架构，检查和评审要求的正确性、完整性、一致性和可追溯性，还可以通过测试与验证的手段确保正确的要求合理实现。各个层级的要求应该被不同层级的测试和验证活动证实。电池管理系统（BMS）的测试与验证基于要求分为四个层级，即软硬件测试、集成测试、系统测试以及整车验证。

下面以 BMS 中功能安全要求 BMS_FSR_001 为例，以表格（表 6-28 和表 6-29）的形式举例说明测试计划、测试方法、测试步骤以及测试结果与测试执行。

表 6-28 BMS 功能安全要求测试计划举例

要求序号	要求内容	ASIL 等级	要求状态	测试计划时间	测试工具与设备	测试人员	测试方法
BMS_FSR_001	BMS 应该监测每个电芯电压，当电芯电压值超过安全阈值时，断开高压继电器，使动力电池系统在故障容错时间间隔内进入安全状态	ASIL C	已评审	年/月/日	HIL 台架	人员 1	参考 GB/T 34590.4，以故障注入为例

注：电芯安全阈值和系统故障容错时间间隔需要根据电芯试验数据定义。

表 6-29 BMS 功能安全要求测试用例举例

测试用例序号	测试步骤	预期结果	测试现象	测试结果
BMS_FSR_TC_001	① 在试验台架上设置正常电压试验条件，使继电器闭合	继电器闭合	继电器闭合	通过
	② 设置电芯电压值为 x_1，观察继电器状态	继电器持续闭合状态	继电器闭合	
	③ 依次以 Δx 的速度调整输入给 BMS 的电芯电压值	电压为 $x_1+\Delta x$ 时，继电器闭合	继电器闭合	
	④ 当电芯电压设置为安全阈值时，观察继电器状态以及继电器状态变化的时间	继电器在故障容错时间间隔内断开	继电器在故障容错时间间隔内断开	

注：电芯测试电压值 x_1 和测试电压调整速度 Δx 应根据实际试验方案调整。

6.3.3 安全确认

6.3.3.1 概述

安全确认的目的是提供证据证明所开发的功能安全概念适合相关项的功能安全，及相关项的安全目标在整车层面得到正确、完整、充分的实现。

前述验证活动（如设计验证、安全分析、硬件集成和测试、软件集成和测试、相关项的集成和测试）的目的是提供每项特定活动的结果符合规定要求的证据。

对典型车辆上所集成的相关项的确认，其目的是为预期使用的恰当性提供证据，并确认安全措施对一类或一组车辆的充分性。安全确认基于检查和测试，确保安全目标足够且得到实现。其中，集成的相关项包括系统、软件、硬件、其他技术要素和外部措施。

6.3.3.2 确认的计划

应定义并细化确认计划，包括：
1）待确认的相关项配置，包括其标定数据，参照 GB/T 34590.6—2017 中附录 C。如果对于每个相关项配置的完整确认是不可行的，那么可选择合理的子集。
2）确认流程、测试案例、驾驶操作和接受准则的定义。
3）设备和要求的环境条件。

6.3.3.3 确认的方法和执行

可使用以下方法的适当组合开展安全确认，若选择测试方法用于确认，则可应用与前述验证测试相同的要求。

1）定义了测试流程、测试案例和通过/未通过准则的可重复性测试，如功能和安全要求的正向测试、黑盒测试、仿真、边界条件下的测试、故障注入、耐久测试、压力测试、高加速寿命测试、外部影响模拟等。

2）分析，如 FMEA、FTA、ETA、仿真。

3）长期测试，如车辆驾驶日程安排和受控测试车队。

4）实际使用条件下的用户测试、抽测或盲测、专家小组。

5）评审。

应在整车层面确认相关项的安全目标，通过评估：

1）可控性，使用运行场景确认可控性，包括预期用途和可预见的误用。

2）用于控制随机失效和系统性失效的安全措施的有效性。

3）外部措施的有效性。

4）其他技术要素的有效性。

应在相关项层面实施随机硬件失效度量的确认，以实现对依照 GB/T 34590.5—2017 中第 9 章确定的因随机硬件失效而导致的安全目标违背进行评估，以及依照 GB/T 34590.5—2017 中第 8 章的评估准则对硬件架构度量进行评估。

最后，应基于安全目标、功能安全要求和预期用途，按计划执行整车层面的确认，包含针对每个安全目标的确认流程和测试案例，以及应用范围（如配置、环境条件、驾驶场景和操作用例等）。同时，可创建操作用例，以助于将安全确认集中在整车层面上执行。

6.3.3.4 结果评估

确认执行后，应根据已定义的准则和流程，对确认结果进行评估。

6.3.3.5 BMS 安全确认示例

通过两种方式确认 BMS 各个层级的要求，一种是利用安全分析的方法，如失效模式与影响分析、故障树分析等。从整车级安全目标出发，到最后软硬件安全要求的实施，满足 GB/T 34590.5—2017 中对于单点故障、双点故障诊断覆盖度、硬件随机失效率的要求。下面以 BMS 安全目标为例，列举了部分 BMS 故障树（图 6-6），通过安全分析的手段，完善 BMS 功能安全要求。

第二种确认要求实现的方法为整车验证。对于 BMS 各个层级的要求，都需要找到合适的方法进行测试与验证，对于安全目标是否违背需要在整车上面进行测试与验证。例如，其中有一个危害场景为车辆发生碰撞后，由其衍生出来的安全要求为：BMS 检测到碰撞信号后应该立刻断开高压继电器，以避免电动汽车高压系统产生可能的短路。这可分为两个方面的测试：

1）进行整车碰撞信号的故障注入测试，确保 BMS 的安全机制以及故障容错时间满足要求。

2）在整车碰撞试验中，采集相应的碰撞、继电器状态等信号，以确认相关信号的变化与要求是否一致。

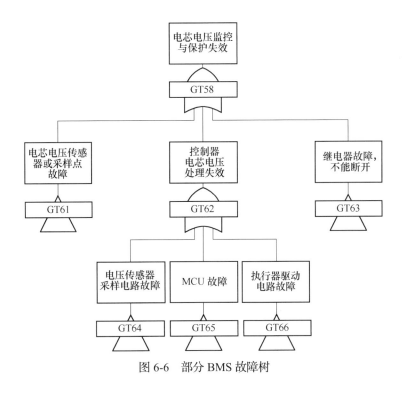

图 6-6　部分 BMS 故障树

6.3.4　安全评估

6.3.4.1　概述

功能安全评估的目的是评估相关项所实现的功能安全。对于最高安全目标达到 ASIL B、ASIL C 或 ASIL D 等级的相关项,应由负责相关项功能安全的组织(如整车厂或供应商,如果后者负责功能安全)启动功能安全评估。

为开展功能安全评估,需要的输入包括详细的安全计划和功能安全评估计划、安全档案、认可措施报告、审核报告(如有)等。

6.3.4.2　安全评估的内容

对于图 6-7 中的安全生命周期各步骤,应识别功能安全评估的具体内容。GB/T 34590.2—2017 中附录 E 给出了针对具有 ASIL D 等级的安全目标的相关项的功能安全评估内容示例。

应根据 GB/T 34590.2—2017 中的 6.4.9(功能安全评估)开展功能安全评估。

6.3.4.3　安全评估的执行

开展功能安全评估的人员应具有与其职责相匹配的技能水平、能力和资质,应由一名或多名人员开展功能安全评估,被委派的人员应提供一份包含对功能安全实现程度的评判报告。

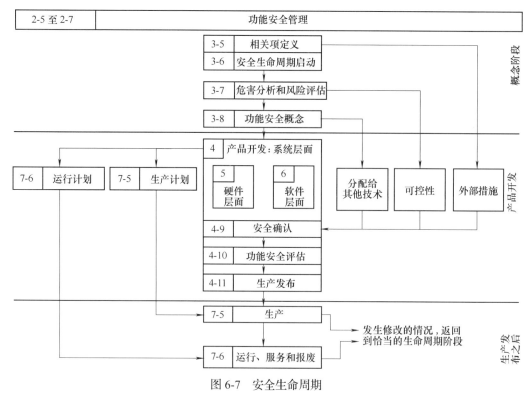

图 6-7 安全生命周期

功能安全评估范围应包括：

1）安全计划要求的工作成果。

2）功能安全要求的流程，流程的评估可基于功能安全审核的结果。

3）对在相关项开发过程中已实施的且可评估的安全措施进行适宜性和有效性评审。对于在产品生产子阶段实施的但不能在相关项开发过程中进行评估的安全措施，可与生产过程能力结合在一起进行评估。

功能安全评估应考虑：

1）其他认可措施的计划。

2）认可评审和功能安全审核的结果。

3）来自先前的功能安全评估的建议（如果适用）。

6.3.4.4 评估结果的评价

功能安全评估报告应包含对相关项的功能安全接受、有条件接受或拒绝的建议。有条件接受的情况如下：

1）如果相关项的功能安全被认为是明显的，尽管存在已识别的未解决的问题，应为有条件接受。

2）有条件接受的建议应包含与功能安全评估标准的偏差以及这些偏差可被接受的依据。

如果功能安全评估报告建议对已实现的功能安全是有条件接受，则宜实施在功能安全评估报告中提供的修正措施。

如果功能安全评估报告建议对已实现的功能安全是拒绝，则：

1）应启动充分的修正行动。

2）应重新进行功能安全评估。

6.4 功能安全流程管理

国家标准 GB/T 34590《道路车辆 功能安全》以"要求"和"流程"两种形式为产品开发过程提供指导，以避免由电子/电气系统故障行为导致的不合理残余风险。GB/T 34590 定义了产品安全生命周期，同时也规定了创建相应工作成果的要求。因此，为了符合 GB/T 34590 标准，应遵循 GB/T 34590 的要求来开发和评估相关项的安全档案，以工作成果为证据来证明其完全满足了安全要求。

流程是一组将输入转化为输出的相互关联或相互作用的活动，功能安全开发流程是围绕着功能安全而展开的相关活动的集合。因此，本节将从组织和项目两个层面来阐述功能安全开发流程管理。

6.4.1 组织层面的功能安全流程管理

6.4.1.1 功能安全文化

在安全生产的实践中，人们发现，对于预防事故的发生，仅靠技术手段和管理是不够的，因此在切尔诺贝利核事故之后，国际核安全小组首次提出了安全文化的概念：安全文化是存在于企业和个人中的素质和态度的集合。安全文化包括安全观念、系统安全、行为安全等，它认为安全的核心是人，人是实施安全文化的主体，因此安全文化强调通过利用教育、宣传、奖惩等手段，不断提高人的安全素质（如观念、道德、态度、情感、品行等），改进人的安全观念和安全行为，最终达到安全的目的。

如图 6-8 所示，功能安全文化是安全文化的一个分支，这两种安全文化相辅相成，共同保障企业产品安全。它要求组织应创造、培育并保持一种安全文化，以支持并鼓励企业有效地实现功能安全。良好的功能安全文化有助于功能安全参与人员树立安全第一的意识。流程、规章、制度是功能安全文化的载体，流程确保了功能安全活动与相关人员责任的可追溯性，同时还提供了制衡的机制以满足功能安全所要求的独立性。一个稳定的、得到全体员工理解的、奖惩分明的制度可以支持并激励有效实施功能安全的人员，使得相关人员对安全相关问题秉持积极的态度，建立良好的行为准则，从而使得功能安全异常能够在第一时间就被发现并得到解决。

组织应建立并维护与功能安全相关的有效沟通渠道。在功能安全组织内部，以披露和自我披露的形式来确保消除安全管理的灰色地带；同时还要在功能安全领域与其他安全领域之间搭建有效沟通渠道。例如，智能网联汽车涉及功能安全与信息安全两大领域，两者之间的某些安全活动是类似的（如都需要进行风险评估），也是相互影响的，因此在这两大安全领域之间的沟通渠道可以相互交换各自的风险评估结果、安全目标、安全概念、安全措施等，从而有助于实现车辆的整体安全。

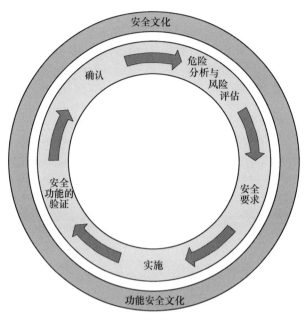

图 6-8　安全文化与功能安全文化

功能安全文化的实施主体是人，包括决策层、管理层和基层这三个层次的对象。决策层的重视是企业功能安全文化建设的首要因素，决策层必须要领导功能安全文化建设；管理层起到承上启下的作用，是建设功能安全文化的关键执行者；基层是功能安全文化建设的具体参与方，基层员工的安全意识和安全相关行为代表了企业的功能安全文化水平。

要建设一个良好的功能安全文化，需要从以下几方面着手：

1）决策层和管理层对功能安全的重视和支持，他们应该积极地参与组织内部的功能安全活动，以身作则来表明自己对功能安全重视的态度，从而促使基层员工自觉遵守功能安全流程和规章制度。

2）建立功能安全组织来研究和执行功能安全文化。

3）通过培训、教育等形式来确保执行安全生命周期活动的人员具有与其职责相匹配的技能水平、能力和资质，包括具有相关项专业领域的知识、常规的安全实践经验并熟知 GB/T 34590 标准的知识、功能安全流程和规则。

4）授予执行或支持安全活动的人员以足够的权限来履行他们的职责，这意味着功能安全相关人员在安全相关活动中有足够的决策权，在第一时间发起并完成对安全的改进，同时可以充分调动相关人员的积极性和主动精神。

5）提供充足的物质条件来保障功能安全文化建设，如提供预算、场地来保障功能安全培训。

6）组织应建立并鼓励持续改进的方法，在相关项的安全生命周期内总结并学习经验，并将获得的经验用于该相关项的改进或其他相关项的开发。

6.4.1.2 功能安全管理的角色和职责

GB/T 34590 标准本身无法避免系统性失效，因此组织应确保参与功能安全相关活动的人员具有与他们职责相匹配的、足够的技能来执行安全生命周期，同时具有维护其权威的能力或资质。这些人员包括项目负责人/项目经理、安全管理人员、执行功能安全的人员、功能安全评估/审计人员等，他们有共同的责任针对开发过程中发现的安全异常采取相应的安全措施。在这些功能安全相关人员之间必须建立有效的沟通机制，以满足当前技术状态和工程要求。尽管在决策过程和具体职责上会有一些差异，但这些人员都可以被称为"功能安全管理的参与者"，他们都有责任确保认可措施得到执行。同时，根据适当的 ASIL 等级，一些认可措施要求在资源、管理和发布权限上有独立性，因此这种独立性的要求也意味着在企业内部构成某种形式的功能安全组织。功能安全组织是企业组织的一部分，其独立性必须以文档的形式被规定并记录下来，并且在管理评审中将其付诸实践。值得注意的是，相关项的集成及其测试计划、验证计划和安全分析等流程环节所要求的独立性级别是一致的。

根据 GB/T 34590 建立功能安全流程和管理并不意味着脱离企业原有的质量管理体系（如 CMMI、ISO 9000、TS 16949 等），而是按照 GB/T 34590 要求，依托于既有质量管理体系来定义专门的组织、人员、活动和规章。其中，组织需要贯彻和实施功能安全文化，人员必须具备履行功能安全的资质条件。图 6-9 所示为功能安全开发流程示意图。

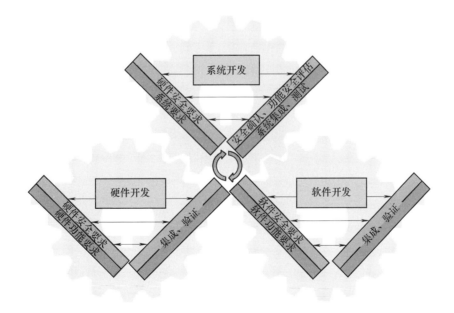

图 6-9　功能安全开发流程示意图

GB/T 34590 还要求执行安全生命周期活动的组织应具有满足质量标准如 ISO/TS

16949、ISO 9001 或等同标准的质量管理体系。ISO/TS 16949 是国际汽车工业质量管理体系的一个普遍适用标准，也是汽车产业链上各级合同的组成部分，它对产品开发过程中的组织、管理职责、人力资源和物质资源都提出了基本要求。功能安全流程是一种符合 ISO/TS 16949 要求的有效质量管理体系框架，对安全相关系统的质量审核必须满足质量管理体系要求，这进一步涉及根据不同的 ASIL 等级进行安全评估时，需要对产品特定要求进行识别，以确保所购买的零部件和服务都没有缺陷。因此，GB/T 34590 也间接要求具备质量管理。

功能安全管理也是知识管理的一部分。"知识"这个术语表达了一个相当宽泛的概念：它包含了在安全生命周期内所能获得的任何相关信息。信息包括相关项开发过程中产生的数据集，如电子系统的"语言"及其相互作用、电子组件内部和之间的通信等。因此，功能安全管理也对知识管理提出了挑战。

GB/T 34590 要求在相关项开发的启动阶段就应指定专门人员来负责功能安全管理，通常称之为"功能安全经理（Functional Safety Manager）"。在实际开发中，"功能安全经理"可以是特指某一个人，也可以是承担多个任务的不同人员的集合。从便于操作的角度来看，更推荐把功能安全管理这一任务落实到某一个人身上。同时，从立法和契约的角度来看，GB/T 34590 关于独立性的要求对企业的组织和功能安全管理都有约束。在安全相关系统的开发和生产过程中，需要在各参与方（即供应商和制造商）之间建立可靠的沟通，以确定是否符合法定和约定的安全目标。接受方需要能够相信基于这种独立性的陈述和决定是可靠的、准确的和无过错的，这就是为什么需要将"功能安全经理"这一角色人格化来负责供应商和汽车制造商之间的契约关系的原因。

企业必须赋予人格化的"功能安全经理"以独立性和必要的权利，来完成他们的责任并维护和监督安全计划。企业的功能安全相关风险管理体系的有效性取决于功能安全经理的专业能力以及面对不同意见的立场，功能安全经理的决策和结论还代表了企业的技术水平，因此企业管理层必须确保功能安全经理的权威性和高效性。但是，企业不能通过任命功能安全经理来解除企业管理层对于产品安全责任所负担的职责和义务。

在操作实践层面，功能安全经理的权威和实施使得功能安全经理常常面对不同层次的目标冲突。值得注意的是，功能安全经理所做决定的适用范围常常跨越了部门的范畴，同时，功能安全经理所采取的措施和决定并不总是与企业的短期利益相一致，冲突形式可以体现为功能安全经理不屈服于项目时间压力来放弃他的要求；或者坚持他的决定，即使这样做会导致预算超标。因此，当功能安全经理作为企业雇员面临上述冲突时，他的雇员身份会使他面临独立性受到损害的潜在风险。

此外，功能安全经理还面临决策风险，因为他对于涉及项目的安全性陈述和判断安全生命周期上是承担个人责任的，他必须评估一系列步骤的工作成果，虽然这些工作成果的质量取决于其他人工作的可靠性。在商务层面，功能安全经理也无法在签订合同时完全识别出虚假的、夸大其词的、不完整的陈述。功能安全经理还必须对他所在企业做出的错误决策承担责任，如风险被淡化导致的潜在危害。在这种情况下，功能安全经理及其所服务企业将不得不准备回答他们如何理解这些缺陷，以及车辆为什么还要投放市场。

从某种意义上说，功能安全经理的作用在很大程度上类似于企业在功能安全领域的审核员角色。因此，也建议给予功能安全经理以特殊的法律保护。例如，从《劳动法》的角度，可以将禁止歧视条款加入到功能安全经理的劳动合同中，还可以在劳动合同中约定，除故意或重大过失案件外，企业必须赔偿功能安全经理的诉讼损失等。此外，还可以将功能安全经理纳入到企业的公共产品安全责任保险范畴内，以帮助功能安全经理免除因民事或刑事诉讼辩护所发生的经济成本。

综上所述，功能安全管理只有在有效的质量管理体系下才能发挥应有的效能，同时，功能安全的管理者也是质量管理体系内管理者的一部分，他们也承担着重要的个人责任，需要采取适当的保护措施。

6.4.2 项目层面的功能安全流程管理

6.4.2.1 产品安全生命周期的功能安全管理

GB/T 34590 定义了功能安全管理，其有三个要点，在安全生命周期的所有阶段计划、协调和追踪与功能安全相关的活动；提供所需的证据；功能安全管理的责任人是功能安全经理。GB/T 34590 定义了如图 6-7 所示的安全生命周期，包括了在概念阶段、产品开发、生产、运行、服务和报废期间的主要安全活动。

在开发阶段，首先需要在安全计划中描述所有需要达到的任务、功能安全目标和要求，同时还要计划安全开发活动和责任，评估和确认功能安全的措施审查、审核、评审。其次是必须构建安全案例，包括安全要求、论证及其论据。最后，在安全档案和安全评审的基础上完成生产确认发布，即相关项已经准备好进行批量生产和运行。

生产发布之后的活动也被纳入了安全生命周期的范畴，因此 GB/T 34590 也定义了生产发布后的功能安全管理，一是在运行、维护和报废期间保持功能安全（维护、检查、修理等）；二是继续功能安全管理（可能通过不同的人）；三是在现场监控安全相关故障。同样，在运行、维护和报废期间也需要有功能安全管理人员来计划、协调和跟踪所有的安全活动。表 6-30 提供了基于安全生命周期的功能安全管理概览，包括安全生命周期的各个子阶段及其描述。

表 6-30 基于安全生命周期的功能安全管理概览

安全生命周期	安全生命周期子阶段	描述
概念阶段	相关项定义	① 描述相关项的功能、接口、环境条件、法规要求、已知危害等 ② 确定相关项的边界及其接口，以及与其他相关项、要素、系统和组件相关的假设
	安全生命周期启动	① 识别和确定相关项的性质（全新开发或仅是对现有相关项的修改） ② 基于上述分析，按照 GB/T 34590.3—2017 对安全生命周期进行剪裁
	危害分析和风险评估	① 预测与相关项相关的危害事件所处工况的 S/E/C 参数，从而决定危害事件的汽车安全完整性等级（ASIL） ② 确定相关项的安全目标
	功能安全概念	① 功能安全概念是通过分配给相关项要素的功能安全要求来定义的 ② 基于安全目标，并结合初步构架设想来定义功能安全概念

（续）

安全生命周期	安全生命周期子阶段	描述
产品开发	产品开发：系统层面	① 基于V模型概念，在系统层面进行相关项的开发 ② 系统开发流程包含V模型左侧的技术安全要求的定义、系统架构、系统设计和实现，以及V模型右侧的系统集成、验证、确认和功能安全评估
	产品开发：硬件层面	① 基于V模型概念和系统设计规范，从硬件层面进行相关项的开发 ② 硬件开发流程包括V模型左侧的硬件要求的定义、硬件设计和实现，以及V模型右侧的硬件集成和测试
	产品开发：软件层面	① 基于V模型概念和系统设计规范，从软件层面进行相关项的开发 ② 软件开发流程包括V模型左侧的软件要求的定义、软件架构设计和实现，以及V模型右侧的软件集成、测试和软件要求验证
	安全确认	① 提供功能安全概念适合相关项的功能安全的证据 ② 提供安全目标在整车层得到完全实施的证据
	功能安全评估	① 评估相关项所实现的功能安全 ② 由负责功能安全的组织来实施
	生产发布	① 确认相关项已做好量产和运行的准备 ② 提供满足量产前提条件的证据
生产发布后	生产	① 定义在生产过程中与功能安全相关的人员和组织 ② 开发和实施相关项的生产过程
	运行、服务和报废	定义相关项的维护、维修、报废的指导说明

6.4.2.2　功能安全计划

《礼记·中庸》中写道：凡事预则立，不预则废。任何事情，事先有准备是成功的关键，没有准备则注定会失败。计划是管理的基本职能之一，它是对未来活动的一种预先的谋划，是管理过程的中心环节，即管理过程都是围绕着计划来展开，如果没有计划，管理者可能表现为朝令夕改，而被管理者则表现为漫无目标，整个组织效率低下。计划工作包括制定计划、执行计划和检查计划三部分内容，本节所讨论的功能安全计划一般指的是制定计划。通常来说，制定计划需要根据组织和项目的实际情况，结合客观需求与主观可能性，提出未来一定时期内组织所需达到的具体目标以及实现目标的步骤。计划的表达形式具有时间特性，即计划的工作内容按照时间轴（可分为主时间轴和子时间轴）把项目的目标、任务、步骤、措施等内容分条目逐次展开。

功能安全计划是项目计划的一部分，它使得安全活动在项目计划中可以被区分开来。从内容上来说，功能安全计划应包括以下几个方面：

1）目的：在功能安全计划中，需要从时间和空间两个层面来明确提出每一项任务所期望达到的成果。

2）对其他活动或信息的依赖性：即计划工作的前提条件和预期环境。一般来说，对于其他活动或信息的依赖性越高，那么计划任务的可控性就越低（或者说不可控因子越多）。

3）负责执行活动的资源：功能安全计划中必须指定执行功能安全活动的责任方。

4）执行活动所需的资源：组织有责任为功能安全活动提供合适的资源，因此在功能安全计划中需要把这些资源匹配给相应的任务或活动。

5）起点时间和持续时间：功能安全计划需要根据安全生命周期来定义每一项任务和

活动的开始时间点以及需要持续的时间段。

6)相应工作成果的识别:在功能安全计划中,针对每一项任务都需要列出其相应的工作成果,同时还要描述针对工作成果的评价准则。只有定量的计划才会有适当的约束,定性的计划则会在计划的可控性、可执行性方面遇到困难。

按照安全生命周期,功能安全计划可以进一步划分为表 6-31 所列的子计划。

表 6-31　功能安全子计划

子计划	描述
安全活动计划	① 应根据适用的生命周期对功能安全活动进行剪裁 ② 应根据影响分析对功能安全活动进行剪裁 ③ 剪裁的结果体现为安全活动计划
危害分析和风险评估计划	应遵循场景分析、危害识别、危害事件分类、ASIL 等级和安全目标确定、验证这些任务来编制计划
开发活动计划	① 功能安全概念的开发和实施计划 ② 系统层面的开发和实施计划 ③ 硬件层面的开发和实施计划 ④ 软件层面的开发和实施计划
验证计划	① 相关项集成和测试计划 ② 硬件验证计划 ③ 软件验证计划
支持流程计划	包括开发接口协议计划、要求管理 / 配置管理 / 变更管理计划等
认可评审计划	① 根据 ASIL 等级确定认可措施 ② 根据认可措施的流程要求来制定计划

6.4.2.3　安全要求管理、配置管理与变更管理

安全要求管理就是通过系统化的方法来维护清晰明确的要求阐述、要求的类型、要求的属性以及与其他要求或任务之间的可追溯性。GB/T 34590 通过分层结构来定义和细化安全要求,如图 6-10 所示,安全要求可分为功能安全要求、技术安全要求和软 / 硬件安全要求三个层次。

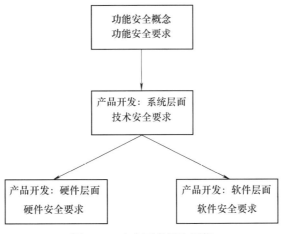

图 6-10　安全要求层次概览

自然语言更适合对较高层面的安全要求（如功能安全要求和技术安全要求）进行描述，而符合严格数理逻辑的形式语言更适合描述较低层面的安全要求（如软件安全要求和硬件安全要求）。同时，安全要求还应具有下述特征：

1）无歧义并可理解的，即对要求所体现的含义存在共同的理解。
2）不可分割的，即某一层面的安全要求不能被理解为一个以上的要求。
3）内部的一致性，即安全要求的描述不包括自相矛盾的内容。
4）可行的，即基于现有的资源或技术可以实施安全要求。
5）可验证的，即存在有限代价的有限验证确认。
6）唯一性，即在整个安全生命周期内具有唯一的识别代号并保持不变。
7）ASIL 等级，即与该安全要求对应的 ASIL 等级。

要求管理是对所有安全要求所涉及的活动的规划和控制，尤其是安全要求的追溯，包括安全要求在上一级层面的来源，以及导出到下一级层面的子要求，图 6-11 为安全要求层级架构示意图。在安全要求管理中，通常需要遵循系统架构把各个层面的安全要求组合在一起，同时层级划分及其各层级之间的接口要和工程设计保持一致性。在安全要求的管理中还需要注意检查各个安全要求之间是否有矛盾冲突，是否在各层级间出现同样的安全要求内容等。

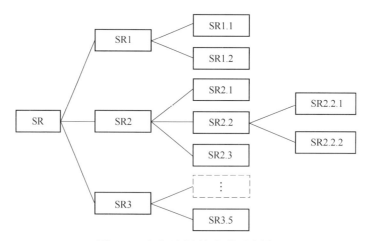

图 6-11　安全要求层级架构示意图

配置管理贯穿于整个安全生命周期，用于建立和维护相关项的完整性。配置管理需要记录安全要求的演化过程，从而确保可追溯较早版本与当前版本之间的关系及区别，同时确保安全要求得到唯一识别。

变更管理是在整个安全生命周期中，分析和控制与功能安全相关的各项工作成果的变更，同时，对变更进行计划、控制，以及对变更的实施进行有效记录，最终需要确保相关项工作成果的一致性。

表 6-32 列出了变更管理和配置管理流程中的角色及其主要职责，企业在实施变更管理和配置管理时，可以结合既有流程和组织架构来定义不同的角色并划分好每个角色的职责。

表 6-32 变更管理和配置管理流程中的角色及其主要职责

	角色	主要职责
变更管理	变更管理流程负责人	变更管理流程执行过程中的协调人,协调变更管理流程和企业内部其他流程的协同工作,并负责管理变更计划和日志
	变更申请者	表达变更的要求并提供输入信息(包括日期、所需变更的理由、所需变更的准确描述、所需变更基于的配置)
	变更受理者	分析变更需求(包括确定变更的类型、识别出受影响的工作成果、分析对功能安全的潜在影响等),并制定变更计划(包括恢复计划)
	变更实施者	按照计划来实施变更的内容(如果有必要,还要包括恢复步骤),并完成变更内容的测试
	变更管理审批者	根据评估结果,接受或拒绝变更
配置管理	配置管理流程负责人	配置管理流程执行过程中的协调人,协调配置管理流程和企业内部其他流程的协同工作
	配置管理实施者	负责配置管理数据的完整性和正确性

功能安全开发流程要求,在进行变更前,必须评估对功能安全的潜在影响。如果决定启动变更,那么应同时启动变更管理和配置管理(图 6-12),并且定义和维护两个流程之间的接口,以确保变更的可追溯性。

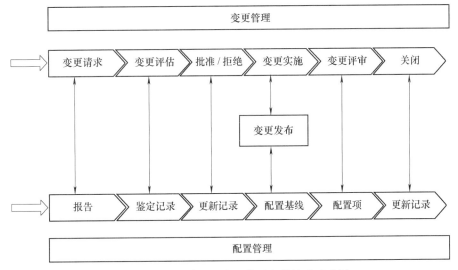

图 6-12 变更管理和配置管理流程关系示意图

6.4.2.4 软硬件组件鉴定与在用证明

在实际开发过程中,并不需要对所有的相关项、软硬件组件、要素进行全新开发,合理、有效的复用可以提高开发的效率,节省开发成本。因此,在 GB/T 34590 中也规定了软硬件组件的鉴定和在用证明的提供,以证明可以得到复用。本节只关注流程环节,对于具体的技术要求就不再赘述。

对软件组件进行鉴定前,应指定执行鉴定的人员或组织,识别出软件组件并确定软件组件的配置,在鉴定环境中对软件组件进行相关验证,以确定当软件组件错误执行时所违背的最大 ASIL 等级。软件组件的定义应当符合对该软件组件的预期使用要求,并且软件组件的鉴定结果对于该软件组件的预期使用要求是有效的。

对于基础电子元器件，通常可以按照 ISO 16750 等通用标准来进行鉴定，但是对于与安全相关的中等复杂程度的硬件组件，还需要按照 GB/T 34590 完成功能安全导向的硬件组件鉴定，其方法可采用测试或分析，但一般来说，更推荐使用测试的方法来完成硬件组件的鉴定。在鉴定开始前，需要指定负责鉴定的人员或组织，同时确定鉴定活动所需的设备和工具、硬件组件的版本、预期的使用环境、鉴定评判准则等。在测试前，需要准备好测试计划，包括测试数量和顺序、组装和连接的要求、测试设备的要求、环境参数、测试期间被测硬件组件的维护或更换的流程等。在测试中，需将硬件组件置于预期的使用环境中按照预设运行条件来工作，评估其功能表现与功能要求的符合性，此外，还要对该硬件组件的失效模式、鲁棒性、使用条件限制进行分析和测试。在最终鉴定报告中需要说明被鉴定硬件组件是否通过了预设运行范围的鉴定。

如果有可以使用的、有效的现场数据，也可以使用在用证明来确认相关项或要素的复用，其中，在用证明的可信度是关键。在用证明是通过适当的候选项相关文件、配置管理和变更管理的记录及安全相关事故的现场数据来证实的，因此在用证明的可信度应仅来自于安全生命周期子阶段（如软硬件子阶段）和被在用证明覆盖的活动，同时在安全生命周期内，相关项或要素的现场数据应处于配置管理和变更管理的覆盖下。在安全生命周期内，如果有可观察事故则意味着相关项或要素的失效导致了违背潜在安全目标，因此现场数据的衡量准则有可观察事故率（单位：次/h）和无可观察事故的最短服务期（单位：h）。

6.4.2.5　项目开发过程中的供应商管理

在汽车行业内的产品开发通常采用分布式开发的工作模式，即多个参与方共同完成某个产品乃至整车的开发。分布式开发的特点在于，虽然各个参与方有物理、地理上的分布，但是用户方（如车辆制造者）可以将各参与方的资源综合利用。在分布式开发的框架下，对于相关项的开发存在着整车企业与承担相关项开发全部（或部分）安全责任的供应商之间的合作关系，因此整车企业和供应商在项目启动之初（甚至更早，如在项目报价或投标阶段）应就工作内容、工作职责达成一致，并且共同遵循 GB/T 34590 定义的流程要求。同时，在整个供应链体系中，整车企业和供应商之间订立了契约关系，通过合同来确定各方义务，这也是《产品安全法》所规定的产品责任。GB/T 34590 定义了开发接口协议（Development Interface Agreement，DIA）来管理和协调分布式开发中整车企业与供应商之间的合作关系。对于整车企业而言，如何选择合适的供应商作为分布式开发的合作伙伴就显得尤为重要，选择供应商的原则有：

1）供应商质量管理体系的证据。即供应商应具备合适的质量管理体系，以满足 QM 及其他 ASIL 等级的要求。

2）对供应商功能安全能力的确认。即在和供应商签订开发接口协议之前，应确认供应商是否具备按照 GB/T 34590 定义的要求进行功能安全开发的能力。

3）以往按照功能安全标准进行的安全评估结果。如果和供应商在既往项目中有过相关项开发合作，那么应参考既往项目安全评估的结果来衡量供应商的功能安全能力，参考来自整车企业开发、生产、质量、物流等部门的推荐建议。

开发接口协议是整车企业和供应商之间协作完成功能安全开发的指导性文件，在开发接口协议中首先应明确双方功能安全责任人和接口人（如指定双方的功能安全经理并体现在项目组织架构中），然后在双方协商一致的基础上完成安全生命周期的剪裁，并把剪裁后的成果及其定义的功能安全相关活动、责任（如安全确认的责任方等）、流程（如开发双方关于变更管理的约定等）体现在开发接口协议中。在技术层面，开发接口协议还应包括安全目标，以及安全目标分配后的结果、双方开发工具的兼容性（工具类型、软件工具的版本等）。功能安全视角下的开发接口协议需要覆盖整个安全生命周期，因此还需要涵盖生产发布后的相关内容，如相关项在生产过程中的数据记录、交换，发生安全相关事件后双方对于事件的处理流程等。

6.4.2.6 安全档案及其在项目开发中的角色

GB/T 34590 将安全档案定义为收集了开发过程中安全活动的工作成果，证明完整地实现了相关项的安全要求。这意味着，在项目开发结束后，所有以工作成果形式呈现的有效证据将汇集在安全档案中，用于论证相关项已经满足安全要求，并且已经达到可接受的安全水平过程。按照 GB/T 34590 中的流程要求，标准范畴内的电子/电气系统将用一个安全证明架构将顶级安全要求与有效证据关联起来。

GB/T 34590 中所定义的安全论证架构如图 6-13 所示。对于电子/电气系统，可以通过论证相关项的故障行为引起的危害事件不会导致不合理风险，从而证明该电子/电气系统可以达到充分的、可接受的安全水平。通过预防或减轻所识别出来的危害事件来避免不合理的风险，从而实现安全目标。因此，安全论证应遵循下述架构：

1）安全目标（层级 1）：车辆及其所处环境。
2）功能安全要求（层级 2）：车辆及其所处环境。
3）技术安全要求（层级 3）：电子/电气系统。
4）软/硬件安全要求（层级 4）：零部件。

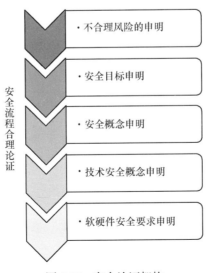

图 6-13 安全论证架构

图 6-13 所示的安全论证架构包括五个特定的安全相关申明，它们分别为各级安全要求提供证明。例如，功能安全概念的论证应包括如何部署安全措施（如故障检测、故障缓解或警告驾驶人）以满足安全目标的理由和证据。

GB/T 34590 中所包含的安全论证包括两种类型的申明：产品申明和过程申明。基于危害分析和风险评估，产品申明主要集中在安全目标和安全要求上，即指定和演示的行为没有不合理的风险；而过程申明则侧重于组织、人员、方法、工具在工作成果中的充分性。过程申明的属性及其证据的严格程度需要和产品申明中安全目标、安全要求的 ASIL 等级相匹配，即更高的 ASIL 等级要求的过程申明更严格。

明确、清晰的安全论证架构层级有助于证明以上两种类型的申明。各级安全论证应该符合产品所特有的安全原理，对于相关项的变型，安全论证的总体架构是一致和稳定的（即危害事件评估、安全目标和安全要求评估），但需要基于设定的运行环境、车辆配置和车辆状态对给定的产品安全原理、假设和评判理由进行分析，以确定可用证据足以支持所要求的申明。通常，这些申明及其背后的论据是功能安全评估过程的焦点，因为它们解决了产品特有安全原理与系统及其环境特征的相关性问题。

参考文献

[1] 全国汽车标准化技术委员会. 道路车辆 功能安全：GB/T 34590—2017 [S]. 北京：中国标准出版社，2017.

[2] 李波，冯屹，王兆. 中国道路车辆功能安全标准化工作规划 [J]. 中国标准化，2017（12）：122-125.

[3] 尚世亮，李波. 系统理论过程分析（STPA）方法在车辆功能安全开发中的应用 [M] // 中国汽车技术研究中心有限公司. 中国汽车安全发展报告. 北京：社会科学文献出版社，2018.

[4] 李珍珍，李波，付越. 电动汽车电池管理系统（BMS）功能安全研究 [M] // 中国汽车技术研究中心有限公司. 中国汽车安全发展报告. 北京：社会科学文献出版社，2018.

附录 A 常用标准的标准号、标准名称、关键词和章节

标准号	标准名称	关键词	章节
GB/T 19596—2017	电动汽车术语	电动汽车、术语	2.2.1.1
GB/T 24548—2009	燃料电池电动汽车　术语	燃料电池电动汽车、术语	2.2.1.1
GB/T 3730.1—2001	汽车和挂车类型的术语和定义	汽车、挂车、术语、定义	2.2.2.1
GB/T 15089—2001	机动车辆及挂车分类	机动车辆、挂车、分类	2.2.2.1
GB 4094—2016	汽车操纵件、指示器及信号装置的标志	操纵件、指示器、信号装置、标志	2.2.3.1
GB/T 4094.2—2017	电动汽车　操纵件、指示器及信号装置的标志	电动汽车、操纵件、指示器、信号装置、标志	2.2.3.1
GB 22757.2—2017	轻型汽车能源消耗量标识　第2部分：可外接充电式混合动力电动汽车和纯电动汽车	能源消耗量、标识	2.2.4.1
GB/T 18388—2005	电动汽车　定型试验规程	电动汽车、定型试验	2.3.1.1
QC/T 925—2013	超级电容电动城市客车　定型试验规程	超级电容器、电动城市客车、定型试验	2.3.1.1
QC/T 838—2010	超级电容电动城市客车	超级电容器、电动城市客车	2.3.1.1
GB/T 28382—2012	纯电动乘用车　技术条件	纯电动乘用车、技术条件	2.3.1.1 2.3.1.4
GB/T 34585—2017	纯电动货车　技术条件	纯电动货车、技术条件	2.3.1.1
QC/T 1087—2017	纯电动城市环卫车技术条件	纯电动、城市环卫车、技术条件	2.3.1.1
GB/T 18385—2005	电动汽车　动力性能　试验方法	电动汽车、动力性能	2.3.1.2
GB/T 18386—2017	电动汽车　能量消耗率和续驶里程　试验方法	能量消耗率、续驶里程、试验方法	2.3.1.3
GB/T 18384—2015	电动汽车　安全要求（系列标准）	电动汽车、安全要求	2.3.1.4

（续）

标准号	标准名称	关键词	章节
GB/T 31498—2015	电动汽车碰撞后安全要求	电动汽车、碰撞后安全	2.3.1.4
GB/T 31467.3—2015	电动汽车用锂离子动力蓄电池包和系统—第3部分：安全性要求与测试方法	电动汽车、锂离子动力蓄电池、安全性要求、测试方法	2.3.1.4 2.4.2.1
GB/T 37153—2018	电动汽车低速提示音	电动汽车、低速提示音	2.3.1.4
GB 7258—2017	机动车运行安全技术条件	机动车、安全、技术条件	2.3.1.4
QC/T 1089—2017	电动汽车再生制动系统要求及试验方法	电动汽车、再生制动系统	2.3.1.4
GB/T 18387—2017	电动车辆的电磁场发射强度的限值和测量方法	电动车辆、电磁场发射、限值、测量方法	2.3.1.5
GB/T 19750—2005	混合动力电动汽车 定型试验规程	混合动力电动汽车、定型试验	2.3.2.1
GB/T 32694—2016	插电式混合动力电动乘用车 技术条件	插电式、混合动力、乘用车	2.3.2.1
GB/T 34598—2017	插电式混合动力电动商用车 技术条件	插电式、混合动力、商用车	2.3.2.1
GB/T 19752—2005	混合动力电动汽车 动力性能 试验方法	混合动力、动力性能、试验方法	2.3.2.2
GB/T 19753—2013	轻型混合动力电动汽车能量消耗量试验方法	轻型混合动力、电动汽车、能量消耗量	2.3.2.3
GB/T 19754—2014	重型混合动力电动汽车能量消耗量试验方法	重型混合动力、电动汽车、能量消耗量	2.3.2.3
GB 19755—2016	轻型混合动力电动汽车污染物排放控制要求及测量方法	轻型混合动力、排放、要求	2.3.2.5
GB 18352.6—2016	轻型汽车污染物排放限值及测量方法（中国第六阶段）	轻型汽车、排放、限值、测量方法	2.3.2.5
QC/T 894—2011	重型混合动力电动汽车污染物排放车载测量方法	重型汽车、排放、测量方法	2.3.2.5
GB/T 24549—2009	燃料电池电动汽车 安全要求	燃料电池电动汽车、安全要求	2.3.3.4
GB/T 34593—2017	燃料电池发动机氢气排放测试方法	燃料电池、发动机、氢气排放、测试方法	2.3.3.5
GB/T 31485—2015	电动汽车用动力蓄电池安全要求及试验方法	动力蓄电池、安全要求、试验方法	2.4.2.1
GB ×××××—××××	电动汽车用动力蓄电池安全要求	动力蓄电池、安全要求	2.4.2.1
GB/T 31486—2015	电动汽车用动力蓄电池电性能要求及试验方法	动力蓄电池、电性能、要求、试验方法	2.4.2.1
GB/T 31467.1—2015	电动汽车用锂离子动力蓄电池包和系统 第1部分：高功率应用测试规程	锂离子动力蓄电池、高功率、测试规程	2.4.2.1
GB/T 31467.2—2015	电动汽车用锂离子动力蓄电池包和系统 第2部分：高能量应用测试规程	锂离子动力蓄电池、高能量、测试规程	2.4.2.1
GB/T 31484—2015	电动汽车用动力蓄电池循环寿命要求及试验方法	动力蓄电池、循环寿命、要求、试验方法	2.4.2.1
QC/T 840—2010	电动汽车用动力蓄电池产品规格尺寸	动力蓄电池、产品规格尺寸	2.4.2.1
GB/T 34013—2017	电动汽车用动力蓄电池产品规格尺寸	动力蓄电池、产品规格尺寸	2.4.2.1
QC/T 989—2014	电动汽车用动力蓄电池箱通用要求	动力蓄电池箱	2.4.2.1
QC/T 1023—2015	电动汽车用动力蓄电池系统通用要求	动力蓄电池系统	2.4.2.1
GB/T 34014—2017	汽车动力蓄电池编码规则	动力蓄电池、编码规则	2.4.2.1
QC/T 742—2006	电动汽车用铅酸蓄电池	铅酸蓄电池	2.4.2.2
QC/T 741—2014	车用超级电容器	超级电容器	2.4.2.3
GB/T 18333.2—2015	电动汽车用锌空气电池	锌空气电池	2.4.3
QC/T 897—2011	电动汽车用电池管理系统技术条件	电池管理系统	2.4.4.2
GB/T ×××××—××××	电动汽车用电池管理系统技术条件	电池管理系统	2.4.4.2
GB/T 18488—2015	电动汽车用驱动电机系统	驱动电机系统	2.5.2.1

（续）

标准号	标准名称	关键词	章节
GB/T 36282—2018	电动汽车用驱动电机系统电磁兼容性要求和试验方法	驱动电机系统、电磁兼容性、要求、试验方法	2.5.2.1
GB/T 29307—2012	电动汽车用驱动电机系统可靠性试验方法	驱动电机系统、可靠性、试验方法	2.5.2.1
QC/T 1068—2017	电动汽车用异步驱动电机系统	异步驱动电机系统	2.5.2.2
QC/T 1069—2017	电动汽车用永磁同步驱动电机系统	永磁同步驱动电机系统	2.5.2.3
QC/T 1088—2017	电动汽车用充放电式电机控制器技术条件	充放电式、电机控制器	2.5.2.4
QC/T 1022—2015	纯电动乘用车用减速器总成技术条件	减速器总成	2.5.3
QC/T 1086—2017	电动汽车用增程器技术条件	增程器、技术条件	2.5.4
QC/T 895—2011	电动汽车用传导式车载充电机	车载充电机	2.6.1
QC/T 1081—2017	汽车电动助力转向装置	助力转向装置	2.6.2
GB/T 22068—2018	汽车空调用电动压缩机总成	电动压缩机总成	2.6.3
QC/T 1004—2015	汽车电动真空泵性能要求及台架试验方法	电动真空泵、性能要求、台架试验	2.6.4
QC/T ××××—××××	电动汽车用绝缘栅双极晶体管（IGBT）模块环境试验要求和试验方法	电动汽车、IGBT	2.6.5
GB/T 24347—2009	电动汽车 DC/DC 变换器	电动汽车、DC/DC 变换器	2.6.6
GB/T 37133—2018	电动汽车用高压大电流线束和连接器技术要求	高压大电流线束、连接器	2.6.7
GB/T 26990—2011	燃料电池电动汽车 车载氢系统 技术条件	车载氢系统、技术条件	2.6.8
GB/T 29126—2012	燃料电池电动汽车 车载氢系统 试验方法	车载氢系统、试验方法	2.6.8
GB/T 24554-2009	燃料电池发动机性能试验方法	发动机、性能试验	2.6.9
GB/T 29317—2012	电动汽车充换电设施术语	充换电设施、术语	3.1.2.2
GB/T 28569—2012	电动汽车交流充电桩电能计量	交流充电桩、电能计量	3.1.3.2
GB/T 29318—2012	电动汽车非车载充电机电能计量	非车载充电机、电能计量	3.1.3.2
GB/T 29316—2012	电动汽车充换电设施电能质量技术要求	充换电设施、电能质量	3.1.4.2
GB/T 31139—2014	移动式加氢设施安全技术规范	移动式、加氢设施、安全	3.5.3
GB/T 34583—2017	加氢站用储氢装置安全技术要求	加氢站、储氢装置、安全	3.5.4
GB/T 34584—2017	加氢站安全技术规范	加氢站、安全	3.5.5
GB/T 18487.1—2015	电动汽车传导充电系统 第1部分：通用要求	传导充电系统、通用要求	4.1.1.1
GB/T 20234.1—2015	电动汽车传导充电用连接装置 第1部分：通用要求	传导充电、连接装置、通用要求	4.1.1.1
GB/T 20234.2—2015	电动汽车传导充电用连接装置 第2部分：交流充电接口	传导充电、连接装置、交流充电接口	4.1.1.1
GB/T 20234.3—2015	电动汽车传导充电用连接装置 第3部分：直流充电接口	传导充电、连接装置、直流充电接口	4.1.1.1
GB/T 27930—2015	电动汽车非车载传导式充电机与电池管理系统之间的通信协议	非车载传导式充电机、电池管理系统、通信协议	4.1.1.1
GBT 34657.1—2017	电动汽车传导充电互操作性测试规范 第1部分：供电设备	传导充电、互操作性、供电设备	4.1.1.2
GBT 34657.2—2017	电动汽车传导充电互操作性测试规范 第2部分：车辆	传导充电、互操作性、车辆	4.1.1.2
GBT 34658—2017	电动汽车非车载传导式充电机与电池管理系统之间的通信协议一致性测试	非车载传导式充电机、电池管理系统、通信协议、一致性测试	4.1.1.2
GB/T ××××—××××	电动汽车无线充电系统 通用要求	无线充电系统、通用要求	4.1.2.1
GB/T ××××—××××	电动汽车无线充电系统 特殊要求	无线充电系统、特殊要求	4.1.2.2

（续）

标准号	标准名称	关键词	章节
GB/T ×××××—××××	电动汽车和无线充电系统设备之间的通信协议	电动汽车、无线充电系统设备、通信协议	4.1.2.3
GB/T ×××××—××××	电动汽车无线充电系统电磁环境限值与测试方法	无线充电系统、电磁环境限值、测试方法	4.1.2.4
GB/T 32895—2016	电动汽车快换电池箱通信协议	快换电池箱、通信协议	4.2.2
GB/T 32896—2016	电动汽车动力仓总成通信协议	动力仓总成、通信协议	4.2.2
GB/T 26779—2011	燃料电池电动汽车 加氢口	燃料电池电动汽车、加氢口	4.3.1
GB/T 34425—2017	燃料电池电动汽车 加氢枪	燃料电池电动汽车、加氢枪	4.3.2
GB/T ×××××—××××	燃料电池电动汽车加氢通信协议	加氢、通信协议	4.3.3
QC/T 816—2009	加氢车技术条件	加氢车	4.3.4
GB/T ×××××—××××	汽车信息安全通用技术要求	信息安全、通用技术要求	4.5.2
GB/T ×××××—××××	汽车网关信息安全技术要求	网关信息安全、技术要求	4.5.2
GB/T ×××××—××××	车载信息交互系统信息安全技术要求	车载信息交互系统、信息安全	4.5.2
GB/T ×××××—××××	电动汽车远程信息服务与管理系统信息安全技术要求	远程信息服务与管理系统、信息安全	4.5.2
GB/T ×××××—××××	电动汽车充电系统信息安全技术要求	充电系统、信息安全	4.5.2
GB/T ×××××—××××	信息安全技术 汽车电子系统网络安全指南	信息安全、汽车电子系统网络	4.5.2
GB/T 32960—2016	电动汽车远程服务与管理系统技术规范（系列标准）	远程服务与管理系统	4.6.2
JT/T 1026—2016	纯电动城市客车通用技术条件	纯电动城市客车	5.1
GB/T 31151—2014	汽车整车物流质损风险监控要求	物流质损、风险监控	5.1
WB/T 1032—2006	商用车运输服务规范	商用车、运输服务	5.1
WB/T 1033—2006	乘用车水路运输服务规范	乘用车、水路运输服务	5.1
WB/T 1021—2004	乘用车运输服务规范	乘用车、运输服务	5.1
JT/T 617—2018	危险货物道路运输规则	危险货物、道路运输	5.1
GB 12268—2012	危险货物品名表	危险货物、名表	5.1
GB 21966—2008	锂原电池和蓄电池在运输中的安全要求	锂原电池、蓄电池、运输中、安全要求	5.1
GB 12463—2009	危险货物运输包装通用技术条件	危险货物、运输包装	5.1
MH/T 1020—2018	锂电池航空运输规范	锂电池、航空运输	5.1
JT/T 1029—2016	混合动力电动汽车维护技术规范	混合动力电动汽车、维护	5.2
JT/T 1011—2015	纯电动汽车日常检查方法	纯电动汽车、日常检查	5.2
GB/T 18344—2016	汽车维护、检测、诊断技术规范	汽车维护、检测、诊断	5.2
GB/T 33460—2016	报废汽车拆解指导手册编制规范	报废汽车、拆解	5.3
GB 22128—2008	报废汽车回收拆解企业技术规范	报废汽车、回收拆解	5.3
GB/T 33598—2017	车用动力电池回收利用 拆解规范	车用动力电池、回收利用	5.3
GB/T 34015—2017	车用动力电池回收利用 余能检测	车用动力电池、回收利用、余能检测	5.3
GB/T 33059—2016	锂离子电池材料废弃物回收利用的处理方法	锂离子电池、材料废弃物、回收利用	5.3
GB/T 33060—2016	废电池处理中废液的处理处置方法	废电池、废液、处置方法	5.3
GB/T 33062—2016	镍氢电池材料废弃物回收利用的处理方法	镍氢电池、材料废弃物、回收利用	5.3
YS/T 1174—2017	废旧电池破碎分选回收技术规范	废旧电池、破碎分选回收	5.3
HG/T 5019—2016	废电池中镍钴回收方法	废电池、镍钴、回收方法	5.3
GB/T ×××××—××××	电动汽车灾害事故应急救援指南	电动汽车、灾害事故、应急救援	5.4.2
GB/T ×××××—××××	电动汽车产品使用说明：应急救援	电动汽车、应急救援	5.4.2
GB/T 34590—2017	道路车辆 功能安全（系列标准）	道路车辆、功能安全	6.1.4

附录 B　中国汽车强制性标准目录

序号	标准编号	标准名称	实施日期
		汽车主动安全标准——照明与光信号装置	
1	GB 4599—2007	汽车用灯丝灯泡前照灯	2008-06-01
2	GB 4660—2016	机动车用前雾灯配光性能	2017-01-01
3	GB 5920—2019	汽车及挂车前位灯、后位灯、示廓灯和制动灯配光性能	2020-01-01
4	GB 15235—2007	汽车及挂车倒车灯配光性能	2008-06-01
5	GB 4785—2007	汽车及挂车外部照明和光信号装置的安装规定	2008-06-01
6	GB 11554—2008	机动车和挂车用后雾灯配光性能	2010-01-01
7	GB 17509—2008	汽车及挂车转向信号灯配光性能	2010-01-01
8	GB 18408—2015	汽车及挂车后牌照板照明装置配光性能	2016-07-01
9	GB 18409—2013	汽车驻车灯配光性能	2014-07-01
10	GB 18099—2013	机动车及挂车侧标志灯配光性能	2014-07-01
11	GB 11564—2008	机动车回复反射器	2009-05-01
12	GB 19151—2003	机动车用三角警告牌	2003-11-01
13	GB 21259—2007	汽车用气体放电光源前照灯	2008-06-01
14	GB 23254—2009	货车及挂车 车身反光标识	2009-07-01
15	GB 23255—2019	机动车昼间行驶灯配光性能	2020-01-01
16	GB 25990—2010	车辆尾部标志板	2012-01-01
17	GB 25991—2010	汽车用 LED 前照灯	2012-01-01
18	GB 19152—2016	发射对称近光和 / 或远光的机动车前照灯	2017-01-01
		主动安全标准——制动、转向、轮胎	
1	GB 16897—2010	制动软管的结构、性能要求及试验方法	2011-07-01
2	GB 12676—2014	商用车辆和挂车制动系统技术要求及试验方法	2015-07-01
3	GB 21670—2008	乘用车制动系统技术要求及试验方法	2008-11-01
4	GB 17675—1999	汽车转向系　基本要求	2000-01-01
5	GB 5763—2018	汽车用制动器衬片	2019-10-01
6	GB 26149—2017	乘用车轮胎气压监测系统的性能要求和试验方法	2018-01-01
7	GB 9743—2015	轿车轮胎	2016-02-01
8	GB 9744—2015	载重汽车轮胎	2016-02-01
		汽车被动安全标准——座椅、安全带、凸出物	
1	GB 15083—2006	汽车座椅、座椅固定装置及头枕强度要求和试验方法	2007-02-01
2	GB 11550—2009	汽车座椅头枕强度要求和试验方法	2011-01-01
3	GB 13057—2014	客车座椅及其车辆固定件的强度	2015-07-01
4	GB 24406—2012	专用校车学生座椅系统及其车辆固定件的强度	2012-05-01
5	GB 14166—2013	机动车乘员用安全带、约束系统、儿童约束系统和 ISOFIX 儿童约束系统	2014-01-01
6	GB 14167—2013	汽车安全带安装固定点、ISOFIX 固定点系统及上拉带固定点	2014-01-01
7	GB 15086—2013	汽车门锁及车门保持件的性能要求和试验方法	2015-01-01
8	GB 11566—2009	乘用车外部凸出物	2011-01-01
9	GB 20182—2006	商用车驾驶室外部凸出物	2007-04-01
10	GB 11552—2009	乘用车内部凸出物	2012-01-01
11	GB 27887—2011	机动车儿童乘员用约束系统	2012-07-01

(续)

序号	标准编号	标准名称	实施日期
		汽车被动安全标准——车身、碰撞防护	
1	GB 9656—2003	汽车安全玻璃	2004-04-01
2	GB 11557—2011	防止汽车转向机构对驾驶员伤害的规定	2012-01-01
3	GB 17578—2013	客车上部结构强度要求及试验方法	2014-07-01
4	GB 17354—1998	汽车前、后端保护装置	1999-01-01
5	GB 11551—2014	汽车正面碰撞的乘员保护	2015-01-01
6	GB 20071—2006	汽车侧面碰撞的乘员保护	2006-07-01
7	GB 11567—2017	汽车及挂车侧面和后下部防护要求	2018-01-01
8	GB 26511—2011	商用车前下部防护要求	2013-01-01
9	GB 7063—2011	汽车护轮板	2012-01-01
10	GB 26134—2010	乘用车顶部抗压强度	2012-01-01
11	GB 26512—2011	商用车驾驶室乘员保护	2012-01-01
		汽车被动安全标准——防火	
1	GB 8410—2006	汽车内饰材料的燃烧特性	2006-07-01
2	GB 18296—2001	汽车燃油箱 安全性能要求和试验方法	2001-10-01
3	GB 20072—2006	乘用车后碰撞燃油系统安全要求	2006-07-01
4	GB 34655—2017	客车灭火装备配置要求	2018-01-01
		汽车一般安全标准——视野	
1	GB 11562—2014	汽车驾驶员前方视野要求及测量方法	2015-07-01
2	GB 11555—2009	汽车风窗玻璃除霜和除雾系统的性能和试验方法	2011-01-01
3	GB 15085—2013	汽车风窗玻璃刮水器和洗涤器 性能要求和试验方法	2015-01-01
4	GB 15084—2013	机动车辆 间接视野装置 性能和安装要求	2014-07-01
		汽车一般安全标准——指示与信号装置	
1	GB 15082—2008	汽车用车速表	2008-10-01
2	GB 4094—2016	汽车操纵件、指示器及信号装置的标志	2019-07-01
3	GB 15742—2019	机动车用喇叭的性能要求及试验方法	2020-01-01
4	GB 15741—1995	汽车和挂车号牌板(架)及其位置	1997-01-01
5	GB 13392—2005	道路运输危险货物车辆标志	2005-08-01
6	GB 24315—2009	校车标识	2010-01-01
7	GB 30678—2014	客车用安全标志和信息符号	2015-07-01
		汽车一般安全标准——车辆结构与防盗	
1	GB 1589—2016	汽车、挂车及汽车列车外廓尺寸、轴荷及质量限值	2016-07-26
2	GB 13094—2017	客车结构安全要求	2018-01-01
3	GB 7258—2017	机动车运行安全技术条件	2018-01-01
4	GB 11568—2011	汽车罩(盖)锁系统	2012-01-01
5	GB 15740—2006	汽车防盗装置	2007-09-01
6	GB 21668—2008	危险物品运输车辆结构要求	2008-11-01
7	GB 20300—2018	道路运输爆炸品和剧毒化学品车辆安全技术条件	2018-07-01
8	GB 16735—2019	道路车辆 车辆识别代号(VIN)	2020-01-01
9	GB 16737—2019	道路车辆 世界制造厂识别代号(WMI)	2020-01-01
10	GB 24407—2012	专用校车安全技术条件	2012-05-01
11	GB 30509—2014	车辆及部件识别标记	2014-12-01
12	GB 28373—2012	N类和O类罐式车辆侧倾稳定性	2014-01-01

（续）

序号	标准编号	标准名称	实施日期
13	GB 29753—2013	道路运输 食品与生物制品冷藏车 安全要求及试验方法	2014-07-01
14	GB 34659—2017	汽车和挂车防飞溅系统性能要求和测量方法	2018-01-01
15	GB 32087—2015	轻型汽车牵引装置	2016-07-01
16	GB 19260—2016	低地板与低入口城市客车结构要求	2017-07-01
17	GB 18564.1—2019	道路运输液体危险货物罐式车辆 第1部分：金属常压罐体技术要求	2020-01-01
18	GB 18564.2—2008	道路运输液体危险货物罐式车辆 第2部分：非金属常压罐体技术要求	2009-07-01
	汽车环保与节能标准——污染物排放		
1	GB 18352.5—2013	轻型汽车污染物排放限值及测量方法（中国第五阶段）	2018-01-01
1	GB 18352.6—2016	轻型汽车污染物排放限值及测量方法（中国第六阶段）	2020-07-01
2	GB 14762—2008	重型车用汽油发动机与汽车排气污染物排放限值及测量方法（中国Ⅲ、Ⅳ阶段）	2008-07-01
3	GB 17691—2018	重型柴油车污染物排放限值及测量方法（中国第六阶段）	2019-07-01
4	GB 3847—2018	柴油车污染物排放限值及测量方法（自由加速法及加载减速法）	2019-04-01
5	GB 18285—2018	汽油车污染物排放限值及测量方法（双怠速法及简易工况法）	2019-04-01
6	GB 14763—2005	装用点燃式发动机重型汽车 燃油蒸发污染物排放限值及测量方法（收集法）	2005-07-01
7	GB 11340—2005	装用点燃式发动机重型汽车 曲轴箱污染物排放限值及测量方法	2005-07-01
8	GB 20890—2007	重型汽车排气污染物排放控制系统耐久性要求及试验方法	2007-10-01
9	GB 19755—2016	轻型混合动力电动汽车污染物排放控制要求及测量方法	2016-09-01
	汽车环保与节能标准——噪声		
1	GB 1495—2002	汽车加速行驶车外噪声限值及测量方法	2002-10-01
	汽车环保与节能标准——燃油经济性		
1	GB 27999—2014	乘用车燃料消耗量评价方法及指标	2016-01-01
2	GB 19578—2014	乘用车燃料消耗量限值	2016-01-01
3	GB 22757.1—2017	轻型汽车能源消耗量标识 第1部分：汽油和柴油汽车	2018-01-01
4	GB 22757.2—2017	轻型汽车能源消耗量标识 第2部分：可外接充电式混合动力电动汽车和纯电动汽车	2018-01-01
5	GB 20997—2015	轻型商用车辆燃料消耗量限值	2018-01-01
6	GB 30510—2018	重型商用车辆燃料消耗量限值	2019-07-01
7	GB 15744—2008	摩托车燃油消耗量限值及测量方法	2009-07-01
8	GB 16486—2008	轻便摩托车燃油消耗量限值及测量方法	2009-07-01
	汽车环保与节能标准——电磁兼容		
1	GB 34660—2017	道路车辆 电磁兼容性要求和试验方法	2018-01-01
2	GB 14023—2011	车辆、船和由内燃机驱动的装置 无线电骚扰特性 限值和测量方法	2012-01-01

附录C 申报《车辆生产企业及产品公告》相关标准、检验项目及代号

项目代号	检验项目	检验依据
00	定型	GB/T 13043—2006
		QC/T 252—1998
		GB/T 1332—1991
		QC/T 900—1997
		GB/T 18388—2005
		GB/T 19750—2005
		QC/T 925—2013
		GB/T 18385—2005
		GB/T 19752—2005
		GB/T 26991—2011
01	轻型汽车排放污染物	GB 18352.5—2013，GB 19755—2016
02	曲轴箱排放物	GB 11340—2005
		GB 18352.5—2013，GB 19755—2016
03	蒸发排放物	GB 14763—2005
		GB 18352.5—2013，GB 19755—2016
04	怠速排放	GB 18285—2018
		GB 18352.5—2013，GB 19755—2016
05	压燃式发动机和装用压燃式发动机的车辆排气污染物	GB 17691—2018
06	压燃式发动机和装用压燃式发动机的车辆排气可见污染物	GB 3847—2018
	压燃式汽车的自由加速烟度	GB 18352.5—2013，GB 19755—2016
07	车用汽油机排气污染物	GB 14762—2008
08	前照灯配光性能	GB 4599—2007
		GB 21259—2007
09	前雾灯配光性能	GB 4660—2016
10	后雾灯配光性能	GB 11554—2008
11	前位灯配光性能	GB 5920—2008
12	后位灯配光性能	GB 5920—2008
13	前示廓灯配光性能	GB 5920—2008
14	后示廓灯配光性能	GB 5920—2008
15	制动灯配光性能	GB 5920—2008
16	高位制动灯配光性能	GB 5920—2008
17	制动灯/后位灯配光性能	GB 5920—2008
18	汽车倒车灯配光性能	GB 15235—2007
19	前转向信号灯配光性能	GB 17509—2008
20	后转向信号灯配光性能	GB 17509—2008
21	侧转向信号灯配光性能	GB 17509—2008
22	前回复反射器	GB 11564—2008
23	侧回复反射器	GB 11564—2008

（续）

项目代号	检验项目	检验依据
24	后回复反射器	GB 11564—2008
25	三角形回复反射器	GB 11564—2008
26	汽车外部照明和信号装置安装规定	GB 4785—2007
27	前照灯光束照射位置及发光强度	GB 7258—2017
28	汽车正面碰撞乘员防护	GB 11551—2014
29	汽车和挂车后下部防护装置	GB 11567—2017
30	汽车和挂车侧面防护装置	GB 11567—2017
31	汽车护轮板	GB 7063—2011
32	驾驶员前方视野	GB 11562—2014
33	视镜性能	GB 15084—2013
34	视镜安装要求	GB 15084—2013
35	风窗玻璃除霜系统功能	GB 11555—2009
36	风窗玻璃除雾系统功能	GB 11555—2009
37	风窗玻璃刮水器和洗涤器性能	GB 15085—2013
38	车速表	GB 15082—2008
39	操纵件、指示器及信号装置的标志	GB 4094—2016
40	机动车喇叭性能	GB 15742—2019
41	机动车喇叭装车性能	GB 15742—2019
42	商用车驾驶室外部凸出物	GB 20182—2006
42	乘用车外部凸出物	GB 11566—2009
43	汽车座椅系统强度	GB 15083—2006
43	校车座椅强度	GB 24406—2012
43	儿童乘员用约束系统	GB 27887—2011
44	汽车座椅头枕	GB 11550—2009
45	门锁静载荷	GB 15086—2013
45	门锁和门保持件安装要求	GB 15086—2013
47	汽车制动系统	GB 12676—2014
47	乘用车制动系统	GB 21670—2008
48	汽车转向系统	GB 17675—1999
49	汽车材料的燃烧特性	GB 8410—2006
50	无线电骚扰特性	GB 14023—2011
51	加速行驶车外噪声	GB 1495—2002
52	上部结构强度	GB 17578—2013
52	客车结构	GB 13094—2017
52	校车技术条件	GB 24407—2012
52	校车顶部结构强度	GB 24407—2012
52	校车车内空气质量	GB 24407—2012
52	轮椅及其使用者的约束系统	GB 13094—2017
53	汽车外廓尺寸	GB 1589—2016
54	安全带总成性能	GB 14166—2013
54	汽车安全带、儿童约束系统在车辆上安装的要求	GB 14166—2013
55	ISOFIX 固定点系统及上拉带固定点	GB 14167—2013
55	驾驶员安全带固定点	GB 14167—2013

（续）

项目代号	检验项目	检验依据
55	前排乘员安全带固定点	GB 14167—2013
55	其他乘员安全带固定点	GB 14167—2013
56	汽车号牌板（架）及其位置	GB 15741—1995
57	防止汽车转向机构对驾驶员伤害	GB 11557—2011
58	侧翻稳定角	GB 7258—2017
59	燃油系统及排气管	GB 7258—2017
60	危险货物标记	GB 13392—2005
60	校车标识	GB 24315—2009
60	汽车标记及部件标记	GB 7258—2017，GB 30509—2014
64	侧标志灯配光性能	GB 18099—2013
65	三角警告牌	GB 19151—2003
66	汽车燃油箱安全性能	GB 18296—2001
67	驻车灯配光性能	GB 18409—2013
73	客车座椅及其车辆固定件强度	GB 13057—2014
74	重型商用车辆燃料消耗量	GB 30510—2018
74	轻型商用车辆燃料消耗量	GB 20997—2015
74	乘用车燃料消耗量限值	GB 19578—2014
75	侧面碰撞乘员保护	GB 20071—2006
76	后碰燃油系统安全	GB 20072—2006
77	轻型汽车污染控制装置耐久性	GB 18352.5—2013，GB 19755—2016
77	重型汽车污染控制装置耐久性	GB 17691—2018
77	重型汽车污染控制装置耐久性	GB 20890—2007
77	重型汽油车污染控制装置耐久性	GB 14762—2008
78	低温冷起动排放	GB 18352.5—2013，GB 19755—2016
79	轻型汽车车载诊断（OBD）系统	GB 18352.5—2013，GB 19755—2016
79	重型汽车车载诊断（OBD）系统	GB 17691—2018
79	重型汽油车车载诊断（OBD）系统	GB 14762—2008
80	门铰链	GB 15086—2013
81	汽车防抱制动性能	GB/T 13594—2003
81	乘用车防抱制动性能	GB 21670—2008
82	罐式危险品车辆紧急切断阀	QC/T 932—2018
82	危险货物运输车辆	GB 21668—2008
82	爆炸和剧毒品运输车辆	GB 20300—2018
82	罐式危险品车辆补充安全技术要求	工信部产业〔2012〕504号
83	汽车防盗装置	GB 15740—2006
84	制动软管	GB 16897—2010
85	轿车轮胎	GB 9743—2015
85	载重汽车轮胎	GB 9744—2015
87	门锁耐惯性力	GB 15086—2013
88	滑动门	GB 15086—2013
89	汽车前后端保护	GB 17354—1998
90	汽车罩（盖）锁系统	GB 11568—2011
91	汽车及挂车后牌板照明装置配光性能	GB 18408—2015

（续）

项目代号	检验项目	检验依据
92	昼间行驶灯	GB 23255—2009
94	车身反光标识	GB 23254—2009
95	车身反光标识安装和粘贴要求	GB 7258—2017
96	发动机净功率	GB/T 17692—1999
97	车辆尾部标志板	GB 25990—2010
98	汽车用 LED 前照灯	GB 25991—2010
99	机动车安全运行强制性项目 A/B/C/D	GB 7258—2017
A0	乘用车顶部抗压强度	GB 26134—2010
A1	乘用车内部凸出物	GB 11552—2009
A2	商用车驾驶室乘员保护	GB 26512—2011
A3	商用车前下部防护要求	GB 26511—2011
A4	车辆尾部标识板安装规定	GB 25990—2010
A5	车速限制系统	GB/T 24545—2009
A6	燃气汽车专用装置安装要求	GB 19239—2013
A7	冷藏车安全要求	GB 29753—2013
A8	轻型汽车牵引装置	GB 32087—2015
A9	客车用安全标志和信息符号	GB 30678—2014
B0	特定种类汽车内饰材料垂直燃烧特性技术要求和试验方法	GB 32086—2015
B1	客车灭火装备	GB 34655—2017
B2	低地板及低入口城市客车	GB 19260—2016
B3	乘用车轮胎气压监测系统	GB 26149—2017
C0	常温下冷起动后排气污染物排放试验	GB 18352.6—2016 A 阶段
C1	实际行驶污染物排放试验	GB 18352.6—2016 A 阶段
C2	曲轴箱污染物排放试验	GB 18352.6—2016 A 阶段
C3	蒸发污染物排放试验	GB 18352.6—2016 A 阶段
C4	污染控制装置耐久性试验：尾气排放耐久性	GB 18352.6—2016 A 阶段
C5	污染控制装置耐久性试验：蒸发/加油排放耐久性	GB 18352.6—2016 A 阶段
C6	低温下冷起动后排气中 CO、THC 和 NO_x 排放试验	GB 18352.6—2016 A 阶段
C7	加油过程污染物排放试验	GB 18352.6—2016 A 阶段
C8	车载诊断（OBD）系统试验	GB 18352.6—2016 A 阶段
C9	装有周期性再生系统汽车的再生因子	GB 18352.6—2016 A 阶段
D0	常温下冷起动后排气污染物排放试验	GB 18352.6—2016 B 阶段
D1	实际行驶污染物排放试验	GB 18352.6—2016 B 阶段
D2	曲轴箱污染物排放试验	GB 18352.6—2016 B 阶段
D3	蒸发污染物排放试验	GB 18352.6—2016 B 阶段
D4	污染控制装置耐久性试验：尾气排放耐久性	GB 18352.6—2016 B 阶段
D5	污染控制装置耐久性试验：蒸发/加油排放耐久性	GB 18352.6—2016 B 阶段
D6	低温下冷起动后排气中 CO、THC 和 NO_x 排放试验	GB 18352.6—2016 B 阶段
D7	加油过程污染物排放试验	GB 18352.6—2016 B 阶段
D8	车载诊断（OBD）系统试验	GB 18352.6—2016 B 阶段
D9	装有周期性再生系统汽车的再生因子	GB 18352.6—2016 B 阶段
E1	车载能源——锌空气电池	GB/T 18333.2—2015
E1	车载能源——超级电容	QC/T 741—2014

（续）

项目代号	检验项目	检验依据
E1	车载能源——铅酸电池	QC/T 742—2006
E1	电动汽车用动力蓄电池循环寿命要求及试验方法	GBT 31484—2015
E1	电动汽车用动力蓄电池安全要求及试验方法	GBT 31485—2015
E1	电动汽车用动力蓄电池电性能要求及试验方法	GBT 31486—2015
E1	电动汽车用锂离子动力蓄电池包和系统 第3部分：安全性要求与测试方法	GB/T 31467.3—2015
E2	电动汽车用电机及其控制器	GB/T 18488.1—2015，GB/T 18488.2—2015
E3	电动汽车安全要求	GB/T 18384.1—2015，GB/T 18384.2—2015，GB/T 18384.3—2015
E4	电动车辆的电磁场发射强度	GB/T 18387—2017
E4	电动车辆的电磁场辐射强度	GB/T 18387—2017
E5	电动汽车操纵件、指示器及信号装置的标志	GB/T 4094.2—2017
E6	电动汽车用仪表	GB/T 19836—2005
E7	电动汽车能量消耗率和续驶里程	GB/T 18386—2017
E7	轻型混合动力汽车能量消耗量	GB/T 19753—2013
E7	重型混合动力汽车能量消耗量	GB/T 19754—2015
E8	电动汽车风窗玻璃除霜除雾系统的性能要求及试验方法	GB/T 24552—2009
E9	纯电动乘用车 技术条件	GB/T 28382—2012
EA	燃料电池电动汽车 安全要求	GB/T 24549—2009
EB	燃料电池发动机性能	GB/T 24554—2009
EC	燃料电池汽车 加氢口	GB/T 26779—2011
ED	燃料电池电动汽车车载氢系统	GB/T 29126—2012，GB/T 26990—2011
EE	电动汽车传导充电用连接装置 第1部分：通用要求	GB/T 20234.1—2015
EF	电动汽车传导充电用连接装置 第2部分：交流充电接口	GB/T 20234.2—2015
EG	电动汽车传导充电用连接装置 第3部分：直流充电接口	GB/T 20234.3—2015
EH	电动汽车非车载传导式充电机与电池管理系统之间的通信协议	GB/T 27930—2015
EJ	电动客车安全技术条件	工信部装〔2016〕377号
EL	超级电容电动城市客车	QC/T 838—2010
EM	插电式混合动力电动乘用车 技术条件	GB/T 32694—2016
EN	电动汽车远程服务与管理系统技术规范 第2部分：车载终端	GB/T 32960.2—2016
EK	电动汽车远程服务与管理系统技术规范 第3部分：通信协议及数据格式	GB/T 32960.3—2016
EU	质子交换膜燃料电池模块	GB/T 33978—2017

附录 D 汽车 3C 认证项目及对应标准

产品小类	产品名称	依据标准号	对应国际标准号	实施规则号
1101	汽车产品（在公路及城市道路上行驶的 M、N、O 类车辆）	GB/T 13594—2003	UN R13	CNCA-C11-01：2014《强制性产品认证实施规则 汽车》 CQC-C1101-2014《强制性产品认证实施细则 汽车》
		GB/T 14365—2017	ISO 5130：2007	
		GB/T 17676—1999	UN 67	
		GB/T 17692—1999	UN R85/00:1990	
		GB/T 18384.1—2015	ISO 6469-1:2009	
		GB/T 18384.2—2015	ISO 6469-2:2009	
		GB/T 18384.3—2015	ISO 6469-3:2011	
		GB/T 18387—2017		
		GB/T 19233—2008		
		GB/T 19515—2015	ISO 22628:2002	
		GB/T 19751—2016		
		GB/T 19753—2013		
		GB 19755—2016		
		GB/T 18333.2—2015		
		GB 11340—2005		
		GB 11551—2014		
		GB 11552—2009	UN R21	
		GB 11555—2009	EEC/78/317:1977	
		GB 11557—2011	UN R12 法规（第 3 次修订本）	
		GB 11562—2014	EEC 77/649	
		GB 11566—2009	UN R26:2007	
		GB 11567—2017	UN R73	
		GB 11568—2011	FMVSS 113:2007	
		GB 12268—2012	联合国《关于危险货物运输的建议书 规章范本》（第 16 修订版）	
		GB/T 12602—2009		
		GB 23254—2009		
		GB 21670—2008		
		GB 12676—2014		
		GB 13057—2014	UN R80	
		GB 13094—2017	EC/2001/85,NEQ	
		GB 13392—2005		
		GB 14023—2011	IEC/CISPR 12:2009	
		GB 14167—2013		
		GB 14762—2008		
		GB 14763—2005		
		GB 1495—2002	UN R51	

（续）

产品小类	产品名称	依据标准号	对应国际标准号	实施规则号
1101	汽车产品（在公路及城市道路上行驶的M、N、O类车辆）	GB/T 15052—2010		CNCA-C11-01：2014《强制性产品认证实施规则 汽车》 CQC-C1101-2014《强制性产品认证实施细则 汽车》
		GB 15082—2008		
		GB 15083—2006		
		GB 15084—2013		
		GB 15085—2013		
		GB 15086—2013		
		GB 15740—2006	UN R18:1997	
		GB 15741—1995	EEC 70/222	
		GB 15742—2019	UN R28:1993	
		GB 1589—2016		
		GB 16735—2004	ISO 3779:1983	
		GB 17354—1998	UN R42	
		GB 17675—1999	EEC 311：1990	
		GB 17691—2018		
		GB 18285—2018		
		GB 18352.5—2013		
		GB 13094—2017	UN R52	
		GB/T 20062—2017		
		GB 20071—2006	UN R95	
		GB 20072—2006	UN R34	
		GB 20182—2006	UN R61	
		GB 20300—2018		
		GB 20997—2015		
		GB 3847—2018		
		GB/T 4094.2—2017	ISO 2575:2000	
		GB 4785—2007		
		GB 7063—2011		
		GB 7258—2017		
		JG 5099—1998		
		JT 230—1995		
		QC/T 742—2006		
		QC/T 743—2006		
		QC/T 744—2006		
		GB/T 21260—2007		
		GB 21668—2008		
		GB 22757.1—2017		
1104	汽车安全带产品	GB 14166—2013	UN R16	CNCA-C11-04：2014《强制性产品认证实施规则 汽车安全带》 CQC-C1104-2014《强制性产品认证实施细则 安全带》
		GB 8410—2006	FMVSS 571.302	
1107	机动车回复反射器	GB 11564—2008		CNCA-C11-07：2014《强制性产品认证实施规则 机动车外部照明及光信号装置》 CQC-C1107-2014《强制性产品认证实施细则 机动车外部照明及光信号装置》

（续）

产品小类	产品名称	依据标准号	对应国际标准号	实施规则号
1109	前照灯	GB 4599—2007		CNCA-C11-07：2014《强制性产品认证实施规则 机动车外部照明及光信号装置》 CQC-C1107-2014《强制性产品认证实施细则 机动车外部照明及光信号装置》
		GB 21259—2007		
	前雾灯	GB 4660—2016		
	后雾灯	GB 11554—2008		
	前位灯、后位灯、示廓灯和制动灯	GB 5920—2019		
	倒车灯	GB 15235—2007		
	转向信号灯	GB 17509—2008		
	驻车灯	GB 18409—2013		
	侧标志灯	GB 18099—2013		
	后牌照板照明装置	GB 18408—2015		
	昼间行驶灯	GB 23255—2009		
1110	车辆间接视野装置	GB 15084—2013		CNCA-C11-08：2014《强制性产品认证实施规则 机动车辆间接视野装置》 CQC-C1108-2014《强制性产品认证实施细则 机动车辆间接视野装置》
1111	汽车内饰件	GB 8410—2006	FMVSS 571.302	CNCA-C11-09：2014《强制性产品认证实施规则 汽车内饰件》 CQC-C1109-2014《强制性产品认证实施细则 汽车内饰件》
1112	汽车门锁及车门保持件	GB 15086—2013		CNCA-C11-10：2014《强制性产品认证实施规则 汽车门锁及门保持件》 CQC-C1110-2014《强制性产品认证实施细则 汽车门锁及门保持件》
1114	汽车座椅及头枕	GB 11550—2009	UN R25:1999	CNCA-C11-12：2014《强制性产品认证实施规则 汽车座椅及座椅头枕》 CQC-C1112-2014《强制性产品认证实施细则 汽车座椅及座椅头枕》
		GB 13057—2014	UN R80	
		GB 15083—2006		
		GB 8410—2006	FMVSS 571.302	
121	轿车轮胎	GB 9743—2015		CNCA-C12-01：2015《强制性产品认证实施规则 机动车辆轮胎》 CQC-C1201-2015《强制性产品认证实施细则 机动车辆轮胎》
	载重汽车轮胎	GB 9744—2015		
2207	机动车儿童乘员用约束	GB 27887—2011	ECE R44 MOD	CNCA-C22-03：2014《强制性产品认证实施规则 机动车儿童乘员用约束系统》 CQC-C2203-2014《强制性产品认证实施细则 机动车儿童乘员用约束系统》

附录 E　国家环境标准与北京环境标准目录

类别	适用标准
国家环境标准	GB 20891—2014《非道路移动机械用柴油机排气污染物排放限值及测量方法（中国第三、四阶段）》
	GB 15097—2016《船舶发动机排气污染物排放限值及测量方法（中国第一、二阶段）》
	HJ 689—2014《城市车辆用柴油发动机排气污染物排放限值及测量方法（WHTC工况法）》
	HJ 438—2008《车用压燃式、气体燃料点燃式发动机与汽车排放控制系统耐久性技术要求》
	HJ 437—2008《车用压燃式、气体燃料点燃式发动机与汽车车载诊断（OBD）系统技术要求》
	GB 20890—2007《重型汽车排气污染物排放控制系统耐久性要求及试验方法》
	GB 18285—2018《汽油车污染物排放限值及测量方法（双怠速法及简易工况法）》
	GB 17691—2018《重型柴油车污染物排放限值及测量方法（中国第六阶段）》
	GB 14763—2005《装用点燃式发动机重型汽车　燃油蒸发污染物排放限值及测量方法（收集法）》
	GB 14762—2008《重型车用汽油发动机与汽车排气污染物排放限值及测量方法（中国Ⅲ、Ⅳ阶段）》
	GB 11340—2005《装用点燃式发动机重型汽车曲轴箱污染物排放限值》
	GB 3847—2018《柴油车污染物排放限值及测量方法（自由加速法及加载减速法）》
	GB 1495—2002《汽车加速行驶车外噪声限值及测量方法》
	GB 19755—2016《轻型混合动力电动汽车污染物排放控制要求及测量方法》
	GB 18352.6—2016《轻型汽车污染物排放限值及测量方法（中国第六阶段）》
	GB 18352.5—2013《轻型汽车污染物排放限值及测量方法（中国第五阶段）》
	HJ 509—2009《车用陶瓷催化转化器中铂、钯、铑的测定　电感耦合等离子体发射光谱法和电感耦合等离子体质谱法》
	QC/T 968—2014《金属催化转化器中铂、钯、铑含量的测定方法》
	GB/T 19233—2008《轻型汽车燃料消耗量试验方法》
北京环境标准	DB 11/946—2013《轻型汽车（点燃式）污染物排放限值及测量方法（北京Ⅴ阶段）》
	GB 18352.6—2016《轻型汽车污染物排放限值及测量方法（中国第六阶段）》
	GB 18352.5—2013《轻型汽车污染物排放限值及测量方法（中国第五阶段）》
	HJ 509—2009《车用陶瓷催化转化器中铂、钯、铑的测定　电感耦合等离子体发射光谱法和电感耦合等离子体质谱法》
	QC/T 968—2014《金属催化转化器中铂、钯、铑含量的测定方法》
	GB 19755—2016《轻型混合动力电动汽车污染物排放控制要求及测量方法》
	GB 18285—2018《汽油车污染物排放限值及测量方法（双怠速法及简易工况法）》
	GB 14762—2008《重型车用汽油发动机与汽车排气污染物排放限值及测量方法（中国Ⅲ、Ⅳ阶段）》
	DB 11/965—2017《重型汽车排气污染物排放限值及测量方法（车载法　第Ⅳ、Ⅴ阶段）》
	DB 11/1475—2017《重型汽车排气污染物排放限值及测量方法（OBD法　第Ⅳ、Ⅴ阶段）》
	GB 3847—2018《柴油车污染物排放限值及测量方法（自由加速法及加载减速法）》
	GB 17691—2018《重型柴油车污染物排放限值及测量方法（中国第六阶段）》
	HJ 438—2008《车用压燃式、气体燃料点燃式发动机与汽车排放控制系统耐久性技术要求》
	HJ 437—2008《车用压燃式、气体燃料点燃式发动机与汽车车载诊断（OBD）系统技术要求》
	DB 11/964—2013《车用压燃式、气体燃料点燃式发动机与汽车排气污染物排放限值及测量方法（台架工况法）》
	DB 11/185—2013《非道路机械用柴油机排气污染物限值及测量方法》
	DB 11/184—2013《在用非道路柴油机械烟度排放限值及测量方法》

附录 F 新能源汽车准入相关试验及标准

序号	检验项目	标准名称	标准号
1	储能装置（单体、模块）	电动汽车用锌空气电池	GB/T 18333.2—2015
		车用超级电容器	QC/T 741—2014
		电动汽车用动力蓄电池循环寿命要求及试验方法	GB/T 31484—2015
		电动汽车用动力蓄电池安全要求及试验方法	GB/T 31485—2015
		电动汽车用动力蓄电池电性能要求及试验方法	GB/T 31486—2015
	储能装置（电池包）	电动汽车用锂离子动力蓄电池包和系统　第3部分：安全性要求与测试方法	GB/T 31467.3—2015
2	电机及控制器	电动汽车用驱动电机系统　第1部分：技术条件	GB/T 18488.1—2015
		电动汽车用驱动电机系统　第2部分：试验方法	GB/T 18488.2—2015
3	电动汽车安全	电动汽车　安全要求　第1部分：车载可充电储能系统（REESS）	GB/T 18384.1—2015
		电动汽车　安全要求　第2部分：操作安全和故障防护	GB/T 18384.2—2015
		电动汽车　安全要求　第3部分：人员触电防护	GB/T 18384.3—2015
		燃料电池电动汽车　安全要求	GB/T 24549—2009
4	电磁场辐射	电动车辆的电磁场发射强度的限值和测量方法	GB/T 18387—2017
5	电动汽车操纵件	电动汽车　操纵件、指示器及信号装置的标志	GB/T 4094.2—2017
6	电动汽车仪表	电动汽车用仪表	GB/T 19836—2005
7	能耗	电动汽车　能量消耗率和续驶里程　试验方法	GB/T 18386—2017
		轻型混合动力电动汽车能量消耗量试验方法	GB/T 19753—2013
		重型混合动力电动汽车能量消耗量试验方法	GB/T 19754—2015
8	电动汽车除霜除雾	电动汽车风窗玻璃除霜除雾系统的性能要求及试验方法	GB/T 24552—2009
9	纯电动乘用车技术条件	纯电动乘用车　技术条件	GB/T 28382—2012
10	燃料电池发动机	燃料电池发动机性能试验方法	GB/T 24554—2009
11	燃料电池电动汽车　加氢口	燃料电池电动汽车　加氢口	GB/T 26779—2011
12	燃料电池电动汽车　车载氢系统	燃料电池电动汽车　车载氢系统　技术条件	GB/T 26990—2011
		燃料电池电动汽车　车载氢系统　试验方法	GB/T 29126—2012
13	电动汽车传导充电用连接装置	电动汽车传导充电用连接装置　第1部分：通用要求	GB/T 20234.1—2015
		电动汽车传导充电用连接装置　第2部分：交流充电接口	GB/T 20234.2—2015
		电动汽车传导充电用连接装置　第3部分：直流充电接口	GB/T 20234.3—2015
14	通信协议	电动汽车非车载传导式充电机与电池管理系统之间的通信协议	GB/T 27930—2015
15	碰撞后安全要求	电动汽车碰撞后安全要求	GB/T 31498—2015
16	超级电容电动城市客车	超级电容电动城市客车	QC/T 838—2010
17	插电式混合动力电动乘用车技术条件	插电式混合动力电动乘用车　技术条件	GB/T 32694—2016
18	电动汽车远程服务与管理系统技术规范	电动汽车远程服务与管理系统技术规范　第2部分：车载终端	GB/T 32960.2—2016
		电动汽车远程服务与管理系统技术规范　第3部分：通信协议及数据格式	GB/T 32960.3—2016
19	定型试验	电动汽车　定型试验规程	GB/T 18388—2005
		混合动力电动汽车　定型试验规程	GB/T 19750—2005
		超级电容电动城市客车　定型试验规程	QC/T 925—2013
		电动汽车　动力性能　试验方法	GB/T 18385—2005
		混合动力电动汽车　动力性能　试验方法	GB/T 19752—2005
		燃料电池电动汽车　最高车速试验方法	GB/T 26991—2011

附录 G 中国汽车推荐性标准目录、ISO 汽车标准目录、IEC 汽车标准目录、美国汽车行业标准（SAE）目录、日本汽车国家标准（JIS）目录、日本汽车行业标准（JASO）目录、全球性技术法规（GTR）目录、联合国欧洲经济委员会汽车法规（UN 法规）目录、欧盟 EC 指令目录、美国 FMVSS 法规目录、日本汽车技术法规（保安基准）目录、东盟采用 UN 法规目录、海湾地区共同市场汽车法规（GSO）目录、俄罗斯和欧亚经济联盟汽车技术法规（GOST）目录、澳大利亚汽车法规（ADR）目录

名称	二维码	名称	二维码
中国汽车推荐性标准目录		日本汽车国家标准（JIS）目录	
ISO 汽车标准目录		日本汽车行业标准（JASO）目录	
IEC 汽车标准目录		全球性技术法规（GTR）目录	
美国汽车行业标准（SAE）目录		联合国欧洲经济委员会汽车法规（UN 法规）目录	

（续）

欧盟 EC 指令目录		海湾地区共同市场汽车法规（GSO）目录	
美国 FMVSS 法规目录		俄罗斯和欧亚经济联盟汽车技术法规（GOST）目录	
日本汽车技术法规（保安基准）目录		澳大利亚汽车法规（ADR）目录	
东盟采用 UN 法规目录			